Karl Schwartz

Leben des Generals Carl von Clausewitz und der Frau Marie von Clausewitz

Erster Band

Karl Schwartz

Leben des Generals Carl von Clausewitz und der Frau Marie von Clausewitz

Erster Band

ISBN/EAN: 9783956979842

Auflage: 1

Erscheinungsjahr: 2016

Erscheinungsort: Treuchtlingen, Deutschland

Berlin.
W. Moeser Hofbuchdruckerei
Stallschreiber-Str. 34. 35.

Leben

des

Generals Carl von Clausewitz

und der

Frau Marie von Clausewitz.

~~~~~

Erster Band.

———

Leben

des

Generals Carl von Clausewitz

und der

Frau Marie von Clausewitz

geb. Gräfin von Brühl.

Mit

Briefen, Aufsätzen, Tagebüchern und anderen Schriftstücken.

Von

Karl Schwartz.

———

Mit zwei Portraits.

———

Erster Band.

———

Berlin
Ferd. Dümmlers Verlags-Buchhandlung
Harrwitz und Goßmann.
1878.

Der

Frau Gräfin Hedwig von Brühl

geb. Gräfin von Gneisenau

und dem

Herrn Oberst Wilhelm von Clausewitz

verehrungsvoll gewidmet.

Vorrede.

Der berühmte General Carl von Clausewitz ist nach seiner Bedeutung und Wirksamkeit als Militärschriftsteller in vielen Schriften von anerkanntem Werthe behandelt und in Verbindung mit seinem literarischen Wirken auch sein Leben in schätzbaren Aufsätzen und encyklopädischen Artikeln, unter welchen besonders der ihm gewidmete vortreffliche Artikel in Wagener's Staats- und Gesellschaftslexicon und v. Meerheimb's*) erst in den letzten Jahren erschienene gediegene Arbeiten eine ehrenvolle Stelle einnehmen, übersichtlich dargestellt worden; eine ausführliche Biographie des ausgezeichneten Mannes aber, aus welcher eine möglichst genaue und vollständige Kenntniß desselben nach seinem Lebensgange, seiner geistigen Entwickelung, seinem Charakter, seinem Verhältnisse zu hervorragenden Zeitgenossen, kurz nach seiner ganzen Persönlichkeit gewonnen werden könnte, ist bis jetzt nicht erschienen. — Diesem von den zahlreichen Verehrern eines der reichbegabtesten und hochgesinntesten deutschen Männer oft empfundenen literarischen Bedürfnisse bin ich, soweit es meine Kräfte und die mir zu Gebote

---

* „Carl von Clausewitz. Vortrag gehalten in der militärischen Gesellschaft zu Berlin am 23. October 1874 von f. von Meerheimb, Oberst im Nebenetat des großen Generalstabes. (Separat-Abdruck aus den Jahrbüchern für die deutsche Armee und Marine)." Ferner der ebenfalls von Oberst von Meerheimb verfaßte Artikel über Clausewitz in der „Allgemeinen deutschen Biographie", Bd. IV (erschienen 1876), S. 285—296. Beide verdienstvolle Arbeiten sind mir, was ich mit dankbarer Anerkennniß hier auszusprechen mich gedrungen fühle, von größtem Nutzen gewesen.

ftehenden Hülfsmittel mir ermöglichten, durch das gegenwärtige Werk, welches in den beiden gleichzeitig erscheinenden Bänden, deren jeder aus neun Abschnitten besteht, beendigt vorliegt, abzuhelfen bestrebt gewesen, und habe in demselben zugleich ausführliche und möglichst vollständige Lebensnachrichten über Frau von Clausewitz gegeben, was durch das innige Verhältniß, in welchem Clausewitz zu seiner durch geistige Begabung und Bildung, Seelenadel und patriotische Gesinnung ihm vollkommen ebenbürtigen Lebensgefährtin stand, gewiß hinreichend gerechtfertigt erscheinen wird.

Da Plan und Inhalt dieser Biographie aus den den einzelnen Abschnitten vorgesetzten Uebersichten erkannt werden können, auch die benutzten Quellen und Hülfsmittel in dem Buche selbst überall angegeben worden sind, so glaube ich mich in diesem Vorworte auf wenige Bemerkungen beschränken zu dürfen.

Den Versuch, die in unserer biographischen Literatur vorhandene Lücke auszufüllen, würde ich nicht gewagt haben, wäre mir nicht durch das Vertrauen der nächsten Angehörigen des Generals und der Frau von Clausewitz der im Familienbesitze befindliche handschriftliche Nachlaß Beider zugänglich gemacht und die Erlaubniß ertheilt worden, diejenigen Schriftstücke desselben, welche von mir als zur Veröffentlichung in dem von mir vorbereiteten biographischen Werke geeignet ausgewählt worden waren, in dasselbe aufzunehmen.

Von allen diesen Schriftstücken, welche mir sämmtlich in den Originalen vorgelegen haben, habe ich treue Abschriften genommen, nach welchen dieselben in diesem meinem Werke abgedruckt worden sind.

Den für die Biographie wichtigsten Bestandtheil des gedachten Nachlasses bilden die zahlreichen und höchst werthvollen Briefe, welche in meinem Werke nach folgenden fünf Hauptgruppen zusammengestellt erscheinen:

I. Briefwechsel zwischen Carl von Clausewitz und der Gräfin Marie von Brühl, seiner damaligen Braut, während der Jahre 1806—1809 und zwar: A. 7 Briefe von Clausewitz aus dem Jahre 1806; B. 20 Briefe desselben aus dem Jahre 1807; C. 46 Briefe desselben aus den Jahren 1808 und 1809; D. 26 Briefe der Gräfin Marie von Brühl an Clausewitz aus den Jahren 1808 und 1809; zusammen 99 Briefe. — (Bd. I, S. 212—408).

II. Clausewitz's Briefe an seine Frau, aus Schlesien und Rußland, vom 2. April 1812 (aus Liegnitz) bis zum 30. December 1812 (aus Tauroggen); zusammen 25 Briefe. — (Bd. I, S. 505—539).

III. Clausewitz's Briefe an seine Frau, vom 26. Januar 1813 (Königsberg) bis zum 19. April 1814 (Aloft in Belgien); zusammen 53 Briefe. — (Bd. II, S. 66—120).

IV. Clausewitz's Briefe an seine Frau, vom 14. Mai 1815 (Bastogne im Luxemburgischen) bis zum 5. August 1815 (Le Mans); zusammen 19 Briefe. — (Bd. II, S. 139—171).

V. Clausewitz's Briefe an seine Frau, aus Posen, vom 10. März bis zum 21. September 1831; zusammen 43 Briefe. — (Bd. II, S. 318—386 und 389—400).

Diese Briefe sind nicht nur die wichtigste und ergiebigste Quelle für die Lebensgeschichte und Charakteristik der beiden herrlichen Persönlichkeiten, deren reine und edle.Seelen sie in treuester Unmittelbarkeit wiederspiegeln, sondern haben auch ein großes allgemein historisches Interesse; ganz besonders werthvoll sind die schönen Briefe aus den Jahren von 1806 bis 1809, welche man, ohne sie zu überschätzen, nach Form und Inhalt als wahrhaft classisch bezeichnen kann.

Die letztgenannten sowie die aus Posen im Jahre 1831 geschriebenen Briefe, (oben unter I und V verzeichnet) sind seither nur im engsten Familienkreise gelesen und niemals veröffentlicht worden.

Von den Briefen von 1812 bis 1815 (oben unter II, III und IV verzeichnet) waren in früheren Jahren nur einige wenige gedruckt, als im Mai-Junihefte 1876 (Nr. 5 und 6) der rühmlichst bekannten „Zeitschrift für Preußische Geschichte und Landeskunde" 91 dieser

Briefe veröffentlicht wurden, jedoch nicht unmittelbar aus den Originalen, welche dem Herrn Herausgeber, wie derselbe in der den Briefen vorausgeschickten geistvollen Einleitung mittheilt, nicht vorgelegen haben, sondern nach einer von einem Familiengliede gefertigten Abschrift, in welche jedoch nicht der ganze Inhalt der Originale aufgenommen worden ist. Die in dieser Publication erschienenen Briefe sind mit dem größten Interesse, dessen sie auch wegen so vieler für die Zeitgeschichte wichtigen Mittheilungen in hohem Grade würdig sind, in weiten Kreisen gelesen worden, was mir die Ueberzeugung gewährt, daß sowohl die den Jahren 1812 bis 1815 angehörenden 97 Briefe, wie sie in diesem meinem Werke in treuer Uebereinstimmung mit den Originalen abgedruckt worden sind, willkommen sein als auch der gesammte überaus werthvolle Briefschatz, wie er nunmehr hier vereinigt vorliegt, eine freundliche Aufnahme finden werde.

Die in diese Biographie aufgenommenen Aufsätze Carl von Clausewitz's, welche, soweit den Eigenthümern der Manuscripte und mir bekannt ist, seither niemals veröffentlicht wurden, sind folgende:

Band I:

1) Aus dem Kantonnementsquartiere Tennstedt (S. 45—48).

2) Ueber die Erlebnisse vor der Capitulation von Prenzlau. (S. 54—62).

3) Skizze zu einem Operationsplane für Oesterreich, wenn es jetzt Theil an dem Kriege gegen Frankreich nehmen wollte. — Geschrieben im Frühjahre 1807. (S. 67—72).

4) Die Deutschen und die Franzosen. (S. 73—88).

5) Journal einer Reise von Soissons über Dijon und Genf. (S. 88—110).

6) Pestalozzi. (S. 110—113).

Band II:

7) Umtriebe. Ein politischer Aufsatz. (S. 200—244).

8) Bemerkungen auf der Reise nach Marienbad im Juli 1825. (S. 269 - 288).

9) Ueber die politischen Vortheile und Nachtheile der preußischen Landwehr. (S. 288—293).

10) Die Verhältnisse Europa's seit der Theilung Polens. (S. 400 bis 408).

11) Zurückführung der vielen politischen Fragen, welche Deutschland beschäftigen, auf die unserer Gesammt-Existenz. (S. 408—417).

12) Ueber einen Krieg mit Frankreich. (S. 418—439).

13) Charakteristik des Prinzen Louis Ferdinand. (S. 536 – 541).

Die unter 2 und 13 verzeichneten Aufsätze sind dem sogenannten bekanntlich noch ungedruckten „Manuscripte von 1806" entnommen, in welchem der erstgenannte Aufsatz eine Anmerkung oder eigentlich eine Art Excurs bildet, der zweite zu den durch feinste psychologische Charakterzeichnung, in welcher Clausewitz ein Meister war, ausgezeichneten Schilderungen politischer und militärischer Persönlichkeiten jener Zeit gehört, welche das genannte Manuscript, besonders seit der Benutzung jener Charakteristiken durch Höpfner, so berühmt gemacht haben. Der Aufnahme des ganzen Manuscripts in diese Biographie stand der große Umfang desselben leider im Wege.

Aus dem in dem handschriftlichen Nachlasse befindlichen Tagebuche Clausewitz's, welches die Zeit vom 7. September 1830 bis zum 11. November 1831 umfaßt und größtentheils während seines Aufenthaltes in Posen geschrieben ist, habe ich nur zwei Abschnitte (Bd. II, S. 298—318 und S. 386—389) aufgenommen, da der übrige Inhalt des Tagebuchs sich theils in den Briefen wiederholt, theils sich auf speciell militärische Verhältnisse bezieht.

Die in dieser Biographie veröffentlichten Aufsätze der Frau von Clausewitz sind folgende:

1) Aufzeichnungen über ihr Jugendleben. (Bd. I, S. 175—182).

2) Aufzeichnung über die Zeit der ersten Bekanntschaft mit ihrem nachmaligen Gatten. (Bd. I, S. 183—195).

3) Erinnerungen aus ihrem Leben, angeknüpft an die Tage des Jahreswechsels. (Bd. I, S. 196 – 202).

4) Auffatz über ihr Verhältniß zu ihrem Gatten. (Bd. I, S. 540—543).

Von diefen Schriftstücken gestatte ich mir namentlich auf das zweite, ganz besonders aber auf das vierte als höchst werthvoll aufmerksam zu machen. Der unter 3 mitgetheilte Auffatz paßt in seinem ersten Theile nicht in den chronologischen Zusammenhang der Begebenheiten, in deren Darstellung er seine Stelle gefunden hat, ein Uebelstand, den ich leider nicht vermeiden konnte, da ich den Auffatz als ein Ganzes mittheilen zu müssen glaubte, eine andere Stelle der Biographie aber, in welche derselbe passend hätte eingereiht werden können, sich nicht finden ließ.

Die in die Biographie aufgenommenen 13 Gedichte Clausewitz's (Bd. I, S. 202—211) sind (mit Ausnahme des letzten, welches auf ein einzelnes Blatt geschrieben war) einem von der Hand der Frau von Clausewitz geschriebenen Hefte entnommen, welches die Auffchrift führt „Gedichte meines lieben Mannes". Die Mittheilung dieser Gedichte dürfte schon darum nicht unwillkommen sein, weil durch sie das Charakterbild des seltenen Mannes nach einer ganz neuen Seite hin ergänzt wird.

Daß die drei „historischen Briefe über die großen Kriegsereignisse im October 1806", welche der damals 26jährige Hauptmann Carl von Clausewitz im Jahrgange 1807 der „Minerva" von Archenholz ohne seinen Namen veröffentlichte, in dieser Biographie wieder abgedruckt worden sind (Bd. II, S. 460—487), wird, wie ich hoffe, namentlich den Kennern der Clausewitz'schen Werke erwünscht sein, da diese übrigens auch an und für sich sehr anziehenden Briefe als erste literarische Erzeugnisse des reichbegabten Mannes zur Vergleichung mit seinen späteren Schriften interessante Gesichtspunkte darbieten. Der edle patriotische Geist, von welchem diese schönen Briefe durchweht sind, sowie die liebenswürdige Milde und Bescheidenheit, welche sich in ihnen, namentlich in der maßvollen Beurtheilung militärischer Verhältnisse ausspricht, müssen auf Jeden, der diese Vorzüge zu schätzen weiß, den wohlthuendsten Eindruck hervorbringen.

Die von mir bei dieser Biographie benutzten Werke sind in dieser selbst mit den näheren Nachweisungen angegeben worden. Den reichsten Gewinn zog ich aus dem „Leben Gneisenau's" von Pertz, von welchem ausgezeichneten Werke ich schon wegen der sehr nahen Beziehungen zwischen Gneisenau und Clausewitz in ausgedehntem Maße Gebrauch machen mußte; großen Nutzen gewährte mir auch C. Baer's trefflicher Artikel über Gneisenau in der „Allgemeinen Encyclopädie" von Ersch und Gruber, die sehr verdienstvolle Biographie Scharnhorst's von Klippel, die gründliche und zuverlässige „Geschichte des preußischen Staates und Volkes unter den Hohenzollern'schen Fürsten" von E. von Cosel, von welcher die Bände 3 bis 7, deren letzter im Jahre 1874 erschien, von mir benutzt worden sind, und zahlreiche andere meist der biographischen und Memoiren-Literatur angehörige Schriften, auf welche ich in den meinem Buche beigefügten Anmerkungen hingewiesen habe.

Mit dankbarster Gesinnung habe ich schließlich die freundliche Bereitwilligkeit zu erwähnen, mit welcher ich bei meiner mit mehrfachen Schwierigkeiten verknüpften Arbeit von vielen Seiten durch handschriftliche Materialien sowohl als durch andere schätzbare Mittheilungen unterstützt und gefördert worden bin. In dieser Beziehung gebührt der Ausdruck meines innigsten Dankes der Frau Gräfin Hedwig von Brühl, gebornen Gräfin von Gneisenau, der Schwägerin der Frau von Clausewitz, und dem Herrn Oberst Wilhelm von Clausewitz, dem Neffen des Generals Carl von Clausewitz, insbesondere für das Vertrauen, mit welchem dieselben den literarischen Nachlaß der Verewigten in meine Hände gelegt haben, sowie für Mittheilung vieler für mein Werk ersprießlicher Notizen und Aufschlüsse, ferner den Herren: Polizeirath Carl von Clausewitz, der mich namentlich für den genealogischen Theil meiner Arbeit durch sehr willkommene Beiträge erfreute, Oberst Freiherr von Meerheimb bei der historischen Abtheilung des großen Generalstabes, Präsident Hermann von Röder, Generallieutenant Julius von Röder, Oberstlieutenant Tellenbach bei der geheimen Kriegs-Kanzlei und vielen anderen namentlich dem militärischen Berufe angehörigen Männern, welche mir die von mir besonders über militärische Verhältnisse und Persönlichkeiten erbetene Auskunft und Belehrung in freundlichster Weise gewährt haben.

Möchte dieses biographische Werk, das Ergebniß mehrjähriger und, wie ich versichern kann, sorgfältiger Forschung und mühevoller Arbeit, bei Allen, deren Herz von Liebe zum Vaterlande und zur vaterländischen Geschichte erfüllt ist, freundliche Aufnahme finden, und möchte es in möglichst weiten Kreisen zur Würdigung und vollständigen Kenntniß der beiden ausgezeichneten Persönlichkeiten beitragen, auf welche mit voller Wahrheit das Dichterwort Anwendung findet, daß sie, weil sie den Besten ihrer Zeit genuggethan, für alle Zeiten gelebt haben.

Wiesbaden, im October 1877.

Dr. Karl Schwartz,

Oberschulrath und Gymnasial-Director a. D.

Inhalt des erſten Bandes.

I.

Die Familie von Clausewitz erscheint in der preußischen Armee erst in der zweiten Hälfte des achtzehnten Jahrhunderts und die Urkunde, durch welche die Zugehörigkeit der Familie zum preußischen Adelstande anerkannt wird, ist im Jahre 1827 ausgefertigt worden.*) Die Familie soll nach den in ihr vorhandenen Ueberlieferungen mit einer freiherrlichen Familie von Clauswitz in Schlesien zusammen

---

* Die Angabe in Kneschke's Allg. deutschen Adelslexicon (Bd. II. S. 285), daß der Adel der Familie v. Clausewitz durch ein im Jahre 1830 ausgestelltes Diplom anerkannt worden sei, ist ungenau. König Friedrich Wilhelm III. bestätigte durch Cabinetsordre vom 30. Januar 1827, welche an den Generalmajor und Commandeur der 9. InfanterieBrigade von Clausewitz I., den Obersten und Commandeur der 13. LandwehrBrigade von Clausewitz II. und den Generalmajor und MilitärDirector der Allgemeinen Kriegsschule von Clausewitz III. gleichlautend gerichtet war, den Adel, welchen diese drei Brüder und ihr ältester Bruder, der Steuerrath von Clausewitz in Duisburg, sowie auch ihr verstorbener Vater bereits geführt hatten. Die Cabinetsordre lautet:

„Bei den in Ihrem Schreiben vom 28. d. M. vorgestellten Umständen will Ich den von Ihnen und Ihrem ältesten, als Steuerrath in Duisburg angestellten Bruder bisher geführten Adel hierdurch bestätigen und mag Ihnen dies zur Legitimation über den rechtmäßigen Besitz des Adels dienen.
Berlin, den 30. Januar 1827.
(gez.) Friedrich Wilhelm."

hängen, aus welcher im Jahre 1704 Ernst Friedrich Freiherr von Clauswitz als Königlicher Mann und Ältester im Fürstenthum Breslau erwähnt wird, dessen Witwe Judith die Güter Hausdorff, Heyde u. f. w. durch Vermächtniß den Jesuiten in Breslau zuwandte und bei denselben ihre letzten Lebensjahre zubrachte.*) Nach den von uns über die Vorfahren des berühmten Militärschriftstellers Carl von Clausewitz, dessen Leben in dieser Schrift darzustellen wir uns vorgesetzt haben, angestellten Forschungen können wir die beglaubigte und zuverlässige Geschichte der Familie bis auf seinen Urgroßvater zurückführen, dessen Vater aus Schlesien stammen, zur Zeit des dreißigjährigen Krieges Bürgermeister in Troppau gewesen und nach Sachsen geflüchtet sein soll.**)

Der erwähnte Urgroßvater, Johann Carl Clauswitz, war am 25. April 1663 zu Reibersdorf in der Oberlausitz geboren, erlangte 1691 die Magisterwürde in Wittenberg und wurde in demselben Jahre als Pfarrer nach Groß-Wlederitzsch unweit Leipzig berufen, wo er sich alsbald mit Johanna Elisabeth, der Tochter seines Vorgängers Augustin Mirus, verheirathete. Das Kirchenbuch enthält folgende von ihm selbst verfaßte Trauungsanzeige: „Ego M. (Magister) Johannes Carolus Clauswitzius, Pastor hujus loci et filiae Sehausen, nuptias habui cum amatissima honestissima et pudicissima Virgine Johanna Elisabetha, Viri multum Reverendi Augustini Miri, Pastoris hujus loci per annos 32 vigilantissimi et longe meritissimi piae memoriae, relicta filia et quidem facta Proclamatione consueta Mens. 1. Septemb. Ao. 1691. Deus conjugii fundator, in cujus nomine inceptae et celebratae sunt nuptiae, largiatur nobis tranquillum et per longa tempora benedictum conjugium.‟

---

* Allgem. Hist. Lex. Leipzig 1730, Thl. I. S. 1021, Sicatide schlesische Curiosa, Thl. II. S. 526 (Mittheilung des Polizeiraths Carl v. Clausewitz in Hamburg).

** Carl v. Clausewitz sagt in einem Briefe an seine Braut v. 13. December 1806 (s. unten Abschn. VI. A. Nr. 7) über den Ursprung seiner Familie, daß dieselbe aus Oberschlesien stamme und einer seiner Vorfahren am Ende des 17. Jahrhunderts, vermuthlich in zerrütteten Vermögensverhältnissen, in Jägerndorf gelebt habe, dessen Kinder, wie es scheint, zum bürgerlichen Stande übergetreten seien, da sein Großvater (Professor der Theologie in Halle), sich des Adels nicht bedient habe.

Das einzige Kind dieser Ehe war Benedictus Gottlob, geboren
am 24. Juli 1692, dessen Taufanzeige in dem Kirchenbuche von
der Hand des Vaters die Bemerkung beigefügt ist: „Hier ist ein
rarer Casus zu merken, daß die eine Taufzeugin, dieses Kindes Großmutter, und seine Mutter alle drei aus diesem Pfarrhause waren.“

Johann Carl Clauswitz stand seinem Amte als Pfarrer in
Groß-Wiederitzsch dreißig Jahre hindurch vor und starb daselbst am
23. November 1721 in einem Alter von acht und fünfzig Jahren
und sechs Monaten. Er hatte an demselben Sonntage, an welchem
er vor dreißig Jahren in sein Amt eingetreten war, über dasselbe
Evangelium, über welches er seine Anzugspredigt gehalten hatte,
seine letzte Predigt in beiden Kirchen gehalten „von dem Haushalter,
der nicht mehr Haushalter sein soll.“ Die Leichenpredigt hielt ihm
der Stifts-Superintendent Dr. Polycarpus Leyser aus Merseburg
über Ps. 4, 9, welchen Text der Verstorbene sich selbst gewählt hatte.
„In seinem Amte“, heißt es von ihm in dem Kirchenbuche, „erwies
er sich als redlicher Knecht Jesu Christi und hat sonderlich seinen
Amtsbrüdern bei deren fürgefallenen Krankheiten oder sonst gerne
beigestanden und die Arbeit erleichtern helfen.“

Der erwähnte Benedictus Gottlob Clauswitz *), der Großvater Carl von Clausewitz's, wurde bis zu seinem elften Jahre im
Elternhause von seinem Vater unterrichtet und besuchte seit 1703 die
Nicolaischule zu Leipzig, wo namentlich Schwartz und Crelle seine Lehrer
waren, und er auf das Lateinische, Griechische und Hebräische besonderen
Fleiß verwandte. Im Jahre 1708 bezog er die Leipziger Universität,
auf welcher er bei Merckel, Hart, Crelle und Pfeifer philosophische
Vorlesungen hörte, das Studium des Hebräischen fortsetzte und mit
demselben das des Chaldäischen, Syrischen, Arabischen und Rabbinischen
verband, auch die französische, italienische und englische Sprache erlernte.
Im Jahre 1711 erlangte er die Magisterwürde und betrieb nun unter
Rechenberger, Olearius, Cyprianus, Günther und Pfeifer vorzugsweise
theologische Studien. Seit 1713 hielt er Vorlesungen über hebräische
und griechische Sprache sowie über Philosophie und war zugleich

---

* Dreyhaupt, Gesch. v. Halle, Thl. II. S. 24 f., 605 f. und handschriftliche
Nachrichten.

Katechet an der Peterskirche, wurde 1718 Baccalaureus der Theologie, nicht lange nachher Assessor der philosophischen Facultät und bald darauf Sonnabendsprediger zu St. Thomas. Im Jahre 1723 wurde er der Nachfolger seines Vaters im Pfarramte zu Groß-Wiederitzsch und bekleidete dieses Amt bis zum Jahre 1732, indem er gleichzeitig in Leipzig Vorlesungen hielt, zu welchem Zwecke er sich zweimal wöchentlich dahin begab. Im Jahre 1732 wurde er als Archidiaconus an die Kirche St. Maximi zu Merseburg, am 11. Mai 1738 als ordentlicher Professor der Theologie nach Halle berufen, wo er vom October des genannten Jahres an bis zu seinem Tode über alle Theile der Theologie Vorlesungen hielt, auch die Predigten in der Schulkirche wechselweise besorgte. Die theologische Doctorwürde wurde ihm 1739 ertheilt, wobei der eigenthümliche Fall eintrat, daß der Professor Joachim Lange, der damals der einzige Doctor der Theologie in Halle war, auf seinem Todbette die übrigen Professoren der Theologie und zwar: Gotthilf August Francke, Christian Benedict Michaelis, Sigmund Jacob Baumgarten, Benedict Gottlob Clauswitz, Johann Heinrich Callenberger und Johann Georg Knapp, welche an seinem Sterbelager standen, am 16. Mai des genannten Jahres, ohne die sonst üblichen Disputationen, zu Doctoren der Theologie ernannte.

Professor Clauswitz entwickelte auch eine bedeutende literarische Thätigkeit. — Es werden von ihm elf Schriften größtentheils über theologische Gegenstände angeführt, von welchen neun in lateinischer, zwei in deutscher Sprache abgefaßt sind.*)

Clauswitz verheirathete sich, als Pfarrer in Groß-Wideritzsch, am 10. April 1724 mit Christine Marie, einziger Tochter des Superintendenten Mag. Clemens Thieme in Colbitz. Aus dieser Ehe wurden ihm neun Kinder geboren, eine Tochter und acht Söhne; die Tochter und drei Söhne kamen todt zur Welt, die fünf übrigen Söhne waren:

Benedict Clemens, welcher Rechtswissenschaft studirte,

Johann Gottlob, der die Handlung erlernte,

* Dreyhaupt a. a. O. II, 603. Ueber seine Abhandlung: „Von den 70 Wochen Daniels" und seine Schrift: „Vernunft und Schrift in ihrer Ordnung" vgl. die von Brockhaus verfaßte Biographie des Prof. Clauswitz in der „Allgem. deutsch. Biogr." Bd. IV (1876), S. 297 f.

Daniel Gottlob, der sich der Theologie widmete,
Samuel Augustin und
Carl Christian.

Benedict Clemens soll Bürgermeister und Gutsbesitzer in Bautzen gewesen sein; über Johann Gottlob und Samuel Augustin fehlen uns alle Nachrichten; von Daniel Gottlob und Carl Christian wird unten die Rede sein.

Clauswitz verlor 1737 seine Frau zu Merseburg, nachdem sie eben von einem todten Sohne entbunden worden war, was seine bejahrte Mutter, welche zum Besuche bei ihm verweilte, in solchem Grade erschütterte, daß sie vom Schlage getroffen wurde und unmittelbar nach ihrer Schwiegertochter starb, mit welcher und dem Kinde sie in demselben Grabe bestattet wurde.

Er schritt 1738, nachdem er kurz vorher den Ruf nach Halle erhalten hatte, zur zweiten Ehe mit Juliane Friederike, ältesten Tochter des Amtsactuars Gabriel Kirsten zu Merseburg. In dieser Ehe wurden ihm drei Söhne geboren, von welchen aber nur der älteste, Friedrich Gabriel, am Leben blieb; der zweite Sohn, Friedrich August, starb in zarter Kindheit, der dritte, Gotthilf Jakob, der wenige Wochen vor dem Tode seines Vaters geboren wurde, überlebte denselben nur kurze Zeit.

Professor Clauswitz wurde am 1. October 1748 von einem hitzigen Fieber befallen, das ihn zwar nach einigen Wochen verließ, aber einem auszehrenden Leiden Platz machte, welchem er am 7. Mai 1749 erlag. Er stand wegen seiner Gelehrsamkeit, Frömmigkeit und Rechtschaffenheit in hohem Ansehen und großer Achtung.

Auf den einzigen Sohn zweiter Ehe, der ihm erhalten blieb, Friedrich Gabriel, den Vater Carl von Clausewitz's, werden wir unten zurückkommen; vorher aber wollen wir die über die beiden erwähnten Söhne erster Ehe, Daniel Gottlob und Carl Christian, erhaltenen Nachrichten mittheilen.

Daniel Gottlob Clauswitz, geboren am 14. September 1728 zu Groß-Wideritzsch im Stifte Merseburg, besuchte die lateinische Schule des Waisenhauses zu Halle und studirte daselbst seit 1746 Theologie, wurde 1749 Privatprediger in Wiesenburg, 1752 Pastor in Reez, Medewitz und Peppinichen in Sachsen, 1759 zweiter Prediger an der St. Moritzkirche zu Halle, 1767 Pastor zu St. Agnus und 1768 Hofprediger in Köthen, wo er am 9. April 1803 starb. Er verfaßte zahlreiche Schriften theologischen Inhalts, alle, mit Ausnahme einer einzigen, die lateinisch geschrieben ist, in deutscher Sprache abgefaßt, unter denselben viele Predigten; auch dichtete er eine lateinische Ode auf das Jubelfest des Hallischen Waisenhauses.*) Sein Sohn Carl Benedict war Steuerrath und starb 1868 zu Wolmirstedt; dessen Sohn Justus ist Ober-Tribunalsrath zu Berlin und Mitglied des Abgeordnetenhauses und Reichstages. Von den vier Söhnen des Letzteren ist (1876) Justus Ingenieur in Dortmund, Paul Archivar in Posen, Hans und Otto sind Kreisrichter und Lieutenants in der Landwehr. Alle vier haben den Krieg von 1870 mitgemacht, in welchem sich der zweite und jüngste das eiserne Kreuz erwarben.

Carl Christian Clauswitz,**) geboren 1734 in Merseburg, erhielt seine Schulbildung in Klosterberge bei Magdeburg und auf dem Pädagogium zu Halle, worauf er sich an der Universität daselbst zugleich zum Theologen und Juristen ausbildete, wie es in jener Zeit, namentlich bei solchen jungen Leuten, welche eine Erzieherstelle in vornehmen Häusern nachzusuchen gedachten, nicht selten war. Bald nach Beendigung seiner Studien übertrug ihm der Graf Christian Günther zu Stolberg, der vorher königlich dänischer Amtmann und Statthalter des Amtes Segeberg war und 1756 als Oberhofmeister der verwitweten Königin Sophie Magdalene mit dem Charakter eines Königlichen Geheimen Rathes nach Kopenhagen berufen wurde, die Erziehung seiner beiden talentvollen Söhne, des Grafen Christian (geboren am 15. October 1748 in Hamburg) und des zwei Jahre jüngeren Friedrich Leopold (geboren am 7. November 1750 in dem Flecken Bramstedt, in welchem das Amtshaus des holsteinischen Amtes Segeberg lag). Clauswitz war der eigentliche Erzieher, mit

---

* Schmidt, Anhalt'sches Schriftsteller-Lexicon, Bernburg 1830; Meusel, Gel. Deutschl. I; die Ode in Schulze's hundertjähriger Gedächtnißfeier, Halle, 1798, S. 129.

** In den von Adolf Strodtmann herausg. „Briefen von und an Gottfr. Aug. Bürger" (Berlin, 1874) wird Carl Christian Clauswitz Bd. I., S. 79, 119 und 142 erwähnt.

welchem sich ein französischer Hauslehrer in den Unterricht theilte,
und erwarb sich durch seine Kenntnisse, sein Lehrtalent und die Vorzüge seines Charakters bald das volle Vertrauen der Eltern seiner
Zöglinge, welche letztere mit großer Liebe an ihrem trefflichen Erzieher
hingen. Zu dem näheren Umgange der Stolberg'schen Familie gehörten in Kopenhagen außer dem Minister Grafen Andreas von
Bernstorff auch Klopstock und der Odendichter Johann Andreas Cramer,
Hofprediger und Professor der Theologie in Kopenhagen, welche der
Ausbildung der beiden hoffnungsvollen Knaben die lebhafteste Theilnahme schenkten. An den in Klopstock's Gedichten vielbesungenen
Eispartieen auf dem nahen Lyngbyer See nahmen die beiden jungen
Grafen ebenso rüstigen Antheil, wie im Sommer an den Schwimm-
übungen in den herrlichen Seen Seelands. Ihr Hofmeister Claus-
witz trat durch seine Stellung in dem Stolberg'schen Hause zu den
genannten Personen in nähere Beziehungen, was ihm für seine
Bildung und Lebenserfahrung reichen Gewinn brachte. Im Frühjahr 1770 begleitete Clauswitz seine beiden Zöglinge, deren Vater
am 22. Juni 1765 gestorben war, auf die Universität Halle, welcher
er selbst seine Bildung verdankte. Hier widmeten die Jünglinge dem
Studium der Philosophie und der Rechtswissenschaft, des klassischen
Alterthums und der neueren Sprachen einen regen Fleiß, welchen
sie unter Leitung ihres Hofmeisters vorzugsweise durch häusliche
Vorbereitung und Wiederholung bethätigten. Uebrigens sagte den
lebhaften und geistvollen Jünglingen der trockene und langweilige
Vortrag der meisten dortigen Philosophen und Juristen wenig zu,
auch fanden sie an dem dortigen Leben wenig Geschmack, weshalb
auf ihren Wunsch im Herbst 1772 Göttingen zur Fortsetzung der
Studien gewählt wurde. Hier war eben der sogenannte Hainbund
entstanden, veranlaßt durch einen von Voß, Hölty, Martin Miller
und drei anderen Freunden am 12. September abends nach dem
Dorfe Wehnde unternommenen Spaziergang, auf welchem sie zu
einem Eichenhaine gelangten, wo sie in schwärmerisch erhobener
Stimmung die Hüte mit Eichenlaub bekränzten und sich, unter
Reihentanz um eine Eiche, ewige Freundschaft und gegenseitige Unterstützung bei ihren poetischen Bestrebungen gelobten. In den letzten
Tagen des October langten die beiden Grafen mit Clauswitz in

Göttingen an und wurden bald mit Boie, dem Herausgeber des Göttinger Musenalmanachs, der als Holsteiner ihr Landsmann war, und durch ihn mit Voß bekannt. Sie wurden am 19. December in den Dichterbund aufgenommen, und zwar mit um so größerer Freude, als sie mit Klopstock, welchen die Mitglieder des Vereins schwärmerisch verehrten, persönlich bekannt waren und den neu gewonnenen Freunden sogar einige vorzügliche Stellen aus den noch ungedruckten Gesängen des Messias mündlich mittheilen konnten. Sie gaben von Göttingen aus Klopstock von der Stiftung des Hainbundes Nachricht; dieser ließ die neuen Gesänge des Messias sogleich nach dem Drucke den Jünglingen zukommen, welche ihm durch die beiden Grafen, als dieselben ihre in Altona lebende Mutter*) besuchten, ein Buch mit ihren besten Gedichten übersandten. Auch Clauswitz trat mit dem Dichtervereine, dessen begeisterte Mitglieder seine beiden Zöglinge waren, in lebhaften Verkehr, ohne sich in denselben förmlich aufnehmen zu lassen, und verlebte in Göttingen eine an edlen geistigen Genüssen und Anregungen reiche Zeit. Im Herbst 1773 verließ er mit den beiden jungen Grafen Göttingen und begleitete dieselben nach Kopenhagen, von wo sie im Jahre 1775 ihre bekannte Reise über Frankfurt, wo sie mit Goethe verkehrten, nach der Schweiz unternahmen.

Der Abschied der beiden Grafen und des trefflichen Clauswitz von Göttingen war von den Freunden am 12. September, an welchem Tage vor einem Jahre der Bund in seiner bestimmten Form entstanden war, in ergreifender Weise begangen worden. Voß schrieb hierüber an Boie's Schwester Ernestine, seine nachherige Gattin, am 18. September:**) „Der 12. September wird auch mir noch oft Thränen kosten. Es war der Trennungstag von den Grafen Stolberg und ihrem vortrefflichen Hofmeister Clauswitz. Den Sonnabend waren wir bei Ihrem Bruder versammelt. Der ganze Nachmittag und der Abend waren noch so ziemlich heiter, bisweilen etwas stiller als gewöhnlich; Einigen sah man geheime Thränen des Herzens an, des

---

* Sie war eine Gräfin Castell aus einem fränkischen Geschlechte und starb am 22. December 1773.

** „Der Graf Friedrich Leop. Stolberg und seine Zeitgenossen" v. Dr. Theodor Menge. Gotha 1862. Thl. I, S. 49 f.

jüngsten Grafen Gesicht war fürchterlich. Er wollte heiter sein
und jede Miene, jeder Ausdruck war Melancholie. Wir sprachen
indeß noch Vieles von unserem künftigen Briefwechsel, von Jedes
vermuthlicher Bestimmung, von Mitteln, wie wir einmal wieder
zusammenkommen könnten, und dergleichen bitter-süße Gespräche mehr.
Unser Trost war noch immer der folgende Abend; aber bloß die
Nacht blieb ihnen und uns übrig. Wir waren schon um 10 Uhr
auf meiner Stube versammelt und warteten. Es war schon Mitternacht, als die Stolberge kamen. Aber die schrecklichen drei Stunden,
die wir noch in der Nacht zusammen waren, wer kann die beschreiben?
Jeder wollte den Andern aufheitern, und daraus entstand eine solche
Mischung von Trauer und verstellter Freude, die dem Unsinn nahe
kam. Der älteste Miller und Hahn (von mir weiß ich's nicht) fanden
in jedem Worte etwas Komisches, man lachte und die Thräne stand
im Auge. Wir hatten Punsch machen lassen, denn die Nacht war
kalt. Jetzt wollten wir durch Gesang die Traurigkeit zerstreuen;
wir wählten Miller's Abschiedslied auf Esmarch's Abreise, das wir
auf die Grafen verändert hatten. Hier war nun alle Verstellung,
alles Zurückhalten vergebens; die Thränen strömten und die Stimmen
blieben nach und nach aus. Miller's deutsches Trinklied machte uns
darauf ein wenig ruhiger, und dann ward noch ein Trinklied von
mir gesungen. Das Gespräch fing wieder an. Wir fragten zehnmal
gefragte Dinge, wir schwuren uns ewige Freundschaft, umarmten
uns, gaben Aufträge an Klopstock. Jetzt schlug es drei Uhr. Nun
wollten wir den Schmerz nicht länger verhalten, wir suchten uns
wehmüthiger zu machen und sangen von neuem das Abschiedslied
und sangen's mit Mühe zu Ende. Es war ein lautes Weinen. —
Nach einer fürchterlichen Stille stand Clauswitz auf: Nun, meine
Kinder, es ist Zeit! — Ich flog auf ihn zu und weiß nicht mehr,
was ich that. Miller riß den Grafen an's Fenster und zeigte ihm
einen Stern. — Wie ich Clauswitz losließ, waren die Grafen weg.
Einige waren mit ihnen die Treppe hinunter gelaufen. Sie hatten
sich aber losgerissen."

Clauswitz schied nach Beendigung der Universitätsstudien der
beiden Grafen aus seinem eine lange Reihe von Jahren mit großer
Treue und reichem Erfolge verwalteten Erzieheramte aus und blieb

in Kopenhagen, wo sich ihm durch seine Verbindung mit dem Minister Andreas Peter von Bernstorff günstige Aussichten für den Eintritt in den dänischen Staatsdienst eröffneten. Dieser ausgezeichnete Staatsmann, dessen Verdienste um den dänischen Staat die seines trefflichen Oheims, des Ministers Johann Hartwig Ernst von Bernstorff, vielleicht noch überragten, war 1735 zu Hannover, wo sein Vater Landrath war, geboren und trat 1755 als Kammerjunker in dänische Dienste, in welchen er sich unter seinem Oheim zum Staatsmann ausbildete und 1767 mit demselben zugleich in den Grafenstand erhoben wurde, mußte, nachdem er 1769 zum Geheimen Rath emporgestiegen war, in Folge des Eintrittes Struensee's in's Ministerium, ausscheiden, wurde aber zu Ende 1772 zurückberufen und bald nachher zum Minister ernannt, welche Stellung er, außer einer von 1780 bis 1784 dauernden Unterbrechung, bis an seinen Tod (21. Juni 1797) beibehielt. Mit der Stolberg'schen Familie stand er in engster freundschaftlicher und verwandtschaftlicher Verbindung; seine erste Gemahlin Henriette Friederike war die Schwester der Grafen Christian und Friedrich Leopold von Stolberg, und als er dieselbe 1782 durch den Tod verlor, vermählte er sich am 7. August 1783 mit deren Schwester Auguste Louise,*) welche seither Stiftsdame zu Uetersee in der Herrschaft Pinneberg gewesen war. Graf Bernstorff verschaffte dem von ihm wegen seiner Fähigkeiten und seines trefflichen Charakters sehr geschätzten vormaligen Erzieher seiner Schwäger Aufnahme in den dänischen Staatsdienst und wird ohne Zweifel für ihn auch die Erneuerung des Adels erwirkt haben, dessen sich sein Vater und Großvater, da sie dem geistlichen Stande angehörten, nicht bedient hatten. Clausewitz trat zunächst als Secretär in die deutsche Kanzlei zu Kopenhagen ein, war längere Zeit Amtmann in Segeberg, nachher Geheimer Secretär im Departement des auswärtigen Ministeriums in Kopenhagen und starb daselbst als Etatsrath 1795.

---

* Sie war am 7. Januar 1753 geboren und starb am 30. Juni 1835. An dem literarischen Verkehr ihrer Brüder Christian und des dichterisch bedeutenderen Friedrich Leopold nahm sie begeisterten Antheil und unterhielt auch einen Briefwechsel mit Goethe, den sie übrigens nie gesehen hat. Vgl. Lappenberg „Briefe von und an Klopstock" S. 503 u. 511.

Von seinen fünf Kindern

Christian,

Carl,

Friedrich,

Charlotte und

Gottlob

erwähnen wir Folgendes:

Christian machte seine Studien in Deutschland und starb 1856 kinderlos in Kopenhagen, als Geheimer Legationsrath im Departement des Auswärtigen.

Carl widmete sich, wie sein älterer Bruder, der Rechtswissenschaft, wurde Oberauditeur in der Armee und bekleidete, nachdem durch die Karlsbader Beschlüsse die Censur eingeführt worden war, zugleich das Amt eines Censors. Er starb, ohne Kinder zu hinterlassen, 1865 in Kopenhagen als Justizrath.

Friedrich war ebenfalls Jurist und mehrere Jahre hindurch dänischer Gesandtschafts-Attaché in London und Konstantinopel, später wurde ihm das ausschließliche Amt eines Notarius publicus in Kopenhagen übertragen und er starb daselbst, kinderlos wie seine beiden älteren Brüder, als Etatsrath 1858.

Gottlob wurde nach dem Tode seines Vaters von der oben erwähnten zweiten Gemahlin des Ministers Grafen von Bernstorff als Pflegesohn aufgenommen, widmete sich der militärischen Laufbahn, wurde Dragoner-Offizier, nahm aber als Rittmeister seinen Abschied und wandte sich dem Forstfache zu. Er starb als Forstmeister und Kammerjunker im Jahre 1859 auf einer Reise nach England und hinterließ vier Kinder: Christiane, welche in Christiania, Hermine, welche in England verheirathet ist, Carl, der Königlicher Amtsrichter in Itzehoe war, im October 1874 Bürgermeister in Bergedorf wurde und seit 1875 Polizeirath in Hamburg ist, und Charlotte, welche unverheirathet in Wandsbeck lebt.

Charlotte, die oben erwähnte Tochter Carl Christians, welche 1816 unverheirathet starb, stand in freundschaftlichen Beziehungen zu der zartfühlenden, geistreichen Gemahlin des früheren dänischen Gesandten in London, nachherigen Ministers Grafen Friedrich von

Reventlow,*) Julie, geb. Gräfin Schimmelmann, welche auf ihrem Gute Emkendorf bei Rendsburg einen hochgebildeten Kreis um sich versammelte. Als im Jahre 1813 der damalige Oberst Carl von Clausewitz, als Stabschef des Generals von Wallmoden, in Holstein war, lernte er und seine Gemahlin Marie, geb. Gräfin Brühl, auf dem Reventlow'schen Gute Emkendorf die erwähnte Charlotte, ihre Verwandte (Clausewitz's Vater Friedrich Gabriel und Charlotten's Vater Carl Christian waren, wie oben bemerkt wurde, Halbbrüder) persönlich kennen und der angeknüpfte freundschaftliche Verkehr wurde später auch brieflich fortgesetzt. Auch besuchten Charlotten's Brüder Gottlob und Friedrich, letzterer auf der Reise nach Konstantinopel, welche er als Gesandtschaftsattaché unternahm, ihren Vetter, den damaligen General von Clausewitz, in Berlin; doch scheint in der Folge der Verkehr zwischen den preußischen und den dänisch-holsteinischen Mitgliedern der Familie von Clausewitz aufgehört zu haben und erst 1867 wieder angeknüpft worden zu sein, als der Major a. D. Adolf von Clausewitz eine Villa bei Itzehoe kaufte, wo damals Carl von Clausewitz von der holsteinischen Linie (jetzt Polizeirath in Hamburg) als Kreisrichter lebte.

Wir wenden uns nun wieder zu dem einzigen Sohne aus der zweiten Ehe des Professors Benedictus Gottlieb Clauswitz, Friedrich Gabriel, der am 13. Februar 1740 in Halle geboren und bei seines Vaters Tode erst neun Jahre alt war. Er wurde von dem Major von der Hundt im Elchenau'schen Regimente, mit welchem sich seine Mutter verheirathet hatte, erzogen und wählte den Beruf seines Stiefvaters, der auch die Anerkennung des Adels für ihn erwirkt haben wird.**) Als Lieutenant im Regiment Nassau-Usingen machte

* Er war am 11. März 1748 geboren, seit 1797 Geh. Staatsminister und starb 1827. Ueber seine Gemahlin, mit welcher auch Klopstock verkehrte, vgl. Lappenberg „Briefe von und an Klopstock" S. 326 u. Anm. S. 522.

** Die Familie erscheint seitdem unter dem Namen von Clausewitz (früher: Claußwitz oder Clauswitz, wie ein Zweig der Familie sich noch jetzt schreibt) und so findet sie sich auch stets in den Kirchenbüchern der Stadt Burg. Der Name weist auf den slavischen Ursprung der Familie hin: Clausewitz, d. h. Sohn des Claus (Nikolaus).

er den siebenjährigen Krieg mit, mußte aber, da er kurz vor Beendigung desselben vor Kolberg an der rechten Hand schwer verwundet worden war, den Militärdienst verlassen und erhielt eine Civilanstellung als Königlicher Accise-Einnehmer in Burg an der Jhle (im Regierungsbezirk Magdeburg), welche mit einem Gehalte von nur 300 Thalern verbunden war. Er verheirathete sich mit Friederike Dorothea Charlotte Schmidt, der Tochter eines Beamten, welche am 20. Mai 1746 geboren war, und erhielt aus dieser Ehe vier Söhne und zwei Töchter, alle in Burg geboren: Gustav, Friedrich, Wilhelm, Charlotte, Carl und Johanna.

Friedrich Gabriel von Clausewitz hinterließ das Andenken eines pflichttreuen, braven Offiziers und Beamten sowie eines vortrefflichen Familienvaters, der auf's eifrigste bemüht war, seinen Kindern eine gute Ausbildung zu verschaffen, was ihm freilich durch die Beschränktheit seiner Mittel ungemein erschwert wurde. Er starb 1802 in Burg, seine Witwe, welche ihren Lebensunterhalt mit einer Pension von fünfzig Thalern bestreiten mußte, ebendaselbst am 20. November 1811 in einem Alter von fünf und sechszig Jahren und sechs Monaten.

Was die erwähnten beiden Töchter betrifft, so starb die jüngere, Johanna, unverheirathet in Warmbrunn, die ältere, Charlotte, wurde die Gattin des Hauptmanns und nachmaligen Ober-Steuer-Inspectors Petiscus. Ein Sohn aus dieser Ehe, Otto, wurde Artillerie-Offizier, nahm 1852 als Major seinen Abschied und lebt in Hoyerswerda unverheirathet.

Indem wir zu den vier Söhnen übergehen, werden wir zunächst über die drei älteren und deren Nachkommen berichten, dann der Biographie des jüngsten, Carl von Clausewitz, uns zuwenden.

Gustav Marquard Friedrich von Clausewitz, geboren am 20. April 1769, war der einzige der Brüder, welcher dem Militärstande nicht angehörte. Er studirte auf den Wunsch seiner Mutter anfangs Theologie, wandte sich aber später, da er wenig Neigung zum Berufe eines Geistlichen fühlte, zur Cameralwissenschaft, wurde im indirecten Steuerfache angestellt (längere Zeit war er Rendant in Burg) und starb 1830 als Steuerrath in Duisburg. Aus seiner Ehe mit Sophie Trillo, der Tochter eines Predigers, hatte er folgende

sechs Kinder, welche alle in Burg, seinem Geburts- und früheren
Wohnorte, geboren sind:

Carl, trat 1806 in die Armee, nahm Theil an den Kriegen
von 1806 und 1807, sowie an denen von 1812, 13, 14 und 15, in
welchen er sich das eiserne Kreuz erwarb, schied als Oberstlieutenant
aus dem Dienste und starb 1870 in Neiße. Aus seiner Ehe mit
einer Tochter des Generals von Dalwig hatte er einen Sohn, Carl,
der als Hauptmann im niederrheinischen Füsilier-Regimente Nr. 39
steht und sich im Kriege von 1870 als Lieutenant das eiserne Kreuz
I. Klasse erwarb, und zwei Töchter, von welchen die ältere, Marie,
als Minorin im Stifte Heiligengrabe lebt, die jüngere, Elisabeth, an
den General z. D. Müller verheirathet ist.

Wilhelm, geboren am 26. November 1793, trat 1811 bei der
Artillerie ein, kämpfte in den Befreiungskriegen, in denen er sich das
eiserne Kreuz erwarb, nahm als Oberstlieutenant seinen Abschied und
starb 1860 in Erfurt. Seine mit einem Fräulein von Helfeld
geschlossene Ehe blieb kinderlos.

Emilie, geboren am 5. October 1795, verheirathete sich mit
einem Regierungsbeamten Daubert und starb in Magdeburg.

Gustav, geboren am 31. December 1803, trat 1818 in die
Artillerie und nahm 1840 als Hauptmann seinen Abschied. Er
verheirathete sich mit einer Gräfin Dohna und wanderte mit seiner
Gattin und seinen beiden Kindern, einem Sohne und einer Tochter,
zugleich mit seinem Schwager, dem Kreisgerichtsrathe von Hugo,
und dessen Familie 1857 nach Texas aus.

Friedrich, geboren am 15. December 1807, trat 1823 in die
Armee und starb am 31. Juli 1866 in Böhmen an der Cholera,
als Generallieutenant und Commandeur der zweiten Division. Die
Lebensverhältnisse und letzten Tage dieses vortrefflichen Mannes, der
sich in hohem Grade die Verehrung und Liebe Aller, welche mit ihm
in Verbindung kamen, erworben hat, sind in einem Aufsatze der Neuen
Preußischen Zeitung (1870, Nr. 13, Beilage) in würdiger Weise dargestellt worden. Der Verfasser dieses Aufsatzes, Hugo Knoblauch,
suchte von einem rheumatischen Leiden, welches er sich bei einer Landes-
vermessung zugezogen hatte, Heilung durch einen Aufenthalt im Süden,
und da er auf der Reise zufällig den Ort berührte, an welchem der

General gestorben war, und daselbst seiner nur mit größter Hochachtung und Liebe erwähnen hörte, so faßte er in seinem patriotischen Herzen den Entschluß, das Gedächtniß des Verewigten durch einen Nachruf zu ehren, für welchen er sich von einem Verwandten desselben die erforderlichen biographischen Anhaltspunkte verschaffte. Wir lassen den schönen Nekrolog nach seinem Wortlaute hier folgen:

„Der Zufall führte uns in das Dörfchen Ceic (Tscheitsch) bei Göding in Mähren. Es war der 15. December. Das Wirthshaus füllte sich mit Bauern, die sich eifrig über das für Oesterreich so verhängnißvolle Jahr 1866 unterhielten. Unser Interesse wurde rege. „Heute ist des Generals Geburtstag" hörten wir einen Bauern in slavischer Sprache sagen, „sein Grab ist auch frisch bekränzt, denn der hat's verdient, wenn er auch ein Preuße war." Ein redseliger Bauer erzählte uns darauf, daß ein Preußischer General hier an der Cholera gestorben sei und am Garten des Gutsbesitzers unter alten Linden seine Grabstätte gefunden hätte. In Begleitung einiger Bauern begaben wir uns dorthin und standen bald an dem Grabe eines der treuesten Kämpfer für König und Vaterland, an dem Grabe des Generallieutenants und Commandeurs der 2. Division Fritz von Clausewitz. Im Feindeslande denkt man mit Liebe und Verehrung seiner, man pflegt und bekränzt sein Grab; in der Heimat hat sich bis heute noch keine Feder gefunden, die das Andenken an seinen Namen Preußens Söhnen bewahrt hätte!

Fritz von Clausewitz wurde am 15. December 1807 in Burg geboren, wo sein Vater Steuerbeamter war. Dieser, durch seine wissenschaftliche Bildung, seine strenge Rechtlichkeit und seine aufopfernde Liebe zu König und Vaterland allgemein geachtet, war nie Soldat, wohl aber gehörten seine drei Brüder durch ein halbes Jahrhundert der Preußischen Armee an, mit welcher sie die Tage der Trauer wie die der ruhmreichen nationalen Erhebung als warme Patrioten, als tapfere Soldaten und als intelligente Offiziere redlich theilten. Alle drei haben sich sowohl in den Feldzügen am Rhein 1793 und 1794 als auch in den Kriegen 1806 und 1812 bis 1815 rühmlichst ausgezeichnet und die Generalcharge erreicht, in welcher sie mehrere Jahre in der Armee mit vielem Erfolge thätig waren. Der jüngste derselben ist der berühmte Schriftsteller. — Sich seiner nahen

Verwandten würdig zu zeigen, war schon des jungen Fritz eifriges
Bestreben, und, ausgerüstet mit allen wissenschaftlichen Vorkenntnissen,
trat er als siebzehnjähriger Jüngling bei dem 11. Infanterie-Regimente
in Breslau, unter der Obhut seines ältesten Bruders, der dort als
Hauptmann stand, ein. Schon auf der Divisionsschule zeichnete sich
Fritz von Clausewitz so vortheilhaft aus, daß ihn sein Divisionscom-
mandeur, General von Natzmer, in Anerkennung seiner guten Führung
und seines Fleißes, als er nach abgelegtem trefflichem Examen am
10. März 1826 zum Seconde-Lieutenant avancirte, mit einem Degen
beschenkte. Drei Jahre später besuchte er die Kriegsakademie mit so
gutem Erfolge, daß er bald nach Absolvirung derselben in's topo-
graphische Bureau commandirt wurde und zwar, wie dies bestimmungs-
mäßig ist, anfänglich auf ein Jahr, dann aber, in Folge seiner
außerordentlichen Leistungen, auf weitere zwei Jahre. In der darauf
folgenden Zeit, die er noch dem 11. Infanterie-Regimente angehörte,
war er mehrere Jahre hindurch Brigade-Adjutant und Lehrer an
der Divisionsschule zu Breslau. Der Liebling des Regiments, wurde
er von Vorgesetzten und Kameraden nicht anders als „der Fritz"
genannt. 1842 zum Premier-Lieutenant befördert, wurde er bereits
1844 als Hauptmann in den großen Generalstab versetzt. In demselben Jahre vermählte sich Fritz von Clausewitz mit einer Tochter
des Justizraths Masseli zu Breslau, mit welcher er in einer kinderlosen,
aber sehr glücklichen Ehe lebte. 1849 wohnte v. Clausewitz, als
Generalstabsoffizier einer Division, der Action in Baden bei, trat
dann wieder in den großen Generalstab zurück und wurde in demselben bald Chef eines Kriegstheaters (Abtheilungs-Chef). Während
dieser Stellung gab er auch Unterricht auf der Kriegsakademie und
hielt den nachherigen Feldherrn des preußisch-österreichischen Krieges,
den Siegern von Königgrätz — dem Kronprinzen und dem Prinzen
Friedrich Carl — kriegsgeschichtliche Vorträge. 1849 zum Major, 1855
zum Oberstlieutenant befördert, wurde Fritz von Clausewitz 1857 als
Chef für Armee-Angelegenheiten in das Kriegsministerium berufen*)

* Vor seiner Berufung in's Kriegsministerium war er einige Zeit auch Chef
des Generalstabes des 7. Armeecorps (Münster) unter dem mit ihm sehr befreundeten
General Roth von Schreckenstein. Von 1865 bis Januar 1866 war er Inspecteur
der Besatzung der Bundesfestung Mainz.

und 1858 zum Oberst und Commandeur des Kaiser - Alexander-Grenadier-Regiments und 1861 zum Generalmajor und Brigade-Commandeur ernannt. Bald darauf als Generalstabs-Chef bei dem Ober-Commando des 1., 2., 5. und 6. Armeecorps commandirt, wurde er 1865 Generallieutenant*) und Commandeur der 2. Division, in welcher Stellung von Clausewitz, nachdem er seine Division bei Trautenau und Königgrätz geführt, mit seinem Stabe am 22. Juli 1866 in das mährische Dorf Ceic (Tscheitsch) bei Göding in vollster Gesundheit einrückte, nicht ahnend, daß er diesen Ort nicht wieder verlassen solle. Er erlag hier, im noch nicht vollendeten 59. Lebensjahre, am 31. Juli 1866 der Cholera.

Beseelt von Treue und Hingebung für König und Vaterland, von Eifer und Wärme für seinen Beruf, genoß Fritz von Clausewitz durch seine Güte und seine Bescheidenheit, seine Menschenfreundlichkeit und aufopfernde Hingebung an fremdes Leid, durch sein anmuthiges, echt chevalereskes Wesen, durch seine sittliche Größe und den Adel seiner Seele, welcher den der Geburt legitimirte, die Liebe und Achtung Aller, mit denen er lebte und wirkte, auch in Feindesland.

Vor dem Einmarsch unserer Truppen in Ceic hatte das Dörfchen mit seiner Umgegend die schwere Last zahlreicher Einquartierungen des eigenen Militärs zu tragen gehabt; die Ernte war noch nicht eingebracht und die alten Vorräthe waren verzehrt. Mit Furcht und Schrecken erwartete man die Preußen. Der General und seine Begleitung wurden in dem Hause des dasigen Gutsbesitzers einquartiert. Als die Hausfrau bei'm ersten Empfange um Entschuldigung bitten wollte, daß sie in der traurigen Lage sei, die Herren nicht so aufnehmen zu können, wie sie es wünschte, unterbrach sie der General mit den Worten: „Ich bitte nur um ein freundlich Gesicht; alles Andere bringen wir selbst mit." — Schon einige Tage darauf zeigten sich im Dorfe die ersten Anfälle der Cholera; sofort sandte der General Hülfe in die Hütten der armen Bauern und willig folgten die preußischen Aerzte dem Rufe ihres Generals. „Nie — so erzählte uns der dasige Gutsbesitzer Herr Ingenieur Straskraba — wandte

---

* Von 1865 bis Januar 1866 war er Inspecteur der Besatzung der Bundesfestung Mainz.

man sich vergeblich mit einer Bitte an Herrn von Clausewitz; derselbe
half wo er konnte; oft lebten wir von den Vorräthen, die der
Feind mitgebracht hatte." „So waren bereits — fuhr der Erzähler
fort — acht Tage seit dem Einmarsch der feindlichen Truppen verflossen; auch nicht die geringste Differenz zwischen Militär und Einwohnerschaft war vorgefallen; es war Sonntag, ein schöner Julitag,
und der General, meine Frau und ich saßen im Garten. Herr
von Clausewitz erzählte von der Heimat, von seiner Frau, der er
mit unendlicher Liebe zugethan war, und von seiner Jugendzeit; eine
seltene Sehnsucht nach den Seinigen hatte ihn erfaßt. Da näherten
sich einige Bauern und baten den General in slavischer Sprache, er
möge gestatten, daß das noch auf den Feldern liegende Getreide
ungehindert eingebracht werden könnte; man wollte es mit Hand-
wagen einführen, da ihnen sämmtliches Zugvieh zu Vorspann weg-
genommen war. Ich machte den Dolmetscher. Der General gab,
statt jeder Antwort, sofort den Befehl, daß den anderen Tag frühzeitig sämmtliche Vorspannwagen den Leuten das Getreide einzufahren
hätten. Diese Antwort hatten die überraschten Bauern nicht erwartet;
voll innigen Dankes gegen den edlen Feind eilten sie nach Hause
und wie ein Lauffeuer verbreitete sich die Freudennachricht durch das
ganze Dorf. Leider — erzählte der Hausherr weiter — sollte diese
schöne That, die aber einen würdigen Abschluß in dem Leben jenes
Mannes bildet, nicht zur Ausführung kommen!" Wenige Stunden
darauf traf der Befehl ein, daß die Division den Rückmarsch anzu-
treten habe. Es war der 30. Juli. Kurz vor dem Abmarsche der
Truppen stellten sich bei dem General die ersten Cholera-Anfälle ein;
er verabschiedete sich von seinem Stabe, von dem nur zwei Aerzte
und der Divisionsprediger bei dem Kranken zurückblieben, und wie im
Vorgefühle seines nahen Todes sagte er zu seinem Adjutanten:
„Sollte ich sterben, so sagen Sie meiner Frau, daß sie mein letzter
Gedanke gewesen ist." Als er diese Worte aussprach, ahnte seine
treue Lebensgefährtin nicht, daß ihr höchstes Erdenglück so bald zu
Grabe getragen werden würde. Er hatte ja alle Gefahren des
Krieges glücklich überstanden, die bereits begonnenen Friedensunter-
handlungen hatten alle Angst und Sorge von ihr genommen — da
traf sie die Trauerkunde. Vier Wochen später folgte sie dem am

31. Juli heimgegangenen Gatten; sie starb ebenfalls an der Cholera am 4. September 1866 in Danzig.

Wenn auch kein verwandtschaftliches Herz ihm nahe war, so hat ihm doch in seiner letzten Lebensstunde eine liebevolle Theilnahme nicht gefehlt. Sie ist ihm außer von dem Divisionsprediger Steinwender und von zwei preußischen Aerzten in selbstloser Liebe von der österreichischen Familie Straskraba zu Theil geworden.

Am 31. Juli Vormittags hatten die beiden Aerzte nichts mehr zu thun; der Divisionsprediger blieb zurück, um dem Verstorbenen die letzte Ehre zu erweisen.

Der Pfarrer des Ortes verweigerte anfänglich dem dahingeschiedenen Protestanten ein Plätzchen auf dem Friedhofe, wollte aber später für 300 fl. die Erlaubniß zur Beerdigung auf dem katholischen Friedhofe ertheilen. Voll Unmuth über ein solches Verlangen bot Herr Straskraba dicht an seinem Garten einen Platz unter schönen Linden an, wo der General schon bei Lebzeiten gern geweilt hatte. Still, wie er gelebt und gewirkt, wurde Fritz von Clausewitz ohne Sang und Klang, ohne Glockengeläute von einigen zwanzig preußischen Soldaten, die zufällig einen Tag vorher durch Celc marschirten, zu Grabe getragen, gefolgt von den dankbaren Bewohnern des Dorfes und der ganzen Umgegend, die, ungeachtet der Cholera herbeigeeilt waren, um dem Verstorbenen, der sich in so kurzer Zeit im Feindeslande die Herzen Aller erworben hatte, die letzte Ehre zu erweisen. — Der mit Blumen bekränzte Sarg war in die Erde gesenkt, der Prediger hatte bereits die Grabrede begonnen, da erschien auf der Höhe General von Mutius mit seinem Stabe, an der Spitze der zur Beerdigung commandirten Truppen. Sie umstellten das Grab, — ein stilles Gebet — die Thränen der Tapferen folgten ihm nach. Warmbrunn, im Januar 1870.

H. K."

Caroline, geboren am 8. März 1809, verheirathete sich mit dem Hofrathe Dr. med. Marz und hat aus dieser Ehe einen Sohn, der Kaufmann und Fabrikbesitzer in Böhmen ist, und zwei Töchter, von welchen die ältere mit dem Oberstlieutenant von Baczko im 58. Infanterie-Regimente, die jüngere mit dem Major Ludwig des 1. Dragoner-Regiments verheirathet ist. In zweiter Ehe verheirathete

2*

sie sich mit ihrem Vetter (Vaterbrudersohn), dem pensionirten Obersten Wilhelm von Clausewitz (s. unten) und lebt in Berlin.

Friedrich Volmar Carl von Clausewitz, der zweite Sohn Friedrich Gabriel von Clausewitz's, geboren 1771, widmete sich, wie seine beiden jüngeren Brüder Wilhelm und Carl, dem Militärdienste, in welchem er an dem Rheinfeldzuge (1793—95), dem Kriege von 1806 und 7, dem russischen Feldzuge 1812 und den Kriegen von 1813, 14 und 15 mit Auszeichnung theilnahm, viele Beweise hervorragender Tapferkeit gab und zur Stellung eines Generallieutenants gelangte. Sein muthvolles Verhalten in dem Gefechte bei Kanth (Kr. Neumarkt, Reg.-Bez. Breslau) am 17. Mai 1807 verschaffte ihm, der damals Lieutenant bei Pellet-Füsilieren war, den Orden pour le mérite und eine so schnelle Beförderung, daß er noch vor Ausbruch des russischen Krieges zum Major und Commandeur des ostpreußischen Jägerbataillons ernannt wurde. In dieser Stellung wirkte er bei der Belagerung von Riga mit und half später bei dem Bülow'schen Corps, als Commandeur des 4. ostpreußischen Infanterie-Regiments, die Siege bei Großbeeren und Dennewitz (23. August und 6. September 1813) und bei Laon (9. März 1814) erkämpfen.

Der General Graf Henckel von Donnersmark*) berichtet über ihn bei Erwähnung der von dem Könige am 16. Juli 1813 in Potsdam vorgenommenen Besichtigung des Bülow'schen Corps Folgendes: „Der König nahm nun die einzelnen Regimenter vor der langen Brücke vor, unter anderen auch das siebente Infanterie-Regiment, welches er dem Oberstlieutenant von Clausewitz gegeben hatte, den ich, da er sich in der russischen Campagne ausgezeichnet, dem Könige angelegentlichst empfohlen hatte. Der Oberstlieutenant war ein sehr ruhiger, gelassener Mann, den nichts aus der Fassung bringen konnte. Das Regiment hatte aber seinen unglücklichen Tag, denn es gelang nichts, keine Distancen wurden beobachtet und nichts wollte passen, wobei der Commandeur aber immer ruhig blieb. Ich war also abermals der Sündenbock, und der König ließ mich hart über meine Empfehlung an. Der Oberstlieutenant hat es ehrenvoll die ganze Campagne hindurch bewiesen, daß ich Recht hatte."

* „Erinnerungen aus meinem Leben" S. 205.

Mit besonderer Auszeichnung wurde der Name des tapferen und umsichtigen Offiziers bei der Vertheidigung von Trebbin am 21. August 1813 genannt. Die Vorhut des Marschalls Oudinot langte gegen ein Uhr mittags vor diesem schwachbefestigten Städtchen an, welches von nur vier preußischen Compagnien unter dem Befehle des Majors von Clausewitz besetzt war. „Die kleine Schaar vertheidigte die Stadt auf's tapferste, schlug alle Angriffe, zuletzt von drei französischen Regimentern, kaltblütig zurück, und wich und wankte selbst dann nicht, als der Feind auf den Höhen von Clistow, südlich von Trebbin, Geschütze auffahren ließ und die Stadt sehr lebhaft beschoß. Erst nach vierstündigem Widerstande, als es den Franzosen gelungen war, die Stadt auf der Ostseite zu umgehen und den Rückzug der Besatzung zu gefährden, gab Major von Clausewitz die Vertheidigung auf und zog sich, unter dem Schutze eines entgegengesendeten Kosaken-Regiments, auf dem Umwege über Löwenbruch auf Klein-Beuthen zurück."*)

Nach erfolgtem Friedensschlusse wurde Friedrich von Clausewitz zum Generalmajor und Brigade-Commandeur, später zum Generallieutenant befördert und starb, nachdem ihm der nachgesuchte Abschied mit ehrenvollster Anerkennung seiner Verdienste ertheilt worden war, im Jahre 1854, in dem hohen Alter von dreiundachtzig Jahren zu Glogau. Er besaß zwar die Gabe schneller Auffassung und die Verstandesschärfe seiner beiden jüngeren Brüder Wilhelm und Carl, nicht aber deren wissenschaftliche Bildung, da ihn seine vorherrschende Liebe zu praktischer Thätigkeit, für welche er mit ungewöhnlichem Talente ausgestattet war, abgehalten hatte, die Mängel des in der Jugend empfangenen Unterrichts durch Selbststudium zu ersetzen.

Er hatte nur zwei Kinder und zwar eine Tochter Mathilde, welche unverheirathet in Warmbrunn lebt, und einen Sohn, Friedrich, geb. am 10. October 1796, der 1815 in das Regiment Kaiser Alexander eintrat, als Major in's zweite Regiment versetzt wurde, in diesem

---

* C. v. Cosel „Gesch. des Preuß. Staates u. Volkes", Bd. VI., S. 269 f. Clausewitz wird hier als Major bezeichnet, während er von Graf Hendel Oberstlieutenant genannt wird. Cosel's Angabe dürfte wol die richtige sein. Uebrigens ist aus den uns vorliegenden Papieren nicht ersichtlich, wann Clausewitz zum Oberstlieutenant und zum Obersten befördert worden ist.

als Bataillons-Commandeur 1848 den Krieg in Schleswig mitmachte
und sich den rothen Adler-Orden 4. Klasse am schwarzen Bande
erwarb, 1853 als Oberstlieutenant seinen Abschied nahm und in
Berlin lebt. Derselbe hat aus seiner Ehe mit einer Freiin von Kloch
zwei Kinder; eine Tochter Franziska, die mit dem Major Unger vom
2. Baden'schen Grenadier-Regiment Kaiser Wilhelm Nr. 110 verheirathet ist, und einen Sohn, Hans von Clausewitz, der als
Lieutenant die Kriege 1866 und 1870 mitgemacht, sich in letzterem
das eiserne Kreuz erworben und als Hauptmann im schleswig-
holsteinischen Füsilier-Regiment Nr. 86 den Abschied genommen hat.
Derselbe ist ebenfalls verheirathet und hat einen Sohn und eine Tochter.

Wilhelm Benedict, der dritte Sohn Friedrich Gabriel von
Clausewitz's, war am 10. October 1773 geboren, trat 1787 als Junker
in das Regiment Prinz Ferdinand und war Seconde-Lieutenant, als
dasselbe bei der Belagerung von Mainz unter dem General von
Kalckreuth mitwirkte (1793). Bei einem durch den Ueberfall der
französischen Besatzung herbeigeführten, für die preußischen Waffen
glücklichen Gefechte zeichnete er sich durch Geistesgegenwart und
Kühnheit in solchem Grade aus, daß der König Friedrich Wilhelm II.
den tapferen jungen Offizier vor sich kommen ließ und ihn aufforderte,
sich eine Anerkennung zu erbitten. Dieser erwiederte mit der ihm
eigenen Bescheidenheit, er habe nur seine Soldatenpflicht erfüllt und
dürfe auf eine besondere Anerkennung keinen Anspruch machen, wage
es jedoch, seine beiden Schwestern, für deren Zukunft er bei der
Mittellosigkeit seiner Eltern besorgt sei, der Königlichen Gnade zu
empfehlen. Der König ertheilte nun sofort beiden Schwestern die
Anwartschaft auf Präbenden in den Stiften Neuenburg und Marienborn. Diese wurden jedoch an das Königreich Westfalen abgetreten
und jene Präbenden gelangten daher nicht zur Hebung. Nach mehr
als dreißig Jahren veranlaßte Wilhelm von Clausewitz, damals als
Generalmajor im Kriegsministerium beschäftigt, den Minister von Brenn,
über jene Angelegenheit dem Könige Friedrich Wilhelm III. Vortrag
zu halten, der nun der noch lebenden Schwester, Johanna, eine
jährliche Pension von 200 Thalern bewilligte und dieses dem gleich-
namigen Sohne des Generalmajors, welcher damals dem Prinzen
Waldemar von Preußen als militärischer Begleiter beigegeben war,

in Worten mittheilte, in welchen den Verdiensten und persönlichen
Vorzügen des Generalmajors die größte Anerkennung gezollt wurde.
Nach dem Baseler Frieden (1795) stand Wilhelm von Clausewitz
zuerst in Cremmen (Kr. Ost-Havelland, Reg. Bez. Potsdam) in
Garnison und wurde 1797, zugleich mit Beförderung zum Premier-
Lieutenant, in das neuerrichtete Regiment Courbière versetzt. Während
er unablässig bemüht war, seine militärischen Kenntnisse zu erweitern,
und im praktischen Dienste die gewohnte freudige und erfolgreiche
Thätigkeit zu entwickeln fortfuhr, suchte er zugleich die Lücken, welche
ein mangelhafter Unterricht in seiner wissenschaftlichen Bildung
gelassen hatte, durch Selbststudium so viel als möglich auszufüllen,
obgleich ihm dazu weder Cremmen noch die übrigen kleinen Städte,
in welchen er später in Garnison stand, eine günstige Gelegenheit
darboten. Durch seine Tüchtigkeit und die vorzüglichen Eigenschaften
seines Charakters erwarb er sich die Achtung und das Vertrauen
seiner Vorgesetzten in gleich hohem Grade wie die Liebe seiner
Kameraden und erlangte schon als Subalternoffizier eine so einfluß-
reiche Stellung, daß auch ältere Offiziere bei ihm, zu dessen
Rechtlichkeit und Einsicht sie unbedingtes Zutrauen hatten, Rath,
Belehrung und Hülfe suchten. Die ihm eigene liebenswürdige
Bescheidenheit und Herzensgüte ließen keine Spur von Neid und
Mißgunst gegen ihn aufkommen, und durch die vielen Auszeichnungen,
deren er sich zu erfreuen hatte, wurde die Anhänglichkeit seiner
Kameraden an ihn durchaus nicht vermindert. Im December 1806
zum Stabscapitain befördert, wurde ihm in Memel die Formation
des 6. westpreußischen Reserve-Bataillons übertragen, zu dessen
Commandeur er bald nachher ernannt wurde. Auch in dem Kriege
von 1807 bewährte er seine Tüchtigkeit, und nach dem Tilsiter
Frieden wurde er in das Regiment Courbière zurückversetzt, was
ihm selbst zu gleich großer Freude gereichte, wie seinen früheren
Kameraden. Ueber ihn schreibt Scharnhorst in einem am 14. December
1807 aus Memel an Carl von Clausewitz gerichteten Briefe, welchen
wir unten mittheilen werden: „Ihr Bruder im Regiment Courbière
ist ein braver Mann und hat viele Reputation." Im Jahre 1809
wurde er zum Compagniechef im Courbière'schen (2. westpreußischen)
Infanterie-Regiment ernannt, welches noch in demselben Jahre Breslau

zur Garnison erhielt. Hier war er auf's eifrigste bemüht, alle ihm
für seine wissenschaftliche Fortbildung dargebotenen Mittel in aus-
giebigster Weise zu verwerthen; er benutzte die Bibliotheken und
Kunstsammlungen, war ein fleißiger Besucher der Vorlesungen an der
Universität und unterhielt einen ihn geistig vielfach anregenden
Verkehr mit Gelehrten und Künstlern. Dabei widmete er sich seinem
militärischen Berufe mit unvermindertem Eifer und Erfolge. In dem
russischen Feldzuge von 1812 erwarb er sich bei der Belagerung von
Riga den Orden pour le mérite, der ihm mit folgender Cabinetsordre ertheilt wurde:

„Aus den von dem Generallieutenant von York eingereichten
Berichten geht hervor, daß Sie am 29. v. M. in dem Gefechte
bei Cyrpen ein vorzüglich muthvolles und braves Betragen
gezeigt haben. Ich bin mit diesem rühmlichen Verhalten sehr
zufrieden und will Ihnen dies durch Verleihung Meines Verdienst-
Ordens bezeugen. Potsdam, den 18. October 1812.
Friedrich Wilhelm.
An den Capitain von Clausewitz des 2. westpreußischen
Infanterie-Regiments."

Zu Anfang des Jahres 1813 wurde er zum Major befördert,
wobei er vier Vorderleuten vorgezogen wurde, wie er in der Folge
bei seiner Ernennung zum Oberstlieutenant mehr als hundert Majore
übersprang. Er erhielt als Major das Commando des 3. litthauischen
Füsilierbataillons und hatte die Freude, diese junge von ihm formirte
Truppe in dem Gefechte bei Luckau am 4. Juni 1813, bei welchem
sie die Feuertaufe empfing, sich ihrer älteren Waffenbrüder würdig
erweisen zu sehen. Das Bataillon hing an seinem tapferen und
menschenfreundlichen Commandeur mit ungemeiner Liebe und dieser
konnte sich nur mit Schmerzen von demselben trennen, als er bald
nach dem genannten Gefechte zum Generalstabe versetzt wurde.
Seine neue Bestimmung führte ihn zur Blokade von Küstrin, doch
wurde er noch vor Ablauf des Jahres 1813, auf seinen wiederholt
ausgesprochenen dringenden Wunsch, zu den Feldtruppen zurückversetzt
und als Generalstabsoffizier der Brigade Horn zugetheilt. In dieser
Stellung wirkte er ehrenvoll bei allen Unternehmungen mit, an
welchem die Brigade betheiligt war, insbesondere in den Schlachten

bei Laon und Paris. Bei dem Feldzuge von 1815 stand er bei dem zweiten Armeecorps, mit welchem er bei Ligny und Bellealliance kämpfte, und nahm dann unter dem Prinzen August an der Belagerung der Festungen Maubeuge, Landrecy, Marienbourg, Philippeville, Rocroy, Givet und Charlemont Theil. Bald nach dem zweiten Pariser Frieden wurde sein Wunsch, in die Linie zurückversetzt zu werden, durch seine Ernennung zum Commandeur des neugebildeten 32. Infanterie-Regiments erfüllt, welches ihn sechs Jahre später mit dem lebhaftesten Bedauern scheiden sah, als er zum Commandeur der 13. Landwehr-Brigade befördert wurde. Seit 1822 wirkte er in dieser Stellung, in welcher er sich, wie in allen früher von ihm eingenommenen, die allgemeinste Hochachtung und Liebe erwarb, zehn Jahre hindurch, bis ein hartnäckiges Hämorrhoidalleiden, welches er sich während des russischen Krieges zugezogen hatte, einen so ernsten Charakter annahm, daß er um Versetzung in den Ruhestand zu bitten sich genöthigt sah. Aber der König Friedrich Wilhelm III. erwiederte sein Abschiedsgesuch durch folgendes Cabinetsschreiben:

„Da Ihr Gesundheitszustand Ihnen nicht gestattet, ferner noch bei den Truppen thätig sein zu können, so ist es meine Absicht, von Ihren Diensten noch anderweiten Gebrauch zu machen. Ich versetze Sie daher zum Kriegsministerium, bei welchem Sie als Vorstand der Abtheilung für das Invalidenwesen fungiren werden, und hege zu Ihnen das Vertrauen, daß Sie auch in diesem Verhältnisse Mir nützliche Dienste leisten und zugleich für Ihre Thätigkeit einen rühmlichen Wirkungskreis finden werden.

Berlin, den 26. März 1832.

Friedrich Wilhelm.

An den Generalmajor von Clausewitz in Münster."

Mit wie tiefem Schmerze man den durch Rechtlichkeit, Biederkeit und Humanität ausgezeichneten Mann aus seinem Wirkungskreise in Westfalen scheiden sah, das klingt in den wärmsten und lebhaftesten Ausdrücken der zahlreichen Zuschriften wieder, welche von dem Oberpräsidenten der Provinz Westfalen, von Vincke (unterm 6. April 1832), von dem Regierungscollegium der Provinz, dem Oberbürgermeister der Stadt Münster, der Intendantur des VII. Armeecorps, den

Bataillonscommandeuren der 13. Landwehrbrigade und vielen anderen
Behörden und Persönlichkeiten an ihn gerichtet wurden. Man erkennt
völlig unzweifelhaft aus Inhalt und Fassung aller dieser Schriftstücke, daß sie nicht durch das äußere Bedürfniß einer bloßen Form-
erfüllung veranlaßt, sondern der lebhafte Ausdruck einer wirklichen
Ueberzeugung und eines aufrichtig und warm empfundenen Gefühles
waren. In allen diesen Schriftstücken wurde anerkannt, daß General
von Clausewitz durch seine unermüdete Thätigkeit, welcher selbst ein
schweres Körperleiden keine Fessel anzulegen vermochte, auf's wesentlichste zur Wohlfahrt der Provinz beigetragen, daß er in seinem
dienstlichen Wirken wie in seinem Priatleben stets seinen Untergebenen
ein Vorbild gewesen, daß er auf eine seltene Weise die schwere
Aufgabe zu lösen verstanden habe, mit den Militärverhältnissen die
gewerblichen und landwirthschaftlichen Interessen auszugleichen und
in Einklang zu bringen, daß er nicht nur ein ausgezeichneter Chef
des Wehr-, sondern auch ein wohlwollender und umsichtiger Vertreter
des Nährstandes gewesen sei, indem er stets dafür gesorgt habe, daß
auch nicht einer einzigen Familie Wohlstand durch Heranziehung
eines ihrer Mitglieder zum Militärdienste zerrüttet worden sei, und
schließlich die Ueberzeugung ausgesprochen, daß sein Andenken in
der Provinz bei allen Ständen und in allen Klassen der Bevölkerung in dankbarster Verehrung bleiben werde.

General von Clausewitz erfüllte, ungeachtet seines oft und mit
großer Heftigkeit wiederkehrenden Körperleidens, die ihm im Kriegsministerium obliegenden Pflichten sieben Jahre hindurch mit unver-
drossenem Eifer, und erst im Jahre 1839 erneuerte er sein Abschiedsgesuch, welchem der König mit voller Anerkennung der von ihm
geleisteten Dienste und unter Verleihung des Charakters als Generallieutenant willfahrte. Er starb 1849 zu Potsdam im Alter von
sechsundsiebzig Jahren. Außer dem Orden pour le mérite hatte
er sich beide eiserne Kreuze, den russischen Georgenorden 4. Klasse
und den rothen Adlerorden 2. Klasse erworben, welche sämmtliche
Auszeichnungen auch seinem älteren Bruder Friedrich zu Theil
geworden sind.

Wilhelm von Clausewitz lebte in sehr glücklicher Ehe mit Friederike
von Hülsen, der ältesten Tochter des Hauptmanns und Landraths

von Hülsen, Erbherrn auf Zehlen (Prov. Preußen), mit welcher er
die folgenden vier Söhne hatte: Wilhelm, August, Friedrich und
Adolf.

Wilhelm, geboren in Goldap (Reg.-Bez. Gumbinnen) am
28. Juni 1801, trat 1816 in das 32. Infanterie-Regiment, und
war von Herbst 1834 bis Ende 1838 militärischer Begleiter des
Prinzen Waldemar von Preußen, der bis zu seinem Tode ihn mit
liebevollem Wohlwollen beglückt hat. Auf einer Reise mit dem
Prinzen zog er sich so heftige nervös-rheumatische Leiden zu,
daß er sich in die Nothwendigkeit versetzt sah, bereits im Jahre 1856
seine Verabschiedung nachzusuchen. Seine letzte Stellung war die
eines Commandeurs des Cadettenhauses in Wahlstatt. Im Jahre
1853 verheirathete er sich mit der verwittweten Tochter seines
Oheims Gustav von Clausewitz (s. oben), welche Ehe kinderlos blieb.
Er lebt als Oberst a. D. in Berlin. Ihm, der mit großer Pietät
das Andenken seiner Verwandten, namentlich seines Vaters und
seiner Oheime ehrt, verdankt der Verfasser dieser Biographie Carl
von Clausewitz's den größten Theil des bei derselben benutzten oder
in sie aufgenommenen handschriftlichen Materials und überdies vielfache für seine Arbeit ersprießliche Mittheilungen und Belehrungen.

Noch möge ein Brief, welchen der liebenswürdige Prinz Waldemar,
von Homburg aus, wo er sich zur Kur befand, an seinen früheren
Mentor, den damaligen Hauptmann von Clausewitz richtete, hier eine
Stelle finden:

„Homburg, den 25. Juni 1840.

Von Herzen danke ich Ihnen, mein lieber Clausewitz, für
Ihren so freundlichen Brief und Ihre darin enthaltene Einladung
nach Bensberg. Ich sehe aus Beidem, daß Ihre Theilnahme
für mich noch die alte ist und das danke ich Ihnen so besonders.
Wie gern wäre ich Ihrer Einladung gefolgt, wie gerne hätte
ich Sie wiedergesehen nach so langer Trennung! Doch mir ist
es durchaus unmöglich, diese Reise zu machen. Ich bin zu kurz
in hiesiger Gegend und gebrauche zu gewissenhaft die hiesige
Kur, so daß ich, so leid es mir auch thut, auf diese Excursion
Verzicht leisten muß.

Bis zu Papa's Geburtstag bleibe ich nur noch hier und in

Darmstadt und reise darauf zum Besuch zu meiner jüngsten Schwester nach Hohenschwangau. Wie ich mich auf das Wiedersehen dort in dem schönen Alpenlande freue, können Sie sich denken. Die Zeit dort ist für mich auch nicht allzu lang, und daß ich mir sie nicht gern noch mehr abkürze, das können Sie mir doch nicht verargen.

Diese ganze Kur ist mir meiner dienstlichen Beschäftigung wegen recht ungelegen gekommen. Ich habe mich seit dem Herbst auf ein Jahr zur Artillerie kommandiren lassen; davon sind nun über zwei Monate unbenutzt vorübergegangen, und gerade die Schießübungen, so wichtig bei dieser Waffe, fallen in diese Zeit. Die Bogen, die Sie mir während Ihres mir ertheilten militärischen Unterrichts diktirten, sind mir jetzt recht nützlich geworden; ich kann Ihnen für die Mühe, die Sie sich meinetwegen damit gegeben, nicht dankbar genug sein.

Ich hatte hier eine rechte Freude, Oberst Fromm, der in Frankfurt gegenwärtig ist, zu sehen. Auch kam Ritter*) vor einigen Tagen als Capitain hier durch auf seiner Reise nach Wesel, wo er eine Compagnie bekommen. Der Abschied von ihm, einem so braven, einem uns so zugethanen Menschen, war mir recht schwer.

So leben Sie denn herzlichst wohl, mein lieber Clausewitz! Seien Sie überzeugt von meinem Bedauern, Sie dieses Jahr nicht wieder zu sehen, und gedenken Sie zuweilen

Ihres Freundes

Waldemar."

August, geboren zu Goldap am 28. Juli 1803, trat 1821 in das 31. Infanterie-Regiment und wurde bei seiner Beförderung zum Offizier in das zweite Garde-Regiment versetzt, in welchem er dreißig Jahre diente, die Kriegsakademie besuchte, dann mehrere Jahre Regiments-Adjutant und Adjutant einer Garde-Landwehr-Brigade, zuletzt Bataillons-Commandeur war, worauf er einige Jahre hindurch als Brigadier der dritten Gendarmerie-Brigade vorstand. Im Jahre

---

* Derselbe hatte als Lieutenant in der 7. Artillerie-Brigade dem Prinzen in Cöln längere Zeit Unterricht ertheilt, trat als Oberstlieutenant in den Ruhestand und lebt jetzt in Spandau.

1867 nahm er seinen Abschied und lebt als Oberst a. D. in Berlin. Aus seiner Ehe mit einer Tochter des Obersten von Verno hatte er einen Sohn, der, nachdem er einige Jahre Jäger-Offizier gewesen, den Abschied nahm und in jugendlichem Alter starb.

Friedrich, geboren in Graudenz am 6. September 1809, studirte die Rechtswissenschaft, trat im Jahre 1832 als Regierungsassessor in den Staatsdienst und wurde am 19. August 1840 mit der Polizei-verwaltung der Stadt Danzig beauftragt, 1842 zum Polizei-Director, 1843 zum Polizei-Präsidenten ernannt. In dieser wichtigen Stellung, welche er bis zu seiner auf sein Nachsuchen im Jahre 1875 erfolgten Versetzung in den Ruhestand bekleidete, erwarb er sich durch seine erfolgreiche Wirksamkeit für das Gedeihen der Stadt, durch seine Gerechtigkeit und Humanität in allen Kreisen der Bevölkerung die größte Verehrung und Liebe, welche bis zu seinem Scheiden aus seinem unter den schwierigsten Verhältnissen geführten Amte in unge-schwächtem Maße fortdauerte und in zahlreichen äußeren Auszeichnungen und Kundgebungen Ausdruck fand. Bei seinem fünfundzwanzig-jährigen Dienstjubiläum wurde ihm, um von so vielen Anerkennungen nur diese eine hier zu erwähnen, von einer Deputation des Magistrats und der Stadtverordneten, den Oberbürgermeister und den Vorsteher der letzteren an ihrer Spitze, in einer kostbaren, kunstvoll gearbeiteten silbernen Kapsel, welche mit dem Wappen der Stadt Danzig verziert war, folgender Ehrenbürgerbrief überreicht:

„Der Magistrat der Stadt Danzig bezeugt hierdurch, daß er im Einverständniß mit der Stadtverordneten-Versammlung beschlossen hat, dem Königlichen Polizei-Präsidenten Herrn Friedrich Wilhelm von Clausewitz, Ritter des rothen Adler-Ordens und des Kaiserl. russischen St. Wladimir-Ordens sowohl weil ihm vom Beginne seines Hierseins um seines ehrenhaften und sittenreinen Charakters willen die allgemeine öffentliche Achtung und die innige Zuneigung der Einwohnerschaft zugewendet gewesen und immer zugewendet geblieben, als weil er bei getreuer Erfüllung seiner wichtigen Berufspflichten das Beste des gemeinen Wesens und das Wohl des Einzelnen zu fördern, mit warmem Herzen bestrebt gewesen und, indem er das Vertrauen zu dem guten Sinne der Be-wohner Danzigs auch in bewegter Zeit sich nicht verkümmern ließ, in edler Weise dazu mitgewirkt, daß unter ihnen der Geist der Treue, der guten Ordnung, der selbstbewußten Achtung vor dem Gesetze nach wie vor lebendig geblieben, in dankbarer Würdigung und Anerkennung solcher Vorzüge und Verdienste das Ehrenbürgerrecht der Stadt Danzig zu verleihen.

Demgemäß ist dieser Ehrenbürgerbrief unter der Stadt Siegel und verordneten Unterschrift ausgefertigt.

Danzig, den. 16. December 1857.

L. S.　　Der Magistrat.

(Unterschrift.)"

Unter den zahlreichen Bezeugungen der Verehrung und Liebe, welche ihm am 19. August 1865 bei der Feier seines fünfundzwanzigjährigen Jubiläums als Chef der Polizei in Danzig sowie bei dem Ausscheiden aus seinem Amte im Jahre 1875 zu Theil wurden, erwähnen wir nur, daß ihm bei der erstgenannten Veranlassung die sämmtlichen 32 Handwerksinnungen der Stadt ein überaus prachtvolles und kunstreiches, mit den allegorischen Emblemen sämmtlicher Gewerke verziertes Album überreichten und daß bei dem Eintritte in den Ruhestand dem hochverdienten Manne zu anderen bereits früher empfangenen Auszeichnungen der rothe Adlerorden 2. Classe verliehen wurde.

Er lebt in glücklicher Ehe mit Fanny Hageboek, mit welcher er sich als Referendar in Münster verlobt hatte. Von den beiden Kindern aus dieser Ehe verheirathete sich die Tochter, Friederike, geb. am 3. August 1839 an den Hauptmann Mai, einen Offizier von ausgezeichneter wissenschaftlicher Bildung, der wenige Tage nachher in's Feld zog und bei Amiens blieb (27. November 1870); der Sohn, Wilhelm, geboren 19. August 1836, steht als Hauptmann im 4. Garde-Regiment zu Fuß (Spandau).

Adolf, geboren in Breslau am 16. Juli 1811, trat 1829 aus dem Cadettencorps als Lieutenant in das damalige Garde-Reserve-, jetzige Garde-Füsilier-Regiment, besuchte die Militär-Akademie, war einige Jahre Adjutant bei dem Berliner Garde-Landwehr-Bataillon, wurde dann zum topographischen Bureau commandirt, hierauf Adjutant einer Garde-Landwehr-Brigade, aus welcher Stellung er 1850 als Hauptmann in das Kaiser-Alexander-Grenadier-Regiment

verſetzt wurde. Er nahm 1852 ſeinen Abſchied, kaufte ein Gut in
der Lauſitz und verheirathete ſich mit einer Tochter des verſtorbenen
Juſtizrathes Weſer, welche er 1859 durch den Tod verlor. Er hatte
aus dieſer Ehe zwei Töchter, von welchen die ältere, Marie, geboren
am 13. Auguſt 1838, mit dem in Sorau lebenden Rittmeiſter a. D.
von Zeſchau, die jüngere, Helene, geb. am 18. Februar 1840, mit dem
1867 verſtorbenen Oberſtlieutenant von Hülſen ſich verheirathet hat. In
zweiter Ehe vermählte ſich Adolf von Clauſewitz mit der verwitweten
Gräfin Dyhern und hat aus dieſer Ehe keine Kinder. Seit 1869 lebt
er als Major a. D. auf einer von ihm bei Itzehoe in Holſtein durch
Kauf erworbenen Villa.

Carl von Clauſewitz, der jüngſte der vier Söhne Friedrich
Gabriel von Clauſewitz's, war das ausgezeichnetſte und berühmteſte
Mitglied der Familie, welche ſich namentlich in der preußiſchen Armee,
der die meiſten als Offiziere angehörten, einen ſo ehrenvollen Namen
erworben hat. Der Darſtellung ſeines Lebens und Wirkens ſind die
folgenden Abſchnitte gewidmet.

II.

Carl von Claufewitz's Jugendleben in Burg. — Eintritt als „Junker" in das Regiment „Prinz Ferdinand". — Theilnahme am Rheinfeldzuge. — Beförderung zum Fähnrich (vor der Uebergabe von Mainz). — Ernennung zum Seconde-Lieutenant (vor Abschluß des Baseler Friedens). — Garnisonsleben in Neu-Ruppin. — Aufnahme in die Kriegsschule zu Berlin und erste Bekanntschaft mit Scharnhorst, dem „Vater seines Geistes". — Ernennung zum Adjutanten des Prinzen August.

Carl von Clausewitz wurde, wie wir im vorhergehenden Abschnitte erwähnten, als der jüngste von vier Brüdern, am 1. Juni 1780 in Burg geboren. Seine Vaterstadt, welche seit 1864 ein vollständiges Gymnasium besitzt, bot in jener Zeit bei der mangelhaften Einrichtung ihrer Schulanstalten für eine höhere Ausbildung keine günstige Gelegenheit dar. Zwar war dort nach der Einführung der Reformation im Jahre 1542 eine aus sechs Klassen bestehende lateinische Schule errichtet worden, welche zur Universität vorbereitete; allein da sie mit der Entwickelung der Schulen in den größeren Nachbarstädten nicht gleichen Schritt halten konnte, so wurde sie allmählich in eine Stadt- und Bürgerschule umgewandelt. Bis zur Mitte des achtzehnten Jahrhunderts bewahrte sich die Anstalt noch den Charakter einer Gelehrtenschule, allein nach 1760 wurde das Hauptgewicht, nach dem Vorbilde der 1747 in Berlin durch Hecker gegründeten Realschule, auf die Realien gelegt und in den alten Sprachen nur ein nothdürftiger Unterricht ertheilt. Carl von Clausewitz besuchte die Stadtschule in Burg nur bis zu seinem zwölften Lebensjahre; seine Kenntnisse waren, als er dieselbe verließ, um sich dem Militärstande zu widmen, sehr mangelhaft und erstreckten sich, außer der gewöhnlichen Elementarbildung nur auf die Anfangsgründe der lateinischen Sprache. Die sehr beschränkten Mittel des Vaters gestatteten demselben nicht, den Sohn einer auswärtigen Lehranstalt anzuvertrauen, legten ihm vielmehr den Wunsch nahe, daß derselbe, wie seine beiden älteren Brüder Friedrich und Wilhelm, die militärische Laufbahn erwählen und dadurch zu möglichst frühzeitiger Versorgung gelangen möge. Dem Wunsche des Vaters entsprach die Neigung des Sohnes, welche durch das Beispiel der beiden Brüder, die Vorliebe des Vaters für den Militärstand, die täglichen Erzählungen desselben von seinen Erlebnissen im siebenjährigen Kriege, in welchem er als Offizier mitgefochten hatte, und den fast ausschließlichen Verkehr der Familie mit ehemaligen oder wirklichen Offizieren genährt worden war. Der Vater suchte für seinen jüngsten Sohn die Erlaubniß nach, in das Infanterie-Regiment Prinz Ferdinand (Nr. 34), in welchem bereits seit 1787 der ältere Bruder Wilhelm diente, als „Junker" eintreten zu dürfen, und brachte den zwölfjährigen Knaben selbst nach Potsdam, wo dessen Annahme zu beiderseitiger großer Freude erfolgte. Daß die Zugehörigkeit der Familie von Clausewitz zum Adelstande damals bereits anerkannt war, geht daraus hervor, daß in dem Regimente „Prinz Ferdinand" nur Edelleute als Offiziere angestellt werden konnten. Als Carl von Clausewitz nach dreißig Jahren, zum Generalmajor vorgerückt, auf einer Reise nach Potsdam kam, war er so glücklich, das Haus und das Zimmer wieder aufzufinden, in welchem er einst mit seinem Vater übernachtet hatte.

Schon im Jahre nach seinem Dienstantritte lernte der Junker Clausewitz den Ernst des erwählten Berufes kennen, da sein Regiment bei dem Kriege der großen Coalition gegen das revolutionäre Frankreich und zwar bei dem Rheinfeldzuge (1793 und 1794) verwendet wurde.

Der „Junker" (Fahnenjunker oder Gefreiten-Corporal), eine Charge, welche seit 1808 aus der preußischen Armee verschwunden ist, stand im Range eines Unteroffiziers, dessen Abzeichen er auch auf der Montur trug; er hatte das Fähnlein abzuholen, führte es auf dem Marsche und brachte es wieder in's Quartier; er mußte dem Fähnrich aufwärtig sein, commandirte die Gefreiten und Tambours, visitirte die Kranken und rapportirte zuerst dem Fähnrich,

nachher dem Lieutenant und dem Capitän.*) Die Fahne trug schon
zur Zeit Friedrich's des Großen nicht mehr der Fähnrich, sondern
der eigentliche Fahnenträger war der älteste Junker der Compagnie,
der die Fahne nicht bloß auf dem Marsche, wo er sich hierin zuweilen
durch einen Unteroffizier oder Gemeinen ablösen ließ, sondern auch
in der Schlacht zu tragen hatte. Der junge Clausewitz, der von
ziemlich schwachem Körperbaue war, konnte die Fahne auf dem
Marsche nicht tragen; nur wenn das Regiment durch einen Ort
marschirte, wurde sie ihm übergeben, und noch in späteren Lebensjahren erinnerte er sich, wie damals die Zuschauer ihrem Erstaunen
über den halbwüchsigen Knaben, dem die Fahne eine schwere Last
war, durch lauten Ausruf Luft zu machen pflegten.

Das Regiment Prinz Ferdinand nahm an dem Rheinfeldzuge
einen ehrenvollen Antheil, über welchen wir folgende aus amtlichen
Quellen geflossene Nachrichten mittheilen**):

„Es machte 1793 den Feldzug am Rhein, wo es einer sehr
lebhaften Kanonade unweit Ginsheim beiwohnte und mit bei der
Blokade und Belagerung von Mainz war. Unweit Mombach warf
eine Compagnie des Regiments den sehr überlegenen Feind, der ein
Piquet attaquirte, über den Haufen. Die Wegnahme der Zahlbacher
Schanze und nach der Uebergabe von Mainz die zweimalige Wegnahme des Kettricher Hofes geschah durch das Regiment, welches
auch bei der Diversion in die vogesischen Gebirge die Avantgarde
machte. Das zweite Bataillon vertrieb den Feind vom Igelberge
bei Lembach. 1794 wurde die Leibcompagnie des Regiments auf
dem Sande von einem weit überlegenen Feinde angegriffen, hielt
aber das Feuer desselben mehrere Stunden standhaft aus, ohne ihren
Posten zu verlassen. Das ganze Regiment war bei dem Angriffe
auf Lautern und Trippstadt. Ferner war das erste Bataillon bei
Johanniskreuz; es warf den mit überlegener Macht angreifenden
Feind und hielt ihn so lange auf, bis eine allgemeine Retraite erfolgte.“

Die nächste und wichtigste Aufgabe des Rheinfeldzuges war die
Wiedereroberung der am 21. October 1792 durch Capitulation an

---

* „Fahne und Fähnrich.“ Culturhistorische Skizze von Dr. L. Br. V.
(Schles. Zeitung 1873, Nr. 437.)
** Aus der Stammliste des preußischen Heeres von 1804.

die Franzosen übergebenen ,Festung Mainz, und es mußte auf den
jungen Clausewitz einen erhebenden Eindruck machen, bei dem Beginne
seiner militärischen Laufbahn an einem für die preußischen Waffen so
ehrenvollen und von so glücklichem Erfolge gekrönten Unternehmen
Theil nehmen zu können. Das Belagerungsheer, zu welchem außer
den preußischen auch österreichische, sächsische, pfälzische und hessische
Truppen gehörten, vermehrte sich allmählich auf 30,000 Mann und
wurde von dem aus dem siebenjährigen Kriege als Adjutant des
Prinzen Heinrich bekannten Generallieutenant Grafen von Kalckreuth
mit Muth und Umsicht angeführt; Mainz hatte eine französische Besatzung von 23,000 Mann und der General d'Oyré, der Commandant der Festung, leitete die Vertheidigung mit eben so großer Geschicklichkeit als entschlossener Ausdauer. Die Franzosen hatten sich
aufs eifrigste bemüht, die Befestigung der wichtigen Stadt und des
zu ihr gehörigen Brückenkopfs Castel zu verstärken, und überdies die
Rheininseln, insbesondere die Petersau und die Ingelheimer Au sowie
die Orte Weißenau, Kostheim und Zahlbach in guten Vertheidigungs-
stand gesetzt; die Belagerer dagegen auf dem rechten Rheinufer die
Gustavsburg, eine fast verfallene Schanze, welche einst von Gustav Adolf
auf der Mainspitze angelegt worden war, mit starken Werken versehen, von wo sie sowohl den Main gegen Kostheim als den Rhein
gegen Weißenau und Castel hin bestreichen konnten. Belagerer und
Belagerte wetteiferten an Tapferkeit und Ausdauer; beide erprobten
ihren Muth in zahlreichen, blutigen Gefechten, zu welchen besonders
die kühnen Ausfälle der Franzosen Veranlassung gaben; der König
Friedrich Wilhelm II., der Kronprinz Friedrich Wilhelm und der
Prinz Ludwig Ferdinand nahmen an dem Kampfe, durch ihr Beispiel
die Truppen anfeuernd, den rühmlichsten Antheil und auch Carl
von Clausewitz's Bruder, Wilhelm, fand, wie wir oben erwähnten,
Gelegenheit, sich durch muthige Entschlossenheit auszuzeichnen und die
Anerkennung seines Königs sich zu erwerben. Die Belagerung der
Festung hatte am 1. April, die engere Einschließung auf beiden
Seiten des Rheins am 14. April begonnen; am 18. Juni wurde
das Bombardement eröffnet, welches für die Stadt die verheerendste
Wirkung hatte. Nach der hartnäckigsten Vertheidigung, welche fast
vier Monate hindurch fortgesetzt worden war, entschloß sich endlich

General d'Oyré, da bei der aufs höchste gestiegenen Theuerung aller
Lebensmittel eine Hungersnoth auszubrechen drohte und es an Futter
für die Pferde, sogar an Arzeneien für die Kranken gebrach, zur
Uebergabe und schloß am 22. Juli 1793 im Lager zu Marienborn
mit dem General Kalckreuth eine Capitulation ab, durch welche die
französische Armee die Stadt Mainz mit Castel und allen Be-
festigungen an den König von Preußen übergab, aber, als Anerkennung der bewiesenen Tapferkeit, freien Abzug mit allen kriegerischen Ehrenzeichen, mit Waffen und Gepäck unter der Bedingung
erlangte, binnen Jahresfrist nicht gegen die verbündeten Mächte zu
dienen. Der Verlust der Franzosen an Todten, Verwundeten und
Vermißten wurde auf mehr als 5000 Mann, der der Verbündeten
auf mehr als 3000 Mann berechnet.

So war die so wichtige Rheinfeste, nachdem sie volle zehn Monate
im Besitze der Franzosen gewesen war, dem deutschen Vaterlande
zurückerobert und der deutsche Boden von den Franzosen befreit.
Leider wurden die am Rheine und in den Niederlanden errungenen
Vortheile, durch Mangel an Einheit in der Coalition, nicht zu einem
kühnen Vordringen gegen Paris benutzt, wo man die von allen
Seiten bedrängte Jakobinerregierung ohne Zweifel hätte stürzen
können, und zunächst weder am Rheine noch in den Niederlanden
etwas Erhebliches gegen die Franzosen unternommen.

Zwei Tage vor der Uebergabe von Mainz und zwar am
20. Juli 1793 erhielt Carl von Clausewitz seine Ernennung zum
Fähnrich, mit welcher er in den Offizierstand eintrat. Der Fähnrich
hatte, wie schon oben bemerkt wurde, mit dem Tragen der Fahne
nichts zu thun, sondern versah bei der Compagnie Offiziersdienste,
war wie alle Offiziere beritten und auch ganz wie diese unifor-
mirt, da seit Friedrich Wilhelm I. alle Offiziere in der preußischen
Armee vom Fähnrich bis zum Feldmarschall gleiche Uniform trugen
und nur die Generale durch die Stickerei und die „Plumage" am Hute
ausgezeichnet waren.

Die Ernennung Clausewitz's zum Seconde-Lieutenant erfolgte
in seinem noch nicht vollendeten fünfzehnten Lebensjahre unterm
5. März 1795, noch vor dem Baseler Frieden (5. April), nach dessen
Abschlusse er mit seinem Regimente in dessen Garnison Neu-Ruppin

zurückkehrte. Vorher hatte er, da sein Regiment in weitläufige Kantonirungen in Westfalen verlegt worden war, einige Monate in völliger Einsamkeit bei einer Bauernfamilie in der Grafschaft Tecklenburg verlebt und seine Zeit durch Lectüre ausgefüllt, welche er aus dem nahen Osnabrück kommen ließ.*) Der Feldzug am Rheine, in welchem der junge Clausewitz schon als Knabe mit dem Muthe und der Kaltblütigkeit eines alten Kriegers im Feuer stand und sich nach dem Beispiele und unter der Leitung seines tapferen Bruders Wilhelm in der Erfüllung der Berufspflichten des Soldaten übte, war für ihn noch in späteren Lebensjahren Gegenstand angenehmster Erinnerung und auch in seinen Aufzeichnungen finden sich Rückblicke auf die Kämpfe, an welchen er Theil genommen hatte. War auch der politische Erfolg derselben keineswegs ein glücklicher, so gereichten sie doch den preußischen Waffen zu großer Ehre — wir erinnern nur an den glänzenden dreitägigen Kampf bei Kaiserslautern am 28., 29. und 30. November 1793, wo 20,000 Preußen unter dem Herzoge Carl Wilhelm Ferdinand von Braunschweig die Angriffe der 40,000 Mann starken französischen Moselarmee unter General Hoche abschlugen und ihre Gegner zum Rückzuge zwangen — und es war weder die Schuld der Heerführer noch der Truppen, daß für Deutschland aus ihren Siegen der Gewinn, dessen sie in so hohem Grade würdig gewesen wären, nicht hervorging. Das Uebergewicht, welches die Franzosen aus der durch Carnot geschaffenen neuen Organisation ihres Kriegswesens, gegenüber den schwerfälligen und veralteten Heereseinrichtungen ihrer Gegner, in den späteren Kriegen gewannen, trat in den dem Baseler Frieden vorausgegangenen Kämpfen noch nicht hervor, da jene Organisation erst im Entstehen begriffen war, auch die Feldherrn, welche in der Folge an der Spitze der französischen Heere so glänzende Erfolge erzielten, damals erst ihre Bildungsschule durchmachten, in welcher sie ihre Erfahrung mitunter durch Niederlagen erkaufen mußten. Die preußischen Truppen zeigten sich in jenen Rheinfeldzügen den Franzosen im Ganzen noch überlegen, und die Eindrücke, welche der junge Clausewitz damals empfing, mußten die

---

* Vgl. unten Abschn. VI. B. 14. die höchst interessanten Mittheilungen, welche Clausewitz seiner Braut über seine geistige und sittliche Entwickelung macht (Soissons, 3. Juli 1807).

Ueberzeugung, welche seine spätere Erfahrung in ihm befestigte, begründen, daß der preußische Soldat im Allgemeinen den französischen an ausdauernder Tapferkeit übertreffe und den preußischen Heeren, sobald statt der maschinenmäßigen Dressur die neuere Taktik in denselben zur Herrschaft gelangt sein werde, endlich der Sieg zu Theil werden müsse. Die Ansichten, welche er in dem vortrefflichen Aufsatze über die Deutschen und Franzosen, den wir unten mittheilen werden, ausspricht, gründen sich zwar ohne Zweifel auf die Wahrnehmungen, welche er bei seinem späteren Aufenthalte in Frankreich machte, doch dürften die Keime jener Ansichten wol schon in den Eindrücken zu suchen sein, welche er als Knabe in den Rheinfeldzügen in sich aufnahm. Auf seine geistige Entwickelung war jener erste Waffendienst sicher nicht ohne nachhaltigen Einfluß; er machte damals, wie er sagte, den Krieg mit, ohne ihn zu verstehen, allein was er sah und beobachtete, hat wenigstens zu dem Verständnisse des Krieges den Grund gelegt, welches er sich in der Folge selbst erwarb und Anderen durch seine Schriften in so ausgezeichneter Weise vermittelte.

Das Garnisonsleben in Neu-Ruppin (1795—1801) mit den stets wiederkehrenden Beschäftigungen des praktischen Dienstes konnte den lebhaften Geist des jungen Clausewitz, der sich übrigens der Erfüllung aller Obliegenheiten seines Berufes mit größter Gewissenhaftigkeit widmete, nicht befriedigen. Unablässig war er bemüht, die Lücken, welche, wie er schmerzlich empfand, der sehr mangelhafte Schulunterricht in seiner wissenschaftlichen Bildung gelassen hatte, durch Selbststudium auszufüllen; allein es fehlte ihm in dem kleinen Garnisonsorte sowohl an den erforderlichen Hülfsmitteln als an einer zweckmäßigen Anleitung, und so konnte seinen Bestrebungen nur ein beschränkter Erfolg zu Theil werden, der ihn selbst am wenigsten befriedigte. Sein lebhafter Wunsch war darauf gerichtet, sich auf der allgemeinen Kriegsschule in Berlin die höhere wissenschaftliche Ausbildung für seinen Beruf zu erwerben, und dieser Wunsch ging im Herbst 1801, nachdem es ihm gelungen war, die für die Aufnahme in diese Anstalt vorgeschriebene Prüfung zu bestehen, in Erfüllung. An der Spitze dieser Anstalt war in demselben Jahre der treffliche Scharnhorst*)

* Gerhard (nicht Gebbhard) Johann David Scharnhorst war am 12. (nicht am 10.) November 1755 in dem drei Meilen von Hannover entfernten Pfarrdorfe

getreten, der in der Folge durch die vorzugsweise von ihm herbei-
geführte Reorganisation der preußischen Armee zu so großem Ruhme
gelangte und von Ernst Moriz Arndt treffend der Meister genannt
worden ist, der die Waffe schmiedete, mit welcher die Ketten der
Tyrannei zersprengt und die Freiheit nicht nur Preußens allein,
sondern des ganzen deutschen Vaterlandes erkämpft werden sollte.
Scharnhorst war im Mai 1801 als Oberstlieutenant im 3. Artillerie-
Regimente und Lehrer der Militärakademie aus dem hannover'schen
in den preußischen Dienst berufen worden und hatte am 12. Mai,
nachdem er am 8. in Potsdam angekommen war, seine neuen Be-
rufsgeschäfte übernommen. Er erwarb sich das große Verdienst, die
bisher sehr unvollkommene Anstalt zu einer vollständigen Akademie
für die jüngeren Offiziere der Infanterie und Cavalerie zu erweitern
und am 6. October 1801 erließ der König eine Cabinetsordre, durch
welche dem Generallieutenant von Geusau und dem Oberstlieutenant
Scharnhorst die Direction über die Lehranstalt für junge Infanterie-
und Cavalerie-Offiziere in den militärischen Wissenschaften übertragen
und ihnen zur Erweiterung dieses Instituts jährlich 1000 Thlr. bewilligt wurden. Scharnhorst übernahm nicht nur den größten Theil
des Unterrichts an der Anstalt, sondern besorgte auch die Direction
derselben, da General von Geusau durch anderweitige Dienstgeschäfte
in Anspruch genommen war. Der Unterricht, welchem er in den
Jahren 1801—5 hauptsächlich seine Thätigkeit widmete, umfaßte in
einem zweijährigen Cursus die Strategie, die Taktik, die Wirkung
des Feldgeschützes und die Verrichtungen des Generalstabs. .

So waren die Verhältnisse der Anstalt, als dieselbe von Clausewitz besucht wurde. Scharnhorst war durch die damalige Verfassung
derselben nicht befriedigt, und entwarf mit großer Sorgfalt einen

Bordenau a. d. Leine (nicht in Hämelsee) geboren, wo sein Vater Ernst Wilhelm
Scharnhorst sich und die Seinigen auf einem kleinen, seit alter Zeit in der Familie
fortgeerbten Bauernhofe mit seiner Hände Arbeit ernährte. Scharnhorst's Eltern und
Vorfahren gehörten dem bürgerlichen Stande an und die im hannover'schen vor-
kommende adlige Familie von Scharnhorst ist mit der seinigen nicht verwandt.
Friedrich Wilhelm III. ertheilte ihm im Jahre 1802 mündlich den Adel, doch blieb
das am 14. December desselben Jahres ausgefertigte Diplom im Drange der Verhältnisse im Archive liegen und wurde erst 1815 seinem Sohne Wilhelm, dem nachmaligen Generallieutenant, ausgehändigt.

Plan für eine neue Organisation derselben, durch welche eine noch
gründlichere und umfassendere Ausbildung der Offiziere erzielt werden
sollte. Dieser Plan fand den vollen Beifall des Königs, welcher
durch Cabinetsordre vom 21. Juni 1804 den Generallieutenant
v. Geusau beauftragte, das Institut in Gemeinschaft mit Scharnhorst,
der am 21. Mai zum Obersten ernannt worden war, nach dem vor-
gelegten Plane zu verbessern und die jährliche Dotation der Anstalt
bis auf 3000 Thlr. erhöhte. Der frühere Lehrplan, welcher am
1. September 1801 an der Anstalt zur Einführung gelangte, umfaßte
Vorlesungen über Logik, reine und angewandte Mathematik, Artillerie,
Fortification und Belagerungskrieg, Taktik und Strategie, militärische
Geographie und Anleitung zum Studium der lehrreichsten Kriege,
mit welchem theoretischen Unterrichte praktische Arbeiten und Uebungen
sowie Ausarbeitung von militärischen Aufsätzen verbunden werden sollte.
Scharnhorst selbst hielt über die niedere und höhere angewandte Taktik
und über die Wirkung des Feldgeschützes Vorträge, mit welchen zur
Uebung und Veranschaulichung Aufgaben und Beispiele von den
Operationen einer Armee verbunden wurden.

Die Vorlesungen an der Kriegsakademie, welche in einem Saale
des Königl. Schlosses gehalten wurden, fielen fast sämmtlich in die
Vormittagsstunden und den jungen Offizieren blieb hinreichende Zeit,
einzelne geeignete Privatvorlesungen an dem medicinisch-chirurgischen
Collegium (die Universität bestand noch nicht), bei Kiesewetter, Klap-
roth, Hermbstädt, Bode u. A. in den Nachmittagsstunden zu besuchen.

Wie Scharnhorst durch seinen Unterricht an der Kriegsakademie
und die Leitung desselben auf die Ausbildung der jüngeren Offiziere
segensreich einwirkte, so erwarb er sich durch die am 24. Januar 1802
in's Leben gerufene „Militärische Gesellschaft" auch ein großes Verdienst um die älteren Offiziere, welche er mit seinen Ansichten über
Krieg und Kriegführung vertraut zu machen und zu einer höheren
Auffassung ihres Berufes wie zum Streben nach wissenschaftlicher
Weiterbildung anzuregen bemüht war. Die Mitglieder der Gesellschaft,*) welche bis zu Anfang des Jahres 1805 die Zahl von 188
erreichten, hielten wöchentliche Zusammenkünfte; auch angesehene Civil-

---

* Ihre Arbeiten wurden unter dem Titel „Denkwürdigkeiten der Militärischen
Gesellschaft" 1802—5 in fünf Bänden herausgegeben.

perſonen, unter dieſen der berühmte Freiherr Karl vom Stein, wurden in dieſelbe aufgenommen. Auch als Militärſchriftſteller ſetzte Scharnhorſt ſeine erfolgreiche Thätigkeit fort, durch das „Handbuch der Artillerie", den mit ſeinem Freunde, dem Profeſſor Stützer, gemeinſchaftlich herausgegebenen „Militärkalender" und andere Schriften.

Die Freude, mit welcher Clauſewitz durch die erlangte Aufnahme in die Kriegsſchule erfüllt wurde, verwandelte ſich bald in große Niedergeſchlagenheit, als er die Wahrnehmung machte, daß er durch den Mangel der erforderlichen Vorkenntniſſe außer Stand geſetzt werde, den Vorleſungen zu folgen. Er war der Verzweiflung nahe und würde vielleicht das mühevolle und ausſichtsloſe Unternehmen ganz aufgegeben haben, wenn nicht Scharnhorſt, dem er übrigens von keiner Seite empfohlen worden war, auf den talentvollen und ſtrebſamen jungen Mann aufmerkſam geworden wäre, ihn mit der ihm eigenen Güte und Freundlichkeit aufgemuntert, die ſchwierige Bahn ihm geebnet und durch ſeinen lichtvollen Unterricht die reichen Keime ſeiner geiſtigen Anlagen allmählich zur ſchönſten Blüte entwickelt hätte. Mit wahrhaft enthuſiaſtiſcher Verehrung hing daher zeitlebens das Herz des dankbaren Schülers an dem geliebten Lehrer, den er „den Vater ſeines Geiſtes" zu nennen pflegte; dieſer aber ſchenkte jenem ſein väterliches Wohlwollen und in ſpäteren Jahren ungeachtet der Verſchiedenheit des Ranges und des Alters (Scharnhorſt war fünfundzwanzig Jahre älter als Clauſewitz) ſeine Freundſchaft, ſo daß man ihn oft äußern hörte, außer ſeinen Kindern habe kein Menſch auf Erden ihm ſo nahe geſtanden und keiner ihn ſo verſtanden als Carl von Clauſewitz. Welche herrliche Früchte aus dieſem ſchönen Verhältniſſe auch für das Vaterland hervorgingen, davon wird unten .die Rede ſein.

Nicht unerwähnt darf bleiben, daß Clauſewitz ſowohl damals als auch noch während ſeines ſpätern Aufenthaltes in Berlin ein fleißiger Beſucher der philoſophiſchen Vorträge war, welche von dem Profeſſor Kieſewetter, der ſich um Erläuterung und Populariſirung der Lehren Kant's große Verdienſte erwarb, an dem Collegium medicochirurgicum (der ſogenannten Pepinière) gehalten wurden. Dieſen Vorträgen und dem Studium der Kieſewetter'ſchen Schriften, namentlich des „Grundriſſes einer reinen allgemeinen Logik nach kantiſchen

Grundſätzen" und der „Darſtellung der wichtigſten Wahrheiten der
kritiſchen Philoſophie" wird vorzugsweiſe die in den Schriften
Clauſewitz's herrſchende ſtrenglogiſche Methode und dialektiſche Schärfe,
beſonders ſeine Vorliebe für die ſyllogiſtiſche Form des Beweiſes
zugeſchrieben.*)

Seinem Lehrer und Wohlthäter Scharnhorſt verdankte es Clauſewitz, daß er nach Beendigung des Curſus an der Kriegsſchule nicht
zu ſeinem Regimente nach Neu-Ruppin zurückzukehren brauchte, wo
er wenig Gelegenheit gefunden haben würde, die erworbenen Kennt-
niſſe entſprechend zu verwerthen, ſondern in Berlin eine Stellung
erhielt, die ganz ſeinen Wünſchen entſprach, da ſie ihm vielfache
geiſtige Anregung und Gelegenheit zu wiſſenſchaftlicher Weiterbildung
darbot. Scharnhorſt empfahl den jungen, reichbegabten und perſönlich
liebenswürdigen Offizier dem Prinzen Auguſt, dem Sohne des
Prinzen Auguſt Ferdinand, jüngſten Bruders Friedrichs des
Großen, zum Adjutanten, und er ſcheint bereits im Frühjahre 1803
vorläufig in dieſe Stellung eingetreten zu ſein; worauf unter'm
26. Juni 1804 ſeine wirkliche Ernennung zum Adjutanten des
gedachten Prinzen und zum Lieutenant von der Armee erfolgte.
Clauſewitz blieb faſt ſechs Jahre in der Umgebung des begabten,
durch Muth und ſoldatiſche Tüchtigkeit ausgezeichneten und ſeiner
militäriſchen Ausbildung eifrig obliegenden Prinzen, der ſich in der
Folge als General-Inſpecteur und Chef der Artillerie ſo große Verdienſte um dieſe Waffe und den preußiſchen Staat erworben hat.
Das Verhältniß zu dieſem ſeinen Vorgeſetzten, der übrigens mit ihm
in ungefähr gleichem Lebensalter ſtand,**) führte ihn in die Kreiſe

---

* Kieſewetter, mit welchem Clauſewitz auch perſönlich verkehrte, war 1766 in
Berlin geboren, ſeit 1792 Profeſſor der Philoſophie und ſtarb daſelbſt 1819.

** Prinz Auguſt, Sohn des Prinzen Ferdinand und der Prinzeſſin Louiſe
von Brandenburg-Schwedt, Enkeltochter des großen Kurfürſten, war am 19. September
1779 zu Friedrichsfelde bei Berlin geboren und ſtarb am 19. Juli 1843, dem Todes-
tage der Königin Louiſe, zu Bromberg auf einer Inſpectionsreiſe. In den „hiſtoriſch-
biographiſchen Nachrichten zur Geſchichte der brandenburgiſch-preußiſchen Artillerie"
von Schöning's, Theil III, S. 170 heißt es von dem Prinzen Auguſt: „Tüchtige
Männer, wie der unlängſt verſchiedene würdige Prediger Molière und der vortreffliche Clauſewitz hatten bis dahin auf ſeine Bildung einen wohlthätigen Einfluß
geübt."

des Hofes und verschaffte ihm insbesondere das Glück, in die Reihe
der trefflichen Männer aufgenommen zu werden, welche die edle und
hochbegabte Schwester des Prinzen, die seit 1796 mit dem Fürsten
Anton von Radziwill vermählte Prinzessin Louise, und ihr geist-
voller Gemahl durch ihr Wohlwollen auszeichneten, ein Glück, welches
ihm bis an sein Lebensende erhalten blieb. Auch die persönliche
Bekanntschaft des ältern Bruders des Prinzen August, des genialen
Prinzen Ludwig Ferdinand, den er später in seinen Schriften als
„deutschen Alcibiades" so treffend charakterisirte, wurde ihm zu Theil;
doch gehörte er nicht zu den Personen, mit welchen der Prinz in
näherem Umgange verkehrte. Auch war Clausewitz Mitglied der
von Scharnhorst gestifteten „Militärischen Gesellschaft" und pflog hier
mit den beiden Brüdern von Schöler, mit v. Grolmann, v. Reiche,
v. Valentini, v. Tiedemann, v. Hoffmann und anderen ausgezeichneten
jüngeren Offizieren, welche fast ohne Ausnahme später zu hohen
Stellungen in der preußischen Armee gelangten, einen auch wissen-
schaftlich anregenden freundschaftlichen Verkehr.

III.

Clauſewitz, der am 3. November 1805 zum Stabscapitain ernannt worden war, nahm an dem unglücklichen Kriege von 1806 als Adju-tant des Prinzen Auguſt Theil, der ein Grenadierbataillon befehligte. welches zum Hohenlohe'ſchen Corps gehörte und bei Jena kämpfte,

Preußen war bei dieſem Kriege faſt ohne Bundesgenoſſen, da Rußland zwar Hülfe verſprach, aber noch nicht gerüſtet und vom Kriegsſchauplatze fern war und nur der Kurfürſt Friedrich Auguſt von Sachſen ſeine Truppen zu dem preußiſchen Heere ſtoßen ließ. Der Kaiſer Napoleon vereinigte mit größter Schnelligkeit ein Heer von 200,000 M., von welchem ein Fünftel aus Rheinbundstruppen beſtand, am Maine und führte es durch das Saalthal nach Thüringen. Der tapfere Prinz Ludwig Ferdinand, der die Vorhut befehligte, fiel nach heldenmüthigem Kampfe bei Saalfeld (10. October), nachdem ſein Heerestheil von dem überlegenen Feinde überwältigt worden war. Die dadurch entmuthigten beiden Hauptabtheilungen der verbündeten Preußen (165,000 M.) und Sachſen (20,000 M.) erlagen in der

Doppelschlacht bei Jena und Auerstädt (14. October), in welcher Napoleon selbst bei Jena den Fürsten Hohenlohe, sein Marschall Davoust bei Auerstädt den Herzog von Braunschweig besiegte. Daß Letzterer sogleich bei dem Beginne der Schlacht tödlich verwundet wurde und es nun an einem einheitlichen Oberbefehle mangelte, trug wesentlich zum unglücklichen Ausgange des Kampfes bei. So war in zwei blutigen Schlachten an einem und demselben Tage das für unüberwindlich gehaltene preußische Heer, welches großentheils mit völliger Siegeszuversicht und Geringschätzung des Gegners in's Feld gezogen war, entscheidend und bei Jena fast bis zur Vernichtung geschlagen worden. Die Schuld der Niederlage ist hauptsächlich in der Planlosigkeit der obern Leitung, zum Theil auch in der mangelhaften Ausrüstung und Bewaffnung sowie in der veralteten Wehrverfassung zu suchen; die Truppen selbst aber haben sich mit wenigen Ausnahmen sehr tapfer geschlagen, und die preußische Waffenehre ist auch aus diesem unglücklichen Kampfe unbefleckt hervorgegangen.

Clausewitz hat in der Zeit zwischen dem Treffen bei Saalfeld und der Schlacht bei Jena-Auerstädt in seinem Kantonnements-quartier bei Weimar einen kleinen Aufsatz niedergeschrieben, welchen wir hier mittheilen wollen, da aus demselben hervorgeht, wie richtig der sechsundzwanzigjährige Offizier schon in seiner damaligen untergeordneten Stellung die Lage der Verhältnisse beurtheilte. Ueber seine Erlebnisse von dem Zeitpunkte des Ausmarsches bis zur Schlacht bei Jena verweisen wir auf die unten*) mitzutheilenden fünf Briefe. Endlich sei noch erwähnt, daß Clausewitz im Jahrgange 1807 der „Minerva" von Archenholz Briefe über den Krieg von 1806 veröffentlicht hat.

„Kantonnements-Quartier Tennstedt bei Weimar,
den 12. October 1806."

„Der Moment, in welchem ich dieses niederschreibe, ist einem entscheidenden Zeitpunkte so nahe, daß es der Mühe gewiß werth ist, einige Betrachtungen anzustellen.

Die Lage der Dinge mit der größten Bestimmtheit zu beurtheilen, ist einem Ununterrichteten unmöglich; allein da die großen Umrisse

---

*) Abschn. VI A, 1—5.

dieser Lage vor den Augen aller Zuschauer daliegen, so kann man aus ihnen auch die wesentlichsten Punkte dessen, was geschehen sollte, mit großer Wahrscheinlichkeit bestimmen.

Man hat den Feind hinter dem Thüringer Wald in einer ausgedehnten Cantonirungs-Stellung geglaubt; daher war der Marsch der preußischen Armeen in gerader Direction auf das Gebirge. Plötzlich erscheint der in seinen Entschlüssen sehr verwegene, in der Ausführung eben so schnelle Napoleon auf der linken Flanke der Armee, geht ohne Schwierigkeit durch den Theil des Gebirgszuges, der das eigentliche Thüringer Waldgebirge mit dem Erzgebirge und Böhmerwald verbindet und weniger Hindernisse darbietet. Die preußisch-sächsische Armee war in diesem Augenblicke in Erfurt angekommen und in der Direction nach Gotha begriffen. Sie schwenkt sich, auf dieses Manövre des Feindes, links, bekommt dadurch den rechten Flügel an das Gebirge gewissermaßen angelehnt und geht nun in der Direction über Blankenhain an die Saale vor.

Der Feind hat durch sein Manövre das Erzgebirge und einen Landstrich Sachsens in den Rücken bekommen, der ein Dreieck von ziemlichem Flächenraum bildet. Er kann sich hier einige Tage erhalten, aber nicht länger; er muß einen großen Landstrich einnehmen. Diese beiden Dinge darf man nicht aus dem Auge lassen. Wegen des ersteren können wir versichert sein: der Feind wird nicht einen Augenblick in seinen Operationen stillstehen; wir dürfen also auch nicht feiern, wenn wir nicht in Nachtheil treten wollen. Der Feind wird uns nehmlich auf unserer linken Flanke immerfort umgehen, bis er uns förmlich in dem Rücken ist; einige Tage später wird er dies vielleicht auch auf der rechten Flanke thun. In jedem Falle laufen wir Gefahr, ganz umstrickt zu werden. So wenig im Grunde mit einem solchen Umgehen entschieden ist, so fließen doch mancherlei nachtheilige Umstände daraus, die man vermeiden kann.

Wir müssen nehmlich, und dazu ladet insbesondere noch der zweite Umstand ein, so schnell als möglich mit vereinigter Macht auf des Feindes linken Flügel vordringen, um hier einen entscheidenden Schlag zu thun und die feindliche Armee von Franken mehr oder weniger abzuschneiden.

Wir sind zwar genöthigt, zur Ausführung dieser Absicht die Saale zu passiren, die ein sehr tiefes Thal hat; allein wenn man die ausgedehnte Stellung des Feindes und die Schwierigkeit einer Flußvertheidigung überlegt, so kann man sich vor diesem Uebergange über die Saale unmöglich fürchten. Man allarmirt den ganzen Fluß durch einige leichte Truppen und geht bei und oberhalb Jena in beliebiger Colonnen-Anzahl hinüber, oder auch auf einem andern Punkte, wenn die Stellung des Fürsten Hohenlohe bei Jena den Uebergang hier nicht schon hinlänglich sichert.

Wir sind ferner genöthigt, beim unglücklichen Ausgange des Gefechtes die Saale beim Rückzuge zu passiren. Allein das Gefecht kann sich nicht unmittelbar an der Saale etabliren, weil der Feind nicht so viel Truppen da haben kann, um nicht eine große Strecke von unserer überlegenen Macht zurückgedrängt zu werden. Ein Defilee aber, was mehrere Stunden hinter der fechtenden Armee sich befindet, ist vortheilhaft anstatt schädlich zu sein. — Ueberdem ist es ja fast nicht möglich, einen bedeutenden Echec zu bieten, wenn man bedenkt, mit einer wie großen Ausdehnung der Feind den Vortheil uns zu umgehen hat erkaufen müssen. Man sagt, er ist heute, den 12. schon in Naumburg; man denke, welch eine Entfernung.

Wir sind endlich genöthigt, uns mit der Armee in ein Terrain zu begeben, was wir nicht kennen, was der feindlichen Streitart günstig ist und wo wir von unserem Rücken, der vom Feinde besetzten Gebirgspässe wegen, nie ganz sicher sind; allein diese Uebel sind nicht entscheidend genug, um zu einer andern Maßregel zu veranlassen. Denn man bringe sich nur den Gegenstand wieder unter einem großen und einfachen Gesichtspunkte zurück. Der Feind durchbricht ein Gebirge, läßt die große Armee seines Gegners stehen, marschirt förmlich an ihr vorbei, um, mit Aufopferung der Sicherheit seines Rückzuges, sie in der entgegengesetzten Flanke zu umgehen. Er nimmt den Punkt seines eigenen Rückzuges ganz in seiner linken Flanke, um den Gegner von einem flachen Lande abzuschneiden. Was muß dieser Gegner thun? Er muß die Verwegenheit bestrafen, ihn wirklich abschneiden, soweit er kann, und ihm in dieser Lage eine entscheidende Schlacht liefern. Daß kleine Schwierigkeiten diesem Plane entgegenstehen, darf die große Ansicht nicht verrücken.

Ich weiß wohl, daß man noch andere Schwierigkeiten anführen kann, deren ich hier nicht erwähnt habe; hauptsächlich was den strategischen Rückzug nach der Elbe betrifft. Ich behaupte aber, daß man in einem offenen Lande nur sehr schwer von einem Punkte, aber gar nicht von einer Linie abgeschnitten werden kann, wie der Lauf eines Flusses oder die Grenze eines Landes sie bildet; vorausgesetzt, daß man sich nicht ganz ungeschickt nimmt.

Also noch einmal! wir müssen den linken Flügel der Franzosen unverzüglich mit vereinigten Kräften angreifen! Kleine Detachements, den Feind irre zu führen, und ein Korps, was zwischen der Ilm und Saale stehen bleibt, den etwaigen Rückzug zu decken, werden die Armee nicht beträchtlich schwächen. Große Zwecke sind die Seele des Krieges, und was wird aus der ganzen Theorie der Kriegskunst, wenn man ihre großen Ansichten und Bestimmungen unter einem Berge von kleinen Schwierigkeiten, die man aus dem ganzen Reiche der Möglichkeit mühsam zusammengetragen hat, begräbt."

Napoleon, der seinen Sieg mit reißender Schnelligkeit benutzte, traf bereits am 24. October in Potsdam ein und hielt am 27. October seinen Einzug in Berlin. Die Verfolgung des geschlagenen Heeres, bei welchem, da für den Rückzug keine Vorkehrungen getroffen waren, die größte Verwirrung herrschte, überließ er den Marschällen Soult und Ney, dessen Corps durch die unerwartet schnelle Uebergabe von Erfurt (16. October) verwendbar geworden war, sowie der zahlreichen Reiterei Murat's, des Großherzogs von Berg.

Der Rückzug, in welchen auch das Grenadierbataillon des Prinzen August mit seinem tapfern Führer und dessen Adjutanten fortgerissen wurde, geschah im Wesentlichen in folgender Weise:*)

Der General Graf Kalckreuth führte am 16. October morgens ein Corps von etwa 12,000 M., welches sich Tags vorher in und um Sömmerda gesammelt hatte, über Weißensee und Sondershausen nach Nordhausen, wo er sich mit den vom General von Wartensleben

* Das Genauere in dem meisterhaften Werke „der Krieg von 1806 und 1807" von Eduard v. Höpfner, Berlin 1850, Theil I, Bd. II, S. 69 ff., 197 ff.; und in E. v. Cosel's „Geschichte des Preußischen Staates und Volkes", Leipzig 1871, Bd. IV, S. 286 ff.

gesammelten Truppen zu vereinigen gedachte. Bei jenem Corps befand sich auch der General Graf Tauentzien, der jedoch kein Commando hatte, der General von Blücher an der Spitze der Cavalerie und der Prinz August mit seinem Grenadierbataillon, auch der Oberst von Massenbach, der Generalquartiermeister der Hohenlohe'schen Armee gewesen war. Schon bei Weißensee stieß das Corps auf die französische Dragonerdivision des Generals Klein, welcher, obgleich seine Division nur 800 M. zählte und sich in sehr erschöpftem Zustande befand, dennoch das preußische Corps zur Capitulation aufforderte. Der sonst unerschrockene General Kalckreuth schien, durch die traurigen Ereignisse der letzten Tage niedergebeugt, auf die französische Zumuthung eingehen zu wollen; allein das energische Auftreten des ritterlichen Prinzen August und des tapferen Blücher verhinderten einen so schimpflichen Entschluß und der französische General legte, nach einem gegenseitigen Uebereinkommen, dem Weitermarsche der preußischen Truppen kein Hinderniß in den Weg. Diese nahmen nun ihre Richtung auf Sondershausen, hatten aber kaum Greußen erreicht, als die Vorhut des Soult'schen Corps auf den Höhen vor der Stadt erschien, wo bald nachher Marschall Soult selbst eintraf, der die geschlossene Uebereinkunft verwarf und mit Entschiedenheit die Capitulation des preußischen Corps verlangte. Aber Blücher's entschlossenes Wort: „er sei unter den Waffen grau geworden und verstehe zu sterben, wenn es die Pflicht erfordere — von Capitulation könne keine Rede sein", bewirkte, daß das Verlangen des Marschalls abgewiesen und der Marsch auf Sondershausen fortgesetzt wurde. Der Feind drängte zwar lebhaft nach, allein General Oswald leistete an der Halbe mit einigen Füsilierbataillonen bis zum Abende einen so hartnäckigen Widerstand, daß selbst die Cavalerie Blücher's, wenn sie auch durch Geschützfeuer Verluste erlitt, dennoch in voller Ordnung abziehen konnte, und das ganze Corps, welchem von Greußen aus der Prinz August den Rückzug deckte, am 17. October mittags, wenn auch in sehr erschöpftem Zustande, Nordhausen erreichte. Von hier waren am vorhergehenden Tage die von General Wartensleben gesammelten Truppen, halb verhungert und kaum schlagfähig, nach Magdeburg abgezogen.

Von Nordhausen zog auch das Kalckreuth'sche Corps ohne Ruhe

und Erholung weiter, um auf dem beschwerlichen Umwege durch das
Harzgebirge noch vor den Franzosen Magdeburg zu erreichen, wo
man die Truppen wieder ordnen und dem Feinde von neuem Widerstand leisten zu können hoffte. Das Corps verirrte sich aber in den
engen Gebirgswegen des Harzes und gerieth endlich in so unweg-
same Gegenden, daß die Truppentheile gänzlich auseinander kamen
und sich erst am 18. October nach und nach wieder sammeln konnten.
Der Prinz August giebt in seinem Tagebuche von diesem traurigen
und verwirrungsvollen Nachtmarsche (17.—18. October) eine sehr
lebendige Schilderung und sagt, daß das Corps ohne den Eifer
einiger Stabs- und fast aller Subalternoffiziere und den guten Willen
des größten Theils der Soldaten wahrscheinlich der völligen Auflösung nicht entgangen sein würde.*)

Während das Corps Kalckreuth's seinen Weg nach der Elbe fortsetzte, führte Fürst Hohenlohe, der nunmehr zum Oberbefehlshaber
des Heeres ernannt worden und am 17. October ebenfalls in Nordhausen angelangt war, die Mehrzahl der Truppen auf einem andern
Wege nach Magdeburg. Hier fanden sich allmählich gegen 40,000 M.
des geschlagenen Heeres wieder zusammen; allein da Hohenlohe die
Unmöglichkeit erkannte, hier die Mittel zur Verpflegung des Heeres
und zur Herstellung des Kriegsbedarfs zu beschaffen, so ließ er ungefähr 20,000 M. in Magdeburg zurück und brach am 21. October
mit etwa der gleichen Zahl ermatteter und entmuthigter Soldaten
nach dem festen Stettin auf, welches er zu einem Waffenplatze zu
machen gedachte. Auf Umwegen zog er nach der unteren Oder,
kam am 22. October bis Genthin, überschritt am 23. October bei
Rathenow, Havelberg und Spandau die Havel und gelangte am
25. nach Neu-Ruppin und Wittstock.

Inzwischen war General Blücher, bei welchem sich der Oberst
Scharnhorst als Generalstabschef befand, mit den von ihm befehligten
Truppen in die Nähe des Hohenlohe'schen Corps gekommen und
übernahm am 24. October die Führung des Nachtrabs.

Auf dem weiteren Marsche erschöpften sich die Kräfte der Soldaten, welche nirgends hinreichende Lebensmittel fanden, immer mehr.

---

* Cosel, Bd. IV, S. 288 Anm.

Am 26. October wurde die von dem General Schimmelpfennig befehligte preußische Schaar bei Zehdenick von dem zum Corps Murat's gehörigen Reitergeschwader des Generals Lasalle geschlagen und völlig auseinandergesprengt; am 27. October bei Wichmannsdorf das Regiment Gendarmen umringt und entwaffnet. Hohenlohe hoffte für seine erschöpften Soldaten, welche zweiunddreißig Stunden fast ohne Unterbrechung und unter den größten Mühen und Entbehrungen marschirt waren, in Prenzlau endlich Rast und Lebensmittel zu finden; allein die Franzosen drangen unter Murat und Lannes zugleich mit den preußischen Truppen in die Stadt, und nun entschloß sich Hohenlohe, getäuscht durch die Befangenheit und die unrichtigen Angaben des Obersten Massenbach, ohne auch nur den Versuch des Durchschlagens zu machen, am 28. October zur Capitulation, durch welche, ohne Einschluß der Generale und höheren Offiziere, 328 Offiziere, fast 10,000 M., unter denselben die Garden des Königs, 1800 Pferde, 45 Fahnen und 64 bespannte Geschütze in die Hände der Franzosen fielen. Die Offiziere durften ihre Degen und Pferde behalten und wurden auf ihr Ehrenwort, bis zur Auswechselung nicht mehr dienen zu wollen, entlassen, die Mannschaften aber nach Frankreich in Kriegsgefangenschaft abgeführt, die Garden und das Regiment des Königs ausgenommen, welchen Potsdam als Aufenthaltsort angewiesen wurde.

Blücher mußte nach der Capitulation des Hohenlohe'schen Corps, von dem Marschall Bernadotte verfolgt, den Gedanken, die Oder zu erreichen, aufgeben; er wandte sich nun westwärts, in der Hoffnung, zur Niederelbe gelangen zu können. Allein ein Theil seiner durch Märsche und Entbehrungen übermäßig angestrengten Truppen mußte aus Ermattung vor Schwerin zurückbleiben, und da nun auch Murat und Soult heranrückten, so konnte er den Zug nach der Elbe nicht fortsetzen. Seinem tapferen Sinne galt es jedoch als eine Ehrenpflicht, sich mit dem Feinde zu messen, und da ihm Lübeck ein geeignetes Bollwerk zu einem Treffen an der Trave zu sein schien, so besetzte er am 5. November diese Stadt und traf unverzüglich Anstalten zur Vertheidigung derselben; allein am folgenden Tage drangen die Franzosen in Lübeck ein, dessen sie sich nach blutigem Kampfe bemächtigten; Blücher mußte sich mit dem Reste seiner

4*

Truppen nach Ratkau und Schwartau zurückziehen, wurde in der
Nacht von neuem angegriffen, und sah sich nun, zwischen der Trave
und dem dänischen Gebiete eingeklemmt, ebenfalls genöthigt, mit den
ihm noch übrigen 8000 Mann die Waffen zu strecken. Durch diese
Capitulation von Ratkau (7. November) gerieth auch Oberst
Scharnhorst in französische Gefangenschaft; doch gelang es ihm,
frühzeitig ausgewechselt zu werden, so daß er bereits an der Schlacht
bei Eylau (7. und 8. Februar 1807) theilnehmen konnte; Blücher,
der, trotz des Widerspruches der Franzosen, die Capitulation mit
dem Zusatze unterzeichnet hatte: „Ich capitulire, weil ich kein Brod
und keine Munition mehr habe" wurde erst später gegen den Marschall Victor ausgewechselt und konnte in diesem Kriege die Waffen
nicht mehr ergreifen.

Der ritterliche Prinz August, der, wie wir oben erwähnten,
schon bei Weißensee die Capitulation verhindert hatte und sicher auch
die von Prenzlau nicht zugegeben haben würde, wenn er anwesend
gewesen wäre, gab mit seiner tapferen Schaar ein glänzendes Beispiel treuester Pflichterfüllung bis zur äußersten Grenze eines noch
möglichen Widerstandes. Er bildete mit seinem auf 240 Mann
geschmolzenen Grenadier-Bataillon und dem Cürassier-Regimente
Quitzow die Nachhut des Hohenlohe'schen Corps und war eben über
das Dorf Güstow hinausgekommen, als er die Nachricht erhielt, daß
Prenzlau bereits von den Franzosen besetzt und er von der Armee
abgeschnitten sei. Mit rascher Entschlossenheit bog nun der Prinz
links von der Straße ab, um, wo möglich, Pasewalk zu erreichen
oder an irgend einer anderen Stelle über die Ucker zu kommen; die
von dem tapferen Führer ermuthigten Grenadiere schlugen mit großer
Ausdauer und Kaltblütigkeit die unaufhörlich fortgesetzten Angriffe
von 1500 französischen Reitern ab; aber sie geriethen in die sumpfigen
Uckerbrüche, und da bei dem Durchwaten der tiefen Wassergräben
Gewehre und Munition völlig durchnäßt worden waren, so mußten
sie sich endlich, bei der Unmöglichkeit jedes ferneren Widerstandes,
kriegsgefangen ergeben.*)

* Cosel, Bd. IV, S. 303. Zum Andenken an diesen Kampf der tapferen Grenadiere des Prinzen August wurde am 18. Juni 1841, durch Einwirkung des Landraths
des Prenzlauer Kreises von Stülpnagel-Dargitz, auf dem Felde zwischen Ellingen

In Prenzlau wurde Prinz August dem Großherzog von Berg vorgeführt, der ihm einiges Schmeichelhafte sagte und ihm mittheilte, daß er unter Begleitung eines Stabsoffiziers noch in der Nacht nach Berlin abgehen werde. Am 29. October trafen der Prinz und sein Adjutant Clausewitz morgens in Oranienburg, gegen Mittag in Berlin ein, wo sie sogleich auf's Schloß geführt wurden und in den Zimmern des verstorbenen Königs das französische Hauptquartier versammelt fanden. Der Prinz wurde in seiner schmutzigen Kleidung und mit einem Pantoffel an dem in der Schlacht vom 14. October beschädigten Fuße zum Kaiser eingelassen, während Clausewitz in einem ganz zerstörten Aufzuge unter den glänzenden Uniformen der kaiserlichen Adjutanten verweilen mußte. Der Kaiser empfing den Prinzen mit Höflichkeit und bediente sich gegen ihn derselben Redensarten, die er bei Allen wiederholte, die ihm in Berlin vorgestellt wurden: „er habe immer den Frieden gewünscht und wisse gar nicht, warum ihm Preußen den Krieg erklärt habe." Der Prinz schwieg und bat sich, nachdem Napoleon noch mehrere Fragen an ihn gestellt hatte, nur die Gnade aus, nicht mit denjenigen verwechselt zu werden, welche die Capitulation von Prenzlau geschlossen hätten. „Er habe sich mit seinen Grenadieren so lange gewehrt, als noch eine brauchbare Patrone vorhanden gewesen, und sei nur zuletzt in einem undurchdringlichen Moraste gefangen genommen worden." Nach dieser Unterredung, welche nur ungefähr fünf Minuten gedauert hatte, entließ der Kaiser den Prinzen und erlaubte ihm, in Berlin bei seinen Eltern zu bleiben und sich von seiner Wunde heilen zu lassen, verlangte aber zugleich, daß er keinen Briefwechsel führe und sich

und Schönwerder ein Denkmal errichtet. Es besteht aus einem geschliffenen uckermärkischen Granit, hat eine Höhe von 13', oben die Form eines Landwehrkreuzes und steht genau auf dem Punkte, wo der feindliche Hauptangriff zurückgewiesen wurde, in der Mitte von sieben Gräbern getödteter Feinde neben der Straße. Auf der Ostseite trägt es eine vergoldete Inschrift mit der Hinweisung auf den Zweck des Denkmals, auf der Westseite zwei Schwerter und die Angabe des Gefechtstages, darunter ein Eichenkranz. Im Sockel ist die Jahreszahl der Errichtung des Denkmals und der 18. Juni als der Einweihungstag, aber zugleich als der glorreiche Tag des Jahres 1815 verzeichnet, durch welchen alle Schmach des unglücklichen October 1806 getilgt wurde. — Höpfner, Theil I, Band II, Seite 204, Anmerkung 1.

aller Reden enthalte. *) Zwei Monate nachher wurde der Prinz, auf Befehl des Gouverneurs von Berlin, General Clarke, nach Nancy abgeführt und sein Adjutant Clausewitz theilte seine Kriegs-gefangenschaft.

Ueber seine Erlebnisse vor der Capitulation von Prenzlau, seine Gefangennahme und Abführung nach Berlin giebt Clausewitz in einer Anmerkung zu seiner noch ungedruckten Denkschrift über das Jahr 1806 einen ausführlichen Bericht, welchen wir hier folgen lassen:

„Das Grenadier-Bataillon Prinz August war mit einigen hun-dert Mann, den Ueberresten des Grenadier-Bataillons Rheinbaben, bei Magdeburg zusammengeschmolzen worden und war, 600 Mann stark, den 26. October, von Neu-Ruppin abmarschirt. Durch den unerhörten Marsch bis nach Schönermark den 28. October früh, wo die Truppen von einem Rendez-vous zum andern geschleppt wurden und nicht das Geringste an Lebensmitteln bekamen, war dasselbe auf 240 Mann zusammengeschmolzen; die übrigen waren vor Hunger und Ermüdung liegen geblieben. Wir machten auf dem Marsche nach Prenzlau die Vereinigung. Als wir nach Tagesanbruch das Dorf Güstow eine halbe Meile von Prenzlau passiren wollten, kam die Benachrichtigung von vorn, die Arriere-Garde möchte dicht auf-schließen und in dem Augenblicke fuhren einige hundert Wagen, die sich in der Nacht zwischen uns und den übrigen Truppen befunden, ohne daß wir es bemerkt hatten, schnell aus dem Wege seitwärts, so daß wir eine beträchtliche Lücke vor uns sahen. Wir setzten unsern Weg gegen Prenzlau so schnell fort, als es möglich war. Der General Hirschfeld, unser Divisionär, sandte den Grafen Stol-berg vom Regimente des Königs noch einmal zurück, um unsern Marsch zu beschleunigen. Der Prinz August trug mir auf, mit dem Grafen Stolberg vorzureiten gegen Prenzlau, um zu sehen, wie die Umstände wären. Als wir einige tausend Schritte von Prenzlau angekommen waren, sahen wir seitwärts des Weges drei oder vier feindliche Cavalerie-Regimenter, welche im Begriff schienen, auf das Regiment König, welches eben das Thor von Prenzlau erreicht hatte,

---

* Höpfner a. a. O., Seite 203, Anmerkung.

sich werfen zu wollen. Graf Stolberg sagte: „Wir haben keine Zeit zu verlieren, kommen Sie mit, die Uebrigen sind alle abgeschnitten." Ich antwortete ihm, daß unser Schicksal sich hier trennte; er möchte sein Regiment spornstreichs einholen; ich würde den Prinzen August an dieser Stelle erwarten. Ich verweilte noch einige Zeit und sah dem Gefechte zu, welches eine Compagnie des Grenadier-Bataillons Dohna und das Dragoner-Regiment Prittwitz mit der feindlichen Cavalerie hatte. Dasselbe wurde von ihr geworfen, über den Weg, welchen wir marschirt kamen, und so in Prenzlau hinein. Ich sah den Wirrwarr, welcher an dem Eingange von Prenzlau entstand, wo Cavalerie, Infanterie, Freund und Feind, Alles durcheinander war. Ich ritt hierauf zum Prinzen zurück, der diese Gegend eben mit seinem Bataillon erreichte, und sagte ihm, was ich gesehen hatte. Wir berathschlagten, was zu thun sei, und hielten es, da wir von unsern Leuten nicht allzuviel mehr erwarten zu dürfen glaubten und überhaupt noch nicht erfahren hatten, daß ein Bataillon Infanterie sich mitten zwischen feindlicher Cavalerie Platz machen konnte, für das Gerathenste, uns links aus dem Staube zu machen, in der Hoffnung, daß man uns bei der Beschäftigung, die man bei Prenzlau fand, nicht so bald bemerken werde. Wir bemerkten nun erst, daß wir noch ein Regiment Cavalerie, nämlich das Cürassier-Regiment Quitzow hinter uns hatten. Während wir noch auf dem Wege waren, bekamen wir einige Kanonenschüsse von den feindlichen Batterien, die jenseit des kleinen Baches, der von Boitzenburg kommt, uns zur rechten Seite aufgefahren waren; und mit diesen wenigen Schüssen war das Regiment Quitzow auseinander getrieben, wie wenn man eine Hand voll Erbsen auf die Erde wirft. Wir bogen die Spitze unseres Bataillons links und gingen über einen kleinen Bach durch ein Kohl- und Gartenfeld. So wie wir jenseit desselben waren, formirten wir ein Quarré, und setzten damit den Marsch die Ucker abwärts fort, den Fluß vielleicht tausend Schritt zur Seite habend, also ungefähr in der Richtung auf Ellingen. Der Prinz August machte dem Obersten Cospoth, Commandeur des Regiments von Quitzow, heftige Vorwürfe über das Betragen seines Regiments. Dieser aber war selbst unwillig genug darüber und gab sich die redlichste Mühe, es durch Appellblasen wieder zu sammeln. Es gelang ihm auch, etwa

100 Pferde, also eine Schwadron wieder zusammenzubringen, während die Uebrigen sich bald aus unseren Augen verloren. Sie haben sich in einiger Entfernung wieder gesammelt und sind zum General Bila gestoßen, der mit fünfzehn Schwadronen noch zurück war. Der Prinz August suchte den Obersten Cospoth nun zu verpflichten, bei ihm zu bleiben, welches er auch versprach, woraus aber natürlich nichts wurde.

Das Bataillon hatte etwa eine halbe Stunde lang seinen Marsch fortgesetzt, als es links hinter einem ganz flachen Höhenzuge, der uns begleitete, etwa drei oder vier Schwadronen Cavalerie erscheinen sah. Wir hielten sie anfangs für die Quitzower, die in jene Gegend hingeflohen. Da wir aber gleich darauf sahen, daß sich eine noch größere Anzahl hinter uns formirte, so erkannten wir denn bald, daß es der Feind war und daß es nun darauf ankomme, uns tüchtig zu wehren. Das Bataillon hatte nur noch sieben Offiziere und, wie gesagt, 240 Gemeine. Der Prinz ermunterte zu einem ehrenvollen Widerstande, befahl Offizieren und Gemeinen, ruhig zu bleiben, den Kopf nicht zu verlieren und den Letzteren besonders, auf keinen Fall eher zu feuern, als sie den Befehl dazu erhielten. Nach wenigen Minuten rückte die feindliche Cavalerie an, das Bataillon machte halt — fertig — und nun wurden die Leute unaufhörlich ermahnt mit den Worten „Schießt nicht!" Dem Verfasser schwebt lebhaft der Moment vor Augen, wo in der Schlacht von Minden die französische Cavalerie auf zwei hannöverische Bataillone anritt und, als diese ihr Feuer durchaus nicht auf die gewöhnliche Entfernung weggeben wollten, nach und nach aus dem Galopp in den Trab und zuletzt aus dem Trab in den Schritt fiel. Gerade das trug sich hier zu: die französischen Dragoner rückten im Galopp an und man sah, wie sie den Moment, wo sie unser Feuer bekommen würden, mit Aengstlichkeit erwarteten und als dieses Feuer auf hundert Schritt nicht kam, ihre Pferde immer mehr anhielten, bis sie sich zuletzt nur noch in einem schwachen Trabe näherten. Auf dreißig Schritt wurde Feuer commandirt, es stürzten eine ziemliche Anzahl, die übrigen bogen sich hinter die Hälse ihrer Pferde, wandten um und jagten davon. Nun hatten wir Alles bei unseren Leuten gewonnen; sie schienen ganz erstaunt über den guten Erfolg einer

Sache, die sie so oft auf dem Exercierplatze geübt und immer nur für eine Art von Spaß gehalten hatten; ja als ein feindlicher Dragoner, der dicht vor dem Bataillon zusammengestürzt war, sich unter seinem todten Pferde hervorarbeitete und eiligst davon lief, machte der Contrast dieser ängstlichen Flucht mit dem wilden, etwas scythischen Ansehen dieser behelmten und pferdegeschwänzten Dragoner einen solchen Eindruck auf die Leute, daß ein allgemeines Gelächter entstand.

Wir setzten nun unseren Marsch fort. Es dauerte nicht lange, so erfolgte ein zweiter Anfall, der ebenso abgewiesen wurde. Als wir unsern Marsch wieder antraten, fanden wir denselben durch ein paar Schwadronen gesperrt und die übrigen umgaben uns so nahe, daß wir keinen Augenblick vor ihren Anfällen sicher waren. Wir machten also wieder Halt, zogen die wenigen Schützen, die wir noch hatten, heraus und ließen mit einzelnen Schüssen in die dichten Schwadronen hineinschießen. Das wirkte auf der Stelle, sie machten von allen Seiten Platz, der Weg war frei und wir konnten unsern Marsch fortsetzen. Nun erfolgten mit einzelnen Intervallen noch fünf Angriffe und wir übersahen dabei, daß die Zahl der feindlichen Schwadronen vierzehn war, aus welchen, wie wir nachher erfuhren, damals die Division Beaumont bestand. Sie waren aber ohne Artillerie.

Nachdem wir unsern Rückzug auf diese Weise etwa noch eine halbe Stunde lang fortgesetzt und dabei von einem in einem Dorfe genommenen Boten erfahren hatten, daß wir keinen Uebergang über die Ucker bis Pasewalk finden würden und daß dieser Fluß wegen der morastigen Ufer und Gräben nicht zu passiren sein würde, sahen wir voraus, daß wir es auf vier Meilen weit mit dieser Cavalerie zu thun haben würden, und fürchteten, daß am Ende die Munition fehlen, auch vielleicht die Kräfte und der gute Wille unserer Leute sich erschöpfen würden. Der Prinz beschloß daher, sich lieber mit seinem Bataillon in die Ucker-Brüche hineinzubegeben, überzeugt, daß man mit Infanterie durch solche Gegenden meistens durchkommt, wenn sie auch ein noch so übles Ansehen haben. Die feindliche Cavalerie konnte uns da nichts anhaben und es kam nur darauf an, mit der höchsten körperlichen Anstrengung Pasewalk zu erreichen.

Wir zogen uns also gegen den Rath des Bauern hinein und waren ganz erfreut, als wir etwa eine Stunde lang, obwohl mit großer Mühe, doch überall glücklich durchkamen, während die feindliche Cavalerie auf der Höhe uns zur Seite folgend das Zusehen hatte. Ein Theil derselben saß sogar ab und schien uns aufgegeben zu haben. Aber uns wurde der Boden immer schwieriger; es kamen häufig sehr breite Gräben, die mit Wasser angefüllt und so tief waren, daß man bis unter die Arme hineinsank. In diesem schlimmen Boden blieben uns etwa hundert unserer Leute stecken, denen es an Kräften fehlte, sich aus dem Morast wieder herauszuarbeiten. Unsere sämmtlichen Reitpferde hatten wir bereits zurücklassen müssen; nur der Prinz hatte noch ein schönes englisches Pferd von besonderer Kraft an der Hand durchbringen können; es war dasselbe, auf welchem sein Bruder, der Prinz Louis, bei Saalfeld zusammengehauen worden war, und das Blut dieses kühnen Prinzen war noch an dem Sattel sichtbar. Allein während der starken Bewegungen, die das Thier machte, um sich aus dem Morast emporzuarbeiten, riß es sich vom Zügel los und sprang in die Ucker, in welcher es nun uns zur Seite hinunterschwamm. Einige Versuche, es mit den langen Holobarden,*) welche damals die Unteroffiziere noch hatten (sogenannte Kurzgewehre), wiederzuerhaschen, waren vergeblich und um so schmerzlicher, als der Prinz in dem Gefühle seiner Abstammung entschlossen war, im schlimmsten Falle sich persönlich durchzuhauen. Die feindliche Artillerie war angekommen und beschoß uns seit einiger Zeit mit Kugeln, weil der Morast zu breit war, um Kartätschen gegen uns anwenden zu können; dies Feuer war von keiner sonderlichen Wirkung. Wir würden uns also einzeln noch fortgearbeitet und auch wahrscheinlich einzeln gerettet haben, wenn nicht nach einem sehr breiten Abzugsgraben, den wir mit der größten Mühe passirten, der Boden mit einem Male fester geworden wäre und es der feindlichen Cavalerie erlaubt hätte, sich uns, wiewohl nur im Schritt, doch in ziemlicher Anzahl zu nähern. Wie wir auf diesem festen Boden anlangten, rief man den Leuten zu, sich von neuem in ein Quarré zu formiren, und ich muß

---

* Holobarden (Hellebarden) hießen die Spieße, welche die Unteroffiziere trugen, mehr als Abzeichen ihrer Stellung (wie bei den Offizieren die Spontons) denn als Waffe. Sie waren 6 Fuß lang und mit einer Eisenspitze versehen.

namentlich hier eines Hauptmanns Schwerin gedenken, der selbst wie „des Dienstes immer gleichgestellte Uhr" sich im Frieden stets durch jene geregelte, äußerst abgemessene Thätigkeit ausgezeichnet hatte, wie man sie wohl mit dem Namen der Pedanterie zu belegen pflegt; ich sage, ich muß dieses Mannes hier gedenken, weil er, ein seltener Fall, eben diesen ruhigen Methodismus bis auf diesen Punkt der äußersten Gefahr erhalten hatte. Er konnte sich nicht darüber beruhigen, daß das Quarré nicht wieder zu Stande kommen wollte.

Allein die Leute hatten sich ihrer Gewehre als Stützen bedient, um über die Gräben zu kommen; sie waren meistens bis unter den Armen im Wasser gewesen und folglich waren ihre Patrontaschen mit der in derselben befindlichen Munition ganz durchnäßt. Sie sahen die Unmöglichkeit voraus, sich ferner wehren zu können, und hatten nun auch den guten Willen dazu verloren; sie warfen die Gewehre weg und ließen sich willig von der feindlichen Cavalerie gefangen nehmen. Auch dem Prinzen blieb nichts Anderes übrig und er theilte also das Schicksal seiner Leute. Im ersten Augenblicke hatte man dem Prinzen mit seinem Degen auch den Stern des schwarzen Adlerordens und die Uhr abgenommen. Da aber der Divisionsgeneral Beaumont gleich zur Stelle war, so wurden ihm diese Gegenstände sogleich zurückgegeben, auch auf den Wunsch des Prinzen Befehl ertheilt, daß man sich nach seinem Pferde umsehen sollte, welches ihm denn auch bald zurückgegeben wurde.

Die Zahl der Gefangenen, welche der Feind hier machte, mag ungefähr 100 Mann betragen haben. Die Uebrigen steckten noch in dem Bruche und kehrten, als sie unser Schicksal sahen, zum Theil um, sich wieder gegen Prenzlau wendend. Blessirte hatten wir nur sehr wenige, unter welchen ein Offizier, nehmlich durch das Feuer der feindlichen Dragoner mit ihren Carabinern, womit sie uns nach den Anfällen und während unseres Rückmarsches zu begleiten pflegten. Was das Feuer der Artillerie und namentlich einige Kartätschenschüsse, die zuletzt erfolgten, für Wirkung hatte, konnten wir nicht mehr beurtheilen. Der Feind gab seinen Verlust auf etwa 80 Todte und Blessirte an. Wenn man weiß, wie wenig Cavalerie bei solcher Gelegenheit zu verlieren pflegt, so wird man diese Angabe nicht unwahrscheinlich finden.

Der Prinz hatte während des Gefechtes einen Husaren des Regiments Schimmelpfennig, welcher sich zufällig bei uns befand, ebenso seinen eigenen Jäger und zuletzt meinen Reitknecht die Ucker hinunter nach Hilfe gesandt, in der Hoffnung, dort vielleicht auf irgend ein Detachement zu treffen, was uns beistehen könnte. Sie waren sämmtlich nicht zurückgekommen. Unser Erstaunen erregte es, daß wir jenseit der Ucker von Prenzlau unsere Truppen nicht abmarschiren sahen. Wir glaubten daher, dieser Abmarsch sei schnell bewerkstelligt worden, als wir noch im heftigsten Gefecht begriffen waren. Mit Verwunderung und der schmerzlichsten Betrübniß erfuhr der Prinz vom General Beaumont, daß der Fürst capitulirt habe.

Wir befanden uns zwischen den Dörfern Bandelow und Niehden, anderthalb starke Meilen von Prenzlau, wohin wir jetzt zurückgeführt wurden, weil der Großherzog von Berg über die weitere Bestimmung des Prinzen entscheiden mußte, und wo wir etwa um vier Uhr nachmittags ankamen.

Gleich beim Abreiten aus der Gegend, wo wir gefangen genommen waren, sahen wir die französische Cavalerie vergebliche Versuche machen, sich der Leute zu bemächtigen, die noch in den Morästen steckten und die sie mit Flintenschüssen zurückwiesen. Der General Beaumont machte hierauf dem Prinzen die Vorstellung, daß er diesen Leuten befehlen möchte, nicht mehr zu schießen, gewissermaßen als wenn sie in der Gefangennehmung ihres Chefs mit einbegriffen wären; allein der Prinz gab die edle Antwort: „Diese Leute sind glücklicher als ich; sie stehen nicht mehr unter meinem Befehle und ich kann mich nur freuen, wenn sie sich als brave Soldaten wehren." Ein Theil dieser Leute hat wirklich das Glück gehabt, auf einem Brette, welches ein Schwimmer von jenseits holte, an einer schmalen Stelle über die Ucker und in der Folge nach Stettin zu entkommen.

In Prenzlau wurde der Prinz dem Großherzoge von Berg vorgeführt, der in sehr gestickter Marschalluniform eben beschäftigt war, auf einem ausgebreiteten Foliobogen quer über die Foliofalten in sehr schiefen Linien und unbeholfener Schrift einen Bericht an den Kaiser zu machen. Er sagte dem Prinzen einiges Schmeichelhafte und machte ihm bekannt, daß er unter Begleitung eines Stabsoffiziers in dieser Nacht nach Berlin abgehen würde.

Auf dieſer Reiſe trafen wir des Morgens in Oranienburg ein, wo die Poſtmeiſterin, die den Prinzen nicht kannte, fragte, ob es denn wahr ſei, daß alle Garden gefangen wären. Als der Prinz nichts als einen finſteren Blick darauf erwiederte, ſagte ſie: „Ach Gott! wenn doch nur erſt alle gefangen wären, damit es ein Ende hätte!“ Der Verfaſſer führt dieſen Zug hier an, weil er den Geiſt und die Stimmung des Volkes kennzeichnet.

Wir kamen gegen Mittag in Berlin an, wo wir unter den widrigſten Gefühlen ein Gegenſtand der Volksneugierde waren. Wir wurden ſogleich aufs Schloß geführt, wo wir in den Zimmern des verſtorbenen Königs das kaiſerliche Hauptquartier verſammelt fanden. Der Prinz wurde ſogleich zum Kaiſer eingelaſſen, während der Ver- faſſer in einem ganz zerſtörten Aufzuge ſich unter allen brillanten gewiſſermaßen hohnſprechenden Uniformen der kaiſerlichen Adjutanten verweilen mußte. Der Kaiſer entließ den Prinzen nach etwa fünf Minuten und ſagte ihm, daß er bei ſeinen Eltern bleiben könne. Er wurde indeſſen zwei Monate ſpäter auf Befehl des Gouverneurs von Berlin Generals Clarke nach Nancy abgeführt. Bei dieſem kleinen Cavaleriegefecht hat ſich der Verfaſſer recht überzeugt, wie ſtark die Infanterie gegen Cavalerie iſt. Das Quarré, welches wir bildeten, war nach alter Art ein ſogenanntes hohles von drei Gliedern; die Leute waren durch die verlorene Schlacht, den vierzehntägigen unauf- haltſamen Rückzug, die furchtbaren Märſche und den großen Mangel an Lebensmitteln moraliſch und phyſiſch ſo entkräftet, die franzöſiſche Cavalerie durch die beſtändigen Erfolge ſo dreiſt und übermüthig, das Verhältniß von 240 Mann Infanterie zu etwa 1500 Mann Cavalerie ſo ungünſtig, daß die Lage, in welcher ſich hier die In- fanterie befand, gewiß zu den übelſten Fällen zu zählen iſt. Die Faſſung, welche der Führer und die Offiziere behielten, das beſtän- dige Zureden, nicht zu ſchießen, alſo das lange verhaltene Feuer thaten Alles. Der Verfaſſer hat ſich hier überzeugt, daß es nun einmal in der Natur des Cavaleriſten liegt, ſich bei ſolcher Gelegen- heit nicht todtſchießen laſſen zu wollen. Gewöhnlich glaubt man, daß die feindliche Cavalerie gerade in dem Augenblicke, wo ſie um- dreht, ohne Gefahr hätte hineinreiten können; dies iſt aber eine falſche Vorſtellung. Das Feuer der Infanterie, in welcher Form es nur gegeben werden mag (bei uns war eigentlich eine Bataillonssalve gemeint, welche die angegriffenen Fronten zu gleicher Zeit geben sollten, und diese Form möchte wohl in so ernsthaften Fällen die einzige thunliche sein) reißt nicht so schnell ab, daß die feindliche Cavalerie nicht beim fortgesetzten Einreiten immer mehrere Schüsse, also zuletzt, wie man sagt, deren à bout portant bekäme und diese ganz nahen Schüsse sind es, welche Jeder scheut. In allen Fällen, wo wir die Infanterie-Quarrés einbrechen sehen, können wir mit Sicherheit darauf rechnen, daß die Infanterie entweder nicht mehr recht in Ordnung war und schon anfing zu wanken, ehe die tapfere Cavalerie noch Zeit hatte umzukehren, oder daß sie ihr Feuer zu früh weggab, etwa zwischen zweihundert Schritt und hundert Schritt, daß in dem Augenblicke, wo die Cavalerie sich ganz nahe befand, wenig oder gar kein Feuer aus dem Quarré kam. Abgesehen von dem, was die reitende Artillerie zur Vorbereitung eines Angriffes thun kann und was gegen Truppen von wenig kriegerischem Geiste immer ziemlich entscheidend sein wird, was aber gegen die französischen Truppen, wie der Verfasser aus eigener Erfahrung weiß, wirklich wenig vermag, ich sage, abgesehen von diesen Wirkungen der Artillerie, dürfte für den Angriff der Infanterie die beste und wirksamste Form immer die sein, wenn die Cavalerie en échiquier in mehreren Treffen angreift, so daß dem ersten Anfall auf der Stelle ein zweiter folgt. Dies kann im Grunde nicht anders geschehen, als wenn die Schwadronen sich in Zügen theilen, und das widersteht einem Rittmeister zu sehr, als daß man diese Ordnung des Angriffs je allgemein eingeführt sehen sollte."

Den Mittheilungen über den Aufenthalt Clausewitz's in Frankreich wollen wir eine kurze Uebersicht über die weiteren Ereignisse des Krieges von 1806 und 7 bis zum Frieden von Tilsit, welcher der Kriegsgefangenschaft des Prinzen August und seines Adjutanten ein Ende machte, vorausschicken.

In Folge der unglücklichen Schlacht bei Jena-Auerstädt ergaben sich die wichtigsten preußischen Festungen, namentlich Erfurt (16. October), Spandau (25. October), Stettin (29. October), Küstrin (1. November) und Magdeburg (8. November), das Bollwerk des Reichs, mit solcher Schnelligkeit, daß man an Verrätherei dachte, weil man einen solchen

Grad von Muthlosigkeit für unglaublich hielt. Dagegen wurde Colberg von Gneisenau, Schill und Nettelbeck heldenmüthig vertheidigt, die Festungen in Oberschlesien leisteten tapferen Widerstand, und an der Weichsel wurde das vom 17. Januar bis zum 30. Juni 1807 mit kurzer Unterbrechung von den Franzosen beobachtete und eingeschlossene Graudenz von dem entschlossenen General Courbière behauptet.

Der König, der sowol in der Schlacht vom 14. October als auf dem Rückzuge Beweise persönlicher Tapferkeit gegeben hatte, war nach Königsberg geflüchtet und bemühte sich von hier aus durch große Anerbietungen Waffenruhe und Frieden von dem Sieger zu erlangen, mußte sich aber, da die Forderungen desselben mit seinem Glücke sich steigerten, zur Fortsetzung des Krieges entschließen und vereinigte den Rest seines Heeres mit den Truppen, welche sein Bundesgenosse und Freund, der Kaiser Alexander, zu seiner Unterstützung heranführte. In der furchtbar blutigen, jedoch unentschiedenen Schlacht bei Preußisch - Eylau (7. und 8. Februar 1807) wurde die französische Uebermacht durch die Tapferkeit der Russen unter Bennigsen und der Preußen unter Lestocq, dessen Generalstabs-Chef Oberst Scharnhorst war, ruhmvoll abgewehrt, und Napoleon, der, wie seine Gegner, sein von schweren Verlusten erschöpftes Heer in die Winterlager zurückgeführt hatte, hielt es für gerathen, dem Könige von Preußen einen Sonderfrieden anzubieten, welchen dieser jedoch ablehnte, da er die Treue gegen seinen Bundesgenossen nicht verletzen wollte. Nach einer viermonatlichen Waffenruhe, während welcher auch Danzig (22. Mai) capitulirte (dasselbe war von Schweidnitz schon am 6. Februar geschehen) und Napoleon große Verstärkungen an sich gezogen hatte, erfocht derselbe über die Russen unter Bennigsen den entscheidenden Sieg bei Friedland (14. Juni) und schloß nach einer persönlichen Zusammenkunft mit dem Kaiser Alexander auf dem Niemen (25. Juni) zu Tilsit Frieden mit Rußland (7. Juli) und mit Preußen (9. Juli), weil er zur Fortsetzung des Krieges in Rußland selbst nicht vorbereitet war und überdies fürchtete, daß Oesterreich sich mit seinen Gegnern verbinden könnte. Durch den Frieden von Tilsit verlor Preußen seine Länder zwischen Elbe und Rhein, welche es zur freien Verfügung Napoleon's stellen mußte, und behielt nur noch die Hälfte seines früheren Gebietes mit fünf Millionen Einwohnern. Bis zur Zahlung der ungeheuren Kriegskosten blieb das Land von den Franzosen besetzt, welche auf Kosten desselben lebten, und überdies wurde es einer Hauptquelle für die Wiederherstellung seines zerrütteten Wohlstandes beraubt, indem es zur Annahme des Continentalsystems Napoleon's d. h. zur Verzichtung auf allen Handelsverkehr mit England gezwungen wurde. Den durch Friedrich den Großen errungenen Rang einer Großmacht hatte Preußen durch den unglücklichen Tilsiter Frieden eingebüßt!

Der Prinz August und Clausewitz, welcher sich bis dahin in seinem früheren Garnisonsorte Neu-Ruppin aufgehalten hatte, traten am 30. December 1806 die Reise von Berlin nach Nancy an, welches ihnen vorläufig zum Aufenthaltsorte angewiesen war. Sie nahmen ihren Weg durch die Harzgegenden, über Marburg, Frankfurt, Mainz, Metz und langten am 18. Januar 1807 in Nancy an. Zu Ende Februar erhielt der Prinz den Befehl, Nancy zu verlassen und eine der vier Städte Senlis, Beauvais, Meaux, Soissons zu seinem ferneren Aufenthaltsorte zu wählen; er entschied sich für Soissons, wohin er am 1. März mit seinem Adjutanten abreiste. Der Weg führte sie über Rheims, wo sie die prachtvolle Kathedrale bewunderten, und von Soissons aus machten sie noch in demselben Monate eine Reise nach Paris, wo sie vierzehn Tage verweilten und alle Merkwürdigkeiten, namentlich die Gemäldegalerieen und übrigen Kunstsammlungen besichtigten.

Erst am 1. August durften der Prinz und Clausewitz Soissons verlassen, mußten jedoch noch über zwei Monate auf die zur Rückreise in die Heimat erforderlichen Pässe warten. Sie begaben sich an dem genannten Tage zunächst nach der Schweiz, trafen am 5. August in Genf ein, von wo sie am 8. eine Excursion nach Savoyen unternahmen, um die Gletscher zu sehen, kamen am 11. über Genf nach Lausanne und nahmen dann in Copet bei Frau von Staël einen längern Aufenthalt.

Während dieses Aufenthaltes in der Schweiz besuchte der Prinz, der sich für das Bildungswesen lebhaft interessirte, die berühmte Erziehungsanstalt Pestalozzi's in Jfferten am Neuenburger See, für

welche die Regierung demselben das dortige Schloß eingeräumt hatte.
Die Grundidee des für seinen Beruf begeisterten und durch seine
Persönlichkeit höchst liebenswürdigen Pädagogen, allen Unterricht mit
der Anschauungslehre zu beginnen und eine naturgemäße Entwickelung
der dem Menschen innewohnenden Anlagen und Kräfte zu bewirken,
fand damals großen Anklang; auch Clausewitz wurde durch die
Methode Pestalozzi's zum prüfenden Nachdenken über dieselbe angeregt und ohne Zweifel ist der kleine Aufsatz, den wir unten, soweit
er sich erhalten hat, mittheilen werden, durch die in Jfferten gemachten
Beobachtungen veranlaßt worden. Auch das von Fellenberg, dem
früheren Mitarbeiter Pestalozzi's, in Hofwyl bei Bern errichtete Jn-
stitut, welches damals in großer Blüte stand, wurde besichtigt und
als der junge Victor Aimé Huber, einer der begabtesten Zöglinge
der Anstalt, durch den hohen Besuch befangen gemacht, mitten in
der Lösung einer mathematischen Aufgabe stecken blieb und sich nicht
mehr zu rathen wußte, kam ihm der Prinz mit dem freundlichen
Worte: „Na, mein Sohn, haben wir uns festgefahren?" als rettender
Engel zu Hülfe und brachte ihn auf den rechten Weg.*)

Frau von Staël lebte bekanntlich damals auf ihrem Landgute
Copet bei Genf, wohin sie sich zurückgezogen hatte, nachdem sie von
Napoleon, unter der Anschuldigung, daß sie falsche Berichte über die
Lage des Staates an ihren Vater gesandt habe, aus Paris verbannt
worden war. Ihre Schrift über Deutschland, um deretwillen ihre
Verbannung auf ganz Frankreich ausgedehnt, ihr jedoch der Aufenthalt
in Copet gestattet wurde, war damals noch nicht erschienen; doch
hatte sie sich bereits, namentlich durch das vielgelesene Buch: „Con-
sidérations sur la révolution française" (1797) großen literarischen
Ruf erworben, welchen sie durch ihre in Copet verfaßten Schriften
noch vermehrte. Der durch seine schöne, stattliche Gestalt und seine
liebenswürdigen Umgangsformen ausgezeichnete Prinz, von welchem
man sagte, er habe etwas von einem französischen General aus der
Kaiserzeit, war in Copet, welches er auch in der Folge wiederholt
besuchte, ein mit Aufmerksamkeit empfangener und gern gesehener

---

* Victor Aimé Huber „Sein Werden und Wirken" von Rudolf Elvers.
Bremen 1872, Theil I, Seite 72.

Gaſt.*) Ueber ſeinen damaligen langen Aufenthalt daſelbſt verweiſen
wir auf die ſehr anziehenden brieflichen Mittheilungen Clauſewitz's,**)
der von Frau von Staël mit Auszeichnung behandelt wurde und ſich
mit Auguſt Wilhelm von Schlegel, der ſein täglicher Tiſchnachbar
war, befreundete. Am 7. October langten die erwarteten Päſſe
endlich an; eine Reiſe nach Italien, welche bis Rom ausgedehnt
werden ſollte, wurde aufgegeben und die Rückkehr in die Heimat
angetreten. Die Ankunft in Berlin erfolgte, nach zehnmonatlicher
Abweſenheit, zu Anfang November.

Der unfreiwillige Aufenthalt in Frankreich und die an denſelben
ſich anſchließenden Reiſen waren für Clauſewitz's Bildung von ſehr
vortheilhaftem Einfluſſe; er vermehrte durch die ihm eigenthümliche
ſcharfe Beobachtung ſeine Welterfahrung und Menſchenkenntniß und
erwarb ſich insbeſondere eine vertraute Bekanntſchaft mit der franzöſiſchen Sprache, deren er ſich, was ihm in ſeinen ſpätern Lebens-
verhältniſſen ſehr zu ſtatten kam, ſchriftlich und mündlich correct und
gewandt zu bedienen lernte.

Von ſeiner wiſſenſchaftlichen Thätigkeit und der von ihm in ſeiner
allgemeinen Bildung ſchon damals erreichten Stufe mögen die folgenden Aufſätze, welche in dem gedachten Zeitraume entſtanden ſind,
Zeugniß ablegen:

I. Skizze zu einem Operationsplane für Oeſterreich, wenn es
jetzt Theil an dem Kriege gegen Frankreich nehmen wollte.
Im Frühjahr 1807 geſchrieben.

Da Oeſterreich ſich von dem Kriege des Jahres 1807 fernhielt,
ſo hat der vorſtehende Operationsplan durch die Geſchichte keine
Würdigung erfahren können. Die Richtigkeit der von Clauſewitz
entwickelten Ideen wird man aber ſchwerlich anfechten können und
da man aus dem trefflichen Aufſatze erkennt, mit welchem umfaſſenden
und tiefblickenden Geiſte der Verfaſſer ſchon damals die Verhältniſſe
durchſchaute, ſo dürfte die Aufnahme deſſelben in die Biographie
gerechtfertigt erſcheinen.

* A. v. Sternberg in den „Erinnerungsblättern" Theil III, Seite 55 beſchreibt das
Aeußere des Prinzen, beſonders deſſen „brillante ſchwarze Augen" und nennt ihn „den
Liebling der Frau von Staël", bei welcher er lange in Copet ſich aufgehalten habe.
** Abſch. VI, A, Nr. 16, 17, 18, 19 und 20.

II. Die Deutschen und die Franzosen.

III. Journal einer Reise von Soiſſons über Dijon nach Genf.

IV. Peſtalozzi. (Ein Fragment.)

Der Prinz Auguſt arbeitete in Soiſſons ein „Memoire" aus, welches Vorſchläge zur Verbeſſerung der preußiſchen Militärverfaſſung enthielt und von ihm der damals vom Könige berufenen „Reorganiſationscommiſſion" zur Berückſichtigung bei ihren wichtigen Arbeiten eingeſandt wurde. An dieſer von gründlicher Sachkenntniß zeugenden verdienſtlichen Arbeit, welche aus Soiſſons vom 13. Juni 1807 datirt iſt, hatte Clauſewitz ohne Zweifel einen nicht unweſentlichen Antheil, der ſich wohl nicht auf die bloße Redaction beſchränkt haben dürfte. Man kann dieſes anerkennen, ohne dadurch die Ehre der Autorſchaft dieſer Denkſchrift dem begabten und ſtrebſamen Prinzen, deſſen Namen derſelben vorgeſetzt iſt, abzuſprechen.*) Uebrigens war Clauſewitz gegen die Einſendung dieſer Denkſchrift, da dieſelbe neue Ideen nicht enthalte und zu beſorgen ſei, daß die Mitglieder der Reorganiſationscommiſſion durch dieſe Vorlage in ihrer Eitelkeit verletzt werden könnten.

I.

Skizze

zu einem Operationsplane für Oeſterreich, wenn es jetzt Theil an dem Kriege gegen Frankreich nehmen wollte.

Im Frühjahr 1807 geſchrieben.

Die Oeſterreichiſchen Lande umſchließen das weite Kriegstheater der Franzoſen in der rechten Flanke. Weil Oeſterreich, mit einiger Gewandtheit in ſeinen Maßregeln, nach Willkür von allen Theilen ſeiner Grenze mit Truppen hervortreten kann, ſo wird das Kriegstheater der Franzoſen von dem Augenblicke an, da Oeſterreich ſich

---

* Klippel hat in ſeinem „Leben Scharnhorſt's" Thl. III, Beilagen zum 6. Buche, S. 764—792 die Denkſchrift vollſtändig abdrucken laſſen und bemerkt über dieſelbe S. 335 Anm. 1: „Der bedeutendſte dieſer eingeſandten Aufſätze iſt ohne Widerrede das „Memoire des Prinzen Auguſt", in welchem der Geiſt des Capitains v. Clauſewitz, des Adjutanten und Begleiters des Prinzen in der Gefangenſchaft, nicht zu verkennen iſt."

gegen sie erklärt, wirklich von der Weichsel bis zum Rhein ausgedehnt. Die Franzosen sind also, wenn man auch nicht auf die
Operationen sieht, welche von der Küste aus unternommen werden
können, genöthigt, auf zwei Seiten Widerstand zu thun. Die Natur
einer solchen Lage hat ihre Vortheile und ihre Nachtheile, welche die
Strategie entwickelt. Der Hauptnachtheil ist:

> Wenn die eine Seite zum Weichen gebracht wird, so wird die
> Basis der andern erschüttert.

Der Hauptvortheil ist:

> Die Armeen haben, um von einer Seite zu der andern über-
> zugehen, weniger Raum zu durchlaufen als die feindlichen;
> man kann also von einer und derselben Armee oft einen
> doppelten Gebrauch machen. In diesem Vortheile findet
> der, welcher unter solchen Umständen den Krieg führt, seine
> Rettung auch oft dann, wenn der Gegner ihm auch bedeu-
> tend überlegen ist, was unstreitig der Fall der Franzosen
> sein würde, wenn Oesterreich sich plötzlich gegen sie erklärte.*)
> Dieser letzte Vortheil leidet aber eine merkwürdige Einschrän-
> kung, es müssen nämlich die Dimensionen gemäßigt sein.

Denn:

1) Wenn die Seiten zu klein und der eingeschlossene Operations-
   raum zu eng ist. Die eine Seite, welche auf eine Zeit lang
   geschwächt werden mußte, um auf die andere ein Uebergewicht
   überzutragen, muß in dieser Zeit entschieden den Schlägen ausweichen können, also einen gewissen Raum aufopfern. Dieser
   Raum darf aber natürlich kein wichtiger Theil des Kriegstheaters sein. Zwei Bedingungen, die sich bei einem zu engen
   Kriegstheater fast nie vereinigen lassen.

2) Wenn das Kriegstheater zu ausgedehnt ist. In diesem Falle
   wird es unmöglich, von einer Seite zu der andern überzugehen
   mit der Schnelligkeit, die den Gegner überrascht, und die
   Operationen beider Seiten leiden nicht mehr die Präzision und
   Uebereinstimmung, die in einer solchen Vertheidigung durchaus
   wesentlich ist.

---

* Auf diese Weise hat Friedrich II. seinen zahlreichen Feinden widerstehen
können.

Man muß also, um den Franzosen den Vortheil ihrer Lage zu nehmen, ihr Kriegstheater entweder so viel als möglich einzuschränken oder auszudehnen suchen.

Das Erstere würde geschehen, wenn die ganze Oesterreichische Macht in Galizien aufträte. Allein bei so sehr großen Armeen ist eine solche Einschränkung einer wichtigen Rücksicht unterworfen, nämlich der des Unterhaltes. Ueberdies ist bei Coalitionen nicht rathsam, wie die Erfahrung lehrt, die Armeen verschiedener Puissancen auf ein und demselben Punkte operiren zu lassen.

Die größte Ausdehnung giebt man dem französischen Kriegstheater, wenn die Oesterreicher ihre Hauptmacht durch das südliche Deutschland nach der Schweiz und Italien vordringen lassen. Mehrere äußerst wesentliche Vortheile unterstützen die Wahl dieser Maßregel, die, wie wir eben gesehen haben, durch einen Grundsatz der Strategie veranlaßt wird.

Die Franzosen können unmöglich jetzt eine bedeutende Macht in jenen Gegenden haben und in den ersten sechs Monaten keine solche in ihrem Inneren organisiren. Die Schweiz bietet vortreffliche Hülfsmittel der Vertheidigung dar. — Vor allen Dingen aber ist es ein großer Zweck, den Krieg in des Feindes Land (denn so kann man das südliche Deutschland, die Schweiz und Italien betrachten) hingespielt, mit einem einzigen Schlage an Frankreichs Grenze versetzt zu haben. Was man hier an physischen Kräften gewinnt, ist gar nicht mit dem moralischen Einflusse zu vergleichen, den diese veränderte Gestalt der Dinge, welche die meisten Menschen in dem Schlendrian ihres politischen Glaubens kaum für möglich halten, auf Völker und Armeen haben muß.

Mein Operationsplan ist also folgender:

Die Oesterreichische Armee, welche ich 250,000 Mann disponibler Truppen annehme, theilt sich in 2 Theile; der eine, 100,000 Mann stark, ist zu Cooperationen im Norden und zur Deckung der Hauptstadt Wien, der andere, 150,000 Mann stark, zur Offensive gegen die Schweiz und Italien bestimmt.

Die ersteren 100,000 Mann theilen sich in 2 Armeen, von welchen die eine in Galizien auftritt und dem General Massena in die rechte Flanke fällt, während Bennigsen seine Front angreift. Daß

man unter diesen Umständen den französischen rechten Flügel schlagen
werde, ist sehr wahrscheinlich; denn hier hat man alle Vortheile auf
seiner Seite; mehr kann man aber von der Strategie nicht verlangen.
Ist aber ein so wesentlicher Theil der französischen Armee geschlagen,
so können die Operationen des Centrums und des linken Flügels,
wie glücklich sie auch sind, nie einen entscheidenden Charakter annehmen. In dieser Rücksicht und um den Armeen im Norden
wenigstens eine gleiche Stärke mit den französischen zu geben, ist
diese Cooperation sehr wichtig. Der zweite Theil der Nord-Armee
dringt in Oberschlesien ein, um die schlesischen Festungen zu entsetzen.
Da die Franzosen hier keine starke Observations-Armee haben, so
hat diese Operation gar keine Schwierigkeit. Sind die Festungen
einmal entsetzt, so kommt jede herbeigezogene Armee zu spät, weil
eine zweite Belagerung immer viel Schwierigkeiten hat. Denkt man
sich diese Flanken-Operation in Verbindung mit dem Angriff des
französischen rechten Flügels, so kann man wohl nicht leugnen, daß
dadurch dem Kriege im Norden schon eine sehr vortheilhafte Gestalt
gegeben wird. Die Entsetzung der schlesischen Festungen ist aber auch
der Folgen wegen sehr wichtig, wie Jeder leicht begreift.

Diese beiden Oesterreichischen Armeen des Nordens erfüllen aber
zu gleicher Zeit den wichtigen Zweck, Wien und Oesterreich zu decken.
Denn gesetzt, es träte der schlimmste Fall ein, man wäre Alliirter
Seits auf allen Punkten mehr oder weniger unglücklich, so wird
doch der französische Kaiser nie, ohne alle eroberten Provinzen aufs
Spiel zu setzen, eine Armee von 100,000 Mann detachiren können,
um in das Herz von Oesterreich vorzudringen.

Was kann nun der Feind thun, um sich den Operationen der
Oesterreicher im Süden zu widersetzen? Eine Armee im Innern bilden.
Dazu wird viel Zeit erfordert, während welcher die Invasion in die
Schweiz und die Eroberung Italiens vollendet sein kann. — Einen
Theil seiner Armee aus dem Norden abziehen, um damit Alles zu
vereinigen, was er in Deutschland hat und dann Tirol und die
Schweiz im Rücken angreifen. — Dadurch wird aber ein wirksamer
Widerstand in Schlesien und Galizien und längs der Weichsel un-
möglich. Man bedenke, daß wegen der großen Entfernungen eine
rapide Entscheidung nicht möglich ist, und daß eine Stellung der

französischen Kriegsmacht, in welcher ihr rechter Flügel im Süden, ihr linker im Norden von Europa steht, nie von Dauer sein kann. Es ist keine Lage denkbar, die zu größeren Erwartungen berechtigt. Man denke sich die Stimmung der französischen Armee, die, 150 Meilen von ihren Grenzen entfernt, diese Grenzen plötzlich bedroht sieht. Nach zwölfjährigen Eroberungen den Krieg mit einem Male wieder an seiner Quelle zu sehen! Man denke sich die Stimmung derer, die im Norden zurückbleiben, während ihr Kaiser mit einem großen Theile ihrer Waffenbrüder nach dem Süden abzieht. — Oder kann man sich vorstellen, daß der Kaiser im Verfolge seines Waffenglückes nach Petersburg gehen werde, unbekümmert um Italien und die Schweiz?

Große, weitläufige Eroberungen sind in unseren Zeiten unendlich schwer zu vertheidigen, darum haben die gescheidtesten Leute geglaubt, daß sie überhaupt nicht ausführbar wären. Die ganze neuere Kriegsgeschichte hat diesen Glauben gerechtfertigt oder vielmehr veranlaßt, Bonaparte allein hat dagegen gehandelt und zwar nicht eher als im Jahre 1806. Denn im Jahre 97 fühlte er, daß seine Lage mit jeder neuen Eroberung gefährlicher werde, und schloß schnell Frieden. In den Jahren 1801 und 1805 hat er dem Kaiser von Oesterreich zum zweiten und dritten Mal einen Frieden abgewonnen, in dem Augenblicke, da der Krieg anfing, für ihn höchst gefährlich zu werden. Alle Eroberungen aber, welche er durch diese verschiedenen Friedensschlüsse behalten hat, haben ungeachtet ihrer Größe und Bedeutung eine merkwürdige Eigenschaft: sie sind nicht weitläufig, d. h. die Grenzen Frankreichs und der ihm annexirten Staaten sind fast nichts größer als die ehemaligen Grenzen dieses Staates. Die Linie von Calais längs den Niederlanden, der Pfalz, der Schweiz, Savoyen und Piemont bis Nizza ist eben so groß wie die Linie von dem Ausfluß der Ems längs dem Rhein, Schwaben und Tirol bis Venedig. Es ist also bloß die Küste Italiens und Hollands hinzugekommen. Die Erfahrung lehrt aber, daß jetzt wegen der Stärke der Armeen Küsten-Operationen von sehr geringer Wirksamkeit sind. So lange Oesterreich nicht hinzutritt, ist die Linie der Weichsel und die Küste Deutschlands die zu vertheidigende Grenze der neuen Eroberungen; diese ist aber noch viel kleiner

als die Grenze, welche Frankreich im Jahre 1792 zu vertheidigen
hatte.

Indeſſen findet doch ein merklicher Unterſchied ſtatt. Die Provinzen, welche dieſe Grenze einſchließt, ſind dem franzöſiſchen Staate
noch nicht förmlich einverleibt oder annexirt. Sie ſind alſo noch
nicht zum Gebrauche ihrer Kräfte zum Beſten Frankreichs organiſirt.
Dies iſt, trotz dem lauen Geiſte der Zeiten, wichtiger als man im
erſten Augenblicke zu glauben geneigt iſt. Der Kaiſer hat es z. B.
noch nicht gewagt, Truppen aus dieſen eroberten Provinzen zu ziehen;
denn die wenigen ſo genannten Preußiſchen Regimenter ſind der Rede
nicht werth. Tritt Oeſterreich als feindliche Macht Frankreichs auf,
ſo wird die zu vertheidigende Landlinie dreimal ſo groß als ſie
bisher war, und es tritt nun aller Nachtheil weitläufiger
Eroberungen ein.

Ich kann mich nicht enthalten, die Lage der Sache unter dieſem
Geſichtspunkte zu betrachten und zu glauben, daß dies die ent-
ſcheidendſte Eigenthümlichkeit derſelben iſt; welche man benutzen
muß, wenn man einen großen Zweck verfolgen will. Die Wirkung
dieſer Eigenthümlichkeit iſt die, daß man ſchon dann, wenn das
Waffenglück ſich auch nur ungefähr das Gleichgewicht hält, einen
großen Zweck erreicht, ſchon durch die bloße Wirkung der Zeit. Denn
wenn Frankreich nicht im Stande iſt, den Krieg auf die Dauer in
einer ſolchen Ausdehnung glücklich zu führen; wenn jeder Sieg im
Norden nur dazu dient, die Ausdehnung noch zu vergrößern, ſo wird
der Krieg dadurch aus dem Norden von Deutſchland nach dem Süden
und an die Grenze Frankreichs zurückgeführt, und bei einigem Waffenglück Oeſterreichiſcher Seits erhält man Eroberungen in Italien als
Zugabe. Vor allen Dingen aber wird dadurch die Geduld der
Völker im Süden von Europa ermüdet, wenn ſie ſehen, daß zwölf
Jahre immerwährender Eroberungen wie eine Seifenblaſe zu zerplatzen
ſcheinen; es wird dadurch von der einen Seite das Vertrauen, auf
der andern die Muthloſigkeit vernichtet, wenn ſie ſehen, daß Bonaparte
bei aller Unüberwindlichkeit ſeiner Waffen moraliſch überwunden
worden iſt, weil ein ſimpler Calcul ſeine coloſſaliſchen Entwürfe in
ihrer Baſis erſchüttert hat.

———

2.

Die Deutschen und die Franzosen.

Wenn man den heutigen Zustand Deutschlands sieht und an seine neueste Geschichte denkt, so fragt man sich bald: Liegt der Grund von allem dem in nothwendigen oder in zufälligen Umständen? Mußte der deutsche Nationalcharakter dahin führen; ist die Rolle, welche wir spielen, in Uebereinstimmung mit unseren moralischen Kräften? Oder ist es bloß zeitiges Sittenverderbniß und vorübergehende Erschlaffung? Oder endlich sind es mehrere zufällige Umstände, die uns hierher gebracht haben?

Wenn andererseits die Franzosen nun das ganze Europa unterjocht, Deutschland, was seit so vielen hundert Jahren sich ihrer erwehrte, gebändigt haben und überall in den letzten Jahren mit moralischer Ueberlegenheit auf dem Kampfplatze aufgetreten sind, so ist es eben so natürlich zu fragen: Liegt dies im Wesen der Nation, liegt es in einem Schwunge, welchen die Nation durch die Revolution erhalten hat, oder liegt es in noch zufälligeren Umständen, wie z. B. in dem Talente ihres jetzigen Führers? Daß zufällige Umstände mitgewirkt haben, um dies Verhältniß beider Nationen als Resultat zu liefern, kann ohne den höchsten Grad von Einseitigkeit nicht geleugnet werden. Aber darum wird die Frage doch noch nicht überflüssig, ob das Wesen beider Nationen bedeutend darauf eingewirkt hat, vielmehr ist ihre Beantwortung wichtig. Denn dieses Wesen einer Nation, selbst insofern durch Sittenveränderung das ursprüngliche einem prekären gewichen ist, ist nicht so leicht umzuschaffen, wie Philosophen und Sittenrichter zu glauben scheinen; aus dem Verhältnisse aber, in welchem beide Nationen als Menschen unter einander stehen, möchte manches wichtige Resultat für die Zukunft fließen.

Die Franzosen für Menschen von einer höheren Geistesnatur erklären, die namentlich einem südlicheren Himmelsstriche mehr Denkvermögen verdanken, heißt: den Knoten durch einen gewaltigen Machtspruch zerhauen und ist, wenn es ohne genauere Prüfung, ohne nähere Kenntniß beider Nationen aufgestellt wird, eigentlich gar nichts gesagt. Gleichwohl stößt man oft auf dies Urtheil, weil die Franzofen die Gewandtheit und Lebendigkeit des Kopfes haben, die den meiſten Deutſchen imponirt, die aber ein ſehr einſeitiger und kleinlicher Maßſtab für die Geiſteskräfte iſt; ſowie man in der Geſellſchaft dieſe Gewandtheit oft an Leuten in einem ſehr hohen Grade wahrnimmt, die ſehr mittelmäßige Geiſter ſind. Die Wirkung, welche in dieſem Stücke der Franzoſe auf uns macht, iſt eine Art Taſchenſpielerei, halb mit ſeinem Willen, halb ohne ihn. Sogar die Sprache, wenn der Deutſche ſie auch gar nicht oder wenig verſteht, erſcheint ihm dunkel wie ein Zeichen größerer Bildung und Geſchicklichkeit, weil ſein Ohr gewohnt iſt, ſie nur in höheren Ständen zu hören und folglich als Zeichen einer größeren Cultur zu betrachten. Ein Kind, was franzöſiſch ſpricht — wie allerliebſt — ein Bedienter, der franzöſiſch ſpricht — wie anſtändig!

Ich bin zehn Monate in Frankreich geweſen und habe auch ſonſt Gelegenheit gehabt, viele Franzoſen zu ſehen. Eine unaufhörliche, halb unwillkürliche Vergleichung meiner Landsleute mit den Franzoſen, unſerer Mutterſprache mit der franzöſiſchen hat mir ein ſo deutliches Bild beider Nationen und ihres moraliſchen Verhältniſſes zu einander in die Seele getragen, daß ich ſelbſt Mühe haben würde, es wieder zu zerſtören. So viel mir meine ſchwachen Geſchichtskenntniſſe erlaubt haben, dieſes Bild zu vergleichen mit der Geſchichte dieſer Nationen und anderer, die ihnen ähnlich waren, habe ich überall Uebereinſtimmung gefunden, und leider kann ich mir nicht verhehlen, wie viel das Weſen der deutſchen Nation an unſerem jetzigen Zuſtande Antheil hat und wie genügend es in Verbindung mit einigen Zufälligkeiten ihn erklärt. Eben um des hohen Grades eigener Ueberzeugung willen kann ich mich nicht enthalten, meine Bemerkungen Anderen mitzutheilen.

Das Hauptingrediens in der franzöſiſchen Natur und aus welchem ſich die ganze Erſcheinung am beſten erklärt, iſt ein reizbares, lebhaftes, aber unbeſtändiges und eben deswegen nicht tiefes Gefühl. Dieſem Gefühle ganz analog iſt in der franzöſiſchen Natur der Verſtand. Die Aufmerkſamkeit eines Franzoſen wird ſehr leicht von einem Gegenſtande rege gemacht und ſein Verſtand zeigt ſich dann ſehr lebendig; aber es fehlt der Aufmerkſamkeit an Ausdauer, darum bleibt der Verſtand gern an der Oberfläche ſtehen. Hier weiß er die feinsten Nuancen schnell aufzufassen; in das Wesen dringt er selten ein. Diesen Charakter trägt ihre Sprache und Literatur auf eine auffallende Weise.

Aus jener aufflammenden, unbeständigen Lebendigkeit der Gefühle, die selten die Stärke der Leidenschaft gewinnen, und der Jdeen, die selten zur tiefen Meditation gedeihen, jener Lebendigkeit, welche die französische Sprache selbst sehr geschickt mit dem Worte Pétulance bezeichnen konnte, folgen eben so natürlich die Haupt- und Neben-züge des französischen Nationalcharakters und der Nationalsitten wie des Nationalgeistes.

Der Franzose hat also einen beschränkten, innerhalb dieser Schranken aber sehr gewandten Verstand, und da man bei den oberflächlichen Bekanntschaften der geselligen Berührungen immer nur in sehr ein-geschränkten Jdeenkreisen bleibt, so pflegt er dem Deutschen in diesen Verhältnissen zu imponiren.

Ein regsamer, aber beschränkter Verstand räsonnirt gern und überall, aber theils hängt er sich an die Oberfläche, theils kann man ihn leicht in gewisse Wege wie einen Strom ableiten, und sein Räsonnement unschädlich machen.

Je mehr man an den äußeren Erscheinungen stehen bleibt, je weniger man in die abstracte Welt eintritt, je näher man der Sinnen-welt bleibt, je beschränkter der Kreis der Jdeen ist, in welchem man sich herumtreibt, um so weniger werden sich die Köpfe unter einander entfernen, um so übereinstimmender werden die Meinungen. An einem Baume sieht einer die Zweige und Blätter ungefähr eben so wie der andere. Ueberall erkennt der Franzose an den Dingen das Gewöhnliche, was der Sinnenwelt am nächsten liegt, und dabei bleibt er stehen. Man hat wirklich wenig Mühe, um unter den Franzosen selbst die Folgen dieser Eigenthümlichkeit zu erkennen. Originalität des Geistes ist in Frankreich etwas so Ungewöhnliches, daß der Aus-druck un original ein Stempel des Lächerlichen geworden ist; daß die Sprache das innere Leben und die Biegsamkeit verloren hat, welche zur treuen Darstellung eines eigenthümlichen Jndividuums erforderlich sind; daß sie angefüllt ist mit gemachten Gedanken, deren sich ein jeder ohne Scheu bedient; daß der gewöhnlichste Ausdruck der beste und: cela ne se dit pas das höchste Sprachgesetz geworden ist.

In dieser Oberflächlichkeit des Verstandes nährt sich der französische Witz, an den sich hundert Spielereien des Verstandes anschließen; in ihr wird die ängstliche Sorgfalt geboren um die äußere Form der Kunstprodukte, um die mechanischen Regeln ihrer Aesthetik — doch ich kann und mag mich nicht in ihre Literatur verirren.

Ich habe gesagt, daß man das Raisonnement eines begrenzten Verstandes leicht in sicheren Kanälen ableiten könne, damit es nicht verheerend Alles mit sich fortschwemme. Die Sache ist sehr natürlich; man darf dasselbe nur umgehen und ihm in seinen beschränkten Forderungen genügen.

So lange die Könige von Frankreich die äußeren Zeichen des Nationalglückes sorgfältig erhielten — Nationalruhm, persönliche Würde, Glanz des Hofes u. s. w. — fanden die Franzosen ihre Regierung, Kleinigkeiten ausgenommen, ganz gut, obgleich Ludwig XIV eine ganz ungeheure, mit den Kräften des Staates in keinem vernünftigen Verhältnisse stehende Summe zur Erbauung von Festungen verschwendete, von denen der größte Theil nie gebraucht worden ist. Als aber ganz schwache Monarchen auch diese Gegenstände fallen ließen und in Lüsten untergingen, fanden sie in der Nation einen strengen Richter. Wie sehr man in der Revolutionszeit sich für die äußeren Formen der Freiheit begeisterte; wie wenig man von dem Wesen des Republikanismus gefaßt hatte, erkennen wir jetzt sehr bestimmt. Bonaparte, dem an dem Glücke Frankreichs nur in so weit liegt, als es mit seiner Herrschsucht verträglich ist, der aber für die Befriedigung der Eitelkeit und eines oberflächlichen Raisonnements durch seine Siege und durch seine Zeitungen gesorgt hat, findet in den Franzosen wieder sehr getreue Unterthanen. Aber jene Beschränktheit der Franzosen macht sie nicht blos lenksamer für die Regierung, sondern sie concentrirt auch ihren Verstand in engeren Grenzen und macht ihn praktischer für das politische Leben; sie erzeugt eben durch die Einförmigkeit der Individuen den esprit de corps und dieser, etwas erweitert, den Nationalgeist; durch eben diese Wirkungen aber macht sie den Franzosen geeigneter, zum politischen Instrument seiner Regierung zu dienen.

So viel von ihrem Geiste, jetzt etwas von dem Charakter.

Ein hervorstechender Zug im französischen Nationalcharakter ist

die Eitelkeit, die man nicht besonders zu erweisen braucht, weil sie
Jedermann selbst im Auslande seit Menschengedenken kennt. Sie
verträgt sich nicht mit einem hohen Grade von Leidenschaft, ist aber
recht die Geburt eines flachen, immer regen Gefühls. Bei der Art
von Verstand, die der Franzose damit verbindet, artet sie leicht in
Arroganz und Prahlerei aus. Der Franzose prahlt nicht übel, aber
Prahlen deutet doch auf einen beschränkten Kopf. Der Hang, an
der Oberfläche zu bleiben, Mangel an Tiefe des Gefühls erzeugt
die Lust, sein eigenes Verdienst wie ein gesticktes Kleid an seinem
Aeußeren zu tragen und es sorgfältig vor jedem Flecken zu bewahren,
der ihm in den Augen Anderer von seiner Schönheit etwas rauben
könnte. Daher der hohe Grad von point d'honneur unter den
Franzosen. Ich spreche nicht verächtlich von dieser Erscheinung, sie
hat vielmehr etwas Poetisches; aber daß sie keine nothwendige
Aeußerung einer hohen, sittlichen Natur ist, zeigen die Völker der
alten Welt und die größten Männer der neuen; sie ist ein zufälliges
Gut, aus einem Uebel entsprungen.

Die französische Höflichkeit ist von allen der geradeste Beweis,
daß die äußeren Sitten bei den Franzosen mehr gelten als die inneren.
Der geringste Franzose, welcher mich in Frankreich kannte, sprach nie
mit mir, ohne mit der höflichen Einleitung: comment va la santé
de Monsieur? angefangen zu haben. Aber gleich darauf erlaubte
er sich auch wol die Frage: qu'est-ce que fait donc votre pauvre
roi, pourquoi ne fait-il pas la paix? oder etwas Aehnliches, was
wehe thun mußte. Wenn der Deutsche, weil er gutmüthiger ist, auch
im Herzen höflicher ist als der Franzose, so ist das nicht die Schuld
des letzteren; aber wenn ihm nun einmal die Natur die Gutmüthigkeit versagt hat, die uns im Herzen mit Wohlwollen gegen Andere
erfüllt und also die wahre Höflichkeit ist, warum muß er sie denn
in den äußeren Formen suchen? Weil er die Tendenz hat, sich an
die Oberfläche der Dinge zu hängen.

Die Grausamkeit, deren die Franzosen fähig sind, wie uns
die Revolutionsgeschichte in einem bis dahin unerhörten Beispiele
zeigt, was ist sie Anderes als Reizbarkeit des Gefühls und Mangel
an Tiefe? Liebe und Anhänglichkeit bedarf der Zeit, um sich im
Herzen fest anzusiedeln, auch bei dem lebhaftesten Menschen; aber

Haß und Rache laffen fich in einem Augenblicke entzünden. Und
daß diefer Haß und diefe Rache verfchieden fei von der leidenfchaft-
lichen Glut, womit der Südländer fie fühlt und übt, beweift eben
die Revolution der Franzofen. Welchen Gegenftand hätte ihre Wuth
oder ihr Enthufiasmus wol mit Confequenz verfolgt? Keine Perfon
vom Könige und Maire Péthion bis auf Moreau, und keine Idee
von der ausfchweifendften Freiheit bis zum einförmigften Despotismus.
Bonaparte findet an ihnen gehorfame Unterthanen und fie entfchul-
digen fich damit, daß er die Hyder der Revolution bekämpft habe;
Barrère aber, einer der widrigften Auswüchfe derfelben, lebt unter
Freunden und in Gefellfchaften in Paris.

Ein aufwallender ungeftümer Muth ift Folge eines lebendigen reizbaren Gefühls und eines Verftandes, der auf äußere Zeichen
der Sittlichkeit einen befonders hohen Werth legt. Und diefe Tapferkeit ift das fchönfte Eigenthum der Franzofen.

Von dem allbekannten Leichtfinne der Franzofen, von ihrer guten
Laune fage ich kein Wort; fie find jenen Grundeigenthümlichkeiten
zu nahe verwandt, um fie noch daraus herleiten zu müffen.

Jene Eitelkeit aber ift der Regierung ein mächtiger Hebel, die
Nation zu leiten, und zwar oft durch die kleinlichften Anlockungen;
jene Flachheit des Gefühls erlaubt, die Nation jede Straße zu führen,
in der Monarchie wie in der Republik; jenes point d'honneur macht
fie kriegerifch gefinnt, jene Tapferkeit zum Siege gefchickt, und alle
diefe Eigenthümlichkeiten geben wieder die Folge, daß der Fran-
zofe durch fie ein vorzügliches politifches Inftrument
werde.

Die Sitten, alle Dinge, die mehr Oberfläche als Gehalt haben,
gefallen dem Franzofen vorzüglich; daher zieht er Witz, Laune und
Spielereien des Verftandes der Meditation, das Vergnügen der Arbeit,
das Spiel der Leidenfchaft vor. Der allgemeinfte Beweis hiervon ift
die Art zu leben, an der das Vergnügen weit mehr Antheil hat als
bei den nordifchen Nationen, die wieder durch gewiffe Dinge fehr
allgemein repräfentirt wird. Dahin gehören die Menge der Schau-
fpiele, die in den kleinften Städten mehr befucht find als bei uns in
den Hauptftädten; die ftattlichen Promenaden, die fich bei fehr kleinen Städten befinden, auf öffentliche Koften mit Sorgfalt unterhalten

und von Leuten aus den geringsten Ständen fleißig besucht werden; die Fertigkeit der Franzosen in einer Menge von Spielen; die große Zahl der Kaffeehäuser, der Cirkel und Gesellschaften in allen Städten; der Werth, welchen die Nation auf gesellschaftliche Formen legt; der Conversationscharakter der französischen Sprache; die Liebe zum Tanz, die Tanzpartieen unter freiem Himmel, das Ballspiel und viele andere ähnliche Spiele, die bei uns dem Knabenalter angehören, deren sich der Jüngling schämt, die aber in Frankreich der fünfzigjährige Geschäftsmann mit der größten Unbefangenheit stundenlang spielt und wozu oft auf Kosten der Stadt öffentliche Plätze und Einrichtungen unterhalten werden.

Wie überhaupt Himmelsstrich und Boden auf dem Wege der Sitten ihren Einfluß auf den Nationalcharakter bekommen, so ist es denn auch in Frankreich der Boden, welcher die Befolgung dieses Hanges zum Vergnügen möglich macht und ihn vermuthlich erzeugt hat; denn er ist ergiebig und wenig Arbeit reicht zur Erhaltung des Lebens hin. Dazu kommt, daß der Franzose äußerst mäßig ist, und wenn er gleich sehr viel Neigung zur Gourmandise hat, doch selten ein Schwelger ist, sich überhaupt mit unglaublich Wenigem begnügt, wenn es nur piquant ist. Der Franzose arbeitet also weniger als der Deutsche; die südlichen Völker arbeiten noch weniger, aber bei diesen ist es Hang zur Faulheit, wovon die französische Pétulance himmelweit entfernt ist. Der Franzose will Beschäftigung, aber eine solche, die so wenig als möglich angreift — also Spiel.

Im Ganzen sind die Franzosen schlechte Handelsspeculanten, wie ihre Geschichte im Allgemeinen zeigt; auch findet man in keinem Lande so viele Menschen, die von ihren Renten leben, als in Frankreich. Wer in der Hauptstadt oder sonstwo ein kleines Capital durch Anstrengung und Industrie zusammengebracht hat, legt es auf Zinsen und lebt die letzte Hälfte seines Lebens in einer kleinen Stadt in Ruhe und leidenschaftslosen Vergnügungen. Der Franzose ist ein guter Wirth im Kleinen, ob er gleich kein Speculant im Großen ist; er ist knauserig, aber nicht geldgierig; denn weitgreifende Speculationen sind in der Handelswelt wie in der wissenschaftlichen mehr die eigenthümliche Aeußerung sehr umfassender Köpfe, und die Begierde nach Reichthum ist ein sehr tief gegründetes, dauerndes, fast leidenschaftliches Gefühl.

Dieser tändelnde Charakter der französischen Sitten, diese flachen Plaisirs, diese Zufriedenheit mit Wenigem, dieser kleine Kreis des Betriebes und Erwerbes, dieser ergiebige Boden machen, daß die Regierung nur selten gegen die empfindlichsten Theile des Volks- interesses verstößt. Wenn sie einigermaßen geschickt ist und jene kleinlichen Bedürfnisse zu schonen weiß, so kann sie sich die gewalt- samsten Operationen erlauben, ohne bedeutenden Widerstand zu finden, wie sich das jetzt zeigt; denn die Klage einiger Speculanten ist nicht in Betrachtung zu ziehen gegen das Geschrei, was bei anderen Nationen, vorzüglich den Deutschen, eine solche Hemmung der Industrie erzeugen würde. Also auch hier erhalten wir dasselbe Resultat; und auch die eigenthümlichen Sitten der Franzosen machen sie zu guten Instrumenten ihrer Regierung.

Wenn wir jetzt den Blick auf den Deutschen wenden, so werden wir in seinem Geiste, seinem Charakter, seinen Sitten fast überall das Gegentheil finden.

Der Deutsche hat zwar mehr Phlegma, wie man sagt, und man sollte glauben, er hätte ein weniger regsames Gefühl, einen weniger lebhaften Verstand und eine langsamere Operation des Denk- vermögens. Was die Lebendigkeit und Mobilität des Verstandes betrifft, so ist das unbezweifelt, denn der Deutsche ist nichts weniger als petulant — aber die Regsamkeit des Gefühls scheint doch von anderen Dingen als der bloßen Lebhaftigkeit, dem schnelleren Umlaufen des Blutes abzuhängen. Denn es ist unverkennbar: der Deutsche ist einer sehr zarten Empfindungsweise fähig, ist im Allgemeinen nur zu weichmüthig (was man in der politischen Welt oft schwach und charakterlos nennt) und in jedem Fall gefühlvoller als der Franzose. Aber das deutsche Gefühl ist stiller, mehr Glut als Flamme, wird also später laut und gräbt sich tiefer in das Gemüth ein.

Eben diese Tendenz hat der deutsche Verstand. Er verfolgt einen gefaßten Gedanken mit mehr Beständigkeit und also weiter, und anstatt wie der Franzose sogleich an der Uebereinstimmung seiner Vorstellungen mit der Wirklichkeit sich zu erfreuen und unaufhörlich wie dieser von den äußeren Merkmalen der Dinge angezogen und festgehalten zu werden, vertieft er sich in ihre Natur, wird augen- blicklich abstract und strebt, den Gegenstand ganz zu erschöpfen.

Wer könnte diesen Geist in der deutschen Sprache und Literatur verkennen? Hier ist er ganz vortrefflich; denn von dem ganzen Geistesreichthum, womit die Natur den Menschen ausgezeichnet hat, ist dieser Sinn des abstracten Forschens gewiß das Höchste und wird ewig der deutschen Menschennatur zum herrlichsten Schmucke gereichen.

Aber wenn dieser Sinn das Individuum als Menschen erhebt, so schadet er sehr oft seiner Brauchbarkeit im praktischen, vorzüglich im politischen Leben. Je höher der Geist sich schwingt, um so unabhängiger wird die Natur des Menschen, um so mehr strebt sie gegen die irdischen Fesseln der Regierungsformen an. Denn diese bedürfen bei der Ungleichheit der menschlichen Natur in dem Individuum des Vorurtheils, der Leidenschaften, selbst der Schwächen als Mittel zur Verbindung und Leitung des Ganzen, und noch kein Staat ist auf bloßen Vernunftwegen regiert worden. Aber dies ist der geringste Theil des Uebels. Am Ende würde fortgesetztes Forschen doch ungefähr auf eben die Mittel führen, deren sich der praktische Griff und Takt des Staatsmannes bedient — aber die Bahnen des abstracten Forschens sind so unsäglich vielen Verirrungen ausgesetzt und es ist so schwer, des Irrthums bei Zeiten gewahr zu werden, daß die wenigsten derer, die sich in dieses Feld wagen und von der irdischen Welt der Erfahrung sich entfernen, auf dem Wege der Wahrheit bleiben. Von dieser philosophischen Tendenz rührt der unbeschreibliche Geist des Räsonnements bei den Deutschen her, und zwar nicht in engen Gränzen wie bei den Franzosen, so daß die Regierungen ihn umgehen könnten, sondern gleich hinaus bis in die entferntesten Gränzen des Denkens. Je tiefer der Verstand steigt, desto mehr muß er die Einseitigkeit fürchten, nicht als ob sie eine nothwendige Folge der Tiefe wäre, sondern als eine der Gefahren, welchen man auf dem Wege zu ihr ausgesetzt ist. Und diese Einseitigkeit, die Feindin aller politischen und überhaupt praktischen Einrichtungen, zeichnet wirklich den deutschen Untersuchungsgeist aus. Daher die Menge von Systemen, die sich in engen Kreisen drehen und der Wahrheit ihre Gränze stecken wollen. Dies ist nicht bloß wahr von den vornehmen Gelehrten und den Philosophen, sondern von dem großen Haufen Aller, die über die wichtigeren Gegenstände des menschlichen Denkens sprechen, also auch von den Kannegießern.

Nur freilich, ein Jeder nach seinem Maßstabe, und oft ist das, was bei den großen Köpfen der Nation ein edles, kräftiges Streben nach sicherer Erkenntniß und eine sehr verzeihliche Einseitigkeit ist, bei dem Pamphlet-Schreiber nichts als eine einseitige Verkehrtheit. Ueberhaupt wird der Geist des Forschens und Untersuchens da, wo ihm die gehörigen Kräfte und Mittel fehlen, meistens zur Tadelsucht, wie aus der Natur der Sache folgt.

Bei diesem Geiste, der jede Richtung durchstreift, sich bis an die äußersten Gränzen trägt, jede politische Erscheinung, auch die vollkommenste, einer schneidenden Kritik unterwirft und den großen Haufen zu einem stehenden Heere von immer bereiten Tadlern macht, darf man sicher sein, daß in Deutschland mehr als in irgend einem anderen Lande auch der Vollkommenste seine Tadler finde; daß es keinen Gegenstand gebe, an den sich die Nation mit vereinter Liebe hinge, daß es also in Deutschland nicht das geben werde, was man in anderen Ländern Nationalhelden, Nationalwerke nennt.

Doch dies ist nur Theil einer allgemeinen Erscheinung. Je mehr bei der Tendenz zum abstracten Denken die Meinungen sich durchkreuzen und je weiter sie sich in das Reich des Denkens durchkreuzend verlieren, um so größer muß die Verschiedenheit unter den Individuen werden, um so weniger kann jene Uebereinstimmung stattfinden, die wir Nationalsinn nennen, ein Sinn, der sich nicht gut mit dem Grade von Originalität verträgt, der die Individuen des deutschen Geschlechts so sehr vor den Franzosen auszeichnet. Die beiden Sprachen sind, wie in allen übrigen Dingen, so auch hierin die vollkommensten Repräsentanten.

Aber vom Nationalsinn ist Nationalcharakter und Nationalität noch sehr verschieden, und es ist ein großer, obgleich eine Zeitlang sehr allgemeiner Irrthum, daß wir die letztere nicht hätten, weil uns der erstere fehlt. Eben diese bezeichnete Tendenz unseres Geistes, die den Nationalsinn zerstört und uns zu Kosmopoliten macht, macht ja einen Theil unserer Nationalität aus. Wir haben zu wenig heilsame Vorurtheile; der echte Geist der Kritik, der in uns wohnt, sucht das Gute überall auf wie das Böse; er giebt also anderen Nationen ihr Verdienst und deckt die Fehler der eigenen auf — dies zerstört den Nationalsinn, der seine größte Stärke in Vorurtheilen hat. Aber freilich hat das Räsonnement bei uns nicht blos wohlthätige Vorurtheile zerstört, sondern es hat in seinem eigentlichen Mißbrauch auch den Charakter untergraben, wovon unten ein paar Worte vorkommen werden.

Dieser Geist der Deutschen eignet sie sehr wenig zu Bürgern einer großen einförmigen Monarchie. Wenn es eine Regierungsform giebt, welcher er am wenigsten entgegen ist, so ist es die republikanische, wo sein Geist der Kritik sich an der rechten Stelle befinden und ein gesetzmäßiger Antheil an der Regierung sein Interesse mehr an das Vaterland knüpfen und seinen natürlichen Kosmopolitismus einschränken würde. Sein wahres Element aber, wo er sich allen seinen natürlichen Neigungen überlassen kann, ist die eben verlorne föderativ-Verfassung, und es ist doch wohl nicht bloße Einbildung, wenn wir annehmen, daß die Nationalität der Deutschen eine der Haupturfachen ist, warum Deutschland diese Verfassung so lange erhalten hat.

Leider sind auf dem Continent bedeutende Republiken unzulässig und am wenigsten verstattet Deutschlands geographische Lage eine solche Verfassung. Deutschland ist von allen Ländern am meisten in Berührung mit seinen Nachbarn und es spielt in allen politischen Verhandlungen Europa's eine zu wichtige Rolle; man muß daher ihm die höchste Einförmigkeit des politischen Leistens und der Verfassung wünschen. Parteiungen, welche in anderen Ländern wohlthätige Wirkungen haben können, müssen in Deutschland, um welches sich das Ausland unaufhörlich reißt, immer zu großen Spaltungen führen, durch welche das Reich in sich zusammenstürzt. Daß eine Nation von solchem Geiste weniger geschickt sei als die französische, durch hundert kleine Hülfsmittel von der Regierung zu ihrem Zwecke geführt zu werden, versteht sich von selbst. Wer da glaubt, die öffentliche Meinung wie in Frankreich durch ein paar besoldete Zeitungsschreiber leiten zu können, irrt sich sehr; Jeder will seinen eigenen Weg gehen und ein Zeitungsschreiber aus Bamberg hat so viel Autorität bei'm Publicum als einer aus Berlin.

Der deutsche Volkscharakter würde in mehr als einer Rücksicht sehr dazu gemacht sein, ein eigenes Band um die Glieder der Nation zu schlingen. Wir sind herzlich, treu und redlich, so lange wir uns nicht selbst Gewalt anthun um des klügelnden Räsonnements willen. Aber diese Gewalt thut der Deutsche seinem Herzen öfter an, als er sollte. Diesen ewigen Klügeleien verdankt er ein unseliges Mißtrauen. Keiner vertraut den Kräften des Anderen und so auch keiner den Kräften der Nation. Früher, und bei deutschen Stämmen, die kindlicher geblieben waren, wo also dieses Uebel nicht erzeugt war, hat sich eine so innige Verbindung gezeigt, daß sie einzig ist in der Geschichte; ich meine den Schweizer-Bund. Aber von einem solchen tugendhaften Vertrauen der edlen Einfalt mußte ein beständiges Räsonniren, wie wohlthätig es sonst auch sein mochte, doch sehr weit entfernen.

Wir haben weit weniger Eitelkeit als die Franzosen, und darum sind wir desjenigen Enthusiasmus nicht fähig, der aus dieser Quelle entspringt und der — was auch die Philosophie dazu sagen mag — eine große Kraft mehr in der Staatsmaschine in Bewegung setzt. Ich habe schon eben bemerkt, wie wenig wir geeignet sind, durch kleinliche Mittel in Bewegung gesetzt zu werden, und hier ist der Ort, um noch einmal davon zu sprechen. Denn die Seite der Eitelkeit ist es, welche dabei am meisten in Bewegung gesetzt wird. Die Vorwürfe, welche man den Regierungen gemacht hat, daß sie sich der Kunstgriffe nicht genug bedienten, um durch kleinliche Mittel auf den großen Haufen zu wirken, beweisen meine Behauptung doppelt. Einmal, weil die Regierungen selbst den deutschen Sinn aussprechen, indem sie nichts von diesen Mitteln halten, eine wirkliche Abneigung dagegen haben, die freilich oft aussieht wie bloße Trägheit, es darum aber noch nicht ist; zweitens, weil mancherlei kleine Versuche immer so wenig Wirkung hervorgebracht haben, daß man, ohne es selbst recht zu wissen, durch sie noch mehr davon zurückgekommen ist.

Die Etikette wird bei den Deutschen nie so viele Wirkung hervorbringen wie bei den Franzosen oder anderen Nationen. „Wozu ist das? das ist eitel und überflüssig“ sagt der gemeine Mann; „man muß die Menschen nicht durch so elende Mittel beherrschen und erniedrigen“ sagt der vornehme Philosoph. Wird in Deutschland ein öffentliches Fest gefeiert, so wird das zur Illumination bestimmte Geld den Armen gegeben; soll einem berühmten Manne ein Denkmal errichtet werden, so werden Schulanstalten in Vorschlag gebracht und Invalidenhäuser. Alle diese Züge, dünkt mich, deuten darauf hin, wie wenig der Deutsche eitel ist, wie sehr er auf das Wesen der Sache sieht.

Auf eben dem Wege geschieht es, daß wir mehr Selbstgenügsamkeit haben als die Franzosen, mehr Werth auf den Beifall des eigenen Gewissens als den der übrigen Menschen legen. Ein Franzose, der sich in der öffentlichen Meinung ganz verloren hat, wird selbst nichts zu taugen glauben; der Deutsche trotzt oft aller öffentlichen Meinung. Man sollte dies für eine Tugend halten, die nur gute Wirkungen haben könnte, aber man hat Unrecht. Wer sich so an's Räsonniren gewöhnt wie der Deutsche, schläfert oft sein Gewissen durch Sophisterei ein; die Stimme außer uns aber ist unabhängig von unserem Räsonnement; es ist daher ein wirkliches Uebel, daß wir zu wenig auf sie hören. Das Gute gränzt hier wie überall an das Uebel. Sollte man glauben, daß von so vielen vor der Welt geschändeten Commandanten und Capitulanten auch nicht ein einziger sich der öffentlichen Schande durch einen freiwilligen Tod entzogen hat? Sie haben alle ihr Gewissen durch eben das Räsonnement eingeschläfert, wodurch sie zu solchen Handlungen verleitet werden konnten.

Weil der Deutsche in sich gekehrter ist mit seinen Gefühlen, so entsteht weniger jene gegenseitige Berührung, welche den Enthusiasmus erzeugt. So geschieht es, daß wir, mit reicheren und tieferen Gefühlen als die Franzosen, dennoch weniger zu haben scheinen.

In seinen Sitten zeichnet sich der Deutsche durch Arbeitsamkeit und Betriebsamkeit aus. Theils weil sein Boden im Allgemeinen mehr Arbeit fordert, theils weil beständige Thätigkeit in der Natur seines Geistes liegt. Sein ernster Charakter entfernt ihn von Vergnügungen und Spielereien, und eben das, was diesen ernsten Charakter erzeugt, sein Hang zum tiefen Forschen, erzeugt auch die weit umfassenden Speculationen, womit der Betriebsgeist sich beschäftigt, und dieses Streben von einer Stufe des Wohlstandes zur anderen, was in Deutschland so sehr auffällt im Vergleich mit Frankreich. Wenn in Deutschland Jemand durch seine Industrie 10 oder 15,000 Thaler erworben hat, so wird er nicht ausruhen von der Arbeit und sich selbst eine Gränze setzen, vielmehr wird dies ein neuer

Sporn, und keine Altersschwäche, keine Aussicht auf den nahen Tod verhindert ihn an einer Erweiterung seines Gewerbes, um von dem Wohlstande zum Reichthum fortzuschreiten. So verfolgt der deutsche Gewerbsmann im Reiche der Industrie seinen Zweck mit eben der an sich wahrhaft großen Kraft, mit welcher der deutsche Philosoph in die Tiefen der Wissenschaft hinabsteigt. Von der anderen Seite ist der Deutsche viel weniger haushälterisch als der Franzose; auch bedarf sein Leib einer reichlicheren Nahrung.

Alles dies, führt es nicht auf dem natürlichsten Wege zu dem Schlusse: daß der Zwang der Formen und positiven Gesetze und die Aufopferungen, ohne welche ein Staat nicht bestehen kann, dem Deutschen in seinem Streben überall hinderlicher sind als dem Franzosen, daß er folglich häufiger Veranlassung findet, sich um die Maßregeln der Regierung zu bekümmern, folglich häufiger tadelt und dem Zwecke der Regierung sich mit allen Kräften entgegenstellt? Wer kann die Erscheinung leugnen? Ist sie nicht so oft unter uns bekämpft worden unter dem Namen des Egoismus und des Eigennutzes?

Was wäre also das endliche Resultat dieser Untersuchungen? Daß der Franzose in seiner Beschränktheit und Genügsamkeit und mit seiner Eitelkeit sich viel leichter zu einem einförmigen Ganzen vereint, viel lenksamer für die Zwecke der Regierung und also überhaupt ein viel besseres politisches Instrument ist als der Deutsche in der Unbeschränktheit seines Geistes, der Mannichfaltigkeit und Originalität der Individuen, dem Hange zum Räsonnement, dem unausgesetzten Streben nach einem höheren, selbstgesteckten Ziele.

Wer seinen Blick auf die Geschichte beider Nationen richtet, dem kann ein sehr großer und allgemeiner Beleg zu meinen Behauptungen nicht entgehen.

In Frankreich war es, wo das auf die Begriffe von individuellem Werth gegründete Feudalsystem zuerst unterging und sich zu einer monotonen Monarchie verschmolz. Ein schwacher König, Carl VII. durfte es wagen, dem Feudalismus den letzten Streich zu versetzen, weil er stark war durch den patriotischen Enthusiasmus seiner Vasallen. Und Ludwig XI. schon durfte eine Behandlung dieser Vasallen wagen, die sich damals kein anderer Fürst Europa's hätte einfallen laſſen dürfen. Ehe noch der Kampf mit dem Feudalſyſtem ganz beendigt war, war es in Frankreich immer mehr die Körperſchaft des Adels, welche ſich der Monarchie entgegenſtellte, in Deutſchland die Halsſtarrigkeit und der kräftige Muth Einzelner. Endlich, da in Frankreich das Feudalſyſtem ganz untergegangen war und nichts übrig blieb als Vorrechte leerer Formen, die ſich vorzüglich auf äußere Ehre beziehen mußten, da ſie in den Statuten nicht durch ausdrückliche Geſetze, ſondern durch Maximen der Ehre verſichert waren (Robertſon, Geſchichte Karl's V.), leerer Formen, womit der Eitelkeit der Großen geſchmeichelt wurde; hatte ſich zu eben der Zeit in gerade entgegengeſetzter Richtung das deutſche Feudalſyſtem in eine förmliche Territorialhoheit der mächtigeren Vaſallen ausgebildet, und während ein franzöſiſcher Pair vielleicht ſtolz darauf war, vor ſeinem Könige mit bedecktem Haupte erſcheinen zu dürfen, verſagte der deutſche unabhängige Fürſt, mit deutſcher Eigenthümlichkeit nur auf das Weſen der Sache ſehend, dem Kaiſer bei ſeiner Krönung nicht den erniedrigenden Dienſt eines Kämmerlinges.

In Frankreich war die Chevalerie romantiſcher als in Deutſchland; in Frankreich wurde das Kreuz noch allgemeiner ergriffen. Und die meiſten großen Könige Frankreichs, Karl VIII., Franz I., Ludwig XII., Heinrich IV. haben irgend ein ritterliches Project mit Enthuſiasmus verfolgt, ſowie Ludwig XIV. der wahre Repräſentant der Scheingröße iſt.

Wie ſehr die Franzoſen bei der erſten Anſicht der Dinge, die in der politiſchen Welt nicht ſelten am meiſten praktiſch iſt, ſtehen bleiben, beweiſt ihr Parlament. Ein Gerichtshof, der der Natur der Sache nach nicht das Recht ſtändiſcher Geſetzgebung haben konnte, wurde lange Zeit von der Nation ſo, und als die einzige Hülfe gegen willkürliche Tyrannei angeſehen, weil er ſich ſtets als ein ſtandhafter, redlicher, einſichtsvoller Gerichtshof bewieſen hatte. Eben dieſes Parlament aber beweiſt, wie ſehr die Franzoſen durch äußere Zeichen zu bändigen ſind; denn in Gegenwart des Königs konnte kein Parlament oder anderer Magiſtrat die geringſte Autorität oder richterliche Gewalt ausüben.

Eben das entſchiedene Uebergewicht, welches der Franzoſe in den praktiſchen Verhältniſſen des politiſchen Lebens über den Deutſchen

hat, scheint der Römer über den Griechen gehabt zu haben, sowie
an dem Griechen eine reichere und schönere Individualität nicht zu
verkennen ist, welchen Vorzug vor dem Franzosen man dem Deutschen
eben so wenig wird absprechen können.

Hätte ich mehr historische Kenntnisse als ich besitze, so würde ich
mir eine ausführliche Vergleichung dieser vier Nationen, oder vielmehr
dieser zwei so ähnlichen Verhältnisse erlauben, überzeugt, daß eine
große Uebereinstimmung mit meiner Ansicht dieser den Vortheil eines
wichtigen historischen Belegs verschaffen würde. Ich muß mich aber
begnügen, auf einige Züge aufmerksam zu machen, die übrigens jeder
Andere so gut kennt als ich.

Die Griechen hatten eine frühere Ausbildung als die Römer, die
es ihnen auch später in keiner Kunst des Friedens gleichgethan haben.
Sie waren den Römern gewiß zu allen Zeiten an Geistesreichthum
überlegen. Selbst die Kriegskunst stand bei den Griechen wenigstens
auf eben der Stufe der Ausbildung wie bei den Römern. Denn
das gegenseitige Messen der römischen und griechischen Taktik halte
ich für resultatlos, weil man aus einigen gewonnenen Schlachten
nichts für die römische Taktik schließen kann wegen der mannigfal-
tigen anderen mitwirkenden Umstände; überdem ist ja Hannibal mit
der griechischen Phalanx so lange siegreich über die römischen Legionen
gewesen. Nichtsdestoweniger haben die griechischen Völker kaum
150 Jahr, nämlich von dem ersten persischen Kriege bis auf Alexander,
gespielt; die Macedonier aber waren nur mit und durch Alexander
groß; während die Römer 8 bis 900 Jahre (von der Zeit Alexander's
bis zur Völkerwanderung im vierten Jahrhundert) das erste Volk der
Welt gewesen sind.

3.

Journal einer Reise von Soissons über Dijon nach Genf.

Es ist auffallend, wie der Charakter der Franche-Comté sowohl
was die Einwohner als was den Bau ihrer Häuser betrifft, sich den
Deutschen nähert. Himmelsstrich und Boden sollten wohl eine ent-

gegengeſetzte Wirkung hervorbringen; von der anderen Seite aber
erklärt die Nachbarſchaft der Schweiz, die Herrſchaft der Spanier
bis zur Zeit Ludwig's XIV., vielleicht auch die urſprüngliche Verſchiedenheit der Stammvölker, der Franken und Burgunder, die Veränderung hinlänglich. — Hauptſächlich verliert ſich das petulante
Weſen der Franzoſen und der Ausdruck, den es den Geſichtern gibt.
Die Burgunder ſind weniger geſprächig, ſprechen langſamer, ſind
ruhiger und ernſter und geſticuliren weniger. An ihren Häuſern ver-
mißt man die franzöſiſche Eleganz und ſie nähern ſich mehr der
ſchweizeriſchen Conſtruction.

Hinter Campagnoli, einer kleinen Stadt in der Franche-Comté,
tritt man in den Jura. Die Stadt liegt an dem Fuße des Gebirges
und ſchließt die Straße, die von Dijon nach Genf führt. Die erſten
Wellen des Jura, welche man hier berührt, nehmen gleich einen ſo
ſteilen Charakter an, daß man den Weg von Campagnoli nach dem
erſten Dorfe, der etwa ¹/₄ Meile beträgt, dreimal machen muß, ehe
ſich die Chauſſée auf das kleine Gebirgsplateau hinaufgewunden hat.
Das kleine Dorf, was hier liegt, hat eine merkwürdige Lage. Das
Thal oder vielmehr die Erdſchlucht, worin es ſich mit ſeinem kleinen
Gebiete gelagert hat, iſt etwa 2000 Schritt lang, hat durchaus keine
anderen Verbindungspunkte mit der übrigen Welt als den Paß von
Campagnoli und den Ausgang, welchen die dreimal nach ſeiner
Thurmſpitze zurückgewundene Chauſſée endlich findet. Dies kleine
Gebiet ſcheint von der Natur einige hundert Klafter in den Schooß
der Erde hinabgeſenkt zu ſein, damit deſſen Einwohner in unbemerkter
Unabhängigkeit den Kreis ihres engen Daſeins durchlaufen. Aber
umſonſt nimmt die Natur in ihren Schutz, was die Begierden der
Menſchen reizt; umſonſt zerſchneiden die ſtrömenden Waſſer den Rücken
der Erde; umſonſt baut ſich eine Mauer von Gebirgen bis an die
Eisregion hinauf und ſcheint den Raum des Thier- und Pflanzen-
lebens zu verſchließen; alles das ſind dem Menſchen keine Gränzen,
und nur die unzuverläſſige, zerbrechliche Weisheit der Regierungen iſt
der Damm, deſſen Schutz das Glück der Völker vertraut iſt.

Ueber den Jura wüßte ich nichts zu ſagen. Die Natur ſieht
dort aus wie eine Stiefſchweſter der Alpennatur; das Gebirge ſelbſt
hat übrigens einen von den Alpen ſehr verſchiedenen Charakter.

Doch das Geologische und Militärische dieser Gegenden werde ich
mir ersparen können; denn wer weiß, ob sich in den ersten hundert
Jahren ein kräftiger Mann unter uns findet, der, auf den rechten
Punkt gestellt, das Kriegsungeheuer in diese Gegenden hinschleudert.
Hier und sonst nirgends kann es auf lange Zeit verschwinden.

Wer gereist ist, wird bemerkt haben, daß nichts in Rücksicht auf
den Eindruck der Natur interessanter ist, als der Augenblick, da man
aus einer hohen, steil abgeschnittenen Gebirgsmasse heraustritt und
eine fruchtbare, reich angebaute Ebene vor sich hat, die man mit
einem weiten Blick in ihrem ganzen Reichthum übersieht. Ich erinnere
mich noch immer mit vielem Vergnügen eines solchen Augenblicks,
den ich hatte, als die preußische Armee im Jahre 1793 die Vogesen
verließ. Wir hatten ein halbes Jahr in diesem äußerst waldigen
und eben deswegen rauhen, armen und melancholischen Gebirgszuge
zugebracht und mit einer Art von Resignation hatte sich das Auge
schon daran gewöhnt, nur wenige Schritt des Pfades zu übersehen,
den man verfolgte. Ganz ähnlich war unser moralisches Dasein,
wovon das physische also das beste Bild entwirft. Ein äußerst beschränkter Horizont erlaubt dem Soldaten kaum, die nächsten Stunden
seines Daseins zu übersehen. Oft trifft sein Ohr die Stimme der
Schlacht, die ihm nahe und doch unsichtbar ist, und er geht seinem
Geschicke entgegen wie der Gefahr in dunkler Nacht. — Endlich nach
einem mühevollen Marsche standen wir einstens plötzlich auf der
letzten Vogesenkette und hatten das herrliche Rheinthal von Landau
bis Worms vor und unter uns. In dem Augenblicke schien mir das
Leben vom finsteren Ernst zur Freundlichkeit, von Thränen zum
Lächeln überzugehen. Nach einem solchen Augenblicke habe ich mich
oft wiedergesehnt, aber es hätten mit derselben Erscheinung dieselben
Umstände verknüpft sein müssen, um ihrem Eindrucke den nehmlichen
Grad von Stärke und Neuheit zu geben. — Der Augenblick, da
man aus dem Jura hervortritt und das Thal des Genfersee's vor
sich hat, würde unter allen am meisten im Stande gewesen sein, mir
das schöne Gefühl noch einmal zu geben, aber als ich den Genfersee
zum erstenmal im Angesicht des Tages begrüßte, befand ich mich
schon auf meinem Zimmer in einem Landhause nahe bei Genf. Wir
waren nehmlich den Jura in der Nacht passirt; ich hatte also den

Eindruck der ganzen Landschaft verloren und was ich von meinem Fenster aus sah, waren bloße Fragmente, die aber eine äußerst angenehme Art von Neugierde und Verlangen nach dem Ganzen erweckten.

Eine Beschreibung des Genfersee's wird man mir wohl gern erlassen; nur einige Bemerkungen will ich mir erlauben. Diejenigen, welche diese herrliche Landschaft beschrieben, haben sich vermuthlich auch bei den schneeweißen Häuptern der Alpen verweilt und etwa darin einen schönen Kontrast entdeckt. Da ich seit langer Zeit keine Reisebeschreibungen mehr lese, so kann ich auch bloß sagen, daß es mir so vorkommt, als hätte ich so etwas öfters gelesen. Aber ich glaube, daß dies eine Art von Schmeichelei gegen die schöne Natur und übrigens nicht recht aus dem Herzen gesprochen ist; mir wenigstens ist dieser Kontrast kein angenehmer.

Mit nichts treibt man überhaupt mehr sein Spiel als mit den Wirkungen des Kontrastes. Mich dünkt, wenn eine angenehme Wirkung mit einer unangenehmen in Kontrast tritt, so kann die erstere nur dann gewinnen, wenn sie neben einander stehen oder ein Ganzes ausmachen. Eine übrigens schöne Frau wird nichts weniger als schöner dadurch, daß einzelne Theile ihres Körpers häßlich sind. Aber eine schöne Frau unter lauter häßlichen wird dadurch allerdings in unseren Augen schöner. Zwischen schroffen und wilden Felsen ein blühendes, angebautes Thal und gastliche Hütten finden, ist ein sehr angenehmer Kontrast; aber unser augenblickliches Urtheil kann die Eis- und Schneemassen der Alpen nicht von der übrigen Landschaft trennen, weil beide einer und derselben Temperatur anzugehören scheinen. Die milde Temperatur, der sanfte Hauch einer Herbst- oder Frühlingsluft, die Glut der Sonne, welche die Früchte röthet und Alles zur Reife treibt, vertragen sich nicht mit dem Schnee und man hat Mühe, sich zu überreden, daß diese blühende Natur auch wirklich Natur und nicht etwa ein großes Treibhaus sei. Kurz, ich wünsche mir diese Schneepartieen weg aus diesem Gemälde.

Eine andere Unvollkommenheit dieser Landschaft, wenn ich sie mit dem vergleiche, was ich früher gesehen habe, ist die nüchterne Oeconomie des Baues. Kein Landhaus zeichnet sich durch eine zierliche Form und lachende Farbe, kein Dorf durch einen festlich geschmückten

Thurm, keine Stadt durch eine stattliche Kathedrale aus. Städte
und Dörfer haben ein graues, unscheinbares Ansehen. Aber der
Charakter dieser Landschaft ist höchster Reichthum der Natur, und
Reichthum der Kunst und des Anbaues sollte ihr zur Seite stehen.
Ein gewisser Schmuck und Glanz, der im Einzelnen klein und
erbärmlich erscheinen mag, thut hier im Großen eine unglaubliche
Wirkung. Ich erinnere mich immer noch eines Thurmes von Merseburg, der vom Scheitel bis zur Ferse mit weißem Kalk übertüncht
war und in der Nähe, besonders des Abends, wie die Leiche eines
Riesen aussah; es ist nicht zu beschreiben, welchen Effect dieser Thurm
in der großen Ebene Leipzigs macht, wenn er das strahlende Sonnen-
licht in der blauen Himmels-Atmosphäre auf sich concentrirt und
ungetheilt zurückwirft. Wenn am Rhein die gothischen Thürme mit
ihren vielfachen schimmernden Spitzen auf allen Seiten hervorragen
und die Nähe der vielen uralten und berühmten Städte verkünden,
die sich längs seinem Laufe hingelagert haben, so macht das einen
tiefen Eindruck auf das Gemüth. Ueberhaupt gewährt es ein eigenes
Interesse, eine einigermaßen bedeutende Stadt in einer großen Entfernung liegen zu sehen. Zwei oder drei Thurmspitzen am Horizont
sagen aus, daß dort der Sitz einer gesellschaftlichen Verbindung von
vielen tausend Seelen ist; sie erinnern uns lebhaft an die Freunde
und Bekannten, welche wir vielleicht darunter haben; wir glauben
ihnen näher zu sein, wenn wir das Dach sehen, unter welchem sie
wohnen; die Begebenheiten, welche den Ort auszeichnen, die Schicksale, welche er erlebt hat, treten vor unsere Seele, sowie die Merkwürdigkeiten, welche er noch enthält, alle die tausend alltäglichen
Gewerbe, welche dort getrieben werden, sowie das Große, Schöne
und Seltene, was in seinen Mauern eingeschlossen ist; und das Auge
vermag mit einem Blicke zu umfassen den Raum, auf dem diese
ganze Größe und Mannichfaltigkeit besteht. Den Aussichten am
Genfer See fehlt, wie gesagt, diese interessante Seite. Genf selbst
nimmt seinen schönen Platz in der Natur ohne Grazie und Würde
ein. Die Häuser scheinen sich mit ökonomischer Genauigkeit um den
Mittelpunkt eines Kreises herumzudrängen; die Kirchen haben ein
evangelisch trockenes Ansehen; die Thürme sind gerade so hoch, um
den Namen Thürme noch zu verdienen und Ehren halber einige Fuß

über den übrigen Häusern hervorzuragen. Lausanne ist nicht viel besser, die kleinen Städte wie Copet, Rolle, Morges u. s. w. verlieren sich gar unter Obstbäumen und Gärten.

Ich hoffe, man wird diese Ketzerei gegen die schönen Gegenden des Genfer See's nicht für jene unglückliche Tendenz zum Kritisiren halten, die den meisten gewöhnlichen Menschen schon bei Gegenständen der Kunst so lächerlich steht und bei dem Genusse der schönen Natur gar absurd und von einem Mangel alles inneren Gehaltes der sicherste Zeuge ist. Was ich ausdrücke, ist viel weniger ein Gefühl des Tadels als eine huldigende Reminiscenz aus den Eindrücken, welche mir die schöne Natur in früheren Jahren machte und die mir immer noch als Urbild vorschweben.

Uebrigens hat Genf von Innen das Ansehen des Wohlstandes und der Industrie in einem hohen Grade und es giebt vielleicht wenige Oerter in der Welt, die im Verhältnisse zu ihrem Umfange eine solche Bevölkerung hätten. Die Boutiken der Handwerker und Kaufleute haben durchaus neue Straßen in den Straßen gebildet. — In der Kleidung der Frauen fallen die großen, flachen Strohhüte auf, die sich fast nicht zubinden lassen, ohne ein etwas sentimentales und naives Ansehen zu bekommen. Daher wird ein Fremder oft komisch überrascht, wenn er einen schiefgesetzten, in Wellenlinien gebogenen Hut, mit zierlichen Schleifen geschmückt, von hinten und einen fünfzigjährigen Frauenkopf darunter sieht.

Prioré de Chamouny in Savoyen
am Fuße des Montblanc.

Da stehe ich am Fuße der schneebedeckten Alpen und unter mir tobt die Arve schäumend vorüber, um sich in den Ocean zu verlieren, wie der Zeitenstrom oft tobend vorüberrauscht, um im Meere der Ewigkeit spurlos aufzuhören. Den Eindruck, welchen diese Natur auf einen gefühlvollen Menschen ausübt, glaube ich, vermag keiner zu beschreiben. Freundlich ladet die Hütte ein, umgeben von Fruchtfeldern voll blühender Saaten, zum stillen Genusse, zum leidenschaftslosen Dasein. Aber der Anblick jener ernsten, unermeßlichen Gebirgsmassen erinnert an das Große, Weitumfassende; es ist unmöglich, das Auge mit Riesenschritten über die Spitzen der viel tausend Fuß hohen

Felsenwände hinwegzuführen, ohne daß sich die Brust erweitert, das Gefühl des Vermögens erhebt und die Seele sich mit großen Entschlüssen und Hoffnungen beschäftigt. Vorübergehend ist die Blüthe der Frucht und die schlechte Hütte trägt das Gepräge der Vergänglichkeit; zur Ruhe ladet dieser Aufenthalt ein; gering und von wenig Dauer stellt er das Menschenleben dar und giebt so den Wunsch eines spurlosen Daseins und Verschwindens. Aber ewig stehen jene Felsen, und erinnern, daß an das Menschenleben sich das Menschenleben knüpft, das kommende Geschlecht dankbar die Frucht der Saaten erntet, die wir mit unseres Lebenskraft ihm ausgestreut. Ewig stehen jene Felsen und ragen empor bis in die strenge Eisregion um der Menschen willen, um die wandelnden Geschlechter abzuwarten. Wessen Stolz erwacht nicht bei dem Anblick dieser großen Bühne, welche die Weltregierung dem Menschen aufbaute; wer wollte andere Schranken seines Wirkens sehen als die des inneren Vermögens?

Es giebt viele Menschen, denen der Anblick einer großen Natur die entgegengesetzte Wirkung macht, ihnen das Herz zusammenzieht, den Muth umstößt und sie zu Schutz suchenden Kindern umschafft. Sie können sich nicht enthalten, den Blick auf ihr physisches Dasein zu richten und da möchten sie schon ehrfurchtsvoll ihr Haupt beugen vor der Tanne, die Jahrhunderte hindurch im Schmucke und Glanze ihres Lebens dasteht, unbesiegt und ungebeugt von Stürmen. Aber wie kann man auch seine eigenen schwachen Körperkräfte zum Maßstabe der Natur machen? Der Mensch ist der herrschende Zweck in der Natur, aber nicht das Individuum, sondern die tausend Geschlechter, die neben und nach einander leben und in gedrängten Reihen durch Zeit und Raum wandeln.

Das Thal von Chamouny ist berühmt wegen seiner Schönheit, noch mehr aber wegen der Merkwürdigkeit, die ihm die nahen Gletscher geben. Höchst wahrscheinlich ist es tausendmal von Reisenden beschrieben worden; ich werde mich daher auf das beschränken, was ich vielleicht Neues davon sagen kann.

Wer da glaubt, daß die Berge von 5 bis zu 12 tausend Fuß Höhe, welche man vor sich hat, einen ihrer Größe entsprechenden Eindruck machen, irrt sich ganz und gar. Das Thal von Chamouny ist, soweit man es von einem Standpunkte aus übersehen kann,

3 bis 4 Lieues lang und etwa eine halbe breit. Die Berge, welche dasselbe zunächst bilden, sind, den Montblanc ausgenommen, die einzigen, welche man von dem Thal aus sieht, und haben eine Höhe von 2 bis 3000 Fuß über dem Thale. Die sogenannten Gletscher sind kleinere Transversal-Thäler, welche in anderen Fällen dem großen Thale ihre Wasser zuführen, hier aber statt dessen von großen Eis- und Schneemassen angefüllt sind, die sich von den höheren Bergen in Lavinen herabstürzen. Das größte dieser Transversal-Thäler, das sogenannte Eismeer, hat die Breite des Thales von Chamouny, ist aber von noch höheren Bergen gebildet. Die Eismassen, welche herunterstürzen, bilden theils Berge von 30 bis 40 Fuß Höhe, theils Schluchten von 100 Fuß Tiefe (man schätzt die ganze Tiefe des Eises auf 300 Fuß). Wer nun die Wirkung des Ganzen nach den Dimensionen schätzt, welche er hier angegeben findet, macht sich eine ganz falsche Vorstellung davon. Weder das Thal von Chamouny noch das sogenannte Eismeer hat jene Gestalt für unser Auge. Was das erstere betrifft, so glaubt man ein Thal zu sehen, was eine halbe Stunde lang, 6 bis 800 Schritt breit und von Bergen gebildet ist, die 2 bis 300 Fuß hoch sind. Das Eismeer hat gar das Ansehen einer im Frühjahr noch mit veraltetem Schnee angefüllten Schlucht. Der 12,000 Fuß hohe Montblanc scheint kaum um einige hundert Schritt über Berge hervorzuragen, die in der That kaum den fünften oder sechsten Theil seiner Größe haben. Viele werden diese trockene Anatomie für eine Entheiligung des Gegenstandes halten; ich würde selbst der Meinung sein, wenn hier die Rede davon wäre, eine angenehme Täuschung zu stören, aber ich bin überzeugt, daß der landschaftliche wundervolle Effect, welchen viele diesen großen Dimensionen an sich zuschreiben, eine Art von Affectation ist — noch will ich die Möglichkeit desselben zugeben für den ersten unvermutheten, also wahrhaft neuen Eindruck. Aber wenn die Erwartung schon durch so unendlich viele Beschreibungen gespannt und die Ueberraschung unmöglich gemacht worden ist, so ist nach meiner Ueberzeugung keine Befriedigung dieser Erwartung mehr möglich. Viele erscheinen in Exstase, weil sie sich schämen, ein ähnliches Geständniß zu thun.

Aber darum muß man nicht glauben, daß das Thal von Chamouny

eine gewöhnliche uninteressante Erscheinung sei; ich finde nur das Interesse auf einer anderen Seite und möchte auch den Standpunkt derer verändern, welche sich eine Vorstellung davon machen wollen.

So wie ich es beschrieben habe, ist es, wenn sich das Auge mit den großen Dimensionen beschäftigt. Aber eine ganz unvergleichliche Wirkung bringt diese Größe der Natur, die ganz verloren zu gehen schien, hervor, wenn das Auge auf dem Detail der Landschaft verweilt. Häuser, Bäume, Fruchtfelder erscheinen in eben dem Maße kleiner, als Berge und Thäler hätten größer erscheinen sollen. Wenn man dies bedenkt und weiß, daß in Savoyen die Häuser ohnehin sehr klein, besonders niedrig sind, dabei aber ein munteres Ansehen haben, daß die Aecker alle eingezäunt sind, daß Kornfelder und Wiesen in lauter kleinen Abschnitten abwechseln, daß das ganze Feld mit Obstbäumen und einer sehr dunkeln, schlanken Tanne geschmückt ist, oft in Gruppen, die hier und da zu kleinen Wäldern anwachsen; daß alles dies selten auf flachem Boden, gewöhnlich auf dem ziemlich steilen Abhange eines Berges liegt, oft von wilden Partieen und großen Waldungen rings umgränzt und von anderen kleinen Colonieen der Art abgesondert, sich dem Auge in einer schiefen Perspective und ziemlich großen Entfernung darstellt; wer alle diese Vorstellungen auffaßt, wird sich einen Begriff von dem sonderbaren Charakter dieser Gegend machen können. Es ist eine Art Miniatur-Gemälde, oder, weil Miniatur-Gemälde von Landschaften den Kunstkenner beleidigen möchte, so will ich, um einen richtigen Begriff von der Wirkung zu geben, an die convexen Spiegel erinnern, womit man zuweilen Aussichten und Landschaften auffaßt. Man würde Unrecht haben, zu glauben, das Auge könne diese Gegenstände des Details eben so gut zum Maßstabe der großen Partieen machen, wie diese zum Maßstabe jener und dadurch würde ihm diese Natur ganz so groß erscheinen wie sie ist. Weil die großen Gegenstände den Sinn weit stärker afficiren als die kleinen, so bleibt uns keine Wahl, welche von beiden wir als Maßstab des Ganzen betrachten wollen; man mag das Auge noch so oft von dem Detail auf die großen Dimensionen zurückführen, die Wirkung bleibt dieselbe und Häuser und Bäume scheinen stets weit mehr unter der gewöhnlichen Größe als Berge und Thäler über derselben zu sein. Daher kommt es, daß

Zeichner und Maler von dem landschaftlichen Detail dieser Gegenden mit einer Art von Verachtung sprechen. In der That, welche Wirkung konnten sie von diesem minutiösen Detail in ihren Bildern erwarten? Wenn sie aber darum, weil diese Natur sich nicht malen, zeichnen und stechen läßt, überhaupt leugnen, daß es eine schöne Natur sei, so ist das eine Art von Handwerksstolz. Ich rede immer von den kleinen Landschaftspartieen, welche die Cultur im Thale von Chamouny gebildet und wodurch sie dem Thale einen unaussprechlich freundlichen Charakter aufgedrückt hat, nicht von den Alpenmassen, die dasselbe bilden, denn diese sind oft genug zur Befriedigung der Curiosität gezeichnet, gemalt und gestochen worden. Für mich hat der Anblick der cultivirten Partieen einen großen Reiz gehabt. Man steht im Thale tausend Fuß unter einem kleinen Dorfe und glaubt dasselbe von seiner Thurmspitze aus zu sehen; eben so sieht man vom Thale aus Dörfer, die mitten im Walde liegen; doch man sieht nicht Alles aus derselben Perspective, sondern es erschöpft sich fast die ganze Wissenschaft, um von ein und demselben Standpunkte die mannichfaltigsten Ansichten zu geben. — Giebt es etwas Neueres und Ueberraschenderes für den äußeren Sinn? Und welch ein tiefer reichhaltiger Gedanke kleidet sich in das Bild dieser Gegenden! Diese Verkleinerung der alltäglichen Dinge, die uns umgeben, ohne daß sie etwas von ihrer Wahrheit, Nähe und Lebendigkeit verlieren, stehen sie nicht bildlich da, wie einem großen Gemüthe die alltäglichen Verhältnisse des Lebens klein erscheinen, ohne daß es sich von ihnen entfernt? Ist diese ganze Natur nicht ein Bild des anspruchslosen, friedlichen, engen Daseins? Sie erscheint uns liebenswürdig und thut unserem Herzen wohl, aber in dieser niedrigen Hütte glauben wir nicht wohnen zu können — so wie ein schuldloses, anspruchsloses Leben dem Herzen stets wohlgefallen soll, wenn auch das Gemüth in diesen engen Kreis sich nicht einschließen kann. Ein kindlicher Sinn und Geist herrscht in diesem engen Leben und gern schließt ein edler Mensch sein Herz dem Kinde auf, das freundlich und zuthulich um ihn spielt, obgleich er nicht sein ganzes Leben mit ihm theilen kann.

Doch ich darf wohl, da ich mich unwillkürlich in eine Beschreibung des Thales von Chamouny verwickelt habe, keine seiner Schönheiten ganz unberührt lassen, wenn ich mich nicht eines kalten Leichtsinnes

verdächtig machen will. Die Arve durchströmt dasselbe mit einer so
fürchterlichen Gewalt, daß sie sich an manchen Stellen gegen die
Felsenstücke, mit welchen ihr Bett angefüllt ist, ganz wüthend anstellt.
Oft stürzt sie sich mit einer solchen Gewalt auf dieselben, daß sie
zehn Fuß weit wieder zurückgeworfen wird, und da sie an den
meisten Stellen mehr als hundert Schritt breit ist, so ist das ganze
Thal von ihrem Toben erfüllt. Ueberhaupt würde ich, wenn man
nicht etwa finden sollte, daß ich mit meinen häufigen Vergleichungen
Langeweile errege, sagen: nichts gleiche mehr einem wilden, rohen,
unbezähmten Gemüthe als die Arve. Sie ist von aschgrauer, häß-
licher Farbe; unterhalb Genf ergießt sie sich in die Rhone, die, in
ein schönes Blau gekleidet, majestätisch angezogen kommt; in diesem
Augenblicke scheint die Arve (wie Franz Moor) mit Ingrimm sich
ihrer ganzen Häßlichkeit bewußt zu sein, denn unversöhnlich strömt
sie neben der Rhone in demselben Bette her, und sie berühren sich
meilenweit, ohne daß ihre Wasser sich mischen.

Doch kehren wir auf einen Augenblick nach dem Thale von
Chamouny zurück. Die umliegenden Berge sind zum Theil bis auf
1000 und 1500 Fuß Höhe cultivirt d. h. sie zeigen dem Auge kleine
figuren von grün und gelben Flecken mit zwei oder drei Häuser
bebaut, die wie eine Hand groß aussehen. Noch höher sieht man
einzelne grüne Stellen und wie ein brauner Punkt, dem Auge kaum
sichtbar, erscheinen weidende Kühe. Auch im Thale ist der größte
Theil des Landes Weide und alles Vieh trägt Glocken. An Wasser-
fällen und an Quellen fehlt es nirgends. Mitten im Thale liegt
der Kirchthurm von Chamouny, mit Gold und Silber festtäglich
geschmückt — ich erwähne bei allem diesen wieder des Schnees nicht,
denn ich muß wiederholen, was ich bei dem Genfer See gesagt habe,
sein unangenehmes Weiß thut weder in dem sanften Farbenspiel der
Landschaft eine gute Wirkung, noch ist der moralische Eindruck dieses
Contrastes dem Total-Eindrucke günstig.

Die Höhe, zu welcher die Cultur in den Savoyischen Alpen an
den Bergen überall hinaufklimmt, verhindert, daß man auf recht
wilde Partieen stößt. Mitten unter Bergen, die mit Schnee bedeckt
sind, und über dem sogenannten Eismeere findet man Anbau. Alle
Wege sind mit Hecken und Zäunen umgeben; man sieht sich folglich

überall von der Menschen Spur umgeben und fühlt sich nie allein und verlassen, was immer eine sehr melancholische Stimmung erzeugt.

Was in Savoyen überhaupt sehr auffällt, ist die entsetzliche Armuth der Einwohner, während alle Thäler das Ansehen eines Gartens haben. Die Ursache liegt darin, daß der größte Theil Wein-, Obst- und Wiesenbau ist, drei Gegenstände der Cultur, die dem Kornbau an Einträglichkeit nachstehen. Im Thale von Chamouny herrscht ein gewisser Reichthum, es versteht sich aber nach dem Maßstabe Savoyens. Die wesentlichen Eigenschaften der Einwohner kann man in wenigen Tagen nicht kennen lernen; indessen ist es immer schon der Mühe werth, den Blick auf das Aeußere, auf Kleidung und Sitten zu werfen. Wenn sie in vielen Fällen schon den Charakter des Individuums verrathen, so deuten sie fast immer noch weit sicherer auf den Charakter eines Volkes hin. An den Männern fällt eben nichts auf; sie sind fast wie Deutsche, wenigstens fehlt viel, daß sie die französische Redseligkeit und Petulanz hätten; auch sieht man viele blonde unter ihnen. Das zweite Geschlecht ist ausgezeichneter. Gewöhnlich sind alle Frauen sehr brünett, und da das ganze Volk kränklich aussieht, so sehen auch die Frauen sehr blaß und gelb aus, dabei haben sie oft schöne schwarze, meistens aber noch schönere dunkelblaue Augen, schöne Zähne, eine angenehme, feine und geistreiche Gesichtsbildung; und in dem Ganzen liegt ein Ausdruck von Schwermuth, der ihnen allen, auch den häßlichsten, einiges Interesse giebt. Die Kleidung ist ärmlich, hat aber doch etwas Malerisches, etwas Naiv-Poetisches. Das ganze Volk hat einen seltenen Grad von gutmüthiger Höflichkeit.

Copet, den 25. August (1807).

Ungeachtet ich keine Hoffnung habe, Frankreich so bald zu verlassen, so will ich doch jetzt nicht versäumen, das Wenige über den Nationalcharakter oder vielmehr Nationalgeist seiner Einwohner zu sagen, was die Erfahrung mich gelehrt hat; denn in der Folge möchte ich wenig dazu aufgelegt sein.

Ich habe in meinem Leben immer gehört: die Franzosen sind eine äußerst geistreiche Nation von feinem Verstande, vielem Takt, Witz und vieler Phantasie. Jedermann weiß von ihrem fröhlichen

Sinne, ihrer leichten Art, das Leben zu nehmen, von ihrer auf-
wallenden Lebhaftigkeit, von ihrem Muthe, aber auch von ihrer
Eitelkeit, ihrer Arroganz, ihrer Neigung zum Geckenhaften. Mit
dem Glauben an ihre Herzensgüte hat es im Auslande, glaub' ich,
nie so recht fortgewollt; in Frankreich aber hört man häufig mit
einer zweideutigen Gutmüthigkeit sagen: nous sommes de bonnes
gens.

Gewöhnlich, wenn man die Franzosen als eine so geistreiche
Nation preist, verbindet man damit einen verächtlichen Seitenblick
auf die Deutschen, und da die deutsche Literatur sich jetzt einen
gewissen Rang nicht mehr nehmen läßt, im Gegentheil durch Genialität imponirt, so ist man bei dem gemeinen Manne stehen geblieben.
Und wirklich muß bei dem niederen Volke der rohe Urstoff sich am
reinsten zeigen.

Wenn man einen französischen Bauer oder Handwerker sieht, hört
und spricht, so glaubt man aus mancherlei Eigenthümlichkeiten wirklich auf eine edlere Natur schließen zu müssen als die deutsche; aber
dies ist nur im ersten Augenblicke der Fall, und bei einer aufmerk-
sameren Betrachtung sieht man wohl, daß man wohlfeileren Kaufes
davon kommt. — Der Franzose ist lebhafter und erscheint deswegen
in allen seinen Nüancen mit lebendigeren Tinten als der Deutsche,
und dies bunte Bild macht im ersten Augenblicke mehr Vergnügen
als der Charakter des Deutschen, der mit seiner Langsamkeit, seinem
Ernst, seiner Zurückhaltung wie eine grau in grau gemalte Figur
aussieht. Aber Kunstverständige wissen wohl, daß die grellen Farben-
extreme nicht die Kraft des Colorits ausmachen, und eben so sieht der
Menschenkenner bald, daß jene französische Lebhaftigkeit, dem französischen Leichtsinne verbunden, sich eben so sehr unterscheidet von der
Tiefe wahrer Leidenschaft wie flackerndes Strohfeuer von stiller Glut.

Selbst dann, wenn die Eitelkeit des Franzosen sich zu dem edleren
Stolze zu erheben scheint, verleugnet dieser seine Abkunft nicht. Der
Franzose entrüstet sich über die kleinsten Abweichungen von formeller
Höflichkeit, ahnet aber kaum, daß oft in den vollständigsten Formen
der Politesse (ich wähle mit Fleiß oft französische Ausdrücke für
französische Sachen) ein Geist der Nichtachtung und Geringschätzung
liegt. Ueberhaupt muß die Geringschätzung bis zur Verachtung

wachsen, wenn sie ihm drückend werden soll. Darum ist der Franzose auch stets höflich in den Formen und oft gegen seine Absicht, sehr unhöflich dem Wesen nach. Mich hat nie ein französischer Handwerker angeredet, ohne zu fragen: comment va la santé? Dagegen ergreifen sie jede Gelegenheit, mit einem scheinbar gutmüthigen Achselzucken über den unkriegerischen Geist der Deutschen zu sprechen. Daß der Franzose keines edleren Stolzes fähig ist, zeigt sich schon darin, daß er so oft in's Geckenhafte verfällt, wie das Heer von Petit-maitres zeigt, wozu diese Nation immer noch alljährlich eine gute Anzahl Rekruten liefert, obgleich der weltbeherrschende Geist ihrer Armeen ihm Abbruch thut. Ein edler Stolz läßt sich nicht ohne eine gewisse Gravität in den äußeren Sitten denken, und wenn dieser Stolz dadurch, daß er, keiner anderen Geisteskraft verbunden, ganz allein dasteht, in seinen Aeußerungen komisch wird, so bleibt er doch selbst dann nicht ohne einen wohlthätigen Eindruck auf unser Gefühl. Der Stolz des Bürgermeisters in den deutschen Kleinstädten kann uns dem Manne nie ganz abgeneigt machen. Don Ramonde de Colibrados ist selbst rührend und wer wollte über den Don Quixote bloß lachen!

Was vor Allem an dem gemeinen Franzosen auffällt und für ihn einnimmt, ist seine Gesprächigkeit, der Antheil, welchen er an Dingen nimmt, die über den Horizont des gemeinen Deutschen sind, und die artigen Wendungen, mit welchen er dieses Gespräch führt. Aber dies ist nicht einmal alles bloße Manier, noch viel weniger Verstand, es ist die Sprache. Nehmlich diese wunderliche Sprache besteht, wie Jedermann weiß, aus lauter Phrasen, und übt eine unaussprechliche widrige Gewalt über alle Geister aus. Sie erlaubt ihnen eben so wenig gescheidt als auf eine naive Art dumm zu sein. Mit dem besten Willen kann man sich darin nicht schlicht und einfach ausdrücken, muß wohl oder übel die alten abgedroschenen Phrasen gebrauchen, die wie Gedanken aussehen, ohne es zu sein. Mir kommt es daher vor, als wenn ein gemeiner Franzose neben einem gemeinen deutschen Manne sich ausnähme, wie Jemand, der sich in einer Trödlerbude gekleidet hat, neben Einem, dessen Kleider schlecht und recht sind. Ehe man sich Jenem nähert, möchte man ihn wohl für einen feinen Mann halten; am Ende guckt aber doch die Bettlerarmuth an allen Ecken hervor. — Wenn man sich von diesem Phrasenwesen nicht betrügen lassen will, so fahre man nur im Gespräche fort und behandle die Sache mit ein wenig Originalität, so wird man bald sehen, wie kernlos diese Schale ist. Daher ist auch ein Franzose leicht zu veranlassen, seine Meinung zu ändern, wenn man ihm nur eine kleine Hinterthür offen läßt, damit seine Eitelkeit nicht zu sehr beleidigt werde. Eigensinnig ist er also viel weniger als der gemeine deutsche Mann, wenn es auf Meinungen ankommt; denn dieser hat doch wenigstens ein Vorurtheil, ein tiefgewurzeltes, was er vertreten will; in der That, ist aber nicht ein Vorurtheil tausendmal mehr werth als eine Phrase? d. i. als etwas, was darum kein Vorurtheil ist, weil es eben überhaupt kein Urtheil ist. Ich spreche gern hier vom gemeinen Manne, aber mich dünkt, das zeigt sich eben auch bei den mittleren Ständen in ihrer Meinung über die Literatur. Sie vertheidigen die Fehler oder Schwächen derselben nicht aus Vorurtheil; Vorurtheil setzt eigenes Meinen, selbst Ueberzeugung voraus; von allem dem ist bei dem großen Haufen der Franzosen nicht die Rede. Sie geben Phrasen, die ihnen überkommen sind, die nie ihr Eigenthum waren, eine Art Speditionshandel, nur mit dem Unterschiede, daß sie keinen Gewinn davon haben; und so wie diesem kein Handelscapital zum Grunde liegt, so dienen auch jene Phrasen nicht, um irgend eine Meinung zu vertheidigen. Es versteht sich, daß ich vom großen Haufen spreche.

Daß der deutsche niedere Mann dem Franzosen an wirklichem Denkvermögen mindestens nicht nachsteht, zeigt der Zustand des Ackerbaues und der Gewerke. In beiden Dingen sind die Deutschen den Franzosen weit überlegen, wie man sich aus hundert Schriftstellern und durch eigene Ansicht leicht überzeugen kann. Was die Gewerke betrifft, so gelten freilich Ausnahmen für solche, die mit Localitäten verwandt sind, und dann zunächst für Paris. Außer London kann sich keine Stadt mit Paris in Rücksicht auf den Luxus vergleichen; der Luxus aber ist eine Treibhaus-Wärme zur Entwickelung derjenigen Fähigkeiten, welche in seinem Dienste stehen. Der Zustand des Ackerbaues und der Gewerke hängt freilich nicht bloß von den Geistesfähigkeiten eines Volkes, sondern auch von der Verwaltung des Landes, von dem zunehmenden Reichthume ab und was dahin gehört;

aber um den Antheil zu erkennen, welchen die Geistesfähigkeit der Nation an ihrer Ueberlegenheit in dem größten Theile der Gewerke hat, braucht man bloß die Bemerkung zu machen, daß selbst in denjenigen Handwerken, welche in Frankreich vervollkommneter sind als in Deutschland, gleichwohl die vorzüglichsten Arbeiter Deutsche sind. Diese Bemerkung läßt sich in Paris sehr häufig machen und die Franzosen selbst gestehen ihre Richtigkeit ein. Uebrigens, dünkt mich, liegt auch in der Neigung zum Nichtsthun und zu Spielereien der Beweis eines weniger denkenden Geistes. Dies ist nicht die Wirkung eines südlicheren Himmels, die sich in einem reinen Müßiggange, in eigentlicher Faulheit offenbart; im Gegentheil, der Franzose ist entsetzlich petulant und muß sich schlechterdings mit etwas beschäftigen; aber die liebsten Beschäftigungen sind ihm Spielereien. Die kleinste Stadt Frankreichs ist mit einer Promenade versehen und auf dieser trifft man zu allen Stunden des Tages Promeneurs aus dem niedrigsten Stande, besonders Frauen, die fast alle einen kleinen Hund zum Gesellschafter haben. Alle paar hundert Schritt trifft man auf eine Spielpartie, wo mit Zahlpfennigen nach einem Ziele geworfen wird. Hier sieht man Männer von fünfzig Jahren mit Knaben spielen; ebenso sieht man auf den sehr häufigen Ballspielen (jeu de paume) Männer von eben dem Alter drei, vier, auch fünf Stunden des Tages spielen, und in den sonntäglichen Tanzfesten, welche man im Sommer unter freiem Himmel halten sieht, springen sie in Entrechats und Pirouetten herum.

Die verhältnißmäßig große Menge von Gesellschaften, welche man in kleinen Städten findet, der große Hang, ins Theater zu gehen, gehören in vieler Rücksicht auch hierher. Daß in Frankreich die niederen Classen viel mehr Antheil an der Literatur ihres Landes nehmen als in Deutschland, liegt überhaupt in dem Wesen der Nation, zunächst aber in der Natur ihrer Poesie. Die Sprache ihrer Poesie unterscheidet sich von der Sprache des gemeinen Lebens bloß darin, daß sie noch unendlich viel dürftiger und ärmer ist als diese. Die poetische Kraft, die sie beseelen sollte, ist ein so schwächliches, unvermögendes Wesen, daß der geringste unedle Nebenbegriff eines Wortes ihr den Todesstoß geben würde; daher muß sie, unvermögend zu adeln, Alles ausstoßen, was nicht von der Convenienz das poetische

Adelsdiplom erhalten hat. So nahe die Sprache des Dichters neben der Sprache des gemeinen Lebens einhergeht, eben so nahe steht die Poesie dem gemeinen Leben.

In dem Wesen der Nation überhaupt liegt das größere Interesse des gemeinen Mannes für die National-Poesie deswegen, weil unter diesen dreißig Millionen Individuen eine so merkwürdige Einförmigkeit herrscht, daß Friedrich Schlegel mit eben so viel Recht als Witz gesagt hat: warum es mehr als einen Franzosen gibt, ließe sich nur aus dem auch sonst häufig wahrgenommenen wunderlichen Hange der Natur erklären, gewisse Producte bis ins Unendliche zu vervielfältigen, da doch ein einziges Exemplar zur Darstellung der Gattung hinreichend wäre. Wilhelm Schlegel behauptet, es wäre als würden die Franzosen nicht wie andere Menschen geboren, sondern etwa wie eine Waffel in einer Form gebacken, und diese Form sei ihre Sprache.

Man muß einem Franzosen, sagt Friedrich Schlegel, Dank wissen, daß er die auswendig gelernte Rolle seines Lebens förmlich abzuspielen sich die Mühe gibt und sie nicht mit einem male hersagt, Stichwörter und Alles. — Alle diese Einfälle sind im höchsten Grade treffend.

Jetzt will ich diese verhaßte Nation noch unter einem etwas ernsthaften Gesichtspunkte betrachten. In Frankreich und in Deutschland herrscht allgemein die Meinung, als sei der französischen Nation durch die Revolution mit ihrem Enthusiasmus und mit ihrem Schrecken, durch die Siege, endlich durch den Despotismus in ihrem Gefolge, ein solcher Schwung, eine so militärische Tendenz gegeben, daß es unmöglich sei, einer solchen Nation zu widerstehen. Diese Meinung ist ein Irrthum, für den großen Haufen allenfalls verzeihlich, nicht aber für den unterrichteten Mann. Nachgerade, dächte ich, wäre es zu spät, über den Freiheitsschwindel der Franzosen, zu Anfang der Revolution, selbst schwindelnd zu sprechen; zu spät, sich länger die Einbildungen aufbürden zu lassen über die Heldenthaten, die er erzeugt haben soll. Wer den Macchiavelli recht aufmerksam studirt hätte, würde den Ausgang dieser Revolution leicht vorhergesehen haben. Ein Volk mit verdorbenen Sitten ist der Freiheit nicht fähig, hat dieser merkwürdige Mann gesagt. Solcher Natur der politische Enthusiasmus war, solcher Natur hat er sich im Kriege gezeigt.

Womit will man denn aus dem Revolutionskriege das Dasein eines hohen Enthusiasmus für das Vaterland, eines unüberwindlichen Heldenmuthes gründlich erweisen? Unsere elenden geschwätzigen Zeit-Schreiber (nach der Analogie von Zeit-Schriftsteller) sind es, die uns dies überredet haben, woran kein wahres Wort ist. In Niemand erkenne ich leichter die Schwäche und Beschränktheit des Kopfes, als in denen, welche bei dem wirbelnden Strudel einer außerordentlichen Erscheinung mit anscheinender Leichtigkeit und Grazie auf der Oberfläche bleiben und den Strom zu leiten scheinen, weil sie von ihm getragen werden. Wirklich glaubt man anfangs, sie hätten ihn am allerbesten begriffen, weil sie nicht wie Andere mit ihm in Widerspruch und Kampf zu sein scheinen. Aber im Grunde beweist das bloß ihre spezifisch leichtere Natur. Die Geister, welche des Widerstandes wegen in den Schlund hinabgeworfen und mißhandelt worden sind, welche im ersten Augenblicke ganz unterzugehen, aus der Reihe vernünftiger Wesen vertilgt zu werden schienen, werden die Natur der Erscheinung am besten erkannt haben. Eine Erscheinung, welche uns aus der dunklen Zukunft plötzlich entgegentritt, wird, wenn sie auch nicht neuer Natur sein sollte, doch im ersten Augenblicke den glatten und eingeübten Ideen Stillstand gebieten und zuweilen auch manche Bewegung in verkehrter Richtung hervorbringen; es ist die Krise, in welcher unser betrachtender Verstand nach dem Resultate einer neuen Erkenntniß ringt. Was soll man nun von denen glauben, die feigen Ausreißern, welche die Waffen wegwerfen, ähnlich, bei dem ersten Anblicke des Neuen und Außerordentlichen Geschichte, eigene Erfahrung, lang erkämpfte Grundsätze, Selbstgefühl, kurz die ganze Rüstung des Geistes von sich werfen. Doch ich muß von meiner Abschweifung zum Gegenstande zurückkehren, der im Grunde für diese Blätter selbst eine Abschweifung ist.

Daß, zitternd vor einer Schreckensregierung, dergestalt zitternd und in Angst, daß man in Paris sich, den Menschen und die Welt vergaß, ein Volk sich nicht zweimal gebieten läßt, die Waffen zu ergreifen; daß, wer zu Hause nur Gespenster guillotinirter Brüder, Väter, Mütter, Kinder sieht, gern hinwegeilt von der blutigen Lagerstätte in den Krieg, wo wenigstens Mord um Mord getauscht wird — ist das ein Beweis von Energie? Daß eine Million beute- und

raubluſtiger Menſchen, auf die Grenzen des Reichs hingeworfen, gegen
Armeen, die kaum den vierten Theil dieſer Zahl ausmachten, von
Greiſen angeführt, mit abwechſelndem Glücke fochten — iſt das ein
Beweis von Energie? Wer ſich an dem Ausdrucke „abwechſelndes
Glück“ ſtößt, den muß ich bitten, von dem Erfolge, der nicht immer
(und am wenigſten hier) ein reines, militäriſches Reſultat iſt, zu
abſtrahiren und die Feldzüge von 92 bis 1800 einzeln zu durchlaufen. Man hat immer nur auf das Merkmal geübter und unge-
übter Kriegsheere geſehen und dann Wunder gerufen. Was iſt denn
ſo Wunderbares darin, wenn ein Bewaffneter von drei oder vier
Unbewaffneten angefallen und zu Boden geworfen wird? Daß ſie
vergeſſen, wie die ganze ehemalige franzöſiſche reguläre Militärmacht
in der ungeübten Armee mit enthalten war, will ich ihnen durch die
Finger ſehen. Die Thermopylen-Schlacht, die Schlacht bei St. Jakob
an der Birs, wo von 1500 Schweizern 1450 todt auf dem Platze
und nur zehn unverletzt blieben, das ſind Wirkungen eines energiſchen
Enthuſiasmus. Welcher einzelne Zug aus dem Revolutionskriege
läßt ſich mit dieſem vergleichen? Wie oft ſind die franzöſiſchen
Heere vor einer kleinen Anzahl ſchimpflich geflohen! Welchen Sieg,
erfochten gegen Uebermacht, haben ſie aufzuweiſen? Dieſer gänzliche
Mangel einzelner glänzenden Züge hätte längſt Mißtrauen gegen
die Energie des Revolutions-Enthuſiasmus und das ganze Helden-
thum der Franzoſen erwecken ſollen. Der Geiſt, der in den Heeren
zu herrſchen ſchien, die großen Worte ſind es, die das Urtheil verführt haben; die Franzoſen aber ſind eitel und prahleriſch; und das
reelle militäriſche Selbſtvertrauen, was ſie in der Folge gezeigt haben,
iſt ein Werk genievoller und glücklicher Führer, nicht der Revolution,
nicht des Nationalcharakters.

Ich erkenne alſo in dem Kriege während der Republik noch gar
nichts von einem wirklichen Erheben der Nation über ihren ſeitherigen
Zuſtand. Der Schrecken war die einzige Energie, und das Reich
dieſes Dämons iſt von kurzer Dauer. Wie ſollte doch dieſe Revolution, mit dieſem Gange und Geiſte, eine Nation erheben! War es
nicht vielmehr ein förmlicher moraliſcher Bankerott? Ueberhaupt iſt
er nicht in der Natur der Dinge, noch viel weniger auf dem Er-
fahrungsſchatz der Geſchichte gegründet, der Glaube, daß eine Nation

sich in wenigen Jahren plötzlich erheben könne. Dies ist so wenig wahrscheinlich wie ein plötzliches Erkalten der Erdzone, was seit einigen Jahren die trivialen Wetter-Schwätzer bemerkt haben wollten.

Ebensowenig wie die Revolution mit allen ihren Attributen die Nation hat veredeln können, ebensowenig kann es der heutige militärische Despotismus. Wahrlich die Erscheinung wäre ganz neu. Die Armee hat der lange Krieg und der militärische Geist dieser Regierung abgehärtet, zum Kriege eingeübt, und mehrere glückliche Feldherren haben ihr das Selbstvertrauen des Sieges eingeflößt. Da liegt die ganze Ursache der Erscheinung, die vor den Augen der Menge glanzvoll auftritt und hinter der sich das halberstarrte Frankreich verbirgt.

Sowie unter dieser extensiv und intensiv verheerenden Regierung alles mercantilische Leben erstorben ist, so ist der Pulsschlag des moralischen ermattet, und nirgends eine Spur von Wetteifer. Wodurch sollte er auch im Inneren angeregt werden? Die Civilverwaltung ist in den Händen von einem hundert Präfecten und Souspräfecten, die, nicht in ordentlicher Geschäftslaufbahn gebildet, vom Kaiser ganz willkürlich ernannt werden und vorher oft ganz anderen Zwecken gedient haben. Ihre ganze Kunst ist, die Geschäfte übers Knie zu brechen; ihr ganzer Eifer, die militärischen Maßregeln schnell zu vollziehen, und die gültigste Summe von Staatsverwaltungs-Kenntnissen besteht in dem besten Modus, den Willen des Gefürchteten pünktlichst zu errathen und zu erfüllen. Die öffentlichen Unterrichtsanstalten sind alle über einen und zwar äußerst militärischen Leisten geschlagen; die schöne Literatur ist im äußersten Verfalle; an eine politische ist nicht zu denken; die historische beschränkt sich auf Allegorieen zu Ehren des Allgefürchteten. Eine politische Meinung gibt es überhaupt in Frankreich nur verschlossen in der Brust Einzelner. Alle ausgesprochenen Ideen sind orthodox in dem Glauben an die beseligende Kraft des Militär-Despotismus. Dies ist so sehr wahr, daß wem nur eine Idee von constitutionsmäßiger Gewalt entfällt, für den ärgsten aller Thoren gilt. Diese negative Weisheit meinen die Franzosen der Revolution zu verdanken. Freilich; aber die Berührung, in welcher sie mit der Revolution stehen, ist nicht auf Seiten des Kopfes, sondern des Gemüthes;

mit einem Worte, es ist die Lethargie des Schreckens, die ihnen verblieben ist.

Dieser kalte, tödtende, einförmige Geist des Despotismus ruht lastend auf der ganzen Nation, die er sich wohl hütet durch Unbesonnenheit und Tyrannei zu reizen, die er aber um so sicherer durch Consequenz und kalte Klugheit abtödtet.

Wo wäre denn hier eine Spur von moralischer Erhebung Frankreichs über seinen ehemaligen Stand? Gesunken ist es, und das ohne Zweifel. Wie könnte auch der feige Schrecken vor der Guillotine in seiner jahrelangen entehrenden Herrschaft, die Selbstverzweiflung, mit der, den Glauben an sich selbst aufgebend, die Nation willig sich unter das Joch eines ausländischen eisernen Gebieters bückt, den Charakter derselben veredeln, das Herz erheben, den Geist erweitern? Ein ärgerer Trotz ist wohl aller Logik und gesunden Vernunft noch nicht geboten worden. Und diesen Zustand der Selbsttödtung hält man für gut genug, um zu glauben, es könne auf diesem Boden ein wahrer militärischer Geist aufgehen und zum mächtigen, starken Baume erwachsen? die Nation überlegen machen ihren Nachbarn, durch sich selbst, nicht durch das zufällige Talent derer, die sie leiten? Aus diesem auf Sittenverderbniß und gänzlicher Erschlaffung gepfropften Militär-Despotismus sollte ein edles, kräftiges, gesundes Sparta entstehen? Das können nur die glauben, die über den letzten sieben Jahren die ganze Geschichte vergessen.

In allen Formen der Verwaltung herrscht in Frankreich eine äußerst militärische Tendenz, das ist wahr; keine Spur davon aber ist in dem Charakter der Nation. Wenn zwei oder drei Gensdarmes 30 bis 40 Conscribirte, an einem einzigen langen Strick zu zwei und zwei gebunden, nach den Präfecturen führen, so ist dies ein Beweis zu gleicher Zeit des einen und des anderen. Des ersteren, weil auf diese ökonomische Art wenig Gensdarmes zureichen, des anderen, weil diese entehrende Maßregel auf großen Zwang deutet. Das häufige Duelliren (ob es gleich im Innern nicht häufiger als anderswo und ein bloßer Tik der Armeen ist), das Aufbrausen, der eitelnde Stolz, die unerhörte Prahlerei, das ist es, was man für militärischen Geist nimmt. Was aber dieser ganze Plunder unter glücklichen Umständen wirklich Gutes bewirken kann, das bewirkt er auch Böses unter unglücklichen. Im Unglücke aber ist es, wo sich der kriegerische Geist einer Nation groß zeigen kann.

Ich bin daher der festen Meinung, daß Frankreich den Erfolg seiner Waffen (außer seiner Uebermacht) einzig und allein dem Talente seiner Generale und vorzüglich Bonaparte's zu verdanken hat. Wenn dieser aufhört zu sein, so kann das Gefühl der langen Siege vielleicht noch einige Jahre in der Armee fortleben (wie nach Gustav Adolf's Tode in den Schweden); aber ich frage: wird er an Stärke dem Gefühle der Rache gleichen, mit welchem so viele auf's Aeußerste getriebene Gegner auftreten werden? Sobald Bonaparte aufhört zu sein, sobald mit ihm die in den Armeen vom Staate getrennt bestehende kriegerische Ueberlegenheit zusammensinkt, werden die Nationen, die deutsche und die französische, sich unmittelbar miteinander zu vergleichen haben und dann wird sich das moralische Verhältniß deutlicher zeigen, das politische ihm aber nothwendig folgen. — Preußen unter Friedrich dem Großen war zehnmal mehr geeignet, den kriegerischen Geist einzusaugen und in sich lange zu bewahren, der aus einem siebenjährigen im Lande selbst geführten blutig-glorreichen Kriege sich nothwendig entwickeln mußte. Was ist denn kaum sechs Jahre nach Friedrichs des Großen Tode von diesem kriegerischen Geiste noch übrig gewesen? Und wie sah es in Frankreich nach Ludwig XIV. aus, der krieg- und siegreichsten Regierung der französischen Geschichte zwischen den beiden Extremen Karl dem Großen und Bonaparte? Und Karls des Großen Reich nach seinem Tode!

Es ist ein pöbelhafter Irrthum, daß eine Nation in einem Menschenalter ihre Natur von Grund aus verändern könne, pöbelhaft, weil man ihn des Gestern und Heute wegen angenommen hat; denn das ist des gemeinen Haufens Erbfehler, daß er Alles anstaunt, was sich nahe vor ihm zuträgt und von den Täuschungen der Sinne und lebendiger Wahrnehmungen nicht zu abstrahiren weiß.

Es ist wohl niemals Sitte gewesen, die Franzosen eine kriegerische Nation par excellence zu nennen und unbegreiflich, wie sie um eines siegreichen Jahrzehnds willen diesen Namen für ihre ganze Geschichte hat usurpiren können. Die Kriege mit den Engländern und in Italien im 15., mit Karl V. und Philipp II. im 16., der spanische Erbfolgekrieg im 18. Jahrhundert sind doch nicht sieg- und glorreich zu nennen. Im dreißigjährigen Kriege war Frankreichs Rolle wenigstens nicht die glänzendste; der österreichische Successionskrieg in seinen drei glücklichen Feldzügen unter Führung eines deutschen Mannes wurde reichlich durch sechs unglückliche im siebenjährigen Kriege vergolten. Was bleibt also übrig als die Kriege Ludwig's XIV., die Zeiten Condé's, Turenne's, Luxembourg's und vor allen Dingen Vauban's? — Mich dünkt, in allem diesen liegt keine Begründung dieses unerträglichen Hochmuths der Franzosen. Wem diese genaue Rechnung nicht gefällt, wer sich an einzelnen Zügen halten will, den fordere ich hiermit auf, mir diese aus der französischen Geschichte vorzulegen. Das Zeugniß, was Macchiavelli den Deutschen giebt, die Thaten der deutschen Schweiz, der deutschen Niederlande, auch der siebenjährige Krieg, dieser dreimal in großen Acten wiederholte ehrenvolle Kampf des Schwachen gegen die Uebermacht — erlaubt, berechtigt, nöthigt die Deutschen zum Selbstvertrauen unbedingt mehr als irgend eine Epoche der Geschichte der Franzosen; wenn überhaupt nicht jedes Volk wohlthäte, sich Alles zuzutrauen, was die menschliche Natur Großes vermag.

4.

Pestalozzi.

Man müßte mehr Sachkenntniß von der Schulerziehung haben und mehr Beobachtungen damit verbinden, als dies bei mir der Fall ist, um ein definitives Urtheil über Pestalozzi's Methode und seine Unterrichtsanstalt zu fällen. Was ich davon sage, sind Vermuthungen.

Er geht von dem Grundsatze aus, zuerst die Kräfte des moralischen Menschen bis zu einem gewissen Grade auszubilden, ehe das Wissen der Zweck des Unterrichts wird. Sein Institut ist fast bloß für den ersten Zweck berechnet, sowie seine Methode mehr diesem Zwecke als dem eines leichten und sicheren Erlernens dient, obgleich dieser letztere dabei gewiß gleichfalls gewinnt.

Wenn man also glaubt, daß man es hier mit maschinenmäßig erlernten Kenntniſſen oder, nach einem Lieblings-Ausdrucke aller derer, die darüber zu sprechen pflegen, mit Papageien zu thun hat, so irrt man ſich ſehr. Für die Ausbildung der Geiſteskräfte iſt unſtreitig ſehr geſorgt. Aber es läßt ſich gleichwohl darüber noch viel bemerken.

Ich kann und will mich nicht in das Detail der Methode ein-laſſen und nehme als Reſultat an, wovon ſich Jeder, der ſie ohne Vorurtheil betrachtet, leicht überzeugen wird, daß ſie logiſche Fertig-keit giebt, die Abſtractionskraft, den Scharfſinn, das Erfindungsver-mögen, alſo Summa Summarum die Kraft der Meditation entwickelt. Da die niedere Mathematik für Lehrer und Zögling die wenigſten Schwierigkeiten für dieſe Geiſtes-Gymnaſtik hat, und auch ſonſt eine ganz gute Reputation als Wiſſenſchaft genießt (ob freilich zu wetten iſt, daß die Meiſten nicht recht wiſſen, warum), ſo hat denn auch Peſtalozzi ſie als das vorzüglichſte Mittel gewählt, die Geiſteskräfte ſeiner Zöglinge zu üben und es gilt alſo, was ich von ſeiner Methode in Beziehung auf Meditation überhaupt geſagt habe, vorzugsweiſe von der Mathematik. Daher werden hier gewiß gute Mathematiker oder vielmehr gute mathematiſche Köpfe gebildet.

Man hat der Methode den Vorwurf gemacht, daß die Phantaſie durch ſie vernachläſſigt oder gar erſtickt würde. Man thut der Methode Unrecht, aber der Vorwurf trifft das Inſtitut. Ich kenne im Grunde keine Unterrichts-Methode, durch welche die Phantaſie beſonders befördert würde. Ich denke, die Phantaſie, zumal die höhere, die, welche den Künſten dient, wächſt am liebſten von ſelbſt, wenn ſonſt der Boden ihrer Natur nicht entgegen iſt. Aber Spiel-raum muß man ihr freilich vergönnen; gegen dieſe Bedingung aber ſündigt das Inſtitut durch zu viele gebundene Beſchäftigung der Kinder. Sie haben täglich elf Unterrichtsſtunden, und wenn gleich Peſtalozzi das merkwürdige Problem gelöſt hat, den Kindern dieſe elf Stunden von der erſten bis zur letzten angenehm zu machen, ſo verhindert doch dieſe ſtete Beſchäftigung das Herumſchweifen des inneren Auges auf eine Reihe von abwechſelnden Gegenſtänden, deren Mannichfaltigkeit Lebendigkeit erzeugt und den inneren An-ſchauungen faſt das bunte Farbenſpiel der äußeren giebt, oder, mit anderen Worten, die Phantaſie belebt. Peſtalozzi hat das wohl

gewußt, denn er hat es sogar gewollt. Eben das unstete Herum-
schweifen des Geistes in freien Stunden dünkte ihm die Aussaat so
vieler moralischer Uebel zu sein — er hat gewiß nicht Unrecht; aber
wer könnte auch leugnen, daß in jüngeren Jahren der Umgang des
Herzens mit der Phantasie ein sehr gefährlicher Umgang für den
ganzen inneren Menschen ist und daß die schönen Früchte der Phantasie nicht ohne Gefahr gebrochen werden können. Eine sorgfältige
Leitung des Gemüthes ist das einzige Gegenmittel und diese kann
man von einem großen Erziehungsinstitut nicht erwarten.

Es ist also nicht die Uebung der Meditations-Kraft, welche die
Phantasie hier zurücksetzt, sondern die zu viele Beschäftigung. Newton
und Keppler hatten vielleicht keine Kunstphantasie; dann lag aber die
Ursache nicht in der gewonnenen Stärke ihrer Denkkraft, sondern
in ihren anhaltenden Beschäftigungen. Wer könnte Rousseau oder
Fr. Schiller einen hohen Grad von Meditations-Kraft absprechen?
Dem Kinde solche Beschäftigungen geben wollen, die seine Phantasie
beleben, kommt mir sehr schulmeistermäßig vor; die Phantasie ist kein
Stier, der sich in den Pflug spannen läßt, zumal bei einem Kinde;
sie verlangt Müßiggang, oder mit einem edleren Ausdruck, Muße.

Ein Kind, was einige Jahre in diesem Institute bleibt, etwa vom
achten bis zum zehnten Lebensjahre, kann unmöglich in dieser Zeit
an Phantasie ganz verdorren; es wird daher den Nutzen einer gut
entwickelten Denkkraft, und eine gute Basis für die Wissenschaften
mitbringen, ohne etwas eingebüßt zu haben. Dabei wird es zu
einer großen Arbeitsamkeit gewöhnt sein. Nichts hindert aber, das
Wesen dieser Methode in die häusliche Erziehung, durch sogenannte
Institutoren, überzutragen; denn wenn man sieht, daß unter hundert
Menschen, die eine sehr sorgsame Erziehung genossen haben, kaum
ein einziger ist, welcher z. B. von dem mathematischen Unterrichte,
welchen er, bloß zur Bildung seines Verstandes, genossen hat,
auch nur ein Minimum von Nutzen gehabt hätte, so muß man wohl
glauben, daß die Schuld an der Methode liegt. Das wahre Licht
in der niederen Mathematik kommt erst aus der höheren; wenige
Hauslehrer aber sind mit dieser bekannt. Sie würden daher wohl
thun, die Formen, in welche man um der Kürze willen in der
Mathematik die Wahrheiten einschließt, wieder in ihre Bestandtheile

aufzulöſen und lieber die Elementarbegriffe beſtändig beizubehalten; denn mit dieſen kann ſich der Verſtand üben, ſtatt daß jene Formen, ohne das Licht der höheren Mathematik, dem Schüler nie ganz vertraute Vorſtellungen werden und meiſtens in Gedächtnißwerk ausarten. Dies iſt Peſtalozzi's Verfahren, und ich habe es hier, faſt ohne es zu wollen, umſchrieben.

Ein ſehr bemerkenswerther Grundſatz Peſtalozzi's iſt, daß er die Schritte ſeiner Schüler möglichſt klein einrichtet und alle Sprünge vermeidet. Er hat dabei zwei Abſichten. Erſtlich die Mühe der Aufmerkſamkeit und des Begreifens möglichſt klein zu machen, damit ſie den Schüler nicht ermüde, und dann auch, weil der gute Kopf zwar, wenn er einen Sprung gemacht hat, auf die Dinge, die er überhüpft hat, zurückkommt und ſich ſelbſt hilft, der mittelmäßige aber leicht dunkele und ſchwankende Begriffe bekommt. Ich bin in beiden Stücken gar ſehr ſeiner Meinung. Denn man hat zwar oft geſagt, daß es ganz falſch ſei, den Kindern Alles ſo leicht zu machen, daß man vielmehr ihre Kräfte üben und ſie an Schwierigkeiten gewöhnen müſſe u. ſ. w. Dies ſind aber alles höchſt ſchwankende und ſchielende Begriffe und vermuthlich ſagt man etwas Anderes als man eigentlich ſagen will. Einen Vortheil des Geiſtes mit Mühe erkaufen, wenn man ihn wohlfeileren Preiſes haben kann, iſt dem Menſchen ganz unnatürlich und ewig würde ſein Verſtand ſich gegen eine ſolche aberwitzige Politik auflehnen. Es giebt . . . . *)

* (Der Schluß des Aufſatzes konnte nicht aufgefunden werden.)

IV.

Clausewitz bleibt zunächst in Berlin als Adjutant des Prinzen August. — General Scharnhorst, Vorsitzender der Militär-Reorganisations-Commission, in brieflicher Verbindung mit Clausewitz. — Letzterer über die Bedeutung der neuen Heeres-organisation und Scharnhorst's Verdienste um dieselbe. — Clausewitz begleitet den Prinzen nach Königsberg. — Wiedervereinigung mit Scharnhorst und erste Bekanntschaft mit Gneisenau. — Ausscheiden aus der Stellung als Adjutant des Prinzen und Beschäftigung beim Kriegsdepartement unter Scharnhorst. — Ernennung zum Premier-Capitän auf Antrag des Prinzen. — Clausewitz über den Tugendbund, zu dessen Mitgliedern er nicht gehörte. — Stimmung Clausewitz's und der gleichgesinnten Freunde für die Theilnahme Preußens am Kriege Oesterreichs gegen Frankreich. — Schreiben Clausewitz's an Gneisenau. — Der Friedensschluß vereitelt den beabsichtigten Eintritt des Ersteren in den österreichischen Dienst. — Gneisenau scheidet aus dem Militärdienste vorläufig aus und unternimmt diplomatische Reisen. — Der Sitz des Hofes wird von Königsberg wieder nach Berlin verlegt und auch Scharnhorst und Clausewitz kehren dahin zurück. — Clausewitz bleibt Scharnhorst's Bureauchef auch nach dessen Ausscheiden aus dem Kriegsdepartement und Ernennung zum Chef des Generalstabs, des Ingenieurcorps und des Militär-Bildungswesens. — Clausewitz zugleich Lehrer an der neuerrichteten Kriegsschule. — Drei Briefe Clausewitz's an Gneisenau. — Zusammenkunft Gneisenau's mit Scharnhorst und Clausewitz in Berlin. — Clausewitz Lehrer des Kronprinzen in den militärischen Wissen-schaften. — Anerkennendes Schreiben des Generals von Gaudi in Bezug auf diese Wirksamkeit. — Clausewitz (1810) im Bade Landeck, zum Besuche bei Gneisenau in Mittel-Kauffungen und Begleiter Scharnhorst's auf einer Dienstreise durch Schlesien. — Verheirathung Clausewitz's mit der Gräfin Marie von Brühl.

Clausewitz kehrte, wie wir oben erwähnten, im November 1807 aus der Kriegsgefangenschaft nach Berlin zurück und blieb zunächst in seiner früheren Adjutantenstellung bei dem Prinzen August.

Der König, welcher nach dem unglücklichen Ausgange des Krieges von 1806 und der Besetzung Berlins durch die Franzosen seinen Sitz nach Königsberg verlegt hatte, war am 5. Januar 1807, bei der Annäherung der Franzosen, mit der schwer kranken Königin nach Memel geflüchtet. Bald nach dem Abschlusse des Tilsiter Friedens

(9. Juli) ernannte er den Obersten Scharnhorst, welcher sich den Ruhm erworben hatte, bei Eylau die preußische Waffenehre im alten Glanze wiederherstellen zu helfen, unter Verleihung des Ordens pour le mérite, zum Generalmajor (17. Juli) und zugleich zum Vorsitzenden der „Militär-Reorganisationscommission", welche er in Memel mit dem Auftrage niedergesetzt hatte, ihm Vorschläge zu machen, wie das Heer dem Geiste und den Bedürfnissen der neuen Zeit entsprechend zu organisiren sei.

Clausewitz hatte seinen väterlichen Freund und Wohlthäter von seiner Ankunft in Berlin benachrichtigt und trat mit demselben in Briefwechsel, aus welchem sich leider nur die beiden folgenden Schreiben Scharnhorst's an Clausewitz als werthvolle Denkmäler des zwischen beiden Männern bestehenden schönen Verhältnisses erhalten haben. Zwei andere Briefe, welche Scharnhorst als Antworten auf zwei von Clausewitz aus der Gefangenschaft an ihn gerichtete Schreiben diesem zugesandt hatte, sind nicht in dessen Hände gekommen.

1.

„Memel, den 27. November 1807."

„Mein lieber Clausewitz! Ihre mir unschätzbaren Briefe habe ich erhalten; ich sehe aus dem letzten, daß Sie die Beantwortungen der beiden ersten nicht erhalten haben. So empfangen Sie denn nun hier meinen innigsten und herzlichsten Dank für die Liebe, Freundschaft und Güte, die Sie mir durch Ihre Briefe erzeigt haben. Ihre Urtheile sind die meinigen oder werden es durch Ihre Briefe, Ihre Ansichten geben mir Muth, die meinigen nicht zu verläugnen, nichts könnte mich jetzt glücklicher machen, als mit Ihnen an einem Orte zu sein. Aber recht traurig würden wir dennoch sein; denn unglücklich, ganz unbeschreiblich unglücklich sind wir. —

Wäre es möglich, nach einer Reihe von Drangsalen, nach Leiden ohne Grenzen, aus den Ruinen sich wieder zu erheben, wer würde nicht gern Alles daran setzen, um den Samen einer neuen Frucht zu pflanzen, und wer würde nicht gern sterben, wenn er hoffen könnte, daß er mit neuer Kraft und Leben hervorginge! — Aber nur auf Einem Wege, mein lieber Clausewitz, ist dies möglich. Man

muß der Nation das Gefühl der Selbstständigkeit einflößen, man
muß ihr Gelegenheit geben, daß sie mit sich selbst bekannt wird, daß
sie sich ihrer selbst annimmt; nur erst dann wird sie sich selbst achten
und von Anderen Achtung zu erzwingen wissen. Darauf hinzu-
arbeiten, dies ist Alles, was wir können. Die Bande des Vorurtheils
lösen, die Wiedergeburt leiten, pflegen und sie in ihrem freien Wachs-
thum nicht hemmen, weiter reicht unser hoher Wirkungskreis nicht.
So sehe ich die Sache, so sehe ich unsere Lage an. Ich ziehe mich
sehr wenig bei dieser Lage des Ganzen in Betracht. Ich habe den
besten Willen, zu wirken, wo ich kann; ich bin aber nicht dazu
gemacht, mir Anhang und Zutrauen durch persönliche Bearbeitung
zu verschaffen. Ohne daß ich es vorher wußte, avancirte mich der
König*) und übertrug mir die Reorganisation mit einer sehr heterogen
zusammengesetzten Commission, Freunde habe ich mir nicht zu machen
gesucht, und, wenn es möglich ist, so wird man mich bei so hetero-
genen Ansichten, so wenigen persönlichen Rücksichten, vom Könige zu
entfernen suchen, obgleich dieser mir sehr gnädig ist und mich bisher
mit unverdientem Zutrauen behandelte. Eine ruhige ehrenvolle Existenz steht noch in diesem Augenblicke mir anderwärts offen.**) Aber
Gefühle der Liebe und Dankbarkeit gegen den König, eine unbeschreibliche Anhänglichkeit an das Schicksal des Staates und der
Nation und Abneigung gegen die ewige Umformung von Verhältnissen hält mich bis jetzt davon ab, und wird es thun, so lange ich
glaube, hier nur entfernt nützlich sein zu können. Obgleich es mit
unserer Zukunft mißlich steht, so haben wir doch auf eine innere
Regeneration des Militärs in Hinsicht sowohl auf die Formation,
das Avancement, die Uebung als auch insbesondere den Geist hin-

---

* Zum Generalmajor (17. Juli 1807).

** Scharnhorst hatte in Folge der Beförderung zum Generalmajor und der
Ernennung zum Vorsitzenden der Reorganisationscommission einen Ruf nach England
abgelehnt. Die Aussicht auf den englischen Dienst stand ihm auch später offen.
Sein Freund, der Oberst Friedrich v. d. Decken, schrieb ihm (London, 31. März 1813):
„Sollte das Schicksal noch einmal das Blatt wenden, sollten Sie durch widrige
Verhältnisse Deutschland verlassen müssen, so werde ich für Ihren Unterhalt Sorge
tragen, so weit in meinem Vermögen steht. Ich habe zu diesem Zwecke die Chefs-
stelle bei unserem Ingenieurcorps immer offen gehalten und werde dies thun, so
lange mir's möglich ist." (Klippel, Leben Scharnhorst's III, 712 f.)

gearbeitet; der König hat ohne Vorurtheile hier nicht allein sich willig gezeigt, sondern uns sehr viele dem Geiste und den neuen Verhältnissen angemessene Ideen selbst gegeben. Folgt der König dem neuen Entwurfe, den er zum Theil schon sanctionirt hat, erschwert das Vorurtheil nicht die Ausführung, wird nicht der Hauptzweck durch Abänderungen, durch schlechte Executors verfehlt; so wird das neue Militär, so klein und unbedeutend es auch sein mag, in einem anderen Geiste sich seiner Bestimmung nähern und mit den Bürgern des Staates in ein näheres nnd innigeres Bündniß treten.

Die niedrige Krittelei unserer Schriftsteller stellt unseren Egoismus, unsere Eitelkeit und die niedere Stufe der Gefühle und der Denkungsart, welche bei uns herrschen, am vollkommensten dar.

Ich habe nichts geschrieben, als eine Relation des Rückzugs des Blücher'schen Corps von dem General von Blücher, einen Bericht der Schlacht bei Jena und Auerstädt (übersichtlich) in der Königsberger Zeitung und die Relation der Schlacht bei Eylau, die Sie gelesen. Ich werde aber die Schlacht bei Jena beschreiben und den Herzog von Braunschweig zwar nicht vertheidigen, aber doch den Gesichtspunkt, aus dem er handelte, darstellen, denn so unentschlossen und charakterlos er war, so fehlte es ihm doch nicht an militärischer Beurtheilung. — Nie werde ich mich aber auf Widerlegungen einlassen und zu dem Pöbel der Gelehrten mich gesellen.

Sie, mein innigster Freund, müssen jetzt die neue Formation abwarten; kommt sie zu Stande, so findet sich für Sie auf mehr als eine Art eine Stelle. Kommt sie nicht zu Stande, so finden Talente, und Kraft sie anzuwenden, immer ihr Unterkommen.

So, mein lieber Clausewitz, denket Ihr Freund über unsere jetzigen Verhältnisse. Er wird nie aufhören, Sie zu lieben, welche Veränderungen, welche Schicksale uns alle auch treffen mögen."

„Scharnhorst."

„Sollten Sie meinen Freund Stützer*) sehen, so grüßen Sie ihn, und sagen ihm, daß ich ihm bald schreiben würde."

---

* Professor Stützer an der Allgemeinen Kriegsschule in Berlin, wo er besonders über Militärgeographie und Kriegsgeschichte Vorträge hielt, gehörte zu Scharnhorst's vertrautesten Freunden, mit welchem er auch den Militär-Kalender für 1804 gemeinsam bearbeitet hatte.

2.

„Memel, den 1. December 1807."

„Vor 5 Tagen habe ich Ihr mir unschätzbares Schreiben erhalten und sogleich beantwortet, mein lieber Clausewitz, habe aber bisher vergebens auf den Abgang des Couriers gewartet. Ich schreibe daher jetzt nur einige Zeilen, um Ihnen für Ihr Andenken, für Ihre Freundschaft und Liebe zu danken. — Meine Briefe haben Sie nicht erhalten, Sie haben nicht viel daran verloren; ich will Sie Ihnen jetzt ersetzen. Der an Sie fertig liegende Brief enthält zwei volle Bogen. Es macht mir unbeschreibliche Freude, wenn ich einen Augenblick Zeit habe, meinem Herzen freien Lauf gegen einen Freund lassen zu können, der mich versteht, der meine Gefühle nicht mißdeutet. — Eben erhalte ich einen Brief von Stützer; sagen Sie ihm, daß ich vor dem Abgange des Couriers noch hoffe, ihm schreiben zu können. Was gäbe ich darum, wenn wir alle Woche nur einen Abend zusammen sein könnten! — Mein Umgang ist hier auf den Oberstlieutenant von Gneisenau, den Vertheidiger Colberg's, einen vorurtheilsfreien Mann, den Major von Grolmann und Schöler*) den Aelteren eingeschränkt.

Ich habe durch den Courier auch an Ihren Prinzen geschrieben, und habe ihm und unserem Vaterlande Glück zu seiner Rückkehr gewünscht. Wir alle setzen hier viel Vertrauen auf ihn, und ich gehöre zu seinen wärmsten und innigsten Verehrern. Der Prinz Wilhelm ist bei dem Lestocq'schen Corps von uns, als ein guter Soldat und liebenswürdiger Prinz, abgöttisch verehrt.

Wenn man allzuviel zu sagen hat, da weiß man nichts zu sagen; so geht es mir in diesem Augenblick der Eile, in der ich diesen Brief abschicken muß. Nur noch dies: in dem Briefe, den Sie durch den Courier erhalten werden, sind Ihre Briefe beantwortet.

Erhalten Sie mir Ihre Freundschaft und seien Sie versichert,

---

* Friedrich von Schöler war damals Major. (1832 General der Infanterie und 1835 Bundestagsgesandter). Sein jüngerer Bruder (Moritz Ludwig Wilhelm) war 1806 Hauptmann im Generalstabe (trat 1837 als General der Infanterie in Berlin in den Ruhestand).

daß ich mit dankbarer Liebe und Verehrung Ihr innigster Freund ewig sein werde." „Scharnhorst."

„Ihr Bruder vom Regiment Courbière ist ein braver Mann und hat viele Reputation."*)

———————

Außer Scharnhorst gehörten zu den Mitgliedern der Commission der Generalmajor Erhard Fabian von Massenbach,**) der Oberstlieutenant Graf von Lottum, der Oberstlieutenant und Flügeladjutant von Bronikowski, der Commandant von Colberg Oberstlieutenant von Gneisenau und der Major von Grolmann, der das Protocoll führen sollte; im Laufe des Jahres 1807 traten noch hinzu die Oberstlieutenants und Flügeladjutanten Graf Götzen und von Borstel.

Von dem wichtigen Antheile, welchen in der Folge Clausewitz an den Arbeiten der Commission nahm, wird unten die Rede sein.

Auch der durch die von ihm geschaffenen großartigen Reformen***) der inneren Staatsverwaltung um Preußen hochverdiente Minister vom Stein†) stand in steter Verbindung mit den Mitgliedern der Commission und übte auf das große Werk der neuen Heeresorgani-

———————

* Siehe über ihn die Familiengeschichte (Abschnitt I). — Die beiden obigen Briefe sind abgedruckt in dem Aufsatze Clausewitz's über Scharnhorst. (Hamburg, 1832, Perthes), S. 35 ff.

** Zu unterscheiden von dem Obersten Christian von Massenbach, der 1806 Generalquartiermeister des Hohenlohe'schen Corps war.

*** Dahin gehört: 1) die Aufhebung der Erbunterthänigkeit durch das wichtige Gesetz vom 9. Octbr. 1807, welches durch die Cabinetsordre vom 28. Octbr., die auf sämmtlichen preußischen Domänen die Aufhebung der Erbunterthänigkeit anordnete, seine Ergänzung erhielt; 2) die am 19. November 1808 vom Könige zum Gesetze erhobene Städteordnung, welche sämmtlichen Städten der Monarchie die Wohlthat einer auf freier und geordneter Theilnahme ihrer Bürger an der Verwaltung ihrer Gemeindeangelegenheiten begründeten Verfassung verlieh.

† Reichsfreiherr Carl vom Stein war am 26. October 1757 auf der Burg zum Stein in Nassau a. d. Lahn, welche seit uralten Zeiten im Besitze seiner Familie war, geboren, mithin fünfzig Jahre alt, als er im October 1807 die Leitung der Staatsgeschäfte übernahm. Seine vortrefflichen Eltern, welche durch Beispiel und Erziehung in dem reichbegabten Knaben den Grund zu allen Tugenden legten, durch welche er sich als Mann auszeichnete, waren der Kurmainzische Geheimrath und Rheinische Ritterrath Carl Philipp Freiherr vom Stein und Henriette Caroline verwittwete Frau von Löw geb. Langwerth von Simmern.

sation einen nachhaltigen Einfluß Stein, vormals Finanzminister, hatte das ihm am 20. November 1806 übertragene Ministerium der auswärtigen Angelegenheiten abgelehnt und erhielt in Folge deffen unter dem 3. Januar 1807 ein sehr heftiges Schreiben des Königs, welches ihn, der im Begriffe stand, der Königlichen Familie von Königsberg nach Memel zu folgen, bewog, noch an demselben Tage um seine Entlaffung zu bitten, welche ihm der König schon am 4. Januar, noch von Königsberg aus, ertheilte. Stein lebte nun in tiefer Zurückgezogenheit auf seinen Gütern in Naffau; aber als ihn der Minister von Hardenberg, der auf Napoleon's Machtgebot zurücktreten mußte, im Auftrage des Königs durch ein Schreiben aus Memel vom 10. Juli 1807 bat, in so schwerer Zeit die Leitung der Staatsgeschäfte zu übernehmen, vergaß der edle Mann alle erlittene Kränkung, und nachdem er von einem bösen Fieber, an welchem er darniederlag, genesen war, eilte er nach Memel, wo er am 30. September anlangte und am 5. October das ihm zur Freude aller Vaterlandsfreunde übertragene wichtige Amt antrat.

Die Arbeiten der Commiffion erlitten anfangs durch eine unter ihren Mitgliedern hervorgetretene schroffe Meinungsverschiedenheit eine unerfreuliche Hemmung, durch welche sich im Januar 1808 Gneisenau veranlaßt sah, den König um Entlaffung aus der Commiffion zu bitten, allein dieser willfahrte dem Gesuche nicht, indem er zugleich seine großen Verdienste anerkannte und ihm den kräftigsten Schutz zusicherte. Bald darauf wurden Bronikowski und Borstel, mit deren Ansichten die übrigen Mitglieder sich nicht vereinigen konnten, in andere Wirkungskreise versetzt, dagegen der Major von Boyen, was Scharnhorst gewünscht hatte, der Commiffion beigegeben. Seitdem nahmen die Arbeiten der letzteren den erfreulichsten Fortgang.

Ueber die Bedeutung der neuen Heeresorganisation und Scharnhorst's Verdienste um dieselbe wollen wir Clausewitz sprechen laffen.*)

Scharnhorst's ganzes Streben war darauf gerichtet „dem preußischen Kriegsstaate innere Tüchtigkeit zu geben, und ihm, da die Armee durch den Tilsiter Frieden auf 40,000 Mann beschränkt war,

---

* „Ueber das Leben und den Charakter von Scharnhorst." Aus dem Nachlaffe des Generals von Clausewitz. Hamburg, 1832 (Separatabdruck aus Ranke's historisch-politischer Zeitschrift), S. 6 f.

solche Keime schnellen Wachsthums einzuimpfen, daß er, wenn der Druck von außen je nachlassen sollte, schnell emporschießen könnte."

„Die Hauptzwecke, welche er sich bei der Reorganisation der Armee vorsetzte, waren:

1) Eine der neuen Kriegsart entsprechende Eintheilung, Bewaffnung und Ausrüstung.

2) Veredlung der Bestandtheile und Erhebung des Geistes. Daher die Abschaffung des Systems der Anwerbung von Ausländern, eine Annäherung an die allgemeine Verpflichtung zum Kriegsdienste, Abschaffung der körperlichen Strafen, Einrichtung guter militärischer Bildungsanstalten.

3) Eine sorgfältige Auswahl derjenigen Offiziere, welche an die Spitze der größeren Abtheilungen gestellt wurden. Das Dienstalter, welches bis dahin in der preußischen Armee eine allzugroße Herrschaft ausgeübt und derselben ihre Führer gegeben hatte, wurde in seinen Rechten beschränkt und daneben der für den Augenblick sehr heilsame Grundsatz aufgestellt, daß diejenigen vorgezogen werden müßten, die bis zuletzt im Kriege gedient oder sich auf irgend eine Art in demselben ausgezeichnet hätten. Wirklich sind unter Scharnhorst's Administration die meisten der Männer zuerst hervorgezogen worden, die später zu den ausgezeichnetsten Führern gehörten.

4) Neue der heutigen Kriegsart angemessene Uebungen."

Am 14. Januar 1808 erfolgte die Uebersiedelung des Königs und des Hofes von Memel nach Königsberg, wohin nun ebenfalls der Sitz der Reorganisations-Commission verlegt wurde, und am 16. Januar trafen der König und die königliche Familie in Königsberg ein.

Dahin, wo fast sämmtliche Mitglieder des Herrscherhauses vereinigt waren, begab sich nun auch der Prinz August, der ebenfalls für die Arbeiten der Commission, namentlich wegen der für das Artilleriewesen zu erwartenden Reformen, großes Interesse hatte, und kam in Begleitung seines Adjutanten Clausewitz am 1. April 1808 in Königsberg an. Letzterer war besonders beglückt durch die Wiedervereinigung mit Scharnhorst nach so schweren und verhängnißvollen Ereignissen und durch die Freude, den berühmten Vertheidiger von Colberg, den genialen, nach Geist und Gesinnung ihm nahe verwandten Gneisenau, hier zuerst persönlich kennen zu lernen, zu welchem er in der Folge in so nahe Beziehungen treten sollte.*) Der Aufenthalt in Königsberg, wo damals außer den Mitgliedern des Königshauses fast alle geistig hervorragenden Persönlichkeiten der Armee und viele andere bedeutende Männer versammelt waren, mußte für Clausewitz in vielfacher Beziehung anziehend und genußreich sein. Die schönsten Stunden verlebte er in dem Hause des vortrefflichen Fürsten Radziwill und seiner hochgebildeten, edeln Gemahlin, der Prinzessin Louise, der Schwester des Prinzen August, welche damals noch in tiefer Trauer war um ihren innig geliebten Bruder, den bei Saalfeld gefallenen Prinzen Ludwig Ferdinand; hier sah er die edelsten und begabtesten Männer, welchen einst Preußen seine Wiedererhebung zu seiner früheren Machtstellung und die Entfaltung aller seiner geistigen und moralischen Kräfte verdanken sollte, den Minister vom Stein, Hardenberg, der zweimal auf Napoleon's Machtgebot von der höchsten Stellung zurücktreten mußte, Niebuhr, Wilhelm von Humboldt und Andere, welche, wenn sie auch ihr Beruf nicht dauernd an Königsberg band, doch längere oder kürzere Zeit in der damaligen Metropole des sich verjüngenden und im Stillen für eine künftige Erhebung vorbereitenden Staates verweilten.

* Gneisenau war 1760 geboren, mithin zwanzig Jahre älter als Clausewitz. Als seinen Geburtstag feierte er bis an sein Lebensende den 28. October; aber nach Ausweis des noch vorhandenen Kirchenbuches des Städtchens Schilda (unweit Torgau), seines Geburtsortes, war er am 27. October geboren. Seine Vornamen waren August Wilhelm Anton; sein Vater August Wilhelm von Neithardt, Lieutenant in der Reichsartillerie, bediente sich erst in seinen letzten Lebensjahren des Doppelnamens Neithardt von Gneisenau. Nach Gneisenau's eigenen Notizen ist von Neithardt der eigentliche Stammname, von Gneisenau nur ein Zuname gewesen, der von einem Edelsitze dieses Namens herrühren soll, welchen der schlesische Zweig der Familie von Neithardt, zu welchem Gneisenau's Vater gehörte, einst in Oesterreich ob der Enns, im oberen Mühlviertel, besessen habe. In dem Aufnahmeregister der Universität Erfurt, bei welcher Gneisenau am 1. October 1777 immatriculirt wurde, ist er eingetragen als: Antonius Neithardt Torgaviensis stud. phil. Warum er Schilda nicht als seinen Geburtsort angab, ist leicht zu errathen. In der Folge bediente er sich nur des Namens von Gneisenau, dem er ein N. (Neithardt) vorzusetzen pflegte.

Am 1. Juni 1808 begaben sich der Prinz August und Clausewitz zu Pferde zum Besuche der Schlachfelder von Eylau und Friedland und betrachteten mit Wehmuth diese Stätte der letzten blutigen Kämpfe, durch welche, während sie selbst, weil sie die Capitulation von Prenzlau, die ihnen die Freiheit zurückgegeben haben würde, verschmäht hatten, im Auslande als Kriegsgefangene lebten, der für ihr Vaterland so verhängnißvolle Tilsiter Frieden herbeigeführt wurde.

Durch den Besuch des Kaisers Alexander, welcher am 18. September, von dem Prinzen Heinrich, Bruder des Königs, und dem Prinzen August zu Pferde eingeholt, in Königsberg eintraf, wo er drei Tage verweilte und mit dem Könige, Stein, Scharnhorst und Gneisenau über Preußens politische Lage und Zukunft verhandelte, wurde der Königlichen Familie eine große Freude zu Theil, welche aber durch die am 21. September eingetroffene Nachricht, daß die von dem Prinzen Wilhelm, dem Bruder des Königs, nach Paris unternommene Sendung als gescheitert zu betrachten sei, sehr getrübt wurde. Der Prinz hatte sich, um Napoleon zur Herabsetzung der ungeheuren Kriegscontribution, welche Preußen auferlegt worden war, und zur Räumung des Landes von den französischen Truppen zu bewegen, schon im December 1807 nach Paris begeben, wohin ihm sein Reisebegleiter Alexander von Humboldt bereits vorausgegangen war; allein da Napoleon eine Reise nach Italien angetreten hatte, so konnte er erst im Jahre 1808 eine Audienz bei demselben erlangen. Mit würdigem Freimuthe schilderte der Prinz dem Kaiser, der ihn persönlich mit achtungsvoller Höflichkeit empfing, aber sich der Erfüllung seiner Forderungen abgeneigt zeigte, Preußens namenloses Unglück und erbot sich schließlich, sobald die Räumung des Landes von den französischen Truppen erfolgt sein würde, zu dem hochherzigen Opfer, mit seiner Gemahlin so lange als Geisel in den Händen des Kaisers bleiben zu wollen, bis die von Preußen gegenüber Frankreich übernommenen Zahlungsverpflichtungen vollständig erfüllt seien. Dieses edle Anerbieten schien den Kaiser anfangs zu rühren und er umarmte den Prinzen mit den Worten: „Das ist sehr edel, mein Prinz, aber es ist unmöglich;" doch den Zweck seiner Sendung erreichte derselbe nicht, wurde vielmehr von dem Kaiser an den Minister Champagny verwiesen, welcher aber sich auf nichts einlassen zu können erklärte, bevor die Zahlungsangelegenheit geregelt sei. Während der über diese Angelegenheit gepflogenen nutzlosen Verhandlungen fiel den Franzosen ein von Stein an den Fürsten von Sayn-Wittgenstein gerichteter Brief vom 15. August in die Hände, in welchen er seinen Unwillen über Napoleons Verfahren gegen Preußen in den stärksten Worten aussprach und als Mittel zur Rettung die Vorbereitung eines Aufstandes im Königreiche Westfalen und enge Verbindung mit Oesterreich bezeichnete. Dieser Brief, der am 8. September, vielfach entstellt und verändert, auch mit gehässigen Bemerkungen begleitet, im Pariser Moniteur erschien, hatte zunächst die Folge, daß Prinz Wilhelm und der preußische Gesandte von Brockhausen durch die Drohungen Napoleons zur Unterzeichnung des für Preußen so harten Pariser Vertrages vom 8. September genöthigt wurden. Dieser setzte die von Preußen noch zu zahlende Contributionssumme auf 140 Millionen Francs fest, bürdete ihm die Verpflegung der in Stettin, Glogau und Küstrin zurückbleibenden 10,000 Mann Besatzung auf, wiederholte die früher bereits vorgeschriebene Beschränkung der Stärke des Heeres auf 40,000 Mann sowie das Verbot der Errichtung einer Landwehr, verlangte auch die Stellung eines Hülfscorps und fügte die neue Forderung hinzu, daß alle aus den von Preußen abgetretenen Provinzen herstammenden Beamten entlassen werden sollten. Mit schwerem Herzen verließ nun der Prinz nach einem langen erfolglosen Aufenthalte und nach so traurigen Erfahrungen Paris und kehrte nach Königsberg zurück, wo er am 23. October 1808 eintraf. „Große Freude und mit Recht, schrieb die Oberhofmeisterin von Voß in ihr Tagebuch, es ist eben doch der unglücklichen Sache ein Ende gemacht; wir müssen freilich schwer darunter leiden, aber dennoch ist es ein Aufathmen!"*)

Die Rückkehr des ritterlichen und liebenswürdigen Prinzen war ein reicher Gewinn für den um die königliche Familie versammelten schönen Kreis, in welchem des Prinzen hochherzige, geistvolle und gemüthreiche Gemahlin, geborene Prinzessin Marianne von Hessen-Homburg, welche schon in Memel mit ihrer innigst geliebten Schwägerin, der Königin Luise Trauer und Schmerz getheilt hatte, eine so bedeutende Stelle einnahm, die edle Frau, welche von Stein eine echt

---

* „Neun und sechzig Jahre am preußischen Hofe." Aus den Erinnerungen der Oberhofmeisterin Sophie Marie Gräfin v. Voß. 1. Aufl., Leipzig 1876, S. 344.

deutsche Prinzessin genannt wurde und alle patriotischen Männer, welche damals in Königsberg vereinigt waren, mit Verehrung erfüllte. Scharnhorst wurde von dem Prinzen und seiner Gemahlin, wie schon früher in Berlin, besonders ausgezeichnet, und seine edle, verständige Tochter Julie stand zu der Prinzessin, welche sie zu ihrer Hofdame erwählt hatte, in den innigsten Beziehungen. Clausewitz, der von Prinz und Prinzessin Wilhelm schon in Berlin wegen seiner vortrefflichen Eigenschaften sehr geschätzt worden war, hatte sich auch in Königsberg ihres freundlichsten Wohlwollens zu erfreuen, welches ihm für die ganze Lebenszeit unvermindert erhalten blieb.

Der erwähnte Brief, der so schlimme Folgen gehabt hatte, bestimmte den Minister vom Stein, den König um seine Entlassung zu bitten, welche ihm dieser erst nach langem Zögern am 24. November 1808 unter dem lebhaftesten Ausdrucke der Anerkennung seiner ausgezeichneten Verdienste um den Staat ertheilte, nachdem er ein theilweise neues Ministerium gebildet hatte, in welches v. Altenstein als Finanzminister, Graf Dohna-Schlobitten als Minister des Inneren, Beyme als Großkanzler eintrat, Graf Goltz aber Minister des Auswärtigen blieb und Scharnhorst, ohne eigentlich Kriegsminister zu sein, die Leitung des Kriegsdepartements beibehielt. Die Feinde des Letzteren hatten sich vergebens bemüht, ihn in Stein's Sturz zu verflechten; das Vertrauen des Königs zu dem hochverdienten Manne blieb unerschüttert. Stein verließ am 5. December in der Stille Königsberg und schon am 16. desselben Monats erließ Napoleon aus Madrid gegen den „Namens Stein, welcher Unruhen in Deutschland zu erregen suche,"[*) das berüchtigte Aechtungsdecret, welches den Minister für einen Feind Frankreichs und des Rheinbundes erklärte, seine Güter auf französischem oder rheinbündischem Boden mit Beschlag belegte und ihn selbst, wo man ihn erreichen könne, zu verhaften befahl. Stein, der sich in Berlin und Breslau aufgehalten hatte, entging der Verhaftung, verließ am 12. Januar das Gebiet des preußischen Staates, begab sich zunächst nach Prag und wählte dann, auf den Wunsch des Kaisers von Oesterreich, Brünn zum einstweiligen Aufenthaltsorte.

Zur Zeit als Stein in Gefahr war, den Franzosen in die Hände zu fallen, befanden sich der König und die Königin in St. Peters-

* „Le nommé Stein, voulant exciter troubles en Allemagne."

burg, wohin sie sich am 27. December 1808 mit einem ganz kleinen
Gefolge begeben hatten, um einer von dem Kaiser Alexander bei
seinem Besuche in Königsberg an sie gerichteten und später dringend
wiederholten Einladung zu entsprechen. Sie waren begleitet von
dem Prinzen Wilhelm, Bruder des Königs, und dem Prinzen August,
außerdem von dem General von Holzendorff und, auf den ausdrück-
lichen Wunsch des Königs, auch von dem General von Scharnhorst,
trafen am 7. Januar 1809 in Petersburg ein und kehrten erst nach
einem Aufenthalte von einigen Wochen, bei welchem mit dem Kaiser
Alexander über die politische Lage eingehend verhandelt wurde, nach
Königsberg zurück, wo sie am 10. Februar wieder anlangten.

Wenige Tage nach der Rückkehr, am 16. Februar, warf ein
Nervenfieber Scharnhorst auf's Krankenlager und sein Leben schwebte in
großer Gefahr; doch wurde der schwere Verlust, der gerade in dieser
Zeitperiode und unter diesen politischen Verhältnissen ein unersetzlicher
gewesen sein würde, glücklich abgewandt, und gegen Ende März
konnte der treffliche Mann zu seinen für die Zukunft des Staates
so wichtigen Arbeiten zurückkehren, zur Freude seiner zahlreichen Verehrer und Freunde, welche sich endlich von der Sorge um sein so
theures Leben befreit sahen.

Das Jahr 1809 führte in Clausewitz's äußerer Stellung eine
wichtige und ihm sehr erwünschte Veränderung herbei, durch welche
er, der bereits während seines Aufenthaltes in Königsberg bei den
Arbeiten der Reorganisations-Commission, vorzugsweise bei Ausarbeitung der Pläne für eine außerordentliche Volksbewaffnung,
mitgewirkt hatte, in die Lage versetzt wurde, für die Folge sich
ausschließlich der Unterstützung Scharnhorst's bei dessen für die Um-
bildung der Armee so wichtigen Arbeiten, als dessen vertrautester
und befähigtster Mitarbeiter, widmen zu können.

Schon am 8. August 1808 war auf Scharnhorst's Empfehlung
der Prinz August, der seitherige unmittelbare Vorgesetzte Clausewitz's,
vom Könige zum Brigadegeneral, Chef des ostpreußischen Artillerie-
Regiments und des gesammten Artillerie-Corps ernannt worden.
In einem Berichte an den König vom 16. Februar 1809 bat nun
der Prinz um die Charge als Premier-Capitän für seinen ersten
Adjutanten von Clausewitz mit den Worten: „Es ist dies ein äußerst

talentvoller, wiſſenſchaftlich gebildeter Offizier, welcher ſich während
des Krieges ſehr gut benommen und bei Auerſtädt, nachdem der
Capitän von Schönberg bleſſirt war, durch die gute Führung meines
Grenadier-Bataillons ſehr vortheilhaft ſich ausgezeichnet hat."*)
Dieſen Antrag genehmigte der König durch Cabinetsordre vom
21. Februar 1809, und am 1. März, mit welchem Tage der Prinz
ſein neues Amt übernahm, wurde Clauſewitz dem Generalſtabe zur
Dienſtleiſtung zugewieſen, in welcher Stellung er zunächſt den General
von Scharnhorſt bei den dieſem übertragenen Arbeiten als deſſen
Büreauchef zu unterſtützen hatte.**)

Bevor wir das Leben Clauſewitz's an dem Faden der wichtigen
politiſchen Ereigniſſe des Jahres 1809 weiter verfolgen, müſſen wir
der Wirkſamkeit des ſogenanntn Tugendbundes, deſſen Gründung
in den April 1808 fällt, gedenken, wobei wir es für angemeſſen
halten, Clauſewitz, der während ſeines Aufenthaltes in Königsberg
zu den Mitgliedern dieſes Vereins in nahen Beziehungen ſtand, über
deſſen Bedeutung ſelbſt ſprechen zu laſſen. Wir ſchicken die treffliche
Schilderung der Wirkſamkeit Scharnhorſt's für die Verbeſſerung des
preußiſchen Heerweſens voran, an welche Clauſewitz ſeine Bemerkungen
über den Tugendbund anknüpft:***)

„Der König hatte den General Scharnhorſt, ohne ihm den Namen
eines Kriegsminiſters zu geben, an die Spitze des Kriegs-Departements
geſtellt. Stein war damals erſter Miniſter. Die genaue Verbindung,
in welche dieſe beiden ausgezeichneten Männer mit einander traten,
erleichterte die Grundlegung zu Preußens innerer Vergrößerung und
Ermannung. Durch Herrn von Stein's neue Organiſation der Civil-
Adminiſtration kam Sparſamkeit und Ordnung in die Finanzen,
und die politiſche Verfaſſung der bürgerlichen Geſellſchaft that einen

---

* v. Schöning „hiſtor.-biogr. Nachrichten zur Geſchichte der brandenb.-preuß.
Artillerie." (Berlin, 1845), Theil III, S. 177.

** Sein Nachfolger als Adjutant des Prinzen in deſſen neuer Stellung war
zunächſt der Hauptmann Perlitz, nachher der Premierlieutenant von Tuchſen, der
ſeit 1821 Brigadier der 7. Artillerie-Brigade war, 1834 als Generalmajor penſionirt
wurde und 1839 in Würzburg ſtarb.

*** Die Stelle befindet ſich in dem oben bereits erwähnten Aufſatze über
Scharnhorſt S. 8 ff.

mächtigen Schritt vorwärts, wodurch dem Bürger neues Vertrauen und neues Leben eingeflößt wurde. Das folgende Ministerium*) bestand aus Männern, die, so viel es ihnen ihre freilich veränderte Stellung erlaubte, in dem Sinne des Herrn von Stein fortarbeiteten, und den General Scharnhorst nach Möglichkeit unterstützten; dieser aber strebte nur nach seinem Ziele, mit einem Geiste weiser Sparsamkeit und politischer Klugheit, die Bewunderung verdienen.

Von allem Schlendrian alter Administrationsgrundsätze loslassend, allen Widerspruch der sogenannten Männer vom Handwerk zurückweisend, immer auf das Wesen der Sache sehend, schuf er in wenigen Jahren, ohne auffallende Mittel und außerordentliche Unterstützung, die Ausrüstung und Bewaffnung eines dreimal so großen Heeres als die preußische Armee selbst war. Er stellte die Festungen her und führte bei der Armee ein System ein, wonach alle drei Monate eine Anzahl Rekruten eingezogen und ausgebildet und wieder entlassen wurden;**) was dem Lande eine Menge nothdürftig gebildeter Krieger verschaffte, die beim ersten Aufruf sich zur Fahne stellen konnten. Was aber das Wichtigste war, er bereitete die Idee einer allgemeinen Landwehr nach dem Beispiele Oesterreichs vor. Obgleich diese Idee damals nicht in wirkliche Ausführung übergehen konnte, so war es doch von einer entscheidenden Wichtigkeit, daß sie nach und nach in den Köpfen reifte und sich allgemein verbreitete; daß der Glaube an die Möglichkeit dieser heilbringenden Institution gegründet wurde.***)

* Gewöhnlich das Ministerium Dohna-Altenstein genannt (s. oben).

** Das sogen. Krümper-System. Krümpen oder Krimpen bedeutet in der technischen Sprache der Weber und Tuchscherer: das Tuchnetzen und dadurch bewirkte Einlaufenlassen des Tuches (das Wort ist stammverwandt mit: krumm, Krampe, Krampf u. a.). Da nun aus den Marken, Pommern und Schlesien sehr viele Rekruten kamen, welche Tuchweber (Krümper) waren, so übertrug man den Namen Krümper auf alle nur für einige Monate einberufenen Rekruten.

*** Dem ersten Plane der Commission, welchen Scharnhorst am 21. Juli 1807 dem Könige vorlegte (das von ihm verfaßte „Memoire über Landesvertheidigung und Errichtung einer Nationalmiliz"), stimmte der König nicht bei, vorzugsweise wohl deshalb, weil er die unverzügliche Reorganisation des stehenden Heeres für eine dringlichere Angelegenheit halten mochte. Am 31. August überreichte Scharnhorst im Namen der Commission einen zweiten ebenfalls von ihm

Der Zustand der politischen Meinung in Preußen war damals, wie er unter solchen Umständen überall sein wird. Es hatten sich, so weit dies bei dem Charakter des ruhigen Norddeutschen vorkommen kann, zwei Parteien gebildet, davon die eine an keine Möglichkeit glaubte, Frankreich von seiner Höhe gestürzt zu sehen, und deswegen ein enges Anschließen an dasselbe für den einzigen Rettungsweg ansah; die andere, auf neue Kriege, auf unvorhergesehene Ereignisse, auf Volkswiderstand rechnend, nichts so sehr fürchtete, als daß durch ein solches Anschließen Preußen sich selbst für den günstigen Moment die Hände binden oder gar, anstatt ihn herbeizuführen, ihn entfernen würde. Nachdem Herr vom Stein in Folge des bekannten Briefes im Jahre 1809*) entfernt worden war, hielt sich das Ministerium in einer discreten Ruhe, und wenn einzelne Männer in demselben es weder für unmöglich noch für sündlich hielten, einst aus dem Kerker auszubrechen, so sahen sie sich in ihrer Lage nicht veranlaßt, sich darüber stark auszusprechen. General Scharnhorst aber, der seine ganze Thätigkeit den Vorbereitungen dazu gewidmet hatte, mußte den Geist des Widerstandes, das empörte Gefühl über die Unterdrückung, die sich hin und wieder regten, gerade als die edelsten und wirksamsten aller Mittel betrachten, die er in der Hand des Monarchen zu vereinigen bemüht war. Er mußte also diesen Geist und diese Partei vor dem Throne vertreten, so weit es das andrängende Mißtrauen des Anderen gegen dieselbe nöthig machte. — Obgleich er

verfaßten Plan (den „vorläufigen Entwurf der Verfassung einer Reservearmee"), in welchem zum ersten Mal in bestimmter Form das Princip der allgemeinen Wehrpflicht des ganzen Volkes ausgesprochen wurde. Da der König an diesem zweiten Plane Einiges auszusetzen fand, so wurde er einer nochmaligen Prüfung unterzogen und auf den Grund derselben ein dritter sehr ausführlicher ebenfalls von Scharnhorst ausgearbeiteter Plan (der „vorläufige Entwurf der Verfassung der Provinzialtruppen [Landwehr"]) dem Könige bald nach jenem zweiten Plane vorgelegt. Da aber durch den Pariser Vertrag vom 8. September 1808 die Errichtung von Milizen unter irgendwelcher Form verboten wurde, so kam auch dieser dritte Entwurf nicht zur Ausführung. Aber die Berathungen der Commission und Scharnhorst's verdienstvolle Arbeiten blieben gleichwohl nicht ohne Segen, und bei der Erhebung zur Befreiung des Vaterlandes im Jahre 1813 traten die Ideen der allgemeinen Volksbewaffnung und Dienstverpflichtung, welche inzwischen immer tiefer in die Gemüther des Volkes eingedrungen waren, in voller Reife in's Leben.

* Geschah 1808.

durch sein taktvolles, ruhiges, tief verschlossenes Wesen die Aufmerksamkeit und den Verdacht der Franzosen lange von sich entfernt hielt,
so war doch seine Stellung und sein politischer Glaube in Preußen
zu bekannt, als daß nicht die antifranzösische Partei sich an ihn
hätte wenden sollen. Daher wurde er ihr Fürsprecher beim Könige,
und ein heilsames Band zwischen ihnen und dem Throne.

In dieser allgemeinen Darstellung ist die ganze Geschichte des
sogenannten Tugendbundes, so weit derselbe damals in Preußen
wirklich bestand, enthalten.

Scheinbar die erste Veranlassung zu einem wirklichen Bunde
entstand in Königsberg selbst, wo sich der Hof noch befand, im
Jahre 1808 unter den Augen des Königs und nichts weniger als
geheim. Eine Gesellschaft von Gelehrten, Offizieren und anderen
Personen trat zu einem sogenannten „sittlich-wissenschaftlichen Vereine"
zusammen und legte ihre Gesetze und die Namen der Mitglieder dem
Könige vor. Die Tendenz dieses Vereins schien weder politisch noch
überhaupt sehr eminent; einzelne Mitglieder mochten wohl die Hoffnung hegen, nach und nach Keime politischer Gesinnung hineinzu-
pflanzen, die gute Früchte tragen sollten; indessen scheinen diese von
selbst erstorben zu sein, und es entstand weder etwas besonders Gutes
noch Böses aus dieser Gesellschaft. In den übrigen noch von den
Franzosen besetzten Provinzen Preußens und Deutschlands aber entstand hauptsächlich unter der Classe ehemaliger Offiziere und Beamten
und den jungen Studirenden eine Art von Affiliation, zur Verbindung gegen die Franzosen und zur Vorbereitung eines Volksaufstandes
gegen sie. Ein wirklicher Bund, das heißt eine durch Obere und
Gesetze organisirte Gesellschaft, ist aber nie daraus hervorgegangen,
wenigstens so viel damals in Preußen bekannt geworden ist. General
Scharnhorst ist späterhin als das Haupt dieser Verbindung angesehen worden, welche, Gott weiß woher, den Namen Tugendverein*)
genommen und bekommen hatte. So wie aber die Vorstellung von
einem förmlich organisirten Bunde falsch und übertrieben scheint, so

---

* Der Name „Tugendbund" wurde dem Vereine wahrscheinlich zuerst von
seinen Gegnern aus Neckerei beigelegt; doch ließen sich die Mitglieder selbst den Namen
gefallen, da sie ihr Streben für ein tüchtiges hielten und Tugend mit Tüchtigkeit
stamm- und sinnverwandt ist.

war es noch weit mehr die von dem Verhältniſſe des Generals
Scharnhorſt zu demſelben. Einzelne Mitglieder dieſer Affiliation in
Preußen wandten ſich an Scharnhorſt, weil ſie ihn als das Haupt
der antifranzöſiſchen Partei anſahen, theilten ihm ihre Pläne und
Wünſche mit und hofften durch ihn mit dem Throne anzuknüpfen.
Dieſen Zweck erreichten ſie einigermaßen. General Scharnhorſt
machte den König darauf aufmerkſam und war der Meinung, daß
die gute Abſicht und das Gefühl dieſer Partei Achtung verdiene,
daß ſie auch nützlich werden könne, wenn einmal der Himmel andere
glückliche Ereigniſſe herbeiführe, und daß es in jedem Falle klug
ſei, ſie. auf dieſe Weiſe im Auge zu behalten. Der König genehmigte
dieſe Anſichten und wurde auf dieſem Wege mit alledem zuerſt
bekannt, was die andere Partei für ein dem Vaterlande verderbliches
und gegen den Thron zum Theil ſelbſt gerichtetes Parteiſpiel hielt.
Dieſe Meinung, hauptſächlich aber Neid und Kabale gegen Scharnhorſt's eminente Stellung, war es, was damals häufige Denunciationen
veranlaßte, die, da in Preußen der Weg zum Throne jedermann
offen ſteht, auch leicht und jedesmal bis zur Perſon des Königs
gelangten, aber natürlich an der wahren Natur der Sache ſcheitern
mußten."

Das von Clauſewitz im Vorſtehenden mit großer Einſicht und
Unbefangenheit über den Tugendbund Mitgetheilte iſt gewiß in allem
Weſentlichen begründet und bedarf nur in einigen Punkten, welche
ihm an ſeinem damaligen Aufenthaltsorte nicht bekannt geworden
waren oder erſt durch ſpätere Forſchungen ermittelt worden ſind, der
Berichtigung oder Ergänzung.

Die erſte Anregung zur Stiftung jenes Vereins ging von dem
ehemaligen Juſtizaſſeſſor Heinrich von Bardeleben aus, der zwar kein
geiſtig hervorragender, aber wegen ſeines redlichen Willens und ſeiner
patriotiſchen Geſinnung ſehr achtungswerther Mann war. Schon im
October 1807 hatte er in einer dem Miniſter vom Stein überreichten
Schrift „Preußens Zukunft" den Wunſch ausgeſprochen, daß alle
Stände, im innigſten Anſchluſſe an die Regierung, auch unter der
Fremdherrſchaft auf Erhaltung deutſchen Geiſtes hinwirken möchten,
und im April 1808 verband er ſich in Königsberg mit einigen
Offizieren und Gelehrten zu einem ſittlich-wiſſenſchaftlichen Vereine,

der in seinen Mitgliedern und in den öffentlichen Verhältnissen die
Selbstsucht bekämpfen, die geistige Entwickelung und sittliche Vered-
lung fördern und, wie es in der Einleitung zur Verfassung des
Bundes heißt, „eine Schutzmauer um den Thron des jetzigen Be-
herrschers von Preußen und des Hauses Hohenzollern gegen den
Andrang des unsittlichen Zeitgeistes" bilden sollte. In den von
Bardeleben, Professor Lehmann und Lieutenant Bärsch entworfenen
Statuten des Vereins waren die edelsten Grundsätze ausgesprochen
und die am 18. Juni 1808 von dem Könige erbetene Genehmigung*)
des Vereins wurde durch Cabinetsordre vom 30. Juni ertheilt, „insofern die unter dem Namen eines Tugendvereins entstehende Gesellschaft sich ganz in den Grenzen der Landesgesetze und ohne alle
Einmischung in Politik und Staatsverwaltung halten werde". Der
Verein gewann, selbst über die Grenzen des preußischen Staates
hinaus, viele Mitglieder, deren Zahl zu Anfang 1809 sich auf ungefähr 400 belief, und in den einzelnen Provinzen wurden Zweig-
vereine gebildet, welche unter der Leitung des obersten Rathes in
Königsberg standen. In Berlin kam jedoch ein Zweigverein nicht
zu Stande; Bardeleben bemühte sich in Verbindung mit seinem
Schwiegervater, dem Geheimen Secretär Jochmus, im August 1808
vergebens, eine größere Anzahl von Personen für den Verein zu
gewinnen; nicht glücklicher war im Januar 1809 Bärsch und der
Verein blieb dort auf wenige Mitglieder beschränkt. Schleiermacher,
der in Berlin an der Spitze der geistigen Bewegung stand, lehnte
die Einladung zum Beitritte mit der Erklärung ab, daß es für ihn
und seine Freunde keiner „maurerischen Formen und Erkennungszeichen"
bedürfe, und nach seinem Beispiele verweigerten auch Kammergerichts-
rath Eichhorn, Professor Buttmann, Major v. Röder und andere
sehr patriotisch gesinnte Männer ihren Beitritt. Ueberhaupt gehörten
gerade von den eigentlichen Leitern der Wiedererhebung Preußens im
Kampfe gegen die Fremdherrschaft nur wenige dem Tugendbunde
an. Stein hielt ihn für überflüssig und nach vielen Jahren schrieb
er über denselben (im April 1830): „Ich habe nie Theil daran

---

* Die betreffende Eingabe war von Bardeleben, Prof. Lehmann, dem damaligen Hauptmann v. Both (war 1813 zu Wittgenstein's Hauptquartier commandirt
und starb 1835 als Generallieutenant a. D.), Delhagen und Chiffland unterzeichnet.

genommen; er schien mir unpraktisch, und das Praktische sank in das Gemeine; die Quelle der Erbitterung gegen Napoleon war der allgemeine Unwille über seine Bedrückungen und seine Ungerechtigkeit"; Gneisenau äußerte sich 1812 gegen den Grafen Münster in Bezug auf den Verein: „Mein Bund ist ein anderer, ohne Zeichen und ohne Mysterien: Gleichgesinntheit mit Männern, die einer fremden Herrschaft nicht unterworfen sein wollen"; er so wenig wie Scharnhorst, Blücher und York gehörten dem Tugendbunde an, obgleich sie mit den hervorragendsten Mitgliedern desselben in vielfacher Verbindung standen; Blücher erklärte sogar mit gewohnter derber Weise die Bemühungen der Tugendbündler rundweg für „Federfuchserei".

Der französische Staatsmann und Geschichtsschreiber Bignon, der nach dem Einrücken der Franzosen in Berlin (1806) die Stelle eines kaiserlichen Commissärs bekleidete und nachher an der Spitze der Domänen- und Finanzverwaltung in den von den Franzosen besetzten Provinzen zwischen Elbe und Weichsel stand, war über die Personen, welche Mitglieder des Tugendbundes waren, nicht völlig genau unterrichtet, wenn er erzählt:*)

„En 1811 me fût remis et j'envoyai au ministère une liste des principaux membres de cette société (Tugendbund). J'ai eu lieu depuis de reconnaître qu'elle était exacte. Elle portait en première ligne le baron de Stein, le chancelier de Beyme, le général Blucher et le général Scharnhorst, ensuite venaient le major de Clausewitz,**) le major Tiedemann, le colonel Gneisenau, conseiller d'état Justus Gruner, le conseiller Raumer, le conseiller et professeur Schmalz,***) le président Merkel, les frères comtes de Roeder,†) le conseiller Stegemann, le con-

* In seiner „Histoire de France" X, 153. Die Liste bedarf, abgesehen von einzelnen Ungenauigkeiten in Namen und Titeln, insofern der Berichtigung, als die vier „en première ligne" aufgeführten Personen zwar Protectoren des Bundes waren, demselben aber nicht als Mitglieder angehörten.

** Major seit dem 29. August 1810.

*** Schmalz (Scharnhorst's Schwager) war zum Director des in Berlin zu stiftenden Zweigvereins ausersehen, trat aber aus, als er die Statuten kennen lernte, und bewog auch den Kriegsrath von Ahlefeld zum Austritt.

† Gemeint sind der damalige Flügel-Adjutant, General-Adjutant des Königs Major Friedrich Erhardt von Röder (gest. 1827 als General der Cavalerie a. D.)

seiller privé Rüdiger, le major Chazot, de Thile*) aide de camp
du roi, le major de Rudolf, le capitaine de Dohna**) et
Heidemann***) etc.

In Voigt's auf den gründlichſten Forſchungen beruhender „Geſchichte des Tugendbundes" werden folgende namhafte Perſonen als
Mitglieder deſſelben aufgeführt:

Major v. Boyen, nachmals Kriegsminiſter;

Lieutenant v. Witzleben, ebenfalls ſpäter Kriegsminiſter;

Major v. Grolmann, ſpäter General der Infanterie;

Prinz (Reichsgraf) Hermann von Hohenzollern-Hechingen (1792
als General-Major der Cavalerie in preußiſchen Dienſt
genommen, war 1802 Generallieutenant und ſtarb 1810);

Herzog von Holſtein-Beck (der Herzog Friedrich, der mit Friederike, der Tochter des vormaligen preußiſchen Kriegsminiſters
Leopold von Schlieben vermählt war und am 25. März
1816 ſtarb);

v. Ingersleben, damals ohne Amt, ſpäter Ober-Präſident der
Rheinprovinz;

v. Thile, damals Hauptmann im Generalſtabe;

v. Ladenberg, damals Kammerdirector in Marienwerder;

Staatsrath v. Ribbentrop;

Merkel, damals Regierungsrath in Breslau, nachher Ober-
Präſident von Schleſien;

v. Mathy, damals Domprobſt zu Frauenburg (Biſchof von
Culm);

Profeſſor Krug, damals in Königsberg, ſpäter in Leipzig (der
bekannte philoſophiſche Schriftſteller);

und der damalige Hauptmann Wilhelm von Röder, welcher 1813, als Kleiſt's
Adjutant, bei Culm blieb.

* Der ältere der beiden Brüder von Thile (Louis Guſtav), der damals
Hauptmann im Generalſtabe war (1829 General-Adjutant des Königs und Präſes
der General-Ordenscommiſſion), nicht der jüngere Bruder (Adolf Eduard von Thile),
der 1810 im Generalſtabe bei Kleiſt, 1815 in Blücher's Hauptquartier, 1838 command.
General des 3. Armeecorps war.

** Graf Friedrich zu Dohna, Scharnhorſt's Schwiegerſohn.

*** Wahrſcheinlich iſt der damalige Hauptmamm von Hedemann gemeint, der
1808 Adjutant des Prinzen Wilhelm und 1840 erſter Commandant von Erfurt war.

Profeſſor Karl Friedrich Eichhorn, damals in Frankfurt a. d.
Oder, ſpäter in Göttingen und Berlin, der ausgezeichnete
Rechtslehrer, Sohn des nicht minder berühmten Theologen
und Orientaliſten Joh. Gottfr. Eichhorn zu Göttingen;
v. Baczko, damals Profeſſor der Geſchichte in Königsberg,
auch Dichter, Verfaſſer der „Geſchichte Preußen's“ und der
„Annalen des Königreichs Preußen“, geſtorben 1826, der
ſchon als Knabe das Unglück hatte, zu erblinden. Er trat
im April 1809 aus dem Bunde;
Profeſſor Manſo, Rector des Magdalenen-Gymnaſiums in
Breslau, der rühmlichſt bekannte Humaniſt und Geſchichts-
ſchreiber (auch Dichter und Ueberſetzer);
Profeſſor Gubitz an der Akademie der Künſte zu Berlin,
bekannt durch ſeine Leiſtungen in der Form- und Holz-
ſchneidekunſt, auch als Publiciſt und Dichter. Er ſtand in
Beziehungen zu Schill und gab 1807—1809 in Berlin die
Zeitſchrift „das Vaterland“ (auch „Feuerſchirme“ genannt)
heraus;
Die Profeſſoren Rohde und Elsler in Breslau u. A.
Schon aus dieſem Verzeichniſſe, welches noch durch Namen wie
von Selaſinsky, von Oppen, von Zaſtrow und andere, die in der
preußiſchen Armee den beſten Klang hatten, vermehrt werden könnte,
ſieht man, daß ſehr ausgezeichnete und ehrenhafte Männer zum
Tugendbunde gehörten, und wenn derſelbe auch als Verein niemals
diejenige politiſche Bedeutung erlangte, welche ihm von vielen Seiten,
insbeſondere von den Franzoſen, zugeſchrieben wurde, vielmehr das
von Clauſewitz über ihn ausgeſprochene Urtheil, daß niemals etwas
beſonderes Gutes oder Böſes durch ihn bewirkt worden ſei, ſchwerlich
angefochten werden kann; ſo läßt ſich doch nicht leugnen, daß er in
den reinſten und edelſten Abſichten ſeine Quelle gehabt und für die
Belebung und Verbreitung vaterländiſcher Geſinnung vortheilhaft
gewirkt hat. Uebrigens war die Thätigkeit des Bundes nur eine
kurze; die troſtloſen politiſchen Verhältniſſe ſchlugen alle Hoffnung
auf einen Erfolg ſeiner Beſtrebungen nieder und ſeine Wirkſamkeit
war bereits erlahmt, als der König auf Napoleon's Drängen, der
irriger Weiſe das Unternehmen Schill's und die Aufſtände in Heſſen

und Schlesien von den Aufreizungen des Tugendbundes herleitete,
am 31. December 1809 den Befehl zur Auflösung desselben erließ.
Die Angabe, daß Clausewitz Mitglied des Tugendbundes gewesen
sei, ist entschieden unrichtig und mit Recht wird sein Name in dem
von Voigt mitgetheilten Verzeichnisse nicht genannt. Bei Bignon
wird er zwar unter den Mitgliedern des Bundes aufgeführt, was
sich jedoch dadurch erklären läßt, daß Bignon's Berichterstatter auch
solche Personen in die ihm übersandte Liste aufgenommen hatte, von
welchen die Bestrebungen des Bundes unterstützt und gefördert worden
waren. Ein Gesinnungsgenosse dieser Männer war allerdings auch
Clausewitz, doch läßt sich schon im voraus annehmen, daß er, dessen
ganze Thätigkeit durch so schwierige und anstrengende Arbeiten in
Anspruch genommen war, dem Beispiele Scharnhorst's folgend, in
den Verein nicht eingetreten ist, was sich auch aus seinen oben mitgetheilten Aeußerungen mit Sicherheit ergiebt. Clausewitz's praktischer,
stets auf ein in festen Umrissen klar vorgezeichnetes Ziel gerichteter
Sinn mußte den äußeren theilweise geheimnißvollen Formen abgeneigt
sein, innerhalb deren die Wirksamkeit des Vereins sich bewegte. Was
er übrigens von dem Tugendvereine hielt, ersieht man aus einem
seiner Briefe (Königsberg, 21. Mai 1809) in welchem er sagt „daß
er diese Gesellschaft nicht kenne und auch nicht die mindeste Lust habe,
Theil an geheimen Verbindungen der Art zu haben, die ihm alle
zuwider seien."*)

————————

Als im Frühjahr 1809 der Krieg Napoleon's gegen Oesterreich
ausbrach, war Clausewitz mit dem ganzen Kreise patriotischer Männer,
welche damals in Königsberg versammelt waren, auf's entschiedenste
für ein Bündniß Preußens mit Oesterreich, und mehrere derselben, zu
welchen auch Clausewitz gehörte, trugen sich mit dem Gedanken, für
den Fall, daß jenes Bündniß nicht zu Stande kommen sollte, aus
dem preußischen Dienste auszuscheiden und in eine Legion einzutreten,
welche, nach Gneisenau's geheimem und außer Clausewitz nur wenigen
gleichgesinnten Offizieren sowie dem Minister vom Stein anvertrauten
Plane, in Prag zur Unterstützung Oesterreichs gebildet werden sollte.

* Abschnitt VI, C, Nr. 34.

Clausewitz schrieb am 12. April 1809 aus Königsberg an Gneisenau, der sich auf sein Gut Mittel-Kauffungen zum Besuche seiner Familie begeben hatte: *)

„Hier herrschen fortdauernd dieselben Ansichten; die Verhältnisse scheinen dabei immer schwieriger und alle Hoffnungen immer gewagter zu werden. Ich fange an zu fürchten, daß wir ein Contingent für die Franzosen stellen werden, obgleich Niemand dergleichen Wort haben will. Wie sehr ich mich also von hier fortsehne, wie glücklich ich mich fühlen würde, den Ruf von Ihnen zu erhalten, kann ich nicht beschreiben. In eben diesem Grade wächst die Furcht in mir, daß Sie scheitern. Einige Andere, u. a. Grolmann, haben sich zu etwas Anderem verabredet,**) was mir viel weniger solid zu sein scheint. Um aber nicht im schlimmsten Fall hier sitzen zu bleiben, habe ich mich entschlossen, dem beizutreten, was mich aber nie verhindern wird, der älteren, mir in jeder Rücksicht wertheren Verbindung auf den ersten Ruf zu folgen ... Ich vermuthe, daß Sie mit Tiedemann ***) gesprochen haben, der gewiß nicht abgeneigt sein würde,

---

* Gneisenau hatte sich als Hauptmann, während er in Jauer in Garnison stand, am 19. October 1796 mit Caroline Juliane von Kottwitz, Tochter des verstorbenen Barons von K., verheirathet. Sie war damals ungefähr 24 Jahre alt überaus schön („das schöne Fräulein von Kottwitz" nannte man sie), auch liebenswürdig, hatte Sinn für Häuslichkeit und einen sanften Charakter. Ihre Mutter hatte sich nach dem Tode ihres ersten Gatten mit dem Major von Prittwitz-Gaffron verheirathet, war aber auch von diesem schon Witwe, als Gneisenau die Familie kennen lernte, welche damals in dem etwa zwei Meilen von seinem Garnisonsorte Jauer entfernten Wolmsdorf bei Bolkenhain wohnte. Die Majorin von Prittwitz-Gaffron hatte aus ihrer zweiten Ehe einen Sohn und zwei Töchter, aus der ersten Ehe, welche etwa ein Jahr dauerte, nur die genannte Tochter, mit welcher sich Gneisenau verheirathete. Das Gut Mittel-Kauffungen (unweit Jauer) erwarb Gneisenau im Herbst 1803 mit Zuhilfenahme des kleinen Vermögens seiner Frau (schon sein verstorbener Schwiegervater hatte dieses Gut besessen) und theilte nun seine Zeit zwischen Erfüllung seiner Pflichten als Compagnie-Chef bei dem Bataillon von Rabenau, welches in Jauer in Garnison stand, und der Bewirthschaftung des Gutes Kauffungen, welches ihm aber, da er kein glücklicher Landwirth war, mehr Verlust als Gewinn brachte. — Der oben im Text mitgetheilte Brief findet sich bei Pertz, Leben Gneisenau's (Bd. I, S. 493 f.).

** In Spanien gegen die Franzosen zu kämpfen, wohin Grolmann, Leo (Leopold) von Lützow u. A. sich wirklich begaben.

*** Major Tiedemann, der 1812 in russische Dienste trat und vor Riga fiel.

ſich an Sie anzuſchließen; denn müßig bleibt er auf keinen Fall.
Uebrigens iſt ihm auch von hier aus der Vorſchlag zum Beitritte
geſchehen. Er hat mir geſagt, daß Sie mit ihm von ihren Abſichten
in den letzten Tagen geſprochen hätten; übrigens habe ich gegen
Jedermann ein Geheimniß daraus gemacht. . . . . Das Verhältniß
des Generals*) zum Könige ſcheint mir noch daſſelbe zu ſein; ich
glaube, daß, beſonders ſeitdem Goltz**) nicht hier iſt, er noch der
einzige iſt, mit dem ſich der König über politiſche Gegenſtände expli-
cirt, ohne darum ſich eben von ihm rathen zu laſſen. Ich glaube,
daß der General den letzten Augenblick abwarten will, ehe er geht,
und ich glaube, daß dieſes unter den jetzigen Umſtänden bei all dem
ſehr gut iſt. Auch iſt das Embarquement der Engländer nicht abgegangen, woraus man ſchließen möchte, daß es für Norddeutſchland
beſtimmt iſt; da wird ſich dann wohl eine Hannöver'ſche Armee bilden.

König und Königin ſind wohl. Prinzeß Wilhelm iſt immer noch
kränklich und außer dem General ſehen Sie und der Prinz blos
Natzmer***) und ihren Hof. Prinzeß Louiſe, Prinz Radziwill und
die kleine Eliſe†) tragen mir tauſend herzliche Empfehlungen für
Sie, und die Letztere auch pour ses Kinder††) auf. Der General
und Fräulein Julie ſind ganz wohl. Grüßen Sie doch den Junker
Scharnhorſt recht herzlich und ſagen ihm, das Gerücht, der Wilhelm ſei
unter das Soldatenvolk gegangen, ſei ſchon in Berlin erſchollen."†††)

* Scharnhorſt.
** Graf (Carl Heinrich) von der Goltz, der 1806 Rittmeiſter und Blücher's
Adjutant, damals Major war. Er war 1814 Commandant von Paris, 1818 General-
lieutenant und Geſandter in Paris und ſtarb 1822.
*** Der hervorragendere der beiden Brüder von Natzmer war der ohne Zweifel hier
gemeinte damalige Major und Flügeladjutant (1808) Oldwig von Natzmer, der 1825
Generallieutenant wurde, ſeit 1839 Mitglied des Staatsraths und General-Adjutant
des Königs war. Sein jüngerer Bruder war Wilhelm von Natzmer, der 1813 zweiter
Commandant von Danzig war und 1827 als Generalmajor in den Ruheſtand trat.
† Prinzeſſin Eliſe von Radziwill, damals etwa 6 Jahr alt (geboren am
28. Oct. 1803), die am 27. Sept. 1834 in Freienwalde ſtarb.
†† Gneiſenau hatte damals ſechs Kinder, von welchen das älteſte, (Auguſt)
damals 11., das jüngſte (Emillie) 2 Jahr alt war.
††† Scharnhorſt's Sohn Wilhelm verließ Anfang 1809 die juriſtiſche Laufbahn
und trat als Portepeefähnrich in das Kurbrandenburgiſche 3. Huſaren-Regiment ein.
S. über ihn Klippel, Leben Scharnhorſt's Bd. III, 404.

Die Hoffnungen der mit Clausewitz gleichgesinnten Männer auf Betheiligung Preußens am Kriege erfüllten sich nicht und Oesterreich mußte ohne Bundesgenossen in den Kampf eintreten. Als Napoleon durch den Erzherzog Karl bei Aspern und Eßling die erste Niederlage erlitten hatte (21. und 22. Mai 1809), erhoben die edelsten Männer, Stein, Scharnhorst, Gneisenau, Blücher, Bülow, laut ihre Stimme für das Bündniß mit Oesterreich, da nach ihrer Ueberzeugung jetzt der Augenblick gekommen sei, wo Preußen seine Freiheit zurückerobern müsse. Der preußische Gesandte in Wien, Graf Finckenstein, gab dem Könige von dem herrlichen Siege mit den Worten Nachricht: „Welch ein Moment, wenn Ew. Majestät sich jetzt für Oesterreich erklären! Es kann kein günstigerer Augenblick kommen!" In gleichem Sinne sprach sich Scharnhorst aus, der in einer dem Könige überreichten Denkschrift, in welcher er den Nachweis lieferte, daß Preußen sehr wohl eine Armee von 120,000 Mann in's Feld zu stellen vermöge, mit den Worten zum Kriege rieth: „Ich will nicht entehrt in das Grab steigen; das würde ich aber, wenn ich Ew. Majestät nicht riethe, den gegenwärtigen Augenblick zu benutzen, um gegen Napoleon loszuschlagen." Gneisenau unterstützte auf's nachdrücklichste die Bemühungen seines Freundes; dasselbe geschah in noch feurigerer Weise von Blücher, der sogleich nach dem Eintreffen der Siegesnachricht den König um die Genehmigung bat, mit einem preußischen Corps über die Elbe gehen zu dürfen, und sich mit seinem Kopfe dafür verbürgte, daß er die von Preußen abgerissenen Provinzen wieder in Besitz nehmen werde. Sein Schreiben schloß mit den Worten: „Findet mein Vorschlag nicht den Allerhöchsten Beifall, nun, so habe ich mein Herz erleichtert und meinen Abscheu, fremde Fesseln zu tragen, dargethan. Ich bin frei geboren und muß auch so sterben. Zeit, allergnädigster König, ist nicht zu verlieren, damit Feinde unsere Provinzen nicht auszehren und es schwer wird, sie dereinst aus ihren Händen wiederzuerhalten."*) Auch die Minister, namentlich Graf Golz, stimmten mit großer Energie für den Krieg, ebenso der Großkanzler von Beyme; auch von seinen nächsten Angehörigen, insbesondere von seinem Schwager, dem Prinzen

---

* Cosel, V, 159 ff.

von Oranien,*) der nach dem Siege von Aspern in Wolkersdorf, dem Hauptquartiere des Erzherzogs Karl, eintraf und hier die Hoffnung auf Preußens Beistand erregte, auch von der edlen Königin Louise wurde der König mit Bitten bestürmt, an dem Kampfe gegen Napoleon Theil zu nehmen. Alle diese Bemühungen waren erfolglos, da der König an seiner Ueberzeugung festhielt, daß ein ohne den Beistand Rußlands gegen Napoleon unternommener Krieg für Preußen verderblich sein werde, und überdies von dem Argwohne erfüllt war, daß Oesterreich, wenn es seinem Vortheile entspreche, mit Napoleon einen Separat-Frieden schließen und Preußen der Rache desselben preisgeben werde. Als der österreichische Oberst Steigentesch, im Vertrauen auf die Mittheilungen des Prinzen von Oranien, sich nach Königsberg begab und die Zusage des Bündnisses von dem Könige zu erlangen hoffte, fand er bei demselben nur kalte Aufnahme und mußte abreisen, ohne etwas ausgerichtet zu haben. So gewann Napoleon Zeit und Kraft, gegen Oesterreich einen neuen Schlag zu führen, besiegte den Erzherzog Karl in der zweitägigen überaus blutigen Schlacht bei Wagram (5. und 6. Juli) und nöthigte Oesterreich zu dem Wiener Frieden (14. October), durch welchen es mit offenen, schutzlosen Grenzen aus einem Kriege hervorging, der vielleicht, wenn auch Preußen zu den Waffen gegriffen hätte, schon damals die Zertrümmerung der Macht Napoleon's herbeigeführt haben würde.

Gneisenau's in dem oben mitgetheilten Briefe erwähnter Plan war nicht zur Ausführung gekommen; nur einzelne preußische Offiziere waren, wie Grolmann, einstweilen aus der Armee ausgetreten und den österreichischen Fahnen im Kampfe gegen den verhaßten Zwingherrn gefolgt. Clausewitz hatte denselben Entschluß gefaßt und bereits die einleitenden Schritte für seinen Uebertritt in österreichische Dienste gethan, doch bevor dieselben zum Ziele führten, erfolgte der Friedensschluß, der die Erfüllung seines Wunsches vereitelte.

* Der nachmalige König der Niederlande, Wilhelm I., dessen Gemahlin Wilhelmine eine Schwester Friedrich Wilhelm's III. war.

Da Clausewitz nächst Scharnhorst zu Niemandem in einem engeren
Verhältnisse stand als zu Gneisenau, so müssen wir der Veränderung,
welche im Jahre 1809 in den äußeren Verhältnissen desselben eintrat,
mit wenigen Worten gedenken. Gneisenau hatte, nachdem die Arbeiten
der Reorganisationscommission beendigt waren, die Ernennung zum
Chef des Ingenieurcorps und Inspecteur sämmtlicher preußischen
Festungen erhalten, eine mit Rücksicht auf die bei dem letzten Kriege
gemachten traurigen Erfahrungen sehr wichtige Stellung, zu welcher
er durch seine vorzüglichen Kenntnisse in der Festungskriegführung
und die bei der glänzenden Vertheidigung Kolberg's bewiesene Einsicht
und Energie besonders geeignet erscheinen mußte. Allein seine hervorragenden Bemühungen für die Wiedererstarkung Preußens erregten
in immer höherem Grade die besorgliche Aufmerksamkeit Napoleon's,
und um seinem Könige die Unannehmlichkeit zu ersparen, durch den
drückenden Einfluß des Machthabers zu seiner Entlassung gezwungen
zu werden, hielt er es für rathsam, freiwillig aus der militärischen
Laufbahn auszuscheiden, in welche er, wenn die rechte Zeit gekommen
sein würde, wiedereinzutreten gedachte. Dieser Austritt erfolgte im
Juli 1809, nachdem er kurz vorher zum Grade eines Obersten befördert worden war. Von jetzt an war Gneisenau, dem der König
den Rang eines Staatsrathes ertheilt hatte, bis zu seinem Wiedereintritte in die Armee (1813) in der diplomatischen Laufbahn thätig,
in welcher der kenntnißreiche, gewandte und unermüdliche Mann mit
so günstigem Erfolge wirkte, daß oft behauptet worden ist, er habe
durch diese seine Wirksamkeit als Staatsmann mehr zur Zertrümmerung der Herrschaft Napoleon's beigetragen, als wenn er
seine militärische Stellung beibehalten hätte. Er unternahm Reisen
nach London, wo er bei diesem ersten Aufenthalte in England (1809)*)
das folgenreiche Freundschaftsbündniß mit dem englischen Staats-
und Cabinetsminister Grafen von Münster knüpfte, was erst durch
den Tod gelöst wurde, nach Wien, Petersburg und Stockholm, und
überall arbeitete er mit Klugheit und Ausdauer an dem wichtigen
Werke, eine große Coalition gegen die auf dem größten Theile
Europa's lastende Franzosenherrschaft zu Stande zu bringen. Mit
seinen Freunden und Mitarbeitern Scharnhorst und Clausewitz unter-

* Der zweite fand im Winter 1812—13 statt.

hielt er in dieser Periode seines stets wechselnden Aufenthalts, der oft in tiefes Geheimniß gehüllt werden mußte, eine fortgesetzte briefliche und, so weit es die Verhältnisse gestatteten, auch persönliche Verbindung.

Am 23. December 1809 kehrte das königliche Paar nach mehr als dreijähriger Abwesenheit wieder nach Berlin zurück, welches nun wieder der Sitz des Hofes und der höchsten Landesbehörden wurde. Auch Scharnhorst und Clausewitz kehrten an ihren früheren Wohnort zurück und blieben zunächst in derselben dienstlichen Stellung, in welcher sie in Königsberg thätig gewesen waren. Scharnhorst traf an dem genannten Tage abends in Berlin ein, mußte sich aber sogleich, von Fieberfrost befallen, niederlegen; doch war er schon nach wenigen Tagen wiederhergestellt, und am 4. Januar 1810 konnte er bereits brieflich der geliebten Schwester Wilhelmine seine Genesung mittheilen.

Die erste Angelegenheit, welche ihm in Berlin oblag, war, das Kriegsministerium, zu dessen Geschäftslocale einstweilen das Palais des Prinzen Heinrich, das jetzige Universitätsgebäude, bestimmt wurde, nach der Vorschrift der am 25. December 1808 erlassenen Cabinetsordre einzurichten. Die gedachte Behörde bestand hiernach aus zwei Abtheilungen: dem Allgemeinen Kriegsdepartement für die Verfassung, Ergänzung und das Commando der Armee, und aus dem Militär-Oekonomiedepartement für die Verpflegung der Armee in Bezug auf Geld, Lebensmittel und Kleidung, sowie für die Verwaltung der Versorgungsanstalten. Scharnhorst's nächste Mitarbeiter blieben auch in Berlin der Hauptmann im Generalstabe Graf Friedrich von Dohna, welcher sich am 10. November 1809 in Königsberg mit Scharnhorst's Tochter Julie verheirathet hatte, und Clausewitz, von welchem jener die persönlichen, dieser die sachlichen Angelegenheiten unter Scharnhorst's Leitung zu bearbeiten, Clausewitz überdies in den Plenarsitzungen des Ministeriums das Protokoll zu führen hatte. Die sehr schwierige und vielverzweigte Geschäftsführung wurde dadurch sehr erleichtert, daß Dohna sowohl als Clausewitz mit den Ideen, Absichten und Grundsätzen Scharnhorst's durch den früheren amtlichen sowohl als persönlichen Verkehr aufs genaueste vertraut waren, so daß wenige Andeutungen und

hingeworfene Worte zum vollständigen Verständnisse für sie aus-
reichten. Nach Scharnhorst's eigenem Ausdrucke *) „wurden die Vorträge, welche Clausewitz bei ihm hatte, für ihn zu wahren Er-
holungsstunden, durch die Art, wie dieser seine Entscheidungen oft aus
einer bloßen Miene, aus einer bloßen Bewegung des Kopfes oder
der Hand errieth und immer genau in die seiner Absicht entsprechenden Worte zu kleiden wußte."

Scharnhorst und Clausewitz erhielten jedoch, noch bevor ein
halbes Jahr seit ihrer Rückkehr nach Berlin verflossen war, eine
andere Verwendung. Clausewitz sagt über den Austritt Scharnhorst's aus dem Kriegsdepartement Folgendes: **)

„Scharnhorst hielt sich in dieser Stellung und Wirksamkeit ***)
bis in's Jahr 1810, wo die Finanzverlegenheiten einen Wechsel des
Ministeriums verursachten. Hardenberg übernahm es an der Spitze
der Administration, die Contributionen, die man noch an Frankreich
schuldig war, abzutragen. Ob er gleich Hannoveraner von Geburt
war und früher für einen Gegner der Franzosen gegolten hatte, so
schien er durch persönliche Eigenschaften, durch Gewandtheit, Mäßigung und Nachgiebigkeit doch geeignet, dies politische Verhältniß
zwischen Preußen und Frankreich auf einem erträglichen Fuße zu
erhalten, ohne dem Staate das Vertrauen der anderen Mächte zu
entziehen. Obgleich Scharnhorst zu dieser Veränderung mitgewirkt
hatte und in genauer Bekanntschaft mit Hardenberg war und blieb,
so glaubte er doch, der Zeitpunkt sei gekommen, wo er sich selbst
mehr von der Bühne zurückziehen müßte, um dadurch einen förmlichen Antrag Frankreichs wegen seiner gänzlichen Entfernung, dem
er allerdings mit jedem Tage entgegensehen durfte, zuvorzukommen,
wodurch ihm diejenige Wirksamkeit geraubt worden wäre, die er sich
bei einem scheinbar freiwilligen Zurücktreten vorbehalten konnte. Er
gab daher seine Stelle als Chef des Kriegsdepartements auf, blieb
aber in Dienst, und behielt die ganze Armirungsangelegenheit der
Armee in seiner Hand, da die neuen Behörden angewiesen wurden,
über alle wichtigen Gegenstände sein Gutachten einzuholen."

---

* In Beil. II zu dem angeführten Aufsatze Cl.'s über Scharnhorst, S. 42.
** In seinem Aufsatze über Scharnhorst S. 11 f.
*** Als Chef des Kriegs-Departements.

Nachdem Freiherr von Hardenberg, der nach dem Tilsiter Frieden sich aus dem Staatsdienste zurückgezogen und einige Zeit an den Gränzen Rußlands, dann auf seinem Landgute Tempelhof bei Berlin gelebt hatte, am 6. Juni 1810 zum Staatskanzler ernannt worden war, erfolgte schon am 22. desselben Monats die Ernennung Scharnhorst's zum Chef des Generalstabs sowie zum Chef des Ingenieurcorps und des Militärbildungswesens, auch zum Inspecteur der Festungen. Sein Nachfolger als Chef des allgemeinen Kriegsdepartements wurde Oberst von Hake, der bereits seit 1809 Director in demselben gewesen war.*)

Von den Veränderungen, welche die neue Stellung Scharnhorst's für Clausewitz's amtliche Verhältnisse herbeiführte, wird unten die Rede sein, zuvor jedoch der Verdienste gedacht werden, welche sich beide Männer um die äußere Lage ihres Freundes Gneisenau und seiner Familie erworben haben.

Letzterer war, während er sich auf der erwähnten Reise befand, welche ihn etwa ein Jahr von seiner in Mittel-Kauffungen lebenden Familie fern hielt, sehr bekümmert um das künftige Loos derselben, wozu er auch, bei den traurigen politischen Verhältnissen und der Ungewißheit seines Wiedereintritts in den preußischen Dienst, alle Ursache hatte. Sein Wunsch war darauf gerichtet, ein Domanialgut in Erbpacht übernehmen zu können, welches einen für seinen und seiner Familie künftigen Unterhalt ausreichenden Ertrag gewähre; Clausewitz betrieb die Sache mit edlem Eifer bei Scharnhorst und anderen einflußreichen Personen, mit so günstigem Erfolge, daß der Letztgenannte schon am 29. Mai Gneisenau benachrichtigen konnte: der König habe den Staatsminister Freiherrn von Altenstein beauftragt „dem verabschiedeten Obersten Gneisenau eine ein Einkommen von mindestens 1500 Thalern gewährende Domäne, und zwar mit einstweiliger Stundung der damit verbundenen anschlagsmäßigen Einkaufsgelder, in Erbpacht zu überweisen." **)

Von dieser Angelegenheit ist in den nachfolgenden Briefen die Rede:

---

* War 1825 General der Infanterie und starb 1835 in Italien.
** Die Cabinetsordre findet sich wörtlich bei Pertz, Leben Gneisenau's, I, 609 f. Ebendaselbst auch die obigen Briefe (I, 593 ff., 608 ff.).

Clausewitz schrieb (Berlin, 29. Januar 1810) an Gneisenau nach Stockholm:

.... „Ich spreche unsern Freund*) alle Tage von der Sache, und er spricht wenigstens wöchentlich einmal mit S ... **) Was meine Ansicht der politischen Verhältnisse betrifft, so ist sie die alte geblieben, und ich erwarte, daß in Jahr und Tag oder auch etwas später, Preußen in eine neue Katastrophe verwickelt werden wird, aus der es, wenn keine zufälligen Rettungsumstände eintreten, sich schwerlich vom gänzlichen Untergange retten wird. Geht es mit Ehren unter, so hoffe ich mit ihm ehrenvoll unterzugehen, oder wenigstens meine Existenz zum Opfer zu bringen. Treten vorher Verbindungen ein, die meinen Grundsätzen und Empfindungen entgegen sind, so weiß ich nicht, was ich thun werde — Oesterreich, Rußland. Nach England schwerlich! — Die Bankerotte nehmen hier kein Ende. Was Jahrhunderte in dieser Sandwüste an Wohlstand, Cultur und Handel zusammengetragen haben, wird jetzt vielleicht in einem Jahrzehnt zerstreut sein. — Der General***) ist wohl und läßt Sie herzlich grüßen.“

Bald nachher schrieb er (8. Februar), durch dieselbe Angelegenheit veranlaßt:

„Der General sowie ich waren der Meinung, Ihren Brief aus Gothenburg den König lesen zu lassen. Das ist geschehen; er hat ihn dem General blos mit der Bemerkung zurückgegeben, daß Sie nicht sehr erbaut zu sein schienen, von dem, was Sie dort gesehen. Ueber Ihre Rückkunft selbst hat er nicht ein Wort geäußert, und der General denkt, daß es kein Bedenken haben kann, daß Sie gerade nach Schlesien zurückgehen; dies ist auch meine Meinung und mein Wunsch, damit wir Sie wieder mehr in unserer Nähe haben. Gern oder ungern, früh oder spät müssen Sie doch hierher zurückkehren;

---

* Der „Freund“ ist kein anderer als Scharnhorst, wie sich aus dem nachfolgenden Briefe vom 30. April (Anfang) ergiebt.

** Der hochverdiente Staatsmann Joh. Aug. Sack (damals Geh. Staatsrath und Oberpräsident der Kurmark ꝛc.), der an der Regeneration des Preußischen Staates wesentlichen Antheil hatte, unter anderen mit Scharnhorst und Gneisenau die Landwehrordnung, mit Stein die Städteordnung ausarbeitete.

*** „Der General“ ist bei Clausewitz immer Scharnhorst.

Lottum *) hat die Entlassung von seiner Stelle gefordert; seine schwächliche Gesundheit und eine schlecht berechnete Opposition, in die er sich gegen den General, ihr gegenseitiges Verhältniß betreffend, eingelassen hat, sind die Ursachen. Hake hat seine Stelle, Boyen die Stelle Hake's bekommen.... Die Sachen im Militär gehen wie bisher zwar vorwärts, aber nach dem Gesetz einer krummen Linie, in immer aufs Neue abweichenden Richtungen. Service-, Conscription-, Gendarmerie- und Miliz-Angelegenheiten geben zu einer zahllosen Menge von Konferenzen Veranlassung, bei denen nichts herauskommt, weil so wenig Menschen von großen, reinen Ansichten sind. Louise Prinzeß Radziwill, Ribbentrop**) und vor Allem der General lassen herzlich grüßen. Die Erstere habe ich Ihren Brief aus Gothenburg lesen lassen. Sie ist doch eine vortreffliche Frau und nimmt den herzlichsten, nie erkaltenden Antheil."

Den dritten Brief in derselben Angelegenheit schrieb Clausewitz an Gneisenau am 30. April (1810):

„Ich habe Ihren Wunsch unserem Freunde gesagt; nicht daß ich das geringste Bedenken hätte haben können, mich damit an Beyme***) zu wenden, sondern weil, bei der Theilnahme und Freundschaft des Generals für Sie, es unfreundlich gewesen wäre, ihm gar nichts davon zu sagen, ich mir auch wohl einbilden konnte, daß seine Vermittlung bei der Sache keineswegs unwirksam sein würde. Er hat aber die ganze Sache sogleich selbst übernommen, vorzüglich aus dem Grunde, weil er bei Altenstein sowohl als beim Könige doch am Ende mehr vermag als Beyme. Er hat sich vorgenommen, die Sache mit dem Letzteren gemeinschaftlich zu betreiben. Wenn sich die

---

* Graf Wylich und Lottum, 1806 Major im Ober-Kriegscollegium, war 1810 Generalmajor, 1815 Wirkl. Geh. Staats- und Schatzminister, 1828 Gen. d. Inf. (Bei ihm trat der seltene Fall ein, daß er in der vierten Generation der Nachkomme von preußischen Generalen war.)

** Staatsrath v. Ribbentrop (vom Könige in den Adelstand erhoben) starb am 7. Februar 1841 als Wirkl. Geh. Rath und Präsident der Oberrechenkammer zu Potsdam.

*** War (auf Steins Empfehlung) Großkanzler geworden, hatte jedoch diese Stellung verlassen, als Hardenberg an die Spitze der Geschäfte trat. Einfluß behielt Beyme, der sich namentlich viele Verdienste um die Rechtspflege erworben hatte, fortwährend, war 1815—19 Staatsminister und wurde 1816 geadelt.

Erfüllung Ihrer Wünsche erhalten läßt, so dürfen Sie Alles von dem treuen Eifer und der Sagacität unseres Freundes erwarten."

Wie dankbar Gneisenau für diese Bemühungen war und welche hohe Meinung er schon damals von Clausewitz's Fähigkeiten und Charaktervorzügen hatte, erkennt man aus folgender Stelle eines im Juni 1810 in Petersburg an seine Frau geschriebenen Briefes:*)

„Der Gedanke dieses Planes fuhr wie ein Lichtstrahl durch meine Seele. Zur glücklichen Stunde ging ich an die Anstalten dazu, und die Ausführung gerieth in die Hände treuer, theilnehmender Freunde. Wenn du an Cl. (Clausewitz) schreibst, so sage ihm, daß Du die innige Hochachtung, von der Du wüßtest, daß ich gegen ihn durchdrungen sei, mit mir theiltest. Es ist dies ein seltener Kopf und edles Gemüth, der mit seltener Freundschaft an mir hängt. Er ist es, der mit Klugheit die Ausführung des von mir entworfenen Planes übernommen hat. Von diesem letzten brauchst Du noch nichts zu erwähnen."

Am 14. Juni (1810) traf Gneisenau, aus Rußland zurückkehrend, in Königsberg ein, wo er einige Tage blieb und die Denkschrift entwarf, in welcher er dem Kaiser über die in dessen Dienste unternommene Reise berichtete. Von Königsberg begab er sich zu einer Zusammenkunft mit Scharnhorst und Clausewitz nach Berlin; doch war verabredet, daß er, um Aufsehen zu vermeiden, nicht in der Stadt selbst, sondern in dem eine Meile entfernten Dorfe Pankow wohnen sollte, wo Clausewitz, der ihm diesen Aufenthaltsort ausgewählt, ein kleines reinliches Zimmer und Alkoven bei einem Tischler nahe der Kirche für ihn gemiethet hatte. Als er hier am 26. Juni ankam, fand er einen Brief von Clausewitz vor, der durch Unwohlsein verhindert gewesen war, selbst nach Pankow zu kommen und ihn, zugleich in Scharnhorst's Namen, nach Berlin zu einer Zusammenkunft einlud. Noch an demselben Tage fand sich Gneisenau hier ein und verabredete mit den beiden Freunden, daß sie, „sobald der drohende Sturm über Preußen losbrechen werde, zur rechten Zeit seine Berufung bewirken und dann gemeinschaftlich mit ihm gegen Napoleon kämpfen sollten." Schon am folgenden Tage (27. Juni)

* Perß. a. a. O. (I, 608 f.). Ueber das Nächstfolgende ebendaselbst: I, 610 und 616.

trug Scharnhorst die Privatangelegenheit Gneisenau's dem Könige
vor, der ihn beauftragte, den Staatskanzler (Hardenberg) zu benachrichtigen, es sei die wohlwollende Absicht des Königs, dem vormaligen
Obersten Gneisenau, „bis dessen Wiederanstellung im Heere möglich
sein werde, seinen Unterhalt zu sichern, — was jetzt vielleicht auf
eine für denselben vortheilhaftere Weise geschehen könne, als durch
die ihm zugestandene Stundung des Kaufgeldes einer Erbpacht, —
damit einer der ausgezeichnetsten Offiziere dem Heere erhalten werde.“
Den König scheint Gneisenau während des kurzen Aufenthaltes in
Berlin nicht gesprochen zu haben, wohl aber, außer Scharnhorst und
Clausewitz, den Fürsten Radziwill und dessen Gemahlin, den Grafen
Chasot*) und einige andere befreundete Personen; auch lernte er den
Grafen Arnim, den Oberlandesgerichtsrath Eichhorn und Justus
Gruner**) kennen.

In der ersten Juliwoche traf Gneisenau wieder in Kauffungen
bei den Seinigen ein, die er seit einem Jahre nicht gesehen hatte.
Dahin schrieb ihm Clausewitz am 11. Juli: „der König und die
Königin seien krank gewesen, jedoch wieder auf der Besserung; der
König gehe schon wieder aus, die Königin aber fühle sich noch sehr
schwach und werde wohl in den ersten acht Tagen die Rückreise von
Hohen-Zieritz nach Berlin nicht antreten können.“ Das Besserbefinden
der Königin hielt aber nicht Stand;***) am 16. Juli stellten sich
von neuem heftige Brustkrämpfe ein, welche sich in den folgenden
Tagen wiederholten; der König, selbst noch nicht ganz hergestellt,

* Ging 1812 nach Rußland, wo er am Nervenfieber starb.

** War damals Polizeipräsident in Berlin, wurde aber im folgenden Jahre
durch französischen Einfluß genöthigt, diese Stelle niederzulegen.

*** Die Königin war am 25. Juni nach Strelitz abgereist, um hier und in dem
ländlichen Hohen-Zieritz einige glückliche Tage im Kreise ihrer Familie zu verleben,
und der König war ihr am 21. dorthin gefolgt. Als die Königin mit ihrem Gemahl
und ihrer Familie nach Hohen-Zieritz hinausfuhr, fühlte sie sich unwohl, doch schien
der Krankheitsanfall anfangs wenig bedenklich, und der König, welchen dringende
Regierungsangelegenheiten nach Berlin riefen, reiste am 3. Juli, beruhigt über den
Zustand seiner Gemahlin, nach Berlin ab. Auch er erkrankte und während er in
Charlottenburg das Bett hütete, erhielt er täglich Nachrichten über die fortschreitende
Genesung seiner Gemahlin. Um so mehr erschütterte ihn die Nachricht, daß am
16. Juli und den folgenden Tagen eine bedenkliche Wendung eingetreten und das
Leben der Königin in der größten Gefahr sei.

eilte von Charlottenburg mit seinen beiden ältesten Söhnen nach Hohen-Zieritz, wo er am 19. Juli morgens vier Uhr anlangte und die Königin zwar noch bei voller Besinnung, aber im Sterben stand. Schon nach einigen Stunden, um neun Uhr, verschied die edle, vielgeliebte Frau in den Armen des trostlosen Gemahls, der sogleich nach Charlottenburg zurückkehrte, wo der durch so harte Schicksalsschläge geprüfte Monarch, als ihm sein Flügeladjutant Graf Henckel in stummem Schmerze die Hand küßte, seiner Trauer in den Worten: „Dies ist der härteste Schlag!" einen tiefgefühlten Ausdruck gab. Mit der königlichen Familie trauerte das ganze Land um die herrliche Königin Luise; ihren Schmerz theilten sogar über die Grenzen Deutschlands hinaus Unzählige, welche die Schwere des Verlustes zu würdigen wußten, und in Preußen trauerte jede Familie, als wenn sie eines ihrer geliebtesten Mitglieder verloren hätte. „Der Feind hat die Schutzgöttin des Volkes getödtet", sagte man sich, da man den Tod der Königin ihrem tiefen Grame über die unglückliche Lage des Landes zuschrieb, und in allen Herzen befestigte sich der Entschluß, zur Abwerfung des verhaßten Joches, sobald der rechte Augenblick gekommen sein werde, sich zu erheben.

Clausewitz blieb auch in der neuen Stellung, welche Scharnhorst, wie erwähnt, mit dem 22. Juni 1810 erhielt, dessen Büreauchef, wurde aber zugleich als Lehrer an der Allgemeinen Kriegsschule beschäftigt und erhielt überdies den Auftrag, dem fünfzehnjährigen Kronprinzen und dessen Vetter, dem Prinzen Friedrich der Niederlande*) den ersten militärischen Unterricht zu ertheilen. Das Jahr 1810 war auch für seine äußere Stellung ein förderliches, indem ihm, der im März 1809 dem Generalstabe zur Dienstleistung zugewiesen worden war, am 19. Juli 1810 die wirkliche Versetzung in den Generalstab und am 29. August desselben Jahres die Ernennung zu Major zu Theil wurde.

In dem oben berührten Briefe, welchen Gneisenau am 26. Juni in Pankow vorfand, benachrichtigte ihn Clausewitz von den in seiner

---

* Der zweite Sohn des nachmaligen Königs Wilhelm I. der Niederlande. Er war am 28. Februar 1797 geboren.

Wirksamkeit eingetretenen Veränderungen mit folgenden Worten:*)
„Ich bin mit dem General aus dem Kriegsdepartement getreten und
werde seine Bureaugeschäfte ferner besorgen. Außerdem bin ich halb
wider meinen Willen Professor geworden; ich soll nämlich mit Tiedemann gemeinschaftlich die Taktik bei der künftigen Kriegsschule für
Offiziere lehren. Außerdem unterrichte ich den Kronprinzen. Sie
sehen, meine Beschäftigungen sind beinahe eben so friedlich als
Kohlpflanzen, und in Ermangelung eines Besitzthumes bin ich schon
zufrieden".

Zu den Reformen, welche nach dem Tilsiter Frieden in dem
preußischen Heerwesen eingeführt wurden, gehörte auch eine neue
Organisation der Militärbildungsanstalten. Durch eine am 8. September 1809 in Königsberg erlassene Cabinetsordre gab der König den
Entschluß kund, die sämmtlichen bisherigen Militärbildungsanstalten
und zwar: die Militärakademie (académie militaire), die Jngenieur-
akademie, die Artillerieakademie und die Akademie für Offiziere
aufzuheben und statt derselben zweckmäßige Lehranstalten für alle
Truppengattungen errichten zu lassen. Zur Ausführung dieses Entschlusses wurde eine Commission**) gewählt, welche zunächst einen
Entwurf für die neue Organisation ausarbeitete und dann am
8. April 1810 den Organisationsplan selbst vorlegte. Auf
Grund des letzteren erließ das Allgemeine Kriegsdepartement zu
Berlin unter'm 5. Juni 1810 eine Circular-Verordnung,***) in
welcher für folgende nach drei Kategorieen gesonderte militärische
Bildungsanstalten: die Cadettenhäuser zu Berlin und Stolpe;
die Kriegsschulen für Portepeefähnriche zu Berlin, Königs-

---

* Pertz a. a. O. (I, 616).

** Zu derselben gehörten: Generalmajor (Joh. Adolf) von Lützow als Vorsitzender und fünf Mitglieder: die Professoren Stützer, Spalding und Fischer, der
Jngenieurcapitain Meinert und der Artilleriecapitain von Textor.

*** Sie ist unterzeichnet von Scharnhorst und dem damaligen Obersten v. Rauch,
der 1813 als Generalmajor Chef des Jngenieurcorps, 1814 General-Jnspecteur sämmtlicher Festungen, 1817 Generallieutenant, 1837 als General der Infanterie Kriegsminister war.

berg und Breslau; und die Kriegsschule für die Offiziere zu Berlin, spezielle Bestimmungen zusammengestellt waren.*)

Die letztgenannte Anstalt, die wichtigste von allen, war es, an welche Clausewitz und sein Freund Tiedemann mit noch anderen tüchtigen Lehrkräften berufen wurden; von den Lehrern der früheren Anstalt wurden die noch brauchbaren z. B. Stützer, der vertraute Freund Scharnhorst's, König und Textor beibehalten. Auch mit Lehrmitteln wurde die neue Kriegsschule reichlich ausgestattet, insbesondere am 30. Juli 1810 die sehr bedeutende Bibliothek des damaligen Oberstlieutenants v. Gaudi, Gouverneurs des Kronprinzen, für 3000 Thlr. erworben, ein Bücherschatz, welcher noch jetzt einen ansehnlichen Theil der ausgezeichneten Bibliothek der Allgemeinen Kriegsschule bildet. Die Eröffnung der neuen Anstalt erfolgte gleichzeitig mit der Eröffnung der Vorlesungen an der nach dem Namen ihres Stifters benannten Friedrich-Wilhelms-Universität am 15. October 1810 (die feierliche Einweihung der letzteren fand nachträglich am 3. August 1811, dem Geburtstage des königlichen Stifters, statt) und wie diese höchste Pflanzstätte der Wissenschaft, welcher das Palais des Prinzen Heinrich als Wohnsitz überwiesen wurde, schon im ersten Lectionsverzeichnisse die Namen eines Fichte, Schleiermacher, Böckh, Wolf, Savigny, Reil a. A. aufzuweisen hatte, welche für das Gedeihen der neuen Anstalt die sicherste Bürgschaft gewährten, so wurde die auf ihrem Gebiete nicht minder wichtige Militärbildungsanstalt mit Lehrkräften eröffnet, welche für ihre künftige Blüthe mit vollem Rechte als glückverheißend betrachtet werden konnten. So lehrten an der Allgemeinen Kriegsschule unter Anderen: Mathematik Kiesewetter, Geschichte Woltmann, Fortification Meinert, deutsche Sprache Hecker, nachher Spilleke, französische Sprache Bouvier, Geographie Gotthold, alles Namen, welche durch die didaktisch-pädagogische Begabung ihrer Träger und größtentheils auch durch

* In dem gründlichen, aus amtlichen Quellen geflossenen Werke Dr. Gottl. Friedländer's (Berlin 1854) „Die Königl. Allgem. Kriegsschule und das höhere Militär-Bildungswesen 1765—1813" sind die sämmtlichen die Organisationsarbeit betreffenden höchst interessanten Actenstücke abgedruckt, namentlich: S. 228—249 der inhaltreiche Entwurf zur Errichtung einer Allgemeinen Militärakademie; S. 255—258 der dem Könige erstattete Commissionsbericht; und S. 258—275 der Organisationsplan der Allgemeinen Militärakademie zu Berlin.

die literarischen Leistungen derselben einen guten Klang hatten und schon dadurch Vertrauen zu der neuen Anstalt erwecken mußten. Dazu kamen nun noch der Major von Tiedemann und der Hauptmann von Clausewitz, welchen der wichtige Unterricht in der Taktik und Strategie übertragen wurde. Die beiden Letztgenannten entwickelten in der zweiten oder höheren Classe, deren Lehrpläne die von ihnen vertretenen Fächer angehörten, eine mit immer glänzenderem Erfolge belohnte Thätigkeit, und im ersten Jahre hielten beide in 156 Stunden ihre Vorträge: Major von Tiedemann über Taktik und Strategie, der inzwischen ebenfalls zum Major beförderte von Clausewitz über den kleinen Krieg, die Verrichtungen des Generalstabs und, in übersichtlicher Darstellungsweise, über die Wirkungen der Artillerie, die Feldverschanzungskunst und den Bau der Kriegsbrücken. Im Januar 1811 hielt Scharnhorst die erste Prüfung an der neuen Anstalt ab, und das Urtheil, welches er über die Leistungen sowohl der Lehrer als der Schüler aussprach, lautete im Ganzen günstig.

Wenn auch die damalige Wirksamkeit Clausewitz's an der Kriegsschule nur von kurzer Dauer war*) (1810—1812), so erwarb sie ihm doch den Ruf eines ausgezeichneten Lehrers der Kriegswissenschaften, wie ihm in der Folge seine literarischen Leistungen den des größten Militärschriftstellers erworben haben. Und als ganz vorzüglichen Lehrer zeigte sich der erst dreißigjährige Mann, den Scharnhorst für seinen begabtesten, verständnißvollsten und kenntnißreichsten Schüler erklärte, schon damals und brauchte sich zu einem solchen nicht erst heranzubilden. Sehr tüchtige und achtungswerthe Lehrkräfte hatte die Kriegsschule früher gehabt und auch damals fehlte es an solchen nicht; aber Clausewitz besaß ein so umfassendes und gediegenes Wissen, eine solche Schärfe der Auffassung und lichtvolle Klarheit des Ausdrucks, eine in ihrer edlen Einfachheit so schöne und durch ihre Lebendigkeit und Wärme so anregende Darstellung, daß alle diese Vorzüge in solchem Grade und in solcher Vereinigung noch

---

* Die Anstalt hatte nur Wintercurse, wie es auch bei der vormaligen (am 21. Juni 1804 gegründeten) Kriegsakademie der Fall gewesen war. Die Vorlesungen begannen am 1. September und schlossen am 21. März. Clausewitz hat also nur während der beiden Wintersemester von 1810 auf 1811 und von 1811 auf 1812 Vorträge gehalten.

nicht gefunden worden waren und diesen durch Inhalt und Form gleich ausgezeichneten Vorträgen die allgemeinste Anerkennung verschafften. Eine solche Lehrwirksamkeit konnte nur den erfreulichsten Erfolg haben und in der That haben viele der jungen Offiziere, welche in jener Periode die Kriegsschule besuchten, durch die militärische Ausbildung, welche sie sich unter Clausewitz's Leitung erwarben, in der Folge dem Vaterlande die ersprießlichsten Dienste geleistet. Der Gouverneur des Kronprinzen, Oberstlieutenant von Gaudi,*) wurde durch den Ruf jener Vorträge nicht minder als durch Scharnhorst's Empfehlung bestimmt, den Major von Clausewitz zum Lehrer des begabten Prinzen in den militärischen Wissenschaften vorzuschlagen. Der für diesen Unterricht, an welchem auch der Prinz Friedrich der Niederlande theilnahm, im Jahre 1810 von Clausewitz ausgearbeitete und dem Oberstlieutenant von Gaudi vorgelegte Entwurf, und die Uebersicht, mit welcher er im Jahre 1812 diesen Unterricht schloß, enthalten bereits die Keime seines großen Werkes über die Theorie des Krieges und sind schon von dem schwungvollen Geiste durchweht, welchen wir in den späteren Schriften des berühmten Mannes bewundern.

Das Schreiben, in welchem der Gouverneur des Kronprinzen dem Major von Clausewitz für den demselben ertheilten Unterricht seinen Dank aussprach, wollen wir, obgleich es einer späteren Zeit angehört, gleichwohl in diesem Zusammenhange mittheilen:

„Ew. Hochwohlgeboren haben bei Ihrem des Kronprinzen K. H. bisher gegebenem militärischen Unterricht so unendlich viel geleistet, und sich durch Ihre dabei entwickelten Kenntnisse sowie durch Ihr edles Benehmen meine uneingeschränkte Achtung in einem so hohen Grade erworben, daß ich gewiß mit dem lebhaftesten Bedauern die Unterbrechung dieses Unterrichts aus Ihrer mir gestern gegebenen Benachrichtigung ersehen habe.

---

* Freiherr (Friedr. Wilh. Leopold) von Gaudi war 1813 General-Gouverneur von Sachsen, 1815 erster Commandant in Danzig, 1817 Generallieutenant und starb 1823. Er war der Vater des Dichters Franz Freiherr von Gaudi (der die „Kaiserlieder" zur Verherrlichung Napoleon's dichtete), geb. am 19. April 1800 zu Frankfurt a. d. Oder, wo damals sein Vater als Major stand, und gest. zu Berlin am 5. Februar 1840.

Auch der Kronprinz theilt recht aufrichtig dieses Gefühl mit mir und behält es sich vor, Sie davon mündlich zu überzeugen; er erkennt es übrigens mit dem wärmsten Dank, daß Sie ihm Jhre Ansichten über die Kriegskunst zurückzulassen die Gefälligkeit haben wollen, und es wird für ihn, ich betheure es Jhnen, ein sehr werthes Vermächtniß sein.

Ew. Hochwohlgeboren haben Gelegenheit gehabt, den Kronprinzen zu beobachten. Sie kennen seine Wahrheitsliebe und können sich also selbst überzeugen, daß die Verpflichtung, so er zu Jhnen hat, gewiß tief in seinem Herzen liegt, sie gründet sich auf wahre Achtung und auf Anerkennung Jhrer Verdienste, sie kann also nicht anders als bleibend sein.

Wollten Sie die Gefälligkeit haben, morgen um 12 Uhr Mittag zu dem Kronprinzen zu kommen, so wird·er Jhnen dies wiederholen und ich werde dann diese Gelegenheit benutzen, Sie von derjenigen ausgezeichneten Hochachtung zu überzeugen, die ich für Sie empfinde und mit der ich unausgesetzt verbleiben werde

Ew. Hochwohlgeboren

ganz ergebenster Diener

„Berlin, den 26. März 1812."   Gaudi."

Jm August 1810 verweilte Clausewitz zur Cur in dem sowohl wegen der heilsamen Wirkung seiner Schwefelquelle als wegen seiner reizenden Lage vielbesuchten Bade Landeck in der Grafschaft Glatz, wo er, ein großer Freund der Natur, von den die Stadt und das gleichnamige Bad umschließenden Höhen die herrlichste Aussicht auf die romantische Burgruine Karpenstein, das schöne Schloß Johannesberg und andere malerische Punkte der Umgegend genoß, auch Wanderungen in das einen Theil der südöstlichen Sudetenkette bildende Glatzer Gebirge unternahm, den großen Schneeberg bei Wilhelmsthal, den höchsten Punkt des Gebirges, sowie den nicht weit entfernten kleinen Schneeberg bestieg und sich an der Unterhaltung mit den biederen und treuherzigen Gebirgsbewohnern erfreute, wie es denn in seiner menschenfreundlichen Natur lag, namentlich auf solchen Wanderungen, sich auch schlichten Landleuten in ungezwungener, gemüthlicher Weise zu nähern. Durch solche Wanderungen, welche er auch in den spätern Jahren fortsetzte, sowie durch die bald zu Wagen, bald zu Pferde

unternommenen Dienstreisen wußte er, neben mancher anderer nützlicher
Kenntniß, wie sie sein feiner Beobachtungssinn fast aus Allem, was
er wahrnahm, zu schöpfen pflegte, sich die für seinen Beruf so wichtige Terrainkenntniß zu erwerben, und namentlich mit allen örtlichen
Verhältnissen des schönen schlesischen Landes, für welches er eine
große Vorliebe hatte, gewann er nach und nach aus eigener Anschauung und Beobachtung die genaueste Vertrautheit, welche er in
der Folge bei seiner Darstellung der Schlachten und anderer wichtiger Ereignisse der schlesischen Kriege so meisterhaft verwerthet hat.

Scharnhorst gebrauchte gleichzeitig das ebenfalls in der Grafschaft Glatz, an der böhmischen Grenze unweit Frankenstein, gelegene
berühmte Stahlbad Cudowa, wohin er am 20. August abreiste,
und es läßt sich annehmen, daß beide Freunde ihre Brunnencur auch,
soviel es möglich war, zu persönlichem Verkehre benutzt haben werden.

Zu Ende August besuchte Clausewitz, von Landeck zurückkehrend,
Gneisenau in Mittel-Kauffungen, wo dieser bei Frau und Kindern verweilte, und lernte wahrscheinlich damals die liebenswürdige Familie
des Freundes erst kennen, die bald zu dem freundlichen Manne, zu
dessen Eigenthümlichkeiten es gehörte, mit Kindern heiter scherzend zu
verkehren, Vertrauen faßte und ihm zeitlebens Liebe und Anhänglichkeit bewahrte.*)

Im September desselben Jahres begleitete Clausewitz auf einer
Dienstreise durch Schlesien, welche vorzugsweise die Untersuchung des
Zustandes der Festungen zum Zwecke hatte, Scharnhorst und den
mit diesem seit 1808 in fast täglicher Amtsverbindung stehenden
Boyen, der 1810 zum Director des Allgemeinen Kriegsdepartements
ernannt worden war und den Militärvortrag beim Könige hatte.
Scharnhorst schrieb auf dieser Reise am 7. September (1810) aus
Neiße an seine Tochter, die Gräfin Julie zu Dohna: „Ich habe
Clausewitz bei mir, fahre aber immer mit Boyen, und Clausewitz
mit Scheel."**)

---

* Gneisenau hatte damals sechs Kinder: August (12 J.), Agnes (10 J.),
Ottilie (8 J.), Hugo (6 J.), Hedwig (3 J.) und Emilie (4 J.), das jüngste seiner
sieben Kinder (Bruno) wurde erst am 3. Mai 1811 geboren.

** Klippel a. a. O. III, 565. — Der im Texte zuletzt genannte Offizier, dessen
Personalien uns unbekannt sind und dessen Identität unter den verschiedenen in der

Am 17. December 1810 verheirathete sich Clausewitz mit der Gräfin Marie von Brühl, wodurch ein seit sieben Jahren von ihm gehegter Herzenswunsch sich endlich erfüllte: eine Verbindung, welche auf innigster gegenseitiger Hochachtung und Zuneigung beruhte und beiden Ehegatten, obgleich ihnen Kinder versagt blieben, das höchste Lebensglück gewährt hat. Die Familienverhältnisse und das frühere Leben der auch unter den patriotischen Frauen der Befreiungskriege ehrenvoll erwähnten edlen Frau von Clausewitz, von welcher es zweifelhaft bleibt, ob ihr in höherem Grade wegen ihres Geistes und ihrer hohen Bildung die Verehrung und Bewunderung oder wegen ihrer Herzensgüte und Gemüthstiefe die Liebe Aller, welche mit ihr in nähere Berührung zu kommen das Glück hatten, zu Theil geworden ist, werden wir im folgenden Abschnitte darzustellen versuchen.

Armee vorkommenden Offizieren dieses Namens wir nicht feststellen können, stand ohne Zweifel zu Boyen in demselben amtlichen Verhältnisse wie Clausewitz zu Scharnhorst und wird wohl, da die Dienstreise hauptsächlich den Festungen galt, dem Ingenieurcorps angehört haben. Wahrscheinlich war er ein Verwandter des aus Holstein stammenden Generalmajors im Ingenieurcorps Heinrich Otto von Scheel, der 1808 starb.

V.

Der Vater der Frau von Clausewitz war Graf Karl Adolf von
Brühl, der zweite der vier Söhne des sächsischen Ministers Reichs-
grafen Heinrich von Brühl;*) ihre Mutter war Sophie Gomm,
Tochter des englischen Botschafters in St. Petersburg William Gomm.
Graf Karl von Brühl war am 3. April 1742 in Warschau geboren;

* Bekannt durch seine Finanzverschwendung und die unheilvolle Rolle, welche
er als Minister des Kurfürsten von Sachsen und Königs von Polen August's III.
gespielt hat. Berühmt sind seine Prachtbauten und Kunstsammlungen, welche zum
Theil Staatsgut geworden sind; wie auch seine Bibliothek für die königliche ange-
kauft wurde. Nach ihm ist das „Brühl'sche Palais" auf der „Brühl'schen Terrasse"
in Dresden, der ehemalige Schauplatz seiner Feste, genannt. Seine vier Söhne:
Alois Friedrich, Karl Adolf, Albert Christian Heinrich und Hans Moriz, waren ohne
Ausnahme sehr begabte und achtungswerthe Männer, von welchen sich nur Gutes
sagen läßt.

er erhielt eine sehr sorgfältige Erziehung, durch welche seine ungewöhnlichen Geistesanlagen ebenso gründlich als vielseitig ausgebildet wurden, und wählte die militärische Laufbahn, in welcher er zur Stellung eines Generallieutenants im sächsischen Dienste emporstieg. Seine um zwanzig Jahre jüngere Gemahlin, welche am 6. Juli 1762 in St. Petersburg geboren war, lernte er bei einer Sendung an den russischen Hof kennen; die Vermählung fand am 17. August 1778 in St. Petersburg statt. Das erste Kind dieser Ehe war Marie, die nachherige Frau von Clausewitz, welche am 3. Juni 1779 in Warschau geboren wurde.

Zu Ende 1786 wurde Graf Brühl, als militärischer Erzieher (Gouverneur) des Kronprinzen, nachmaligen Königs Friedrich Wilhelms III, nach Berlin berufen. Friedrich der Große hatte im Jahre 1781 die Erziehung dieses seines damals elfjährigen Großneffen sowie dessen Bruders, des achtjährigen Prinzen Ludwig, dem Obersten von Backhoff anvertraut, einem verdienstvollen Offizier, der sich die Achtung und Zuneigung seiner beiden Zöglinge in hohem Grade zu erwerben wußte. Aber Friedrichs des Großen Nachfolger Friedrich Wilhelm II. entließ bald nach seiner Thronbesteigung den Obersten von Backhoff aus der gedachten Stellung und berief den sächsischen Generallieutenant Grafen Brühl als Erzieher des sechzehnjährigen Kronprinzen, wozu er durch die Empfehlung des Generallieutenants von Bischofswerder, der ebenfalls ein geborener Sachse war, aber seit 1760 in preußischen Diensten stand und auf den König großen Einfluß ausübte, bestimmt worden war. In dieser Berufung lag etwas Verletzendes für das Andenken Friedrichs des Großen, und in vielen Kreisen mußte es Anstoß erregen, daß die Erziehung des einstigen Königs von Preußen, der Hauptmacht des protestantischen Norddeutschlands, in die Hände eines Katholiken gelegt wurde, der überdies der Sohn eines durch seine feindselige Gesinnung gegen diesen Staat und seinen damaligen Beherrscher bekannten Mannes war. Der Kronprinz selbst war gegen den neuen Erzieher mißtrauisch, obgleich er diesem gegenüber seine Verstimmung nicht kund gab; doch soll er, als er zuerst von der Berufung des sächsischen Generals hörte, geäußert haben: „In Sachsen muß es doch ganz besonders gescheidte Leute geben, daß man von dorther mir einen Erzieher verschrieben hat."

Gleichzeitig mit Brühl's Ernennung erhielten die beiden Prinzen noch einen Untergouverneur in der Person des Majors von Schack, eines tüchtigen und sehr achtungswerthen Offiziers, dem es freilich an hervorragender geistiger Begabung und tieferer wissenschaftlicher Bildung fehlte.

Alle an die Berufung des Grafen Brühl geknüpften Besorgnisse wurden durch das persönliche Auftreten des hochbegabten, kenntnißreichen und durch seltene Vorzüge des Herzens ausgezeichneten Mannes, der mit dem liebenswürdigsten Charakter auch die gewinnendsten äußeren Formen verband, in kurzer Zeit zerstreut; überall erwarb er sich Hochachtung und Vertrauen, die beiden Prinzen insbesondere hingen an ihm mit der größten Liebe und Verehrung, welche ihm auch für die ganze Dauer seines Lebens in stets unverändertem Maße erhalten blieb.

Seine Wirksamkeit als Gouverneur dauerte übrigens nur bis 1788, in welchem Jahre der Kronprinz für großjährig erklärt und Graf Brühl dem gleichzeitig für denselben eingerichteten Hofstaate als Oberhofmeister vorgesetzt wurde. In demselben Jahre begleitete er den König und den Kronprinzen nach Holland, wo durch preußische Dazwischenkunft die monarchische Gewalt und das Ansehen des Erbstatthalters Wilhelm V., der ein Schwager des Königs war, gegen die sogenannte patriotische Partei wiederhergestellt wurde. Bald nach seiner Rückkehr, zu Anfang Octobers des genannten Jahres, hatte er das Unglück, durch die unvorsichtige Sprengung einer Mine in den Rüdersdorfer Kalkbergen sehr gefährlich am Fuße verwundet zu werden; über ein halbes Jahr war er, da die Wunde durch ungeschickte Behandlung sich verschlimmert hatte, an's Lager gefesselt, mußte noch mehrere Monate sich der Krücken bedienen und seine Gesundheit erholte sich niemals vollständig von der Erschütterung, welche sie durch diesen Unfall erlitten hatte. Im Jahre 1790 begleitete er den Kronprinzen und den König nach Schlesien zum Abschlusse des Reichenbacher Vertrages, im Jahre 1792 nach Pillnitz zur Zusammenkunft des Königs mit Kaiser Joseph II., im Herbste desselben Jahres zum Feldzuge nach der Champagne; doch zeigte sich seine durch eine gefährliche Krankheit, welche er im vorausgegangenen Jahre überstanden hatte, noch mehr geschwächte Gesundheit den Anstrengungen dieses Feldzugs nicht gewachſen; er mußte, da ſeine Fußwunde wieder aufbrach, in Verdun zurückbleiben, und nach dem Rückzuge aus der Champagne erhielt er die Erlaubniß, nach Berlin zurückzukehren. Zu dem Rheinfeldzuge (1793—95) konnte er den König, der mit ſeinen beiden älteſten Söhnen an demſelben theilnahm,*) nicht begleiten; doch war er in den Jahren 1794, 95 und 96 auf mehreren Reiſen dem Könige zur Seite und im December letztgenannten Jahres begab er ſich in deſſen Auftrage nach St. Petersburg, um dem neuen Kaiſer Paul I. die Theilnahme des preußiſchen Hofes an dem Hinſcheiden ſeiner Mutter, der Kaiſerin Katharina II., auszuſprechen und die Glückwünſche zur Thronbeſteigung zu überbringen, wohnte auch der Krönung des Kaiſers in Moskau bei und kehrte erſt im September 1797 nach Berlin zurück, wo er bereits am 16. November den Tod des Königs und die Thronbeſteigung ſeines vormaligen Zöglings erleben ſollte. Die Geſundheitsumſtände des Grafen Brühl blieben ungünſtig und konnten durch wiederholten Gebrauch der Karlsbader Heilquellen nicht verbeſſert werden. Er ſtarb am 4. Juli 1802 in Berlin; ſeine Tochter Marie befand ſich damals, um ihre leidende Geſundheit durch den Genuß der Landluft zu ſtärken, in Groß-Giewitz bei ihrer Freundin, der Gräfin Voß, und erfuhr erſt auf der Rückreiſe nach Berlin, in Oranienburg, den Tod des geliebten Vaters.

Graf Brühl hatte außer der genannten Tochter nur noch zwei Kinder, welche zu reiferen Jahren gelangten:*) Francisca Charlotte, geboren in Dresden am 23. März 1783, und Friedrich Wilhelm, geboren in Berlin am 16. Juni 1791. Ueber Beide wollen wir, bevor wir uns der erſtgenannten Tochter, der nachmaligen Frau von Clauſewitz, zuwenden, nur einiges Wenige mittheilen.

---

* Der König verließ bereits am 29. September 1793 die Armee und der Kronprinz übernahm den Oberbefehl über das zur Belagerung von Landau beſtimmte Corps; doch verließen auf Befehl des Königs der Kronprinz und Prinz Ludwig dieſes Corps ſchon am 27. November und kehrten nach Berlin zurück.

** Er hatte im Ganzen ſieben Kinder, von welchen vier in früher Jugend ſtarben. Dieſe letzteren waren: Karl, geb. in Pegau, dem damaligen Garniſonsorte ſeines Vaters, im Auguſt 1780, geſt. daſelbſt 1783; Heinrich, geb. daſelbſt 1781, wurde nur vier Wochen alt; Marie Pauline, geb. daſelbſt am 26. November 1785, geſt. am 2. December 1788; Louiſe Friederike, geb. daſelbſt 1. December 1788, ſtarb ſchon nach acht Monaten.

Franzisca Gräfin Brühl, von der Familie gewöhnlich Fanny genannt, war sehr begabt, vielseitig ausgebildet, liebenswürdig und von ungewöhnlicher Schönheit; sie besaß ein heiteres, lebendiges Wesen und unterschied sich dadurch von der älteren Schwester Marie, die mehr zu sinnigem Ernste hinneigte, wenn sie auch der Schwester in Anmuth und Freundlichkeit des Benehmens ähnlich war. Francisca verlobte sich in demselben Monate, in welchem ihr Vater starb (Juli 1802) mit dem biederen und ritterlichen Friedrich August Ludwig von der Marwitz auf Friedersdorf im Lande Lebus, und am 12. Mai 1803 wurde die Vermählung gefeiert. Leider war das Glück dieses auf gegenseitige Neigung gegründeten Ehebündnisses nur von kurzer Dauer; denn schon am 16. März 1804 wurde Frau von der Marwitz, nachdem sie am 28. Februar eine Tochter geboren, ihrem Gemahle durch den Tod entrissen. Derselbe ließ auf den Denkstein, der das Grab der geliebten Frau in Friedersdorf bezeichnet, die Worte eingraben: „Hier ruhet mein Glück", Worte, welche der Wahrheit vollständig entsprachen, da diese vortreffliche Frau, wie er oft sagte, sein Stolz und sein Glück gewesen war. Im März 1807 verlobte sich von der Marwitz mit der Gräfin Charlotte v. Moltke, Hofdame der Königin Luise, und am 19. April 1809 wurde zu Charlottenthal, dem Gute des Herzogs Friedrich von Holstein-Beck, des Stiefbruders seiner Braut, die Vermählung gefeiert. Sein ältester Sohn aus dieser Ehe, Gebhard, starb am 11. April 1833 als Zögling der Ritterakademie Brandenburg, noch bei Lebzeiten des Vaters; dieser hinterließ nur einen Sohn, Bernhard, der sein Nachfolger auf Friedersdorf geworden ist. In der Friedersdorfer Kirche befindet sich über der Eingangsthüre ein reicher, in drei Felder getheilter Goldrahmen, in dessen Mittelfelde man das Bildniß August Ludwigs von der Marwitz, rechts und links aber die Bildnisse seiner beiden Frauen erblickt. Das Bildniß der ersten Frau, gebornen Gräfin Franzisca von Brühl, muß durch die außerordentliche Liebenswürdigkeit der Gesichtszüge auf den Beschauer einen tiefen Eindruck machen.
Wenn wir über von der Marwitz und seine beiden jüngeren Brüder Alexander und Eberhard hier einige kurze Lebensnachrichten einschalten, so dürfte dies sowohl durch das Interesse, welches diese Persönlichkeiten an und für sich einflößen, als auch durch die Beziehungen,

welche fie zu dem eigentlichen Gegenftande unferer Schrift haben,
gerechtfertigt erfcheinen.

Der Vater der drei Brüder war Behrend Friedrich Auguft
v. d. Marwiß, ihre Mutter Sufanne Sophie Marie Louife v. Dorville. Der ältefte derfelben, Friedrich Auguft Ludwig v. d. Marwiß,
wurde am 29. Mai 1777 zu Berlin (die Eltern pflegten nur den
Sommer in Friedersdorf zuzubringen) in der Wilhelmsftraße und
zwar in dem damals Voffifchen Haufe, dem fpäteren Palafte des
Prinzen Auguft, jeßigen Gebäude des Juftizminifteriums, geboren.
Dreizehn Jahre alt trat er als Junker in das Regiment Gensdarmes,
in welchem er zum Cornet (Standartenjunker) und Lieutenant befördert wurde und 1790 den kurzen polnifchen Feldzug, auch 1793 — 95
die Rheincampagne mitmachte. Im Auguft 1802 nahm er feinen
Abfchied (fein Vater war 1793 geftorben) und widmete fich mit demfelben Eifer, den er als Soldat bewiefen hatte, dem Betriebe der
Landwirthfchaft auf dem väterlichen Gute. Diefe Periode war es,
welche durch feine Verbindung mit der Gräfin Franzisca von Brühl
zur glücklichften feines Lebens wurde, doch verlor er die geliebte
Frau noch vor Ablauf eines Jahres. Als 1805 Oefterreich und
Rußland fich gegen Napoleon verbanden, trat er, in der Hoffnung,
daß Preußen fich ihnen anfchließen werde, mit dem Range eines
Rittmeifters wieder ein; allein da fich diefe Hoffnung nicht erfüllte,
fo nahm er zum zweiten Male den Abfchied und kehrte nach Friedersdorf zurück. Doch fchon im folgenden Jahre eilte er wieder zu den
Fahnen und focht als Hohenlohe's Adjutant in der Schlacht bei Jena,
in welcher ihm, der mehr als einmal wankende Regimenter in die
Schlachtreihe zurückgeführt hatte, das Pferd unter'm Leibe getödtet
und der Hut (derfelbe wird im Friedersdorfer Schloffe noch aufbe-
wahrt) von Kugeln durchlöchert wurde. In der unglücklichen Zeit,
die nun über fein Vaterland kam, fammelte er auf der Infel Rügen
das nach ihm benannte Freicorps, welches er jedoch, da der Tilfiter
Frieden gefchloffen wurde, auflöfen mußte, bevor es in Thätigkeit
treten konnte.

Während der nun folgenden Friedensperiode wurden im Jahre 1811
er und Graf Finkenftein, als Unterzeichner eines Proteftes, in welchem
die Rechte der Lebufifchen Stände gegen die damalige Regierung

in nachdrücklichster Weise vertheidigt worden waren, in Folge einer Verfügung des Kammergerichts, auf die Festung Spandau geschickt, doch bald wieder in Freiheit gesetzt. Bei dem Beginne des Befreiungskrieges trat er sofort mit dem Range eines Majors wieder ein, wurde zu Anfang April 1813 mit der Errichtung einer Landwehrbrigade betraut und erwarb sich, mit Eifer und Vorliebe Cavalerist, ein besonderes Verdienst durch Ausbildung der zu derselben gehörigen vier Schwadronen. Am 7. Juni bestand er ein siegreiches Gefecht vor den Thoren Wittenbergs gegen polnische Ulanen, und am 27. August führte er in dem Gefechte bei Hagelsberg (unweit Belzig), als schon der Sieg auf die feindliche Seite sich zu wenden schien, mit seinen drei Bataillonen eine glückliche Wendung herbei. Daß gerade sein Lebuser Bataillon, welches aus seinen engsten Landsleuten bestand, den Hauptstoß that, der das Treffen entschied, erhöhte noch seine Freude. Auch in diesem harten Kampfe war er wie bei Jena unversehrt geblieben und hatte nur eine Kugel durch den Mantel erhalten. An den ferneren großen Kämpfen konnte er nicht theilnehmen, da seine Brigade zur Einschließung von Magdeburg verwendet wurde. In dem Kriege von 1815 focht er, inzwischen zum Obersten aufgestiegen, mit Auszeichnung bei Ligny, und während des ganzen 19. Juni hielt er bei Wavre mit dem achten Ulanenregimente den gefährlichsten Posten. Im Jahre 1817 wurde er zum Generalmajor befördert und blieb noch bis zum Jahre 1827 an der Spitze der von ihm befehligten Cavaleriebrigade, indem er, da dieselbe in den Nachbarstädten des Lebusischen Kreises in Garnison stand, von Friedersdorf aus seine Dienstgeschäfte versah. Als ihm in dem genannten Jahre eine Division in Breslau angeboten wurde, lehnte er, um seinen Wohnsitz in dem „Schlosse seiner Väter" nicht aufgeben zu müssen, die Beförderung ab und bat um seinen Abschied. Der König ertheilte ihm denselben und ließ ihn bald nachher auf das Schloß in Potsdam bescheiden, wo er ihm sein Bedauern aussprach, „einen so ausgezeichneten General zu verlieren", und ihm überdies das anerkennende Zeugniß gab, „immer nach Grundsätzen gehandelt zu haben."

Am 7. December 1837 verschied er als Generallieutenant a. D. und wurde neben seiner ersten Gemahlin bestattet. Für seine Ge-

11*

dächtnißpredigt hatte er in seinem letzten Willen folgende Anweisung gegeben: „Der Prediger soll mich nicht loben wegen dessen, was ich auf Erden gethan, sondern soll zeigen, wie das irdische Leben nur eine Vorbereitung ist zu dem ewigen. Er kann aber sagen, daß ich gestrebt habe mein Leben lang, die mir auferlegten Pflichten und Arbeiten treulich zu erfüllen, dabei mein eigenes irdisches Wohlsein für nichts achtend; er darf das sagen, weil es wahr ist.“

Der Herausgeber seines Nachlasses*) gibt von dem biederen, ritterlichen Manne folgende treffliche Charakteristik:

„Er war ein Mann von altrömischem Charakter, eine kräftige, gediegene Natur, ein Edelmann im besten Sinne des Wortes, der in seiner Nähe nichts Unwürdiges duldete, allem Schlechten entschieden in den Weg trat, Recht und Wahrheit vertheidigte gegen Jedermann, der die Furcht nicht kannte und immer in den Reihen der Edelsten und Besten zu finden war. Manchem erschien er hart und rauh, aber das ernste und kräftige Wort barg den reinsten Willen und die edelste Absicht. Wie er streng war gegen sich selbst, war er es auch gegen Andere. Er ließ sich gern belehren und gestand seinen Irrthum ohne Bemäntelung ein. Alles Versteckte, Unklare und Erheuchelte war ihm von Herzen zuwider; er konnte darüber in den heftigsten Zorn gerathen.“

Alexander v. d. Marwitz, der kenntnißreichste der drei Brüder, der sich auch durch einen Hang zum Geistreichen auszeichnete, war am 4. October 1787 in Berlin geboren, verlebte seine früheste Jugend abwechselnd hier und in Friedersdorf und besuchte später das unter Gedike's trefflicher Leitung in großem Ansehen stehende Gymnasium „zum grauen Kloster“, wo Scharnhorst's ältester Sohn Wilhelm und der Sohn der Frau von Staël, die damals in Berlin wohnte, seine Mitschüler waren. Der sechzehnjährige Jüngling wurde durch Johann von Müller's Schweizergeschichte so begeistert, daß er den berühmten Mann aufsuchte, um ihm seinen Dank und seine Verehrung auszusprechen. Zu Ostern 1804 bezog er die Universität Frankfurt, um die Rechte zu studiren, wandte sich aber schon nach einem Jahre

---

* Aus dem Nachlasse Friedr. Aug. Ludw. v. d. Marwitz auf Friedersdorf, I. Bd. Lebensschreibung. Berlin, 1852. II. Bd. Milit. und Polit. Aufsätze. Ebendaselbst, 1852. Obige Charakteristik: Bd. I., S. 483.

nach Halle, besonders durch den Namen Friedrich August Wolf's angezogen, dem ihn Johann v. Müller mit den Worten empfahl: „Diesen Gruß bringt Jhnen Alexander v. d. Marwitz. Jch brauche ihn nicht zu empfehlen, weil Sie selbst bald sehen werden, wie viel an ihm ist."

In Halle blieb er anderthalb Jahre und trieb neben seiner Berufswissenschaft mit großem Eifer altclassische, geschichtliche und philosophische Studien. Kurz vor der Schlacht bei Jena kehrte er nach Friedersdorf zurück, um in Abwesenheit seines ältesten Bruders die Verwaltung des Gutes zu übernehmen. Als der Letztere Ende October wieder in Friedersdorf eintraf, begab sich Alexander nach Memel, wo sich damals der Hof befand, wurde von Stein, an welchen er empfohlen war, auch von Niebuhr und anderen bedeutenden Männern freundlich empfangen, und verweilte nachher längere Zeit in Königsberg, wo er mit den Mitgliedern des Tugendbundes in Verbindung trat. Nach Berlin zurückgekehrt, legte er sich besonders auf Politik und Staatsökonomie und studirte aufs gründlichste das berühmte Werk Adam Smith's „vom Reichthume der Nationen", gegen welches er sich schon damals mehr kritisch als bewundernd verhielt. Der zweiundzwanzigjährige junge Mann erweckte ein solches Vertrauen zu seinem Talente und seinen Kenntnissen, daß seine Ernennung zum Staatsrath, namentlich auf Niebuhr's Veranlassung, beabsichtigt wurde. Die Ernennung kam nicht zur Ausführung, da er sich dem Schill'schen Unternehmen anschloß, von welchem er aber schon nach wenigen Wochen zurücktrat, da er sich von der gänzlichen Aussichtslosigkeit desselben überzeugte.

Bald nach seiner Rückkehr von dem Schill'schen Zuge trat er, im Mai 1809, zu Rahel Levin in freundliche Beziehungen, welche zu einem Briefwechsel führten, der für die Kenntniß seiner Lebensschicksale und seines Charakters eine ergiebige Quelle darbietet. Schon Ende Mai eilte v. d. Marwitz auf den Schauplatz des zwischen Oesterreich und Napoleon ausgebrochenen Krieges, in welchem sein jüngster Bruder Eberhard, der schon seit 1808 in österreichischen Diensten stand, in der Schlacht bei Aspern schwer verwundet worden war, trat in das Chevaurlegersregiment Graf Klenau, in welchem auch sein Bruder gedient hatte, ein und nahm an den Schlachten bei Wagram und Znaym Theil. Auch nach dem Friedensschlusse blieb er in der österreichischen Armee und lebte abwechselnd in Prag und Olmütz; doch nahm er, da ihm das Einerlei des Dienstes nicht zusagte und er sich nach geistigen Beschäftigungen und Anregungen zurücksehnte, im Herbst 1810 seinen Abschied und kehrte nach Berlin zurück.

Hier widmete er sich von neuem den Wissenschaften und dem Verkehre mit Rahel und anderen bedeutenden Persönlichkeiten, ging im Mai 1811 nach Friedersdorf, um der Gutsverwaltung vorzustehen, während sein ältester Bruder in Spandau gefangen gehalten wurde, und trat im Juli bei der Regierung in Potsdam als Hülfsarbeiter ein, wo er bis zum Schlusse des Jahres 1812 verweilte. Viele Denkschriften und Abhandlungen, welche er während dieser Zeit ausarbeitete, meist politischen und staatswissenschaftlichen Inhalts, bekunden seinen Scharfsinn und sein vielseitiges, glänzendes Wissen; sie sind niemals veröffentlicht worden, befinden sich aber großentheils noch im Besitze der Familie.

Nach der Vernichtung der großen Armee in Rußland eilte er in den ersten Tagen des Januar 1813 nach Ostpreußen, wo er bei der Errichtung der Landwehr mitwirkte, schloß sich, als die ersten russischen Reitercorps über die Weichsel gingen, an Tettenborn an und begab sich dann nach Breslau, um in die in der Bildung begriffene preußische Armee einzutreten. Da jedoch die Rüstungen für seinen unruhigen Geist einen zu langsamen Fortgang nahmen, so wandte er sich wieder zu den Russen, wohnte unter Dörnberg dem Gefechte bei Lüneburg bei, welches mit der Vernichtung des Morand'schen Corps endigte, und leistete hierauf dem General Benkendorf bei Halberstadt und Leipzig durch seinen Muth und seine Umsicht wesentliche Dienste.

Nach dem Waffenstillstande machte er mit einer Schaar Kosaken bei Bosdorf (unweit Wittenberg) einen kühnen Angriff auf polnische Infanterie, wurde, nachdem ihm das Pferd unter dem Leibe erschossen worden war, schwer verwundet, gerieth in Gefangenschaft und wurde nach Wittenberg, von da nach Leipzig und Ende September nach Mainz abgeführt; doch rettete er sich auf dem Wege dahin, unter vielen Gefahren und Abenteuern, nach Prag. Hier, wo er auch seine Freundin Rahel wiederfand, wurden seine bisher sehr vernach-

läſſigten Wunden geheilt, aber ſeine rechte Hand blieb ſteif und
unbrauchbar. Von Prag, wo er bis Mitte December verweilte,
begab er ſich nach Frankfurt, wo er bei der erſten Brigade des
York'ſchen Corps eintrat und dem General Pirch II., der dieſe
Brigade befehligte, als Adjutant zugewieſen wurde. Nach dem
Uebergange über den Rhein nahm er Theil an den erſten glücklichen
Kämpfen, fiel aber am 11. Februar 1814 bei Montmirail, wo
das York'ſche Corps dem von Napoleon geſchlagenen ruſſiſchen Corps
Sacken's zu Hülfe kam und Pirch gegen das von den Franzoſen
beſetzte Gehölz von Bailly einen erfolgloſen Angriff unternahm, bei
welchem er ſelbſt verwundet wurde. Der Leichnam des tapferen
v. d. Marwitz wurde nicht aufgefunden; ohne Zweifel iſt er mit
vielen anderen auf dem Sandplateau von Montmirail eingeſcharrt
worden. Der älteſte Bruder ließ ihm auf dem Friedersdorfer Friedhofe einen Denkſtein errichten, auf welchem von ihm geſagt wird, er
habe für die Wiſſenſchaften gelebt, deren Gipfel erſtiegen und ſieben
Sprachen geredet. Derſelbe Bruder ſchrieb von ihm: „Es war ein
Glück zu nennen, das Gott ihm verlieh, in ſeinem ſiebenundzwanzig-
ſten Jahre für das Vaterland zu ſterben" und ferner, indem er auf
das excentriſche und leidenſchaftliche Weſen deſſelben hindeutete, welches
übrigens in der letzten Zeit ſich ſehr gemildert hatte: „Die Welt
erlitt an ihm einen großen Verluſt. Er war ein außerordentlicher
Menſch im Wiſſen wie im Handeln. Er würde das Höchſte geleiſtet
haben, wenn er zur inneren Beruhigung gelangt wäre."

Eberhard von der Marwitz, der jüngſte der drei Brüder,
befand ſich als kaum ſechzehnjähriger Jüngling in der école militaire,
als die Franzoſen nach der Schlacht bei Jena-Auerſtädt am 25. October
1806 in Berlin einrückten. Die Zöglinge wurden zu Gefangenen
gemacht und ſtreng bewacht; Eberhard entfloh mit einem befreundeten
Mitſchüler und erreichte auf weiten Umwegen Kiel; hier vertrauten
ſich die beiden Jünglinge auf einem Fiſcherboote dem Meere an und
gelangten nach der Inſel Rügen, wo damals Eberhard's älteſter
Bruder ein Freicorps zu errichten im Begriffe war. Eberhard trat
zuerſt als Fähnrich in das Schützenbataillon deſſelben ein, wurde
nachher aber als Lieutenant zur Cavalerie verſetzt, doch erfolgte nicht
lange nachher die Auflöſung des Corps, und da ein Krieg zwiſchen

Oesterreich und Napoleon in Aussicht zu sein schien, so trat er als
Cornet in das Chevaurlegers-Regiment Graf Klenau ein, wurde bald
nachher zum Offizier befördert, zeichnete sich bei Regensburg aus,
wurde aber bei Aspern gleich zu Beginne der Schlacht bei einem
Angriffe auf das vom Feinde besetzte Dorf durch eine Kanonenkugel
am rechten Oberschenkel schwer verwundet und als Gefangener nach
Nikolsburg in Mähren gebracht. Hier starb er, als die Heilung
seiner Wunde günstig fortzuschreiten schien, am 9. October an einem
Zehrfieber und wurde auf dem Nikolsburger Friedhofe am 10. October
von den Franzosen auf's ehrenvollste bestattet. Der älteste Bruder
ließ ihm auf dem Begräbnißplatze der Familie in Friedersdorf neben
dem Denkmale seines Bruders Alexander einen Denkstein mit folgender Inschrift errichten: „Anton Eberhard Constantin v. d. Marwitz,
geboren zu Berlin den 2. December 1790, widmete sich früh den
Waffen, sah den Fall seines Vaterlandes 1806, kämpfte für dasselbe,
sah es in Sklaverei und floh, den Kampf für deutsche Freiheit suchend,
1808, fand ihn 1809 mit Ruhm bei Regensburg den 25. April,
fiel bei Aspern den 21. Mai 1809, duldete unaussprechlich bis zum
9. October in Nikolsburg in Mähren, wo er starb, von den Seinigen
betrauert, von den Feinden geehrt."*)

Graf Friedrich Wilhelm von Brühl, auf welchen wir nach
obiger Einschaltung über die drei Brüder von der Marwitz zurückkommen, wählte nach dem Beispiele seines Vaters die militärische
Laufbahn und wurde bald nach dessen Tode in die école militaire
aufgenommen (1802), auf welcher Eberhard von der Marwitz, der
Bruder seines Schwagers, sein Mitschüler war. Er verließ aber vor
diesem die Anstalt und trat als Junker in das Regiment Gensdarmes,
da er von Jugend auf für den Cavaleriedienst große Vorliebe hatte.
Als der Krieg von 1806 ausbrach, war er zum Lieutenant vorgerückt
und nahm als Jüngling von fünfzehn Jahren mit seinem Regimente
unter Hohenlohe an der Schlacht bei Jena Theil. Durch die Capitulation von Prenzlau gerieth er in französische Gefangenschaft und
begab sich, nachdem er aus derselben entlassen worden war, zunächst

---

* Ausführlichere Nachrichten über die drei Brüder von der Marwitz finden sich
in Theodor Fontane's „Wanderungen durch die Mark Brandenburg." Theil II,
S. 360 ff., S. 387 ff. und S. 541 ff.

zu seinen Verwandten nach Dresden, dann nach Wien, um seine Aufnahme in die österreichische Armee nachzusuchen. Bevor diese erfolgt war, wurde er benachrichtigt, daß er und Eberhard von der Marwitz zu Lieutenants in der Cavalerie des Freicorps ernannt seien, welches von seinem Schwager damals in Pommern errichtet wurde. Er verließ nun Wien und kam mit einem Courier der preußischen Gesandtschaft nach Preußen und von dort nach Rügen, wo er in die ihm zugewiesene Stelle wirklich eintrat. Allein der Abschluß des Tilsiter Friedens führte die Auflösung des Freicorps herbei und am 21. October 1807 traf er mit seinem Schwager und dessen Bruder Eberhard in Friedersdorf ein. Nur kurze Zeit verweilte er bei seiner Mutter in Berlin, da schon im folgenden Jahre sein Wunsch, in österreichische Dienste aufgenommen zu werden, sich erfüllte und er als Lieutenant in das Ulanen-Regiment Graf Meerfeldt eintrat. Auf seine ferneren Lebensereignisse werden wir im Folgenden wiederholt Veranlassung haben zurückzukommen, da sein Leben mit dem seines Schwagers Clausewitz und dem seiner Schwester sich vielfach berührt, er auch zu Gneisenau, dessen Schwiegersohn er wurde, in nahe Beziehungen trat.

Die Gräfin Marie von Brühl hat über ihre früheren Lebensjahre ziemlich ausführliche und genaue Aufzeichnungen hinterlassen, welche wir unten folgen lassen werden, und können wir uns daher hier auf wenige Mittheilungen beschränken. Die Ausbildung ihrer vortrefflichen Naturanlagen verdankte sie vorzugsweise ihren Eltern, doch soll der Vater sich um ihre Erziehung noch größere Verdienste erworben haben als die Mutter, welche übrigens nicht weniger als jener sich durch Geist und hohe Bildung auszeichnete. Letztere hatte das Wesen einer feinen Weltdame, obgleich es ihr an Gemüth keineswegs fehlte; sie wurde von der Königin Luise, welcher sie schon durch die Stellung ihres Mannes, der Obersthofmeister des Königs war, nahe geführt wurde, sehr hochgeschätzt, und Frau von Berg, welche der Königin, abgesehen von den Familienangehörigen, am nächsten stand, war ihre vertraute Freundin. Die Tochter der Frau von Berg, Louise, nachher mit dem Grafen August von Voß vermählt, war mit der Gräfin Marie von Brühl von Jugend auf durch die innigste Freundschaft verbunden; letztere verweilte oft und lange auf dem Voßischen Gute Groß-Giewitz, an welches sich für sie auch dadurch

eine dankbare Erinnerung knüpfte, daß sie dort zuerst eine genauere
Bekanntschaft mit den classischen Schriften der deutschen National-
literatur machte, mit welchen sich zu beschäftigen ihr immer ein hoher
Genuß war. Uebrigens wählte sie auch ernstere wissenschaftliche,
namentlich historische Schriften zu ihrer Lectüre; der französischen
Sprache nicht nur, sondern auch der englischen, war sie für den
schriftlichen und mündlichen Gebrauch vollkommen mächtig, was
hinsichtlich der letztgenannten Sprache dadurch begünstigt wurde,
daß England das Geburtsland ihrer Mutter war. Auch eine nicht
gewöhnliche Kunstbildung machte sie sich zu eigen; sie war sehr
musikalisch, zeichnete und malte mit Geschmack und großer Geschicklichkeit, was auch durch ihre noch vorhandenen Skizzenbücher bezeugt
wird. Auf Schönheit konnte sie nicht Anspruch machen, wie dieses
in hohem Grade bei ihrer Schwester Franzisca der Fall war; doch
war sie von schlankem Wuchse und angenehmer Gestalt und Gesichtsbildung, hatte schöne, geistvolle blaue Augen, die ihre edle, reine
Seele und ihr tiefes Gemüth in herzgewinnender Weise wieder-
spiegelten. Obgleich sie in den höchsten Kreisen aufgewachsen war
und fortwährend fast ausschließlich mit diesen verkehrte, so behielt sie
dennoch stets die größte Einfachheit und Natürlichkeit des Benehmens,
ja gerade diese Eigenschaften waren es, welche sie in Verbindung mit
so seltenen Gaben des Geistes und Tugenden des Herzens so ungemein
liebenswürdig machten.

Nachdem sie das achtzehnte Lebensjahr vollendet hatte, wurde sie,
fast gleichzeitig mit ihrer Freundin Louise von Berg, am 1. Januar
1798 zum ersten Male bei Hofe vorgestellt und nicht lange nachher
zur Hofdame der Königin Mutter, gebornen Prinzessin Friederike von
Hessen-Darmstadt, ernannt, in welchem Verhältnisse sie bis zum Tode
derselben (25. Februar 1805) blieb. Zu Ende 1809 wurde sie Hofdame oder eigentlich Gouvernante der Prinzessin Charlotte, nachmaligen Kaiserin Alexandra Feodorowna von Rußland; doch war
diese Stellung nur von kurzer Dauer, da im folgenden Jahre ihre
Vermählung mit Clausewitz erfolgte.

Ueber den Beginn und Fortgang des zarten und schönen Verhältnisses zu Letzterem hat sie selbst mit der ganzen Aufrichtigkeit und
Innigkeit ihres edlen Gemüthes in der zweiten der unten folgenden

Aufzeichnungen Mittheilung gemacht, auf welche wir den Leser verweisen.

Die Bekanntschaft mit der Gräfin Brühl wurde durch Clausewitz's Stellung als Adjutant des Prinzen August veranlaßt, durch welche er in den Hofkreisen Zutritt erlangte, und Beide sahen einander zum erstenmal Ende November oder Anfang December 1803 auf einem Souper bei dem Prinzen Ferdinand, dem Vater des Prinzen August, als die Gräfin Marie, welche in tiefer Trauer um den geliebten Vater ein ganzes Jahr in stiller Zurückgezogenheit gelebt hatte, sich zum Wiedereintritte in die Gesellschaft hatte entschließen müssen, von welcher ihre Mutter sich stets fern zu halten Willens war. Clausewitz ließ sich ihr vorstellen, doch fühlte sie in ihrer damaligen Stimmung keine Neigung, sich mit dem ihr fremden Manne in ein Gespräch einzulassen; und erst einige Tage nachher wurde sie auf ihn aufmerksam, als der Prinz August mit seinem Adjutanten zur Königin nach Monbijou kam und Graf Karl von Brühl, Mariens Vetter, der sich mit Clausewitz eine Zeitlang unterhalten hatte, ihr denselben nachher als einen sehr ausgezeichneten jungen Mann rühmte. Beide sahen einander nun häufiger in den Hofkreisen und mit jeder neuen Begegnung wuchs ihre gegenseitige Zuneigung; doch erfolgte die Verständigung der Liebenden erst am 3. December 1805, als Clausewitz, bei dem bevorstehenden Ausmarsche der Truppen, sich von der Geliebten mit bewegtem Herzen verabschiedete. „Ich hoffe, Sie werden Ihre hiesigen Freunde nicht vergessen" sprach diese in einem Tone, in welchem mehr lag als in ihren Worten; Clausewitz aber sagte, indem er ihre Hand faßte und dieselbe küßte, tief gerührt und sehr bedeutend: „O wer Sie einmal gesehen hat, der vergißt Sie nie wieder!" „Sein Blick", fährt sie in der erwähnten Aufzeichnung, welcher wir dieses entlehnen, fort, „der Ton seiner Stimme bei diesen Worten drang mir bis in's Innerste der Seele und wird mir ewig unvergeßlich bleiben. Wir hielten einander noch einen Augenblick schweigend und gerührt bei der Hand; wir wären einander in die Arme gesunken, wenn wir allein gewesen wären, wären dann um eine herrliche Erinnerung reicher; aber auch so gehört dieser Augenblick zu den schönsten und wichtigsten unseres Lebens; denn wir hatten einander verstanden und der Bund unserer Seelen war schweigend geschlossen."

Noch mußten fünf Jahre voll harter Prüfungen vergehen, bevor dieser Seelenbund am Altare besiegelt werden konnte; doch die Macht einer auf der innigsten Harmonie der Herzen beruhenden Liebe überwand alle Schwierigkeiten und Hindernisse, welche sich der Verbindung eines unbemittelten Subalternoffiziers mit der in den höchsten Gesellschaftskreisen erzogenen Tochter einer dem Reichsgrafenstande angehörenden Familie entgegenstellen mußten. Der Krieg, der in jener Abschiedsstunde bevorzustehen schien, kam nicht zum Ausbruche; erst im Herbste des folgenden Jahres erfolgte die Trennung der Liebenden, als Clausewitz an der Seite seines Prinzen zu dem unglücklichen Kampfe auszog, aus welchem Beide als Gefangene nach Berlin zurückkehren sollten. Am 30. December 1806 begab er sich mit dem Prinzen in die Gefangenschaft nach Frankreich; fast ein Jahr mußte er fern von dem Vaterlande und der Geliebten zubringen und erst im November 1807 wurde er mit derselben wieder vereinigt. Eine neue Trennung erfolgte, als Clausewitz im April 1808 den Prinzen August nach Königsberg begleitete, wo er, als er zu Ende des Jahres aus der Adjutantenstellung ausschied, auch noch während des folgenden Jahres verweilen mußte, um unter Scharnhorst's Leitung und zu dessen Unterstützung im Kriegsdepartement zu arbeiten. Erst am 31. December 1809 erschien zugleich mit der Rückkehr des Hofes nach Berlin für die Liebenden der Tag des Wiedersehens, auf welchen nach Jahresfrist der ihrer Vereinigung für's Leben folgen sollte. Während der Trennungsjahre 1806—1809 hatte sie mit Einwilligung der Mutter in brieflicher Verbindung gestanden, doch erst im Juni 1810, als Clausewitz zum wirklichen Generalstabsoffizier ernannt wurde und seine Beförderung zum Major, die am 29. August erfolgte, in sicherer Aussicht stand, befanden sich die Liebenden endlich in der glücklichen Lage, ihre Verlobung, die seither ein Geheimniß weniger Vertrauten gewesen war, veröffentlichen zu dürfen. Zu diesen Vertrauten gehörte, außer der Frau von Berg und deren Tochter Louise (Gräfin Voß) sowie einigen befreundeten Hofdamen, namentlich die Prinzessin Wilhelm, welche von Königsberg aus mit der ihr in begeisterter Verehrung ergebenen Gräfin Marie von Brühl einen fleißigen Briefwechsel unterhielt und dem Verlobten derselben viele Beweise freundlicher Theilnahme gab.

In dem Briefe,*) in welchem Clausewitz seine Verlobung Gneisenau anzeigt, sagt er über seine Braut (Juni 1810): „Ueber meine Wahl darf ich mich nicht rechtfertigen, denn meine künftige Frau ist sehr viel mehr und sehr viel besser als ich. Fragen Sie die Prinzeß Louise, die Ihnen das Weitere berichten mag. Sie erinnern sich, daß Stein immer eine Gräfin Brühl verheirathen wollte — gerade die ist es, und er gab sich umsonst so viel Mühe, Minister Dohna**) zu der Partie zu bereden." Gneisenau lernte bald nachher in Berlin die Gräfin Brühl näher kennen und bat sie, ihm für seine Töchter eine geeignete Erzieherin zu empfehlen, worüber er seiner Frau schreibt (27. Juli 1810):***) „Es ist mir noch nicht geglückt, eine Erzieherin für die Mädchen zu erhalten, obgleich sich eine sehr edle Person, die Gräfin Brühl, dafür interessirt." Wie Gneisenau über Letztere, nachdem er ihr durch persönlichen Verkehr näher getreten war, urtheilte, zeigt folgende Stelle aus einem Briefe an seine Frau, welche wir, obgleich derselbe einer späteren Zeit, dem Juli 1811, angehört, hier anschließen wollen. Gneisenau hatte ihren Besuch, die bereits die Gattin Clausewitz's geworden war, seiner Frau vor einiger Zeit angekündigt und in Bezug hierauf schreibt er:†) „Wenn sie sich, wie ich fast voraussehe, in Deinem Hause niedergelassen hat, so wirst Du wohl mit ihr eingerichtet sein, und ich hoffe, zu Deiner Zufriedenheit. Mit dem cultivirtesten Geist verbindet sie die größte Herzensgüte und die angenehmsten, feinsten Formen des Umgangs. Sie ist hier in Berlin eine von unseren Musterfrauen, und wird dem Bilde wenig entsprechen, das man sich in Eurer Gegend gewöhnlich von den Berliner Frauen macht. Ich hoffe, daß Du sie gut aufnimmst und ihr mit Freundlichkeit entgegenkommst. Von ihrem Urtheil über Dich wird das hiesige bestimmt werden."

* Pertz, Leben Gneisenau's, I, 616.

** Friedrich Ferd. Alex. Burggraf zu Dohna-Schlobitten, geb. 1771, wurde 1808 bei Stein's Austritt Minister, schied aber schon 1810 (bei Hardenberg's Eintritt) aus dem Staatsdienste und zog sich auf seine Güter in Ostpreußen zurück. Er erwarb sich 1813 als Generallandschaftsdirector große Verdienste um die Bewaffnung der Provinz und starb 1831.

*** Pertz a. a. O., S. 616.

† Pertz, Bd. II, S. 104.

Am 17. December 1810 wurde Clausewitz mit seiner Braut in der Marienkirche durch den Consistorialrath Ribbeck ehelich verbunden. Die Trauung würde eigentlich dem Prediger Stahn, der damals erster Geistlicher an der Marienkirche war, zugestanden haben; Ribbeck aber, der wie Fichte, Schleiermacher und andere edelgesinnte Männer zu dem patriotischen Kreise gehörte, in welchem zur Zeit der Franzosenherrschaft die Liebe zum Vaterlande mit treuer Ausdauer gepflegt wurde, stand zu Clausewitz wie fast alle jene Männer, namentlich Schleiermacher, in näheren Beziehungen, und ohne Zweifel wird er die Trauung seines Freundes auf dessen Wunsch vollzogen haben. Die Neuvermählten traten sogleich nach Vollzug der Trauung eine Reise nach Schlesien und Sachsen zum Besuche einiger Verwandten an, brachten auf der Rückreise den 31. December in Giewitz bei der befreundeten Vossischen Familie zu und trafen am späten Abend in Berlin wieder ein, wo sie ihre neue Wohnung zum erstenmale betraten und durch die hübsche Einrichtung derselben wie durch die Geschenke ihrer Freunde angenehm überrascht wurden.

———

In Folgendem theilen wir die erwähnten drei Aufsätze der Frau von Clausewitz über ihr Jugendleben mit, welchen wir eine Anzahl Gedichte ihres Gatten anschließen. Indem wir die letzteren in diese Biographie aufnehmen, sind wir weit entfernt, denselben einen höheren Kunstwerth beizulegen, wie denn Clausewitz selbst am wenigsten daran dachte, sich poetische Begabung zuzutrauen; wir glauben aber diese anspruchslosen Aeußerungen seines Gefühlslebens nicht gänzlich unbeachtet lassen zu dürfen und hoffen, daß es für die Kenner und Verehrer seiner Geisteswerke, der unschätzbaren Denkmäler seines scharfen Verstandes, nicht ohne Interesse sein werde, in diesen gemüthvollen dichterischen Versuchen eine neue Seite seiner reichen Eigenthümlichkeit sich erschlossen zu sehen. Auf die gemüthvollen, tiefempfundenen Strophen „Zum neuen Jahre" (Nr. 11) glauben wir besonders aufmerksam machen zu dürfen.

———

1.

Aufzeichnungen der Frau von Clausewitz über ihr Jugendleben.

Mein Vater ward geboren den 3. April 1742 in Warschau, meine Mutter den 6. Juli 1762 in St. Petersburg. Den 17. August 1778 verheiratheten sich meine Eltern in Petersburg und reisten einige Wochen darauf nach Warschau, wo ich den 3. Juni 1779 geboren wurde. 1780 im Frühjahr gingen sie nach Sachsen, wo sie abwechselnd in Dresden und in Pegau, der Garnison meines Vaters, lebten. Im August 1780 wurde mein Bruder Karl geboren, der im Jahre 1783 in Pegau an den Pocken starb. 1781 wurde mein Bruder Heinrich geboren, der nur vier Wochen lebte; beide sind in Pegau begraben. Den 23. März 1783 ward meine geliebte Schwester Fränziska Charlotte geboren, in Dresden im Hofmannsegg'schen Hause, welches ich mir noch sehr wohl zu erinnern weiß. In den Jahren 82, 83 und 84 reiste ich mit meinen Eltern nach Karlsbad, wovon ich mir noch Vieles deutlich erinnere. Im Jahre 1783, nachdem mein Bruder Karl an den natürlichen Pocken gestorben war und meine Schwester sie mit drei Monaten glücklich überstanden und nur eine einzige tiefe Narbe davon behalten hatte, ließen mich meine Eltern auf der Rückreise aus Karlsbad mit Mme. Rahn, die schon seit 81 bei uns war, in Chemnitz bei meinen Onkel Heinrich*), um mir von seinem Regiments-Chirurgus Buttrich die Pocken einimpfen zu lassen. Als ich nach Pegau zurückkam, fand ich die Eltern meiner Mutter daselbst mit ihrer Schwester und ihren Freundinnen, den zwei Fräulein Cozeus, die ich mir alle sehr gut erinnere. Meine Mutter sah ihre Eltern zum letzten Male und hat auch die übrigen seitdem nicht wiedergesehen. In demselben Jahre hatte ich während der Krankheit meines Bruders einige Wochen in Wiedrau**) bei der Frau von Berlepsch, der Cousine meines Vaters, zugebracht; überhaupt waren wir oft dort, aber noch

---

* Graf Heinrich von Brühl (der dritte Sohn des Ministers), stand damals noch in sächsischen Diensten, aus welchen er 1787 als Generalmajor in preußische Dienste trat. Er war später Gesandter in München und starb 1792.

** Dorf bei Pegau.

öfter in Cythra*) bei der Gräfin Werther, und in Rötha**) beim
Baron Friesen. Mein Vater unterrichtete mich selbst im Schreiben.

Der erste Brief, den ich unter seiner Anleitung schrieb, war an
meinen Großvater;***) ich habe noch die Antwort, die ich darauf
erhielt.

Wir fuhren fort, den Sommer in Pegau und den Winter in
Dresden zuzubringen, bis wir meinem Vater, der im Jahre 1786
nach Berlin gerufen worden war, im Januar 1787 aus Pegau folgten.
Wir bezogen in Berlin eine Wohnung auf dem königlichen Palais.
Diese Veränderung war für mich der Eintritt in eine neue Welt.
Im Frühjahr brachten wir einige Monate in Potsdam zu. Im Jahre
1788 reiste ich mit meiner Mutter und meiner Schwester Fanny****)
nach Pyrmont; meine Schwester Marie Pauline, die den 26. November
1785 in Pegau geboren war, blieb bei Mme. Brown,†) die im Jahre
1788 im Frühjahr mit ihren Kindern nach Berlin gekommen war.
Mein Vater hatte mit dem Kronprinzen den König††) nach Holland
begleitet; auf der Rückreise besuchte er uns auf einen Tag in Pyrmont.

In demselben Jahre, in den ersten Tagen des Octobers, hatte
mein Vater das Unglück, durch die unvorsichtige Sprengung einer
Mine in den Rüdersdorfer†††) Kalkbergen sehr gefährlich am Fuße
verwundet zu werden. Eine schlechte Behandlung dieser Wunde
machte die Sache noch viel schlimmer und erschütterte seine ganze
Gesundheit. Er war über ein halbes Jahr bettlägerig und mußte
noch mehrere Monate auf Krücken gehen. Während dieser traurigen
Zeit starb meine Schwester Pauline, ein schönes, sehr ausgezeichnetes
Kind, am Wasserkopf, den 2. December 1788, nachdem meine Mutter
den 1. December mit meiner Schwester Louise Friederike niedergekommen
war, die in einem Alter von acht Monaten nach vielen Leiden wieder
starb. Beide sind in Berlin auf dem katholischen Kirchhofe begraben.

---

* Dorf bei Leipzig.

** Rötha, Stadt im Kreise Leipzig, an der Pleiße.

*** Von mütterlicher Seite, da der Großvater von väterlicher Seite (der Minister)
schon am 24. October 1763 starb.

**** Die oben genannte Franzisca Charlotte.

† Gattin des Dr. Brown, der als Leibarzt des Königs aus England berufen war.

†† Friedrich Wilhelm II.

††† Dorf im Kreise Nieder-Barnim, Reg.-Bez. Potsdam.

Im Frühjahr 1789 zogen wir nach Charlottenburg in die Berliner Straße; Marie Brown*) wohnte dort einige Wochen bei uns; dann gingen wir nach Freienwalde, wo sich mein Vater sehr schnell erholte.

Im Jahre 1790 begleitete mein Vater den Kronprinzen nach Schlesien, wo die Reichenbacher Convention abgeschlossen wurde. Im Frühjahre desselben Jahres waren wir wieder einige Wochen in Potsdam gewesen; während dieser Zeit starb Marie Brown in Tempelhof, wo sie auch begraben ist, und meine Mutter erhielt auch die Nachricht vom Tode ihrer Mutter. Meine Mutter ging während meines Vaters Abwesenheit mit uns nach Freienwalde, wo auch die Königin Mutter**) zum ersten Male war.

Im Jahre 1791 gingen wir wieder nach Potsdam. Mein Vater war dort gefährlich krank; er reiste allein nach Karlsbad. Während seiner Abwesenheit wurde mein Bruder Friedrich Wilhelm den 16. Juni in Berlin geboren. Margret Brown wohnte mit ihren Schwestern***) in Tempelhof; wir hatten dort auch eine kleine Wohnung gemiethet, die wir aber nicht förmlich bewohnten, sondern nur Tage oder Abende dort zubrachten. In dieser Zeit fing ich schon an, mit Margret Brown, ungeachtet der Verschiedenheit unseres Alters, innig vertraut zu werden.

Im Frühjahr 1792 wohnten wir wieder einige Monate in Potsdam. Der Onkel von Pförten†) hatte mit seiner Frau und seinen Kindern einen Theil des Winters in Berlin zugebracht, auch Onkel Heinrich war dort gewesen und war etwas früher nach Pförten zurückgekehrt, um mit seiner Frau nach seiner neuen Garnison in Preußen abzureisen; er starb aber in Pförten nach einer kurzen Krankheit.††)

---

* Tochter des oben genannten Dr. Brown.

** Elisabeth Christine (von Braunschweig-Wolfenbüttel), die Witwe Friedrich's des Großen, die am 13. Januar 1797 im Alter von 81 Jahren starb.

*** Ebenfalls Töchter des genannten Arztes.

† Stadt im Kreise Sorau, gräflich Brühl'sche Standesherrschaft. — Der „Onkel von Pförten" ist Friedrich Aloysius, der älteste Sohn des Ministers.

†† Der oben erwähnte Graf Heinrich von Brühl (dritter Sohn des Ministers) war seit 1780 vermählt mit Laura Gräfin von Minucci, welche 1824 starb. Dieser Ehe entsproß Graf Wilhelm von Brühl, geboren 1788, Generallieutenant a. D. und Präses der General-Ordenscommission in Berlin. Derselbe vermählte sich 1824 mit Bertha von Tschirschky und Bögendorf, welche schon 1825 starb, und in zweiter Ehe

Wir erhielten diese Nachricht in Potsdam; die Art, wie mein Vater sie aufnahm, wird mir ewig unvergeßlich bleiben. Mein Onkel steht in der Gruft in Forsta*) neben seinem Vater. Während dieses Aufenthaltes in Potsdam erhielt meine Mutter auch die Nachricht von dem Tode ihres Vaters. In demselben Jahre begleitete mein Vater den König nach Pillnitz und dann zur Armee an den Rhein. Seine Gesundheit konnte die Anstrengungen dieses Feldzuges nicht ertragen; die Wunde seines Fußes brach wieder auf, so daß er in Verdun zurückbleiben mußte und nach dem Rückzuge aus der Champagne die Erlaubniß erhielt, nach Berlin zurückzukehren. Hier besuchte ihn im Januar 1793 mein Onkel von Pförten; er schien in der Fülle der Gesundheit, aber nachdem uns seine Gegenwart viele frohe Stunden bereitet hatte, und nachdem er noch am Abend vor seinem Tode bis elf Uhr bei uns gewesen war, machte ein Schlagfluß in der Nacht des 31. Januar seinem Leben plötzlich ein Ende. Er ist in Berlin in der Gruft der katholischen Kirche beigesetzt.**)

Wir reisten im Mai nach Pförten, wo ich meinen vierzehnten und mein Bruder seinen zweiten Geburtstag feierte. Ende Juni kamen wir auf einige Tage nach Berlin zurück. Während unserer

1839 mit Henriette v. Camuzi (geb. 1805). Letztere, die Gräfin Henriette v. Brühl, lebt noch (1876) auf ihrer schönen Besitzung in Dirmstein bei Frankenthal (Rheinbaiern), wo ihr Gemahl starb und begraben ist. Die Ehe war kinderlos.

* Im Kreise Sorau, unweit Pförten.

** Der Minister war mit einer Katholikin (Franzisca Maria Anna Gräfin von Kolowrat-Krakowsky, welche 1762 starb) verheirathet und ließ seine vier Söhne in der katholischen Religion erziehen, war aber selbst nicht zu derselben übergetreten, wie oft irrthümlich angegeben wird. Sein hier erwähnter ältester Sohn, Graf Friedrich Aloysius von Brühl, war in Dresden am 31. Juli 1739 geboren, studirte in Leipzig und Leyden, wurde im 19. Jahre polnischer Großfeldzeugmeister, machte im kaiserlichen Heere einen Theil des siebenjährigen Krieges mit, blieb nach dem Tode August's III. im Dienste des durch russischen Einfluß zum Könige von Polen gewählten Stanislaus Poniatowsky und war Starost zu Warschau, zog sich aber aus seiner glänzenden Stellung auf sein Majorat Pförten (in der Niederlausitz) zurück und lebte in dieser Einsamkeit nur den Wissenschaften und Künsten. Er war ein ungewöhnlich kenntnißreicher und begabter Mann, ein tüchtiger Mathematiker, sprach und schrieb fast alle europäischen Sprachen, zeichnete und malte geschmackvoll und spielte fast alle Instrumente. Auch war er Theaterdichter (von ihm sind die 1785—90 in 5 Bänden in Dresden erschienenen „Theatralischen Belustigungen") und übersetzte aus dem Französischen (z. B. den Meißner'schen Alcibiades).

Abwesenheit war Mme. Rahn mit unseren Sachen vom Palais, das zur Heirath des Kronprinzen eingerichtet wurde, in das Haus der Generalin Saldern gezogen. Dann begleitete ich meine Eltern nach Karlsbad und Teplitz. Diese erste Erscheinung in der Welt machte einen viel stärkeren Eindruck auf mich als die spätere und ich danke es meinen Eltern herzlich, mich noch mehrere Jahre in der Stille der Einsamkeit erzogen zu haben. In Karlsbad feierte man durch einen großen Ball die Eroberung von Mainz.

Die Jahre 94, 95 und 96 verstrichen uns sehr ruhig und gleichmäßig; mein Vater begleitete den König auf mehreren Reisen und ging auch einigemal allein nach Pförten und Karlsbad. Wir brachten alle Sommer in Charlottenburg zu und lebten dort ganz in der Brown'schen Familie. Wir wohnten in Berlin im Hause des Dr. Brown in der Behrenstraße, in Charlottenburg einmal in der Schloßstraße und die anderen Jahre bei der Kirche.

Im December 1796 wurde ich eingesegnet; als bald darauf*) die Kaiserin Katharina starb, wurde mein Vater nach Rußland geschickt;**) er blieb dort bis in den September 1797 und wohnte in Moskau der Krönung des Kaisers Paul bei. Als er zurück kam, fand er den verstorbenen König schon sehr gefährlich krank; diese Krankheit hatte einen bedeutenden Einfluß auf seine Pläne und auf unser ganzes Leben. Der König starb im November***) 1797. Den 1. Januar 1798 ward ich zum erstenmale bei Hofe vorgestellt; Louise†) erschien einige Tage später.

Im Sommer ging mein Vater wieder nach Karlsbad und wir nach Charlottenburg, wo wir ein sehr hübsches Haus in der Schloßstraße bezogen, das früher Frau von Riedesel bewohnt hatte. Mama war sehr krank.

Im Winter von 98 auf 99 waren viele Engländer in Berlin,

---

* Ein kleiner Gedächtnißfehler, da Katharina II. schon im November (6./17.) gestorben war.

** Um dem neuen Kaiser Paul I. die Theilnahme des Königs Friedr. Wilh. II. an dem Tode seiner Mutter, der Kaiserin Katharina II., zu bezeugen.

*** 16. November.

† Louise von Berg (geboren am 28. November 1780), nachherige Gräfin Voß, Tochter der Frau von Berg, der bekannten Freundin und Lebensbeschreiberin der Königin Luise.

auch der Prinz August *) von England. Ich fand mehr Vergnügen in der großen Welt als im vorigen Jahre. Es wurde eine große Quadrille getanzt (der König Philipp und die Königin Maria), die mir viel Vergnügen machte. Ich tanzte mit General v. Krusemarck **) und Luise mit General von Rochow. Im Sommer zogen wir wieder nach Charlottenburg, in ein Haus in der Schloßstraße, das durch den Garten eine Communication mit dem Brown'schen Garten hatte. Dieser Sommer war eine merkwürdige Epoche meines inneren Lebens. Fritz ***) begleitete meinen Vater nach Karlsbad. Im Herbst reiste William Brown nach England; ich habe ihn seitdem nicht wieder gesehen.

Im Jahre 1800 gingen wir alle nach Karlsbad und Töplitz. Bei unserer Zurückkunft fanden wir Lord Carysfort mit seiner Familie. Luise verheirathete sich den 14. October; †) ich ging nach Freienwalde zum 16. Im Jahre 1801 in der Nacht vom 23. zum 24. März starb meine Freundin Isabella Brown; sie ist in Tempelhof neben ihrer Schwester begraben. Wir brachten den Sommer in Charlottenburg zu. Dr. Brown hatte sein Haus verkauft und sich so wie wir eine Wohnung auf den Sommer in der Berlinerstraße gemiethet. Lady Carysfort bewohnte das Schickler'sche Haus. Die Brown'sche Familie zog etwas früher nach der Stadt als wir; ich frühstückte am letzten Morgen mit Margrete; wir nahmen so wehmüthig Abschied, als hätten wir die lange Trennung geahndet, die uns so bald bevorstand. Prinzessin von Hessen ††) kam im Anfange des Octobers nach Potsdam; wir wurden zu einem großen Balle eingeladen, der ihr zu Ehren im neuen Palais gegeben wurde. Wir brachten die

---

* Herzog August von Sussex, Sohn Georg's III. von England.

** Derselbe, der 1812 in Rußland in Napoleon's Hauptquartier war und 1822 als Generallieutenant und Gesandter in Wien starb. Er wurde übrigens erst 1809 Generalmajor.

*** Ihr vorerwähnter Bruder Friedrich Wilhelm.

† Louise v. Berg (Tochter des Kammerherrn v. Berg, nachherigen Grafen v. Berg-Schönfeld, und der Frau Louise v. Berg geb. v. Häseler) verheirathete sich am 14. October 1800 mit dem Grafen August v. Voß, Enkel der Oberhofmeisterin v. Voß. Die Hochzeit wurde auf Barensdorf (einem Gute der Frau v. Berg) bei Beeskow gefeiert.

†† Die Prinzessin Auguste (geb. 1. Mai 1780), Schwester des Königs (Friedrich Wilhelm III.), welche am 13. Februar 1797 mit dem Erbprinzen Wilhelm von Hessen-Cassel (dem nachherigen Kurfürsten Wilhelm II.) vermählt wurde.

Nacht in Potsdam zu; am andern Morgen erschreckte uns eine plötzliche Unpäßlichkeit meines guten Vaters. Wir gingen nach Charlottenburg zurück, von wo ich zum Geburtstage der Königin mit
Fr. Blsch nach Freienwalde ging; der König, die Königin und die
Prinzessinnen waren ebenfalls dort. Ich litt im Winter sehr an
Krämpfen und sollte Luise wegen meiner Gesundheit aufs Land begleiten;*) wir reisten am 1. Mai ab; am selben Tage reiste auch
die Brown'sche Familie nach England, von wo die Töchter seitdem
nicht zurückkehrten. Mein geliebter Vater begleitete mich zu Pferde;
ich sah ihn nicht wieder.

In Giewitz ging mir eine neue Welt auf; ich lernte zuerst alle
besseren deutschen Schriftsteller kennen und fand in ihnen Alles, was
ich bisher immer vergeblich gesucht, und Kraft für die traurige Zeit,
die nun für mich eintrat.

Im Juli kehrten wir nach Berlin zurück und in Oranienburg
erfuhr ich den am 4. Juli erfolgten Tod meines geliebten Vaters.

Ich fand meine Schwester**) versprochen; ich verlebte ein trauriges
Jahr in der größten Eingezogenheit. Fritz kam in die Académie
militaire.

Im Jahre 1803 im April begleitete ich Frau von Berg wieder
nach Giewitz; wir kehrten im Mai nach Berlin zurück; am 12. war
die Hochzeit meiner Schwester. Im Juni zogen wir nach Ziethen,
wo Frau von Vitzthum und Miß Bidwell einige Zeit bei uns zubrachten. Ich ging im September auf einige Wochen nach Friedersdorf und traf auch meine Schwester den 16. October in Freienwalde.***)
Im December zogen wir wieder in die Stadt; ich mußte mich mit
schwerem Herzen entschließen, wieder in die große Welt zu treten
und zwar allein, da meine Mutter ihr auf immer entsagte. Bei
diesem ersten Wiedererscheinen in der Welt sah ich beim Prinzen

---

* Nach Groß-Giewitz in Mecklenburg-Schwerin (bei Stavenhagen), dem Gute
des Grafen August v. Voß (der sich mit Louise v. Berg vermählt hatte).

** Francisca (Fanny) am 12. Mai 1803 vermählt mit Friedrich August Ludwig
von der Marwitz auf Friedersdorf, nachmals General-Lieutenant a. D. (starb
7. December 1837 zu Friedersdorf).

*** In Freienwalde erbaute die Witwe Friedrich Wilhelm's II. (Friederike von
Hessen-Darmstadt) 1798 ein Schloß, welches sie bis zu ihrem Tode (25. Februar 1805)
bewohnte.

Ferdinand*) meinen Mann zum erften Male und an diefen wehmüthigen Tag knüpft fich der Anfang meines höchften Glückes; er
wird mir ewig unvergeßlich bleiben!

Die Vermählung des Prinzen Wilhelm**) am 12. Januar 1804
und die Fefte, die fie veranlaßte, gaben uns viel Gelegenheit, uns
zu fehen und bald mit einander bekannt zu werden, und meine
Freundinnen, befonders Charlotte,***) neckten mich mit dem Eindruck,
den ich auf ihn gemacht, lange ehe ich den Muth hatte, mir ihn
felbft zu geftehen.

Aus diefer Zeit erinnere ich mich befonders eines Balles beim
Prinzen Ferdinand, wo wir vom Werther fprachen und zweier Diners,
das eine beim Könige auf dem Schloß, das andere beim Prinzen
Wilhelm am Tage nach feiner Vermählung, in den Zimmern der
Königin Elifabeth,†) wo mir C. gegenüberfaß und wir über den
Tifch zufammen fprachen.

Am 28. Februar kam meine Schwefter fehr glücklich mit einer
Tochter nieder und am 16. März††) ward fie uns durch den Tod
entriffen. — Ich reifte mit meiner Mutter auf einige Monate nach
Dresden und bei unferer Rückkehr im Auguft blieb Mama in Ziethen
und ich ging einigemal allein nach Berlin, um eine andere Wohnung
zu miethen und einzurichten. Frau von Berg wohnte im Thiergarten; ich war viel bei ihr. Im fpäten Herbft zogen wir wieder
in die Stadt auf den Gensdarmenmarkt. Im December ging ich
auf vierzehn Tage mit Frau von Berg nach Giewitz. C.'s Neigung
zu mir blieb fich immer gleich und konnte mir nicht länger entgehen;
doch wußte ich felbft noch nicht, wie tief fie mich rührte.

---

* Vater des Prinzen Auguft, der jüngfte Bruder Friedrichs des Großen.

** Mit der Prinzeffin Marianne von Heffen-Homburg.

*** Tochter der Frau v. Berg, Schwefter der Louife v. Berg.

† Gemahlin Friedrichs des Großen, die am 13. Januar 1797 geftorben war.

†† Frau v. d. Marwitz ftarb am 16. März 1804, war alfo nicht ganz 21 Jahre
alt (f. oben). Die Tochter verheiratete fich an H. v. Arnftedt und lebt noch jetzt
(1876) in Groß-Kreutz (bei Brandenburg).

2.

Aufzeichnung der Frau von Clausewitz über die Zeit der ersten Bekanntschaft mit ihrem Gatten.

Ich will versuchen, mich in jene schöne Zeit unserer ersten Bekanntschaft zu versetzen, die das Glück unseres Lebens gegründet hat, und aufschreiben, was meinem Gedächtniß aus derselben eingeprägt geblieben ist. Wenn wir dann einst so glücklich sind, dies Blatt zusammen durchzulesen, mag es uns zum Leitfaden dienen, um so viele schöne Augenblicke noch einmal im Geiste gemeinschaftlich zu durchleben.

Der Tod meines geliebten Vaters den 4. Juli 1802 war das erste große Unglück, das mich tief erschütterte; ich hatte den darauf folgenden Winter zwar in Berlin, aber in der größten Eingezogenheit und Einsamkeit zugebracht. Den 12. Mai 1803 verheirathete sich meine Schwester; ich zog bald darauf mit meiner Mutter nach Ziethen,*) wo ich einen höchst traurigen Sommer zubrachte. Der Gedanke, den ich schon von früher Jugend an gehabt hatte, daß mir in dieser Welt kein Glück bestimmt sei, befestigte sich immer mehr in mir. Ich fühlte, daß nur Liebe mich glücklich machen könnte und diese, war ich überzeugt, würde mir nie zu Theil werden und durch den Tod meines geliebten Vaters glaubte ich mich ganz überflüssig geworden und mein Leben gleichsam geendet, ehe es wirklich angefangen hatte. In dieser Stimmung kehrte ich Ende November oder Anfang Dezember nach Berlin zurück. Man kündigte mir die Nothwendigkeit an, wieder in der Welt zu erscheinen; ich mußte mich entschließen, es allein zu thun, da meine Mutter ihr auf immer entsagt hatte. Ich faßte diesen Entschluß mit schwerem Herzen und fühlte mich in diesem Augenblicke doppelt verwaist.

Auf einem Souper beim Prinzen Ferdinand (leider erinnere ich mich nicht mehr des Tages) geschah dieser erste Wiedereintritt in die Welt, der eine so wichtige Epoche meines Lebens beginnen sollte. Ich war tief gerührt, Orte und Menschen wiederzusehen, die ich seit

---

* Das 1¾ Meile von Berlin gelegene Dorf Klein-Ziethen, im Kreise Teltow.

dem Tode meines Vaters nicht gesehen hatte. Die Prinzeß*) sprach
von ihm, von meiner Mutter und brachte mich dadurch so außer
Fassung, daß ich, als ich in das andere Zimmer zurückkam, mich der
Thränen nicht erwehren konnte. Ich trat an's Fenster, um mich
wieder zu fassen; die selige G. kam theilnehmend zu mir; in diesem
Augenblicke trat C. ins Zimmer, und als ich mich mit der G.
wieder dem Theetisch näherte, ließ er sich mir durch Sydow vorstellen.
Noch zu sehr mit meinen Gedanken und Empfindungen beschäftigt,
um mich mit einem Fremden in ein Gespräch einzulassen, begnügte
ich mich mit einer Verbeugung und der gewöhnlichen Phrase: je suis ꝛc.
Einige Tage darauf kam der Prinz August zur Königin nach
Monbijou: wir waren alle im fer à cheval**) versammelt; wir
setzten uns an einem Ende des Zimmers. C. trat an den Camin,
Carl***) unterhielt sich mit ihm und rühmte ihn uns nachher wie
einen sehr ausgezeichneten jungen Menschen; ich machte mir Vorwürfe,
nicht auch mit ihm gesprochen zu haben, so wie ich es überhaupt
bedaure, nicht mit ihm die Freude zu theilen, vom ersten Anblicke
an so aufmerksam auf ihn geworden zu sein als er es auf mich
wurde und ihn zweimal mit Gleichgültigkeit gesehen zu haben; doch
beweist mir die Genauigkeit, mit der ich mich alles dabei Vorgefallenen
erinnere, daß ich ihn doch nicht wie einen jeden anderen Fremden
ansah; auch hörte diese Gleichgültigkeit, die ich mir vorwerfe, schon
bei unserer dritten Zusammenkunft auf. Diese war ebenfalls beim
Prinzen Ferdinand. C. kam erst zum Souper; nach demselben
näherte ich mich ihm und that einige Fragen, worunter ich mich
deutlich erinnere, daß die erste war: ob er schon lange mit meinem
Vetter bekannt sei.

Am 12. Januar vermählte sich die Prinzessin Wilhelm. Alle
Höffeste, die diese Feierlichkeit verursachte, gaben uns Gelegenheit,

---

* Louise, Gemahlin des Prinzen Ferdinand (geb. Prinzessin von Brandenburg-
Schwedt), war damals 65 Jahre alt; sie starb 10. Februar 1820.

** Der hufeisenförmige Saal des Schlosses.

*** Graf Carl v. Brühl, Sohn des jüngsten Sohnes (Hans Moritz) des Ministers
Grafen Heinrich v. Brühl, also der Vetter der Gräfin Marie v. Brühl, der
nachmalige General-Intendant der Königlichen Schauspiele und später der Königlichen Museen. Er war damals 31 Jahre alt (starb 9. August 1837).

uns oft zu sehen, und es konnte mir bald nicht entgehen, besonders
da meine Freundin Charlotte*) mich darauf aufmerksam machte, daß
ich C. nicht gleichgültig war. Ich war zwar weit davon entfernt,
diesen Eindruck für so tief und ernsthaft zu halten, als er es war;
bei meiner bescheidenen Meinung von mir selbst und allen Ursachen,
die ich dazu hatte, bedurfte es der Zeit, um mich zu überzeugen,
daß man wirklich so lebhaft für mich empfinden könnte; ich nahm
also diesen Eindruck ganz leicht, wie eine Sache, die bald wieder
vorüber sein könnte und der ich also auch keinen besonderen Einfluß
auf mich gestatten dürfte; dennoch machte er mir Vergnügen und
erregte schon damals meine ganze Aufmerksamkeit. Besonders erinnere
ich mich aus dieser Zeit einen großen Ball beim Prinzen Ferdinand,
wo C. bei Tische lange mit mir und Charlotte sprach (unter Andern
vom Werther und von seinem früheren Aufenthalte in Berlin) und
wo wir uns nachher unsere vortheilhaften Bemerkungen über ihn
mittheilten; dann ein großes Diner beim Könige auf dem Schloß
am Tage nach Prinzeß Wilhelm ihrer Ankunft, wo wir an einem
sehr schmalen Tisch, ich neben Carl und C. uns gegenüber saß; ein
großes Diner beim Prinzen Wilhelm am Tage nach der Vermählung,
wo der zweite Tisch in der Galerie der Königin Elisabeth war und
C. uns wieder gegenüber saß; den Ball en robe in den Zimmern
Friedrichs des Ersten, wo C. bei Tisch wieder ziemlich lange mit
mir sprach; ich saß neben Sophie Kell, da Charlotte am ersten Tisch
war; dann noch einige Bälle auf dem Palais und eine Oper, wo
ich C. beinahe unwillkürlich zuerst grüßte und es mir dann als eine
Unschicklichkeit vorwarf.

Am 27. Februar war ein großer Ball beim Prinzen von Oranien;
Clausewitz stand hinter mir, während ich tanzte, und folgte mir,
während die Colonne heraufrückte; das Gespräch nahm eine ernsthafte Wendung; er sagte, daß er sich sehr unglücklich fühlte, und
obgleich dies ohne die geringste Beziehung auf mich geschah, so lag
doch etwas in seinen Mienen und in dem Ton seiner Stimme, das
mir dies anzudeuten schien und das mich rührte und mich verlegen
machte. Der Ball dauerte bis zum frühen Morgen; während dieser
Nacht kam meine Schwester nieder. Am folgenden Tag war bei

---

* Charlotte v. Berg.

Prinzeß von Oranien*) die erste Probe der Moden-Quadrille; bis
zum 12. beschäftigten uns diese Proben ausschließend, so daß ich
C. außer am 10., wo Ball in dem Palais war, wohl nicht gesehen
habe. Am 12. sah ich ihn auch nur einen Augenblick, obgleich ich
gestehen muß, daß ihn an diesem Tage meine Augen schon unaufhörlich suchten.

Die unerwartete Krankheit und der Tod meiner geliebten
Schwester**) machten bald einen schrecklichen Contrast mit diesem
Carnevalsleben und entfernten mich auf mehrere Monate von C.
— Ich brachte drei Monate in Dresden zu und ging von da im
August nach Ziethen, wo wir Mme. Rahn und Fanny fanden.
Ich mußte oft in die Stadt, um eine neue Wohnung zu wählen;
auch Mme. Rahn ging mit der Kleinen auf einige Zeit dahin
zurück, weil diese nicht ganz wohl war; auf einer dieser Reisen
glaube ich C. zum ersten Male in der Comödie wiedergesehen zu
haben. — Die Königin kam im December aus Baden zurück; ich
ging gleich darauf mit Frau von B.***) auf vierzehn Tage nach
Giewitz, war aber am Neujahrstage wieder in Berlin. Es waren
wöchentlich Bälle bei'm Herzog von Oels;†) ich sah C. mehrere
Male dort; einmal kam er sehr spät, ich konnte mich nicht enthalten, oft mit Ungeduld nach der Thüre zu sehen. — Bald
darauf wurde die Königin††) krank. Prinz August kam oft,
sich nach ihrem Befinden zu erkundigen; da C. nicht mit in das
Zimmer kam, in welchem wir waren, vermuthete ich, daß er den
Prinzen nicht begleitete. Einmal fand ihn Fräulein Drieberg im
Vorzimmer und nöthigte ihn, hereinzukommen; ich stand eben bei der
Thüre, als er so unerwartet vor mich trat, und meine Ueberraschung
und Bewegung war so groß, daß mir die Stimme einen Augenblick

---

* Schwester Friedrich Wilhelm's III. (Gemahlin des nachmaligen Königs Wilhelm I. der Niederlande).

** Franzisca (gestorben am 16. März 1804), verheirathet mit Friedrich August
Ludwig v. d. Marwitz. Sie hinterließ eine kleine Tochter, Franzisca (Fanny), die
bei der Großmutter erzogen wurde und hier wiederholt erwähnt wird.

*** Frau von Berg.

† Herzog Carl II. von Braunschweig (Carl Wilhelm Ferdinand), der am
10. November 1806 starb.

†† Vgl. S. 187 Anm. l.

verſagte und ich die beobachtenden Blicke meiner Colleginnen ſehr fürchtete. Dieſer Tag iſt mir merkwürdig, weil er mich zuerſt auf das, was in meinem Herzen vorging, recht aufmerkſam machte und es mir viel wichtiger erſcheinen ließ, als ich bisher geglaubt hatte. Ich ſprach bald darauf auf einem Spaziergange zum erſten Male ernſthafter mit Charlotte darüber.

Bei der Beiſetzung der Königin*) folgte C. mit ſeinem Prinzen; als die Leiche aus dem Thronzimmer getragen wurde, ſuchte ihn mein Auge unter der verſammelten Menge; doch ſah ich ihn erſt deutlich und nahe, als wir aus der Gruft zurückkamen; es war von dem Dom nicht weit von der Thüre zur Gruft; auch erkannte und grüßte er mich ungeachtet meiner Kappen und es bewegte ihn ſehr, wie er mir nachher erzählte, mich ſo gleichſam vom Tode zum Leben zurückkehren zu ſehen. Ach! wie wäre ich nicht gern zum Leben zurückgekehrt, es ſollte mir ja noch durch ihn ſo ſchön werden! Ich ahndete aber damals nicht, daß ich dieſe Gruft ſieben Jahre ſpäter als ſeine Frau zum erſten Male wieder betreten würde, um Prinz Louis**) an dieſer letzten Ruheſtätte zu ſehen.

Im April nach dem Tode der Königin reiſte ich mit Louiſe und Charlotte nach Giewitz; ich ging einige Tage vorher auf's Schloß, um von meinen ehemaligen Colleginnen Abſchied zu nehmen. C. war auf dem Luſtgarten mit dem Bataillon ſeines Prinzen beſchäftigt; er kam an mich heran und begleitete mich bis zur Wendeltreppe. — Ich kam Ende Juli aus Giewitz zurück und ſah C. am 3. Auguſt beim Diner des Königs in Charlottenburg; ich wohnte mit Mama in Charlottenburg und fuhr mit den Damen der Königin oft in die Comödie. Der Wunſch, C. zu ſehen, der täglich lebhafter wurde, trug das meiſte dazu bei. Dieſer Wunſch machte auch, daß es mir ſehr leid that, nicht zur goldenen Hochzeitsfeier des Prinzen Ferdinand***) eingeladen zu werden; nicht einmal

---

* Friederike, Witwe Friedrich Wilhelms II. Sie war am 25. Februar 1805 geſtorben.

** Prinz Louis Ferdinand, der bei Saalfeld gefallen, von wo ſein Leichnam ſpäter nach Berlin übergeführt wurde.

*** Prinz Ferdinand und ſeine Gemahlin Louiſe (die Eltern des Prinzen Auguſt) feierten am 27. September 1805 ihre goldene Hochzeit.

durch Charlotte konnte ich etwas von ihm erfahren; denn sie
war nicht wohl und ging nicht zu Tische; ich brachte den Nachmittag
bei ihr zu mit dem unangenehmen Gefühle, C. mir so nahe zu
wissen, ohne ihn zu sehen. — Graf Kambe gab der Königin
einen Ball; bei diesem sah ich C. — Ich frühstückte einigemal in
Bellevue*) bei Friederike; das letzte Mal begegnete mir C. auf
der Treppe und begleitete mich bis nicht weit von Charlottenburg;
er fand mich kalt und unfreundlich bei diesem Spaziergange;
mein Aeußeres mußte also recht wenig meinem Innern entsprechen.
Um diese Zeit ritt ich einmal mit Gräfin T. spazieren; wir begegneten C. im Thiergarten und wieder in Bellevue, als wir nach
einem Besuch bei Friederike eben wieder im Begriff waren, zu
Pferde zu steigen. Es ist das einzige Mal, daß C. mich zu Pferde
gesehen hat.

Im Herbst dieses Jahres fingen die unruhigen und unglücklichen
Begebenheiten an, die seitdem fast ununterbrochen fortgedauert haben.
Der Hof ging nach Potsdam; wir zogen wieder in die Stadt. In
dieser Zeit, kurz vor der Ankunft des Kaisers Alexander, schrieb ich
zum ersten Male an Charlotte über meine Empfindungen für C.;
sie hatte mir noch nicht geantwortet, als ich sie am Tage der Ankunft des Kaisers**) auf dem Schlosse wiedersah; sie neckte mich
über mein Bekenntniß. — Als wir dem Kaiser entgegen gegangen
waren und die Treppe wieder heraufgingen, war ich im Gedränge
einen Augenblick neben C.; wir wurden aber bald wieder getrennt.
Als die Gesellschaft sich wieder in mehrere Zimmer vertheilt hatte,
fanden wir uns wieder. Wir sprachen an einen Marmortisch ge-
lehnt einige Augenblicke zusammen; dann traten wir an's Fenster,
um die Truppen zu sehen; ich hatte die Hand auf's Fenster
gelegt, C. die seinige auch; zufällig berührten sie sich einen
Augenblick. Ich führe alle diese kleinen Züge an, weil sie beweisen, wie mich alles ihn Betreffende damals schon interessirte.
Denselben Abend war ich in Bellevue; Prinz Radziwill saß neben
mir, C. nicht weit davon; ich saß mit dem Rücken nach dem Fenster,

* Luftschloß, welches dem Prinzen Ferdinand und nach dessen Tode dem Prinzen
August gehörte. Es liegt im Thiergarten unmittelbar an der Spree.
** Am 25. October 1805.

er nach dem zweiten Zimmer; wir waren bei Tische sehr lustig; als ich fortging, half mir C. meinen Shawl umnehmen. Am meisten sah ich ihn immer in der Comödie, und seitdem vom Ausmarsch der Truppen die Rede war, mit immer zunehmender Bewegung. Ich sprach nun oft mit Charlotte über ihn, sie schien verwundert, daß er sich noch nicht deutlicher erklärt hatte; ich glaubte darin außer seiner natürlichen Zurückhaltung auch meine Schuld zu entdecken; ich glaubte ihn zuweilen (obgleich meist nur aus Verlegenheit und vielleicht einigemal aus der recht kindischen unvernünftigen Furcht vor dem Verlust meiner inneren Freiheit) kalt und abschreckend behandelt zu haben und machte mir darüber die größten Vorwürfe. Unter Anderem erinnerte ich mich bei einer Aufführung der Jungfrau von Orleans, als man darüber scherzte, daß sich gleich zwei Anbeter für sie fänden, gesagt zu haben, daß man oft an einem schon viel zu viel hätte. Dies war ein ganz unbefangener Scherz, aber ich glaubte in C.'s Zügen bemerkt zu haben, daß er ihm empfindlich gewesen war, und warf ihn mir nachher recht vor. So stieg meine Unruhe immer mehr, denn der Eindruck, den diese bevorstehende Trennung auf mich machte, ließ mich erst recht fühlen, wie theuer C. mir war. Es war mir ein schrecklicher Gedanke, ihn in dieser Ungewißheit über meine Gesinnungen fortziehen zu lassen. Diese Angst hätte mich schnell alle conventionellen Rücksichten vergessen lassen und mich ganz offen gegen ihn sein lassen, wenn uns der Zufall eine Gelegenheit zu einer Erklärung dargeboten hätte, und wir hätten schon damals das Band geknüpft, was erst mehrere Monate später zu Stande kam. Aber diese Gelegenheit fand sich nicht und wie konnte ich sprechen, so lange er schwieg? Der Augenblick des Ausmarsches blieb lange unentschieden; dies vermehrte meine Unruhe, da jeder Tag der letzte sein konnte, den er in Berlin zubrachte. Ich ging oft in die Comödie; es war ja der einzige Ort, wo ich hoffen konnte, ihn zu finden. Einen Abend war ich allein in der Loge mit Frau von Dorville, die mich auch nach Hause brachte. C. war im Schauspiel, aber kam nicht in die große Loge; er saß im Parterre mit einem Bekannten, mit dem er so eifrig sprach, daß er sich nicht ein einziges mal nach der Loge umsah. Dies zerstreute und verstimmte mich so, daß ich Mühe hatte, die Gesprächigkeit der guten Frau von Dorville zu

ertragen und es mir viel Ueberwindung kostete, ihr nur zuweilen zu
antworten. Beim Herausgehen wurde ich aber für diesen peinlichen
Abend einigermaßen entschädigt; denn ich begegnete C. an der Thüre;
er sagte mir, daß der Ausmarsch noch nicht bestimmt sei, aber jeden
Tag bestimmt werden könne; ich nahm also auf den Fall, daß ich
ihn nicht wiedersehen sollte, von ihm Abschied; er begleitete mich bis
an den Wagen und ich glaube, daß wir einander die Hand gaben
und drückten; wenigstens erinnere ich mich, daß ich so bewegt war,
daß ich Mühe hatte, auf dem kurzen Wege bis zu unserer damaligen
Wohnung wieder einige Fassung zu erlangen. — Dann nahm ich
noch einmal von ihm Abschied zugleich mit Charlotte in der königlichen Loge, ich weiß nicht gewiß, ob es früher oder später war als
das vorige mal, ich glaube später, aber es waren mehrere Menschen
dabei, so daß es nur ein ganz gewöhnlicher freundlicher Abschied
sein konnte und nicht einer, wie wir ihn bedurften.

Dieser wurde uns endlich zu Theil am 3. December, Dienstag,
zwischen 11 und 12 Uhr. Mme Rahn ging mit der Kleinen und
ihrer Kinderfrau in die Stadt, um ihr ein paar Pelzstiefel zu kaufen.
Meine innere Unruhe und eine leise Hoffnung, C. zu begegnen, trieb
mich an, sie zu begleiten. Das Bataillon des Prinzen hatte damals
seine Parade bei der breiten Straße und wir gingen in einen nicht
weit von der Ecke der Straße dem Schlosse gerade gegenüberliegenden
Pelzladen. Ich sah mich vergebens beim Vorübergehen nach ihm
um; die Parade schien meist schon vorüber; also trat ich ganz
niedergeschlagen und hoffnungslos in den Laden; aber ich war kaum
einige Augenblicke darin, als ich die unbeschreiblich freudige Ueberraschung hatte, ihn hereintreten zu sehen. Mde Rahn beschäftigte
sich mit der Kleinen, der mehrere warme Schuhe anprobirt wurden;
C. sprach einige Worte mit dem Herrn des Ladens über Angelegenheiten seines Prinzen, dann mit mir über die Hoffnungen, mit denen
er ausmarschirte, über die Freude, die es ihm verursachen würde,
uns gute Nachrichten geben zu können. Andere Käufer, die aus-
und eingingen, machten, daß wir unbemerkt in einer Ecke des Ladens
stehen blieben. Ich sagte, ich hoffte, er würde seine hiesigen Freunde
nicht vergessen; es mußte in meinem Tone wohl mehr liegen als in
meinen Worten; denn indem er meine Hand faßte und küßte, sagte

er tief gerührt und sehr bedeutend: „O wer Sie einmal gesehen hat, der vergißt Sie nie wieder!" Sein Blick, der Ton seiner Stimme bei diesen Worten drang mir bis ins Innerste der Seele und wird mir ewig unvergeßlich bleiben. Wir hielten einander noch einen Augenblick schweigend und gerührt bei der Hand; wir wären einander in die Arme gesunken, wenn wir allein gewesen wären, wären dann um eine herrliche Erinnerung reicher, aber auch so gehört dieser Augenblick zu den schönsten und wichtigsten unseres Lebens; denn wir hatten einander verstanden und der Bund unserer Seelen war schweigend geschlossen. Nie, nie werde ich vergessen, was ich an diesem Tage empfand. Noch am Tage vorher schienen Centnerlasten auf meiner Seele zu liegen; wie ich einen Augenblick allein war, versank ich in tiefe, schwermüthige Gedanken. Wie mit der Macht der Zauberei hatte ein einziger Moment diese Schmerzen in Seligkeit verwandelt. Ich dachte nicht an die Zukunft, nicht an die Vergangenheit, Alles verlor sich in der Seligkeit, mich so geliebt zu sehen und dem Geliebten auch meine Liebe gezeigt zu haben. — Beim Nachhausegehen ritt C. in einiger Entfernung von uns; er sah sich oft um und ritt in der Zerstreuung durch das niedrige nur für Fußgänger bestimmte Portal des Schlosses; ich habe dies seitdem nie angesehen, ohne an diesen Tag zu denken.

Mme. Rahn ging noch mit der Kleinen auf dem Lustgarten spazieren; ich ging nach Hause, weil ich meinen Musiklehrer erwartete. Als ich auf dem Gensdarmenplatze nicht weit von unserem Hause war, ritt C. noch einmal vorbei und wir grüßten einander. Mir war den ganzen Tag, als berührte ich die Erde nicht mehr mit meinen Füßen; ich schien mir in ein ganz anderes höheres Dasein versetzt und doch war dies nur ein geringer Vorschmack des Glückes, was mir noch bevorstand. — Ich sprach C. vor dem Ausmarsch, der am 5. December erfolgte, nicht mehr; auf eine meinem Herzen ganz genügende Art hätte ich ihn doch nicht mehr sprechen können; ich wollte mir also diesen schönen Eindruck nicht stören; auch schien es mir sehr ungewiß, daß er noch am letzten Abend in die Comödie gehen würde und es wäre mir unerträglich gewesen, ohne ihn darin zu sein.

Am 5. früh fuhr ich mit Frau vom Stein zur Ministerin

Heinitz,*) die uns ihre nach dem Wilhelmsplatz gehenden Fenster angeboten hatte, um den Ausmarsch der Truppen zu sehen. C. kam einigemal unter das Fenster und nahm mit stummen, aber bedeutenden Blicken nochmals von mir Abschied. Frau v. Berg kam zu uns und schlug mir vor, die Truppen am Thor noch einmal zu sehen; wir konnten aber nicht durchkommen. Als wir am Wilhelmsplatz nicht weit vom Jagow'schen Hause hielten, sah ich einen Offizier im Gedränge von einigen Bekannten Abschied nehmen; es war Grolmann, den ich an diesem Tage zum ersten male sah.

Wir glaubten, daß dieser Ausmarsch zu einer langen Abwesenheit und zu großen Begebenheiten führen würde, allein das Schicksal wollte es anders. Wenige Tage darauf kam die Nachricht von der Schlacht von Austerlitz und dann die des Waffenstillstandes und geschlossenen Friedens. Im Februar kehrten die Truppen zurück; ich sah C. zum ersten Male in der Comödie wieder; ich war gerührt und erfreut, ihn wiederzusehen, aber die Erinnerung an unseren Abschied machte mich sehr verlegen und ich wurde es noch mehr durch die Gegenwart so vieler Menschen, deren Blicke und Beobachtungen ich fürchtete, so daß C. mich kalt fand. Ueberhaupt muß ich jetzt von einem Zeitpunkte sprechen, an welchen ich immer mit Beschämung zurückdenke, obgleich er so wie mein früheres und späteres Benehmen in meinem innersten Wesen begründet war und mir daher, wenn ich ihn in diesem Zusammenhange betrachte, eben so erklärbar und natürlich scheinen muß. Ich bin gewiß nicht kalt; diese Beschuldigung brauche ich von denen, die mich wirklich kennen, nicht zu befürchten, aber Ruhe und Besonnenheit gehörten von meiner frühesten Kindheit an zu den Grundzügen meines Wesens. Ich kann mit allen Kräften meiner Seele und auf ewig lieben, aber ich hätte von mir selbst scheiden müssen, um mich von einer heftigen Leidenschaft gedankenlos hinreißen zu lassen, oder, wenn dies auch einen

---

* Minister vom Stein war seit dem 8. Juni 1793 vermählt mit der Reichsgräfin Magdalene Wilhelmine Friederike von Wallmoden - Gimborn, welche am 19. September 1819 starb. — Die Ministerin Heinitz war die Witwe des am 15. Mai 1802 in Berlin gestorbenen Staats-Ministers Baron Anton Friedrich von Heinitz, Chef des Bergwerks- und Hütten-Departements. Er war 1724 in Dresden geboren und ist besonders bekannt als Gründer der Bergakademie zu Freiberg.

Augenblick geschehen konnte, nicht schnell zu meiner natürlichen Besonnenheit zurückzukehren. Der Moment des Ausmarsches war ein
solcher gewesen; der Gedanke an die Gefahren, denen C., wie ich
glaubte, entgegenging, und die poetische Stimmung, in der damals
alle Gemüther waren, hatten mich hingerissen und ohne an die
Zukunft zu denken, hatte ich ihm die ganze Theilnahme gezeigt, die
er mir einflößte. Nun aber war Alles zu schnell in's gewöhnliche
prosaische Dasein zurückgekehrt, um nicht auch mich aus meinem süßen
poetischen Traume zu wecken und mich zu einer ernsteren Prüfung
meiner Lage zurückzuführen. Ich war auf den Punkt gekommen,
wo mein Verhältniß mit C. entweder ein unauflösliches werden
oder in ein bloß freundschaftliches zurückkehren mußte. Eine vorübergehende Liebschaft, die ohne Einfluß auf das ganze Leben geblieben
wäre, wäre uns eben so unmöglich als unseres beiderseitigen Wesens
unwürdig gewesen. Nun muß wohl immer der Augenblick, in welchem ein Mädchen sich entschließt, ihr ganzes Dasein unauflöslich mit
dem eines Anderen zu verbinden, sei's daß sie ihm am Altare die
Hand reiche oder nur im Herzen gelobe, die seinige zu sein, ein sehr
ernster und feierlicher sein, der das ernsthafteste Nachdenken erfordert.
Er muß es noch mehr sein, wenn man nicht mehr in der ersten Jugend
ist, sich selbst und das Leben schon mehr kennt und noch dazu von
Natur zum Ernst und zum Nachdenken geneigt ist. Wäre also C.
auch mit allen irdischen Gütern ausgestattet erschienen, die unserer
Verbindung den Beifall der Welt und die Einwilligung meiner
Mutter zusichern konnten, und hätte mir öffentlich seine Hand angeboten, so hätte dennoch dieser Augenblick ein sehr ernsthafter für mich
sein müssen. Ich kannte ihn zwar seit drei Jahren; er war sich in
dieser Zeit immer gleich geblieben und sein ganzes Wesen mußte eben
so viel Achtung und Vertrauen als Liebe einflößen; aber wie wenig
hatte ich ihn doch eigentlich gesehen; wie wenig konnte ich beurtheilen,
ob unsere Charaktere in einer so innigen Verbindung ganz für einander passen würden. Freilich wären diese Zweifel schnell vor der
Macht und dem Glauben der Liebe verschwunden, wenn nur sie
mich zurückgehalten oder nachdenklich gemacht hätten. Aber wie
vieles Andere kam nicht hinzu, um mir meine Lage aus einem sehr
ernsthaften Gesichtspunkte zu zeigen! C.'s Verhältnisse waren mir ganz

unbekannt; ich mußte nicht, ob er je an eine ernsthafte Verbindung denken konnte; sein bisheriges Stillschweigen mußte mir eher das Gegentheil vermuthen lassen, und auf jeden Fall war der heftigste Widerstand von Seiten meiner Mutter nicht zweifelhaft, und ein solches Verhältniß heimlich und ohne ihre Einwilligung anzuknüpfen und fortzusetzen, war meinem offenen Wesen so zuwider, daß der Grad von Liebe dazu gehörte, den ich für C. empfand, um mich späterhin dazu zu bewegen. Ueberhaupt wenn ich so alle die Nuancen unserer immer innigeren Annäherung übersehe, ist es mir immer als hätte Alles so kommen müssen, um die Stärke der Neigung, die uns an einander kettete, recht zu entwickeln und uns recht zu beweisen, daß wir einander angehören mußten. Eine Liebe, die schneller an's Ziel geführt, mit weniger inneren und äußeren Hindernissen zu kämpfen gehabt hätte, hätte uns manche Schmerzen erspart, aber sie hätte auch unmöglich so reich an Glück und Genuß sein können. Ich wünschte C. einige Jahre früher kennen gelernt zu haben, um das Glück unserer Ehe noch vor dem gänzlichen Entfliehen der Jugend genossen zu haben; allein die lange Prüfungszeit, die wir ertragen mußten, kann ich unmöglich aus meinem Leben wegwünschen, denn ohne sie fehlt mir gewiß ein großer Theil der beseligenden Empfindungen, die jetzt mein Herz erfüllen, und es wäre mir bei meiner äußeren Ruhe, die so oft im Kontrast mit C.'s Lebhaftigkeit war, gewiß viel schwerer gewesen, ihn von der ganzen Stärke und Innigkeit meiner Liebe zu überzeugen, wenn ich nicht so viel für ihn hätte kämpfen und ertragen müssen. So hat Gott Alles wohl gemacht und so dürfen wir, wenn wir betrachten, wie er uns bisher so sichtbar beschützte und leitete, auch für die Zukunft um so sicherer auf seinen Schutz hoffen. — Mit dem Bewußtsein, daß unser schönes, heiliges Verhältniß seines Segens würdig ist, dürfen wir froh und zuversichtlich zu ihm hinaufblicken und uns seiner Leitung überlassen.

Doch ich kehre zurück von dieser Abschweifung zum Februar 1806. Die Freude, C. wiederzusehen, wurde mir, wie gesagt, durch mancherlei ängstliche Betrachtungen getrübt; vielleicht hatte auch die Verlegenheit, meine Empfindung beim Abschiede zu deutlich gezeigt zu haben, wieder den recht unvernünftigen Stolz in mir erregt, meine innere Freiheit wieder zu behaupten, da sie doch schon unwiederbringlich verloren war. Kurz, alle diese guten und schlechten Gründe konnten mich nicht zum Entschluß bringen, mich von C. zu entfernen; das hätte ich nicht vermocht, auch wenn ich es gewollt hätte; aber sie brachten mich zu der Ueberzeugung, daß ich wieder zurückhaltender gegen ihn sein müßte, und wirklich brachte ich es auch in dieser sündlichen Verstockung so weit, daß ich es mehrere Male mit anhören konnte, wie C. mit tiefer Rührung von den Hoffnungen sprach, die auch er im Augenblick des Ausmarsches gehabt und jetzt wieder verloren hätte, und thun konnte, als ob ich den Sinn seiner Worte gar nicht bemerkt hätte. Aber diese erkünstelte Gleichgültigkeit konnte nicht von Dauer sein und mußte einer desto tieferen Rührung weichen. . . . Ich reiste im März nach Dresden und kehrte in den ersten Tagen des Aprils zurück. Bald darauf war ich auf einem Souper beim Prinzen Ferdinand; ich erinnere mich, daß ich ein schwarzes Sammtkleid und meine Perlen um hatte. C. kam erst kurz vor dem Souper zur Gesellschaft oder war doch während des Spiels weggegangen; wir saßen und arbeiteten an der Thür des gelben Zimmers: er setzte sich zum Arbeitstisch; es wurde Einiges gesprochen, unter Anderem über von Müller's Vorlesungen, die ich aus Dresden mitgebracht und C. durch Friederike*) geschickt hatte, und über die wir nicht einer Meinung waren. Als man aufstand, um zum Souper zu gehen, blieben wir, während die Anderen sich entfernten, einen Augenblick zurück; ich weiß nicht mehr, wovon wir sprachen; auch hatten wir kaum die Zeit, ein Gespräch anzufangen; aber ich weiß, daß ich sehr gerührt war, daß C. es nicht minder zu sein schien und daß es mir wohl that, ihm diesen kleinen Beweis gegeben zu haben, daß er mir mehr war als die ganze übrige Gesellschaft.

* Wahrscheinlich eine Hofdame der Prinzessin Ferdinand.

3.

Erinnerungen der Frau von Clausewitz aus ihrem Leben, angeknüpft an die Tage des Jahreswechsels.

Den 1. Januar 1813.

Am 16. December erhielten wir die Nachricht von Napoleon's Durchreise durch Dresden; täglich folgten neue Details über den schlechten Zustand seiner Armee, über ihren Rückzug und das Vorrücken der Russen; aber erst am 29. (am Tage, wo ich vor sechs Jahren*) C. wiedersah) erfuhren wir durch Fritz und Voß, und am 30. (wo C. nach Frankreich abreiste und ich von ihm Abschied nahm) durch einen Boten aus Dresden den ganzen Umfang unseres Glückes. Am selben Tage brachte mir auch ein Brief aus Berlin die Nachricht, daß C. am 19. December wohl war und Mama sich über seine Anstellung in Riga sehr freue. Durch Graf Voß erhielt ich auch seine beiden Briefe vom 24. August und 30. September. So reich an Glück und Freude jeder Art war ich also lange nicht gewesen. Die Wiedervereinigung mit meinem geliebten Manne fehlt zwar noch, um diese Freude vollkommen zu machen, allein selbst zu dieser fehlt mir jetzt die Hoffnung nicht, und wenigstens kann ich mir mit Gewißheit sagen, daß er jetzt eben so glücklich und froh ist als ich, daß er liebend meiner denkt und sich vielleicht auch mit der Hoffnung des baldigen Wiedersehens beschäftigt. O wie reichlich lohnt der Himmel alle überstandenen Prüfungen, wie erhöht die Erinnerung daran das Gefühl unseres jetzigen Glückes! Mein Herz ist viel zu voll, um auszusprechen, was ich empfinde, und überhaupt fehlt mir die Gabe der Darstellung, und fehlt mir dann immer am meisten, wenn ich am meisten sagen möchte. Ich kann nur sagen, daß das Zusammentreffen dieser großen Begebenheiten mit dem Schlusse des Jahres und mit Tagen, die mich an eine so wichtige Epoche meines Lebens erinnern, ihren Eindruck auf mich unendlich

---

* Vor fünf Jahren. Clausewitz reiste am 30. December 1806 nach Frankreich ab und am 29. December 1807 sah sie ihn wieder.

erhöhen. Am Schlusse eines Jahres ist man ohnedem zum Nachdenken geneigt; man durchläuft alles in einem solchen Zeitabschnitte
Vorgefallene noch einmal mit dem Blicke des Geistes, vergleicht die
Lage, die Stimmung, die äußeren Umgebungen u. s. w., in denen
man das Jahr anfing, mit denen, worin man es beschließt und steht
gleichsam einen Augenblick still auf dem Wege des Lebens, um rückwärts und vorwärts zu schauen. Und wann gab es wohl je einen
Augenblick, der mehr verdient hätte, Epoche im Leben der Einzelnen
zu machen, wie er es im Leben der Völker macht? Wie hat die
Wirklichkeit schon in schnellen Schritten unsere kühnsten Hoffnungen
übertroffen und welchen großen Ereignissen sehen wir noch entgegen!
Wohl denen, die wie ich sich des allgemeinen Glückes freuen können,
ohne dabei den Verlust des eigenen zu beweinen! Wie Vielen ist
es in diesem Jahre entrissen worden! Möge Gott sie trösten und
stärken und ihren Schmerz mildern durch den festen Glauben an ein
glückliches Wiedersehen in einer anderen Welt! Auch an unsern
Freund habe ich heute schon oft mit inniger Rührung gedacht.
Ueberhaupt ist mir heute bei aller Freude doch auch sehr ernst und
feierlich zu Muthe; ich hätte diesen Tag und den gestrigen auf eine
ganz besondere, feierliche Art zubringen mögen, um sie auch noch in
der Erinnerung dem gewöhnlichen alltäglichen Dasein zu entreißen
und ihnen einen höheren poetischen Werth aufzudrücken. Heute würde
mir ein recht feierlicher Gottesdienst wohl thun. — Der gestrige
Abend wurde uns sehr dadurch gestört, daß Therese sehr leidend war
und sich früh zu Bette legen mußte; wir gingen bald darauf alle
auseinander und das neue Jahr fand uns schon schlafend.

Therese machte gestern die Bemerkung, daß man sich eines großen
Genusses beraubte, wenn man es vernachlässigte, Erinnerungen aus
wichtigen Momenten seines Lebens durch Niederschreiben festzuhalten.
Wenn sie dem Gedächtnisse auch noch so tief eingeprägt sind, so
verwischt doch jedes Jahr etwas von der Festigkeit der Umrisse oder
der Frische der Farben von manchen Bildern, die man doch so gern
in aller Vollkommenheit erhalten hätte, um sich einst in späteren
Jahren daran zu erfreuen. — Wie oft habe ich es bedauert, nicht
von Jugend auf und besonders in der merkwürdigsten, schönsten Zeit
meines Lebens, seit ich C. kenne, ein Journal geführt zu haben!

Welchen Genuß würde es mir gewähren! Wie angenehm wäre es mir, wenn ich nur bei allen besonderen Epochen, z. B. am Schlusse jedes Jahres aufgeschrieben hätte, wie und wo, unter welchen Freunden, in welcher Stimmung, mit welchen neuen Erfahrungen, welchen Aussichten für die Zukunft ich sie feierte! Aus der Erinnerung läßt sich so etwas schwerlich nachholen; ich will aber doch versuchen, wenigstens von den äußeren Umständen, so viel ich sie mir erinnere, mit einigen Worten etwas anzudeuten.

Das glückliche Jahr 1811, bis jetzt das schönste meines Lebens, schloß ich bei der Prinzessin Luise und erhielt von ihr einen Neujahrswunsch, den aber leider der Himmel noch unerfüllt ließ. Dies Einzige abgerechnet, hätte ich vom Himmel nichts zu erbitten als die Fortdauer meines Glückes und recht aus vollem Herzen wiederhole ich den Wunsch, das neue Jahr eben so zu durchleben wie das vorige. Ich war in diesem Jahre*) nur zwei oder drei Tage von C. getrennt und erhielt einen einzigen Brief von ihm aus Potsdam und auf unserer herrlichen Reise hatten wir unvergeßliche Tage des reinsten Glückes durchlebt. Daß das neue Jahr nicht so ruhig verstreichen würde, sagte uns ein nur zu deutliches, zu gut begründetes Vorgefühl, wie die Folge es gelehrt hat; aber einen so glücklichen Ausgang dieses großen Kampfes wagten wir wenigstens für dieses Jahr kaum zu hoffen.

Den letzten Tag des Jahres 1810 brachten wir auf unserer Rückreise von Giewitz zu und kamen einige Stunden vor dem Schlusse desselben in Berlin in unserer freundlichen Wohnung an, wo uns die hübsche Einrichtung derselben und manche Geschenke von unseren Freunden angenehm überraschten. Aber es bedurfte solcher äußerer Eindrücke nicht, um den Augenblick, in welchem wir zum ersten male unsere Wohnung betraten, zu einem der schönsten unseres Lebens zu machen.

Der letzte Tag des Jahres 1809 war mir auf eine andere Art nicht weniger merkwürdig. Ich sah an diesem Tage C. zuerst wieder, nachdem ich zur Hofdame der Prinzessin Charlotte ernannt worden war; ich brachte mit ihm und Luise den Abend bei Röders zu. Er war anfänglich sehr verstimmt und traurig, bis wir einen Augenblick

* 1811.

allein blieben und es mir gelang, ihn durch die Erzählung alles Vorgefallenen schnell aufzuheitern. Wir gingen zu Fuß nach Hause, er und X. begleiteten uns; es war ein schöner, sternheller Abend.

Das Jahr 1808 endigte ich in Giewitz, so viel ich mich erinnere, allein mit Louise und Voß. Frau von Berg kam einige Tage darauf aus Königsberg zurück und ich ging am 12. Januar nach Berlin. Dieser Neujahrstag war merkwürdig im Oertzen'schen Hause. — Als ich zurückkam, fand ich die Preußen in Berlin. Minister Stein hatte einige Tage vorher abreisen müssen.

Am Ende des Jahres 1807 war ich in Berlin. C. war im November aus Frankreich zurückgekommen; ich erinnere mich nicht, wie ich den Sylvesterabend zubrachte, wahrscheinlich zu Hause, so still und eingezogen, wie wir damals lebten. Graf Werthern brachte den Winter in Berlin zu. Fritz*) war auch bei uns; er hatte die Masern; ich war daher mit der Kleinen**) von ihm und Mama getrennt. Kurz vor Weihnachten hatte sich seine Krankheit entschieden, am selben Tage, als ich Marwitzens Brief mit der Ankündigung seiner Heirath erhielt.***) C. begleitete mich und Friederike auf den Christmarkt, als ich Geschenke für die Kleine kaufte. Wir dachten dabei an die Freude, die es uns machen würde, einst für unsere eigenen Kinder auf diese Weise beschäftigt zu sein. — Am Neujahrstage 1808 machte ich mehrere Neujahrsvisiten, immer in der Hoffnung, C. zu begegnen. Ich erinnere mich, daß ich an diesem Tage eine rechte Sehnsucht nach ihm hatte; ich schlug nur deshalb Caroline und Julie M. einen Spaziergang vor; wir begegneten ihm auch, allein er grüßte uns nur im Vorbeigehen; ich war ganz verstimmt und verwünschte den ganzen Spaziergang. Doch beim Nachhausegehen war ich so glücklich, ihn endlich auf einen Augenblick zu sprechen; wo? erinnere ich mich nicht recht, mir scheint, ich machte noch spät einen Versuch zu Friederike zu gehen. An solchen Tagen, an denen Alle, die sich lieben und einander angehören, sich vereinigen, um einander Beweise ihrer Zuneigung zu geben, wurde mir immer die

---

* Ihr Bruder Friedrich Wilhelm, damals 16 Jahre alt.
** Die hinterbliebene dreijährige Tochter ihrer Schwester Francisca.
*** Ihr Schwager v. d. Marwitz verlobte sich im März 1807 mit Gräfin Moltke (Hofdame der Königin Luise), welche er am 19. April 1809 heirathete.

schmerzliche Entfernung, in der ich trotz der Nähe von dem Geliebten meines Herzens lebte, recht schwer zu ertragen. Wie viele habe ich so verlebt, in dem peinlichsten Zwang, der traurigsten Entbehrung!

Das traurige, aber für mich doch so wichtige Jahr 1806 endigte ich auch nicht heiter; denn am 30. December reiste C. nach Frankreich; doch hatte ich noch den Trost, ihn an diesem Tage und dem vorhergehenden bei Friederike zu sehen. Dies Wiedersehen that mir unbeschreiblich wohl. Die Gefahr hatte jede Spur von ängstlicher oder stolzer Zurückhaltung aus meinem Herzen verbannt und mich ganz empfinden lassen, was C. mir war; mit der innigsten Liebe und der völligsten Hingebung schloß ich ihn an mein Herz.

Am Sylvester-Abend 1805 war ein großer Ball bei Massow*) dem Großfürsten Constantin zu Ehren. Ich stand beim Tanzen neben der Königin; sie erinnerte sich an das frohe Fest des 12. August,**) an welchem wir uns noch so unbefangen freuten, und machte einen traurigen Vergleich zwischen dieser Zeit und der gegenwärtigen. Ach sie ahndete doch wohl nicht, welche viel traurigere ihr in Kurzem bevorstand! Ich stand nicht weit vom Könige, als es zwölf schlug und man ihm gratulirte zu Anfange des Jahres, das seinem Reiche den Untergang bereiten sollte. Er wünschte, es möchte glücklicher sein als das vorige. — C. war mit der Armee in Sachsen; seine Abwesenheit machte mir alle die Feste, welche die Anwesenheit des Großfürsten***) so sehr zur Unzeit verursachte, noch unangenehmer.

Das Jahr 1804 sollte ich ebenfalls auf einem Balle bei der Gräfin Rheden beschließen, aber es war für mich zu traurig gewesen,†) um an dieser Freude Theil nehmen zu können. Am Neujahrstage 1805 hörte ich in Monbijou von Sack††) eine Predigt, die mich rührte und mir wohl that; es war das letztemal, daß ich

---

* Wahrscheinlich der frühere Hofmarschall (nicht der spätere Hausminister) von Massow, der Erzieher des Grafen Friedrich Wilhelm von Brandenburg.

** Scheint ein Familienfest gewesen zu sein (vielleicht die Geburtstagsfeier einer am 12. August 1799 geborenen Tochter der Prinzessin Louise von Radziwill).

*** Constantin, Bruder des Kaisers Alexander.

† Ihre Schwester (v. d. Marwitz) war im März (1804) gestorben.

†† Der berühmte Hofprediger (gest. als Bischof 2. October 1817).

die Königin dort gesund sah. Ich hatte die Weihnachtsfeiertage in
Giewitz zugebracht in einer sehr wehmüthigen Stimmung.

Das Jahr 1803 endigte ich ebenfalls recht traurig. Wir erwarteten meine Schwester;*) sie kam erst den 2. Januar.

Am letzten Tage des für mich auch so traurigen 1802ten Jahres**)
war mir das Herz so schwer, daß ich es im Zimmer meiner Mutter
nicht aushalten konnte. Ich ging ohne Licht in das meinige und
legte mich auf das Sopha, um mich meinen Gedanken und Gefühlen
zu überlassen. Mir war, als wäre ich von der ganzen Welt verlassen, als wäre nun mein Leben völlig abgeschlossen und alle Freude,
alles Glück auf ewig für mich vorüber, und doch sollte ich das
wahre, höchste Glück erst noch kennen lernen. Ich hatte kurz vorher
in einem Jean Paul'schen Werke (ich weiß nicht mehr, in welchem)
die Neujahrsnacht eines Unglücklichen***) gelesen. Ich kam mir
gerade vor wie dieser Unglückliche. Ich erinnere mich noch so lebhaft
dieser Stimmung, als hätte ich sie erst gestern gehabt.

Das Jahr 1801 endigte ich wahrscheinlich heiter und froh, ich
erinnere mir aber nicht mehr wie. Es war das letzte mal, daß ich
diese Epoche mit meinem theuren Vater und mit meiner Freundin
Marguerite und ihrer Familie zubrachte. Das Glück dieser liebenswürdigen Familie war in diesem Jahre durch Isabellens Tod sehr
gestört worden. Diesen Winter wurde meine Schwester†) vorgestellt.

Zu Weihnachten 1800 wurde meine Schwester eingesegnet; am
Weihnachtstag war bei Lady Carysfort ein sehr lustiger Ball. Am
Sylvester-Abend war bei Frau von Engeström der Ball, der durch
den Tod des Herrn von Dorville auf eine so traurige Art gestört
wurde. — Wir waren in diesem Jahre in Karlsbad gewesen.

Das Ende des Jahres 1799 erinnere ich mir nicht, wahrscheinlich
war es so heiter, wie uns Verblendeten damals die Zeit noch erschien.
Ich schäme mich über mich selbst, wenn ich bedenke, wie wenig
Antheil ich damals an den öffentlichen Angelegenheiten nahm, und
doch war es nicht aus Mangel an Ernst und Hang zum Nachdenken;

---

* Francisca, seit Mai 1803 mit v. d. Marwitz vermählt.
** Ihr Vater war am 4. Juli (1802) gestorben.
*** In Jean Paul's „Briefen und bevorstehendem Lebenslauf" (1799).
† Francisca.

ich war im Gegentheil oft nur zu ernsthaft für mein Alter. — Voß kam diesen Winter zuerst nach Berlin.*)

Das Jahr 1798 endigten wir auf einem sehr fröhlichen Balle bei Lord Talbot in der Sonne. Am Neujahrstag 1798 war ich auf der ersten Cour unserer unvergeßlichen Königin zum ersten male bei Hofe vorgestellt worden.

Im Anfange des Jahres 1797 war Papa nach Rußland gereist; er kehrte erst kurz vor dem Tode des Königs zurück.

***

Aus meiner früheren Jugend ist mir ein Jahreswechsel ewig unvergeßlich geblieben, der von 94 auf 95. Mein Bruder war an einer Lungenentzündung gefährlich krank und man glaubte, daß er die Nacht nicht überleben würde. Wir waren aufgestanden und saßen in stummer Angst um sein Bette. Die Chorschüler sangen Neujahrslieder auf den Straßen, auch eine Trommel ließ sich hören; da richtete er sich auf und fragte, was das wäre, und die Trommel, die er immer sehr liebte, schien ihn zu beschäftigen. Es war das erste Zeichen von Aufmerksamkeit und fast von Bewußtsein, das er seit einiger Zeit gegeben hatte; es verursachte uns daher eine große Freude; wirklich befand er sich auch am folgenden Tage viel besser und war bald darauf ganz außer Gefahr.

Gedichte von Carl von Clausewitz.**)

1.

Im Frühling 1807.***)

Heiter senkt der Frühlingsgott sich nieder
Und, geweckt von seinem Sonnenblick,
Kehrt der Blumenschmuck der Erde wieder,
Hoffnung in des Menschen Herz zurück.

---

* Graf August v. Voß, der sich am 14. Oct. 1800 mit Luise v. Berg verheirathete.
** Aus dem Nachlasse der Frau von Clausewitz. Das kleine von ihr geschriebene Heft hat die Aufschrift „Gedichte meines Mannes."
*** Clausewitz befand sich damals als Gefangener in Frankreich.

An des Gottes Hand tritt ihm entgegen,
Freundlich schön, die liebende Natur,
Waltend durch des stillen Glückes Segen
In der duft- und farbenreichen Flur.

Für den Menschen wohnt in ihren Blicken
Inn'rer Friede, edler Freuden reich;
Traulich soll er an sein Herz sie drücken,
Einer vielgeliebten Schwester gleich.

Wenn der Blick von ihrem Reiz geblendet,
Tief gerührt das Herz von ihrer Huld,
Ist es blut'gen Schlachten abgewendet,
Ist es abgewandt der Rache Schuld.

Willig fliehend der Zerstörung Scenen,
Froh beschäftigt, soll die Phantasie
Mir ein fröhlich liebes Bild entlehnen
Deinen Zügen, herrliche Marie!

2.

Im Jahr 1810.

In heißer Liebe Sehnsucht ausgegossen,
Zerfließt mein Sein in ruheloses Streben,
Getheilt, zerrissen ist mein innres Leben;
Vom zarten Zweig, der grünend ihm entsprossen,
Verwehn die Blüthen-Schloßen
Und keine süße Frucht will Nahrung geben.
Der Zeiten Flügel hör' ich rauschen
Und seh' die Sonne Tag vor Tag sich neigen,
Die Sterne wandelnd steigen.
Den Bau der stillen Gruft vernimmt der Ahnung Lauschen,
Allein die schwere Mahnung ist vergebens;
Ein heißes Sehnen löst die Kraft des Lebens,
Der Puls im bangen Herzen
Zuckt krampfhaft in der Liebe Wollustschmerzen.

3.

Im Juni 1810.

O wie groß ist dieses Blickes Wonne,
Den Dein Auge in mein Auge thut;
Wie im Strahl der milden Abendsonne
Strömt aus ihm des Herzens stille Glut.

Aus des Himmels Sonn- und Sterngebiete
Bist Du gnädig Sterblichen gelieh'n,
Um an Deiner reinen Engelsgüte
Neuen Glaubensfunken anzuglüh'n.

O ich fühlte, da ich Dich gesehen,
Wie vor eines Engels Majestät,
Frommer Ahnung Schauer mich umwehen
Und mein Herz sprach kindlich ein Gebet:

Weile, lieber Fremdling, weil' hienieden,
Führ' durch Deiner Augen schönen Blick
Segnend zu des stillen Lebens Frieden
Aus des Lebens Stürmen mich zurück!

Freundlich hast Du mir die Hand gegeben;
Unter eines Engels Schutzgeleit
Windet lieblich sich der Pfad durch's Leben
Und im Himmel wohnt die Seligkeit.

— —

4.

Wenn in der Frauen zartgefügtem Herzen
Die Harmonie den Wundersittich regt:
Ein ew'ger Quell die leichten Wellen schlägt
Von Wallungen der Lust und süßer Schmerzen.

Ein leichtes Schiff auf stiller Fluthen Wogen,
Vom vollen Sturm der Harmonie gefaßt,
Wird so des nieder'n Lebens süße Last
Auf Stanzen und in Tönen fortgezogen.

Dir haben Kunst und Liebe sich verbunden,
Die Stirn' zu krönen mit geweihter Hand,
Und in der Locken doppelt Blumenband
Des Lebens schönste Blüten eingewunden.

5.

Sinnbild.
An zwei Liebende.

Es kam auf eines Sees leichten Wogen,
Gesenkt der Flügel stolze Kraft, ein Schwan,
Zart, glänzend weiß, still rudernd seine Bahn,
Ein heller Stern durch grau Gewölk gezogen.

Ihm schwebte nach ein leicht gefügter Kahn,
Von Segels Fülle war der Mast gebogen,
Sein diamantner Kiel ereilt die Wogen,
Zerschneidend schnell des Sees kristallnen Plan.

Der Genius war's, der Euch die Pfade lichtet,
Und wie in jenes Schiffleins sicher'n Raum
Habt freudig Ihr der Jugend Glück geflüchtet
In Eurer Liebe schönem Lebenstraum.
Im Blütenduft, nach dem bekränzten Saum
Hesperiens, ist nun die Fahrt gerichtet.

6.

Sonett.
Mit einem Bilde.

Wenn hie und da in einem lichten Zug
    Das heitre Licht des frohen Sinnes fiel
    Und freundlich in des Bildes Farbenspiel
    Des schönern Lebens wahre Farbe trug,

Ja wenn — entrückt dem hochgesteckten Ziel,
    Gehemmt in meiner Hoffnung kühnem Flug,
    Mir dennoch segenvoll der Zauberspruch
    Der Liebe in den Kreis des Lebens fiel;

So ist's der trüben Seele Irisbogen,
    Aus dem das Bild den heiter'n Farbenstrahl
    Dem Quell der Farben und des Lichtes stahl,

Und den in mir Dein süßer Blick gezogen,
    Und jenes Glück im Zauberspruch gebannt
    Löst nur der Wunderring von Deiner Hand.

————

7.

Die Kette an Marie.

In goldnen Ringen
Dich zu umschlingen,
In Lebensweiten
Dich zu geleiten,
Bin ich ersehn,
Laß gütig es geschehn.

An Wünschen bring' ich einen,
So giebt es weiter keinen,
Das höchste Glück auf Erden,
Der Mutter ähnlich werden.
Kannst Du es schon versehn?
Dann wirst Du gern mich sehn.

————

8.

Anrede an das Fischlein.

An des Schlosses Marmorschwellen,
Aus des heil'gen Sees Wellen
Und der Perlen Silberschooß
Windest du dich, Fischlein, los.

Aus der schönsten Gräfin Händen
Wolltest du dich zu mir wenden,
Diese Wunder zeigen an,
Wer du bist — ein Talisman.

Sei ein Kleinod uns willkommen,
Sorglich in Verschluß genommen
Mach uns fest durch deine Kunst
In der schönsten Gräfin Gunst.

9.

Im Januar 1809.

Sieh das wilde Kriegsgetümmel
Wie es ost- und westwärts streicht,
Schau, wie, schwarz in Nacht, der Himmel
Einem Rabenfittich gleicht.

Horch, wie dumpfer Donner Rollen
Durch des Himmels Sphären kreist,
Blitz aus Blitz sich aus dem vollen
Schwefelpfuhl herniederreißt.

Dort in seinem Bau zusammen
Stürzt ein altes Königshaus,
Zwischen Trümmern brechen Flammen
Unterird'scher Gluten aus.

Unter weiten Länderflächen
Ziehn sich ihre Höhlen hin,
Wo in wilden Flammenbächen
Des Vesuves Quellen glühn.

Furchtbar aus dem Heute windet,
Wie aus Unglücks schwanger'm Schooß,
Drohend überall verkündet,
Sich das nahe Morgen los.

Und des Menschen Tritte schwanken
Und sein Thun ist eingestellt
Und des Rechtes Stützen wanken
Und der Ordnung Bau zerfällt.

Flieh' mit Deines Herzens Stille
Dieses Lebens Sturm und Graus!
Nur des Mannes kühner Wille
Führ' ihn in den Sturm hinaus.

Fest geharnischt soll er's wagen,
Helmbeschützt stürz' er hinab,
Ueber ihn zusammenschlagen
Mag der Trümmer hohles Grab.

Laßt des Helmes Erz zersplittern,
Schwer getroffen sinkt er hin —
In des Streites Ungewittern —
Tausend Wunden über ihn!

Klage nicht — er hat gestritten
Für den Gott in seiner Brust,
Und der Tod, den er erlitten,
Ist der stolzen Seele Lust.

10.

Rettung.

Wie rollend auf des Sonnengottes Wagen
Und glänzend wie der Sonne reines Licht
Wird in der Völker frohem Angesicht
Der Strahl des Rettungssieges fortgetragen.

Des Schreckens schwarze Schatten sind besiegt;
Es wird des Nordens Nacht von ihm ertagen,
Bis wo das Eis in hundertfachen Lagen
Am Polgebirge seinen Schimmer bricht.

Und wie der Sonne Glut den Keim gestaltet,
Wird durch des Sieges glühend Hochgefühl
Der Freuden schönes, wechselvolles Spiel
In aller Völker Busen neu entfaltet,
Bis wo des Meeres Strömungen am Ziel,
Bis wo des letzten Lebens Hauch erkaltet.

11.

Zum neuen Jahre.

An des neuen Jahres Pforten
Wünscht man uns mit heiter'n Worten
Spielend Glück und neuen Muth.
Wie die Flügelthore sich bewegen,
Drängen sich die Stunden uns entgegen
Unaufhaltsam wie die Wellenfluth.

Sehet schnell die frohen eilen,
Nur die schmerzensreichen weilen
Und die unglücksschweren droh'n;
Stärke sei uns in des Schmerzes Mühen,
Fester Muth im Unglück uns verliehen,
Hoffnung vor des dunkeln Schicksals Thron.

Kommen dann die bitter'n Stunden
Oeffnend tief des Lebens Wunden,
Wie das Schicksal es gebeut;
Alle werden ja vorübereilen
Und die kommenden die Wunden heilen
Mit dem Balsamhauch der Zeit.

Eins doch möcht' ich uns erflehen,
Dir ein lieblich Kind zu sehen
Spielend an der Mutter Brust..
Trennt uns dann des Schicksals finst'rer Wille,
Füllet um Dich her des Grabes Stille
Deines Kindes heit're Jugendlust.

„Mutter, sprich, wo ist der Vater blieben?"
„Weit von uns er weilet, drüben
Ueber'm Strome, mein geliebtes Kind!"
„Sage, Mutter, kommt er nicht herüber?"
„Liebes Herz, wir ziehen bald hinüber,
Wenn wir erst zur Reise fertig sind."

——— —— ——

12.

Das Jahr 1824.

Das Jahr, wo Dir Dein Leopold*) geboren
Hat neu und enger Dich dem Glück verbunden;
Dein Herz, von Ranken neuer Lieb' umwunden,
Genießt, was es in Sehnsucht sich erkoren.

Und hinterließ der leise Tritt der Horen
Oft Sorg', oft Angst — des Schmerzes bange Stunden,
So hat für jene Trost und Hülfe sich gefunden
Und diese haben sich in Wohlgefühl verloren.

* Wahrscheinlich der einzige Sohn des mit Clausewitz befreundeten Ministers Grafen Bernstorff und seiner Gemahlin Elise, geb. Gräfin von Dernath. Jener Leopold starb als Kind; die drei übrigen Kinder des Ministers waren Töchter.

Dein frommes Beten sollte nicht vergebens,
Dein heit'res Dulden ohne Segen bleiben,
Der Herr hat reichlich ihn Dir zugemessen.
Auf dieses reiche Blatt des schönen Lebens
Laß vorzugsweise uns die Mahnung schreiben,
Nicht die, die Alles theilte, zu vergessen.

13.

Deutsch und Französisch.

Des deutschen Mannes volles Herz
Kann nur in deutscher Rede sich ergießen;
Französisch spricht sich gut im Scherz,
Und klangvoll mag des Wälschen Rede fließen;
Doch wenn der Blick gekehrt ist himmelwärts,
Wie da zum heil'gen Bund drei Schweizer Männer schwören,
So tönt das deutsche Wort wie ihres Schwertes Erz,
Womit das fremde Joch sie kräftiglich zerstören.

VI.

Aus dem Briefwechsel zwischen Clausewitz und seiner Braut während der Jahre 1806—1809: A. 7 Briefe von Clausewitz aus dem Jahre 1806. B. 20 Briefe desselben aus dem Jahre 1807. C. 46 Briefe desselben aus den Jahren 1808 und 1809. D. 26 Briefe der Gräfin Marie von Brühl an Clausewitz aus den Jahren 1808 und 1809.

Bevor wir das Leben Clausewitz's nach seiner Verheirathung weiter-führen, lassen wir die nachfolgenden inhaltsreichen Briefe aus dem dreijährigen Zeitraume von dem Beginne des Krieges von 1806 bis zur Rückkehr des Hofes von Königsberg nach Berlin zu Ende 1809 hier vereinigt erscheinen. Diese Briefe sind die treuesten und be-redtesten Zeugnisse für das zwischen den beiden edelen und reich-begabten Persönlichkeiten, von welchen sie herrühren, bestehende schöne Verhältniß, einen Seelenbund, der an Reinheit und Innigkeit kaum jemals übertroffen sein dürfte. Ueber den Werth dieser Briefe mehr zu sagen, halten wir für überflüssig; sie mögen durch ihren Inhalt für sich selbst zeugen.

A.

Briefe von Clausewitz an seine Braut aus dem Jahre 1806.

I.

Den 30. August 1806.

Ich habe Sie nicht mehr sehen sollen; der Abschiedsbrief, den Sie von mir für eine andere Gelegenheit erhielten, sollte also wirklich ein Abschiedsbrief sein! Es würde mir sehr wohl gethan haben, Sie noch einmal zu sehen, Sie noch einmal, geliebte Marie, fest an mein Herz zu drücken! Daß Sie gerade an dem Tage zurückkehren mußten, da ich noch in Ihrer Nähe und doch schon auf lange von Ihnen getrennt war! Es liegt fast etwas Hämisches in diesem Spiel des Zufalls, doch fühle ich dies weniger, weil der Blick starr in die verhängnißvolle Zukunft gerichtet ist. Ich kann und mag Ihnen nicht mein Innerstes ganz entwickeln, doch glauben Sie nicht, daß ich muthlos verzweifle. Gott wird mich vor diesem Zustande bewahren, so lange ein Funken Lebensglut in mir ist, und verachten werde ich jeden deutschen Mann, der dem Muthe und den Hoffnungen entsagt, weil sie ihm in dem endlosen Elende seiner Lage nur den Busen beengen und zu gefahrvoller Thätigkeit anspornen. Diesem Frieden, den die Demuth gibt, entsage ich auf ewig. Kann ich nicht frei und geehrt als Bürger eines freien und geehrten Staates leben und in Ihren Armen die goldene Frucht des Friedens genießen, so mag er meine Brust auf ewig fliehen.

Doch hinweg mit dieser ängstlichen Sprache! Lassen Sie mich froh sein und voll Zuversicht auf mein Glück! Bewährt sich dieses Glück, was mir bis jetzt lächelte, so kehre ich wieder glücklich zu Ihnen zurück. O Marie, welch ein Augenblick des freudigen Wiedersehens! Bis dahin soll mir der Gedanke, daß Sie mein sind, daß ich Sie meine Marie nennen darf, daß Sie selbst sich so genannt haben, daß Sie voll Liebe an mich denken, es sollen mir alle die seligen Bilder dieser reinen und schönen Liebe Ersatz sein für die bittere Trennung. Recht oft werde ich Sie im Geiste sehen, Ihnen in Ihr herrliches, freundliches Auge blicken, was mir so manche himmlische Empfindung erweckte!

Ob ich so glücklich sein werde, Ihnen schreiben zu können und von Ihrer geliebten Hand zuweilen einige Zeilen zu erhalten, weiß ich selbst noch nicht. Ich habe einmal bei Friederike*) einen leisen Versuch gemacht und Widerstand gefunden; da aber derselbe mehr scherzhaft war, so darf ich schon einen zweiten machen; indessen werde ich wissen, zu rechter Zeit abzustehen, im Falle die gute Friederike in ihrer Aengstlichkeit ernstliche Bedenken finden sollte. Auf jeden Fall, denke ich, wird sie mir erlauben, ihr zuweilen zu schreiben; ob ich dann eine Antwort erhalten werde, muß ich Ihnen, theure Gräfin, anheim stellen.

* Hofdame bei der Prinzessin Ferdinand, der Mutter des Prinzen August.

Jetzt leben Sie wohl, meine innig geliebte Marie, ich muß abbrechen; Ihr Bild wohnt in meiner Seele, der Gedanke an Sie wird mir der treueste Begleiter durch das Leben sein!

2.

Kantonirungsquartier Schönbeck,
den 11. September 1806.

Seien Sie mir tausendmal gegrüßt, geliebte Marie! Wie oft denke ich an Sie, wie lebendig schwebt mir in jedem Augenblicke Ihr Bild vor, das Bild meiner geliebten Freundin! Ich hätte es nie geglaubt, daß ich so wenig Gewalt über meine Seele hätte; ich hätte mich stärker geglaubt gegen die unendliche Wehmuth, die sich in mir ergießt und mir oft tiefe Seufzer auspreßt. Doch ich verzeihe mir das; denn überall, wohin ich den Blick wende, treten ihm getäuschte Hoffnungen entgegen und in jeder derselben verliere ich Sie von neuem. Ach ich bedarf nicht jenes Muthes, den ich in meiner Seele fühle, des Muthes zu Unternehmungen; ich bedarf eines anderen, zu dem ich wenig geschaffen bin — der Resignation!

So weit hatte ich geschrieben, als der Postbote mir einen Brief einhändigte, der mich augenblicklich mit der innigsten Freude erfüllte. Es ist als strömte der Himmel all seine Wohlthaten auf mich aus, wenn ich so einen Brief von Ihnen erhalte, so voll zärtlichster Liebe. O könnte ich diese Wohlthat doch je belohnen, wie ich es wünsche! Ja, theuerste Marie, ich verehre und liebe Sie mit aller Kraft meiner Seele, und ich bin entschlossen, mir einen frisch duftenden Lorbeerzweig zu pflücken, um meiner Liebe bescheidene Blüte in diesen Kranz zu winden. Dies ist mein höchster Wunsch, und ich vertraue auf Gott, der ihn erfüllen wird.

Jener Tag des Ausmarsches war für mich ein höchst unglücklicher Tag, so lange ich den unaufhörlich wiederkehrenden Wunsch, Sie noch einmal zu sehen, unterdrücken mußte. Mit welchen bitteren Empfindungen habe ich am Abend vorher nach Ihrem Fenster aufgesehen! Bis gegen neun Uhr war ich in der Stadt; endlich riefen mich hundert Geschäfte nach Bellevue*) und ich mußte die Hoffnung,

* Schloß des Prinzen Ferdinand, wo auch der Prinz August wohnte.

Sie wenigstens in der Ferne noch einmal zu sehen, in dem Augenblicke aufgeben, da ihre Erfüllung so nahe war. Am andern Morgen konnte ich's nicht lassen, noch einmal vor Ihrem Hause vorbei zu reiten, aber es war keine Spur Ihres Daseins zu entdecken. Bald darauf sah ich Ihren Bruder, und wenn ich, von der einen Seite, es nicht unterlassen konnte, mit ihm ein paar Worte zu sprechen, so hatte ich, von der anderen, doch nicht den Muth, ihm einen Gruß für Sie aufzutragen, der mir auf der Lippe schwebte und meinem Herzen so sehr Bedürfniß war. Als ich Sie sah, hatte ich schon alle Hoffnungen aufgegeben. O wahrlich, es war eine der schönsten Erscheinungen meines Lebens! Ich kann Ihnen nicht sagen, welchen wohlthätigen Eindruck dieses letzte Wiedersehen in meiner Seele zurückließ. Meine Freude war so groß, daß ich es nicht unterlassen konnte, noch einmal an Friederikens Wagen zu reiten, ihr ein Zeichen zu geben, daß ich Sie gesprochen, und so den Genuß in ihrer freundlichen Theilnahme zu verdoppeln, ganz mit der Empfindung, wie man seinen erstaunenden Freunden ein unverhofftes Glück verkündet.

Sie glauben nicht, theure Marie, wie viel mir die Vorstellung in den bittersten Augenblicken ist, von Ihnen geliebt zu werden. Er ist der einzige Trost meines Lebens und er erheitert mich zu jeder Stunde mit seiner wunderbaren Kraft. Wenn ich zuweilen in meinen Privatverhältnissen etwas thue, was mich mit meinem bedeutungslosen Dasein auf Augenblicke aussöhnt, o so wünsche ich nichts mehr, als das wohlthätige Selbstbewußtsein Ihnen als Lohn für eine Liebe darbringen zu können, die der Himmel in meinen Augen nur geschaffen hat, um etwas recht Großes und Gutes zu vergelten! Wenn ich dies nie leisten kann, so wird es mir ewig als ein Raub an dem Himmel erscheinen, Ihre ungetheilte Liebe zu besitzen, — der Gegenstand Ihrer höchsten Empfindungen zu sein! Wenn ich diese Idee der Usurpation eines unverdienten Gutes nie aus dem Kreise meiner Vorstellungen entfernen kann: so ist es nicht, weil es mir an edlem Stolz gebräche, nicht Kleinmuth — denn der Wunsch, das Höchste zu erstreben, hat schon als Kind meine Brust erfüllt; aber ich hätte mich nie mit dem Schicksale aussöhnen können, wenn ich Sie je einem Manne hätte zu Theil werden sehen, der sich nicht eben so sehr über andere Menschen erhob, als sein Loos erhaben war über das gemeine Glück der Erde. Ich denke zu billig, um dieser Forderung gegen mich selbst ganz uneingedenk zu sein. Es ist für zart empfindende Menschen eine viel nothwendigere Bedingung zur Zufriedenheit, ein erreichtes Glück ganz zu verdienen als ein unverdientes wirklich zu erreichen. Was Sie mir über diesen Punkt zuweilen als Trost gesagt haben, kann mich nicht trösten.

Wenn Sie sich mit Vergnügen an den Stellen, wo wir uns sahen und freundliche Worte und Blicke wechselten, meiner erinnern, so macht es mir nicht weniger Freude, an die Augenblicke zurückzudenken, wo ich die ersten Beweise Ihrer Neigung erhielt. Von diesen ersten Freuden, den zarten Blüten der Liebe, hat meine Marie wenig gefühlt. Die Angst um den Verlust Ihrer kostbaren Freiheit, der beständige Kampf in Ihrem Inneren ließ dies nicht zu. Da wo ich die schönsten Früchte sammelte, brachten Sie nur Opfer — doch ich will Ihnen nicht Unrecht thun! es gab auch Augenblicke, wo Ihr seelenvoller Blick voll des innigsten Vertrauens auf mir ruhte, und dann las ich in Ihren Zügen den reinsten Abdruck dessen, was in meinem eigenen Herzen vorging. In solchen Augenblicken lag der Himmel!

Alle unsere politischen Hoffnungen welken dahin. Zwar hat dieser Tage die sächsische Armee die schleunigste Ordre erhalten, sich auf den Kriegsfuß zu setzen und bei Dresden zu versammeln; allein, wer daraus noch Hoffnung schöpfen wollte, müßte weniger oft getäuscht worden sein als wir es sind seit Jahr und Tag. Dennoch werde ich sobald noch nicht so glücklich sein, Sie wiederzusehen und ich fürchte vielmehr, daß dieser Zustand einer scheinbaren Ungewißheit noch lange fortdauern wird, und ich lebe in ihm wahrlich auf keine angenehme Art.

Wie viel, theure Gräfin, muß ich Ihnen danken für den Entschluß, mir zu schreiben! Wie großmüthig sind Sie gegen mich! Voll Vertrauen, voll Zuversicht sind Sie gegen mich, aber Sie werden sich auch überzeugen, daß Sie keinem Unwürdigen vertraut haben. Noch nie, hoffe ich, hat sich Jemand in seinem Vertrauen gegen mich betrogen gefunden — in diesem Falle ist meine Eigenliebe ohne Gränzen. Sie dürfen mir, der Sprache meiner Liebe in Wort und Blick dürfen Sie vertrauen, und wenn keine andere Rücksicht

Sie mehr zurückhält, sich allen den Empfindungen der reinsten, heiligsten Liebe zu überlassen, die ich Ihnen gebe und von Ihnen fordere, so ist zwischen uns keine Schranke mehr, der innigste Bund der Seelen ist geschlossen und wir leben für einander und mit einander. Darum ist mir der Ausdruck Ihre Marie von so unendlichem Werthe, er erweckte unbeschreibliche Empfindungen, als ich ihn das erste mal las.

So eben erhalten wir Marschordre, in die Gegend von Halle zu rücken. Machen Sie nun die Adresse: Zur Armee des Herzogs von Braunschweig bei Halle. Ich habe den Auftrag, sogleich nach Magdeburg zu gehen und muß daher schließen.

Grüßen Sie Charlotte Moltke*) herzlich von mir; sagen Sie ihr, daß ich Sie recht aufrichtig hochachte und unter die wenigen Menschen zähle, an die ich mit vielem Vergnügen denke.

Leben Sie wohl, theure, unaussprechlich theure Gräfin. Der Himmel nehme Sie in seine Obhut und verstatte mir, seine Sache auf Erden zu schützen.

3.

Kantonirungsquartier Gerbstädt**) in der Grafschaft Mannsfeld, den 18. September.

Wir rücken immer weiter vor und ein schwacher Schimmer kriegerischer Aussicht fällt von neuem in meine Seele, und erleuchtet so manches Bild, so manche Hoffnung, die schon wieder in die Dunkelheit zurückgetreten waren. — Wenn wir so über Berg und Thal in der gekrümmten Straße des Waldes mit offenen, langgedehnten Reihen einherziehen und Musik und Gesang die Lüfte erfüllt, so erweitert sich mir das Herz und ich bin reich an frohen Hoffnungen und Ahnungen — wie suche ich dann nach einem Wesen, dem ich mich mittheilen könnte, von dem ich verstanden und durch gleiche Gefühle belohnt würde — und ich finde keines. Auch nicht eine Seele, in welcher sich die Welt in einer veredelten Ansicht spiegelte;

---

* Gräfin Charlotte Moltke, Hofdame der Königin Luise, nachherige Frau v. d. Marwitz.

** Kleine Stadt unweit Eisleben (Regierungs-Bezirk Merseburg).

auch nicht ein Gefühl, was tiefer griffe als in die Gemeinheit unseres
Daseins. Kein gehaltreiches Wort kommt über meine Lippen, kein
solches dringt zu meinem Ohre. — Sie vorzüglich, geliebte Freundin,
müssen mit mir die Armuth eines solchen Lebens fühlen; Sie werden
mich bedauern und, mich zu trösten, schon einmal öfter erlauben,
Ihnen zu schreiben und den in's Dasein zurückgetretenen Empfindungen und Hoffnungen die himmlische Wohlthat der Sprache
gewähren. Dieses schöne Recht erwarb ich mit Ihrer Liebe und es
schmeichelt meinem Stolze die Ausübung desselben eben so sehr als
sie mein Herz befriedigt. Ich werde nie aufhören dem Himmel laut
zu danken für dieses wohlthätige Geschenk, denn ich fühle in jedem
Augenblicke meines Lebens mehr, wie viel, selbst bei dem unglücklichsten Ausgange desselben, mir Ihre Liebe gewesen ist.

Es ist wirklich ein recht ästhetischer Eindruck, den das Vorüberziehen eines Kriegshaufens macht; wobei man nur nicht an unsere
Revüen denken muß. Hier sind es nicht, wie dort, steife Truppen-
linien, die sich dem Auge darbieten, sondern man unterscheidet in
den geöffneten Reihen noch das Individuum in seiner Eigenthümlichkeit, und es herrscht neben der ruhig fortschreitenden Bewegung viel
Mannichfaltigkeit und Ausdruck des Lebens. Jeder leuchtet mit
seiner Rüstung einzeln durch die grünen Zweige des jungen Waldes,
und wenn schon der Mann dem Auge entschwunden ist, blitzt noch
seine Waffe durch die Wolke von Staub, die sich hoch über dem
Rande des Thales erhebt und dem Entfernten des verborgenen Heeres
Zug verkündet. Selbst die Mühseligkeit, die aus der Anstrengung
spricht, wenn sich die Reihen mit ihrem Geschütz und Gepäck langsam
den Berg hinaufziehen, gibt einen glücklichen Zug in dem Bilde.
Die Menge der Individuen, welche selbst ein kleiner Kriegshaufe dem
Auge darstellt, verbunden zu einer langen, mühevollen gemeinschaftlichen Reise, um endlich auf dem Schauplatze von tausend Lebens-
gefahren anzukommen, der große und heilige Zweck, dem sie alle
folgen, legt diesem Bilde in meiner Seele eine Bedeutung unter, die
mich tief ergreift.

Glauben Sie ja nicht, theure Marie, daß Sie dies alles zu
lesen bekommen, weil ich es für schicklich halte, einer Künstlerin mit
der Feder etwas vorzumalen — ich bin wirklich ein wahres Kind,

wenn ich so etwas sehe und weiß recht gut, daß ich manchem in diesem kindischen Wesen lächerlich erscheinen würde, daher ich mir Aeußerungen der Art nur gegen meine vertrautesten und nachsichtigsten Freunde erlaube.

Der Ort, worin wir jetzt stehen, liegt am Fuße des Brockengebirges in einer tiefen Schlucht, so wie die Gebirgsbäche sie einreißen, wenn sie zuerst auf der flachen Ebene in ihrem wilden Laufe aufgehalten werden. Ueber unseren Häusern ragt ein langer Schieferfelsen hervor, so daß die Menschen über die Gipfel der Dächer hinwegzuschreiten scheinen. Die Gegend ist daher schon ziemlich romantisch, und wird es noch mehr durch ein fürchterliches Unwetter, was von den Bergen die Bäche herabstürzt und die Schloßen gegen die Fenster wirft. Ein mächtiger Baum, der dicht vor den meinigen steht, ist das noch unfreundlichere Organ des unfreundlichen Windes. — Möchten wir bald den sicheren Schutz des Daches verlassen, der Unvernunft des wilden Elementes trotzen und durch den Schrecken unserer Waffen die Schrecken der Natur vergessen machen! Aus dieser langen fürchterlichen Nacht wird uns ja ein schöner Sommertag hervorgehen! O so nahe an der Gränze eines Landes zu sein, in welchem man des Lebens ganzes Glück und höchstes Gut erringen kann, und die Gränze nicht überschreiten zu können! Des Krieges bedarf mein Vaterland und — rein ausgesprochen — der Krieg allein kann mich zum glücklichen Ziele führen. Auf welche Art ich auch mein Leben an die übrige Welt anknüpfen wollte, immer führt mich mein Weg über einen großen Kampfplatz; ohne diesen zu betreten, blüht mir kein dauernd Glück. Vieles denke ich mir zu erstreben, mehr als ein gemeiner Muth hoffen läßt — zwar habe ich, wenn ich mein Leben mit einem Blick überschaue, manchen glücklichen Erfolg gesehen, wozu die erste Anlage wenig berechtigte, manches Gut errungen, was ich als unmittelbare Gabe des Himmels betrachten muß — aber noch große Anforderungen an mein Glück habe ich zu thun!

Ich kann es nicht verhehlen, theure Marie, so oft meine Wünsche und Hoffnungen den Schauplatz des Lebens durchlaufen, eilen sie früh oder spät, je nachdem eine heitere oder düstere Phantasie ihnen vorleuchtete, zu Ihnen, geliebte, theure Marie, um mich an Ihrer Hand das schönste Glück des Lebens genießen zu lassen. — Wie viel ist bis dahin zu thun übrig; wie wenig steht es in meiner Macht, es zu thun! Möglich wird es durch den Krieg, ich sehe ihm daher auch in dieser Rücksicht mit Verlangen entgegen.

Eben da ich dieses schreibe, erhalten wir Befehl zum neuen Aufbruch, um gegen Thüringen weiter vorzurücken. So wenig Hoffnung mein Verstand daraus ziehen kann, so sehr beschäftigt es meine Phantasie.

Roßbach,*) den 20. September.

Hier hatte ich abgebrochen; ein schleuniger Aufbruch erlaubte mir nicht, weiter zu schreiben. Heute sind wir hier eingerückt. Sie können denken, mit welchen Empfindungen ich das Schlachtfeld besuchte, wo der unerträgliche Hochmuth der Franzosen so sehr gedemüthigt, uns aber ein stolzes Monument errichtet wurde, was über viele Zeiten und Länder, sogar über jenen Berg von Begebenheiten hinwegragt, den die letzten zehn Jahre vor ihm hingerollt haben, und woran sich unser Muth und unser Vertrauen mit der üppigsten Kraft emporrankt. Diese Schlacht hat das Eigenthümliche, daß sie der ganzen Welt, besonders aber den Franzosen bekannt ist, ungeachtet sie, sowohl in Rücksicht der Kunst als der aufgeopferten Kräfte sehr leicht erkauft wurde. Nie in der Welt ist eine so unbedeutende Schlacht von so wichtigen Folgen gewesen. Aller dieser Umstände wegen, muß ich gestehen, ist sie nicht sehr imponirend für mich. Doch ist es mir sehr interessant, täglich in ein Zimmer zu gehen, wo Friedrich der Große wohnte, und wo er gerade aß, als man ihm die Nachricht brachte, daß die Franzosen ihn zu umgehen suchten. Seidlitz sprang zuerst auf, um die Cavalerie vorläufig satteln zu lassen; Prinz Heinrich folgte ihm und benachrichtigte die Infanterie. Endlich, gegen zwei Uhr, stieg auch der König auf das oberste Stockwerk des Hauses, um den Feind zu beobachten; er traute kaum seinen Augen, so unbegreiflich war das Unternehmen, nicht an Kühnheit sondern an Dummheit. Der König befahl sogleich, daß die Armee zu den Waffen greifen und den Umständen gemäß abmarschiren sollte. Alle sprengten nun mit verhängtem Zügel zu dem Schloßhof hinaus durch des Dorfes enge Gassen, der Gefahr entgegen, die auf den Bergen

---

* Dorf im Reg.-Bez. Merseburg, zwischen Weißenfels und Mücheln.

ihrer wartete, — welch ein Augenblick! Wenn ich den König in dieser Schlacht selbst nicht in dem Maße bewundere, wie der große Haufe des Militärs: so muß ich doch über seine Größe in diesem Zeitpunkte seines Lebens überhaupt, erstaunen.

Er war in einer blutigen fürchterlichen Schlacht (bei Colin) in Böhmen geschlagen worden und erhielt sich mit Noth und Mühe noch einige Zeit in diesem Lande; er kehrte dann nach Sachsen zurück, wo drei Armeen sich die Hand boten, seine Staaten zu verschlingen. Eine zweite große Schlacht raubte ihm sein Heer in Preußen und dieses ganze Königreich. Eine vierte Armee, der ganzen preußischen Macht allein überlegen, folgte ihm aus Böhmen auf dem Fuße nach. In dieser verzweiflungsvollen Lage dachte der König an keinen Frieden. Aber diese Lage war noch nicht verzweiflungsvoll genug, um die Größe dieses erhabenen Gemüthes auszumessen. Eine dritte Schlacht vernichtete bei Breslau den schönsten Theil seines Heeres, und brach die einzige Säule zusammen, auf welcher die Grundvesten des Staates ruhten; zwei Drittheile von Schlesien gingen verloren. So brachte der indeß bei Roßbach erfochtene Sieg den König kaum einen Schritt von dem Abgrunde zurück, in welchen sein Staat zu stürzen und ihn unter seinen Trümmern zu begraben drohte. Der König sammelte die Reste seiner Heere und führte sie, dreißigtausend Mann stark, den neunzigtausend Oesterreichern bei Leuthen*) in Schlesien entgegen. Er war entschlossen, alles zu verlieren oder alles wieder zu gewinnen, wie ein verzweifelter Spieler und — daß unsere Staatsmänner es sich wohl merken möchten! — in diesem leidenschaftlichen Muthe, der nichts ist als der Instinkt einer kräftigen Natur — liegt die höchste Weisheit. Die ruhigste Ueberlegung des glänzendsten Kopfes kann, entfernt von jeder Gefahr und jedem leidenschaftlichen Antriebe, auf kein anderes Resultat kommen. Davon bin ich ganz überzeugt. Hier, bei Leuthen, errang Friedrich in einer Mordschlacht jenen glänzenden Sieg, der den schönsten Stein in die Strahlenkrone seines Ruhmes fügte und den Staat, wie ein Zauberschlag, aus seinen Trümmern, neugefügt hervorgehen ließ. — In dieser ganzen Periode sieht man den König mit einer Freiheit des Geistes und Heiterkeit handeln und leben, die mich bis zur leiden-

---

* Dorf zwischen Neumarkt und Breslau.

schaftlichen Bewunderung hinreißt. Sie verzeihen mir wohl, herrliche Marie, wenn ich mich hier einen Augenblick gehen ließ; ich habe doch gewiß nichts gesagt, was Ihrer nicht würdig wäre. Hätten doch alle Preußen vornehmen wie geringen Geschlechts den Blick so fest auf diesen glänzendsten Zeitpunkt unserer Geschichte gerichtet wie ich, sie würden früher schon es mehr der Mühe werth geachtet haben, ein so schön errungenes Dasein politischer Freiheit zu behaupten.

Merseburg, den 26. September.

So weit hatte ich geschrieben, als ich, aus dem Hauptquartiere zurückkehrend, den Brief meiner geliebten Marie vorfand. Ich danke Ihnen, denn mit Dank muß ich beginnen, ich danke Ihnen mit der höchsten Innigkeit für diesen Brief so voll Zärtlichkeit, und für diesen Ring für mich so voll schöner Bedeutung. Wie ein Kind habe ich mich darüber gefreut und ich trage ihn — liebe Marie, wenn Du sehen könntest, mit welchem Vergnügen! Hier darf ich mir diese Freude schon erlauben, in Berlin werde ich mich darauf beschränken müssen, ihn recht oft zu betrachten. Schön und mir aus der Seele gesprochen ist die Aufforderung, ihn an dem Tage zu tragen, da Ruhm und Gefahren uns umgeben. Wenn Sie ihn denn je zurück- erhalten, Marie, so werden Sie vielleicht stolz sein dürfen in dem Gedanken, daß in der wilden Wuth des Streites, wo der Ruhm und die Freiheit des Vaterlandes und die eigene Ehre uns mit vollen Segeln über den glühenden Lavastrom der Gefahren hinwegtreibt, immer bereit zum Untergang — dennoch mancher Blick der Wehmuth und stillen Freude auf diesen Ring fiel.

Längst hätte ich Ihnen einen solchen Tausch angeboten, wenn ich hätte glauben dürfen, daß Sie sich um meinetwillen von einem Ringe trennen würden, der Ihnen wahrscheinlich sehr theuer war. Darum bat ich, wenigstens einen Ihrer Ringe zugleich als ein Andenken von mir zu betrachten.

Wünschen Sie wirklich mein Bildniß zu besitzen, so hängt die Wahl zwischen einem Gemälde und einem Schattenriß ganz von Ihnen ab, und ich werde daher die Anfertigung anstehen lassen, bis Sie mir darüber geschrieben haben; auch auf welche Art Sie es aufbewahren wollen. Ein Gemälde von Ihnen, theure Marie, würde

mich unaussprechlich glücklich machen. Denn es vergeht kein Tag,
wo ich nicht den inneren Blick auf das Bild der theueren Züge hefte,
so wie es meiner Seele vorschwebt. Doch muß ich, um ehrlich zu
sein, eine Bemerkung machen. Sollte ich bleiben oder schwer blessirt
werden, so ist Ihr Bild in Gefahr, in fremde Hände zu fallen.
Wollen Sie, mir eine Freude zu machen, diese Gefahr nicht achten,
so bitte ich um ein Bildniß en face und ja von einem Maler, der
in der Aehnlichkeit glücklich ist, sollte er auch sonst nicht sehr zu
rühmen sein. Nur keine vermeintliche Idealisirung, Wahrheit will
ich, buchstäbliche Wahrheit, denn ich habe den Buchstaben der Natur
hier in seiner ganzen tiefen und heiligen Bedeutung verstanden, und
was die Natur und ich untereinander abgemacht haben, darein soll
auch das größte Kunsttalent nichts Fremdes tragen. Wie oft ich
dies theure Bild an mein Herz und meine Lippen drücken werde,
können Sie sich nicht vorstellen.

Allerdings wird es Ernst und ich zweifle jetzt selbst nicht mehr
an dem Kriege. Ich sehe ein, daß ich mich etwas in meiner Ansicht von unserem Cabinet betrogen; die Sachen stehen überhaupt
etwas besser als ich früher glaubte. Welche Resultate wir deshalb
zu erwarten haben, will ich nicht untersuchen, — genug, es ist etwas
besser und könnte vortrefflich sein. Wenn man die Nachrichten in
Betrachtung zieht, welche alle die mitbringen, die kürzlich das Innere
Frankreichs und das französische Kriegstheater durchreist haben, so
scheint es, das Schicksal bietet uns in diesem Augenblicke eine Rache
dar, die über alle Gesichter Frankreichs den blassen Schrecken aus-
gießen und den übermüthigen Kaiser in einen Abgrund stürzen würde,
aus dem seine Gebeine nicht anders als aufgelöst in Atome hervorgehen könnten.

4.

Kantonirungsquartier Merseburg,
den 29. September 1806.

Die Nachricht, daß Ihr Bruder jetzt zur Armee abgeht, hat mir
viel Vergnügen gemacht, weil ich dies in jeder Rücksicht für besser
halte, als wenn er noch einige Zeit bei'm Depot geblieben wäre.
Daß ich mir recht sehr eine Gelegenheit wünsche, Ihrem Bruder

einige Freundschaft erweisen und ihm dadurch auf eine reelle Art nützlich sein zu können, ist ein so natürlicher Eigennutz, daß ich ihn gar nicht erst zu manifestiren nöthig habe; ich muß aber von der anderen Seite Ihrer Meinung sein und gestehen, daß keine Aussicht dazu vorhanden ist. Selbst das Vergnügen seiner näheren Bekanntschaft und seines freundschaftlichen Umganges werde ich entbehren müssen, denn da im Kriege die Freundschaften selten sich außerhalb der Corps erstrecken, in welchen man dient, so würde ich mich besonders darum bemühen müssen, was aber theils ein zu eigennütziges Ansehen haben, theils mein Interesse für die herrliche Schwester leicht verrathen könnte. Wo ich ihn aber sehe, wird ihm mein Gemüth freundlich entgegenkommen; denn ich werde ihn nie sehen, ohne mich meiner geliebten Marie zu erinnern.

Ich habe Ihnen schon in meinem vorigen Briefe gesagt, daß ich jetzt den Krieg selbst nicht mehr bezweifle. Wir rücken langsam weiter vor; übermorgen werden wir von hier nach der Gegend von Naumburg a. d. Saale marschiren. Unser Feind, der übermüthige Kaiser, wird schon in Mainz erwartet. Ist er einmal auf dem Kriegstheater angelangt, so wird die Scene unverzüglich eröffnet werden. Binnen hier und vier Wochen sind höchst wahrscheinlich schon die wichtigsten Begebenheiten vorgefallen. Ueber meine Hoffnungen habe ich in meinem vorigen Briefe schon ein paar Worte gesagt; jetzt will ich nur hinzufügen, daß der gute Geist eines vortrefflichen Mannes,*) den ich, wie Sie wissen, sehr verehre, aus so vielen einzelnen Maßregeln hervorleuchtet, daß man seinen allgemeinen Einfluß auf das Ganze nicht verkennen kann. Unter wie schwierigen Umständen dieser Mann wirkt, ist kaum zu glauben; man erhält davon einige Vorstellungen, wenn man weiß, daß drei Feldherrn und zwei Generalquartiermeister sich bei dieser Armee befinden, da doch nur ein Feldherr und ein Generalquartiermeister da sein sollten. Ich bin in meinem Leben noch nie auf einen Menschen gestoßen, der mehr geeignet gewesen wäre, Schwierigkeiten der Art zu besiegen, als der Mann, von dem ich hier rede; allein wie viel muß nicht von den Wirkungen des Talents verloren gehen, wenn es sich an so vielen Hindernissen der Convenienz bricht, wenn es durch eine

* Scharnhorst.

unaufhörliche Friction fremder Meinungen gelähmt wird. So viel ist gewiß, daß ein unglücklicher Ausgang, wenn er uns treffen sollte, allein Folge dieser kleinlichen Convenienz-Rücksichten ist; denn in jedem anderen Punkte ist dieser Augenblick wieder ein sehr beneidenswerther für den König von Preußen! — Wenn ich aus allen den Betrachtungen, die ich anzustellen veranlaßt bin, ein Resultat ziehe, so bleibt mir immer noch die Wahrscheinlichkeit, daß in der nächsten großen Schlacht wir die Sieger sein werden; wie gering auch das Uebergewicht der Gründe sein mag, um diese Hoffnung zu erzeugen, so ist es doch genug, um mich und Sie aufzuheitern. Zur Gewißheit würde diese Wahrscheinlichkeit, zur Ueberzeugung diese Hoffnung werden, wenn ich die Direction des ganzen Krieges und der einzelnen Armeen nach meinem besten Wissen einrichten dürfte. So nahe liegt die Rettung Deutschlands und Europa's, so gering sind die Opfer, welche man diesem heiligen, dreimal geheiligten Zwecke zu bringen hat! Dies ist nicht blos meine Meinung, sondern es bekennen sich dazu alle Leute von Kopf und Sachkenntniß; gleichwohl kann man sich zu diesen kleinen Opfern nicht entschließen und — wenn das Unglück geschehen ist, so sucht man die Ursachen dazu in der Arche Noah auf. Diese Erscheinung setzt mich gar nicht in Verwunderung, denn sie findet sich in allen Katastrophen der Geschichte auf der einen oder anderen Seite wieder. — Ich gewöhne mich, Ihnen so häufig von diesen Dingen zu sprechen, daß ich bitten muß, mich zu schelten, wenn es Ihnen zu viel wird.

Ihren Ring trage ich mit unaussprechlichem Vergnügen, und ich darf nur daran denken, daß meine liebe Marie ihn zwölf Jahre trug, so geht eine magische Gewalt von ihm aus, die mir das Herz in seinen innersten Tiefen bewegt. O meine herrliche, theure Marie! wie liebe ich Sie, wie glücklich bin ich, von Ihnen geliebt zu werden! Noch vor wenig Monaten durfte dieses Wort nicht über meine Lippen gehen, und nur furchtsam, nicht ohne Besorgniß, gedemüthigt zu werden, sprach mein Blick es aus. Endlich ist das beglückende Geständniß über Ihre Lippen gegangen und ich habe die glückliche Erinnerung, diese Lippen in dem Kuß der innigsten Liebe berührt zu haben — wie sind seit diesem Kuß an dem Baume meines

Lebens alle Zweige neu ergrünt! Könnte ich Sie noch einmal sehen, fest an mein Herz drücken! — Doch nein! ich wünsche es nicht eher, bis etwas Großes geschehen ist; vielleicht fällt mir darin ein schönes Loos oder, wenn ich auch nur wie ein gemeiner Mann in der Schlacht für die Rettung Deutschlands mitgefochten habe — immer werde ich mich dann reicher und besser und der Umarmung meiner himmlischen Marie würdiger dünken, und dann nach so langer Trennung welch ein seliges Gefühl des Wiedersehens!

5.

Kantonirungsquartier Tennstädt*) bei Weimar,
den 12. October 1806.

Die Nachrichten, welche Sie von dem Tode des Prinzen Louis und dem unglücklichen Gefechte haben werden, was diesen Tod veranlaßte, fordern mich auf, Ihnen, geliebte, theure Marie, jetzt noch ein paar Zeilen zu schreiben, ungeachtet die Nachricht von einer großen entscheidenden Schlacht diesem Briefe vielleicht zuvoreilt.

Der Tod des Prinzen hat fast der ganzen Armee Thränen gekostet; das Gefecht selbst ist ohne alle Folgen. Uebermorgen oder in zwei bis drei Tagen wird es zur großen Schlacht kommen, der die ganze Armee mit Verlangen entgegensieht. Ich selbst freue mich auf diesen Tag, wie ich mich auf meinen Hochzeitstag freuen würde, wenn er mich so glücklich machte, segnend jener Hand verbunden zu werden, von der ich den Ring trage. Ich hoffe auf den Sieg. Lebe wohl, meine geliebte Marie, nie fühlte ich mich Dir so nahe wie in diesem Augenblicke, nie Deiner würdiger. Lebe wohl auf ein glückliches Wiedersehen hier oder in einer andern Welt.

Ewig Dein
Carl.

6.

Neu-Ruppin, den 1. December 1806.

Unsere Freundin Friederike hat mir vor einiger Zeit einige Zeilen von Ihrer Hand überschickt, verehrte, geliebte Marie, die meinem

---

* Städtchen im Regierungs-Bezirk Erfurt, unweit Langensalza.

Gemüthe die wohlthätigſte Arznei geweſen ſind. Dieſer ganz herzliche und innige Ton, der in Ihren beiden letzten Briefen herrſcht, hat mich zwar wehmüthig machen können, da er in einen Zeitpunkt traf, wo — die Dinge mit den äußeren Verhältniſſen gemeſſen — das Schickſal mich in die Fluth der Begebenheiten ſo tief herunter ſenkte, daß ich von Ihrem Auge nicht mehr hätte getroffen werden ſollen; doch iſt er mir eine innige Labung geweſen; er hat mich daran er- innert, wie viel die Vorſehung in dieſem Geſchenke mir noch verhieß; der Stern des Lebens ging mir wieder auf.

> Das iſt der Stern, der meinem Leben ſtrahlt
> Und wunderbar oft ſtärkte mich ſein Anblick.
> Wallenſtein.

Dieſer Ton verdiente es, daß ich zutrauensvoll Ihnen meine ganze Seele entfaltete; ich ſage er verdiente es, keineswegs weil ich mich erſt durch ihn dazu aufgefordert fühlte, ſondern weil dies die einzige Art iſt, wie ich Ihnen dafür danken könnte und — weil ich gerade ſo nicht danken darf. Vielleicht bin ich bald ſo glücklich, Sie wiederzuſehen, vielleicht fühle ich mich dann ruhig genug, um über meinen Zuſtand zu ſprechen; dann, Freundin meiner Seele, ſoll meine Seele in Ihr großes, reines Gemüth, wie zwiſchen den heiligen Mauern eines Tempels in heißem Gebete ſich ergießen. Jetzt kann ich Ihnen nur andeuten, was ich empfinde, und nur mit Herzlichkeit für Ihre Herzlichkeit danken.

Den Ring habe ich getragen in dieſer ganzen Zeit, in der die Stunden der Gefahr die ſchönſten waren, wenigſtens waren ſie für das Gemüth die drang- und gefahrloſeſten. Aber auch an den Tagen des Ruhmes, wie die Bedingung ſagt? — Nein, dieſe Be- dingung habe ich nicht erfüllen können. — Aber nicht blos getragen habe ich den Ring, ſondern auch ſeiner bewußt war ich mir. Am meiſten mußte dies ſein an den letzten und für mich ſo entſcheidenden Tagen; denn ich wußte den Ort Ihres Aufenthaltes*) und — denken Sie ſich meine Empfindungen — wenige Meilen davon hatten wir uns, vom Schickſal verlaſſen, der Verzweiflung in die Arme geworfen und ſpielten mit ihren falſchen Würfeln um den Tod oder eine un- ſterbliche That. Wenn Marie es wüßte, dachte ich mir, daß wenige

---

* Sie befand ſich in Glewitz bei ihrer Freundin, der Gräfin Voß.

Meilen von Ihr das Schicksal mir zum ersten mal den schönen
Kranz zeigt, den ich entschlossen bin um jeden Preis zu erringen,
um ihn zu Ihren Füßen zu legen — wenn der Ahnung wundervolle
Kraft Ihr dieses Schauspiel vor den inneren Blick des Geistes führte
— nie müßte es wohl einen Tag geben, wo Sie mir näher wäre
als an diesem! Es gilt die Ehre, es gilt Marie, war der innere
Zuruf meines Geistes. — Ich darf es nicht verhehlen, daß es
Augenblicke gab, wo die vernünftige Ueberzeugung von der fast
vollkommenen Unmöglichkeit eines glücklichen Ausganges den poetischen Geist aus meiner Brust verdrängte und dann sah ich mit
Wehmuth auf den Untergang aller meiner Hoffnungen zurück; aber
war dieser Verlust eines eingebildeten Eigenthums wohl zu vergleichen
mit dem Verluste der schönen Wirklichkeit, die das Schicksal unter
so viel spielendem Blumenschimmer wie eine süße Frucht mir hatte
aufgehen lassen? — O Gott, warum muß denn das Leben in der
herrlichen Blüthe einer reinen schönen Liebe abgestreift werden? — —
Endlich nach drei heißen Stunden zeigte das Schicksal den schönen
Preis näher; auf die wiederholten Fragen an mich: Glauben Sie,
daß wir durchkommen? konnte ich nun zum ersten mal antworten:
Jetzt glaube ich's; — wir sind aus dem Feuer gerettet, war die
Antwort. — Aber es war der vierte Act eines Trauerspiels; indem
wir der Gefahr zu entrinnen glaubten, gingen wir in die Schlingen
des bösen Zufalls, die das Verhängniß ausgeworfen — das Schicksal
war des Spieles müde; es versagte uns den letzten Einsatz, um das
Verlorene wiederzugewinnen.

Ich habe schmerzliche Erfahrungen gemacht, und blutige Wunden
sind meinem Gemüthe geschlagen worden, aber der große Grundstein
meiner Hoffnungen, auf den ich allein mit Sicherheit gerechnet
habe, dieser steht noch fest und unangetastet. Freilich gilt das weniger
von meinem Individuum als von meinem Vaterlande, und wenn
gleich mein Schicksal nie von dem Schicksale des letzteren getrennt
sein wird, so ist es doch mit den Hoffnungen nicht also; denn ein
Menschenleben ist nur ein kleiner Punkt in dem Maßstabe, womit
die Allmacht die Geschicke der Völker ordnet. Was meinen inneren
Zustand angeht, so kehre ich zwar mit keinem Reichthume großer
Thaten, aber auch mit keiner Schuldenlast zurück, und ich darf mir

sagen, daß ich der bescheidensten unter den Hoffnungen, welche Sie, meine großmüthige Freundin, in mich setzten, nicht unwerth war. Ich darf Ihnen also mit offener Stirn entgegentreten, und wenn ich gleich den schönen Zug des Hingebens in dem Augenblicke des Unglücks und der Erniedrigung ganz bewundere: so ist doch nichts in meiner Seele, was mich zurückhielt, daß ich nicht froh und unbefangen in Deine Arme eilte, froh Dich an mein Herz drückte, herrliche Marie, und frohlockend dem Himmel dankte für dies einzige Gut, was er mir erhielt.

7.

Den 13. December 1806.

Daß Du in Deinen Ansichten Dich mir jetzt genähert hast, meine theuerste Marie, thut mir leid um Deiner Ruhe willen; denn jetzt wäre es ein beneidenswürdiger Zustand, sich auf einer solchen moralischen Höhe zu erhalten, daß die unteren Regionen, welche die Welt bewegen, unsere Fersen nicht berührten. Aber jetzt mehr als je sehe ich selbst die Unmöglichkeit davon ein. Mein Gott, wer fühlte jetzt nicht die Größe des verlorenen Gutes! In diesem Punkt, scheint es, sind jetzt alle Menschen einig, und nur verschieden in dem Grade von Hoffnung oder Verzweiflung, der sie belebt. — Aber wie mächtig auch jetzt der Gott Dich ergreift, liebe Freundin, dem ich unter allen Erdengöttern am meisten huldigte, und wie leicht er über den Zauberkreis Deiner Philosophie hinwegschreitet, sich in das Heiligthum Deines Inneren eindrängt, nie wird er darin einen Zustand hervorbringen, ähnlich dem Gemüthszustande von uns anderen Sterblichen, denen kein solcher Schutzgott des Friedens vorwaltet wie Deiner zarten, leidenschaftlosen, großen Seele. Und ich leugne es nicht, oft, wenn ich mich am meisten daniedergedrückt fühlte, war es mir eine süße Labung, einen tiefen Blick in Dein Innerstes zu thun und den ganz entflohenen Werth des Lebens noch einmal in Deiner Seele wiederzufinden. Solcher Augenblicke hat es gegeben, ich darf es nicht leugnen. — Der Kranke, für den wir so viel fürchten und so manches hoffen, liegt in einem Zustande, den ich, obgleich ein junger Anfänger in der Arzneikunde, doch immer bei einer gewissen Wendung der Krankheit vorausgesehen habe. Aber weit entfernt, ihn darum für unheilbar zu erklären, wie so Viele thun, die in der edlen Kunst pfuschen, glaube ich vielmehr, daß dies der ordentliche Weg der Heilung sei; oder, wenn diese auch auf einem kürzeren Wege hätte erreicht werden können: so bietet doch der jetzige Zustand und der, welcher ihm folgen wird (also der, bei welchem die meisten anderen wohl ganz verzweifeln möchten), viel mehr Hülfsmittel dar. Dies klingt paradox; aber ich halte das für eine sehr kleinliche, enge Ansicht, unwürdig eines gescheidten Arztes, über die verlorenen Kräfte zu klagen. — Frage man doch: wodurch setzt die Natur diese Kräfte in Wirksamkeit? ich kenne kein anderes Organ als dasjenige, welches wir mit dem Namen Reiz belegen. Fehlt dieser, so liegen alle vorhandenen Kräfte müßig, und dienen nur dazu, den Körper zu einem schwammigen Volumen anzuschwellen; auf diesem Wege befand sich unser Kranker. — Die Natur hat jetzt den Elementen seines Körpers eben durch die Krisis, in welche sie ihn geworfen, denjenigen Reiz wieder verliehen, den ihnen ein Arzt nur auf sehr unzuverlässigem Wege geben konnte. Vielleicht ist diese Krisis noch nicht aufs höchste gestiegen; vielleicht müssen die Säuren und ätzenden Salze, mit welchen ihn die Natur angefüllt hat, noch eine Zeitlang auf ihn einwirken, bevor die Revolution erfolgt, und es wird also dieser Zustand der Gährung noch viel höher steigen müssen. — Freilich braucht ein geschickter Arzt diesen Termin nicht abzuwarten, indem er der Natur mit seiner Kunst zu Hülfe käme; aber Du weißt, ich bin nicht der Arzt und raisonnire blos aus Theilnahme, und weil ich die Akademie der Mediziner nur einmal besucht habe, und ich theile dies Raisonnement mit, weil ich die Hoffnung erhalten möchte, wo es nach meiner Einsicht noch zu früh zum Verzweifeln ist. Dies werde ich nicht eher, bis ich sehe, daß der Arzt den Muth so weit verloren hat, daß er auf die Radicalcur ganz Verzicht leistet.

Verzeih mir, theure Freundin, diese gelehrte Disputation; dies verdient sie, wenn sie für Dich auch gar keine Beweiskraft haben sollte, um ihrer menschenfreundlichen Tendenz willen.

Von dem Zustande meines Gemüthes kann ich Dir nicht viel sagen, liebe Marie. Das Gefühl des Unglückes ist mir im Grunde weniger gegenwärtig als ich's mir vorgestellt hätte. Ich beschäftige mich viel mit dem Studium der Mathematik, die mich in ein bewußtloses Dasein wiegt. Schwerlich würde mir die gewöhnliche und eigentliche Art von Zerstreuung gewähren, was mir diese uneigentliche, durch Sammlung aller Geisteskräfte auf einen Gegenstand, gewährt, einen ruhigen, selbst stärkenden Schlaf. Aber das Erwachen ist freilich immer sehr bitter. — Die heitersten Stunden, die ich verlebe, sind unstreitig die, in welchen ich mit Dir, geliebte Marie, mich unterhalte. Immer komme ich darauf zurück, daß ich Dir nicht zu sagen weiß, wie viel Du meiner Seele bist! O daß mir dieser letzte Trost nie geraubt werden möge! Nicht wahr, theure Freundin, unsere Herzen trennen sich nie wieder?

Nachdem ich mir es recht überlegt habe, liebe Marie, scheint es mir besser, den neulich angefangenen Gegenstand der Unterhaltung jetzt gleich schriftlich zu beendigen. Unangenehm ist er mir nur dann, wenn ich mich nicht ganz darüber aussprechen kann, und das ist in einem Briefe nicht der Fall. Ich hatte mir vorgenommen, was ich darüber zu sagen hatte, für einen späteren Zeitpunkt aufzubewahren; ich weiß nicht warum, aber es lag in meinem Gefühl, und es giebt so manche Dinge, die man dem dunkeln Takte des Gefühls überlassen muß. Die Art aber, wie Du mir davon gesprochen hast, und das täglich wachsende innige Vertrauen unserer Seelen macht es mir jetzt ordentlich angenehm, mich darüber aussprechen zu können. Hier also mein ganzer Ursprung.

Mein Vater stammt aus einer adligen oberschlesischen Familie ab, von welcher der letzte bekannte Edelmann am Ende des siebzehnten Jahrhunderts in Jägerndorf lebte, vermuthlich in durch den dreißigjährigen Krieg zerrütteten Umständen. Seine Kinder scheinen zu dem bürgerlichen Stande übergetreten zu sein, denn mein Großvater war Professor in Halle (wo mein Vater mit Struensee aufgewachsen ist) und machte von seinem Adel, wie in Deutschland unter solchen Umständen immer geschieht, gar keinen Gebrauch, sowie seine ziemlich zahlreichen Söhne, die, mit einer guten Bildung versehen, in der Folge sämmtlich ehrenvolle Civilbedienungen bekleideten, an den Adel aber nicht weiter dachten. Blos mein Vater, der jüngste von allen, war anders gesinnt. Er wollte die alten Rechte nicht ganz verjähren

laſſen, ſchrieb an Friedrich den Großen, ſtellte ſich ihm als Edelmann
dar und bat um eine Anſtellung im Militär, wozu er überaus geeignet
war. Er wurde vom Könige wirklich im Regiment Prinz Naſſau
angeſtellt, machte den ſiebenjährigen Krieg mit und wurde am Ende
deſſelben vor Colberg an der rechten Hand ſchwer verwundet, worauf
er den Militärdienſt verlaſſen mußte und vom Könige eine Civil-
verſorgung von geringen Einkünften erhielt, wie einem jungen Offizier
zukommt. Er heirathete die Tochter eines wohlhabenden Beamten
und gab der Welt ſechs Kinder, worunter vier Söhne, die er nach
ſeinen beſten Kräften erzog. Der älteſte derſelben ſollte ſtudiren, und
in einem frommen Eifer meiner guten Mutter, Theologie. Er endigte
ſeine Studien mit Glück, aber er hatte einen ſolchen Widerwillen
gegen ſeinen Stand, daß er, zu alt für den Soldatenſtand, in die
bürgerliche Civilverwaltung überging und, als Rendant im Acciſefach
im Magdeburgiſchen angeſtellt, auf weitere Beförderung diente.

Bei uns anderen drei Brüdern ließ mein Vater ſich das Vorrecht
der Entſcheidung nicht nehmen und folgte dabei ſeiner alten Vorliebe
zum Militär. Er ſchrieb an den König, der uns einen nach dem
andern in der Armee anſtellte; meine Schweſtern erhielten Stifts-
Exſpectanzen. So mit rechtlichem Eifer für ſeine Kinder ſorgend,
legte mein Vater endlich ſein ſorgenbelaſtetes Haupt ruhig in's Grab,
denn er hatte Freude an ſeinen Kindern gehabt.

Wir drei jüngſten Brüder ſahen uns alſo als Edelleute in der
Armee angeſtellt und zwar mein dritter Bruder nebſt mir in einem
Regimente (Prinz Ferdinand), in welchem nur Edelleute dienen konnten.
Da wir nun Verwandte hatten, die nicht Edelleute zu ſein ſchienen,
ſo mußte das natürlich die Beſorgniß erwecken, daß, wenn man hier
und da zufällig auf dies Verhältniß ſtieße, man uns für Uſurpatoren
halten könnte. Dieſe Idee war unausſprechlich unangenehm für uns,
denn wir fühlten wohl, daß kein betrügeriſcher Blutstropfen in uns
war; — indeſſen hatten wir darum nicht die mindeſte Furcht; denn
einem jeden, der in böſer Abſicht unſeren Adel hätte angreifen wollen,
würden wir mit dem Degen eine Antwort gegeben haben, die uns
vor jeder Demüthigung ſchützte; aber in den zarteren Verhältniſſen
war die Idee einer Uſurpation unerträglich, ſo oft nicht (wie in
dieſem Augenblicke geſchieht) eine ausführliche Erzählung der Um-

stände sie entfernen und uns so rein darstellen konnte, als wir uns in dem Innersten unserer Seele fühlten. Mein mit mir im Regimente Prinz Ferdinand dienender Bruder faßte daher den Vorsatz, eine Erneuerung des Adels nachzusuchen; aber seine Freunde, unter andern Rüchel, riethen ihm, dies nicht zu thun, weil sich niemand finden würde, der an unserem Adel zweifle, und der ganze Schritt in diesen Zeiten (es war im Revolutionskrieg 1793) etwas Kleinliches haben werde. Die Zerstreuung der Kriegsbegebenheiten brachte uns immer mehr von der Idee ab, und in der That bin ich bis jetzt noch nie genöthigt gewesen, darüber Erklärungen zu geben. Von dem Augenblicke, da unser Verhältniß mich an die Möglichkeit Deines Besitzes denken ließ, fiel mir der Gegenstand wieder auf's Herz; da es mir indessen bei einem so innigen Verhältnisse nie an einer Gelegenheit zur ausführlichen Erklärung fehlen konnte, so hat er mich auch in Rücksicht Deiner wenig beunruhigt, obgleich ein bloßes Berühren des Gegenstandes mir stets eine unangenehme Empfindung geben mußte.

Ich gestehe, daß die Idee, für einen Usurpator, für einen Glücksritter genommen zu werden, die Idee des Verdachtes, daß ich meiner Verwandten mich schämen könnte, die noch dazu überaus rechtliche Leute waren, mir stets wie ein spitziger Pfeil tief in's Herz gedrungen ist, und mir eine unaussprechlich unangenehme Empfindung erzeugt hat. Die erste dieser beiden Ideen hat bei Dir schwerlich stattgefunden; vielleicht aber hast Du Dich der zweiten einen Augenblick nicht erwehren können. Jetzt, Marie, hoff' ich, bist Du auch von dieser frei, und gehörst mir nun wieder mit ganzer, mit befreiter Seele an. Ich bin in diesem Augenblicke zu gerührt, um etwas zu sagen, also laß mich schließen. Morgen hoffe ich Dich wiederzusehen, Deine herrlichen, himmlischen Züge wiederzusehen!

B.

Briefe von Clausewitz an seine Braut aus dem Jahre 1807.

1.

**Ellrich*) am Fuße des Harzes,
den 3. Januar (1807).**

Ich bin gesund an Körper, geliebte Marie, aber nicht an Geist.
Wer pflegt die Wunden meines blutenden Herzens? Von Dir sich
losreißen, Marie, ist unaussprechlich bitter, von den Gedanken an
Dich, ist unmöglich; dazu kommt, daß ich gar keine Reisepassion habe;
mir ist ein thätiges Geschäftsleben, oder auch ruhiges Studium
befriedigender. Doch würde mir es nicht unmöglich sein, mit sehr
vielem Genuß zu reisen, aber dann wären zwei Bedingungen unerläßlich; die eine: ein freies Gemüth, die andere: die Gesellschaft
meiner geliebten Freundin. Ich bin nichts weniger als unempfindlich
gegen die Schönheiten der Natur, aber sie erinnern unaufhörlich an
ein schuldloses, kindliches, freies Dasein, und da scheinen sie, wie
der Chor in der Braut von Messina, ergriffen von dem ungeheuren
Schicksal des Menschen, in dem Augenblick da dieser nach neuer
Freiheit des Gemüthes ringt, ihm erneut in die Seele zu rufen:
Brechet auf, ihr Wunden, rinnet, rinnet!
In schwarzen Bächen stürzet hervor, ihr Ströme des Bluts!
Ferner ist unter allen Genüssen der Genuß der schönen Natur
der Mittheilung am meisten bedürftig; über Gegenstände des Gefühls
aber kann ich mich keinem anderen mittheilen als Dir. Denn alle
Regungen meines Herzens fließen unaufhörlich zu dem einen Gefühle
zusammen, was Du mir gabst und dem alles Gute in mir so
nahe verwandt ist. Wie oft betrachte ich die Locke, die Schrift, die
Nadel, den Ring, Alles, was ich von meiner Marie habe! Bei der
Locke habe ich es oft bedauert, sie nicht blos zu haben, um auf
sie manchen heißen Kuß zu drücken. Bei dem Ringe sind mir die
Worte tief in die Seele gegraben: Ich gebe ihn Dir, bis Du
einst einen anderen von mir erhältst. O, Marie, wie lieblich

---

* Städtchen im Regierungs-Bezirk Erfurt, unweit Nordhausen.

hallen diese Worte nach und mein Blick heftet sich unwillkürlich auf
Dein seelenvolles Auge, wie die Phantasie es mir darstellt, und wie
ich es oft, voll süßer Bedeutung für mich, sah. Lebe wohl, ich
umarme Dich tausendmal, Marie, und drücke Dich an das Herz, was
Dein auf ewig ist.

2.
Mein Reisejournal.

Marburg, den 6. Januar 1807.

Ich fahre in keine Stadt und kein Dorf hinein, ohne an die
armen Reisenden zu denken, die alle Merkwürdigkeiten ängstlich
ausspähen und alle empfangenen Eindrücke mechanisch reproduziren,
um — was man hundertmal erzählt hat, zum hundert und ersten
mal zu erzählen, und dies um — eine Reisebeschreibung zu liefern,
und dies wieder um — Geld zu verdienen! Wie glücklich fühle ich
mich, nicht in diesem Falle zu sein! Diese Betrachtung schreckt mich
fast ab, ein einziges Wort über meine Reisebemerkungen zu sagen;
von der anderen Seite aber fühle ich mich noch mächtiger angezogen,
Dir, liebe Marie, die Eindrücke mitzutheilen, die ich empfing, und
sie so mit Dir zu theilen; denn alles, was ich mit Dir, geliebte
Freundin, theile, veredelt sich mir. — Ich weiß nicht, wie viel ich
darum gäbe, wenn ich Dich an meiner Seite sehen könnte; denn
außerdem daß ich Dich liebe und daß Du mich wieder liebst, ist ja
Dein herrlicher Kunstsinn, so tief gegründet in Deiner Seele, so weit
entfernt von jeder eitelen Spielerei, die schönste Eigenschaft, die man
sich an einem Begleiter wünschen kann.

In der guten Mark habe ich fast keinen anderen neuen Eindruck
gehabt als den der kleinen Landstädte, die mir das Herz zusammen-
zogen wie gewisse Gegenstände die Pupille unseres Auges; und
immer kam ich komischer Weise dabei auf die Frage zurück: Würde
Marie sich wohl entschließen können, Dir an einen solchen Ort zu
folgen, im Fall das Schicksal Dich für mehr oder weniger Tage
Deines Lebens dahin würfe? — Komisch wäre diese Frage? Nicht
so ganz, und deswegen schreibe ich sie hier warnend nieder! Ich bin

zu furchtſam geweſen, ſie mir ſelbſt rein zu beantworten, ja ich bin
ſogar zu furchtſam, eine Antwort von Dir zu begehren. — Aber
erſchrick mir nicht zu ſehr, liebe Marie, noch iſt keine Ausſicht dazu.
Die kleinen Städte des Harzes Wernigerode, Elbingerode u. ſ. w.
ſind viel weniger unangenehm als die Treuenbrießen, Beelitz und
Conſorten. Dort hat wenigſtens alles ein echt altväteriſches (obgleich
nicht gothiſches) Anſehen, ungefähr ſo wie ich mir den Schauplatz
von Goethe's Hermann und Dorothea denke, ſo viel ich mich dieſer
lieblichen Dichtung erinnere. — Vom Harz ſelbſt habe ich der Jahreszeit wegen wenig genießen können. Er ſcheint mir auch nicht groß
genug, um einen erhabenen Eindruck zu machen, und von der andern
Seite iſt die umgebende Gegend zu arm, zu ſtill, um den Kontraſt
zu bilden, der das Gemüth bewegt, wenn das Auge von den rauhen
Vogeſen in das reiche, ſchimmernde Rheinthal übergeht. — Aber
das ließ ſich, glaub' ich, wie die erſte beſte Reiſebeſchreibung, wo
über alles geſprochen und alles in der gehörigen Ordnung geſprochen werden muß — nur einzelne Eindrücke wollte ich laut
werden laſſen, alſo weg mit dieſem Lirum-Larum-Ton! — Den
pikanteſten Eindruck (ich will wegen des unſchicklichen Wortes lieber
um Verzeihung bitten als es ausſtreichen; denn es iſt beſſer, um
Vergebung einer Sünde zu flehen als ſie zu leugnen) machen auf
mich die Ueberreſte gothiſcher Baukunſt, und zwar weil ſie eben nur
eine ſo genannte gothiſche Baukunſt iſt und vielmehr das ganze
Europa des Mittelalters in ſeinem religiöſen Glauben, und durch
dieſen in ſeinem ganzen Weſen darſtellt. Ueberall herrſcht darin ein
großer und männlicher Geiſt, der aber in allen ſeinen Spielen etwas
kindliches hat, weil ihm die Vernunft noch nicht die ſtrenge Zucht-
meiſterin iſt; daher das viele Bild-, Schnitz- und Puppenwerk.
Vorzüglich geſchickt waren dieſe Baumeiſter in dem Bau der Thürme.
Hier in Marburg finde ich zum Beiſpiel ein Paar, die mit einer
Leichtigkeit in allen ihren Theilen neben einander emporſtreben, daß
der getäuſchte Sinn glauben ſollte, die ſchweren Steinmaſſen auf der
Hand tragen zu können. Dabei warf ich mir die Frage auf, warum
die Baumeiſter wohl immer zwei Thürme neben einander ſtellten.
Vielleicht, ſagte ich, ſollte dadurch in dem Betrachter die Idee eines
wetteifernden Emporſtrebens erregt werden; hinterher kam die

Vernunft mit einer höchst prosaischen Auflösung. Offenbar dient die Grundlage des einen dem anderen zugleich als Stütze, und es wird dadurch möglich, ihnen einen schlankeren, leichteren Bau zu geben; aber was geht das mich an? warum soll die Idee eines schwerfälligen, faulen gegenseitigen Auflehnens mir den Eindruck stören? Es mag also bei der ersten Erklärung sein Bewenden haben, die Du immer kindlich nennen magst, wenn sie Dir nur nicht kindisch vorkommt.

Frankfurt am Main, den 9. Januar 1807.

Bei dem Anblick der großen Stadt erneuern sich mir alle die tausend Eindrücke, die ich in Berlin empfangen habe, deren ganze Menge und Mannichfaltigkeit aber durch einen einzigen hervorstechenden tiefen Eindruck beherrscht wurde, den, welchen meine liebe Marie auf mich gemacht hat. Ich wohne hier in der Nachbarschaft einer großen Glocke, und ihr festliches Läuten unterhält mich fast beständig in einer angenehmen Rührung. Ueberhaupt höre ich selten diese fromme Musik, ohne ihr irgend eine feierliche Handlung unterzulegen. Hier ist es eine, die mein Blick Dir eben so leicht sagen könnte als meine Feder. O liebe, liebe Marie!

Seit vielen Monaten war ich gestern zum ersten mal wieder im Schauspiel, nicht weil ich mir da angenehme Eindrücke versprach, sondern weil ich ganz geschäftslos bin. Aber ich hatte mich geirrt: der Abend war reich an Eindrücken für mich, nur kamen sie nicht eben von der Bühne. Das Theater hat eine entfernte Aehnlichkeit mit dem Berliner, die Magistratsloge mit der Königlichen, und als man nun eine Symphonie anstimmte, die in Berlin so oft der Begleiter meiner süßesten Empfindungen gewesen war, fühlte ich meine ganze Seele bewegt. Wie ist alles so verändert! Wie viel ist an Hoffnungen und an Eigenthum verloren gegangen! Verwaist irren wir Kinder eines verlorenen Vaterlandes umher und der Glanz des Staates, dem wir dienten, den wir bilden halfen, ist erloschen. Wie an des Tempels edlem Gebäude der kleinste Schmuck seine edle Bestimmung mit Stolz zu fühlen scheint, so schwang sich mit des Staates Hoheit auch unser Bewußtsein empor, und jetzt, wie die Ruinen eines verfallenen Tempels, sind wir kaum gut genug, einer ärmlichen Hütte das hölzerne Dach zu stützen. — Darum ist der Aufenthalt in der Fremde jetzt so bitter für uns. Denn alle Rechte, welche der Ausländer mit in den Schooß fremder Nationen trägt, nimmt er aus dem Schatze öffentlicher Achtung seines eigenen Volkes; wo diese vernichtet ist, sind alle seine bürgerlichen Ansprüche ungültige Papiermünze und es bleibt ihm nur der Mensch; wo aber dieser gelten soll, muß bei denen, die ihn aufnehmen, der Staatsbürger sich großmüthig entfernen. Wie groß sich also auch unser Menschenwerth fühlen mag, so bleiben wir doch immer Bettler, denen Großmuth für Recht ergehen muß. Man mag mich tadeln oder nicht, mir erscheint es immer als Egoismus, wenn der Mann auf seinen Menschenwerth so stolz ist, daß er darüber den Werth als Staatsbürger mit Gleichgültigkeit betrachten kann. — Verzeih', liebe Marie, wenn ich Dir sage, was ich denen hätte einwerfen sollen, die mich über meine Reise zu trösten suchten; jene hätten es doch nicht verstanden, Dir aber darf ich es mittheilen, wie Dir alle meine Empfindungen angehören. Ach! ich fühle mich sehr traurig in diesem Augenblicke und ich fürchte, je weiter ich komme, um so mehr wird sich meine Seele trüben, wenn nicht der Gedanke an Dich, geliebte Freundin, mich zuweilen aufheitern könnte.

Metz, den 16. Januar 1807.

Ich habe die Gegend von Mainz wiedergesehen und kann sagen, nicht ohne die tiefste Rührung. Wie ist aber das linke Rheinufer noch so in den Schutthaufen liegen geblieben, in welche der Revolutionskrieg es versenkt hatte! Der Anblick des Dorfes Kostheim bei Mainz und von Mainz selbst erwecket nicht blos Wehmuth, sondern Schwermuth. In dem ersteren sieht man eine elende Hütte, mit Reisern gedeckt, seit 14 Jahren den ehemaligen Bewohnern stattlicher Häuser zum Aufenthalt dienen, und die Ruinen ihrer vorigen Wohnung stehen als Zeugen ihres ehemaligen Wohlstandes daneben. In Mainz steht die Façade des ehemaligen Dalberg'schen Palastes wie ein Gerippe da, und je größer und edler das Ganze war, um so tiefer ist der Eindruck. Mir fiel dabei der schöne Pinselstrich aus Schiller's Glocke ein:

In den öden Fensterhöhlen
Wohnt das Grauen,
Und des Himmels Wolken schauen
Hoch hinein.

An allen diesen Ruinen der Rheingegenden hat seit 14 Jahren
keine Menschenhand einen Stein gerührt und Moos und Gras haben
schon ihr Leichentuch über sie hingezogen.

Welch eine Empfindung als ich zum ersten Mal den deutschen
Genius so ganz verschwinden fühlte und nichts als französisch sprechen
hörte! Das war unter allen der unangenehmste Augenblick und —
im Vertrauen gesagt, Marie, ich habe seitdem das Heimweh wie ein
junger Schweizerbursche von achtzehn Jahren.

Nancy, den 18. Januar 1807.

Unter diesem Artikel kann ich Dir nichts sagen, liebes Wesen,
als daß ich mich sehr, sehr unglücklich fühle. Ich mag Dich mit
keinem Detail darüber ermüden; das Blatt, welches mir noch zu
beschreiben erlaubt ist, wenn der Brief nicht zu stark werden und
Aufmerksamkeit erregen soll, will ich versuchen in einem anderen
Geiste zu beschreiben. Ich schließe also hiermit mein kleines Tagebuch und — bitte um Verzeihung.

3.

Nancy, den 23. Januar 1807.

Höchst wahrscheinlich werden wir nach Paris gehen, wir sind
selbst dazu eingeladen. Für mich ist diese Nachricht sehr unangenehm
gewesen. Die Gründe der Vernunft kann ich Dir nicht mittheilen;
für Dich aber ist es genug, wenn ich mich auf mein Gefühl berufe.
Es ist dem Unglücke so natürlich, sich in die Nacht der Einsamkeit
zurückzuziehen, und hier soll es mit Gewalt in den höchsten Glanz
des bürgerlichen Lebens treten. Doch ich will gar nicht anfangen,
alle die unaussprechlich widerwärtigen Eindrücke aufzuzählen, die mir
schon die bloße Idee dieser Reise giebt; unter ihnen ist gewiß nicht
ein einziger, den ich nicht mit Dir, Geliebte, theilte. — Wann wird
diese Kette von Unglück, Schmach und Erniedrigung enden? Ich

vertraue zu Gott und meiner Jugend, daß ich einst einen anderen Zeitpunkt erlebe; ohnedem würde ich vergebens in die Arme süßer Täuschung zu entfliehen suchen, und ich begreife nicht, wie so viele Menschen, die dem Rande des Grabes so nahe sind, nicht durch die Verzweiflung hinabstürzen.

Aber mit diesen Empfindungen will ich nicht schließen; ich will die süße Hoffnung pflegen, Dich bald wiederzusehen, meine unaussprechlich theure Marie, und alle übrigen Hoffnungen meines Lebens an sie anknüpfen. Welch ein Augenblick, wenn ich zum ersten Mal Dir in die offenen Arme eile, und an Deinem deutschen Herzen ruhen darf!

Schreibe mir so oft es Dir möglich und bedenke, daß dies die einzige Unterstützung ist, die ich habe; laß sie also so reich als möglich ausfallen, wenn Du mich nicht in einem Lande ganz freudenlos sehen willst, wo ich in dieser Armuth nicht einmal den Bettelstab ergreifen kann, weil keiner, keiner das Bedürfniß meines inneren Lebens kennt und fühlt, und ich nur Münzen einsammeln würde, die für mich keinen Werth haben.

4.

Nancy, den 28. Januar 1807.

Ich muß mich sträuben, theure Marie, die reiche Ausstattung anzuerkennen, welche Du mir in Deiner liebenden Vorstellung giebst. Täusche Dich ja nicht, es wäre nichts gefährlicher als das. Ich kann nicht sagen, wie mich das ernstlich beunruhigen könnte, wenn ich nicht wüßte, daß die Liebe mit ihren Pinselstrichen so genau es nicht nehmen kann, und daß die Vollkommenheit, welche Du mir leihest, nicht die ist, deren Du, um mit mir glücklich zu sein, schlechterdings bedarfst. Nie, liebe Marie, werde ich es versuchen, Dir besser zu erscheinen, als ich mich selbst fühle; das ist alles, was ich verspreche kann. Bedenke, daß ich ein Sohn des Lagers bin, aber aus der wirklichen, nicht aus Schiller's poetischer Welt wie Max Piccolomini. Nach einer sehr mittelmäßigen Erziehung war im zwölften Jahr mein erster Ausflug in die Laufgräben vor Mainz — da trug, als Mainz ein Raub der Flammen wurde, die wir angefacht, das Jauchzen des

rohen Soldatenhaufens auch meine kindliche Stimme empor. So
den Umständen, den mannichfaltigsten Einwirkungen und meiner
schwachen Kraft überlassen, sind die äußeren Eindrücke, die Umstände,
kurz der Zufall mein Erzieher gewesen. Ich hätte schlechter werden
können, das gebe ich zu, indessen hätte der Schutz einer sorgfältigen
Erziehung, unter der Hand eines würdigen Freundes, meiner Vergangenheit einen reineren Gehalt bewahren, meine Kräfte sicherer
entwickeln, mit Kenntnissen und mit Kunstbildung mich ausstatten
können. — Doch meine liebe Marie ist eine zu billige Richterin, um
nicht zu fühlen, wie viel ich, auch ohne meine Schuld, Ihr nachstehen
muß, die alles Glück und allen Schutz genossen hat, den die Natur
in das heilige Verhältniß des Kindes zu dem Vater und der Mutter
legte. — Bei allem dem, meine liebe, gute Marie, hoffe ich nicht nur
Dich glücklich zu machen, wenn wir uns einst noch näher verbinden,
sondern ich bin sogar davon überzeugt; denn so fremd sind wir uns
doch nicht mehr, daß wir uns mißverstanden haben könnten, und
was Dir an mir noch zu wünschen übrig bleibt, das werde ich bald
erwerben in Deiner Nähe und durch den Einfluß Deines ganzen edlen
Wesens.

Unter wie traurigen Empfindungen ich mein Leben hier zubringe,
darf ich Dir nicht sagen. Es ist mir nicht erlaubt, sie Dir alle in
ihrer ganzen Stärke mitzutheilen, so sehr mir dies Bedürfniß ist,
Tausend Erinnerungen an die Vergangenheit, an die Augenblicke des
Unglücks, an die mir unaussprechlich theuern Augenblicke
der Gefahr, die diesem Unglücke vorhergingen, in denen alle meine
Hoffnungen und Wünsche sich vereinigten, und die mich, kaum mir
selbst bewußt, mit sich fortgerissen. Es giebt keinen Punkt des Lebens,
in welchem das Gefühl heftiger ergriffen und allen Empfindungen
eine solche Stärke, ein solcher Schwung gegeben wäre. Das namen-
lose, unaussprechliche Glück, was aus diesen Momenten hervorgehen
konnte, wird sie auch ewig zu den theuersten meines Lebens zählen
lassen. Ich sehe hier viele von den Gefangenen, die in der Schlacht
sich in der Division unseres theueren braven Schmettau befanden; es
war die Spitze der Armee, auf welche das Unglück sich zuerst hin-
wälzte; ich höre die Märsche blasen, womit sie in langen Linien

anrückten — Gott ich kann nicht beschreiben, welche Empfindungen
mir das giebt! Schmettau und den Herzog, von deren Talenten man
in diesem Augenblicke so viel erwarten konnte, traf die tödliche Kugel
ohne Zögern; die Truppen, das schöne Instrument zum Schutze unserer
heiligsten Rechte, die mühevolle Arbeit so vieler Jahre, Gegenstand
der Bewunderung Europa's, sie sind nicht mehr. Der unglückliche
Herzog! Die Schwäche seines Charakters hat unser Unglück erzeugt,
aber wer wollte darum nicht seinen reinen Eifer, die herrlichen Vorzüge seines Geistes tief in seinem Herzen betrauern! Gerade in dem
Augenblicke, wo wir von seinem Talente die einzigen Früchte erwarten
konnten, wich der Schutzgeist von dem grauen Scheitel des Greises,
der ihn durch tausend Gefahren seiner Jugend begleitet hatte, und
die Kugel traf seine Stirn, als er sie muthig dem Unglücke entgegen-
trug, als die Verzweiflung in ihm die Kraft seiner Jugend zurückrief
und er zum dritten Mal, wie bei Pirmasenz und Lautern, glänzend
in einem Augenblicke wiedergewinnen sollte, was die Schwäche seines
Alters im Laufe der früheren Begebenheiten verloren hatte. — Welch
eine unerschöpfliche Quelle von Schmerz und Wehmuth liegt in den
Betrachtungen über die Vergangenheiten! Du kannst das nicht in
dem Grade fühlen wie ich, theure Marie, weil Du die Menschen,
die dabei physisch und moralisch untergegangen sind, nicht so nahe
kanntest als ich, ihnen nicht durch Bande der Freundschaft verbunden
warst, und nicht die Liebe und Achtung ihrer Talente in Deinem
Busen trägst. Hierbei erinnere ich mich dankbar gegen die Vorsehung, daß mein lieber Scharnhorst wenigstens in so fern aus
diesem allgemeinen Untergange gerettet ist, als er nicht die Fessel
des Todtenschlafes trägt, die uns andere bindet. Ich habe hier
die Bestätigung gehört, daß er sogleich ausgewechselt worden ist.
Er ist der Vater und der Freund meines Geistes, und nur noch
werther ist er mir geworden, seit mein Herz ihn gegen die ungerechten
Vorwürfe der Blödsinnigen oder Uebelgesinnten in Schutz nehmen
muß. Das ist der Dank, den er für das mühevolle Amt trägt, in
welchem er, wie ich es vorhergesagt habe, seinen schönen Ruf auf's
Spiel setzen mußte; der Dank dafür, daß er in Gefahren ausharrte,
die wie ein Strom ihn und den braven Blücher auf ihren Wellen
bis an das Gestade der Ostsee trugen; daß sein Muth an der

Klippe des Unglücks nicht scheiterte, ein Vorwurf, der die Ausgezeichnetsten unserer Armee trifft. Und für diese Thätigkeit, für
diesen physischen und moralischen Kraftaufwand, muß er die lange
Bahn der Anciennetät durchlaufen, während ein Kruf. — in einem
Tage das Avancement von acht Jahren macht. Wieder eine unangenehme Empfindung und wenig Trost für die Zukunft! Doch es
ist Zeit, daß ich das Bild meiner Seele in ein anderes Licht stelle,
denn ich habe schon zu viel gesagt, um Dich nicht mit in meine
unglückliche Stimmung hineinzuziehen.

Ich lebe hier täglich in Gesellschaft, ein wahres Cur-Visitenleben,
das unpassendste für meine Individualität, das unschicklichste für unsere
Lage. Ich habe hier keinen deutschen Freund gefunden, zu dem ich
mich hingezogen fühlte, und von meinen wissenschaftlichen Beschäftigungen muß ich mich so oft losreißen, daß ich dieses Trostes kaum
froh werde. Deine Briefe und ihre Beantwortung machen meine
einzige Erholung aus.

Um nicht mit meinem Wappen zu siegeln, habe ich mir ein
besonderes Petschaft für diese Briefe stechen lassen. Es ist eine
Tanne, dies vaterländische Product, in dessen nie ersterbendem Grün,
auch wenn im December die Knospe der jungen Liebe in dem
Herzen schnell sich entfaltet, dem Auge mitten in der todten Natur
ein gleichgestimmter Freund entgegentritt.

Den 2. Februar.

Soeben erhalte ich Deinen zweiten Brief! Wie werth mir dieser
ist, wie sehr ich seiner bedurfte, wirst Du aus meiner Stimmung
beurtheilen. Aber wie viel verliert die Freude von ihrer Gewalt
und ihrem Glanze in einer Lage wie die meinige. Mein Glaubensbekenntniß ist zwar unerschüttert und Dein Brief befestigt mich noch
mehr darin; daher sind es nicht Zweifel, die mir den vollen Genuß
der Freude rauben, sondern die vereinte Kraft hundert unangenehmer
Erfahrungen und Eindrücke, die mit einer unsichtbaren Gewalt mein
Gemüth beherrschen. Soll die Freude sich mit ihrem freundlichen
Lichte über unser ganzes Wesen verbreiten, so muß nicht blos der
Verstand hoffen und glauben, sondern die Phantasie muß dem Lichte

die spielenden Farben leihen. Aber meine Phantasie versagt mir diesen freundlichen Dienst immer hartnäckiger, je länger ich in diesem Zustande der Dinge lebe. Ich bin mir bewußt, daß dies weder Egoismus noch Schwäche ist, ich kann aber die Gründe, wodurch es sich erklärt, nicht mittheilen. So viel ist gewiß, meine liebe Marie, es wird besser werden und Du wirst mich ganz heilen, wenn Du mit solchen Briefen fortfährst.

Wie oft lese ich Deine Briefe und wie theuer ist mir jeder Ausdruck darin, wodurch Du dem Gedanken an mich einen wohlthätigen, mit Deiner edlen, herrlichen Natur übereinstimmenden Einfluß auf Dich zuschreibst. Frömmer und besser kannst Du durch mich nicht werden, als Du warst, und wenn Du Dir so erscheinst, so ist es nichts als daß die aus der Seele Deines Geliebten reflectirten Strahlen Dir zum ersten Mal Dein Bild zeigen. Dein Bild, was alle Menschen verehren müßten und was alle Menschen verehren, die es kennen. Es macht jedesmal einen unangenehmen Eindruck auf mich, wenn ich mich von den Leuten verkannt sehe, nicht weil es meine Eitelkeit beleidigte (denn das ist gerade der Fehler, den ich eben rügen will, daß ich mich nicht genug darum bekümmere), sondern weil ich fühle, daß ich immer einen Theil der Schuld dabei trage. — Wenn ich einmal geehrt durch Deine Verbindung in den Augen aller, ein so günstiges Vorurtheil für mich habe, so werde ich, weil alle gute Menschen in meiner Brust gewiß eine liebevolle und freundliche Aufnahme finden, eine allgemeinere Liebe und ein wohlwollendes Entgegenkommen genießen, und diese Verbindung wird, hoffe ich, das schöne Licht nicht trüben, was sich in alle edlen Gemüther ergießt, wenn Marie ihnen entgegentritt.

Da liegt mein Bild vor mir, was ziemlich ähnlich ist und was ich für mein Leben gern in Deinen Händen wüßte, so lange mich selbst diese unabsehbare Gefangenschaft von Dir trennt; denn was ich in diesen Briefen Dir nicht ausdrücken kann, würdest Du in dem Bilde lesen. Aber ich sehe keine Möglichkeit, wie ich's Dir übersenden könnte. Du vergibst es mir wohl, meine gute Marie, wenn ich (etwas verschämt) ein paar schlechte Verse hersetze, die eigentlich das Bild begleiten sollten und deren ich mich umsonst schämen würde, da ich sie gefühlt, gedacht und geschrieben habe.

Wenn hie und da in einem leichten Zug
Das heitre Licht des frohen Sinnes fiel,
Und freundlich in des Bildes Farbenspiel
Des schöner'n Lebens wahre Farbe trug;
Ja wenn — entrückt dem hochgestellten Ziel,
Gehemmt in meiner Hoffnung kühnem Flug,
Mir dennoch segenvoll der Zauberspruch
Der Liebe in den Kreis des Lebens fiel;
So ist's der trüben Seele Iris-Bogen,
Aus dem das Bild den heiter'n Farbenstrahl
Dem Quell der Farben und des Lichtes stahl
Und den in mir Dein süßer Blick gezogen;
Und jenes Glück im Zauberspruch gebannt
Löst nur der Wunderring von Deiner Hand.

5.

Nancy, den 4. Februar 1807.

Jeden Abend lese ich (wie in einem Gebetbuche) in den Briefen, die ich seit der Unglücksepoche von Dir erhalten habe. Wenn ich nämlich von der Betäubung, in welche mich das Opium der Mathematik den Tag über versenkt, und von den unangenehmen, lästigen Eindrücken der Societät, denen ich mich am Abend aussetzen muß, wenn ich von allem diesem am Schluß des Tages zurückkomme, dann suche ich eiligst den unangenehmen Vorstellungen, die mir Ruhe und Schlaf rauben und das Leben zur Hölle machen könnten, den Eingang zu verschließen, und da giebt es kein besseres Mittel als Deine Briefe. — Die Hoffnung, die ich aus meiner Jugend schöpfe, bildet mir die Zukunft; die theuern Beweise Deiner Liebe, die ich in Händen halte, sind mir die Gegenwart, und die Vergangenheit rufe ich mir in den Momenten zurück, wo Dein liebevoller Blick auf mir ruhte; so bilde ich mir den dreifachen Gehalt des Lebens freundlich ab und in dem Ganzen herrscht die Einheit und in der Einheit herrscht die Liebe. Dies sind die Stunden der Feier, die einzigen, in welchen ich mich froh fühle.

Den 28. Februar.

Die Ursache, daß wir von hier fort und nach einem Orte im Inneren Frankreichs, wo keine Preußischen Gefangenen sind, geschickt werden sollen, liegt nicht in uns, sondern in dem Interesse des französischen Gouvernements, und es lohnt sich also nicht die Mühe für uns beide, uns darüber die Köpfe zu zerbrechen. Uebrigens gilt mir ein jeder Ort gleich viel, der gleich weit von meinem Vaterlande entfernt ist, denn darauf sehe ich aus mehreren Gründen etwas.

Die schöne so sehr schön berührte Stelle*) aus Wilhelm Tell hat mich unbeschreiblich gerührt, und wenn ich gleich glaube, daß es in vielen Fällen nicht erlaubt ist, von einer solchen Erlaubniß Gebrauch zu machen, so fühle ich doch, daß ich schwerlich im Stande sein würde, meinen Kummer stets so in mir zu verschließen, daß gar keine Aeußerung davon in meine Briefe übergehen sollte. Diese Briefe haben ja ohnehin keinen andern Werth als den, ein treuer Abdruck meiner Empfindungen zu sein. Aber wenn ich es auch vermöchte, Dir, geliebte Freundin, stets eine ruhige Stimmung zu zeigen und meinen Briefen einen von meinen Empfindungen unabhängigen Gehalt des Verstandes zu geben, so würde ich doch glauben, Unrecht zu thun. Denn da die Verhältnisse unter uns beiden so innig mit den Verhältnissen zwischen mir und dem Staate verbunden sind, so ist jeder Kummer, der aus den letzteren für mich entspringt, von unmittelbarem Einflusse auf die ersteren. Du, liebe Marie, mußt ihn also allerdings hin und wieder theilen, um nicht auf die schlimmeren Fälle ganz unvorbereitet und den frohen Hoffnungen zu sehr hingegeben zu sein.

Ich muß selbst lächeln über meine Ausdrücke! Kann man wohl mit mehr Anmaßung von dem Werthe sprechen, den das Herz eines anderen auf uns legt? In's Französische, glaube ich, ließe sich so etwas gar nicht übersetzen! Denn wenn eine Sprache ein enges Kleid des Geistes ist, so ist es die französische, und der französische Geist trägt in seiner formellen Höflichkeit, trotz aller reellen Anmaßung der Nation, vor einem solchen Geständnisse gewiß einen Abscheu. Was ist's denn aber mehr? erkenne ich darum weniger Deine unaussprechlichen Vorzüge an? O bei Gott nicht! Wenn es sein müßte, an

* Worte Gertrud's zu Stauffacher: Ich bin Dein treues Weib und meine Hälfte fordr' ich Deines Grams.

Deiner Liebe zu zweifeln oder an Deiner Vortrefflichkeit, so wollte ich tausendmal lieber das erstere!

Bei dieser Arroganz fällt mir ein, daß ich neulich recht gedemüthigt worden bin. Ich befand mich in Gesellschaft eines jungen französischen Obersten, der Director de l'école de génie zu Metz ist und also einen sehr wichtigen Posten bekleidet. In einem von mir gar nicht veranlaßten Gespräche behandelte er mich comme si je ne valais pas le dernier de ses écoliers. Natürlich brach ich die Unterredung so schnell und sarkastisch als möglich ab, und um mich zu rächen, trieb ich mit einer Dame die erbärmlichsten Wortspiele, während er mit dem Prinzen über das militärische Wissen im Docententone sprach. Ich erinnere mich dieses Vorfalls mit Vergnügen, weil er zur Nationalcharakteristik gehört und weil ich mit Recht fragen kann: Welcher Deutsche würde einen Fremden mit dieser lächerlichen Anmaßung behandeln, wenn er gar nichts von ihm weiß? O du treffliches deutsches Volk! wie werde ich dich stets lieben! — Als ich vor einigen Tagen an den Herrn v. A.*) den letzten Brief für die Minerva schrieb, über unseren unglücklichen Feldzug, konnte ich's nicht unterlassen, von dem deutschen Publikum einen gerührten Abschied zu nehmen, der einzige Lohn für das traurige Geschäft!

Ich habe Müller's in der Gesellschaft der Wissenschaften über Friedrich II. gehaltene Rede gelesen; man hatte sie dem Prinzen geschickt. Ich muß gestehen, daß die Höflichkeit, welche er dem Kaiser und den Franzosen zu sagen nicht umhin zu können glaubte, so gelinde und so fein gewandt sind, daß ich nichts dagegen einzuwenden habe, so delicat ich über diesen Punkt auch fühle. Das Ganze ist voll Geist und tiefer, tiefer Wahrheit; aber eins ist mir sehr zuwider und gewiß eine Ungeschicklichkeit, wenn es nicht gar Kleinheit ist. Er sagt: Man liebt in den späteren Geschlechtern einer Nation die großen Erscheinungen wiederzuerkennen, die man in ihrer Geschichte antrifft. Man verzeiht den Nachkommen ihre Fehler um der großen Tugenden ihrer Ahnherrn willen; und Cornelius Sulla, als er erobernd nach Athen kam, hatte nur Güte für diesen Ort, der unbesonnen genug gewesen war, der ewigen und alles beherrschenden Stadt zu widerstehen. Also, schließt er, Preußen,

verzweifelt nicht, so lange ein religiöses Andenken eures großen
Friedrich unter euch lebt. Jeder Held wird ein großmüthiges Mitleiden mit dem Volke Friedrich's fühlen. *) — Meinen Empfindungen
nach soll eine Nation, wenn von keinem kleinen, stillen Hirtenvolke
die Rede ist, nie der Gegenstand eines großmüthigen Mitleidens
werden; wenigstens sollte man es ihr nie zum Troste zurufen; eben
so wenig wie man einem müßigen Verschwender zurufen würde:
Wenn du auch alles durchgebracht hast, das Unglück ist nicht so
groß, denn man wird dich in einem Spitale ernähren. — Und
gerade an das Fastnachtspiel der Römer mit den Atheniensern zu
erinnern! Es ist in der ganzen alten Geschichte keine Erscheinung,
die, wie ein feineres Gift, die innersten Theile meines Herzens stärker
ergriffe wie diese vermeintliche Achtung der Römer für Athen,
die im Grunde nichts ist als eine sehr feine Jronie und darum ein
edles Gemüth nur um so tiefer verwundet.

Es ist, als hätte ich diesen Fauxpas (wenn das Wort nur
einige Grade edler wäre, so wäre kein passenderes möglich) unseres
guten Müller geahnet, denn am Schlusse meines letzten Briefes in
der Minerva findet sich an die Deutschen derselbe Zuruf in gerade
entgegengesetzter Tendenz: Verzweifelt nicht an eurem Schicksale,
das ist: ehret euch selbst!

Ich würde vergebens nach einer Entschuldigung meines langen Ge-
schwätzes suchen, wenn Du mir nicht erlaubtest, die schöne Stelle: Du
bist mein treues Weib auch hier zu meinem Vortheile anzuwenden.

* „Dies ist übrigens obenein eine Unwahrheit. Mir scheint es, daß ein richtig
fühlender Mensch (ob Held oder nicht, ist hier gleichviel) weit eher Mitleiden mit
einem von der Natur vernachlässigten Volke, was nie etwas Großes hervorzubringen
im Stande war, haben sollte als mit einem entarteten. Kommt nun bei dem
letzteren (wie gewöhnlich geschieht) der Stolz auf die großen Ahnherrn hinzu, so
entsteht für mich ein so widriges Bild, daß ich's nur mit einer geschminkten und in
Lumpen einhergehenden Person vergleichen möchte. Stolz auf unsere großen Männer
dürfen wir nur sein, so lange sie ihrerseits unser sich nicht zu schämen haben. Ich
habe übrigens das Wort intérêt für Mitleiden genommen, denn wenn es sich mit
généreux verbindet, so erhält es diese Bedeutung auch dann, wenn man es durch
Theilnahme übersetzt. Zu sagen, der Verfasser habe das Mitleiden eines Helden
darum von dem Mitleiden anderer Personen unterscheiden müssen, weil es ergiebiger
für die Kassen und den Magen ist, wäre eine zu boshafte Auslegung, um davon
Gebrauch zu machen." (Anmerkung von Clausewitz.)

So eben erhält der Prinz den Befehl, Nancy in 3 Tagen zu verlassen und sich nach einem der folgenden vier kleinen Orte: Senlis, Beauvais, Meaux oder Soissons, die alle nahe bei Paris liegen, zu begeben. Es scheint, man will ihn gar zu gern nach Paris haben. Ob dies blos in der Absicht geschieht, ihn unter nähere Aufsicht zu bekommen, oder ob man noch etwas anderes mit ihm vorhat, weiß ich nicht. Alles was ich fürchte, ist, daß man uns zu Schritten verleiten will, die der Nation wehe thun und den Ueberrest von Stolz und Vertrauen zu sich selbst, den sie noch hat, ganz vernichten würden. Wie mißtrauisch ich in dieser Rücksicht gegen alles bin, kannst Du Dir vorstellen; ich hoffe, sie sollen in uns Leute finden, die sich weder hintergehen noch sich imponiren lassen. Die Bekanntschaft von Paris werde ich aber nun nicht vermeiden können, indessen, denke ich, werden wir uns nie lange dort aufhalten.

Wie viele Städte Frankreichs wir während unserer Gefangenschaft noch durchreisen werden, weiß Gott, denn das Ende derselben ist nicht abzusehen; höchst wahrscheinlich wird sie so lange dauern als der Krieg, und dieser, der mir theuer genug zu stehen kommt und in seinen traurigen Nebenwirkungen mein Herz auch noch mit manchem Kummer belastet, hätte mir also gar nichts gegolten. Und wie lange kann dieser Krieg nicht dauern! Die Art, wie er von den Alliirten geführt wird, gibt wenig Trost, denn bei den vortheilhaften Umständen, die sich ihnen verbünden, müßten ganz andere Resultate erscheinen, wenn es nicht der genie- und talentlose Schlendrian wäre, dem sie in den Bewegungen ihres kindischen Willens folgen. Wenn der König seine Armee beträchtlich vermehrt hätte, wie man so oft geglaubt hat, so würden doch die besseren Offiziere avanciren, aber keiner rückt von der Stelle, wie im tiefsten Frieden. Dies beweist allein schon mehr, als man bewiesen zu haben wünscht. — O ich fühle, daß man sich immer mehr mit den Hülfsmitteln der Verzweiflung bekannt machen muß, damit man nicht schaudert, wenn man die Hand dieses gräßlichen Führers ergreift.

Wir werden morgen Nancy verlassen und nach Soissons gehen. Der Eindruck, welchen wir hier zurücklassen, ist wohl nicht der edelste, wenn er auch nicht unvortheilhaft ist. Der Intriguengeist, welcher einen nothwendigen Bestandtheil des französischen Nationalcharakters ausmacht, hat hier, von dem Neide gepeitscht, sein Spiel in vollem Maße mit uns getrieben. Wenn ich sage: mit uns, so verstehe ich darunter: uns ohne mich, denn ich bin bei allem diesem außer Spiel geblieben. Man sagt hier von dem Prinzen: il est vaillant, beau, aimable, très-galant et très-léger. Aus dieser Formel ließe sich leicht das Urtheil, was man über mich fällt, herleiten. Es ist eine ähnliche Progression, die sich aber immer weiter von der ersteren entfernt, je mehr sie sich dem Ende nähert. Das Resultat dieser zusammengesetzten Urtheile ist sehr verschieden bei den verschiedenen Charakteren. Les femmes aimables et galantes sehen mich kaum an, les personnes solides ergreifen jede Gelegenheit, um mir die schönsten Lobsprüche zu ertheilen, in denen ich aber immer mehr die Absicht sehe, den Prinzen zu tadeln als mich zu loben. Sie möchten gern, daß ich ihn änderte; da ich aber weder sein Mentor noch sein Herzens-Rath und überhaupt zufrieden bin, wenn er nur nichts thut, was ihm als Bürger des Staats Schande machte, so gleite ich ihnen, trotz aller Lobsprüche, mit welchen sie mich angeln wollen, wie ein Aal durch die Hand. Ich habe geglaubt, dieses Resultat unseres hiesigen Aufenthaltes meiner lieben Marie schuldig zu sein, damit Sie sieht, auf welche Weise die Deutschen hier repräsentirt sind durch die beiden Personen, auf welche die meisten Augen gerichtet sind. Dabei wirst Du aber nicht unterlassen, eine Bemerkung zu machen, meine theure Marie; nehmlich, wie leicht es mir werden mußte, durch mein Betragen den Beifall der Edleren zu gewinnen. In mir ist ja der Gedanke an Dich, das Bewußtsein Deiner Liebe, und ich müßte ein ganz unedles Gemüth haben, wenn der Einfluß Deines edlen Wesens auf mich für die Welt, die mich umgibt, so ganz verloren gehen sollte. Wenn ich einst jede Hoffnung des Lebens aufgegeben, jeden Trost verloren habe, und von dem Ganzen nichts als das Gefühl des Unglücks in meiner Seele bleibt, so wird der Gedanke an Dich mich aussöhnen und mein Herz aufrichten. Ich lerne täglich mehr, welche schwierigen Aufgaben die Mathematik zu lösen vermag, wie sie die durch tausend Verhältnisse und Bestimmungen verwickelte Größe, die dem menschlichen Verstande sich ganz zu entziehen scheint, mit wahrhaft göttlicher Kunst diesem

Labyrinthe entzieht und rein und einfach darstellt — o könnte doch ein Meister dieser Kunst mir die Stunde aus den mannichfaltigsten Verhältnissen unseres Lebens entwickeln, in der Du auf immer Deine Hand in die meinige legst.

6.

Soissons, den 16. März 1807.

Ein Brief von Dir, liebe Marie, ist mir jetzt um so mehr Bedürfniß, als ich in dieser trostlosen Lage auch noch die Unterhaltung meiner gewöhnlichen Beschäftigungen, die Ruhe meiner eingeübten Lebensweise verloren habe. Denn seit wir aus Nancy sind, haben die Nebenumstände eine solche Veränderung auch in allen dem gestört, und namentlich bin ich seit drei Tagen mit nichts anderem beschäftigt, als neue Bekanntschaften zu machen; denn keine alte Dame gibt es in dem übrigens kleinen Soissons, die nicht hervorgesucht würde, um zu sehen, ob es wohl möglich sei, einen Abend bei ihr die edle Zeit zu tödten, was man sich amüsiren nennt. Uebrigens ist es hier so reich an solchen Mütterchen, daß man glauben sollte, Soissons sei das Spital von Frankreich. In dieser Galerie sind gar viele, die den Musen nachlaufen: Mad. Genlis, Mad. Sabran, Mad. Miremont — schon die Namen schmecken ein wenig nach der poetischen Blüthe, obgleich es nicht die eigentlichen Gelehrten dieser Namen sind. Prinz August, der mit dem Kinderbrei der französischen Literatur groß gezogen worden ist, spricht darüber wie ein Primaner im Examen, und da ist kein Buch von der Tragödie bis zu den unsterblichen Spielereien des aimablen Boufflers, wovon er nicht wenigstens die Stelle anzugeben wüßte, die es in der Literatur einnimmt, versteht sich nach hergebrachter Meinung. Welch eine Rolle ich dabei spiele, schäme ich mich zu sagen, aber Du kannst sie Dir leicht denken, liebe Marie, denn ich weiß kaum, wer Corneille, Racine und Voltaire waren, und kein Wort weiß ich von all den Briefen und Memoiren männlicher und weiblicher Autoren; und wie die guten Leute dann alle etonnirt sind über die tiefen Bemerkungen und den Esprit eines deutschen Prinzen über die französische Literatur. Gewöhnlich vermeide ich alle Gespräche über Literatur mit dem Prinzen, theils weil ich dem

Gegenstande nicht gewachsen bin, theils weil ich mich zu gut fühle,
um leere Schaalen aufzubrechen. Zuweilen aber wird mir der Unfug
zu groß und mein Stolz weigert sich unwillig, länger den Schein
der Ueberlegenheit zu tragen, den mein geduldiges Schweigen veranlaßt hat; dann gibt es eine Disputation, die einem wahren Aesthetiker
sehr lächerlich vorkommen würde; von der einen Seite nichts als
erlernte Jdeen (ich bitte mir das nächste Mal ein Compliment für
diesen Ausdruck aus), von der anderen nichts als dunkle Gefühle
und Ahnung der Wahrheit. Ich erzähle dies, weil ich meiner
lieben Marie hin und wieder einen Zug aus meinem geselligen Leben
schuldig zu sein glaube.

Auf unserer Reise hierher sind wir durch Rheims gekommen, wo
ich die Kathedrale gesehen habe, aus der die heldenmüthige Johanna
einst mit wankendem Schritte trat, weil sie ihre dem Himmel allein
zugewandte Seele nicht bewahren konnte vor dem Tribute der irdischen
Liebe, dem das Weib unterworfen ist nach dem Willen der Natur.
Dies Gebäude ist in seinem Innern eines der schönsten Monumente
der gothischen Baukunst in Frankreich. Die buntgemalten Fenster-
scheiben fielen mir in ihrer Wirkung zuerst auf. Sie verwandeln
das lachende, freundliche Licht der Sonne in einen stillen, ernsten, in
einen heiligen Schein. Die starken Pfeiler sind mit schlanken
Säulen bekleidet, die das hohe Gewölbe fast schwebend erscheinen
lassen und das Drückende, Schwermüthige, was große Massen,
auf eine solche Weise erleuchtet, haben würden, in einen hehren
Eindruck verwandeln. Mir ist es sehr auffallend, wie diese beiden
Umstände, von welchen man wenigstens die gemalten Scheiben
anfangs für eine Spielerei hält, in ihrer Zusammenstellung gerade die
wesentlichsten Züge einer christlichen Kirche ausmachen. Ich weiß
nicht, ob es ein bloßes Zusammentreffen ist, oder ob die Phantasie
des ersten Erfinders kühn genug gewesen ist, den Zustand unserer
Seele in dem Gefühle von Religion und Andacht dadurch auszudrücken. In einer solchen Kirche herrscht die Stille des Grabes,
und nur von Gott gehört, steigt die Stimme des still auf seinen
Knieen Betenden empor. — Hier, wo es auch nicht an schönen
gothischen Kirchen fehlt, fand ich in einer derselben zwei Capellen
von durchaus griechischer Bauart, und diese Nebeneinanderstellung

zeigt recht den irdischen Charakter, welchen die Tempel der Griechen haben müssen, weil sie ihre Götter tragen. Bei der einen scheint alles seinen Stützpunkt auf der Erde zu suchen, bei der anderen alles himmelan zu streben. Uebrigens erreicht das Aeußere dieser Kathedrale die schöne Vorstellung davon auf der Berliner Bühne nicht, und gleicht ihr überhaupt nicht mehr, als sich zwei gothische Kirchen auch sonst gleichen. — Ich bin ein so schlechter Antiquar, daß ich nicht weiß, ob die Glocke eine Erfindung des Alterthums oder des Mittelalters ist; aber ich sollte glauben, sie gehörte dem letzteren an, denn nichts ist dem Gefühle so analog, was die christliche Religion erzeugt und pflegt, als die erhabene Stimme dieser Verkünderin unserer Andacht. In Nancy wohnte ich nahe bei einer Kirche, in welcher täglich vier- bis fünfmal von einem Priester gebetet wurde, und so oft er den Namen einer heiligen Person aussprach, verkündigte es der dreimalige Ruf einer tiefen Glockenstimme der ganzen Stadt. Diesem und allen wesentlichen Theilen des christlichen Gottesdienstes liegt ein so richtiges Gefühl zum Grunde, daß man erstaunen muß über die Größe des Stifters, der dieses Gefühl in dem größten Theile des Menschengeschlechts veranlaßt hat, zu einer Zeit, da falsch ausgebildete Religiosität auf der einen Seite, und barbarische Rohheit auf der anderen das Menschengeschlecht am weitesten davon zu entfernen schien.

Den 17. März.

So eben erhalte ich Deinen Brief, geliebte Marie, und also noch zeitig genug, um Dir in diesem dafür herzlich zu danken. Er berührt Punkte, die ich ausführlich beantworten muß.

Ich verzweifle nicht an unserem Schicksale; die Vernunft, ein männlicher Muth und meine Ansicht der Dinge verhüten dies; aber die freundlichen Bilder, die ich für das Glück meines eigenen Lebens aus unserem innigen Verhältnisse schöpfte, haben für mich nicht mehr die beruhigende Kraft, welche Ihnen Deine beseligende Nähe verlieh, und ich fühle mich den Eindrücken wieder preisgegeben, welche bei meiner Leidenschaftlichkeit mich stärker ergreifen als andere; und das Unglück der Zeiten, das Verderben, welches dem Glücke des ganzen Menschengeschlechts bösartig nachschleicht, was auch uns entgegentritt in seiner schwarzen, verhängnißvollen Hülle, auf dem Wege,

der uns vereinigen sollte, ist meinen Blicken zu nahe, um nicht zu
beunruhigen und einer freundlichen Phantasie ihren schönen Einfluß zu rauben. Darum ist mir jene Oekonomie Bedürfniß, worin
ich dem drohenden Verhängnisse seinen Tribut bezahle, weil ich nun
doch einmal den leichten Muth nicht habe, seinen Händen zu entrinnen.
Ich sehe ein, wie richtig Dein angeführtes Argument ist, aber ich
sehe auch ein, daß es nicht die Kraft des Arguments, sondern die
Natur Deines stillen, friedlichen Gemüthes ist, die in Dir den heitern
Stern der Hoffnung nie untergehen läßt. Jene Leidenschaftlichkeit
— darf ich es Dir gestehen, theure Marie? — die Du mir bei
meiner ersten Erscheinung beilegtest, und die jetzt Dein liebevolles
Vorurtheil mir nicht zutraut, ist vielleicht wirklich ein wesentlicher
Theil meiner ganzen Eigenthümlichkeit. Zwar nimmt sie mit den
Jahren ab, und vielleicht ist dies besonders seit vier Jahren der Fall
gewesen, da ich mich in der Lebensperiode befand, welche gewöhn-
lich den Uebergang der leidenschaftlichen Jugend zu dem ruhigeren
Mannesalter ausmacht; aber dessen ungeachtet und obgleich ich ihrer
so weit immer Herr zu bleiben mich bestrebe, daß sie mich nie ohne
Ueberlegung handeln lasse, so werde ich schwerlich eher den schönen
Frieden der Seele ganz genießen, als bis der Schnee des Alters
einst meinen Scheitel kühlt, und bis in dieses Klima des Lebens wird
meine nicht übermäßig starke Constitution mich schwerlich tragen. —
Wie viel eine solche Verbindung mit Dir, geliebtes Wesen, die mich
täglich mit und um und bei Dir sein ließe, auf mich Einfluß haben
würde, ist nicht zu berechnen; aber die Natur eines Gemüthes von
Grund aus zu ändern vermag nichts in der Welt, weil das nicht
blos von dem Willen, von den Grundsätzen, sondern sehr viel von
der körperlichen Beschaffenheit abhängt, und darüber etwas versprechen
zu wollen, würde kindisch sein. Du siehst, meine liebe Marie, ich
bin gerade und aufrichtig und nicht gesonnen, mich Dir von der
Seite darzustellen, die Dir die liebste wäre, sondern von der wahren,
die, wenn wir einst unsere Tage mit einander theilen, Du doch auch
liebgewinnen müßtest, wenn wir nicht, anstatt unser Glück zu vermehren, uns unglücklich machen sollten. Auch gebe ich darum keineswegs den schönen Anspruch auf, mit Deiner herrlichen Natur innig
verwandt zu sein. Diesen Anspruch begründe ich auf eine doppelte

Art, einmal durch den unaussprechlich wohlthätigen Eindruck, den
Du auf mich vom ersten Augenblicke an gemacht hast, und den,
wenn gleich alle Menschen sich Dir mit mehr oder weniger Vergnügen nähern, doch wohl nur wenige in eben dem Grade mit mir
theilen; und dann durch das Wohlwollen, welches Du nach einer
genauen Bekanntschaft von anderthalb Jahren noch für mich fühlst.
Ich fürchte nicht den Richterstuhl der Zeit, um die Gültigkeit meines
Anspruchs zu entscheiden; ich schöpfe aus ihm den Muth, mich zu
jener Leidenschaftlichkeit frei zu bekennen, obgleich es den Schein eines
zarten Vorwurfs hat, wenn Du sagst: „eine unglückliche, selbstver-
zehrende Leidenschaftlichkeit, die mehr in Dir als in anderen liegt.“
Leider kann ich weder das vorhergehende noch das nachfolgende
Prädicat leugnen; unglücklich und in mir selbst gegründet, das ist
ohne Bedenken wahr; ja auch selbstverzehrend, wenn kein äußerer
Stoff ihr Nahrung giebt und die verderbliche Flamme mich selbst
ergreift. Ich erkenne dies Alles noch deutlicher an meinem Zustande
seit der Unglücksepoche; ich beschäftige mich blos um mich zu zerstreuen, und noch nicht ein einziges Mal habe ich das Vergnügen
dabei empfunden, durch welches ich mich sonst hin und wieder in
meinen Beschäftigungen belohnt fühlte. Ueberhaupt kenne ich keinen
wahren Genuß als den Deiner Unterhaltung, denn das Herz behauptet
stolz seine Rechte.

Lebe wohl, geliebte Marie! Ich muß schließen, weil wir in
einigen Stunden nach Paris abreisen, um dort vierzehn Tage im
strengsten Incognito zu bleiben. Nach dieser Zeit gebe ich Dir
Rechenschaft von den Eindrücken dieser Hauptstadt mit allen ihren
Kunstwerken. Gott weiß, wie wenig meine Stimmung zu dieser
Reise paßt!

7.

Paris, den 29. März 1807.

Ich habe es wohl geahnet, wie wenig mir Paris sein würde;
und ich habe mich nicht betrogen. Es ist entsetzlich, in seinem Leben
der Tendenz eines Anderen zu folgen, der nicht gemacht ist wie wir.
Dieses ewige Streben nach Vergnügungen ist mir fast unerträglich,
und wenn es nicht ganz unmöglich wäre, so hätte ich's schon längst

verſucht, meine Kraft daran zu ſetzen, um mich dieſen Verhältniſſen
zu entziehen. Nur mit dieſer Unmöglichkeit werde ich es einſt am
Ende meines Lebens vor mir ſelbſt verantworten können, dieſe Tage
der Kraft und Jugend ſo verſchleudert zu haben.

Seit elf Tagen ſind wir hier und laufen, was unſere phyſiſchen
Kräfte nur aushalten können, um alles, alles, alles zu beſehen,
was hier an Merkwürdigkeiten ſich findet; ob wir nicht vielleicht
ſchon alle moraliſche Kraft dabei conſumirt, alle Empfänglichkeit
verloren haben, kommt nicht in Betracht. Ich für meinen Theil habe
allen Reiz verloren. Wie iſt es auch möglich, eine ſolche Menge
von Eindrücken aufzufaſſen und ihnen Eingang in unſer Innerſtes
zu verſchaffen in ſo kurzer Zeit; einer verdrängt ja den andern.
Was ich Dir mitzutheilen habe, ſind daher mehr kalte Bemerkungen
als empfangene Eindrücke des Gemüthes.

Viel über das Theater zu ſagen, iſt weder meiner Stimmung
noch dem Charakter dieſer Briefe angemeſſen; indeſſen kann ich mir
eine Bemerkung über dieſen Gegenſtand nicht verſagen, die in die
Eigenthümlichkeit der Sprache und des Geiſtes der Nation eingreift.
Seit ich nicht nur die meiſten Theater hier, ſondern auch einige in
kleineren Städten geſehen habe, iſt das Verhältniß mir mit einem
mal klar, in welchem die franzöſiſche Bühne zu der deutſchen ſteht.
Die franzöſiſche Sprache, obgleich ſie nicht für harmoniſch gilt, iſt
doch ſehr ſonor, und ſie kokettirt mit dieſer Eigenſchaft mit aller in
dem Nationalcharakter liegenden Eitelkeit. Daher iſt alle Betonung,
alſo der weſentlichſte Theil der Declamation den Geſetzen des Wohl-
klanges d. i. beſtändigen und ziemlich einfachen Geſetzen unterworfen; ein Wort klingt einmal wie das andere, welches auch ſeine
Bedeutung ſei. Daher lernen die Schauſpieler einander dieſen Theil
der Declamation mechaniſch ab, oder mit anderen Worten, er iſt
eine bloße Manier. In unſerer äußerſt vernunftmäßigen Mutterſprache wird eine jede Silbe, ein jedes Wort nach Bedeutung und
Gehalt betont; dieſe leiden aber eine unendliche Varietät und ſind in
jedem beſonderen Falle anders; daher muß der deutſche Schauſpieler
aus eigenem Takte und eigener Ueberlegung betonen, und da man
im Deutſchen die ſchöne Freiheit hat, den Ton faſt auf jede, auch
die kleinſte Silbe fallen zu laſſen und dadurch dem ausgedrückten

Sinne immer neue und feine Nüancen zu geben, so ist das sehr
schwierig. Daher kommt es, daß unsere talentvollen Schauspieler
unendlich viel mannichfaltiger und befriedigender, unsere talentlosen,
jeder Stütze beraubt, viel schlechter als die französischen sind. Aber
nicht blos der Theil der Declamation, der in Betonung der einzelnen
Worte und Silben besteht, sondern auch alles Uebrige des ganzen
Spieles ist im höchsten Grade manierirt. Ich könnte dafür hundert
Belege anführen, wenn es sich der Mühe lohnte; ein allgemeiner
Beweis ist die unverkennbare Aehnlichkeit in dem Spiele aller fran-
zösischen Schauspieler, die sich blos dem Grade nach unterscheiden,
auf welchen sie sich in ihrer Manier erheben. Ein guter Beweis
a posteriori ist was mir ein französischer Literatus von den drei
Hauptactricen des Théâtre français Mlles. George, Duchesnois und
Volney sagte: elles sont bêtes comme des oies. Ein zweiter
Unterschied der deutschen und französischen Bühne liegt in dem
Nationalcharakter. So viel auch der Anstand der Franzosen in der
ruhigen Haltung auf dem Theater edler ist als der der Deutschen,
weil der Tanzmeister der Natur ihre natürliche Scham genommen
hat (wenn ich mich so ausdrücken darf), die sie zu haben scheint,
wenn sie auf der Schaubühne erscheinen soll, so sehr unedel können
sie in den heftigen Momenten ihres Spieles werden. Was man da
sieht und hört, ist unbeschreiblich. Der Franzose fühlt von der
ganzen Unschicklichkeit nichts, weil er mit fortgerissen wird. Der
ruhigere Deutsche würde das entschiedenste Mißfallen zu erkennen
geben. Bei den Männern fühlt man das viel weniger, aber bei
den Frauen! Das was unsere Frauen so vorzüglich auszeichnet,
weil sie es als eine Nationalmitgift besitzen, was wir an ihnen so
über alles schön finden, was Schiller in seiner Würde der Frauen
so lebhaft gefühlt, dem er so sehnlich nachgestrebt und was er hin
und wieder so glücklich erreicht hat — die schöne Weiblichkeit
— o wer dieses schöne Idol in seiner Seele nicht erzürnen, aus
seiner Brust nicht vertreiben will, muß kein französisches Theater
sehen. Je ärger man die Stimme mißstaltet, je krampfhafter sich
alle Muskeln zusammenziehen, je grellere Contraste das Edle und
Schöne durchschneiden, desto mehr wird applaudirt. Wir Deutschen
sagen: Es ist natürlich, daß die schwache Bildung der Frau einer

sehr heftigen Empfindung erliegt, daß sie halb ohnmächtig niedersinkt, ihre Stimme gebrochen und matt wird. Daher wird das Wachs- thum des Schmerzes durch die Abnahme seiner Zeichen angedeutet, bis er am Ende alle Zeichen verliert und sich dem Zustande des Todes nähert. Es ist die melancholische Abendsonne, die aus der lieblichen Landschaft vor dem Schatten der Nacht zurückweicht. Bei den französischen Frauen wird der sinn- und bewußtlose Zustand des Schmerzes durch fürchterliche convulsivische Ausbrüche der Stimme angedeutet, die — wie Blitze den nächtlichen Himmel — die innere Finsterniß in spitzen, schneidenden Formen durchkreuzen.

Verzeih', liebe Marie, verzeih' diese lange Bemerkung; ich will es nicht wieder thun; es ist die erste und letzte über das Theater. Ueber Bildhauerkunst und Malerei erlaubst Du mir wohl eher zu sprechen; aber das soll mich nicht zu einer Super-Weisheit verleiten, die mir so oft an Anderen mißfällt. Ich habe den Apoll, ich habe die Venus und ihr ganzes schöne Gefolge gesehen. Ich bin nicht, von Erstaunen und Bewunderung ergriffen, stehen geblieben, aber ich habe ein stilles Wohlgefallen gefühlt; eine unsichtbare, unbekannte Macht rief mich zurück, wenn ich mich entfernt hatte, und ein sanftes befriedigendes Gefühl befreundete mich bald mit dem Kunstwerk. Das und nicht mehr habe ich Dir zu sagen, wenn ich in mein Inneres blicke, um die Eindrücke darzustellen, welche die schönsten Werke der bildenden Kunst auf mich gemacht haben.

In Raphael habe ich die Schönheit der menschlichen Bildung, in Rubens die Schönheit der Composition bewundert. Da ich die Gemäldegalerie bis jetzt nur einmal gesehen habe, so habe ich mich auf diese beiden Meister ganz allein eingeschränkt, um nicht die schwache Empfänglichkeit meines Gemüthes ganz zu ersticken. In den treibenden Wellen des Lebens erkennt man zwar das Bild seines eigenen Gemüthes, aber es ist nicht möglich zu unterscheiden, wie viel von der unruhigen Bewegung uns und wie viel den Ereignissen angehört; aber gegenüber der stillen Spiegelfläche der Kunst ist keine Täuschung möglich — o nie habe ich meinen Zustand deutlicher erkannt als da! Aber, Marie, ich gestehe Dir, so weit der Zustand meines Gemüthes entfernt ist von dem Frieden der Seele, so weit er mich selbst entfernt von dem Genusse des Lebens, so schrecke ich doch nicht vor ihm zurück — ja (o der Verblendung! wirst Du sagen) ich gefalle mir sogar in diesem Bilde, denn ich fühle in mir ein bestimmtes Streben nach einem edlen Zwecke und es sollen in mir, wie in einem wohlgeordneten Staate, diesem Streben alle Kräfte Gehorsam leisten.

In diesem Augenblicke fühle ich mich selbst froh, denn nach so langer Zeit habe ich endlich einmal einen angenehmen Eindruck aus der Quelle meines Glückes geschöpft, die so lange versiegt war, und ein ganz schwacher Schimmer von Hoffnung geht mir persönlich auf.

8.

Paris, den 2. April 1807.

Es lebt in mir keine Freude auf, die nicht sogleich von einem feindlichen Genius bekämpft würde, und kaum schwebt sie in ihrem grazienvollen Tanze auf und nieder vor meinem bezauberten Blicke, als auch schon der giftige Pfeil sie erreicht, und farbenlos und ohne Leben sinkt sie nieder. Ob dieser grausame Schütze in mir ein Sohn ist des Unglücks, dem sich die Blüthezeit unseres Lebens in entsetzenvoller Ehe vermählt hat — oder ob es ein trauriger Instinct ist, den die Natur in mir wie einen bösen Gespielen meines Geistes aufwachsen ließ — oder endlich ob es eines guten Verstandes aufmerksamer Wächter im rechtlichen Dienste ist — ich will es nicht entscheiden, aber er setzt mich selbst in Zorn, wenn ich die lieblichsten Freuden plötzlich wie von einem Blitzstrahle getroffen, dahinsinken sehe.

Diesen Ausdruck einer innigen Wehmuth, meine liebe Marie, hat mir Dein Brief veranlaßt, den ich so eben erhalte. Was Du mir von meinem Freunde sagst, habe ich auf meinen Freund S.*) gedeutet und ich kann den Grad meiner Freude nicht beschreiben, als ich zum erstenmal wieder von ihm hörte und seine herrlichen Eigenschaften dem schönen Ziele allgemeiner Bewunderung, so wie ich sie längst gehegt habe, entgegenzugehen, den Dank der Nation, die Hochachtung aller derer zu ernten schienen, die ihn doppelt verkannt, weil sie ihm ein falsches Verdienst zugeschrieben haben. Welch ein glänzender, erwärmender Strahl von Hoffnung und süßer Befriedigung fiel in meine Seele — Du hättest mich sehen sollen, liebe Marie, ich war

* Scharnhorst.

wie ein Kind — eine schönere Heiterkeit kann auf der Stirne des Jünglings nicht glänzen, dem sie in den olympischen Spielen mit heiligem Laube gekrönt wird! Aber mein spitzfindiger Verstand hat mich plötzlich von diesem echten Jünglingsenthusiasmus zurückgebracht. Ich lebe jetzt schon fünfzehn Jahre als ein unabhängiges Individuum in der Welt; ist es denn erlaubt, fünfzehn Jahre ein Jüngling zu sein? — O Gott, wenn man noch so wenig gethan hat, so wird es einem so schwer, sich zu überreden, daß man ein Mann ist. — Eine ganz simple Betrachtung hat meine Freude plötzlich verlöscht. Was dieser Brief von meinem Freunde S. erwähnt, anstatt das Resultat eines schönen Rufes zu sein, der darum schon ziemlich allgemein sein muß, weil er auch bis zu Dir gedrungen ist, (wie ich mir es im ersten Augenblicke dachte) ist von mir selbst veranlaßt und es ist das Geschöpf meiner eigenen Hand, vor dem ich thöricht niederknieen wollte; es ist wahrscheinlich nichts weiter als ein Trost, den Du, gute, liebe Marie, mir gibst, weil ich in einem meiner früheren Briefe den Gegenstand mit Bitterkeit berührt habe. Schon manchem Inhaltspunkte Deines letzten Briefes habe ich diese Tendenz zugeschrieben. Du siehst, mit meinem mißtrauischen Verstande ist wenig anzufangen. Aber werde nur darum nicht ungeduldig, liebe Trösterin; es bleibt doch immer etwas in meiner Seele zurück, weil es sich von selbst versteht, daß eine Münze, die ich aus Deiner Hand erhalte, nie ganz gehaltlos sein kann.

Es ist sonderbar, was mir die Natur für eine Gravität gegeben hat, von der ich mich gar nicht lossagen kann. Ich wäre um keinen Preis im Stande, mich zu einer Maskerade, zu einer lustigen Rolle in der Gesellschaft zu verstehen. Ich weiß, daß man das Pedanterie zu nennen pflegt, aber man hat Unrecht, denn bei mir ist es ganz gegen oder wenigstens ganz ohne meinen Willen. — Trotz dieser Gravität, die schwerlich an einem jungen Manne gefällt, der noch gar nichts gethan hat und noch gar nichts. ist, hat Marie, von allen Menschen die liebenswürdige genannt, mir wohl gewollt! Wunderbares Schicksal! antizipirter Lohn für ein thatenreiches Leben! Gern möchte ich diese Schuld abtragen, und alles was ich wünsche ist, — eine Umarmung meiner Marie und dann zur Armee!

Dahin zurückzukehren, ist mir höchstes Bedürfniß. Denke Dir,

Freundin, daß ich in unserem kurzen Feldzuge nichts gesehen habe, was nicht schlecht und erbärmlich gewesen wäre; wie verlangt es mich, wenigstens das Schulgerechte, wenn auch nicht das Genialische, zu sehen! Der Gedanke des Sieges muß uns um so theurer werden, je länger wir den Sieg entbehren, je höher das Bedürfniß gestiegen ist, ihn zu erringen. Die bloße Vorstellung, den Feind auf einem Punkte zurückweichen zu sehen — der Anfang der glorreichsten Siege — hat für mich einen namenlosen Reiz. Es gelingt uns, den Feind auf jenem Hügel um einige hundert Schritt zum Weichen zu bringen, und siehe da! was unsere kühnsten Hoffnungen, unsere innigsten Wünsche, unsere schönsten Phantasieen gewesen, tritt mit einem Mal in das Reich der Realität, und die große That ist geschehen, das Schicksal der Nationen ist gewendet, der Name ist verewigt! — Von allem dem, was ich in der Kriegskunst erlernt habe, habe ich unsererseits nicht das Mindeste ausführen sehen; überall aber habe ich in der Wirklichkeit die Wahrheit dessen erkannt, was die Theorie mich gelehrt hat, und überall mich von der Wirksamkeit ihrer Mittel überzeugt, — wie sehr muß das in mir das Verlangen stärken, diese mannichfaltigen Mittel anzuwenden! — Aber so ist die Verfassung unserer Staaten: jetzt in der Fülle und Kraft meines Geistes, wo kein großer Name mich schreckt — weil ich weiß, daß eine überlegte Kühnheit, Neuheit, Rapidität gerechte Ansprüche auf den Sieg geben (und darin liegt der Vortheil eines jungen Generals, daß er mit der ganzen Originalität und Neuheit seines Talentes den Gegner überrascht) — jetzt komme ich nicht von der Stelle und einst wird man vielleicht mir wie so vielen Anderen das Wohl des Staates, die Leitung der Armee anvertrauen, wenn mein Arm vor Altersschwäche zittert. Es giebt wenig ganz außerordentliche Menschen, aber ein jeder hat einen Zeitpunkt des Lebens, wo er sich selbst übertrifft, und von diesem muß man Gebrauch machen. — Wir Soldaten sind darin sehr unglücklich. Welch ein schöner Anblick ist es, wenn wir das jugendliche Talent wie eine junge Frucht emporstreben sehen! Wenn es uns Vergnügen macht, den Mann von vieljährigem großen Rufe in seiner vollendeten Größe dastehen zu sehen, so ist es gewiß nicht minder interessant, ihm auf dem Wege dahin zu begegnen oder ihn zu begleiten, zu sehen, wie die nämlichen

Ideen, deren Naivität wir in dem Kinde belachten, die, in dem
Jünglinge zu kühnen Phantasieen ausgebildet, das blöde Auge
blendeten, in dem jungen Manne in ihrer ganzen Reife dastehen,
und nun die Bewunderung Aller ausmachen. — In dem Gefühle
der Fülle seines Geistes ergreift der Jüngling den Pinsel, den Meißel,
oder tritt in die Werkstatt des Baumeisters oder an den Ofen des
Chemikers oder auf die Rednerbühne oder in die Schranken des
Parnasses — seine Jugend und Fremdheit zieht die Blicke Aller auf
sich — neugierig blicken ihn die Dilettanten, ermunternd gütig die
Meister an, und siehe! mit kindlicher Genialität tritt, wie ein Fürsten-
kind, was einst herrschen wird, der Gedanke hervor! Zweifelhaft
bleibt die Menge, aber achtungsvoll verbeugen sich die Meister und
nehmen ihn in ihren Kreis auf. — O wie wenigen unter uns ist
das Glück vergönnt, in die Schranken zu treten! wie viele unserer
schönsten Tage müssen wir verlieren, wie oft müssen wir uns der
Gefahr aussetzen, in die ewige Vergessenheit hinabzustürzen, ehe wir
nur Hoffnungen von uns erwecken konnten!

Den 5. April.

Ein schöner Triumph Berlins über Paris ist das Taubstummen-
Institut. Ich habe Metternich versichern hören, daß unter den drei
berühmtesten Instituten der Art, zu Paris, Wien und Berlin, das
letztere das vorzüglichste sei. Gleichwohl kennt jedermann den Abbé
Sicard, aber kein Mensch weiß, wer der Professor Eschke*) ist. Ich
selbst muß zu meiner Schande gestehen, das Berliner Institut nicht
gesehen zu haben. Man sieht hieraus, wie sehr die Franzosen ihre
Waare geltend zu machen wissen. Uebrigens hat mir die öffentliche
Prüfung, welcher wir in diesem Institute beigewohnt haben, ungeachtet
der kleinlichen Künste des Abbé Sicard, mit welchen er seine Waare
ausstellt, ein großes Vergnügen gemacht. Was könnte wohl an
Interesse die Idee übertreffen, daß die Bildung eines Taubstummen
eine Schöpfung des moralischen Menschen durch die Hand
der Philosophen ist? Nichts ist wahrer als das. Ich möchte

---

* Dr. Eschke, Schwiegersohn Heinicke's in Leipzig, gründete 1789 das erste
Taubstummeninstitut in Berlin, welches später nach Schönhausen, 1798 aber wieder
nach Berlin verlegt und in eine öffentliche Anstalt verwandelt wurde.

sagen, man tritt hier in die Werkstatt der moralischen Natur ein, und jenes merkwürdige Organ des Geistes, die Sprache, sieht man, besser hier als irgendwo, in ihrem ganzen inneren Wesen und in ihrer Uebereinstimmung mit der Natur unseres Geistes. Um dies zu beweisen, ist eine einzige Bemerkung hinreichend. Der Lehrer ist nicht im Stande, dem Taubstummen eine abstracte Vorstellung beizubringen, außer in dem Augenblicke, wo der Geist in seinem Fortschreiten gerade dieser Vorstellung bedarf, wo sie den neuen Ring in der Mitte seiner Ideen ausmacht, wo er ohne sie nicht weiter kann. Wollte der Lehrer diese Ordnung der Natur nicht befolgen, so würde er ein Automat, aber keinen Menschen bilden. Dies ist kein bildlicher Ausdruck, sondern wörtlich wahr. Der Lehrer könnte den Schüler z. B. abrichten, gewisse pantomimische Zeichen für gleichbedeutend mit gewissen geschriebenen Zeichen zu halten. Er würde also auf gewisse Zeichen das Wort Tugend niederschreiben. Das wäre die Function des Automats. Aber wird er darum auch wissen, was Tugend ist? Ihm eine solche Vorstellung zu geben, scheint ein halbes Wunder; es kann nicht anders geschehen, als wenn die vorhergehenden Vorstellungen, welche der Schüler schon aufgefaßt hat, schon den Keim zu dieser gelegt haben, so daß es nur der Hülfe des Lehrers bedarf, um diese hervorzurufen. — Die Erziehung eines Taubstummen ist eine der schönsten Erscheinungen der Philosophie, nicht bloß wegen ihres menschenfreundlichen Zweckes, sondern wegen der wunderbaern Schöpfung ihrer Hand. — Eine andere Bemerkung ist die: Taubstumme von einigem Talent zeigen eine auffallende Kraft des Denkens. Man hat sich begnügt, dies den geringen Zerstreuungen zuzuschreiben. Da uns aber das Gehör überhaupt nicht sehr zerstreut, so glaube ich vielmehr, daß der Grund in der streng philosophischen Erziehung ihres Geistes liegt. Wir anderen Menschen erlernen auf eine leichtere Art, aber nicht so rein und unverfälscht, durch bildliche Vorstellungen, Beispiele u. s. w., was der Taubstumme durch bloße Conception erlernt. Ein Beispiel ist folgendes. Wer möchte sich beweisen lassen, daß 2 mal 2 4 ist? Ich habe Menschen gekannt, die aus Ekel vor einer solchen Demonstration von der Mathematik zurückgeschreckt wurden. Gleichwohl kann uns diese Wissenschaft das Studium solcher Beweise durchaus nicht erlassen. Der Taubstumme, weit entfernt, einen Ekel dagegen zu haben, bedarf dieses Beweises im höchsten Grade; hieraus sieht man, wie viel beständiger er auf dem Wege der strengen Wissenschaft bleibt d. i. wie viel reiner die Form seiner Vorstellungen ist, und das ist wieder: wie viel schärfer die Kraft seines Denkens ist.

Den 8. April.

Eben da ich Dir sagen wollte, meine geliebte Marie, daß ich noch sehr oft in der Gemäldegalerie gewesen bin, erhielt ich Deinen Brief, der mir wie jeder Deiner Briefe unendlich viele Freude gemacht hat. Du forderst mich auf, Dir meine Bemerkungen über Raphael mitzutheilen; dazu aber kann ich mich nicht entschließen. Ich habe die Schönheit seiner Bildungen bewundert; das kann ich ohne Heuchelei sagen; aber ihm nachgefühlt zu haben, was seinen Pinsel begeisterte, darf ich mich nicht rühmen, und ich denke, das ist in der Ordnung. Mit einem solchen Kunstwerke wird man, wenn man die Weihe der Kunst nicht in der Geburt erhielt, nur durch langen Umgang so vertraut, daß man von seinem Geiste ergriffen wird. In einer zweitausend Fuß langen Galerie, wo hundert Meisterwerke der ersten Art versammelt sind, wo eine Varietät der Gegenstände stattfindet, die ordentlich wehe thut, ist es, trotz alles Gegenstrebens, unmöglich (für einen ganz Uneingeweihten), nicht zerstreut zu werden. Ich weiß überhaupt nicht, ob Gemälde gemacht sind, um zu tausenden in einem Saale aufgehängt zu werden, wenigstens verlangen die, welche religiöse Gegenstände behandeln, gewiß eine andere Einleitung und Umgebung. Eine Madonna von Raphael, eine Erlösung vom Kreuz von Rubens, in einer katholischen Kirche aufgestellt, denke ich, wirkt auf die Natur der Menschen, wie sie soll. Es ist möglich, daß sie dort weniger gut erleuchtet wäre, aber die innere Erleuchtung dessen, der sie beschaut, wiegt diesen Fehler vielleicht auf. Ich bin hier der Anwalt des Naturmenschen, nicht des gebildeten Künstlers. — Uebrigens würde es mir, glaube ich, so schwer nicht werden, über eines und das andere dieser Kunstwerke eine eigenthümliche Phantasie niederzuschreiben und zwar nicht aus bloßer Affectation, aber darum noch nicht aus der Quelle reiner Wahrheit geschöpft, sondern so ein Selbstbetrug, wie die meisten Phantasieen der Art — aber das wäre meiner, Deiner und des Kunstwerks unwürdig. —

Von Raphael sind drei Madonnen hier. Die eine ist die Madonna au donateur, die zweite in der Ste famille, die dritte vermuthlich die, welche Du meinst, obgleich ich es nicht gewiß sagen kann, weil sie nicht im Katalog steht. Der König von Spanien hat für dies bloße Brustbild der Jungfrau mit dem Jesuknaben 1,500,000 Franken d. i. etwas über 400,000 Rthlr. Preuß. geboten. Um einem von diesen Bildern den Vorzug vor dem anderen einzuräumen, müßte man vertrauter mit dem Geiste des Kunstwerks sein, als ich es bin. — Alle Landschaften vorzüglicher Meister habe ich aus besonderer Vorliebe aufgesucht — Du erräthst, warum? Von Vernet, Claude Lorrain und Ruisdael habe ich ganz außerordentliche Sachen gesehen, und tausendmal bedauert, Dich nicht an meiner Seite zu haben, liebe Marie; sowie überhaupt die Kunst bei mir nicht schöner und lieblicher eingeführt werden könnte als durch Dich, die ich über Alles in der Welt liebe und an deren Bilde sich alle die Vorstellungen von Lebensfreude und Genuß, deren ich fähig bin, anreihen!

Soissons, den 9. April.

Da es mir noch erlaubt ist, eine Seite zu beschreiben und in Paris mir nicht die Zeit dazu blieb, so habe ich die Absendung dieses Briefes einen Tag verschoben. Jetzt bin ich wieder in meinem gewohnten Geleise und ich danke dem Himmel dafür; noch mehr aber, daß ich höchst wahrscheinlich in der Folge von diesen Reisen nach Paris verschont sein werde. Den Vorschlag, ein Instrument zu erlernen, liebe Marie, würde ich angenommen haben, wenn ich nicht einen gänzlichen Mangel an Talent dazu in mir fühlte, und man in dem Falle nicht genöthigt wäre, den kleinen Vortheil durch einen ungeheuren Zeitaufwand zu erkaufen. Du wirst mich nun schon einmal lieben müssen ohne Musik. — Uebrigens genießt man hier in Frankreich als Deutscher in dieser Rücksicht ein für allemal einer großen Achtung. Seit Gluck, Haydn und Mozart berufen sich die Franzosen in Musiksachen gern auf das Urtheil eines Deutschen, wenn er auch keine Note kennt. Diese Superiorität unserer Nation ist wirklich auffallend, da im Ganzen ein Franzose gewiß zehnmal so viel singt als ein Deutscher und da die Italiäner doch offenbar einen viel allgemeineren Sinn und viel mehr Talent dafür haben als wir.

Das heit're Erwachen der schönen Natur fordert zur stillen Freude auf — ich fühle das mit jedem Frühlinge so gut als ein anderer, aber ich muß mir den Vorwurf machen, daß in diesem freundlichen Lichte die Schatten mir noch greller hervortreten, die in meiner Seele wohnen seit meinem Eintritte in die Welt, seitdem ich an den Erscheinungen derselben erkannt habe, wie viel der einzelne Mensch für sie werden kann, und wie wenig· meine ganze Lage geeignet sei, das Ziel zu erreichen, auf welchem mein leidenschaftlicher Blick haftete. Mein Eintritt in die Welt geschah auf dem Schauplatze großer Begebenheiten, wo das Schicksal der Nationen entschieden wurde — mein Blick fiel also nicht auf den Tempel, in welchem die Häuslichkeit ihr stilles Glück feiert, sondern auf den Triumphbogen, in welchem der Sieger einzieht, wenn der frische Lorbeerkranz seine glühende Stirne kühlt. Vielleicht auch von der Natur zu reichlich mit jener Eitelkeit versehen, die wir Ehrgeiz nennen, habe ich nur selten das schöne Bewußtsein des Daseins und Wirkens ohne einen bitteren Rückhalt gefühlt. Zwei Ereignisse meines Lebens aber haben einen ganz ungestörten, ungeschwächten Eindruck der Freude auf mich gemacht, und mich wenigstens auf Augenblicke Alles vergessen lassen. Das eine war die Auszeichnung, welche man mir angedeihen ließ, als man mich an die Spitze von vierzig jungen Leuten stellte, die alle in Eigenschaften des Geistes und erworbenen militärischen Kenntnissen wetteiferten. Dieser Vorzug hat mich nicht glauben lassen, daß ich es allen an Geisteseigenschaften zuvorthäte, aber er hat mich überzeugt, daß ich am meisten im Geiste desjenigen gedacht hatte, der dieser Anstalt vorstand, und da ich diesen fähig glaubte, auf dem Schauplatze großer Begebenheiten einen großen Wirkungskreis schön auszufüllen, so war der Lohn unaussprechlich süß für mich. Das zweite Ereigniß ist der erworbene Besitz Deiner Liebe! Du glaubst nicht, liebe Marie, welch einen großen Fortschritt ich dadurch gegen das Ziel gethan zu haben glaube, was ich erringen möchte. Ich hatte das Bedürfniß zu lieben, und welcher Mensch von Gefühl kennt dies schöne Bedürfniß nicht — aber eine Liebe, die mich in den gewöhnlichen Kreis des Lebens hineingezogen hätte, würde Bitterkeit und Unzufriedenheit mit mir selbst erzeugt haben; aber ein so ganz ausgezeichnetes Wesen zu lieben, das beschleunigt den Schritt in der edlen Bahn! Aber nicht bloß das, sondern das Bewußtsein schon, ein seltenes, hohes Gut errungen zu haben, läßt mich diese Verbindung mit ungestörter Freude feiern; denn Dein reicher innerer Gehalt sichert mir die Dauer meiner eigenen Liebe; meine Vernunft sagt mir dies eben so deutlich als mein Herz.

9.

Soissons, den 28. April.

Konntest Du wohl glauben, daß ich blödsinnig genug sein würde, zu glauben, unsere Befreiung könnte von dem Ordenspalais ausgehen? Meine Hoffnung war und ist auf etwas Anderem gegründet. Hast Du seitdem wohl die französische Zeitung gelesen? Blücher's Auswechslung stand in der Gazette de l'Empire, ehe wir sonst etwas davon wußten; sie hat sich bestätigt; die von uns so sehr bezweifelte Auswechslung Tauentzien's ist schon vor einiger Zeit in ihr gemeldet und jetzt wahr geworden; zu gleicher Zeit lies man in ihr, daß der Prinz August auch ausgewechselt werden würde — der Schluß ist leicht gemacht. Alles dies macht zwar unsere Auswechslung nicht so wahrscheinlich, daß das Gegentheil unwahrscheinlich würde; aber es gibt doch einen schwachen Hoffnungsschimmer, und ich will den kalten Kopf sehen, der sich der Freude nicht wenigstens einige Tage hingäbe und mit Wohlgefallen alle die Bilder der Phantasie betrachtete, die durch dieses Licht aus dem Schatten der Seele hervorgerufen werden — eines der schönsten dieser Bilder ist mir der Augenblick, da ich mich zu den Füßen meiner Marie niederstürzen werde, um von ihr einen fröhlichen Abschied zu nehmen. — Warum sollte dieser Abschied auch nicht fröhlich sein? Was kann mein Loos werden? ein schöner Tod, ehrenvolle Wunden, ein frischer Eichenzweig aus der Hand des zu neuem Stolze erwachten Vaterlandes — einer dieser Gewinnste muß mir doch fallen, und wenn er meinen Freunden das Herz verwundet und Thränen entlockt, sind es nicht wohlthätige Thränen, und ist es nicht ein süßer Schmerz, voll Harmonie mit dem besseren Dasein? Im Unglücke wird man sich an mein Andenken wie an einen harmonisch gestimmten Freund anschließen, und im Glücke wird man mir Thränen des Dankes weihen. Die Art, wie Du Dein Urtheil über mich commentirst, hat mir gar sehr gefallen, ungeachtet ich gegen ein zu reichliches Lob schicklicherweise depreziren sollte. Ich spreche aber nur von den Grundzügen meines Charakters, nicht von dem Schmucke, den Du mit echtem Künstlergeiste hinzufügest. Jene Krankheit der Seele, die ebenso anziehend als zurückstoßend, ebenso achtungswerth als verächtlich, ebenso schön als häßlich ist, habe ich nicht, und wenn ich mich ihrer rühmen wollte, so würde ich einen Verrath an der Wahrheit, wenn ich mich deshalb anklagen wollte, einen Betrug gegen mich selbst begehen. Aber darum glaube ich doch, ein bischen weniger leidenschaftlich könnte nicht schaden — wenigstens sind es die Vorbilder viel weniger, denen ich nachstrebe; ich sehe ein, daß man nicht aus seinem Charakter heraustreten darf, daß ich mich also vor sklavischer Nachahmung in der Handlungsweise hüten muß; indessen bleibt doch im Ganzen meine Tendenz von ihnen entlehnt, und ich würde nie zufriedener sein, als wenn es mir gelänge, alle die kleinen Ausbrüche der Leidenschaft zu unterdrücken und in das große Strombette einzuschränken, was gegen die Räder der Staatsmaschine gerichtet ist, und in beständiger Gleichförmigkeit kraftvoll, aber ruhig große Empfindungen fortwälzt. — Aber leider fürchte ich für immer Recht zu behalten, wenn ich den Zustand leidenschaftlicher Menschen einen unglücklichen nenne; alles hängt hier von der Zeit ab, in der man lebt, und von der unsrigen erwarte ich nicht viel Gutes, denn ich sehe, die Erfahrung des bittersten Unglücks hat uns nicht viel weiser oder besser gemacht. Ich sage besser, denn jetzt ist eine gewisse Indolenz, die in gewöhnlichen Zeiten schon ein politischer Fehler war, ein wahres moralisches Laster. — Das Theater ist jetzt aufgestellt, die spielenden Personen haben sich versammelt, in wenig Tagen wird der Vorhang aufgezogen werden. Gott welch ein Schauspiel für uns! Welch ein Augenblick ängstlicher, sehnsuchtsvoller Erwartung!

Was die Kunst betrifft — ich kann diesen Artikel nicht ohne Lächeln über mich selbst anfangen — so mußt Du mir die Gerechtigkeit widerfahren lassen, daß ich, im Bewußtsein meiner Schwäche, mich nicht in ein Feld gewagt habe, was ich nicht würde behaupten können. Indessen habe ich wohl auf Deinen Befehl etwas vorrücken müssen und nun entsetze ich mich über den „profanen Rubens," wie sich ein General nur entsetzen kann, der trotz aller Vorsicht plötzlich eine feindliche Armee in seinem Rücken sieht. Ein solcher General nun, wenn er ein schicklicher, kunstverständiger Mann ist, macht eine retraite en bon ordre und greift deswegen den Feind, um der Schicklichkeit willen, noch einmal mit gemäßigter Kraft an und zieht sich nach einem geringen Vortheile mit Anstand zurück. Es ist also bloß des Anstands wegen, wenn ich hier noch einmal von Rubens spreche und mich dann auf immer aus dem Gebiete der Kunstkritik zurückziehe.

Von dem wahren Sinne Raphaels bin ich eben so weit entfernt geblieben wie von dem wahren Sinne Rubens; ich kann also nicht die Heiligkeit des einen, nicht die Profanität des anderen erkannt haben. Indessen, auch ohne in das Innere dieses Heiligthums einzudringen, kann ich schon aus den äußeren Umständen auf eine große Verschiedenheit des Geistes schließen. Raphael lebte hundert Jahre früher als Rubens, der im Schooße der Ketzerlehre geboren wurde, und gleichwohl dieselben Gegenstände für seinen Pinsel wählte. Wenn ich nun Dein edles, an frommen Gefühlen so reiches Gemüth betrachte, so ist mir der heilige Bund erklärt, den Du mit ihm geschlossen, und von dem Rubens freilich ausgeschlossen sein mußte. — Aber wer darf Deinem heiligen Bekenntnisse seine profane Bewunderung an die Seite stellen, und wie wenige Kinder des achtzehnten Jahrhunderts dürfen es theilen ohne Gewissensbisse — aber es giebt dieser gewissenlosen Menschen gar viele — nirgends gibt es so viel Hypokrisie als in der Kunst. In jedem Falle muß man dem Rubens das Verdienst eines großen Malers menschlicher Natur und Handlung lassen, wenn er auch die göttliche verfehlt haben sollte.

Man hat die Statue Friedrich's II. aus Stettin abgeführt — man sprach auch davon, daß der große Kurfürst in die Gefangenschaft wandern und was für uns ein Gegenstand inniger Verehrung war, in Frankreich ein Gegenstand profaner Curiosität werden sollte. Der Siegeswagen vom Brandenburger Thore wird in Paris unter den Trophäen gesehen werden — wir können also mit Recht in die Worte Dunois fallen: „Die Freiheit ist geraubt, die Ehre ist verpfändet, das Palladium entwendet"; könnten wir nur

auch für Deutschland hinzusetzen: „Frei muß es sein, noch eh'
das Jahr sich endet!" Ach ich gehöre nicht zu der Classe der
Verzweifelnden, aber wenn ich auf der einen Seite die größten militärischen Talente an der Spitze, und auf der andern das Talent
die zweite, dritte, vierte Stelle einnehmen sehe, so erwarte ich vor
der Hand nicht viel Gutes — und wenn ich sehe, wie die, welche,
wo nicht das Spiel entscheiden, doch eine allgemeine und fürchterliche Krisis hervorbringen könnten (aus der die Kräfte nach
langem Kampfe stets nach Gesetzen ihres natürlichen Gleichgewichts
sich scheiden), fortfahren ruhig zuzusehen und ihre Zukunft der Gegenwart zu verkaufen, wenn ich bedenke, wie wenig ich von den Be-
siegten eine Ausdauer erwarten darf, die an moralischer Größe dem
Siege selbst nichts nachgäbe, so fühle ich auch die allgemeinen Hoffnungen, welche ich sonst hegte, sich sehr vermindern. Dies ist mein
Glaubensbekenntniß von der einen Seite. Von der anderen sehe ich
ein, daß die Lage große Vortheile darbietet und daß man sie erringen
wird, wenn ein großer Kopf sie durch eine glückliche Combination
daraus zu entwickeln versteht.

Nun lebe wohl, theure Marie! Erwartungsvoll sehe ich der
nahen Zukunft entgegen, die auch für unser schönes Verhältniß reich
an Aufschlüssen sein wird. Ich bin auf Alles gefaßt, ob ich gleich
noch nicht weiß, was in gewissen Fällen zu thun sein wird; ich bin
gefaßt, dem Eigensinne des Schicksals die größten Opfer zu bringen;
endlich wird es mich doch einen glücklichen und ehrenvollen Tod
finden lassen, wenn es nicht mehr möglich war, glücklich und ehrenvoll
zu leben. Ueberall wird mich das Bewußtsein Deiner Liebe begleiten,
ein treuer Freund, der mir die Hand freundlich reicht in dem Augenblicke, da sich das Auge auf immer von den Demüthigungen dieser
Welt abwendete. Leb' wohl!

10.

Soissons, den 14. Mai 1807.

Wir sind den großen Ereignissen so nahe, daß wir mit jedem
Schritte, den wir noch in die dunkle Zukunft weiter thun, sie zu berühren glauben müssen. Ich lege mich keinen Abend schlafen, ohne
zu denken, ob nicht vielleicht am folgenden Morgen eine böse Zeitung

mir in den Weg tritt. Die Hoffnungen, welche ich für unsere Auswechslung gefaßt hatte, haben, so gering sie sind, meine Unruhe noch vermehrt, weil ich viel darum geben möchte, vor einer entscheidenden Schlacht ausgewechselt zu sein. Theils ist dies für mein ganzes Schicksal sehr wichtig, theils ist es viel erträglicher, ein großes Unglück bei der Armee mitzutragen, als hier stiller Zuschauer desselben zu sein. Indessen geht das kleine Licht der Hoffnung fast ganz aus, denn wenn der Umstand, worauf ich rechnete, Wirksamkeit gehabt hätte, so müßten wir jetzt schon davon unterrichtet sein. So viel über unsere Auswechslung. Was nun die meinige insbesondere betrifft, so danke ich Dir innig für das, was Du in dieser Rücksicht gethan hast, und bitte Dich, keine Gelegenheit zu versäumen, wo Du auf diesem Wege fortwirken kannst. Dir und Deinem Geschäftsträger überlasse ich mein ganzes Schicksal, übrigens versteht es sich, daß ich nicht mehr verlange, als der Takt zu thun erlaubt, den ich an Charlotte*) kenne und für welchen ich in allen Verhältnissen des Lebens eine große Achtung habe. Ich habe deswegen angestanden, einen Gedanken auszuführen, der mir von einiger Wirksamkeit schien; wenn ich aber bedenke, wie thöricht es in einer Lage wäre, die so beschränkt ist wie die meinige, die schwachen Hülfsmittel aus übertriebener Delicatesse zu verwerfen, die sich noch darbieten, um wieder Herr seines Schicksals zu werden, so fällt der Skrupel bald weg. Ich sende Dir nämlich einige Zeilen für Scharnhorst; ich weiß nicht, ob Charlotte sie schicklicherweise übergeben kann! das ist der ganze Skrupel. Ich sehe ein, daß ich diese Frage nicht entscheiden kann, und verlange durchaus nichts, was Deinem oder Charlottens Gefühle entgegen sein könnte; weiter, glaube ich, muß ich die Delicatesse nicht treiben. Also, liebe Marie, sobald Du das geringste Bedenken findest, Charlotte diese Zeilen zuzusenden, wirf sie in's Feuer; und sobald Charlotte, im Fall sie diese erste Feuerprobe bei Dir bestehen, das geringste Bedenken findet, sie abzugeben, wird sie dieselben ins Feuer werfen, ohne den allergeringsten Anstand; denn ich bin darauf gefaßt, weil ich weiß, daß Charlotte männlich und entschlossen denkt und also gewiß nicht aus übertriebener weiblicher Aengstlichkeit es thun wird. Bei allem dem aber erwarte ich

* Charlotte Gräfin Moltke, Hofdame der Königin Luise (Vgl. oben S. 161).

von unseren gemeinschaftlichen Bemühungen nichts. Denn meine besondere Auswechslung würde immer eine Art von Beleidigung des Prinzen sein, die man nicht anders gut machen könnte, als wenn man zu erkennen gäbe, daß man auf mich einen besonderen Werth legte. Dies sind Schwierigkeiten, die Scharnhorst mit dem besten Willen nicht wird überwinden können. Uebrigens bin ich nicht eitel genug, zu glauben, daß er sich unaufhörlich mit mir beschäftige; eine kleine Erinnerung kann daher gar nicht schaden.

11.

Soissons, den 2. Juni 1807.

Es war gestern, den 1. Juni, an meinem Geburtstage, als ich Deinen lieben Brief erhielt, und das allein konnte mich daran erinnern, denn bei meinem schlechten Gedächtnisse bin ich mehr als einmal nahe daran gewesen, ihn ganz zu vergessen. Aber seit meinem Eintritte in die Welt bin ich gewohnt, diesen Tag oft durch etwas Glückliches bezeichnet zu sehen. Im 12. Jahre vertauschte ich an diesem Tage das wollene Feldzeichen mit dem silbernen, im 13. wurde ich vor Mainz Offizier, im 14. befand ich mich in einem heftigen Gefechte in einer bösen Lage, aus der ich glücklich entkam; die übrigen sind fast immer von einer kleinen Ueberraschung begleitet, die mir das Schicksal bereitete, in Ermangelung eines Familienkreises, der mich umgeben hätte. Dein Brief, geliebte Marie, hat mir eine so herzliche Freude gemacht, daß ich diesen ganzen Tag heiter gewesen bin und ihn so abermals den feindlichen Mächten meines Schicksals entrissen habe. Ich verlange übrigens nicht, daß Du Dich dieses Tages noch erinnerst, denn ich habe den Deinigen — vergessen? Nein, gewiß nicht vergessen, denn ich habe mich im Laufe des Jahres sehr oft des schönen Augenblickes erinnert, da ich Dir zum ersten mal (es war im Schauspiel) merken lassen durfte, wie theuer dieser Tag meinem Herzen war, und da, anstatt eines gewöhnlichen Dankes, ein aufrichtiges Wohlwollen aus Deinen herrlichen Augen mir entgegenleuchtete — vergessen habe ich diesen Tag also nicht, aber ich weiß ihn doch nicht zu nennen.

Der Prinz wird jetzt eine zweite Reise nach Paris machen, auf welcher ich ihn nicht begleiten werde. Ich werde also seit langer

Zeit zum ersten Male wieder auf einige Wochen Herr meiner Zeit sein. Ich fange an, diese Einsamkeit zu fürchten, denn die Einsamkeit ist nur geschickt für den Zustand reiner Freude, oder überwiegender Trauer. Wenn Hoffnung und Furcht wechselseitig das Gemüth bewegen, so verhindert die erstere die Resignation, mit welcher wir uns gegen die letztere waffnen könnten. Ich werde daher in dieser Zeit vielleicht suchen, unter den vielen Bekanntschaften die wenigen zu benutzen, die meinem Gemüthe und meiner Empfindungsweise entsprechen. Wenn man so lange in der Societät isolirt gelebt hat wie ich, so hat die Annäherung an Menschen einen neuen Reiz. Deutlicher spricht sich übrigens nie die Verschiedenheit der Charaktere zwischen mir und dem Prinzen aus als in den Menschen, denen wir und die uns wohl wollen. Es ist ordentlich interessant zu sehen, wie die verschiedenen Stoffe der Gesellschaft, die anfangs alle in einander verschmolzen schienen, sich nach und nach von einander absondern, indem sie sich wechselseitig von dem einen unter uns entfernen und dem anderen nähern.

Ich habe (nicht aus eigenem Antriebe, sondern aus Veranlassung des Prinzen) einen neuen Roman der Frau von Staël (Corinne ou l'Italie) durchblättert, und ungeachtet mir manches darin schlecht vorgekommen ist, so ist er doch nicht ohne Interesse für mich gewesen. Ich kann mir nicht verhehlen, daß ich eine gewisse Aehnlichkeit in der Empfindungsweise mit dem Helden habe. Auch in seinem Verhältnisse zur Corinne ist so manche Aehnlichkeit mit dem unsrigen, oft in gerader, oft in umgekehrter Ordnung, und von der anderen Seite so viele beruhigende Verschiedenheit, daß meine theuere Marie mir in jedem Augenblicke gegenwärtig gewesen und tausend angenehme Vergleichungen veranlaßt hat. Ein großer Reichthum von oft sehr tiefen Bemerkungen über die schönsten Gegenstände des Lebens, die man schwerlich in einem anderen französischen Romane finden wird, drücken diesem das Gepräge der Deutschheit auf. — Mit einer Art von Entsetzen habe ich folgenden Ausspruch eines tief denkenden Geistes gelesen: „Quand on est capable de se connaître soi-même, on se trompe rarement sur son sort; et les pressentiments ne sont le plus souvent qu'un jugement sur soi-même, qu'on ne s'est pas encore tout-à-fait avoué." Ich kann diese grausame Wahrheit nicht leugnen. Also auch den wohlthätigen Schleier der Zukunft hat die freche Hand des menschlichen Witzes zerrissen, und es ist endlich wahr, daß das Gespenst eines bösen Schicksals, was auf unserem Wege wartet, auch aus der größten Ferne seinen Schatten in unsere Seele wirft.

Daß Du Deiner Mutter meine Briefe aus der Minerva vorgelesen hast, hat mir unbeschreiblich viele Freude gemacht. Ich weiß wohl, daß dies mir nie Ansprüche auf ihr Wohlwollen geben kann, aber, wenn es auch bloß in der Einbildung liegt, so ist es mir doch, als hätte ich mich dadurch auf irgend eine Weise ihr genähert, die ich so gern auch Mutter nennen möchte.

12.

Soissons, den 14. Juni 1807.

Wann werden wir uns wiedersehen, theuere Marie? Und wenn dies geschieht, werden wir uns einander froh und ohne Gram in die Arme sinken? Wird die Zukunft freundlich lächeln, wird der Weg unseres Lebens ungeschieden in ein freundliches Thal uns führen?

Wer auf sicherem Erdenwege wandelt, und mit des freien Willens Kraft nur den Gefühlen seines Herzens folgt, mag sich des Lebens Mannichfaltigkeit erfreuen, und hoffen in der Finsterniß der Nacht auf das gewisse Licht des nahen Morgens; er geht am jähen Abgrunde sicheren Schrittes und ehe noch der Schwindel ihn ergreift, flieht er in's Thal, das freundlich schützend ihn empfängt; bedarf er stiller Ruhe, daß ihm im Sturme der Seele der innere Friede wiederkehre, so flieht er in die stille Hütte, in der die Liebe und die Freundschaft ihm die Arme öffnen. — Doch wie ganz anders ist es dem, der sich auf einem Schiffe im offenen Meere befindet, was, kämpfend gegen Sturm und Wellen, vor der allmächtigen Gewalt die hohen Wimpel senkt — dem, der, an eines Staates wankend Glück gebunden, im Kampfe des großen stattlichen Gebäudes mit dem allmächtigen Schicksale, in des Verderbens Kluft hinabgesenkt sich fühlt. Vergebens sucht er Ruhe in der bewegten Welt, die ihn umgiebt, vergebens will er widerstreben, der enge Kreis von seinen Kräften ist nur ein Punkt in jenem Bogen, den des Schiffes Kiel

auf Wellenrücken zieht. O das Gefühl der Nichtigkeit ist ein lang-
sames Gift, was heimlich die Kraft des Muthes zerstört und die
rosenfarbene Hoffnung bleicht!

Den 15. Juni.

Verzeih' diesen Anfang meines Briefes, liebe Marie, es ist der
Abdruck meiner wehmüthigen Empfindung, so treu und lebendig, als
Empfindungen sich in die Form der Worte gießen lassen. Darum
gehört er Dir an, wie Alles, was mein inneres Sein bezeichnet.
Kehrte mir diese Wehmuth öfter wieder, ich würde leicht darin die
Wirkung jenes langsamen Giftes erkennen; denn es ist sehr wahr,
was, ich weiß nicht welcher Schriftsteller sagt, daß die Wehmuth die
Kraft des Gemüthes schwächt. Doch ich darf nicht fürchten, daß
die Glut in meinem Inneren erlösche, denn jeder Tag gebiert neue
Erscheinungen, die voll Brennstoffe sind, und ich denke eher mit Leib
und Seele zugleich in dieser Glut zu verkohlen als unempfindlich
dagegen zu werden.

Unser Schicksal wird immer außerordentlicher, und so, denke ich,
werden wir doch nicht in gemeiner Schande untergehen. Ich denke,
die Mittelmäßigkeit in diesem Treibhause unsäglicher Erniedrigung
und Verhöhnung kann unmöglich reine Mittelmäßigkeit bleiben. Der
Zeitpunkt jener furchtbaren Krise, an die ich sonst geglaubt, auf die
ich mit Zittern gehofft habe wie der Kranke auf das Messer des
Arztes, scheint sich zu nahen; noch ist sie leider nicht gewiß, ich denke
aber, das Aeußerste wird doch das Aeußerste gebären. O Gott wie
drücken jetzt die Fesseln, die ich trage! Wie paßt auf unsere Zeit,
was Buttler vom dreißigjährigen Kriege sagt:

> Es ist ein großer Augenblick der Zeit,
> Dem Tapfer'n, dem Entschloß'nen ist sie günstig.
> Wie Scheidemünze geht von Hand zu Hand,
> Tauscht Stadt und Schloß den eilenden Besitzer,
> Uralter Häuser Enkel wandern aus,
> Ganz neue Wappen kommen auf und Namen;
> Auf deutscher Erde unwillkommen wagt's
> Ein nördlich Volk, sich bleibend einzubürgern.
> Nichts ist so hoch, wo nach der Starke nicht
> Befugniß hat die Leiter anzusetzen.

18*

Dein letzter Brief hat mir übrigens unglaublich viel Freude gemacht. Er ist so voll Liebe und ein so herrlicher Abdruck Deiner innigen Verbindung mit mir, daß die allgemeine Erniedrigung und Armuth der Zeit mich nicht verhindern kann, mich stolz und reich durch ihn zu fühlen.

Es ist nicht immer möglich, mein theuerstes Wesen, den Blick der Zukunft zu verschließen; leider ist ja das Bild derselben in unserem Gemüthe und seine Wahrnehmung kommt aus dem eignen Inneren. Was sollen wir aber von der Zukunft denn erwarten, wenn das Aeußerste geschieht? Sich vertraut mit den Folgen dieses Aeußersten machen, ist vielleicht die einzige Lebensweisheit, die es gibt. Das scheint der Triumph eines großen Gemüthes zu sein, die Hoffnung mit der Resignation in einem Gedanken wohnen zu lassen. — Ich fühle wohl, daß diese Aufgabe für Dich viel schwerer ist als für mich, denn mit dem Muthe der Verzweiflung durchläuft der Mann eine kurze Bahn — dafür hat Dir aber auch die Natur eine siegreiche Kraft der Seele und einen inneren Reichthum geschenkt, von denen Du gewiß stets einen dankbaren Gebrauch machen wirst, und mit denen Du dann nie ohne inneres Glück sein kannst. — Ich wünsche nicht zu sterben, aber ich wünsche den Tod allein meinem höchsten Glücke gegenüberzustellen, und indem ich auf dem dunklen Wege muthig und schnell fortschreite, will ich auf eines von diesen beiden Zielen treffen. Ich kann nicht leugnen, daß darin etwas Selbstsüchtiges liegt; aber, liebe Marie, ist das nicht die Natur, die unveränderliche des Mannes? Trägt er nicht seine Bestimmung in der Brust, und ist diese Bestimmung zwischen den beiden Geschlechtern nicht die herrschende? Fast möchte ich mit der Natur zürnen, daß sie uns nicht erlaubt, dem liebenden Winke des theuern Weibes zu folgen, ohne aufzuhören, ein Mann zu sein. — Doch indem ich das Geschriebene überlese, sehe ich, daß, was ich in einem gewissen Sinne gedacht, leicht in einem anderen genommen werden könnte. Ewig unmöglich wäre es mir, mein Schicksal von dem Deinigen zu trennen; Dich, die schönste Erscheinung meines Lebens, aus den Augen zu verlieren, um meiner Bestimmung als Mann zu folgen, verlangt so wenig die Natur des Mannes, daß es vielmehr eines Mannes unwürdig wäre, und daß ich nicht mehr weiß, ob mein Verstand oder mein Herz mehr über den Gedanken beleidigt sich fühlt. Deinem Besitze will ich nachringen, und dieser Zweck hat sich meinem Lebenszwecke so innig verbunden, daß es unmöglich ist, sie zu trennen; aber würdig und als Mann will ich ihn verfolgen. Auf diese Weise knüpft die Natur mit zarter Hand das Schicksal des Weibes an das Leben des Mannes an. Ich kehre entweder in Deine Arme zurück als ein liebender und und glücklicher Gatte, oder Du verlierst in mir einen Freund, dessen Andenken Dir aber auch dann noch Freude machen wird, wenn er nicht mehr ist, weil er Deiner würdig geendet hat. So möchte ich gern daß Dir das Aeußerste erschiene. — Laß uns aber auch nicht vergessen, neben diesem Aeußersten so manche Hoffnung aufzustellen, die uns noch übrig bleibt, und laß uns, wenn wir es nicht verhindern können, dann und wann einen Blick in die ferne Zukunft zu thun, doch auch der Gegenwart und nahen Zukunft nicht vergessen. Ich denke oft mit Rührung an den Augenblick, wo ich das liebe Berlin wiedersehen werde — mit welchem Entzücken werde ich meiner herrlichen Marie dann in die Arme sinken! O dieser himmlische Augenblick steht uns noch bevor und ich nehme ihn zum Pfande größeren Glückes. Das Schicksal zürnt uns, aber zuweilen erscheint doch zwischen den ernsten Zügen noch ein freundliches Lächeln; wer weiß, wie viele Mittel es uns noch darbietet, um seine Gunst wiederzugewinnen, und so lange es die Rechnung noch nicht ganz mit unserem Hause abgeschlossen hat, werde ich freudig seinem Dienste mein Leben widmen. Ich bin in diesem Augenblicke sehr gestimmt, mich dieser frohen Aussicht hinzugeben.

Mit Deinem Briefe habe ich zugleich einen von meinen Verwandten erhalten, in welchem mir mitgetheilt wird, daß der älteste meiner Brüder, der das Unglück hatte, in Schweidnitz gefangen genommen zu werden, ausgewechselt worden ist. Ich kann nicht beschreiben, wie mich diese Nachricht freut. Er ist ein recht braver, determinirter Mensch voll natürlichen Verstandes, und ich denke, er wird zugleich dem Staate dienen und sein Glück machen. Ein zweiter Bruder von mir war vor dem Kriege Hauptmann im Regiment Courbière; man sagt, er commandire jetzt ein neuerrichtetes

Bataillon. Er ist ein Mensch voll der herrlichsten Anlagen, von vieler Bravour und vielem Charakter. Kleist will ihm wohl, und da dieser jetzt, den französischen Papieren zufolge, in Oberschlesien commandirt, so glaube ich fast, daß der jüngere von meinen Brüdern durch ihn die Ehre der Auswechslung für den älteren erhalten hat, denn dieser hat Befehl bekommen, sich nach Glatz zu begeben, um dort seine Bestimmung zu erfahren. Verzeih, daß ich Dir diese Dinge erzähle, aber ich habe mich so unbeschreiblich darüber gefreut, daß ich mich nicht enthalten konnte, davon zu sprechen. Es ist mir, als wäre ich selbst thätig, und söhnt mich mit meiner Lage einigermaßen aus, da ich zwei meiner Brüder in Thätigkeit weiß, von denen ich überzeugt bin, daß sie sehr viel leisten können. Vielleicht kommt dadurch ein unbekannter Namen mehr auf, und dessen wirst Du Dich auch erfreuen, da dieser Name jetzt schon nicht mehr ohne Werth für Dich ist.

Daß mein Brief an Scharnhorst so schnell abgegangen ist, dafür danke ich Dir herzlich, liebe Marie; es ist ein großer Trost für mich, dem theuersten meiner Freunde ein paar Worte haben sagen zu können, wenn es auch auf mein Schicksal gar keinen Einfluß haben sollte. Es war mir wirklich Bedürfniß, ihm zu sagen, wie lebhaft sein Andenken bei mir sei und wie sehr ich mich seines Wohlergehens erfreue. Ich vermuthe, es ist St. (Stein) gewesen, der Dir von ihm gesprochen hat, und das würde mir viel Vergnügen machen, denn ich achte sehr das Urtheil eines solchen Mannes.

Für den Trost, liebe Marie, den Du liebend mir reichst, bin ich ganz gewiß nicht unempfindlich, und wenn es auch nur ein schönes Bild wäre, so ist es doch von dem wohlthätigsten Einflusse. Daß Du eine harmonische Saite in mir berührt hast, werden Dir ein paar Verse beweisen, die ich in den ersten schönen Frühlingstagen entwarf, die ich aber liegen ließ, weil sie mir gar zu schülerhaft vorkamen und ich zum Verbessern nicht aufgelegt war. Diese Veranlassung entreißt sie mir, denn ich bin überzeugt, daß das Mißfallen an den Versen reichlich vergütet werden wird durch ein Gefühl, was dem Deinigen so wunderbar entspricht. Ich müßte mich sehr irren oder diese Erscheinnng macht Dir Vergnügen.

Heiter senkt der Frühlingsgott sich nieder,
Und, geweckt von seinem Sonnenblick,
Kehrt der Blumenschmuck der Erde wieder,
Hoffnung in des Menschen Herz zurück.

An des Gottes Hand tritt ihm entgegen
Freundlich schön die liebende Natur;
Waltend durch des stillen Glückes Segen
In der duft- und farbenreichen Flur.

Für den Menschen wohnt in ihren Blicken
Inn'rer Friede, edler Freuden reich,
Traulich soll er an sein Herz sie drücken,
Einer vielgeliebten Schwester gleich.

Wenn der Blick von ihrem Reiz geblendet,
Tief gerührt das Herz von ihrer Huld,
Ist er blut'gen Schlachten abgewendet,
Ist es abgewandt der Rache Schuld.

Willig fliehend den Zerstörungsscenen,
Froh beschäftigt soll die Phantasie
Mir ein fröhlich liebes Bild entlehnen
Deinen Zügen, herrliche Marie!

13.

Soissons, den 25. Juni 1807.

Wie oft habe ich in diesen Tagen an Dich, an Alles, was mir
noch auf der Welt theuer ist, gedacht, um mich des Lebens zu erfreuen und den Schatten von Glück zu bannen, der kühlend auf
meiner Seele weilt, während die Glut der Hölle mein Innerstes zu
zerstören sucht. Mir ist, als wäre ich in einem brennenden Hause
und hörte Balken und Giebel krachend stürzen; und die äußere
Flamme will mich nicht erreichen, um das Werk der Zerstörung zu
vollenden, was die innere begonnen hat, um über die körperlichen
Theile meines Daseins die Gewalt auszuüben, die dem inneren Zer-
störungselemente versagt ist. Peinlicher ist auf Erden kein Augenblick

gewesen, als der, in welchem ich lebe; nicht als ob Furcht und Hoffnung sich zweifelnd die Hand reichten, sondern weil ich gelähmt hier liege, während Alles zusammenstürzt, was mir heilig ist, und ich mich dem Abgrunde nicht nähern darf, der dies Alles verschlingt. Es ist als wäre mir die Zukunft auf tausend Meilen weit entrückt, und bodenlos liegt's zwischen mir und ihr. So weit liegt jede Hoffnung, selbst die, das Ende zu beginnen. Ein spurloses Dasein ist mein Leben. Ein Mann ohne Vaterland, entsetzlicher Gedanke! Sein Leben ist der Faden eines aufgelösten Gewebes, zu nichts mehr tauglich.

Den 27. Juni.

Ich nehme oft alle Kraft der Seele zusammen, um nicht von diesem Zustande dumpfer Verzweiflung besiegt zu werden, und unwillig über mich selbst, erwache ich aus den Träumen, die meinen Schlaf beunruhigen. Ich fühle, dies ist der Augenblick, wo der Mann Sieger über sein Schicksal sein muß. Der Wille des Menschen schien mir immer das Mächtigste auf Erden, all mein Stolz erwacht, um diese edle Kraft nicht aus den Händen zu verlieren. Hoffen kann ich nicht mehr; die Kraft der Resignation ist meinem Gemüthe versagt — das, wonach ich ringe, ist eine stets gespannte Kraft des Gemüthes, die auch in jahrelanger Unthätigkeit und äußerer Ohnmacht nicht erschlafft, die alle Schläge des Schicksals mit eiserner Stärke erträgt, um endlich, wenn der langersehnte Augenblick sich darbietet, einzugreifen und dem bösartigen Verhängnisse die Hoffnung mit Gewalt zu entreißen, die es versagt, oder sich an seinem furchtbaren Felsengerippe zu zerschellen wie ein kleiner Nachen an den Klippen des Meeres. Es scheint mir oft, als sei es nicht möglich, daß so viele Menschen edler Art bestimmt wären, ihr ganzes Leben in Schande und Schmach hinzubringen, und doch sehe ich leider in der Geschichte, daß oft so viele Generationen von so vielen Millionen dieses Loos traf. Gab es nicht große Nationen, die ein halbes Jahrtausend unter dem Joche der Römer blieben? Was wird nach einem halben Jahrtausend von mir und meinem Geschlechte übrig sein?

Den 28. Juni.

Nichts fürchte ich mehr als den Frieden; je mehr man das Bedürfniß haben mag, ihn zu schließen, um so gefährlicher ist er. Es ist der

Schlaf eines Menschen, der in Gefahr ist, in erstarrender Kälte das Leben aufzugeben; gibt er dem dringenden Bedürfnisse der Natur nach, so ist es, um nie wieder zu erwachen. — Doch schweige ich endlich einmal von diesen Dingen! Könnte ich's Dir verdenken, liebe Marie, wenn Du endlich einmal einer solchen Sprache müde würdest und aufhörtest, die Ankunft meiner Briefe zu wünschen? Und das möchte ich doch nicht; denn das einzige Glück meines Lebens ist der Besitz meiner lieben, herrlichen Marie, und zu ihr reden zu können, mein einziger froher Genuß!

Den 2. Juli.

Dein Bild — da steht es vor mir, und mit trunkenen Blicken weilt meine Seele auf jedem der geliebten Züge! Lächelnd sehe ich es an und es scheint mir, als müßte es mit einem Lächeln antworten, so wie ich es an Dir gewohnt bin. Wie viel süße Erinnerungen gibt mir dies Bild von den vergangenen Augenblicken, die bis jetzt die schönsten meines Lebens waren! — O Marie, dies Bild wird mir noch manchen schönen Augenblick geben, und wann könnte mir wohl ein solches Geschenk willkommener sein als in dieser Zeit, wo ich so sehr eines Gegenstandes bedarf, der den Blick von dem ganzen übrigen Leben abzieht und mir eine Quelle angenehmer Gefühle wird; es ist der erfrischende Quell, den der Wanderer in der brennenden Wüste antrifft; ich danke Dir für dies Geschenk so sehr, liebe Marie, daß ich glaube, es kann nur ein einziges in der Welt geben, wofür ich Dir mehr danken könnte.

14.

Soissons, den 3. Juli 1807.

Die Blicke, welche Du in meine Vergangenheit thun könntest, liebe Marie, würden sehr wenig zu Deiner Befriedigung und meiner Verschönerung beitragen. Nicht daß ich mir eben große Vorwürfe zu machen hätte, sondern weil mein inneres Leben, meinen stets regen Ehrgeiz ausgenommen, ein ganz gewöhnliches war, wie man es bei den meisten Menschen findet. Ich nehme davon eine einzige kurze Epoche aus. Als wir uns im Frühjahr 1795 vom Rheine nach Westfalen wandten, wurden wir in der Grafschaft Tecklenburg u. s. w.

in sehr weitläufige Kantonirungen verlegt, in welchen wir bis zum Frieden stehen blieben. Die dortigen Dörfer sind so gebaut, daß jeder Landmann sein Eigenthum um sein Haus versammelt hat, oder vielmehr, es gibt dort keine Dörfer und die ganze Population des flachen Landes ist in solchen Patriarchensitzen über das ganze Feld hin zerstreut. In einem solchen Hause wohnte ich drei bis vier Monate allein unter einer Bauernfamilie. — Mit einem Male dem Schauplatze des Krieges entzogen, in die Stille des Landlebens in seiner ganzen Bedeutung versetzt, fiel der Blick des Geistes zum ersten Male in mein Inneres. Wir waren in der Nähe von Osnabrück; man konnte dort Bücher haben; ich fing an zu lesen und zufällig fielen mir einige Illuminaten-Schriften und andere Bücher über die Perfectibilität in die Hände. Da wurde mit einem Male die Eitelkeit des kleinen Soldaten zu einem äußerst philosophischen Ehrgeize, und ich befand mich damals der Schwärmerei so nahe als die Natur eines Geistes dies erlauben wollte, der überhaupt keine starke Tendenz dazu hat. Wäre indessen diese Glut in mir besser unterhalten und benutzt worden, so würde ich vielleicht um ein gutes Theil besser geworden sein als ich bin. — Bald darauf in einer kleinen Garnison eingezwängt, von lauter prosaischen Erscheinungen und Naturen um-geben und bearbeitet, zeichnete sich mein Dasein durch nichts von dem besseren Theile meiner Kameraden d. h. von immer noch sehr gewöhn-lichen Menschen aus als durch etwas mehr Neigung zum Denken, zur Literatur und durch militärischen Ehrgeiz, den einzigen Ueberrest des früheren Schwunges. Indessen war auch dieser mehr hinderlich als heilsam in meiner inneren Ausbildung, so lange es kein Mittel zu geben schien, ihn zu befriedigen. Als ich aber im Jahre 1801 nach Berlin kam und sah, daß geachtete Männer es nicht für zu gering-fügig hielten, mir die Hand zu reichen, da war die Tendenz meines Lebens mit einem Male in Uebereinstimmung mit meinem Thun und Hoffen. Ich habe seitdem stets gesucht, mir eine vernünftige, große und praktische Ansicht des Lebens und seiner Beziehungen auf die Erdenwelt zu verschaffen, wovon Du die wichtigsten Resultate kennst. Ich habe mich selbst mit meinem Stande, meinen Stand mit den großen politischen Ereignissen verglichen, welche diese Welt regieren, und dadurch bestimmt erkennen gelernt, wonach ich zu streben hätte.

Manche meiner Ansichten habe ich seitdem wieder aufgenommen und
vorzüglich hat sich meine Empfindungsweise wieder jener ersten Epoche
genähert, insofern die Beschäftigung mit großen Ereignissen und großen
Ideen das Gemüth überhaupt erhebt und veredelt. So bin ich bis
in mein siebenundzwanzigstes Jahr herangewachsen, ein Stück- und
Flickwerk, und eben darum ein sehr unvollkommenes Werk. Die
Fortschritte zur inneren Uebereinstimmung hätten mich, wenn nicht
glücklich, doch ruhig machen sollen, aber es ist nicht genug, daß man
im rechten Wege sei, sondern es ist auch wesentlich, anzukommen, und
bei der Spanne Zeit, die uns hier auf Erden zugemessen ist, heißt
langsam gehen oft so viel als gar nicht gehen; überdem bin ich
einer von den Menschen, die sich viel mit der Zukunft abgeben und
darüber der Gegenwart selten recht froh werden; dazu kam eine
etwas alberne bürgerliche Existenz, und endlich in den letzten Jahren
die unglückliche Lage unseres Vaterlandes und der Geist der höchsten
Erbärmlichkeit, der auf alle Menschen von oben herab drückt. Ach
alles das war mehr als hinreichend, um auch den friedlichsten Menschen
aus seinem Gleichgewichte zu bringen, und den herrlichen Einfluß zum
Theil wieder in seiner endlichen Wirkung zu zerstören, den eine
andere Erscheinung um diese Zeit auf mich hatte.

Als ich Dich zum ersten Male sah, geliebte Marie, dachte ich mir,
Du müßtest mir eine recht liebe Freundin werden können, denn ich
habe für gewisse Charaktere und also auch für gewisse Gesichtsbil-
dungen eine solche Vorliebe, daß ich ihnen nicht nur sogleich wohl
will, sondern auch überzeugt bin, daß sie mir gut sein werden, wenn
sie mich kennen, und nie haben Züge dem inneren Urbilde mir verwandter Seelen mehr entsprochen als die Deinen; außerdem hat die
Freundschaft zwischen einem Manne und einer gehaltreichen Frau einen
besonderen Reiz für mich. Ohne Freund und näheren Bekannten
wie ich war in dem Zirkel, worin ich lebte, war mir der Gedanke
ganz besonders reizend, Dich zu meiner Freundin zu machen; dieser
Entschluß war das Werk des ersten Augenblicks, noch ehe wir ein
Wort mit einander gewechselt hatten. — Hast Du einen Begriff von
einer solchen Anmaßung, liebe Marie? Aus der projectirten Freundschaft ist sehr bald Liebe geworden; ich habe mir oft die Frage
aufgeworfen, unter welchen Umständen es wohl hätte Freundschaft

werden können. Vielleicht, wenigstens ist dies die einzige Möglichkeit,
wenn wir gleich in ein freundschaftliches Verhältniß hätten treten
können, ohne äußere Hindernisse, und wenn Du dann mir nichts als
Freundschaft hättest geben können. — Aber der Wunsch, Dich zu
sehen, die Heimlichkeit dieses Wunsches, die beständigen Hindernisse
und daß er so selten erfüllt wurde — und wenn ich Dich nun sah,
mich Dir nicht herzlich, vertraulich nähern zu können, mich oft mit
einem Blicke begnügen und diesen Blick noch stehlen zu müssen —
o beim dritten Male war es pure, pure Liebe! und nun fühlte ich,
daß mir Freundschaft nicht mehr genügen könnte; von nun an aber
war auch auf eine freundschaftliche Annäherung vor der Hand gar
nicht mehr zu rechnen; denn in meinem Leben bin ich wohl nicht
hölzerner gewesen als in den Augenblicken unseres früheren Umganges;
so sehr hatte ich die Unbefangenheit verloren; eine Unterredung von
einer Stunde hätte sie mir wiedergeben können, aber unsere Unter-
redungen waren ja gewöhnlich nur Secunden, und das Talent des
Augenblicks ist gar nicht meine Sache, wenn es darauf ankommt,
das Herz und den Verstand eines Anderen zu gewinnen; sowie ich
mich auch nicht leicht dadurch von Anderen fesseln lasse. — Verzeih
diese Weitschweifigkeit; ich habe mich wohl gefühlt bei diesen süßen
Erinnerungen, die mich die Last der Gegenwart einen Augenblick
vergessen ließen.

15.

Soissons, den 31. Juli 1807.

Da sind die Friedensbedingungen für uns! Welch ein Kind ich
bin! Konnte ich etwas Anderes erwarten? Habe ich etwas Anderes
erwartet? Nein! Und doch bin ich wie ein Verzweifelnder, der
Alles in einem Momente und auf ewig verlor! So verschieden ist
die Wirklichkeit von der bloßen Vorstellung, die äußere Erscheinung
der Dinge von der inneren. Aber wer vergleicht mir auch den
Augenblick, wo das Schicksal eines großen Staates in letzter Instanz
entschieden ist und er nun mit einem Male, alles des Schmuckes beraubt,
den ein Jahrhundert ihm anlegte, nackt dasteht, fast wie er geboren
ward. Was so viel Aufwand von Talent und Anstrengung und
Sorgfalt, was so viel Blut gekostet hat, alle die Größe, alles Glück

unferes Haufes, Alles ift hingeopfert, den Tribut unferer Schwachheit
zu bezahlen. Wir find fo fehr in den Händen unferes Gegners, fo
ohne alle innere Kraft und äußere Hülfe, daß das Allerfchlimmfte
zu erwarten ift, und das würde nach meiner Meinung fein, wenn
die franzöfifchen Armeen die preußifchen Provinzen befetzt hielten.
Ich glaube nicht, daß etwas in der Welt fie daran verhindert, und
wenn dem fo ift, fo müffen wir es erwarten.

Unter alle die Ungewißheiten, welche eine folche Lage erzeugt,
gehört denn auch die Rückkehr eines Prinzen aus der Gefangenfchaft.
So lange der Krieg noch Hoffnungen ließ, wie fchwach fie auch waren,
habe ich die Verbannung aus meinem Vaterlande ertragen können.
Jetzt fehne ich mich unausfprechlich zurück, denn es bleibt jetzt ja
nichts als der Befitz eines treuen Herzens, und deffen möchte ich mich
wenigftens in feiner ganzen Fülle erfreuen. O Marie, mich verlangt,
Dich wiederzufehen, denn mich verlangt nach einem Augenblicke des
Troftes!

16.

Laufanne, den 16. Auguft 1807.

Den 1. find wir von Soiffons abgereift, den 5. in Genf angekommen, den 8. haben wir eine Excurfion nach Savoyen gemacht,
um die berühmten Gletfcher zu fehen, den 11. find wir über Genf
hierher gegangen, um die berühmte Frau von Staël zu fehen. Das
ift die Skizze unferer Reife bis zu diefem Augenblicke. Das was fie
ausfüllt, liebe Marie, ift nichts werth, und gern erfparte ich Dir, ein
Wort davon zu lefen, wenn ich nicht glaubte, Du würdeft über einen
Brief ohne einige Mittheilung böfe werden.

Ich muß geftehen, daß ich diefe Reife mit Widerwillen, unter
allen möglichen unangenehmen perfönlichen Verhältniffen, mit trüber
Seele, alfo allen Genuffes ganz unfähig, angetreten und bis jetzt
fortgefetzt habe. Was hin und wieder einen fchwachen Funken in
mir erzeugt hat, habe ich in einer Art von Tagebuch bemerkt, was
Du, wenn Du es der Mühe werth hältft, einft lefen kannft. Daß
die Hoffnung das wichtigfte moralifche Lebensprinzip ift, fehe ich jetzt
mehr als je ein. Seit ich nicht mehr hoffen kann, fühle ich eine
Armuth des Geiftes, einen Mangel an Empfänglichkeit, eine Dürre

der Phantasie, die mir fast nichts als bloße Vegetation übrig lassen würde, wenn nicht eine Glut mich erwärmte, die Glut einer sanften Liebe und Gegenliebe. Täglich, meine gute Marie, werde ich mehr darauf eingeschränkt und täglich wächst also das Gewicht, mit dem sich Dein Freund an Dich hängt. Ich fürchte fast, Du wirst diese Last nicht tragen können. Täglich sehne ich mich daher auch lebhafter zurück zu dem Gegenstande meiner Liebe; nur bei ihm, nur an Deinem Herzen kann ich noch einen glücklichen Augenblick haben.

Wir sind hier täglich in der Gesellschaft der Frau von Staël, und ungeachtet ich ein sehr müßiges Glied für die Gesellschaft bin, so ist sie doch so angenehm für mich, als eine Gesellschaft von lauter fremden Menschen es sein kann. Frau von Staël spricht viel und sehr interessant, so daß man wirklich nicht müde wird, sie zu hören. Mit erlernten Floskeln über Kunst und Literatur kommt man da nicht weit; davon sehe ich ein lebendiges Beispiel, und deswegen gefalle ich mir in meinem Stillschweigen um so mehr; denn ich fühle, daß ich damit noch nicht die schlechteste Rolle spiele. Die bekannte Madame Recamier ist von der Gesellschaft — eine sehr gewöhnliche Cokette. — Frau von Staël erinnert sich sehr oft der Gräfin Voß und spricht mit vieler Wärme von ihrem Werthe. Es ist unmöglich, eine größere Verehrerin der deutschen Literatur und der deutschen Frauen zu sein, als Frau von Staël ist. Nach ihrer Meinung sind beide die ersten in der Welt. Ueberhaupt sagt sie, ein Deutscher, der die Literatur seines Vaterlandes kennt, ist doppelt ein Mensch. Ich sprach mit ihr über die herrliche Eigenthümlichkeit unserer Sprache, daß sie in ihrem Reichthume und ihrer Freiheit auch dem mittelmäßigen Menschen erlaubt, originell zu sein, während man in der französischen Sprache lauter gemachte Gedanken findet und sich also mehr oder weniger immer der Form Anderer bedienen muß. Darauf citirte sie mir einen Einfall von Friedrich Schlegel, der drollig ist. Es ist unglaublich, sagt er, wie splendid die Natur in Frankreich ist; sie hat von einem einzigen Originalmenschen 30 Millionen Exemplare aufgelegt. Frau von Staël beschwerte sich über die langen Perioden der deutschen Prosa. Ich bemerkte, daß diese Länge gleichwohl eine gewisse Energie habe; sie überraschte mich dadurch, daß sie sagte: wenn man diesen Vortheil nicht zu theuer bezahlte, so ließe er sich nicht bezweifeln: car il serait à désirer de pouvoir rendre tout un livre par un seul souffle. Gewisse Personen von der Gesellschaft würden keine größere Dummheit gekannt haben als meine Behauptung, wenn die schöne Bemerkung der Frau v. Staël mich nicht übertroffen hätte. — Pestalozzi, der bekannte Pädagog, hat Frau v. Staël besucht. Er ist ein Mensch ohne alle äußeren Formen, wie Du Dir leicht denken kannst. Frau v. Staël läßt ihn in ihr Zimmer kommen, in dem Augenblicke, da sie sich anzieht, und sagt ihm, er möchte sich auf dem Sopha niederlassen. Madame, sagt er, je suis un homme naturel, ne me faites pas faire des choses qui ne soient pas bonnes. Kann man etwas Naiveres hören? Frau v. Staël bemerkte sehr richtig: Cela prouve que c'est un homme qui a de la candeur. Während zwanzig Jahren, sagte er, hat man mich für imbecille gehalten, aber ich habe es nicht geglaubt. — Wir werden heute mit ihm essen und morgen sein Institut sehen, zwei Dinge, die mir Vergnügen machen.

17.

Coppet pays de Vaud, den 1. September 1807.

Seit drei Wochen hat der Prinz fast nichts gethan als um Passeports angehalten und bis jetzt noch keine Silbe Antwort erhalten. Das was im nördlichen Deutschland geschieht, läßt vermuthen, daß wir die Frucht des Friedens, den wir so theuer erkauft haben, schwerlich ganz genießen werden, und ich glaube fast, daß man uns hier nicht eher losgeben wird, bis Alles aufs Reine gebracht ist. Alles ist so verworren, das Interesse des einen Theils so ganz ohne Garantie, seine Existenz so ganz ohne Stütze, so ganz kraft- und willenlos, daß man die Begebenheiten des nächsten Tages nicht vorhersehen kann. Ein außerordentlicher Mann wäre uns nöthig, denn diesen respectirt man mehr oder weniger auch bei den unzulänglichsten Mitteln; aber daran ist bei uns nicht zu denken; Alles will in sein gewöhnliches Geleise zurück und, müde der außerordentlichen Anstrengung, um jeden Preis Ruhe haben. O sie werden dieses Ziel, so gemein es ist, verfehlen und ein Schicksal erleben, was sie in ihrem phantasielosen Dasein nicht ahnen! Es gibt einen Weg, uns zu retten, wenn das Aeußerste naht, aber in diesem Wege ist nichts Gemeines, Alles ist neu und außerordentlich, und nur in dieser Region können wir uns über unsere Feinde erheben und uns ein besseres, auf jeden Fall ein ehrenvolles Loos erringen. Aber daß man einen solchen Weg suchen und muthig einschlagen werde, ist bei dem Geiste nicht zu hoffen, der in uns wohnt. Was ist geschehen, solche Hoffnungen zu rechtfertigen? Ist ein einziger Mensch von glänzenden Eigenschaften hervorgezogen worden, so daß man glauben könnte: der wird einst an der Spitze der Regierung stehen und unsere Stütze sein? Sind wir denn moralisch so an den Bettelstab gerathen, daß kein außerordentliches Verdienst, kein außerordentliches Talent zu belohnen, zu erheben wäre? Großer Gott ich begreife von diesem ganzen Geiste nichts! Alles, was geschieht, ist gerade so viel, als wenn Jemand, dem schon Arm und Fuß am kalten Brande abgestorben sind, sich begnügen wollte, eine weiße Salbe aufzulegen. — Der Geist der Deutschen fängt an, sich immer erbärmlicher zu zeigen; überall sieht man eine solche Charakterlosigkeit und Schwäche der Gesinnungen hervorbrechen, daß die Thränen uns in das Auge treten möchten. Ich schreibe dies mit unendlicher Wehmuth nieder, denn kein Mensch in der Welt hat mehr das Bedürfniß der National-Ehre und Würde als ich; aber man kann sich darüber nicht täuschen, die Erscheinung ist nicht zu leugnen. Nur darin denke ich von den Meisten verschieden, daß man darum nachgeben und willig erliegen müsse. Daß die Menschen nicht edler bei uns denken, ist nicht die Schuld der Natur, sondern die Schuld der Menschen. Hätten die, welche an der Spitze der Völker stehen, sich besser gezeigt, die Völker würden von einem anderen Geiste beseelt sein. Der König von Preußen allein hat in seinem Unglücke Würde gezeigt, nur kann dieses kurze einzelne Beispiel von keinem großen Einflusse sein. Wenn aber Menschen die menschliche Natur bei uns entadelt haben, so müssen auch Menschen sie wieder erheben können; ich spreche nicht von dem Zustande des Friedens und seinen schwachen Mitteln; im Kriege eröffnet sich ein weites Feld energischer Mittel, und wenn ich die geheimsten Gedanken meiner Seele sagen soll, so bin ich für die allergewaltsamsten; mit Peitschenhieben würde ich das träge Thier aufregen und die Kette zersprengen lehren, die es sich

feig und furchtsam hat anlegen lassen. Einen Geist wollte ich in
Deutschland ausströmen, der wie ein Gegengift mit zerstörender Kraft
die Seuche ausrottete, an der der ganze Geist der Nation zu vermodern droht.

Vergib, liebe Marie, daß ich Dich mit solchen Dingen unterhalte.
Ist es doch kaum möglich, an etwas Anderes zu denken! Ich weiß,
Du hast einen großen Geist und tief eindringenden Verstand; die
Freundin gilt bei mir nichts Geringeres als die Geliebte, und es ist
unendlich anziehend, sich einem Geiste mitzutheilen, den man achtet
und dem man vertraut. Eine solche Liebe und Anhänglichkeit habe
ich nur für zwei Menschen in der Welt, für Dich und meinen Freund
S. (Scharnhorst). Schwerlich werde ich je einen Dritten finden, je
in meinem ganzen Leben, der mit ihnen auf gleiche Rechte Anspruch
machen könnte.

18.

Coppet, den 15. September 1807.

Das Unglück der Zeit schreitet zerstörend auf seinem Wege, doch
immer noch vermummt und nicht ganz erkannt, langsam auf uns zu.
Die Gebete von so viel Tausenden bestürmen vergebens den Himmel,
daß er es bannen möge — langsam aber heimtückisch schreitet es
vor wie ein schwarzes Gespenst in dunkler Nacht. Ich selbst erblasse,
indem ich der Enthüllung dieser Mummerei entgegensehe, die uns jetzt
umgibt; aber wenn auch das Entsetzen wie Fieberfrost mich schüttelt,
kleinmüthig soll es mich nicht machen.

Ich nehme mir noch einmal die Freiheit, Dir einen Brief an
meinen Freund Scharnhorst einzulegen und durch Dich die gute
Charlotte um Besorgung zu bitten. Du wirst die Absicht desselben aus
seinem Inhalte ersehen und leicht einsehen, wie wichtig die Erreichung
derselben für mich ist. Das Memoire, von welchem darin die Rede
ist, hat den doppelten Fehler, daß es die Eitelkeit beleidigt, ohne
das geringste Neue zu lehren; mir ist der Gedanke revoltirend, daß
man auch nur meinen Beifall zu demselben voraussetzen könnte —
vergebens habe ich mit den durchdringendsten Gründen dagegen
protestirt. — Seit fünf Vierteljahren hat S. (Scharnhorst) kein
Wort von mir gehört (wenn ich annehme, daß der Brief durch

Charlotte vielleicht nicht an seine Bestimmung gekommen wäre); er
wollte mir stets sehr wohl, aber natürlich kann ich dies Wohlwollen
nicht mit dem Maße meiner Anhänglichkeit an ihn messen; Hunderte
drängen sich ihm zu, denen die Noth droht; meine Lage muß
erträglich scheinen; er ist durch Geschäfte und Verhältnisse zerstreut;
überdem erfordert die Veränderung meiner Anstellung eine Art kleiner
Intrigue, denn man muß doch dem Könige Gründe an die Hand
geben, warum er mich dem Prinzen nehmen soll, der, ungeachtet
wir uns sehr schlecht für einander schicken, doch Lust haben würde,
es übel zu nehmen — alles das, wie läßt es mich erwarten, daß
in diesem Augenblicke mein kleines Interesse die Menschen beschäftigen
werde! Das Unglück ist meine Entfernung. Meine bisherige Lage
länger fortzusetzen, wäre das platteste Schicksal, was man haben
könnte. Die einzige Hoffnung, die mir bleibt und woran ich zuweilen
mit Vergnügen denke, ist, daß S. in der Folge Kriegsminister werden
wird; alsdann glaube ich gewiß zu sein, daß er mich zu sich nehmen
und mir einen bedeutenden Wirkungskreis verschaffen wird. Denn so
viel ich ihn kenne, traut er mir eine Art Talent zu, die dem seinigen
zum Supplemente dienen könnte; er glaubt, daß ich Sprache und
Darstellungsgabe besitze, die ihm fehlen und in großen Verhältnissen
oft gebraucht werden. Doch wäre ich erst mit ihm in ein und demselben Geschäftskreise, so wäre ich seines Vertrauens gewiß und es
würde mir gewiß nicht an einem wünschenswerthen Wirkungskreise
fehlen. Wie ungewiß sind aber diese Hoffnungen! Ich habe in dem
Briefe an ihn von allem diesem gar nichts erwähnen mögen und
meinen Wunsch so leise als möglich berührt; denn da ich seine Lage
und Stimmung gar nicht kenne, so könnte es ihm leicht eitel und
egoistisch vorkommen, wenn ich ihm viel von meinem Schicksale sprechen
wollte in einem Augenblicke, da vielleicht das Schicksal der Nation
seine edle Seele ganz erfüllt. Wenn es mir auch ohnehin nicht ganz
unmöglich wäre, zudringlich zu sein, so verstattet mir doch das zarte
Gefühl der Achtung und Freundschaft, die ich für S. in meiner Brust
hege und die auf Erwiederung Anspruch machen, noch viel weniger,
es gegen ihn zu scheinen. Wäre ich bei ihm, ich würde ihn geradezu
um das bitten, was den Umständen nach erbeten werden kann, aber
ihn aus der Ferne auf's Gerathewohl mit Wünschen zu bombardiren,

ist mir nicht möglich. Wenn indessen Charlotte so viel thun kann,
ihn zuweilen an mich zu erinnern, so ist das von großem Werthe.

Du irrst Dich, wenn Du glaubst, daß die Idee, den Dienst zu
verlassen, mir so sehr entgegen sei. So lange kein Krieg ist, betrachte
ich es als etwas Gleichgültiges, ob man Soldat ist oder nicht, und
ich würde mich, wenn ich so viel Vermögen hätte, um jeder anderen
Thätigkeit entbehren zu können, gern auf das Land zurückziehen,
dem Studium der Geschichte und Kriegskunst leben und den Augenblick ruhiger abwarten, wo es Zeit wäre, in den Dienst zurückzutreten.
Aber daran ist nicht zu denken, denn ich habe kein anderes Besitzthum als was ich an der Seite trage, den Degen.

Meine Lebensweise hier ist so angenehm, als es die Umstände
zulassen. Frau von Staël hat viel Güte für mich; vor allem aber
habe ich mich gefreut, Schlegel zu finden. Er ist ein wackerer, gutmüthiger, patriotischer Deutscher, der einen wohlconditionirten Haß
gegen die Franzosen hat und überhaupt so echt das deutsche Gepräge
trägt, daß es einem Menschen wie mir unmöglich ist, ihn nicht zu
lieben. Er hat mir viel hübsche Sachen von sich gezeigt und mir
besonders dadurch Vergnügen gemacht, daß er mich mit der deutschen
Poesie aus dem neunten und den späteren Jahrhunderten des Mittelalters bekannt gemacht hat. Er ist mein einziger Trost, denn aller
Verstand der hiesigen Societät kann auch nicht die kleinste Entschädigung für den Kummer und die Sorgen sein, die jetzt auf jedem
gefühlvollen Deutschen lasten.

19.

Coppet, den 3. October 1807.

Der Himmel scheint durch Deine Engelshand mir Trost und
einigen Ersatz zu geben für die bitteren Stunden, die ich verlebe.
Doch es scheint kleinlich, sein eigenes Schicksal zu nennen, was doch
das Schicksal aller Vaterlandsgenossen ist. Freilich haben ihren Blick
nicht alle so starr darauf hingewendet als ich, nicht alle sind so
unfähig, ihn davon abzuwenden, und noch etwas zu sein unabhängig
von Vaterland und Nationalehre. Alles was ich bin oder sein könnte,
verdanke ich diesen beiden Erdengöttern, und ohne sie wird nichts als

eine kern- und saftlose Hülse von mir übrig bleiben. Ich bin durchaus für dies Verhältniß geschaffen und nur zu sehr überzeugt, daß außer ihm kein Mensch Wohlgefallen an mir haben kann. Ich weiß, daß ich Dir durch dies Geständniß wehe thue, aber ich muß es thun zur Verhütung jeder Täuschung. Liebe in höchster, reichster Fülle wirst Du zu allen Zeiten in meinem Herzen finden, und in meinen Armen nicht den milden Wiederschein des Glückes vermissen, dessen Deine Liebe bis an den Tod mich sichert. Aber daß ich darum auch in allen übrigen Verhältnissen des engen gesellschaftlichen Lebens ein interessanter Mensch sein und Deiner und Deiner Freunde Aufmerksamkeit und Theilnahme würdig bleiben sollte, ist eine von mir sehr bezweifelte Voraussetzung. Ich fühle das jetzt recht lebendig, denn ich bin keiner warmen Theilnahme an anderen als politischen und historischen Gegenständen fähig, und Gegenstände der Kunst, die mich sonst recht angenehm zerstreuten, auf die ich oft mit Vergnügen ein ernstliches Nachdenken verwandte, machen jetzt auf mich einen Eindruck wie die Freuden der Welt auf einen Sterbenden. Denke an diesen Gegenstand, liebe Marie, damit das Vertrauen mit ihm Dich entweder verhindere, Dich mir zu sehr aufzuopfern oder Dich bekannt mit einem Uebel mache, was Dir einst so nahe stehen soll.

Die Nachrichten, welche Du mir in Deinen drei letzten Briefen von meinem Freunde S. gibst, haben mir großes Vergnügen gemacht. Mein voriger Brief wird Dich überzeugt haben, daß ich nicht zu stolz in meinen Erwartungen von seinem Andenken an mich war; ich sehe, daß ich vielleicht zu furchtsam gewesen bin, ein Fehler, den ich in der Freundschaft öfter begehe (wie Du vielleicht aus Erfahrung weißt). Ich habe mich daher unbeschreiblich gefreut, als ich erfuhr, er habe sich meiner von selbst erinnert und mir geschrieben; der Verlust dieser Briefe ist mir kaum ersetzlich; ich werde vielleicht diese Gelegenheit wahrnehmen, ihm nächstens dafür zu danken und ihn dann geradezu um seinen freundschaftlichen Beistand bitten, für den Fall, daß noch an eine Fortsetzung der militärischen Carriere zu denken ist. Wird unser Staat hergestellt und es ist noch möglich, ihm ferner zu dienen, so ist eine enge Verbindung mit S. das Wesentliche aller meiner Wünsche in dieser Beziehung. Ich kann betheuern, daß es nicht bloß aus Eigennutz ist, warum ich diese Verbindung wünsche; es ist selbst um S. willen. Ich kenne ihn so genau und liebe ihn so sehr, daß es mir sehr leicht sein müßte, ihm wesentliche Dienste zu leisten; ich fürchte ordentlich, daß die, welche zunächst um ihn sind, ihm nicht so von Herzen ergeben sind wie ich; und bei einem Manne, der die Meinung und das Vertrauen Vieler gewinnen soll, kommt sehr viel auf die an, welche ihm zunächst stehen.

Den 5. October.

Nirgends weiß ich Trost zu finden, denn Trost ohne Erhebung gibt es nicht, und auf welchen Gegenstand dieser Welt soll man den Blick richten, um sich erhoben zu fühlen? Sollen wir aus der entehrenden Gegenwart in die ruhmvollere Vergangenheit fliehen? Ich kann mich damit nicht begnügen, daß unsere Urgroßväter ehrenfeste Männer waren und dafür galten; das ist es ja, was unsere Schande auf uns, auf unser Geschlecht und jedes Individuum desselben wirft; jedes Lob, was man ihnen ertheilt, ist ein Hohnspruch mehr auf uns ausgestoßen. Uebrigens weiß ich recht gut, was es mit der Größe oder Niedrigkeit der Nationen zu bedeuten hat und daß diese großen Massen durch Wenige wirken und sich darstellen; aber wenn die unsrige auch wirklich alle Kraft besitzt, welche die jetzigen Zeiten noch zulassen, und wenn die Zeiten kräftigerer Geschlechter auch wirklich noch manches Jahrhundert weiter zurückliegen als man gewöhnlich glaubt, so kann mich das Alles nicht trösten; denn was einem Individuum oft zureichend ist, das Selbstbewußtsein, will bei einer Nation gar nichts sagen; diese muß frei und gefürchtet leben; ohne diese Bedingung wird das Selbstbewußtsein, wenn es ja nicht bloß in den Einzelnen, sondern in der ganzen Nation vorhanden wäre, sehr bald verschwinden. Aber dieses Selbstbewußtsein fehlt uns obendrein. Die meisten sind freilich noch nicht bis zu der letzten Stufe selbsterniedrigender Demuth hinabgestiegen, wo man den Glauben an sich selbst verliert; die meisten achten sich selbst noch; aber daß sie auch in Anderen ihr deutsches Blut achten und Vertrauen auf sie setzend den Nationalstolz in sich nähren sollten, davon sind sie weit entfernt. Das Bewußtsein unseres Nationalwerthes kann mich also über den gegenwärtigen Augenblick nicht trösten; denn einmal wird es uns kein Mensch glauben, so lange wir unter fremdem Joche leben; zweitens theile ich dies Bewußtsein mit Keinem oder doch nur mit Wenigen in der Nation, und es ist also auch nicht einmal ein Nationalstolz da. — Soll ich den Blick auf die Zukunft werfen? Die nahe verspricht keine Rettung, und die entferntere eine höchst ungewisse. Von einem höheren Standpunkte aus befriedigende Ansichten wahrzunehmen, gelingt mir eben so wenig, und sehr verschieden vermuthlich ist das Resultat meiner Betrachtungen von dem Briefe, dessen Du erwähnst. Ueber diesen Gegenstand erlaube mir mich auszusprechen.

Ich klage nicht die Vorsehung an über das Schicksal der Menschen und Nationen. Ich sehe ein, daß wir nichts von ihrem Plane erkennen, oder wenigstens nicht Alles, und daß wir also kein Recht haben, sie anzuschuldigen. Aber eben deswegen kann sich unser Herz nie von den Geschlechtern abwenden, die wir in Jahrhunderten durch das Leben gebeugt und mühevoll ziehen sehen, um sich im Glauben zu beruhigen; selbst unser Verstand kann sich nicht ganz von dieser Erde ab- und dem Himmel zuwenden; und weder unser Herz noch unser Verstand sollen das. Wodurch wollte die Vorsehung die Welt regieren, wenn es nicht durch unseren Schmerz und unsere Freude wäre? Dürfen wir also wohl jene in ein dumpfes Hoffen auflösen? Gerade das Maß von Verstand und Wissen, denke ich mir, was uns der Himmel verliehen hat, sollen wir unaufhörlich auf den Wirkungskreis unseres Lebens richten und, von ihm geleitet, soll sich die Kraft unseres Herzens ergießen in Schmerz und Lust.

Die Religion soll unseren Blick nicht von dieser Welt abziehen; sie ist eine himmlische Macht, die in den Bund tritt mit dem Edlen dieses Lebens, und mich hat noch nie ein religiöses Gefühl durchdrungen und gestärkt, ohne mich zu einer guten That anzufeuern, zu einer großen mir den Wunsch, ja selbst die Hoffnung zu geben. Hierauf gründe ich meine Rechtfertigung, wenn ich meinen Blick von der Erde, von der Profangeschichte nicht abwenden kann und mit den Gefühlen meines Herzens den Resultaten meines schwachen Geistes huldige.

Sehe ich auf die aus lauter Fragmenten, nach uns unbekannten Gesetzen, gebildete Weltgeschichte, so ergibt sich mir ein großes, unwidersprechliches Resultat. Die erhabensten Werke des bürgerlichen Zustandes, in wie viel Jahrhunderten sie auch fortleben und wirken mögen, tragen das Prinzip ihrer eigenen Zerstörung in sich. Was ist weiser als Lykurg's Gesetzbuch für Sparta? Es hat dem Staate viele Jahrhunderte hindurch das unvergleichliche Glück innerer Ruhe und eines edlen, männlichen Daseins gesichert; dennoch machte es die längere Existenz dieses Staates unmöglich zu einer Zeit, da die Römer so mächtig wurden. — Was ist erhabener als die Stiftung einer großen Religion? Gleichwohl ist keine einzige, die nicht durch eben die Prinzipien untergraben und zusammengestürzt worden wäre, die ihr anfangs Größe, Stärke und Glanz verliehen. Was ist edler in seinem Zwecke und seinen Mitteln als die Stiftung der Mönchsorden, um, durch das lebenslange Opfer eines Lebens, der heiligen Religion wieder neue Würde, neuen Glanz, neue Gewalt zu verleihen? Gleichwohl sind die Mönchsorden nicht etwa bloß durch ihre Entartung, sondern durch die Natur ihres Daseins in Verachtung gerathen. Wenn ich von den Prinzipien dieser Stiftungen rede, so verstehe ich darunter diejenigen, die sie als bürgerliche Institutionen, als politisches Instrument haben. Denn das Gefühl für Religion in seiner elementarischen Reinheit wird ewig in der Menschen Herzen wohnen; aber keine positive Religion kann ewig dauern; der wohlthätige Einfluß der Tugend auf die menschliche Gesellschaft wird ewig derselbe sein; aber dieser allgemeine Weltgeist läßt sich nicht in die enge Form eines bürgerlichen Gesetzbuches in seiner Allgemeinheit auffassen, und diese Form zerbricht nach mehr oder weniger Jahren, sobald der Strom der Zeit die Umgebungen weggespült oder anders gestaltet hat, auf die sie gebaut war. Stets werden Entsagung und Buße der Menschen Brust mit Bewunderung erfüllen, aber nicht immer wird ihr calculirender Verstand geneigt sein, sie als einzigen Zweck eines Staatsbürgers gelten zu lassen. — Diese Betrachtung ist traurig für diejenigen, welche sich dem bürgerlichen Leben gewidmet haben und in dieser Beziehung denen gegenüberstehen, die sich in das Gebiet der Phantasie geflüchtet und der ewig unwandelbaren Kunst ihr Leben geweiht haben. Denn wenn auch die große Menge der Kunsterscheinungen sich unseren Blicken immer mehr entzieht, je tiefer das Jahrhundert, in dem sie lebten, sich in die Vergessenheit hinabsenkt, so schweben doch einzelne lichte Erscheinungen ewig an dem Horizonte, als hätten sie sich losgerissen von

allem Vergänglichen. Während der Priester der Kunst in sich das
erhebende und befriedigende Gefühl trägt, daß, wonach er strebt,
weit über alles Conventionelle erhaben, nicht in Zeit und Raum,
sondern in Ewigkeit und Unendlichkeit vorhanden ist; während ihm
kein endlicher Zweck des Lebens zu fern und die Region des Himmels
und der Seligkeit nie zu hoch sein kann, muß der Staatsbürger sich
in den engen Schranken des Conventionellen eingraben, um da den
Grundstein seines Gebäudes zu legen, muß in Zeit und Raum ein
ängstliches Gehege ziehen und seinem Werke ein bescheidenes, selbst-
begränztes Maß der Dauer und Vollkommenheit zumessen. Ueberall
muß er unterscheiden, trennen, eintheilen, wählen und ausschließen
und so verwegen in die heilige Einheit greifen, die das Höchste
unserer Vernunft und von dem Zwecke der Welt vielleicht das einzig
Erkannte ist, ohne daß er wisse, wie gut oder schlecht er diesem
Zwecke dient. — Wenn dem aber also, wenn sein Ziel ein begränztes
ist, wenn er sich ganz verlieren soll in dem Werke, was er für ein
Jahrhundert schafft, gleich als wäre dies Jahrhundert eine Ewigkeit
und es läge nichts jenseit desselben — muß ihm dann der Verlust
dieses Jahrhunderts nicht ein unendlicher sein? Und nicht von dem
Leben des Einzelnen, nicht von einem Geschlechte der Nationen ist
in unserm Falle die Rede, sondern von Jahrhunderten; nicht
Deutschlands untergegangenen Ruhm und Wohlstand betrauern wir
(obwohl mit Recht unserem Schmerze dies der nächste Gegenstand
ist), sondern den Rückschritt des ganzen europäischen Menschengeschlechts.
Wie viele Jahrhunderte gehörten dazu, bis das Menschengeschlecht
aus dem Abgrunde sich erhoben hatte, in welchen — nicht die Völkerwanderung, sondern Roms Alleinherrschaft es versenkt hatte, und wie
viele Jahrhunderte mehr würden dazu gehört haben, wenn die kräftige und reine Natur nordischer Völker das schleichende Gift römischer
Sittenverderbniß nicht zu einer plötzlichen Explosion genöthigt und
in dem gährenden Kampfe endlich den Sieg davon getragen hätte!
Der Verlust an Zeit, welchen das Menschengeschlecht dadurch erlitten
hätte, ist nicht zu berechnen. — Aber ich fühle, daß es Zeit ist,
diese Betrachtungen zu endigen, denn am Ende kann ich Dir vielleicht doch nichts Neues sagen. Verzeih, liebe Marie, daß ich Dich
schon so lange aufgehalten habe.

Daß Du mit meinem Bilde so ganz zufrieden bist, freut mich außerordentlich; aber ich kann mich dadurch nicht für dasselbe einnehmen lassen; denn ich bin überzeugt, daß Dein Wohlwollen für mich Dinge hineinlegt, von welchen das arme Bild nichts weiß. Von Allem, was ich fühle, selbst von der wehmüthigen Freundlichkeit, der meine Seele verwandter ist, als ich es mir eigentlich wünsche, finde ich gar nichts in diesem Bilde wieder. Was Du von dem Momente sagst, welchen der Portraitmaler wählen soll, so ist dagegen freilich nichts einzuwenden; aber wenn Jemand ein ernstes Gesicht bekommt, weil ihn seit vielen Jahren ernste Vorstellungen beschäftigen, und weil überhaupt in seiner ganzen Natur mehr Ernst als Frohsinn liegt, muß man dann sein Gesicht corrigiren und ein Lächeln hineintragen, was höchstens momentan in seiner Seele sein kann? Du hast mich freilich öfter freundlich, ja beseligt, gesehen, als irgend ein Mensch in der Welt, aber Andere höre ich sehr oft die Frage thun: Was ist Ihnen? Sie sehen so verdrießlich aus! wenn mir gar nichts ist. Was ich an dem Bilde auszusetzen habe, ist vorzüglich, daß es keinen offenen, leichtfassenden Kopf und keine Spur eines einzigen festen Charakterzuges ausdrückt, zwei Dinge, die mir nothwendig sind, wenn ich nicht als ein ganz gemeiner Mensch dastehen soll, und die also wenigstens als Verzierung hätten angebracht werden müssen — denn gegen die Aehnlichkeit habe ich übrigens auch nie protestirt. Doch es lohnt sich nicht der Mühe, so viel davon zu sprechen.

Jetzt ein paar Worte über meinen Aufenthalt hier. Die Gegend des Genfer Sees gehört zu den schönsten in der Welt und ist auch in der Schweiz einzig in ihrer Art. In meinem Tagebuche habe ich mich aller Beschreibungen so viel als möglich enthalten· und zuweilen gar getadelt, daher kann ich mir nicht versagen, hier ein paar Pinselstriche zur Ehre dieser schönen Natur zu thun. Zwischen dem Jura und der großen Masse der Schweizer Alpen zieht sich bekanntlich in der Richtung von Nordosten nach Südwesten ein breites Thal, ein Bild des gelobten Landes an Fruchtbarkeit und Anbau. In der Mitte liegt der Genfer See, der mit seiner himmelblauen Spiegelfläche fast die ganze Breite des Thales einnimmt, so daß an beiden Seiten nur einige Stunden flaches Land übrig bleibt. Von Coppet aus übersieht man den See. seiner ganzen Länge nach auf

der einen Seite bis Genf, auf der anderen fast bis da, wo aus
dem allergeheimsten Winkel der Erde, von den Pforten,
aus den Wohnungen ewiger Nacht der Fluß Rhodan seine
Fluthen hervorwälzt (Gesch. d. Schw.), nach dem Ausdrucke
derer, welche zuerst die Schweiz vom Jura aus sahen. Und wie
ein Garten ist das Land zu schauen sagt Wilhelm Tell seinem
Sohne vom Elsaß,*) und ich gehe nie spazieren, ohne mir dies von
der hiesigen Gegend zu wiederholen. Kein Fleck einer Handbreit
findet sich unangebaut, alles ist eingehegt mit grünen lebendigen
Hecken; die häufigen Weinfelder, wo der Wein nach italiänischer
Weise in Festons aufgebunden ist, vermehren die Zierlichkeit des
reichen Anbaues. Von der wunderbaren zarten Beleuchtung der
weißen Alpenhäupter und vor Allem des Wasserspiegels in diesen
schönen Herbsttagen wage ich nicht ein Wort zu sagen; der Land-
schaftsmaler kennt die Schwierigkeit, welche hier der Pinsel findet;
wie viel mehr die Feder. Wie die üppige Kraft der Natur hier
Alles bevölkert, gewahrt man in der Schaar von Vögeln, welche
auf allen Wegen dem einsam Wandelnden zu frohen Begleitern dienen.
Die Lerchen rufen, als wollten sie im süßen Betruge der schönen
Sonnentage, die uns beglücken, einen zweiten Frühling verkünden;
fast Alles ist hier noch so grün und selbst in der Fülle des Lebens,
daß den kleinen Thierchen die unschuldige Täuschung wohl verzeihlich
ist; denn selbst der Mensch gibt sich diesem süßen Wahne hin, und
ich weiß, daß auch die traurigsten unter ihnen zuweilen einen
beruhigenden, erleichternden Strahl dieses so freundlichen Lichtes in
die dunkle Brust einsaugen.

Die Menschen sind wirklich hier, wie Du sagst, noch Halbfran-
zosen und ähnlich jenen, die Du in Deinem Briefe nennst; indessen
hab' ich so wenig Verkehr mit ihnen, daß es mir weiter nicht unangenehm auffällt; ohnehin komme ich ja aus Frankreich und bin also
froh, es nur mit halben anstatt ganzen Franzosen zu thun zu haben.
Frau v. Staël ist eine Frau von vieler Phantasie und einer entsetz-
lichen Reizbarkeit des Gefühls, die in Deutschland begierig den
deutschen Geist eingesogen hat und ganz davon beseelt ist; im Uebrigen
ist sie ganz Französin. Das heißt also: Alles was sie mit Nach-

* Wahrscheinlich hat Schiller bei dieser Stelle an die lombardische Ebene gedacht.

denken spricht und aus dem Innersten ihrer Seele schöpft, athmet deutschen Geist; dagegen fehlt ihr in den leichten oberflächlichen Berührungen des Geistes und in den äußeren Sitten durchaus die stille, sanfte Würde deutscher Weiblichkeit, die mir an den Frauen Bedürfniß ist, wenn sie mir als Frauen interessant sein sollen. Bei der Frau v. Staël fällt mir dies weniger unangenehm auf, weil sie fast beständig über Gegenstände der Literatur spricht und also immer in Berührung mit ihrer vortheilhaften Seite setzt. Es macht mir Vergnügen, unter fremden Menschen dem deutschen Genius, dem deutschen Gefühle so aufrichtig huldigen zu sehen. Sie ist eigentlich durchaus ein Zögling von Schlegel und hat wenigstens alles Gute seiner Ansichten. Sie ist fast beständig in Discussionen begriffen, doch macht nicht leicht Jemand eine geistreiche Bemerkung, ohne daß sie inne hält und ihr Vergnügen ausspricht; diese Empfänglichkeit des Geistes macht ihren Umgang vorzüglich angenehm. Mir ist sie vorzüglich gewogen, ich weiß nicht recht warum. Schlegel liest mir hin und wieder von seinen Sachen etwas vor und macht mir dadurch großes Vergnügen; unter Anderem hat er mir gestern aus seiner Uebersetzung des Calderon ein noch nicht ganz gedrucktes Stück — ich glaube, der Titel ist: der gefangene Prinz*) — vorgelesen, was mir ein unbeschreibliches Vergnügen gewährt hat. Seiner Ansicht komme ich übrigens dadurch gar nichts näher und den Poesieen seines Bruders kann ich auch keinen Geschmack abgewinnen; doch sind manche schöne Sachen darunter. Unter Anderem bitte ich Dich, wenn Du den Dichtergarten, eine von Hardenberg unter dem Namen Rostorf herausgegebene Sammlung von Gedichten haben kannst,**) ein Sonett von Friedrich Schlegel zu lesen, was das Sinnbild heißt. Mehr hat mich noch nie etwas wehmüthig ergriffen. Nichts liebe ich an Wilhelm Schlegel mehr als seinen warmen Patriotismus; er ist ein solcher Original-Deutscher, wie man ihn sich

---

* „Der standhafte Prinz" (El principe constante), eines der besten Stücke Calderon's.

** Karl Gottl. Andreas von Hardenberg, pseudonym Rostorf, geb. am 13. März 1776 zu Oberwiederstadt, ein jüngerer Bruder von Novalis (Friedrich von Hardenberg), gab die erwähnte Gedichtsammlung: Rostorf's Dichtergarten (Würzburg 1807) heraus.

nur vorstellen kann, und das gibt unter lauter Franzosen eine oft drollige, nie aber würdelose Erscheinung. Frau v. Staël nennt uns par excellence les deux Allemands, worauf wir Beide sehr stolz sind; auch lassen wir es uns nicht nehmen, bei Tische neben einander zu sitzen. — Du wirst nun eine ziemlich deutliche Vorstellung haben von den Annehmlichkeiten meines hiesigen Lebens; aber Du wirst auch leicht einsehen, wie wenig ihr leichter Gehalt hinreichend ist, mich zu trösten. Ich fühle mich vielmehr so unglücklich hier, daß ich außer mir vor Freude sein würde, wenn die Pässe ankämen; denn das nächste Bedürfniß ist doch, aus fremder Gewalt zu sein.

20.

Coppet, den 9. October 1807.

Vorgestern, theuere Marie, sind unsere Pässe angekommen! Du verzeihst mir also wohl, wenn ich, Dich von meiner nahen Ankunft zu benachrichtigen, heute schon wieder schreibe! In drei Wochen von hier, und nach Ankunft meines Briefes etwa in acht Tagen, siehst Du mich vor Dir stehen — und ich! o ich Glücklicher werde Dich in meine Arme schließen und mit der heißesten Liebe an mein Herz drücken.

Hiermit wäre also wieder eine Lebensperiode geendigt und zwar eine höchst traurige! Gebe der Himmel, daß die nächstfolgende eine bessere sein möge; denn ich bin im Mannesalter und jedes Jahr, was ich jetzt von der mir zugezählten Anzahl zurücklege, ist drei frühere oder spätere werth.

Das Verhältniß zu Deiner Mutter begreife ich und stelle es mir vor mit den lebhaftesten Zügen. Es gibt Menschen, die durchaus nie so Eins in ihren Gemüthern werden können, daß jede leichte Regung des Einen das Andere leise mitbewegt. Hat man erst Jahre so mit einander verlebt, so glaube ich ist das Uebel unheilbar. Indessen können freilich die äußeren Umstände es mehren oder mindern. Es bekümmert mich sehr, daß Deine himmlische Natur und der allgemein verehrte Charakter Deiner Mutter nicht von der Natur zu dieser zarten Harmonie bestimmt sind. Denn nichts erfüllt den häuslichen Kreis mit einem so magischen Zauber, nichts ist der

Mutter und der Tochter eine so liebliche Zierde als wenn Liebe und Gegenliebe, Achtung und Verehrung sich in die sanften Saiten einer freundlichen Vertraulichkeit verschmelzen, aufhören als ein abgesondertes Gefühl dazustehen und sich über das ganze Leben verbreiten bis in die zartesten Fäden desselben. Den Frauen steht das unbeschreiblich schön, und darum sind sie so schön und unentbehrlich in der Häuslichkeit.

Bei der Rückkehr hoffte ich die deutsche Schweiz zu sehen, die in so vieler Rücksicht klassisch ist. Vor Allem würde ich mich glücklich geschätzt haben, den Vierwaldstätter See zu sehen. Wenn ich auch nicht so glücklich gewesen wäre, ihn zu befahren, um die Stelle zu sehen, wo Tell im Schiffe lag, mit Stricken festgebunden, wehrlos, ein aufgegebener Mann, zu sehen, was er uns erzählt:

„Und als wir an die Ecke jetzt gelangt
Bei'm kleinen Axen, da verhängt' es Gott,
Daß solch ein grausam mörd'risch Ungewitter
Gählings herfürbrach aus des Gotthard's Schlunde,
Daß allen Ruderern das Herz entsank."

Wenn ich nur sagen könnte: Ich habe den Waldstätter See gesehn! doch diese Hoffnung ist mir noch nicht ganz ausgegangen, obgleich unser hier verlängerter Aufenthalt uns veranlaßt, gerade durch die Schweiz nach Deutschland zurückzugehen. Die Italienische Reise habe ich ohne große Reue aufgegeben, und vor allem ist mir in diesem Augenblicke wenig daran gelegen, da ich die Aussicht habe, Deutschland wiederzusehen und — meiner angebeteten Marie in die Arme zu sinken.

Ich erwarte jetzt keine Antwort mehr von Dir, weil sie mich nicht mehr treffen würde. Tausend Dank für die lieben, lieben Briefe, die Du mir in dieser Zeit geschrieben hast! Sie sind der Trost meines Lebens gewesen.

C.

Briefe von Clausewitz an seine Braut aus den Jahren 1808 und 1809.

1.

(Königsberg, April 1808.)

Ich würde in Verlegenheit sein, wenn ich Dir in wenig großen Zügen ein Bild von meiner Gemüthsstimmung geben sollte. Wie eine Farbenpalette sieht es in mir aus, bunt, ohne Bedeutung, ohne herrschenden Gedanken. Nur dessen bin ich mir recht deutlich bewußt, daß ich Dich unaussprechlich liebe und ewig lieben werde. Das und das Glück, wieder geliebt zu werden, ist am Ende das Einzige, in dessen gesichertem Besitze ich mich fühle und wovon ich eine recht deutliche Vorstellung habe. Alles Uebrige scheint mehr oder weniger vom Würfelspiele des Zufalls abzuhängen.

Ueber die allgemeinen Verhältnisse werde ich Dir, was zu sagen ist, mündlich sagen, über die meinigen insbesondere weiß ich auch noch nicht viel mitzutheilen; doch kann ich Dich nicht ganz ohne Nachricht darüber lassen.

Ich habe Scharnhorst gesehen; er hat mich sehr freundschaftlich aufgenommen und ich habe zwischen drei und vier Stunden bei ihm zugebracht. Er hat mir in dieser ersten Unterredung so viele Dinge zu erzählen gehabt, die unsere Ereignisse, die gegenwärtige Lage, die Zukunft betreffen, so viel über seine persönlichen Verhältnisse der vergangenen und der gegenwärtigen Zeit, daß ich noch bei weitem nicht Alles weiß, was mich interessirte und daß ich ihm noch manche Stunde besonders über seine persönlichen Verhältnisse mit großem Vergnügen zuhören würde. Du kannst Dir also vorstellen, daß noch gar nicht Zeit gewesen ist, mit ihm von meiner eigenen Lage zu sprechen, wobei ich um so mehr verhüten werde, Eilfertigkeit zu zeigen, als ich, bei seinen so sehr beruhigenden freundschaftlichen Zusicherungen, ohne sehr viel Eigennutz zu verrathen, nicht gut Besorgnisse äußern kann. Ich denke, das nächste Mal, da ich ihn sehen werde, wird sich wohl die Gelegenheit finden, um so viel zu erfahren, als mir taugt. Der König ist sehr gnädig gegen mich gewesen, d. h. er hat zwei oder drei Worte mit mir gesprochen. Uebrigens war es eine sehr unzeitige Besorgniß, wenn ich glaubte, man würde mir aus einer Art von Schlendrian den Orden geben, oder gar zum wirklichen Capitain mich machen. An Schlendrian, glaube ich, fehlt es auch jetzt noch nicht, aber unglücklicherweise schließt er mich nicht in seinen Zauberkreis ein; oder vielmehr glücklicherweise, denn das wäre ein halber Schritt und den mag ich nicht thun.

Du siehst, theure Marie, ich werde hier gerade so abreisen, wie ich angekommen bin, als Stabscapitain tout simplement. Zwar werde ich mit Scharnhorst auch wegen meines Avancements reden, aber so viel ich seine ganze Art der Wirksamkeit übersehen habe, so ist er nicht wohl im Stande, mich eher zu etwas zu machen, bis die Armee reorganisirt wird. Dann wird er vom Könige für mich ein Avancement und eine andere Anstellung fordern, als eine ganz einfache Consequenz des ganzen neuen Systems — jetzt, so lange dies System noch nicht in Ausführung gebracht, ja noch nicht einmal ganz durchgesetzt ist, könnte er es nur als eine besondere Gnade fordern, was nicht in seiner Art ist, und ich fühle mich doch zu edelmüthig, um es ihm auch nur zuzumuthen.

Frau von Berg habe ich einmal bei der Prinzeß Louise und einmal im Vorbeigehen gesehen. Erst heute habe ich zu ihr gehen können, sie aber nicht zu Hause gefunden; ich werde indessen diese Visite so lange wiederholen, bis ich sie finde und ihr meinen herzlichsten wärmsten Dank sagen kann für die Theilnahme, die sie uns bewiesen hat.

Bei der Prinzeß Louise ist das Haus voll Jammer, heute ist die kleine Lullu gestorben. Prinzeß Wilhelm, die Prinzeß par excellence, grüßt mich sehr gnädig, aber das Glück, mit ihr gesprochen zu haben, ist mir noch nicht zu Theil geworden. Da hast Du die ganze Herrlichkeit, meine theure Marie, die bunten und die farbenlosen Pinselstriche. In meinem nächsten Briefe werde ich. Dir schon eine befriedigendere Beschreibung geben können von den empfangenen Eindrücken, weil sie sich dann mehr zu einem Ganzen ausgebildet haben werden.

2.

Den 10. April (1808).

Mit Deiner Prinzeß*) habe ich endlich förmlich Bekanntschaft gemacht. Wir waren bei ihr zum Diner. Sie war fast allein unter sechs Männern und doch so ganz Frau, ohne Hofstaat und doch so ganz Fürstin. Scharnhorst, Gneisenau, Götz und der Major Pannewitz waren von dem Diner, Du kannst Dir vorstellen, wie vergnügt ich mich in diesem Kreise fühlte. Es machte mir einen neuen angenehmen Eindruck, meinen lieben, guten Scharnhorst so zu sehen, wie ich ihn nie gesehen habe, als einen Gegenstand weiblicher und gesellschaftlicher Aufmerksamkeit. Die Prinzessin trat nach Tische mitten unter uns; es wurden Anekdoten erzählt, Einfälle producirt und sie lachte herzlich und schien selbst vergnügt in diesem Augenblicke.

Meinen Freund habe ich fast alle Tage mehrere Stunden gesehen, aber immer in Gesellschaft des Prinzen. Er hat uns die Feldzüge erzählt und erklärt; jetzt sind wir damit zu Ende und ich glaube also, daß ich nun bald einmal wieder Gelegenheit haben werde, ihn allein zu sehen; denn des Morgens macht er seine Geschäfte ab, es bleibt also bloß der Nachmittag übrig und ich hatte daher bis jetzt gar keine Gelegenheit, ihn wieder allein zu sprechen. Doch ist er heute früh etwas mit mir spazieren gegangen — er schenkt mir sein ganzes Vertrauen und macht mich dadurch sehr glücklich.

Es wird mir immer mehr zur Gewißheit, daß ich auf keine Veränderung meiner Lage vor dem ersten großen Schritte zur Reorganisation rechnen darf. Vielleicht ist indessen dieser ziemlich nahe. Die Rückkunft zweier Männer ist dazu erforderlich. — Je mehr ich über den Geist unserer künftigen Militärverfassung höre, hauptsächlich über die Grundsätze beim Avancement, um so gesicherter scheint mir ein gutes Avancement zu sein, um so weniger aber ist an eine besondere Beförderung in diesem Augenblicke zu denken; nicht daß es unmöglich wäre, sie durchzusetzen, sondern weil eine Ernennung aus bloß persönlichen Rücksichten, ohne daß das Bedürfniß des Staates dazu eine Veranlassung gegeben hat, ganz gegen die

* Prinzessin Wilhelm.

Grundsätze ist, die mein Freund predigt und die wirklich befolgt werden müssen, wenn nicht dem Connexionswesen wieder Thür und Thor geöffnet werden sollen. Doch werde ich über diesen Punkt noch früh oder spät mit Scharnhorst sprechen.

Den 15. April.

Gestern habe ich bei der Prinzeß Wilhelm gegessen, wo bloß Prinzeß Louise mit ihren Kindern war; auf den Abend war ich bei Scharnhorst zu einem kleinen Souper eingeladen, was er einigen guten Freunden gab und wo wir sehr lustig waren. — Ich muß Dir doch eine genaue Beschreibung von meiner hiesigen Art zu leben machen. Ich stehe um 7 Uhr auf, beschäftige mich bis 10 oder 11, besuche dann jemand oder bekomme auch einen Besuch, komme um 12 oder 1 Uhr zurück, beschäftige mich bis gegen 3, gehe dann zur Prinzeß Louise zum Essen, bleibe da bis gegen 6 Uhr, gehe dann zu Scharnhorst oder einem meiner andern Bekannten, mit dem ich zuweilen den Abend zubringe; gewöhnlicher aber ist es, daß ich um 8 Uhr zur Prinzeß Louise gehe, wo gewöhnlich niemand als Prinzeß Wilhelm, Frau von Berg auf einen Augenblick, zuweilen Gräfin Golz und Gneisenau sind.

Unser Aufenthalt hier wird bis Ende dieses Monats dauern; so viel Freunde ich hier verlasse, so sehr in jeder andern Rücksicht mein Aufenthalt hier besser wäre, als in Berlin, so freue ich mich doch, dahin zurückzukehren, denn nur eine sehr ernste Thätigkeit könnte mir eine vernünftige und zulässige Entschuldigung einer Trennung von Dir sein.

Den Fichte habe ich in manchen Dingen sehr gut gefunden; nur ist das Ganze als eine bloße Abstraction, trotzdem was Stein gesagt hat, nicht sehr praktisch; auch hat er die Vergleichung mit der Geschichte und der Erfahrungswelt überhaupt sichtlich sehr gefürchtet. Was er über Bestimmung des Menschengeschlechts und über Religion gesagt hat, ist sehr in meinem Geschmacke; überhaupt würde mir ein philosophischer Cursus bei ihm viel Vergnügen machen, wenn jetzt Zeit dazu wäre; denn er hat eine Art des Raisonnements, die mir sehr gefällt, und alle Tendenz zum speculativen Raisonniren, die in mir ist, fühlte ich bei dieser Lectüre aufgeweckt und von neuem angeregt.

3.

Den 19. April 1808.

Die Stelle aus dem Briefe der Prinzeſſin Wilhelm iſt ein wahrer Edelſtein, womit unſer Leben verziert iſt, vorzüglich aber ſchmückt er den ſchönen Kranz, den der Beifall und die Bewunderung Deiner Freunde verherrlichend um Dein Haupt ſchlingt.

Unſere Abreiſe iſt auf die letzten Tage dieſes Monats feſtgeſetzt. Ich werde alſo bald ſo glücklich ſein, Dich wiederzuſehen und Dir dann mündlich erzählen, was ſich doch nicht gut ſchreiben läßt. Ich ſehe Scharnhorſt ſehr oft, aber nie allein; denn von den Wenigen, die ihn recht zu ſchätzen wiſſen, ſind faſt immer einige um ihn, wenn er ohne Geſchäfte iſt. Der Prinz wird eine Reiſe nach Friedland und Eylau machen, und Scharnhorſt hat die Höflichkeit gehabt, ihm ſeine Begleitung anzubieten, die er denn auch mit vielem Vergnügen angenommen hat. Da wir dabei eine Nacht unterweges ſind, ſo werde ich vielleicht mit Scharnhorſt auf einem Zimmer wohnen und alſo dann eine gute Gelegenheit haben, ihn noch allein zu ſehen. Ich habe keine beſtimmten Forderungen an ihn zu thun, wie die Sachen jetzt ſtehen; aber ich möchte wenigſtens gern wiſſen, was er mit mir zu machen gedenkt.

Ich muß dieſen Brief früh ſchließen; denn heute iſt Poſttag und ich ſoll noch mit dem Prinzen und Scharnhorſt ausreiten, um die Gegend zu beſehen, wo die letzten Gefechte vorgefallen ſind.

4.

Den 23. April.

Wir reiſen Dienstag nach Eylau und Friedland, mit Scharnhorſt, wie ich Dir mitgetheilt habe, und kommen Donnerstag zurück. Zwiſchen dieſen Donnerstag und den darauf folgenden Montag fällt unſere Abreiſe nach Berlin. Wie werde ich mich freuen, Dich wiederzuſehen, manchen kleinen angenehmen Zug Dir zu erzählen, den ich in dieſer traurigen Welt noch habe aufhaſchen können! Das wird aber auch ſo ziemlich die Ausbeute ſein, die mir dieſe Reiſe für jetzt gegeben haben wird.

Das Wetter iſt hier plötzlich wie mitten im Sommer geworden. Es iſt eine ſo ſchwere, warme Luft, daß es alle Abend gewittert.

Mich macht in der Regel das erste wiedergekehrte Frühlingswetter traurig; diese Luft aber beengt mir gar die Brust und ich sehne mich um so mehr zurück zu Dir, Freundin meiner Seele, wo ich Heilung finde oder Linderung für den flüchtigen wie für den dauernden Schmerz. Gestern habe ich Frau von Berg zum ersten Male allein gesprochen; wir hatten eine Promenade verabredet, die über eine Stunde gedauert hat, und worin ich ihr in Bezug auf unser Verhältniß meine Ansicht von unserer Zukunft und meine Grundsätze und Wünsche mitgetheilt habe, die sie auch sehr gebilligt hat. Dies ist wichtig, denn so wie ich von ihr und Charlotten höre, hat Deine Mutter, den Aeußerungen zufolge, welche sie gegen Louise gemacht hat, die ganze Sache der Frau von Berg übertragen; oder vielmehr sie will es thun und Frau von Berg soll dann ganz an ihrer Stelle entscheiden. Ich hoffe also, wir werden an ihr einen gütigen Richter unserer Sache haben und am Ende — an Deiner Mutter auch, wie hart sie sich auch anstellt.

Den 25. April.

Gestern stand ich auf der Brücke, welche den Hafen von Königsberg schließt und im Angesichte von unzähligen Mastbäumen in das wahre Handelsviertel, in den Sitz des Reichthums von Königsberg, über den stattlichen Pregel hinführt — gedankenvoll in die Wellen blickend. Da erweckten mich mit einem Male die mannichfaltigen Erscheinungen der äußeren Welt, und der leicht aufgeschlossene Sinn erstaunte über die Menge und Verschiedenheit der Dinge, die wirkungslos an dem trägen Ohre vorübergegangen waren. Es war im reichsten, lebendigsten Theile von Königsberg, an einem Sonntage, da der Abend zum erstenmal eine sanfte Sommerluft duftete. Alles war in Bewegung, Wagen rollten über die Brücke mit geschmückten Frauen zum Glanze der Feste; Kaufleute gingen vorüber im lebhaften Gespräche über den Reichthum, den sie den ungewissen Wellen anvertraut. Ein sorgenvoller Staatsmann fährt durch die Menge hin, unbewußt des Gewühls, was ihn umgibt, selbst unbewußt des Ordenschmuckes, der von seinem Kleide glänzend in die Augen der Menge strahlt. Ein armes Weib sitzt auf der Brücke und trägt in einförmigem Gesange ihre Klage an das zerstreute Ohr der vorübergehenden Menge. Eine einzelne Flöte senkt vom hohen Erker herab

20*

ihr zufriedenes Lied in die Wellen — eine allgemeinere Stimme bringt der schmetternde Ruf der Posaune vom Schloßthurme herab an das Ohr von ganz Königsberg — ich weiß nicht, ob Jemand im Stande ist, sich aus diesen Zügen ein Bild zusammenzustellen; aber wem diese ungleichartigen Dinge zugleich die Sinne treffen, in dessen Gemüthe werden sie sich bald zu einem wunderbaren Eindrucke verschmelzen.

5.

Königsberg, den 1. August 1808.

Wir sind gestern abends hier angekommen und ich will den ersten Posttag nicht verstreichen lassen, ohne Dir, meine theure Marie, einige Nachricht zu geben.

Ich bin gesund und nur ganz betäubt von allen Visiten und Commissionen; Du kannst Dir vorstellen, wie wenig ich in diesem ersten halben Tage habe um mich sehen und über meine persönlichen und über die allgemeinen Hoffnungen die Augen aufthun können. Scharnhorst habe ich zwar gestern gleich besucht, ihn aber nicht allein gefunden und deswegen auch noch kein interessantes Wort mit ihm wechseln können. Charlotte habe ich nicht zu Haus getroffen, werde sie aber heute Mittag beim Könige sehen.

Uebrigens habe ich einen meiner Bekannten gesehen, der ein mir sehr achtungswerthes Urtheil hat, und durch ihn habe ich gehört, daß jetzt die Ansicht der Dinge den besten Köpfen eigen ist und sich immer mehr ausbildet, die ich Dir und der guten Friederike*) so manchmal vordemonstrirt habe. Dies ist wenigstens etwas und gibt mir ein angenehmes Gefühl, weil ich fürchtete, meine achtungswerthen Freunde, die durch ihre Stellen zu einer gewissen Ansicht der Dinge berufen waren, die ich schon damals nicht ganz aufrichtig theilte, würden jetzt, da ich mich immer mehr davon entfernt habe, auf einem ganz anderen Meinungswege sein als ich; ich war entschlossen, meine Meinung dann in meinem Inneren zu verschließen und in derjenigen Ansicht zu handeln, die mir vorgeschrieben sein würde, weil

---

* Friederike Gräfin von Moltke, Hofdame der Prinzessin Ferdinand, nachmals vermählt mit Wilhelm Carl von Schack, der 1823 Generalmajor und Adjutant des Kronprinzen war und 1831 starb. Sie überlebte ihren Gemahl und starb in Neumarkt (Schlesien).

in einer so unbedeutenden Rolle, wie ich vor der Hand zu spielen haben werde, man kein eigenes System haben darf; jetzt sehe ich mich mit allen in Uebereinstimmung, und welches nun auch unsere Zukunft sein wird, meine Pflicht wird mein Vergnügen ausmachen.

6.

Königsberg, den 5. August 1808.

Ich danke Dir herzlich, theure Marie, für Deinen ersten Brief, den ich zu meiner großen Freude gestern erhalten habe; vorzüglich aber danke ich für die Offenheit, mit der Du mir erzählst, wie es Dir geht; so muß es sein in einem Verhältnisse wie das unsrige, damit jeder das Leben des anderen mitlebe.

Sehr hat mich betrübt, was Du dabei gelitten hast, liebe Marie; weniger groß ist meine eigene Empfindlichkeit gewesen, die gleichwohl ein Recht gehabt hätte, sehr rege zu werden. Dieser beständige Vorwurf der Exaltation, die man mir ansieht, ist wirklich zu gekünstelt, um ihn als den wahren Grund der Mißbilligung zu betrachten; Name, Stand, Vermögen sind die wahren Rücksichten, sie mag es aussprechen oder nicht; und um ein recht deutliches Licht darauf zu werfen, folgende Geschichte, von der ich nicht weiß, ob Du sie kennst.

Stein hat sich aus Freundschaft für Deine Mutter, aus Wohlwollen gegen Dich vorgesetzt, Dir eine gute Partie zu machen. Der älteste Graf Dohna ist von ihm sehr geschätzt, und er glaubt, daß sich keine schicklichere Wahl treffen lasse. Dieses Project hat er gehabt, ehe er nach Berlin kam; daß er es Deiner Mutter mitgetheilt hat, kann nicht einen Augenblick bezweifelt werden. Jetzt entstehen für mich zwei Fragen oder vielmehr drei: Erstlich, hat Deine Mutter Dir nichts davon gesagt; zweitens, hat sie an Stein bei dieser Gelegenheit nichts von unserem Verhältnisse gesagt; drittens, wie hat sie ihm davon gesprochen? Hätte sie es mit all der Mißbilligung gethan, die sie gegen Dich darüber äußert, so würde Stein gewiß einmal Gelegenheit genommen haben, Deine Besserung zu versuchen und sich sarkastisch über ein so tadelnswerthes Verhältniß zu äußern. Daß von der ganzen Sache bei dieser Gelegenheit nichts zur Sprache gekommen ist, scheint auf einen hohen Grad von Delicatesse von Seiten Deiner Mutter hinzudeuten. Du erinnerst Dich der leisen

Betrachtungen, die sie zuweilen über den Vortheil guter Partieen angestellt hat; vielleicht waren das Beziehungen auf diesen Gegenstand, eine Art von Einleitung, die sie aus Furchtsamkeit nicht fortgesetzt hat. Auf mich hat diese ganze Geschichte, die ich, wie Du denken kannst, von Charlotte weiß, einen sehr unangenehmen Eindruck gemacht, theils Deiner Mutter wegen, theils um Deiner selbst willen. Denn wenn Deine Mutter auch ein wenig zu weit geht, wenn sie Dein Wohlwollen gegen mich für Romanenliebe hält, als sei ich ein verlaufener Glücksritter, so kann ich doch recht gut begreifen und sie deswegen nicht im mindesten tadeln, daß es ihr wehe thut, für Dich eine so wünschenswerthe Verbindung ausschlagen zu müssen, und vernünftigerweise muß ich ihr dann ihren Unmuth weit eher verzeihen, als wenn sie, ohne die Vorstellung einer besseren Verbindung für Dich, aus bloßem Prinzip der unsrigen sich so entgegengestellt hätte. In Rücksicht auf Dich selbst hat diese Sache mir in so fern einen unangenehmen Eindruck gemacht, als sie das Glück unserer Verbindung in mir einen Augenblick stört. Denn wie könnte ich's mir verhehlen, daß, wenn sonst der Mann Stein's Achtung würdig ist, jene Verbindung Dich glücklicher gemacht haben würde, als die unsrige, die mit dem großen Schicksale der Völker in zu enger Verwandtschaft steht und deswegen so vielen Unglücksfällen ausgesetzt ist. — Doch nun ist sie einmal geschlossen, nichts als der Tod kann sie aufheben, und ich bin nicht nur ohne alle Besorgniß wegen einer unzeitigen Reue von Seiten Deines Herzens, sondern ich glaube auch, daß die Vernunft diese Beständigkeit billigt, weil man sein Herz nicht versteigern kann. Alles was die Vernunft fordern kann, ist: die Wahl mit Ueberlegung zu thun; ist sie gethan, so bleibt keine zweite übrig. — Sollte Stein bei dieser Gelegenheit unsere Verbindung erfahren haben, so wird mich das nicht sonderlich bei ihm in Gnade bringen, denn er wird die Sache gerade so wie Deine Mutter ansehen; darüber würde ich mich trösten, denn die Zeit der Protectionen und Connexionen ist vorüber; bin ich brauchbar, so wird die Zeit kommen, wo man mich brauchen wird; obgleich die Zukunft schwarz ist wie die tiefste Nacht und also auch nicht heiter in meine Seele leuchtet, so bin ich doch vollkommen ruhig über mein eigenes Schicksal, denn in dem Kampfe des Lebens, in dem ich nun schon sechzehn

Jahre ringe, habe ich's wenigstens gelernt, furchtlos allein zu stehen. Uebrigens siehst Du, liebe Marie, daß ich wenigstens eben so viel Ruhe über die Vorwürfe habe, welche Deine Mutter unserer Liebe macht, als Du selbst, und daß ich also Dein Vertrauen gewiß verdiene, sollten auch öfter gegenseitige Erklärungen vorkommen; übrigens aber habe ich sehr viele Mühe, mich zu überreden, daß dergleichen Erklärungen die Sache verbessern werden. Dies würde ganz gewiß der Fall sein, wenn das, was bei weitem die kleinste Ursache ihres Verdrusses ist, Hauptursache wäre, nämlich die Verheimlichung, der Mangel an Zutrauen — dieser Schmerz löst sich gern in Wehmuth auf, und die Wehmuth ist das Element der Versöhnung. Aber ich kann mich darüber nicht täuschen, das Mißfallen an dem Verhältnisse selbst ist bei weitem die Hauptsache, und dies wird sich gewiß mit jeder neuen Erklärung verstärken — doch, Marie, dies darf Dich nicht abhalten, in Gespräche darüber willig einzugehen, sollten sie Dir auch schmerzhaft sein; denn wenn Deine Mutter auch kein Recht hat, Deine Handlungsweise zu bestimmen, so wäre es doch hart und unseren Gefühlen entgegen, ihr Rechenschaft darüber zu verweigern, wenn sie sie fordert; das würde sie weit mehr noch erbittern. Arme Marie, ich theile Deinen Schmerz in allen diesen Augenblicken und bin durchdrungen von dem Wunsche und dem Willen, ihn Dir mit zarter, treuer, würdiger Liebe als Freund und Gatte einst zu vergelten.

Den 8. August.

Von allen Fürstlichkeiten, mit welchen ich seit acht Tagen lebe, hat mich außer der Prinzeß Louise nur Deine Prinzeß*) mit ein paar Worten beehrt. An einem Abende bei Prinzeß Louise faßte man den Vorsatz, auf dem Schloßteiche zu fahren, und da die Plätze knapp waren, so trug sie besondere Sorge, daß ich einen bekäme. Mit St. (Stein) bin ich einige Male zusammen gewesen, doch nie so, daß ich eine besondere Gelegenheit gehabt hätte, seine Bekanntschaft zu machen. Er gibt alle Montage einen Thee; da mich aber mein Prinz nie aufgefordert hat, mitzugehen, so komme ich nicht hin; übrigens habe ich ihm wie den übrigen Ministern meine Karte

* Prinzeſſin Wilhelm.

geschickt, also gethan, was bei mir stand. Neulich sah ich wohl, wie er mich fixirte und von Kopf bis zu Fuß mit den Augen maß. Gneisenau, der so einiges auf mich hält, hat ihm vermuthlich von mir gesprochen.

Nun will ich Dir mit wenigen Worten meinen Tag beschreiben. Ich stehe um 7 Uhr auf, gehe um 9 Uhr zu meinem Prinzen, um zu fragen, ob er für mich etwas zu thun hat, bin dann zu Hause bis gegen 3 Uhr beschäftigt; um 3 Uhr gehe ich zum Essen hinüber (ich wohne nämlich nicht in demselben Hause mit meinem Prinzen, sondern gegenüber), komme um 5 Uhr oder halb 6 zurück und habe nun, weil nicht soupirt wird, meinen ganzen Abend für mich. Gewöhnlich besuche ich Scharnhorst oder Grolmann oder Gneisenau, zuweilen gehe ich zur Prinzeß Louise, oder ich bleibe auch ganz zu Hause, was mir gar nicht penibel ist. Scharnhorst habe ich bis jetzt nur etwa eine Viertelstunde allein gesehen; ich denke aber heute zu ihm zu gehen, und wenn ich ihn treffe, werde ich ein wenig heller in meine eigene Zukunft sehen.

Meine Lebensweise wäre auf diese Weise ganz angenehm und ich könnte mich also in dieser Rücksicht wohl entschließen, in meiner jetzigen Lage länger zu bleiben, wenn nicht wichtigere Rücksichten darüber entscheiden müßten. Auch ist der erste Schritt schon geschehen, um sie zu verlassen, was ich Dir an seinem Orte auch erzählen werde.

Dein Dir von Stein bestimmter künftiger Gemahl wohnt in Marienwerder und ist dort Kammerpräsident. Das Städtchen ist freundlich und hübsch und hat im Weichselthale die schönste Lage von der Welt.

Den 10. August.

Jetzt so viel von meinen Verhältnissen, als sich mittheilen läßt. Als ich Scharnhorst das erste Mal darüber sprach, sagte er mir: Prinz August hätte ihn gefragt, wie er es anfangen müßte, um mich zum wirklichen Capitain avanciren zu machen. Sch. hat ihm geantwortet, das würde nicht schwer halten. Da seine Anstellung bei der Artillerie nächstens vor sich gehen wird, so zeigt dies deutlich, daß er die Absicht hat, mich zu behalten, und vermuthlich glaubt er, wenn ich nicht besonders freundlich gegen ihn bin, es sei aus Mißvergnügen darüber, daß er mich nicht avanciren macht.

Ich habe Sch. geradezu gesagt, daß ich entschlossen wäre, diesen
Posten zu verlassen, und da er nicht recht zu wissen schien, wie man
es gegen des Prinzen Willen anfangen könnte, so habe ich ihm
gesagt, ich würde den König schriftlich darum bitten, und wäre
überzeugt, daß, wenn ich ihm vorstellte, wie schädlich es meiner Ausbildung sei, einen Posten fernerhin zu bekleiden, in welchem ich nun
schon seit fast sechs Jahren kein einziges militärisches Geschäft gehabt
hätte, und daß des Prinzen Anstellung bei der Artillerie mir ohnehin jede Aussicht dazu raubte, der König die Sache nicht übelnehmen
könnte. Was ich indessen befürchtete, wäre, hier in die Kategorie der
anderen Offiziere zu treten, die ohne Anstellung und auf halbem
Solde stehen. Dieser Fall ist allerdings zu befürchten, weil die
höchste Gunst des Königs, mit welcher ich mir schmeicheln kann, eine
völlige Indifferenz über meine Person ist und es also natürlich
scheint, mich mit allen Uebrigen, die nichts verdient und nichts
verbrochen haben, in eine Classe zu werfen. Dann würde ich
monatlich 10 Rthlr. haben und ohne Anstellung sein. Sch. sagte:
Das wird nun wohl nicht geschehen, und was Ihren Sold betrifft,
so werde ich jetzt dafür sorgen, daß er Ihnen ausgezahlt werde;
alsdann bleibt Ihnen dieser (20 oder 30 Thaler) wenigstens gewiß.
Da Sie übrigens nicht durch Ihren Prinzen zu avanciren wünschen,
so will ich die Sache, die doch durch meine Hände gehen muß,
wohl so lange aufhalten. Ich habe den Brief an den König
bereits aufgesetzt und bin entschlossen, ihn abzusenden, sobald des
Prinzen Anstellung erfolgt ist. Du siehst, liebe Marie, ich opfere
ein Avancement auf und vertausche 20 oder 30 Thaler gegen 80
und eine ganz freie Station, um wieder frei zu werden. Es gibt
wenige Menschen, die das nicht unbesonnen nennen würden; gleichwohl
ist es nicht allein der Impuls eines unverkäuflichen Gemüthes, sondern
auch die höchste Besonnenheit. Sch. zeigte sich dabei dem Anscheine
nach nicht sehr freundschaftlich und theilnehmend, doch bin ich deswegen nicht in Besorgniß. Er hat sich standhaft geweigert, ferner
hier Offiziere beim Generalstabe anzustellen, weil der Generalstab
größer werden würde als die Armee; er hat sich standhaft geweigert,
in Avancements zu willigen, von welchen die Rede gewesen ist, weil
er den Grundsatz aufgestellt hat, jetzt gar nichts zu avanciren. Diese

seine Grundsätze, die er sehr standhaft und männlich befolgt hat, verhindern ihn, mir Versprechungen zu machen und große Hoffnungen zu erregen; er kann und will selbst nicht dagegen handeln und sich auch nicht einmal mir gegenüber das Ansehen geben, als wolle er dagegen handeln. Ich bin überzeugt, er wird etwas mehr für mich thun, als er jetzt sich selbst das Ansehen gibt, und deswegen werde ich der Sache weiter gar nicht erwähnen. Wenn Du mich fragst, was mich so sicher über seine freundschaftliche Gesinnung macht, so ist es sein Vertrauen. Er hat mit mir über Dinge von der höchsten Wichtigkeit gesprochen, und zum ersten Male in meinem Leben bin ich mit meinen Seelenkräften aus dem Wirkungskreise eines engen Privatlebens herausgetreten. — Mehr kann ich Dir hierüber nicht sagen, liebe Marie; es wird Dir aber eine Vorstellung geben von den Standpunkten, auf welchen ich hier stehe.

So eben erhält der Prinz die Cabinetsordre, welche ihn zum Brigadier der Artillerie und Chef des ostpreußischen Artillerieregiments ernennt. Meinen Brief an den König habe ich Scharnhorst schon zugesandt. In meinem nächsten Briefe werde ich Dir die Antwort des Königs mittheilen können.

7.

K., den 17. August 1808.

Meine Angelegenheiten sind bis jetzt noch nicht fortgerückt. Mein Brief an den König ist im Vortrage gewesen und er hat gemeint, warum ich denn nicht bleiben wollte, ich wäre ja da recht gut, wo ich stände, wo man jetzt mit mir hin sollte, was das wäre? — Scharnhorst und Köckeritz haben ihm dann gesagt, daß ihnen der Grund, welchen ich angegeben hätte, sehr vernünftig vorkomme; dieser Grund war: daß ich mit jedem Jahre, wo ich länger in dieser ganz unmilitärischen Stelle bliebe, unbrauchbarer werden müßte; daß eine sechsjährige Unthätigkeit leicht zur Unfähigkeit führen könnte, und daß es ihnen schiene, als machte mir die Aufopferung großer Vortheile, bloß um thätig zu dienen, Ehre. Das Ganze hat denn damit geschlossen, daß der König ein paarmal gesagt hat: „Ja, das ist wohl wahr." Uebrigens habe ich noch keine eigentliche Antwort und werde, im Falle der König mich wirklich wegnehmen will, auch wohl keine bekommen. — Der Prinz hat sich übrigens Perlitz zu seinem Adjutanten gewählt, der die artilleristischen Sachen zu besorgen haben wird (Du siehst, mir bleibt das Küchendepartement ungeschmälert) und bereits an den König darum geschrieben, doch aber noch keine Antwort erhalten.

Der Gedanke an die Zukunft erfüllt mit ernsten Betrachtungen und mit schwerem Kummer meine Seele. Mühevoll ringe ich, mich auf der gefährlichen Bahn des Lebens nicht selbst zu verlieren, mich einem edlen und großen Zwecke unauflöslich zu verbinden, meine Grundsätze und Gefühle mir rein zu bewahren und bereit zu sein, in jedem Augenblicke das Opfer derselben zu werden. Groß, unbeschreiblich groß ist diese Zeit; von wenigen Menschen wird sie begriffen; selbst den vorzüglichsten Gelehrten und Weisen unter uns ist sie selten mehr als ein Werkzeug, um irgend ein dünkelvolles System durch sie darzustellen; alles das ist eitles Spiel von Kindern und von Thoren. Mit dem Gemüthe will die Zeit aufgefaßt sein; ohne Vorurtheil soll man sie anschauen und betrachten. Nur in einem Gemüthe voll Thatkraft kann sich die thatenreiche Zukunft verkündigen; in steter Berührung muß es sein mit Gegenwart und Vergangenheit und unverloren in philosophischen Träumen. Denk an meine Prophezeiung, Marie, es wird ein noch viel schwärzerer Himmel über uns aufgehen, und in Nacht und Schwefeldämpfe werden wir eingehüllt sein, ehe wir's glauben.

Doch durch alle diese Schrecken leuchtet, strahlt nur noch viel heller Deine Liebe, herrliche Marie, und wie sehr ich mich auch oft in den Finsternissen verliere, durch die der Lebenspfad steigt, nie lasse ich den erquickenden Strahl aus meinen Augen. Jetzt erst zeigt sich oder wird sich zeigen, wie ungleich lohnend diese Liebe für uns beide ist. Mir ist sie das Höchste, mir ist sie Alles, was ich außer meinem Zwecke als Staatsbürger wünsche. Wie der Polarstern nichts vom Untergange weiß, so leuchtet sie mir, ein fester Stern am Firmamente, in dunkler Nacht, leuchtet mir, wenn Gott Dich wohl erhält, auch dann noch, wenn die Welle der stürmischen Zeit sich vor mir aufthürmt, und leuchtet mir, bis sie über mein Haupt zusammenschlägt. So ist es, was Du auch sagen magst, nicht für

Dich, Marie. Wie viel Sorge und Kummer wirst Du noch haben
um meinetwillen, wie oft wird Dein Blick mich verloren haben und
bange nach mir suchen; wie viel Mißtöne werden an Dein Herz
schlagen, die nur die Zeit in Harmonie auflösen kann! — nein,
Marie, so rein und klar und unbewölkt kann mein Bild nicht immer
vor Dir schweben, wie mir Dein liebes Bild; darauf mache ich mich
gefaßt und darauf mußt Du selbst Dich gefaßt machen. Doch hast
Du einen zu festen und großen Sinn, um je an mir zu verzweifeln.
Wenn ich je Deiner würdig war, so werd' ich es immer sein.

Den 22. August.

Ich gehe so etwa den zweiten oder dritten Tag zur Prinzeß
Louise, wo ich dann immer Deine Prinzeß finde, der ich indessen bis
jetzt Deinen Namen noch nicht habe nennen können. Sie spricht
überhaupt wenig und noch weniger mit Einzelnen. Uebrigens ist sie
sehr freundlich gegen mich, was ich denn auf Deine Rechnung schreibe.
Stein habe ich erst ein paarmal da getroffen, wo er gewöhnlich nur
eine halbe Stunde blieb; doch habe ich schon hin und wieder so im
allgemeinen Gespräche ein paar Worte mit ihm gewechselt, was ich
Dir schreibe, weil ich weiß, daß es Dir Vergnügen macht.

8.

Den 4. September.

Vor der Hand sehe ich nicht, wozu man mich gebrauchen will.
Scharnhorst tröstet mich mit der Zukunft; die aber kann hundert
Gestalten annehmen und nicht alle würden gleich vortheilhaft für
mich sein; darum wünschte ich, in der Gegenwart wenigstens kleine
Vortheile zu erringen, um nicht einen Monat meines Lebens nach
dem anderen vermodern zu sehen. Für jetzt braucht mich Scharnhorst
als seinen literarischen Factor. Vor einigen Tagen hat er mir den
drolligen Auftrag gegeben, von den Preußischen neuen Kriegsartikeln
und einigen anderen Verordnungen, die neue Einrichtung der Armee
betreffend, Recensionen zu schreiben, und zwar gleich drei Stück, eine
für die Hallische Literaturzeitung, eine für die Jenaische, eine für
die Göttingische Gelehrten-Zeitung. Du kannst denken, daß ich bei
der dritten die ganzen Kriegsartikel bis am Halse satt hatte. Heute

habe ich einen Artikel für die Berliner Zeitung schreiben müssen.
Der König bekommt die albernsten Briefe über die neuen Einrichtungen des Avancements u. s. w. Man muß also den Leuten die
Köpfe ein wenig zurechtsetzen. Nun soll ich noch die besten einzelnen
Thaten, die sich während des Krieges bei der Armee zugetragen
haben, zusammentragen und daraus ein kleines Buch zur Erweckung
des Gemeingeistes fabriziren. So unbedeutend alle diese Beschäftigungen sind, so sind sie mir doch lieber als gar keine; denn sie
haben einen nützlichen Zweck, und übrigens sind sie mir ein Beweis
von Scharnhorst's Freundschaft.

9.

K., den 13. October 1808.

Du hast einige Aeußerungen in meinen Briefen ganz falsch verstanden. Wenn Du glaubst, daß ich Deinem Freunde*) den Vorwurf
mache, den Du in Deinem Briefe rügst, so ist gerade der entgegengesetzte Fall. So wie das Betragen Deines Freundes Dir erscheint,
so billige ich es und alle meine Freunde; und der Tadel, welchen
Du voraussetzest, betrifft nach unserer Ueberzeugung eine große
Kleinigkeit; wir machen ihm aber andere Vorwürfe, die freilich weder
sein Herz, noch seinen Geist, aber wohl seine Festigkeit betreffen.
Darum sagte ich, er sei nicht, wie ich ihn mir vorgestellt habe, hart
und unwandelbar wie ein Diamant; aber er ist auch nicht so scharf,
daß er die sprödesten Materien durchschnitte, wie ein Diamant thut;
und das ist wieder ein Fehler. Doch bei allem dem stimme ich in
voller Ueberzeugung mit allem ein, was Du in Deinem Briefe noch
von ihm sagst.

Deinen Engel**) habe ich seit langer Zeit fast gar nicht gesehen,
denn ich bin sehr lange nicht bei Prinzeß Louise gewesen, weil ich
den Major Grolmann, den der König vor vierzehn Tagen in Arrest
gesetzt hat, weil er den mit den Franzosen in Paris abgeschlossenen
Tractat schriftlich und mündlich verbreitet hatte, fast täglich besuche
und meine Abende bei ihm zubringe.

* Stein.
** Prinzessin Wilhelm.

Gestern habe ich bei Prinzeß Louise mit der Prinzessin Wilhelm und Herrn vom Stein soupirt. Des Letzteren Bekanntschaft habe ich hier zum ersten Male gemacht; er grüßte mich, nahm mich einen Augenblick bei Seite und offerirte mir dann einen Platz neben sich an einem ganz kleinen runden Tische, an dem nur Prinz Radziwill noch mit saß; während des Soupers wurde Mancherlei gesprochen, doch eben nichts Ernsthaftes.

10.

K., den 20. October 1808.

Heute ist der Kaiser hier angekommen; unser Schicksal ist nun entschieden, der Tractat (schon früher) ratificirt und, wie man sagt, die Reise des Hofes nach Berlin (wohin die Königin so außerordentlich verlangt) schon für den Monat November entschieden. Der Minister vom Stein wird vermuthlich (darüber ist fast kein Zweifel mehr) das Ministerium verlassen. Die beiden Herren von G.*) werden wahrscheinlich auch ihren Wanderstab weitersetzen und der General Scharnhorst wird, wenn er nicht gleich jetzt weggehen sollte und müßte, dies doch höchst wahrscheinlich bald darauf thun; er kann unter den neuen Verhältnissen nicht bleiben, weil die Franzosen nie Zutrauen zu ihm haben werden, und er dem Könige also mehr schaden als nützen würde. Den Tractat hat der König, wie man sagt, ohne Wissen, in jedem Falle gegen den Rath des Ministers vom Stein ratificirt; nachher hat der Kaiser Napoleon großmüthig 20 Millionen Contributionen nachgelassen. Wir werden also nun bald das Glück haben, nach Berlin zu kommen, trotz allen Denen, die uns dies Glück haben verleiden und dem Könige vorstellen wollen, daß Berlin ein Bayonne für ihn werden könne. Seit dem Briefe im Moniteur hat der König den Minister Stein gar nicht mehr in Gesellschaft bei sich gesehen.

Dein Freund hat sich wie ein sehr edler Mann benommen; er hat meine ganze Bewunderung und Liebe; daß ich Dir Alles, was Du über ihn sagst, mit allen Consequenzen für die Anderen zugebe, versteht sich von selbst; denn hierüber hat bei mir und meinen

---

* Ohne Zweifel sind hier Gneisenau und Grolmann gemeint.

Freunden nie der allerkleinste Zweifel obgewaltet. Vielleicht wäre es überhaupt besser gegangen, wenn Dein Freund anfangs nicht zu nachgiebig und unentschlossen gewesen wäre, zwei Fehler, die mich an ihm überrascht haben, die er sich aber wirklich hat zu Schulden kommen lassen.

Mein Freund, der sich in meinen Augen und gewiß auch in den Augen Deines Freundes bis jetzt ganz bewährt hat, zeigt sich fortdauernd sehr freundschaftlich gegen mich, vielleicht mit jedem Tage mehr; darum habe ich Bedenken getragen, jetzt von hier wegzugehen; manche andere Gründe bestimmen mich auch, meine Reise bis in's Frühjahr zu verschieben; doch bin ich noch nicht vollkommen mit mir einig und weiß also auch nicht, ob ich das Glück haben werde, Dich bald wiederzusehen.

Alle Menschen sehen hier krank aus und elend; vorzüglich aber gefällt mir mein Freund in dieser Rücksicht nicht, der auf eine fürchterliche Weise in wenigen Monaten gealtert und ein so ungesundes Ansehen bekommen hat, daß sein sonst so angenehmes Gesicht ordentlich entstellt ist. Auch Dein Freund sieht nicht besonders wohl aus. Ich habe übrigens meine Bekanntschaft mit ihm so einigermaßen fortgesetzt; wenigstens grüßt er mich, wenn ich ihn in einem gewissen Cirkel treffe, immer besonders freundlich und fragt mich, wie es mir geht; Du siehst, daß Dein Wunsch so einigermaßen erfüllt ist, und ich schmeichle mir, daß er es vollkommen sein würde, wenn diese Verhältnisse länger beständen.

11.

K., den 27. October 1808.

Ueber unsere Reise nach Berlin ist noch nichts Näheres bestimmt; wenn die goldenen Service eingeschmolzen, der Diamantenschmuck der Königin verkauft und damit der erste Termin der Contribution erlegt sein wird, und dann die französischen Truppen von Berlin abziehen werden, dann werden wir im Triumphe in die Thore Berlins einziehen.

Ich hatte mir vorgenommen, durch Frau von Berg irgend eine Gelegenheit zu suchen, um Dir einmal offen über alle meine

Verhältnisse und über meine Ansicht von der Zukunft zu sprechen, weil sie mich zu Entschlüssen bestimmt, die, wie ich aus Deinem Briefe sehe, Dir nie in den Sinn gekommen sind. Aber während die Frauen unbefangen hoffen, drängt das Schicksal die Männer in ihrer Bahn oft an den Rand des Abgrundes; leider werde ich in dem Streite unserer Ansichten am Ende doch Recht behalten gegen Deine rosenrothe Ansicht. — Aber das darf ich nicht sagen, liebe Marie; wenn meine Prophezeiungen täglich fürchterlicher werden, so wächst mir auch täglich der Muth, und ich hoffe, daß ich und die mir gleichgesinnt sind, eben auch nicht kleiner sein werden als das Schicksal.

Dein Freund*) hat zwar jetzt die Aussicht, nicht ganz von uns zu scheiden und bloß seine Verhältnisse zu ändern; aber ich bin überzeugt, daß er falsch rechnet und daß wir ihn ganz verlieren werden. Mein Freund**) rechnet eben so falsch, und ob er gleich etwas länger bleiben wird, so wird er sich doch auch sehr bald von uns trennen müssen.

12.

K., den 5. November 1808.

Schon in meinem vorigen Briefe habe ich Dir von den Reizen gesprochen, welche die Vorstellung des nahen Wiedersehens für mich hat trotz aller sie begleitenden äußeren Umstände. Die theuerste Freundin meiner Seele, meine geliebte, bis zur innigsten Anbetung geliebte Marie wiederzusehen, soll ein schöner Feiertag meines Lebens werden; noch einmal ruft mich die Freude an ihren Busen, noch einmal kehrt mir eine Lebensperiode wieder, in der ich auf Augenblicke ganz vergessen kann jenes drangvolle Ringen mit der äußeren Noth, in welchem vielleicht die ganze Aufgabe meines Daseins enthalten ist.

Gewiß will ich ihn feiern, diesen Feiertag, mit aller Heiligkeit eines innigen, reinen Gefühles und stark sein im ungestörten Genusse der Freude, wie ich, so Gott will, einst stark sein werde, wenn ich einem großen Schicksale erliegen sollte. Wie mich das Leben immer

---

* Stein.
** Scharnhorst.

mehr mit Ernst erfüllt, kann ich Dir kaum beschreiben, liebe Marie. Es gibt Vorstellungen, die mich gar nicht mehr verlassen, und so mit meinem ganzen Leben sich verschmelzen, daß es täglich etwas an innerer Mannichfaltigkeit verliert und immer ärmer wird an Berührungspunkten. — Aber fürchte nicht, theure Marie, daß Dein Besitzthum in mir im geringsten darunter leide. Wenn ich immer ärmer werde an Genüssen, so verliere ich doch nicht den Wunsch dazu und den Sinn dafür; das Glück freundschaftlicher Verhältnisse hat in der Vorstellung noch alle Reize für mich, die es je hatte; aber ich werde immer weniger fähig, es an wirklichen Personen geltend zu machen. Es scheint mir oft, als sei der Ausdruck das Innerste des Menschen viel treffender als man gewöhnlich glaubt; als sei von unserem Inneren das Innerste verschieden. In diesem wohnen die Ideale, Wünsche nnd Hoffnungen, in jenem wohnt die Realität der Gefühle. Gewöhnlich herrscht ein beständiger Kampf zwischen beiden inneren Reichen, aber auf dem Punkte, wo Uebereinstimmung herrscht, liegt eine unversiegbare Quelle des Glückes. Du aber, meine theure Marie, wohnst selbst in dem Innersten meiner Seele; von dem wohlthätigen Einflusse, den Frauen auf unser Schicksal haben, gibt es in mir keine Vorstellung, kein Ideal, was nicht mit Deinem edlen Wesen in Eins zusammenflösse und je wieder davon getrennt werden könnte; und wie die edelste Herrschaft über den inneren Menschen von jenem Heiligthume ausgeht, so bin ich beherrscht von Dir, Geliebte, und bekenne mich mit Stolz Dir unterthan. — Das Glück also, was mir durch Dich zu Theil wird, kann mir nie versiegen, und wie unfähig ich auch werden mag, Anderen etwas zu sein, und in Anderen das Vortreffliche zu genießen, weil ein ernster, finsterer Gedanke meine Hoffnungen, Ideale und Wünsche wie ein schwarzer Strom absondernd umgibt, so kann mir doch nie der kleinste Theil des Glückes verloren gehen, was ich bis jetzt in Deinem Geiste und Herzen gefunden habe; jene Absonderung sondert Dich nicht ab, und je ärmer ich werde, um so größere Forderungen werde ich machen an Deinen Reichthum. — Ich sehe schon, wie Du mich darüber schiltst, aber, liebe Marie, die Schuld wird nicht mein sein; es fehlt mir nicht an gutem Willen, das Leben von der leichtesten Seite zu nehmen; der Vorsatz, jede Freude desselben mit der

größtmöglichsten Unbefangenheit zu genießen, ist mir einer der liebsten
Vorsätze, die ich je gefaßt habe, und da wo sich mir ein genuß-
reicher Augenblick darbietet, soll es an mir nicht liegen; alles
Uebel aber, was von der Tendenz meines Geistes herrührt, von der
Wirkung eines großen Gedankens, der über mein ganzes Dasein
gebietet, kann ich nicht verhüten; und wenn mich dieser Gedanke
immer einförmiger macht, so helfen dagegen alle Vorsätze nichts;
nur mürrisch soll er mich nicht machen. Die Beschreibung von Deiner
Reise um die Uckermärkische Welt hat mir ein sehr lebhaftes Vergnügen
gewährt, weil ich gar nicht sagen kann, wie gern ich einmal mit Dir
reisen möchte; und weil mir aus Deinem Briefe das Vergnügen so
recht hervorzuleuchten schien, was Deinen seelenvollen Zügen und
Blicken wirklich anzusehen, mich eben so glücklich machen würde.
Wenn mir doch dies Glück noch einmal werden sollte! Nicht einen
einzigen finsteren Augenblick würdest Du in mir erleben, wenn ich
so Hand in Hand mit Dir den Blick über die wechselnden Gestalten
der Länder und Menschen führen könnte — in wie viel schönen
Gestalten würde sich mir Deine Seele in diesen vorübergehenden
Bildern spiegeln! Einen schöneren Genuß stiller Herzlichkeit kann ich
mir nicht denken. Die schönsten Fluren des deutschen Vaterlandes,
den Rhein, Franken und Schwaben und dann die höchst poetische
Schweiz wollten wir besuchen und einen sehr glücklichen Sommer
verleben. Vielleicht begleiteten uns einige von Deinen Freunden, die
dann auch wohl so einigermaßen die meinigen werden würden; so
würde sich Geist und Frohsinn mannichfaltig entwickeln und wir würden
schwelgen im edelsten Genusse des Lebens. Du siehst hieraus, daß
ich einer lieblichen Vorstellung nicht unfähig bin, aber in Realität
kann sie mir nur durch Dich übergehen.

Deinen Freund sehe ich jetzt gar nicht, weil wir nicht an Hof
kommen und er vermuthlich auch nicht, und Prinzeß Louise krank ist,
so daß es überhaupt an einem Vereinigungspunkte fehlt; Prinz und
Prinzessin Wilhelm haben neulich bei uns gegessen, sonst sehe ich
beide auch nie. Der Prinz hat mich einigemale mit ein paar Worten
angeredet; da er aber seine natürliche Schüchternheit noch nicht verloren
hat und es mit Niemand zum ernsthaften Gespräche bringt, so habe
ich freilich gar keine Ansprüche darauf. Ich sehe also nur wenige

Menſchen, Grolmann und Gneiſenau ziemlich oft, Scharnhorſt ſeltener, die Dohna's aber zuweilen, weil ſie voll Liebe zum Guten ſind, auch Luck.

13.

Dein Freund iſt krank, weil er troß einer Unpäßlichkeit ausge- gangen iſt. Ich denke aber, daß es nichts zu bedeuten haben wird, und bin übrigens ſo herzlich beſorgt um ihn, wie Du es nur ſein könnteſt. Gewiß kannſt Du nicht mehr ſeine Freundin ſein, wie ich im Herzen ſein Freund bin; wer ſich ſo zeigt wie er, der hat es bei mir auf immer gewonnen, und ich würde ihn verehren, wenn er auch mein perſönlicher Feind wäre.

Deine Prinzeſſin iſt ganz verliebt in die Tochter von Scharnhorſt; ſie hätte, ſagt ſie, den wahren Anſtand einer Königin. Du ſiehſt, daß es kein gewöhnliches Mädchen ſein muß, die ein ſolcher Richter ſo lobt; auch muß ich ſagen, daß ich erſtaunt bin, wie aus einem Mädchen das hat werden können, die eine ſo unregelmäßige Erziehung bekommen hat; ſie iſt recht hübſch und hat einen hohen Grad von Einfalt und Ländlichkeit, wenn ich ſo ſagen darf; wenn alſo die Prinzeſſin Recht hat, daß ſie etwas Königliches hat, ſo muß es wohl von der rechten Königsart ſein. Mir macht der Beifall, den ſie erwirbt, des Vaters wegen viel Vergnügen; denn es muß doch ein ſehr vortheilhaftes Licht auf den Vater werfen, wenn eine Tochter, die Alles was ſie iſt, von ihm und durch ihn hat, ſo gelobt wird.

14.

Der Miniſter vom Stein wird in dieſen Tagen das Miniſterium verlaſſen und ſich, wie man ſagt, auf den Wunſch des Königs auch von Berlin weit entfernt halten. Wer ihn erſetzen wird, weiß man noch nicht; vermuthlich aber wird gar kein Miniſter an ſeine Stelle treten, und bloß Räthe werden das Departement verwalten. Der Graf Golß denkt jetzt wahrſcheinlich das Factotum zu werden. Die

21*

Rückkehr des Herrn von Goltz aus Berlin und der gute Rath, den er, der Herr von Voß und mehrere andere verdiente Männer unaufgefordert gegeben haben, hat eigentlich die Entfernung Stein's veranlaßt. In den Arrangements, welche Herr von Goltz in Berlin getroffen hat, hat er sehr viel militärische Talente entwickelt. Die Abreise Stein's erfolgt, obgleich jetzt nicht die Rede von ihr ist, ganz unzweifelhaft binnen kurzer Zeit; viele Andere werden gezwungen oder freiwillig folgen.

Wie gern, theure Marie, möchte ich der Zukunft eine gute Seite abgewinnen, mich so gern mit Hoffnungen erfüllen; aber je mehr Ueberlegung ich darauf verwende, je größer die Sorgfalt ist, mit der ich in den dunklen Schacht hineinsteige, um den funkelnden Edelstein zu graben, um so ärmer kehre ich zurück. Ich spreche vom Allgemeinen, nicht von mir insbesondere. So wenig ich von meinem eigenen Schicksale sagen kann und so wenig Hoffnungen es auch eigentlich darbietet, so bekümmert es mich doch auch nicht recht, und auf diesen Punkt bin ich schon etwas mehr zu Selbsttäuschungen geneigt. Wenn es nur nicht mit jedem Tage ärmlicher mit uns würde, so wäre jedes gegenwärtige Uebel erträglich; aber wie wenn wir in uns selbst unsere ganze Zukunft tragen und uns vor jedermann, der sehen kann und mag, zur Schau tragen? Ach es liegt mir schwer auf dem Herzen!

15.

K., den 4. December 1808.

Der Minister vom Stein ist gestern von hier abgereist, und man ist also endlich seiner ledig und los, und es sind deswegen gleich Entschlüsse gefaßt worden, die er verhindert hatte und von denen Du bald hören wirst. Da nun der Hof mehr seiner eigenen Natur wiedergegeben ist, so ist Alles viel freundlicher und heiterer; man hat Bälle, Schauspiele, Sprichwörter u. s. w. und besonders ist die liebenswürdige Königin jetzt liebenswürdiger als je; beim Kronprinzen hat sie neulich bis zwei Uhr getanzt. Minister Stein ist von hier nach Berlin gegangen und wird von da nach Breslau gehen. Wer an seiner Stelle ernannt ist, wirst Du wissen; es sind ihrer drei, Altenstein, Dohna und Beyme.

Dein Engel*) ist dieser Benennung ganz würdig; ich kann nicht mehr sagen, als daß von allen Menschen ihres Kreises, von allen sie die einzige ist, die ganz befriedigt und in die man nichts hineinzulegen braucht, um mit Vertrauen auf sie hinzusehen, wie mit so vielen Anderen geschehen muß. Sie ist ernster als je und trägt sogar einen stillen Unwillen auf ihrer königlichen Stirne, der sie sehr wohl kleidet und mich alle Mal tief, eben so tief rührt, wie ich mich von allem Uebrigen weit zurückgeschreckt fühle. Ich wollte, sie gehörte unserer Familie an, so würde sie uns ein noch kostbareres Kleinod sein. Immer mehr Menschen kommen hier in ihren Urtheilen von immer mehreren zurück, nur von dieser Frau kommt keiner zurück.

Mein Freund und der Deinige sind als die wärmsten Freunde geschieden und ich hoffe oder vielmehr bin überzeugt, daß dieser eine hohe Achtung für jenen mitnimmt, der durchaus einer von den tiefen Menschen ist, die immer mehr gewinnen, je länger man sie kennt. Ich sehe ihn im Grunde wenig, und obgleich man wohl sieht, daß ich mit ihm eng verbunden bin, so zeichnet er mich doch eigentlich so wenig aus, daß man glauben sollte, ich sei ihm ganz gleichgültig. Allein Gneisenau hat mir neulich einmal gesagt, was er von ihm gehört hätte: „Derjenige von Allen, der mir am meisten ergeben ist, das ist Clausewitz." Du kannst nicht glauben, wie stolz ich mich wegen dieses persönlichen Vertrauens fühle, und daß er bis jetzt noch nicht das Mindeste für mich gethan hat, daß er mich auf keine Weise auszeichnet, obgleich er mich mit Achtung und Freundschaft behandelt, genügt im Grunde meiner stolzen Seele am meisten. Mehr kann man seine Freunde nicht achten als durch ein solches Vertrauen. Nicht einmal mit gewöhnlichen Lobsprüchen entwürdigt er seine Freunde. Ich hatte einmal drei Recensionen geschrieben; er gab sie mir zurück mit der simplen Bemerkung: ich habe nichts daran geändert und werde die Abschriften an die Expeditionen selbst versenden. Neulich war zufällig zwischen mir und ihm die Rede davon, und er erzählte mir, daß die eine Expedition den dummen Streich gemacht hätte, sein S. darunter zu setzen. Ich sagte, dadurch würde meiner Arbeit viel Ehre erwiesen; nun erfolgte ein so ungemessener Lobspruch, daß ich declinirte; darauf wurde er

* Prinzessin Wilhelm.

ordentlich böfe und fagte: „Wie können Sie nun fo was fagen, ich
habe Jhnen ja damals nichts davon gefagt; und es ift jetzt ja auch
nur ganz zufällig, daß ich es fage." — Er fetzte alfo einen Beweis
feiner Achtung darein, mir nichts Schmeichelhaftes darüber gefagt
zu haben. Diefe Zartheit begleitet ihn überall durch's Leben, und
wahrlich, wenn ich, fein Schüler, ihn zu einer Zeit lieb gewann, da
er mich lobte, fo gewinne ich ihn noch lieber jetzt, da er mich nicht lobt.

16.

K., den 22. December 1808.

Die Reife des Hofes nach St. Petersburg mache ich nicht mit, der
Major Holtzendorff wird den Prinzen begleiten, damit doch auf diefer
fogenannten artilleriftifchen Reife auch wirklich einige artilleriftifche
Ausbeute gemacht werde. Mir ift diefe Veränderung unendlich lieb,
denn ich entgehe dadurch einer höchft läftigen und in mehr als einer
Rückficht unangenehmen Exiftenz von vierzig Tagen. Scharnhorft
macht die Reife jetzt mit und zwar in Gefellfchaft des Prinzen
Wilhelm, der feinen Adjutanten gleichfalls zurückläßt. Gneifenau
geht diefer Tage auf Urlaub nach Schlefien ab. Ich werde alfo
ziemlich einfam leben, da von meinen Freunden bloß Grolmann hier
bleibt, der übrigens ganz am anderen Ende diefes kleinen Conftan-
tinopels wohnt.

In Beziehung auf die ernften Betrachtungen Deines letzten Briefes
muß ich Folgendes bemerken. Wenn Menfchen, die nach höherer
Wirkfamkeit, nach einem edleren Dafein ftreben, fich unglücklich fühlen
in unferer Zeit und unferen Verhältniffen, fo kommt davon freilich
ein Theil der Schuld auf ihre unterdrückte Wirkfamkeit, auf ihren
unbefriedigten Ehrgeiz aber gewiß nur ein fehr kleiner Theil. In
einer glücklicheren und befferen Zeit, es ift wahr, würde diefer kleine
Theil vielleicht hingereicht haben, fie eben fo unglücklich zu machen;
aber Menfchen, die gegen das Unglück ankämpfen, werden dadurch
veredelt, und fo darf man überzeugt fein, daß die Größe des
allgemeinen Unglücks in ihnen jenen beleidigten Privatvortheil in
ein fehr untergeordnetes Verhältniß gefetzt hat. Und fo ift es doch
auch wirklich. Mit einem Menfchengefchlechte zu leben, was fich

selbst nicht achtet und nicht fähig ist, an das Heiligste Gut und
Blut zu setzen, verbittert und untergräbt alle Freuden der Existenz;
wäre es denn nicht der höchste Grad des Egoismus, unbekümmert
zu sein um die Denk- und Empfindungsweise aller übrigen Menschen,
und ist es nicht das allgemeinste, das am tiefsten liegende Elend,
was man auf keinem Wege umgehen kann, wenn die Denkungsart
der meisten Menschen uns zurückschreckt und mit Verachtung erfüllt?
Gebe Gott, daß das Schicksal die Menschen, von denen ich hier rede,
und worunter ich freilich nicht alle Völker verstehe, und auch nicht
alle Individuen eines Volkes, zwinge, besser zu werden, wozu übrigens besondere Ereignisse gehören, die man mit keiner Sicherheit
vorhersehen, und auf die man also auch nicht mit leichtem Muthe
vertrauen kann. Wäre dies nicht, so würde der jetzige Zustand
immer schlimmer werden und der Kampf zwischen Hoffnung und
Furcht, Erwartung und Besorgniß immer ungleicher, und ich muß
gestehen, der Einfluß dieses Kampfes auf meine Existenz immer
nachtheiliger. Dagegen hilft keine Philosophie etwas, die mich vor
heftigen Ausbrüchen der Leidenschaft schützen, mich vor dem inneren
Tode einer gänzlichen Hoffnungslosigkeit bewahren, aber unmöglich
die Berührungen aufheben kann mit den Geschlechtern, die mich umgeben, und einen tief in meinem Gemüthe gegründeten Widerwillen
gegen eine unwürdige Denkungsart. Was ich übrigens hiervon mir
sage, muß und wird übrigens von allen Männern gelten, die noch
einer Erhebung des Geistes fähig sind, und wenn sie es jetzt noch
nicht alle so deutlich fühlen als ich, so kommt es daher, daß ich
besser als sie in unsere Verhältnisse und in unsere Zukunft schauen
konnte.

Meinem Freunde ist es sehr angenehm, die Reise mit dem Prinzen
Wilhelm zu machen, und die Prinzessin hat indeß die Aufmerksamkeit
für ihn, seine Tochter zu sich zu nehmen, was mir selbst ein rechtes
Vergnügen macht.

17.

K., den 27. December 1808.

Deine Tanzlust liebe Marie, tadle ich so wenig, daß ich mich
vielmehr aufrichtig freue, wenn sie Dir zuweilen einen angenehmen

Abend verschafft hat; überhaupt, so wenig diese Zeit im Allgemeinen den Charakter der Freude und des Vergnügens an sich trägt, so wäre es doch lächerlich, Freude und Vergnügen überall, wo sie sich freiwillig einfinden, verbannen zu wollen. Eine solche allgemeine Buße ist nicht im Charakter unserer Zeiten und Sitten, und deswegen würde es Ueberspannung sein, sie fordern zu wollen. Aber es ist doch ein unverkennbar großer Unterschied zwischen einem troß der Hauptstadt beinahe ländlichen Feste, ziemlich entfernt von den großen politischen Beziehungen, und unberührt von den bleichen Blitzen, die in zackigen Wegen aus der Ferne durch die dicke Finsterniß, ohne Donner, aber mit einem Zischen gleich giftigen Schlangen daherschießen, und jener troßigen Freude, hinter welche die bangen Gewissen sich zu retten suchen, auf die vorzugsweise alle jene Blitzstrahlen gerichtet sind. Jedermann hat es früher getadelt, daß nicht alle Menschen das Unglück des Staates tief empfunden und mit würdigem Ernste heilige Buße zu den Füßen des gewaltigen Schicksals gethan haben — seitdem, Marie, Du darfst es mir glauben, sind wir immer fortgeschritten im Unglücke, der Weg, auf dem wir wandeln, wird immer schmaler, unser Fuß immer wankender — ist das eine Zeit, um sich die Sinne mit künstlichen Freuden zu berauschen?

Den Punkt, über welchen wir verschiedener Meinung waren, will ich bei dieser Gelegenheit zugleich mit betrachten. Ich finde nämlich, daß das Fortschreiten unseres Unglücks keineswegs, wie so viele Menschen glauben, in unseren Sünden liege; unser Schicksal ist bei dem furchtbaren Erdengotte schon zur Zeit des Tilsiter Friedens bestimmt gewesen; mehr als ein Umstand und manche klare Aeußerung erlauben vernünftigen Leuten, die davon unterrichtet sind, nicht, daran zu zweifeln. Anstatt also bei jeder Gelegenheit, wo uns die Franzosen eine Strafpredigt halten und drohen, die Ursache davon in unseren Handlungen zu suchen, sehe ich vielmehr diese Handlungen als ganz gleichgültig an, suche die Ursache in dem Entschlusse Bonaparte's, uns zu vernichten, und bin der festen Ueberzeugung, daß, wenn die Franzosen diese Gelegenheit nicht gefunden hätten, sich ihnen leicht eine andere dargeboten haben würde, um die Einleitung zum letzten Akte zu machen; denn weiter ist alles das nichts! Die Spanier haben sich nie etwas gegen die Franzosen zu Schulden

kommen laſſen; das läſterlichſte Intriguenſpiel hat alſo dazu dienen
müſſen, die Kataſtrophe einzuleiten, die beſchloſſen war. Von allem
dem kannſt Du nicht eine ſo richtige Vorſtellung haben als wir hier,
und deswegen vergebe ich es einem hier Lebenden viel weniger,
wenn er ſich von den abgenutzten Kunſtgriffen der Franzoſen noch
hinter das Licht führen läßt, und auf ſeinen eigenen Leib ſchlägt,
während er ſeinen Haß beſſer gegen die allgemeine Quelle des ganzen
Elendes richtete. Wer, wenn er mißhandelt wird, mit zerknirſchtem
Gemüthe nur immer an ſich ſelbſt die Urſachen davon aufſucht, und
nicht den Muth hat, ſie in dem Uebermuthe des Feindes zu ſehen,
ſteht auf einer hohen Stufe des Kleinmuthes. Daß wir ſeit dem
Tilſiter Frieden von den Franzoſen in ununterbrochener Folge mißhandelt worden ſind, kannſt Du nicht ſo wiſſen, wie unterrichtete
Leute es hier wiſſen müſſen. Wenn alſo ein kleines Gedicht,*) der
Ausdruck der Verehrung eines Privatmannes für den Miniſter Stein,
in den hieſigen Zeitungen gedruckt ſteht, ſo ſehe ich nicht ein, was
die Regierung bewegen könnte, es zu verbieten. Glaubt ſie durch
ſolche kleinliche Unterwerfung gut zu machen, was ſie in vier großen
Feldſchlachten, in einem elend unterhandelten Frieden und durch
immerwährende Schwäche einbüßte? Solcher Meinung kann ich
nicht ſein. Der Hauptnachtheil, welcher daraus entſpringen würde,
iſt die gänzliche moraliſche Entkräftung der Nation. Eine Nation,
in der ich nicht mehr vom edlen Manne ſagen darf: er iſt ein edler
Mann, nicht mehr zu meinem Freunde: ich liebe dich, eine ſolche
Nation iſt in dem ärgſten Zuſtande der Sclaverei, in den ſie gerathen
konnte. Je tiefer man aber fällt, um ſo ſchwerer iſt es, ſich wieder
zu erheben. An ſolchen Ausdrücken eines edlen Enthuſiasmus ent-
zündet ſich das Gefühl Anderer und auch nicht der kleinſte Funke
iſt verloren. Eine Nation, die es nicht wagt, kühn zu ſprechen,
wird es noch viel weniger wagen, kühn zu handeln. Dies iſt mein
Glaubensbekenntniß hierüber, was ich übrigens nicht, wie ich wünſchte,
habe ausführen können, weil ich eine Abhaltung bekommen habe,
welche mich überhaupt zu ſchließen nöthigt.

* Der Verfaſſer war Süvern, ſeit 1807 Profeſſor der alten Literatur zu
Königsberg.

18.

Prinzeß Louise hat mich mit vieler Freundlichkeit aufgefordert, sie abends öfter zu besuchen, wovon ich während der Abwesenheit des Hofes mit Vergnügen Gebrauch machen werde, weil so lange vermuthlich Prinzessin Wilhelm alle Abende da sein wird und auch Gneisenau, dem Scharnhorst seinen Urlaub nach Schlesien wie ein echter Kriegsminister abgeschlagen hat. Dieser scheint immer mehr beim Könige zu gewinnen und jetzt ist er vielleicht der einzige, zu dem der König ein rechtes Vertrauen hat. Er ist unstreitig jetzt die erste Person im Staate. Unter Anderem hat er es durchgesetzt, daß endlich das ganze Oberkriegscollegium und mit ihm eine ganze Schiffsladung von invaliden Generalen in den Ruhestand versetzt worden ist.

Ich bin zu ermüdet, liebe Marie, um weiterzuschreiben. Ich habe diese ganze Nacht durch bis heute früh um 6 Uhr bei Scharnhorst geschrieben und bin bis Mittag noch in einer gewaltigen Thätigkeit von ihm gehalten worden. Heute Mittag ist er mit Prinz Wilhelm abgereist. Auch mein Prinz ist fort und ich fühle mich in diesem Augenblicke recht heiter, einmal, wenigstens auf kurze Zeit, aus diesem Verhältnisse heraus zu sein.

19.

Was Du mir in Deinem letzten Briefe zum Troste sagst, liebe Marie, ist doch zu verschwenderisch getröstet. Der Kampf, den man bloß mit verunglückten Wünschen und Hoffnungen kämpft, ist an sich nichts Großes und wird nie dahin führen. Könnte ich in großen Verhältnissen groß untergehen, so würde ich freilich nichts verlieren als eine Handvoll irdischen Glücks; sollte ich aber in meinem Leben nichts thun als fruchtlose Wünsche, nichts sein als der Zuschauer von Erbärmlichkeiten, so würde doch wahrlich mein Dasein kaum die Stelle bezahlen, die ich auf der Erde eingenommen habe. Gott wolle mich davor bewahren! In Perioden, die einen ruhigen Gang gehen, kann es für eine edle Natur anziehend genug sein und genügend, in stiller Zurückgezogenheit zu leben, und es dem Glanze äußerer Ehre zu überlassen, die Eitelkeit derer zu belohnen, die sich in der großen Welt auf ausgezeichneten Stellen abmühen; ja, für den, der durch seine eigentliche und seine bürgerliche Geburt geeignet wäre, jenen Glanz zu theilen, liegt unstreitig eine gewisse Größe darin, diesen Rechten zu entsagen, um in dem Genusse stiller Betrachtungen zu leben; aber ganz anders ist es in der heutigen Zeit. Ja wäre nur der Kampf zwischen der Tugend und dem Unglücke erst eröffnet! — er ist es, der das Bedürfniß unserer Zeit ausmacht; er würde uns stärken und aus dem Abgrunde herausziehen, in den wir nach und nach versunken sind. In ihm will ich gern untergehen, aber gekämpft muß es doch sein; unter Kampf verstehe ich nichts als eine große Anstrengung der Kräfte.

Aber, theuere Marie, wenn ich mich auch anstrenge, Deinen Trost zu widerlegen, so verkenne ich doch keineswegs Deine liebevolle Absicht und danke Dir dafür aus der Fülle meiner Seele. Sei versichert, daß ich mich, wie geringfügig auch meine ganze Erscheinung in der Welt sein möchte, doch nie ganz unglücklich fühlen würde, wenn ich das Glück genösse, mit Dir meine Tage zu theilen. Ich wollte Dir dann mit meinem ganzen Dasein beweisen, wie mannichfaltig Du in dasselbe verflochten bist, und wie auf Alles, was ich denke und fühle, der Gedanke an Dich den zarten Einfluß äußert.

Wie angenehm ich meine Zeit jetzt verlebe, kann ich Dir nicht beschreiben. Ich gehe den ganzen Vormittag nicht aus und verwende ihn wie auch den größten Theil des übrigen Tages auf das Studium geschichtlicher oder staatswissenschaftlicher Werke; ich gehe selten aus, zuweilen zu Gneisenau, der mir in der Nähe wohnt. Mein Diner, so klein es ist, macht mir Vergnügen, denn ich höre keine einfältigen Meinungen mit Anmaßung vortragen und stundenlang über das ekelhafteste Detail ohne Geist und Sachkenntniß mißschwatzen; ich denke vielmehr an das, was mir das Angenehmste ist auf dieser Welt, an meine theure Marie. Eben lese ich die Geschichte der niederländischen Revolution und finde eine so merkwürdige Aehnlichkeit zwischen Wilhelm von Oranien, dem Gründer der niederländischen Freiheit, und meinem Freunde Scharnhorst, daß ich mich nicht enthalten kann, Dir die Beschreibung jenes großen Mannes zu senden, so wie ich sie aus der allgemeinen Geschichte der vereinigten Niederlande abstrahirt habe. Um mich selbst nicht zu täuschen, habe ich mir zu jedem Zuge dieser Schilderung die ihm entsprechenden Züge seines Lebens notirt, wodurch für alle die, welche meinen Freund kennen, die Aehnlichkeit nur noch sprechender wird, womit ich Dich aber verschonen will.

20.

K., den 7. Januar 1809.

Hätte ich Dir nicht schon in meinem vorigen Briefe, liebe Marie, so viel von meinem Vergnügen an meinem jetzigen isolirten Leben vorgesprochen, so wäre ich sehr gestimmt, es heute wieder zu thun; denn das Gefühl einer veredelten Existenz (so mag ich's wohl mit Recht nennen) verläßt mich kaum einen Augenblick.

Für Deinen schönen Neujahrswunsch, liebe Marie, danke ich Dir sehr; wirklich ist dieser Jahreswechsel mit einer neuen Lebensperiode für mich ziemlich nahe zusammengetroffen; denn ich kann mit Recht, wie ich schon einmal gesagt habe, meinen Aufenthalt in K. als einen eigenen bedeutenden Abschnitt meines Lebens ansehen, und zwar weniger um des äußeren als um des intellectuellen Lebens willen.

Ich habe heute noch einmal an Scharnhorst geschrieben und ihn dringend gebeten, meine Angelegenheit nicht außer Acht zu lassen. Ich hoffe, er wird meinen Wunsch erfüllen und die Wiederkehr des Hofes wird mir nicht ein Tag der höchsten Unzufriedenheit werden. Was ich dann erfahre, davon sollst Du sogleich Nachricht haben.

Die angekündigte Rückkehr Napoleon's nach Paris läßt uns neuen wichtigen Begebenheiten entgegensehen, die, glaube ich, einen sehr starken Einfluß auf unser Schicksal haben müssen. Die meisten Menschen, welche so triumphirt haben über die Erfolge der Spanier, fangen an, elend daran zu verzweifeln; mir scheint es, daß sie, weit entfernt, von ihrem Ziele zurückgedrängt zu sein, sich gerade jetzt demselben am stärksten nähern. Wir sehen einer noch viel merkwürdigeren Zeit entgegen, als die eben abgelaufene Periode es war.

R., den 9. Januar 1809.

Wenn zuweilen ein leidenschaftlicher Augenblick mich stürmend
ergreift und trotz des Widerstandes, den ich leiste, in der Tiefe des
Gemüthes die wogenden Bewegungen noch eine Zeitlang fortdauern,
dann setze ich mich hin, um mit Dir zu reden, Geliebte meiner Seele,
und alsobald ebnen sich die Wellen und es kehrt die klare Spiegelfläche eines ruhigen Gemüthes zurück. Darin magst Du erkennen,
herrliche, liebe Freundin, was Du mir bist, und wie tief der Eindruck
ist, den jeder Gedanke an Dich auf mich macht. Noch in diesem
Augenblicke verdanke ich Dir diese wohlthätige Wirkung, die eingetreten ist, sobald ich, Deinem lieben Bilde meinen Geist zuwendend,
die Feder ergriff, um die schwankenden freundlichen Vorstellungen
festzuheften auf dies Blatt, damit sie um so sicherer Meister würden
alles dessen, was sie zu stören strebt.

Scharnhorst hat von der Reise an seine Tochter einen Brief
geschrieben, den dieselbe der Prinzessin Wilhelm mitgetheilt hat.
Dieser Beweis der Zärtlichkeit meines Freundes für seine Kinder hat
mich sehr gefreut; er ist für jedermann der schlechteste Correspondent,
den man sich vorstellen kann, und dieser von Riga aus datirte Brief
war sechs Seiten lang. Die Naivetät, dieses treue Festhalten an
den edelsten und kindlichsten Gefühlen findet sich doch fast ohne
Ausnahme bei Menschen von großen intellectuellen Anlagen.

Ich sagte in meinem vorigen Briefe, daß diese in Königsberg
verlebte Periode mir sehr wichtig besonders in Rücksicht meines inneren Lebens gewesen sei; unter anderen hat es nie eine gegeben, in
der ich die Hauptumrisse meines eigenen Charakters und Sinnes
deutlicher gesehen hätte. Von den feineren Nuancen seiner Eigenthümlichkeit hat man täglich Beispiele vor sich, aber weit schwerer
ist es, das Ganze einmal mit einiger Unabhängigkeit des Urtheils
aufzufassen. Hier geschah es durch das nahe Zusammentreten zu
einem eng verbindenden Zwecke mit einigen anderen Menschen von
großer Verschiedenheit, aber auch zugleich von hoher Originalität
der Charaktere und Sinnesarten. Bei so grellen Kontrasten, so
bestimmten reinen Farben sieht man sich am besten nach allen Seiten

hin begränzt und es entsteht so am leichtesten ein Bild für die innere Anschauung. Ein Blick in diesen Zauberspiegel hat sehr viel Gutes.

Den 12. Januar.

Vorgestern habe ich das Vergnügen gehabt, bei der Prinzessin Wilhelm zu essen, ein Glück, was ich Deinem Briefe verdanke. Außer ihren Hausgenossen war bloß Hufeland da; sie war so freundlich wie ein wahrer Engel. Eine besondere Unterhaltung habe ich übrigens nicht mit ihr gehabt. Unser Geheimniß kann in keinen treueren Händen sein; anfangs hatte ich nämlich an die Möglichkeit geglaubt, daß sie Stein oder Scharnhorst etwas davon sagen würde, vorzüglich dem ersten; seitdem ich sie aber länger beobachtet habe, sehe ich ein, daß diese Furcht überflüssig war. Unser Schicksal, liebe Marie, und das Schicksal unserer Freunde ist eng in das Schicksal vieler Millionen verflochten, und vielleicht liegt darin unser höchstes Leid und zugleich unser höchster Trost. Wenn das Schicksal nur erst aufhört, uns wie unmündige Kinder zu behandeln, so wird die innere Stärke schon manchem tückischen Streiche das Gleichgewicht halten. Ich kann sagen, daß ich jetzt ruhiger bin, als ich es je in meinem Leben war und auch sogar zufriedener.

Lies doch, liebe Marie, wenn Du von dem ersten Bande der Vesta, einem Journale, was hier herauskommt, das Junius-Stück bekommen kannst, Fichte's Aufsatz über den Macchiavell und denke dabei an das, was bei uns geschehen.

22.

K., den 16. Januar 1809.

Ich weiß nichts Bestimmtes von dem Aufenthalte Deines Freundes,[*] und ungeachtet ich mir sage, daß Besorgnisse für ihn überflüssig sind, so bin ich doch nicht frei davon. Ich versuche nicht, Dich zu trösten, theure Freundin, denn gibt es hier einen anderen Trost als den ein Jeder in seinem Inneren findet? Was Deinem Freunde begegnet ist, sehe ich fürchtend auch dem meinigen sich nahen, und doch werden das Alles nur einzelne Züge einer allgemeinen großen Katastrophe sein,

* Stein.

die darum nicht ausbleibt, weil wir kindisch vor ihr geflohen sind, anstatt ihr muthig entgegenzugehen. Doch darf man noch etwas Muth haben, denn ganz hat das Schicksal sein Spiel noch nicht an den Tag gelegt.

Hast Du in den Zeitungen die Briefe der Königin Charlotte gelesen? Wie haben sie mich gerührt! Wenn diese Königin wirklich alle die beschmutzenden Vorwürfe verdiente, mit welchen der hämische Geist der Menschen sie so willfährig bedeckt, so kann man doch sagen, daß das Unglück mit seinen erschütternden Donnerschlägen und die Qualen der Angst sie wenigstens für den Augenblick, da sie diese Zeilen schrieb, vollkommen gereinigt hatten.

23.

K., den 23. Januar 1809.

Ich habe einen Anfall von Nervenfieber und schreibe diese Zeilen im Bette. Die Sache ist indessen nicht so gar schlimm und von Gefahr ist gar nicht die Rede. Heute vor acht Tagen fing die Sache mit einem ziemlich heftigen Katarrhalfieber an, worauf ich mich sogleich legte; es zeigte sich bald, daß es mit nervösen Erscheinungen verbunden war. Seitdem hat sich nun das Katarrhalfieber so ziemlich verloren, das Nervenfieber ist aber noch so ziemlich in seiner Erscheinung sich gleich. Der Arzt behauptet, daß sich nichts dagegen thun lasse, als durch Diät, Verhalten und Medicin die Stärke desselben so viel als möglich zu mäßigen; unmittelbar abkürzen, heben lasse sich diese Krankheit nicht, sondern sie müsse ihre Perioden durchlaufen; doch seien diese von sehr verschiedener Dauer und überhaupt sei es noch nicht ausgemacht, ob es nicht in diesem Falle, wie zuweilen Gewitter thun, vorüberziehen werde. Gegen den höchsten, stärksten Grad hat er mich vollkommen gesichert, weil alle Anzeichen zum Guten sind. Ich erzähle Dir, theure Freundin, dies so weitläufig, um Dich zu beruhigen! denn Du wirst selbst am besten daraus beurtheilen können, wie wenig Gefahr und Grund zu Besorgnissen vorhanden ist. Außer einem ziemlich unbehaglichen Dasein im Bette, traurigen langen Nächten und dem Mangel an Beschäftigung, die ich vermeiden muß, kann ich aber über nichts mich besonders beklagen; ich fühle mich ermattet, aber ohne Schmerzen, und — was die Hauptsache ist, trage ein Gefühl von Lebenskraft noch im Bewußtsein, daß ich um deswillen auch ohne alle ärztliche Prognostica überzeugt sein würde, daß die Krankheit keinen hohen Grad erreichen kann. Ich kann Dir die angenehme Nachricht mittheilen, daß mir gestern mein Freund aus Petersburg geschrieben hat, die Sache mit meinem Prinzen sei abgemacht; er habe ihm gesagt, daß ich für gewisse Gegenstände beim Generalstabe bestimmt sei, für welche er niemand Passenderen finden könne, und mein Prinz hat in die ganze Proposition gewilligt. Gott sei gelobt, das ist ein rechter Stein vom Herzen!

Nachrichten aus Petersburg sprechen von nichts als von der Fülle der Feste, von dem Glanze der Aufnahme; der König, heißt es, wird am 27. von dort wieder abreisen.

Deine Prinzessin hat sich bei Gelegenheit dieser Krankheit sehr hübsch gegen mich benommen, was ich Dir mündlich erzählen werde. Ich vermuthe, daß sie Dir jetzt öfter schreiben wird, um Dir Nachricht von mir zu geben, weil sie gehört hat, daß mir das Schreiben verboten sei — ganz so arg ist's aber mit dem Verbote nicht, was überhaupt von den ersten Tagen herrührt, wo die Sache schlimmer aussah.

Bald hätte ich vergessen, Dir zu sagen, daß nicht Hufeland, sondern Dr. Elsner, ein hiesiger Arzt von Ruf, mich behandelt. Da die Krankheit hier zu Hause ist, so kann man wohl bei derselben in den Händen eines hiesigen Arztes eben so sicher sein als in den Händen eines Berliner; übrigens muß ich nach dem bisherigen Verlaufe der Krankheit sehr mit ihm zufrieden sein.

24.

K., den 17. Februar 1809.

Von Deinem langen Stillschweigen habe ich eigentlich nur sehr undeutliche Begriffe. Die einzige Ursache, welche ich mir klar denken kann, wäre eine Art Verbot von Seiten der Prinzessin Wilhelm, die vielleicht gehört hat, daß mir jede Bewegung des Gemüthes, jede lebhafte Beschäftigung des Kopfes widerrathen und ein geistloses

Pflanzenleben als das beſte Mittel zu einer baldigen Wiederherſtellung
angegeben iſt. So unzweckmäßig dieſe Maßregel wäre, weil dergleichen Verbote leicht gegeben, aber ſehr ſchwer zu erfüllen ſind
und am Ende ein unvermeidliches Grübeln des müßigen Kopfes
immer ſchädlicher iſt als eine mäßige Beſchäftigung, und weil ein
Brief von Dir, wenn ich ihn auch nicht ohne Gemüthsbewegung
leſen kann, mir gewiß mehr wohlthut als ſchadet und in jedem Falle
weniger ſchaden würde, als hundert Beſorgniſſe, die ich mir nun
gemacht habe; ich ſage, ſo unzweckmäßig Dein Schweigen aus dieſem
Grunde wäre, ſo iſt mir doch dieſer Grund der liebſte, denn jeder
andere kann — nur ein unangenehmer ſein. In jedem Falle, liebe
Marie, bitte ich um eine ſchleunige Nachricht von Dir. Was meinen
Geſundheitszuſtand betrifft, ſo kann ich über denſelben im Ganzen
Befriedigendes berichten. Die eigentliche Krankheit iſt vorüber und
ungeachtet ich täglich noch etwas Fieber habe, ſo fühle ich doch, daß
ich ſchnell zum Ziele meiner völligen Wiederherſtellung fortſchreite;
in drei bis vier Tagen hoffe ich ohne Gefahr das Bett verlaſſen
zu können.

Meine Verhältniſſe haben ſich bis jetzt noch nicht geändert,
obgleich die Aenderung ſelbſt nicht mehr zweifelhaft iſt. Scharnhorſt
hat mich nach ſeiner Rückkehr auf eine Stunde beſucht und mir unter
Anderem geſagt, daß die Sache nun nicht mehr nach der Willkür
des Prinzen aufgeſchoben werden könnte und daß ich bald eine
Cabinetsordre über meine neue Anſtellung erhalten ſollte. Ich fürchte
aber, daß die Veränderung nicht eher geſchehen wird, bis der Prinz
ſein weitläuftiges Geſchäft wegen der Wahl eines Nachfolgers beendigt haben wird. Der Prinz ſelbſt hat übrigens ſchon gegen
mehrere Perſonen geäußert, daß der General Scharnhorſt ihn gebeten
habe, mich ihm abzutreten, weil er mich brauchte und daß er es ihm
nicht habe abſchlagen können. Da er ſeit ſeiner vor zehn Tagen
erfolgten Rückkehr noch nicht bei mir geweſen iſt, weil er ſich vor
Anſteckung fürchtet, ſo hat er mir ſelbſt auch noch nicht davon ſprechen
können. Indeſſen äußert er eine große Sorgfalt für mich, verſorgt
mich mit altem Rheinweine ꝛc.

Von Petersburg iſt Alles reich beſchenkt zurückgekehrt. Mein
Stellvertreter hat unter Anderem einen Ring von 1000 Rubel

Heute hat mir Scharnhorst zum erſten Male als mein Chef eine
Arbeit überſandt, und davon ſchneide ich Dir die Unterſchrift ab,
welche unter den wenigen Mittheilungszeilen ſtand — wie machen
ſich da die Geſchäfte ſo ganz anders als wie bisher! Mir iſt, als
träte ich aus einer kalten Todtengruft in das Leben eines ſchönen
Frühlingstages zurück.

Den 24. Februar.

Deine Prinzeſſin iſt ſo gnädig, mir zuweilen Kuchen zu ſchicken,
und auch mit recht ſchönem Thee, den ſie eben aus Rußland erhalten
hatte, hat ſie mir ſchon ein ſehr angenehmes Geſchenk gemacht. Auch
die Prinzeſſin Louiſe ſchickt mir faſt täglich etwas. Mein ehemaliger
Herr und Gebieter fährt fort, mich täglich mit ſeinem Beſuche zu
beehren und ſehr freundſchaftlich zu ſein.

26.

K., den 4. März 1809.

Mit meiner Reconvalescenz geht es ſehr gut. Seit acht Tagen
gehe ich aus und es bekommt mir vortrefflich.

Am 27. v. M. iſt Prinz Auguſt von hier abgereiſt und ich bin
nun ganz mein eigner Herr! Selten habe ich vom General Geſchäfte,
die auf der Stelle abgethan ſein müßten, ſondern die meiſten meiner
Arbeiten ſind von der Art, daß ich ſie bei mir und zu jeder mir
gefälligen Stunde verrichten kann. Wie wohl mir iſt, kann ich nicht
beſchreiben. Vor einigen Tagen habe ich bei Prinzeß Louiſe gegeſſen,
die ſehr freundlich gegen mich war.

Ueber unſer Schickſal denke ich ſo ſchwarz und hoffnungslos als
möglich, und wahrlich wir verdienen kein beſſeres Schickſal. Das
arme deutſche Vaterland! Es ſoll ſein ſtolzes Haupt beugen und
wenigſtens auf eine Zeitlang die Unabhängigkeit verlieren und die
Selbſtſtändigkeit, die in ſeinem zweitauſendjährigen Daſein unverletzt
blieb. So will es das Schickſal und es iſt unmöglich, dagegen
aufzukommen, denn zehnmal unüberwindlicher als die äußere Gewalt
iſt das Gift unſerer Erbärmlichkeit, was unaufhörlich die geſunden
Theile benagt und jede Geneſung unmöglich macht. So falle denn,
was zum Fallen beſtimmt iſt; wohl denen, die mit unter den
Trümmern begraben werden!

27.

R.*), den Du kennen gelernt, ist ein Mensch voll Verstand und von schönen Eigenschaften, die ihn mir sehr achtungswerth machen; aber eine große Gewandtheit des Verstandes, die er besitzt und mit welcher er Jedermann zu behandeln weiß, macht, daß man auf seiner Hut gegen ihn sein muß. Schill kenne ich gar nicht, er hat aber natürlich darum doch die größten Ansprüche auf meine Achtung. Der elende Geist, der sich in der Meinung Vieler über ihn verkündet, ist mir gar nichts Neues. Ueberhaupt läßt sich von dem Geiste des Allgemeinen wenig Gutes sagen, der in Euren Gegenden etwas besser sein mag, hier aber so traurig ist, daß man seinen Blick nur unaufhörlich davon abwenden muß. Der Geist, den Stein's imponirende Nähe zurückhielt, hat seit seiner Abreise immer mehr Raum gewonnen und ist jetzt allem Guten so sehr überlegen, daß der Sieg nicht mehr zweifelhaft sein kann. Mein Freund ist leider in allen seinen Formen so weich und schonungsvoll, daß er nur den Leuten von Geist imponirt, und darum erwarte ich auch von ihm nichts Gutes mehr. Daß ich diese Ansicht von unserer allgemeinen Lage auf meine besondere fleißig bezogen habe, und, wenngleich nicht sonderlich vorbereitet, doch gefaßt auf das Schlimmste bin, kannst Du Dir vorstellen. Gneisenau ist gestern von hier abgereist, wobei ich viel verliere, weil er fast mein einziger Umgang war. Prinzeß Louise weinte, als er von ihr Abschied nahm, in dem Gefühle, daß so endlich das letzte Gute anfinge, sich von uns zu scheiden; denn sie hat die Ueberzeugung, daß er nicht wiederkommt. In Beidem, glaube ich, hat sie Recht. Ich bin in einer gewissen Verbindung mit ihm geblieben und hoffe Nachrichten von ihm zu haben. Er ist übrigens mit einem sechswöchentlichen Urlaube nach Schlesien abgereist, wo er seine Familie und ein kleines Gut hat. Nichts ist geschehen, um ihn zu behalten, und ich glaube sogar, daß man, wenn man seinen Verlust, den man voraussehen kann, auch wirklich von der einen Seite bedauert, doch auf der anderen manche Annehmlichkeit darin sieht.

* v. Röder.

sondern zu seinen Talenten hat ihn gestürzt. Uebrigens ist es freilich immer noch besser, gute Vorsätze ohne Talent zu haben, als schlechte; man kann seinen Fall immer noch ehrenvoll nennen und die Geschichte wird ihn auszeichnen wie er's verdient.

An die Reise des Königs nach Berlin scheint jetzt gar nicht mehr gedacht zu werden, und sehen wir uns auf eine andere Art, so würde es nur auf wenige Tage sein. Das macht mir vielen Kummer, denn wie unaussprechlich glücklich könnte ich jetzt auf einige Zeit sein! Wie herzlich, wie heiß und innig wollte ich Dich, meine theure Marie, an mein Herz drücken und wie selig mich in Deinen Armen fühlen!

> Ewig starr an Deinem Mund zu hangen,
> Wer erklärt mir dieses Glutverlangen ꝛc.

Dieses schöne Schiller'sche Gedicht hat mir immer besonders gefallen, ob es gleich eines seiner frühesten ist, und darum in einer Manier, von der er sich in der Folge mit Recht entfernt hat; und nie kann ich mich der süßen Vorstellung überlassen, in den Armen meiner theuren Marie zu ruhen, ohne mich desselben zu erinnern; mein Gedächtniß hat daher mit ihm eine seltene Ausnahme gemacht, denn ich weiß es ganz auswendig.

30.

K., den 23. April 1809.

Wir haben gestern hier die halboffizielle Nachricht gehabt, daß die Oesterreicher am 10. in Hof eingerückt wären, woraus denn die Feindseligkeiten von selbst folgen würden, so daß man jetzt täglich einer Nachricht von der ersten bedeutenden Kriegsbegebenheit entgegensieht. Etwas ganz Großes dürfen wir freilich nicht eher erwarten, bis uns die Zeitungen des Kaisers Abreise aus Paris oder seine Ankunft in Deutschland gemeldet haben. — Welch ein wichtiger Augenblick ist der jetzige! Unendlich viel interessanter als die von 1805 und 6, theils weil er einer großen Umwälzung der Dinge um so viel näher steht und, nach aller menschlichen Klugheit zu urtheilen, der nächste und letzte große Moment ist, den es noch vor dieser Umwälzung gibt, theils weil mancher große Umstand jetzt mehr gegründete Hoffnungen gibt als damals. Der Kampf der ganzen spanischen Nation um Selbstständigkeit, die große Anstrengung Oesterreichs und seine Vorsicht, die Stimmung Deutschlands, die verhältnißmäßig große Schwäche der französischen Militärmacht, alles das sind große Grundzüge, welche wenigstens zu dem Glauben berechtigen, daß nicht Alles mit wenigen großen Schlägen abzuthun sein wird; und in der Dauer des Kampfes liegt unvermeidlich der Untergang des französischen Uebergewichts und also die Rettung des Vaterlandes. Wie hatten wir in irgend einem Zeitpunkte seit dem December 1805 hoffen dürfen, daß in so kurzer Zeit durch die eigenen Fehler Bonaparte's ein so schöner Moment herbeigeführt werden würde? Ein Moment, in welchem es erlaubt wäre, an allgemeine Rettung zu glauben? Und dieser Moment ist wirklich gekommen, obgleich mehr vom Schicksale als durch die Klugheit der Menschen herbeigeführt. Auch baue ich wenig auf die Klugheit der Gouvernements in ihrem Handeln für die nahe Katastrophe; denn so gut auch die österreichischen Vorbereitungsanstalten gewesen sind, so zeigen sie doch übrigens keine große Intelligenz, und ihre Ansichten sind viel zu eng und klein. Aber es ist zu hoffen, daß, wenn die französische Macht auf einzelnen Punkten erliegen und dadurch den Siegen das Gleichgewicht gehalten werden wird, welche Bonaparte auf andern erfechten möchte, der Sinn der deutschen Völker zum Widerstande erwachen wird. Tirol wird sich schnell in die Arme der Oesterreicher werfen, Hessen, das nördliche Deutschland und Franken werden voll Unruhe und Bewegung sein; der König von Westfalen wird das erste Opfer dieser Bewegungen werden, und wie wenig auch das Alles zu sein scheinen wird, so wird es doch mehr bedeuten als man glaubt. Es wird die Lage der Franzosen in Deutschland sehr schwierig machen; in Spanien aber wird es ihren Untergang herbeiführen. Schon jetzt ist die Lage der Franzosen in Spanien wenigstens nicht vortheilhaft, mit jedem Tage verschlimmert sie sich, und mit welch einem elektrischen Schlage werden sich die Spanier belebt, die Franzosen gelähmt fühlen durch des Gerüchtes Posaunenruf: Deutschland hat sich erhoben, der König von Westfalen ist entsetzt! Wenn man irgend etwas prophezeien kann, so ist es die Gewißheit, daß die Franzosen bis über die Pyrenäen getrieben werden, unter solchen Voraussetzungen. Und dieser Untergang der französischen Macht in

Spanien wird nun wieder mit erneuerter Kraft auf Deutschland zurückwirken und auf Italien, und was aus den ersten charakterlosen Bewegungen unter den deutschen Völkern bis dahin und dann sich bilden und hervorgehen wird, ist jetzt schwer vorauszusehen. Immer aber dürfen wir hoffen gerettet zu sein, wenn nach und nach, durch Zeit und Ereignisse aufgefordert und ermuntert, drei große Nationen wie die deutsche, spanische und italienische gegen ein Gouvernement auftreten. Darum flehe ich, daß uns Gott den Krieg erhalten möge, wenigstens einige Jahre!

Ueber meine persönliche Lage und Zukunft kann ich noch wenig sagen; nur zweier Dinge bin ich mir als gewiß bewußt: einmal, daß es mir unmöglich ist, gegen mein Vaterland zu fechten, und daß ich folglich, wenn der König seine Truppen für Frankreich marschiren läßt, augenblicklich den Dienst verlasse, und zweitens, daß es mir eben so unmöglich ist, ganz müßiger Zuschauer zu bleiben. Wenn ich diese Gelegenheit versäumte, meine Bestimmung zu erfüllen, hätte ich dann nicht meine ganze frühere Lebenszeit verloren, die eine bloße Vorbereitung für dieselbe war? Und wenn es erlaubt und vernünftig war, sich dieser Bestimmung ganz zu widmen, kann es dann außer ihr eine Zukunft für mich geben, der sie bloß darum nachstehen sollte, weil jene mehr Wahrscheinlichkeit eines langen Lebens in sich schließt? Der Gedanke, in meinem Berufe zu endigen, hat für meinen Verstand und für mein Gefühl so viel Befriedigendes, daß ich im schlimmsten, unglücklichsten Falle, in dem wenn ich frühzeitig ein Krüppel werden sollte, es nie bereuen würde, meiner Bestimmung auf dem geradesten Wege nachgegangen zu sein. Cato von Utica weigerte sich, den Jupiter Ammon zu fragen, ob er, Cato, lieber bewaffnet, aber frei umkommen, als seine Mitbürger in Knechtschaft sehen wollte, ob das Leben an sich einen Werth habe oder einen bekomme, wenn es lange währt, und ob die Dauer einen Unterschied darin macht; sein Herz allein beantwortete ihm diese Fragen und es bedurfte keines Orakelspruches außer seinem Innern. — So glaube ich denn auch dreist jener Ansicht Alles unterordnen zu müssen, was gemeine Menschen Klugheit nennen. Doch ist Leichtsinn und Unbesonnenheit nicht in meinem Charakter; darüber bist Du gewiß beruhigt, theure Freundin, und mit diesen Ansichten wirst Du denn auch nie überrascht

fein durch das, was die Ereigniſſe in ihrem unvorhergeſehenen Laufe
zu thun mich veranlaſſen und was ich ſelbſt nicht voraus beſtimmen
kann. Daß ich nie etwas thun werde, wodurch ich Deiner unwürdig
mich machte, iſt ein Bewußtſein, was ſchon in dem Gefühle meines
moraliſchen Daſeins für mich liegt.

Ich habe bei dieſem Gegenſtande ſo lange verweilt, weil die
Zeiten es nothwendig machen, und manche Urtheile, die ich in ſolchen
Dingen hier von Perſonen höre, die ich ſehr hochachte, mich ſehr
frappiren. Dahin gehört unter anderen folgendes Beiſpiel. Der
Major Grolmann und der älteſte von den im Militär ſtehenden
Dohna's, den der König vor kurzem ſehr ſchnell avancirt und zu
ſeinem Flügeladjutanten ernannt hat, haben um ihren Abſchied
geſchrieben. Sehr viele Menſchen haben dies ſcharf getadelt und
unter anderen hat eine Frau*), die wir beide ſehr hochachten, es
undankbar und ſchlecht genannt. Mich hat dies Urtheil überraſcht
und tief bewegt, denn es iſt, recht gelinde geſagt, doch ſehr einſeitig
und zeigt, daß ſelbſt der hohe Geiſt und Sinn dieſer Frau nicht
frei bleibt von den Eindrücken ihrer gewöhnlichen Umgebungen. Iſt
es denn undankbar und ſchlecht, daß Grolmann, der unſerem Staate
gar keine beſonderen Verbindlichkeiten hat, die Kraft und das militäriſche Talent, die er in einem hohen Grade beſitzt, nicht ruhen
laſſen, ſondern zum Beſten des deutſchen Vaterlandes verwenden will?
Daß er eine ruhige, bequeme Situation verläßt, um ſich in die
Gefahren einer außerordentlichen kriegeriſchen Laufbahn zu werfen,
zum Beſten desjenigen Intereſſes, was keiner von unſeren Fürſten
als das ſeinige verkennen kann? Iſt es undankbar oder ſchlecht, daß
der junge Dohna eine bequeme und nach unſeren Begriffen ſelbſt
ehrenvolle Lage verläßt, um ſich im Kriege diejenigen Eigenſchaften
zu erwerben, durch die allein er ſeinem Könige recht nützlich werden
kann? Wahrlich! es werden noch Viele in ähnlicher Abſicht den
Abſchied nachſuchen und das ſind, denke ich, nicht die ſchlechteſten.
Die aber, welche ſich aus lauter Anhänglichkeit an den König nicht
von ihrem Gehalte und aus einer geſicherten Anſtellung losreißen
können, die aus lauter Patriotismus lieber auf Parade gehen als
zur Schlacht, die den Namen Preußen unaufhörlich im Munde führen,

* Prinzeſſin Radziwill.

damit der Name Deutsche sie nicht an schwerere, heiligere Pflichten
mahne, sind schwerlich die Besten. Mich wird, wenn ich früh oder
spät Gelegenheit finde, den Degen mit der Feder zu vertauschen und
hineile an den Altar des Vaterlandes, mein Blut freudig zu vergießen, auch ein solches Urtheil treffen, obgleich man mich weder so
vermissen wird wie Grolmann noch für so begünstigt halten kann
wie Dohna; doch darum ist es nicht, daß mir dies Urtheil wehe thut;
denn was meine Person betrifft, so bin ich sehr gleichgültig dagegen
und spotte im Innersten meines Herzens über die thörichte Verblendung;
aber dergleichen Meinungen sind ein nur zu richtiger Barometer des
Egoismus, mit dem man hier geschwängert ist, nicht achtend, nicht
fühlend, nicht ahnend den mächtigen Ruf zu einer großmüthigen
Anstrengung, den das Beispiel anderer edler Völker und die eigene
Gefahr an uns ergehen läßt.

31.

K., den 6. Mai 1809.

Ich kann mir die Sorgen und die Betrübniß denken, in der Du,
geliebte Marie, diese Tage verlebst, und ich theile sie wahrhaft und
tief in allen Beziehungen. Mangel an Nachrichten von Deinem
Bruder, fürchte ich, wird Deine Mutter und Dich vorzüglich quälen;
darüber kann ich nun freilich nichts Tröstliches sagen; doch erlaube
mir die Bemerkung, daß, so viel wir hier Nachrichten haben, er
wahrscheinlich nicht mit auf dem rechten Donauufer gewesen ist, wo
jene anhaltenden blutigen Gefechte vorgefallen sind, und daß er überdies als Cavalerieoffizier in solchen Lagen weniger Gefahr ausgesetzt
ist wie der Infanterist und Artillerist.

Gestern ist hier die Nachricht von der endlichen Entscheidung
dieses langen blutigen Kampfes an der Donau angekommen, und
ungeachtet sie noch vollkommen einseitig ist, so lassen doch einzelne
Merkmale nicht bezweifeln, daß dieser Erfolg im Ganzen gegen die
Oesterreicher gewesen ist und zu den sehr entscheidenden gehört.
Damit ist indessen nicht gesagt, daß ich die gute Sache für verloren
halte; auch abgesehen davon, daß bei einem wahrhaft energischen
und genialischen Betragen von Seiten der Deutschen, jetzt der rechte

Moment fein würde, die allgemeine Rettung zu bewirken, so sind
doch, wenn die Umstände nicht gar zu schlecht sind, wozu es in der
That nicht das Ansehen hat, noch so viele Schwierigkeiten vorhanden,
welche sich dem Ueberwinder entgegenstellen, daß wir gar noch nicht
verzweifeln dürfen. Aber es ist thöricht, mich in Muthmaßungen
zu verlieren, während Du selbst schon das Weitere historisch erfahren
haben wirst.

Ich denke, jetzt wird es auch für mich bald Zeit sein, mit den
höchsten Anstrengungen dem höchsten Ziele des Lebens nachzuringen.
Unter beständigen Gefahren, auf ewig von Dir getrennt zu werden,
hoffe ich mit schnellen Schritten zu Deinem Besitze zu gelangen. Was
Anderes ist dazu erforderlich als desselben würdig zu werden? Das
Schicksal bietet seine mächtige Hand und ich bin entschlossen, sie
zu ergreifen.

Eine Veränderung meiner Lage muß Dich freilich mehr beunruhigen
als mich selbst, weil Du mit dem Gedanken daran weniger vertraut
bist als ich. Besonders seit meinem Hiersein bin ich mit dieser
Vorstellung stets beschäftigt gewesen, so daß sie jetzt nichts Ungewöhnliches mehr für mich enthält. Ich glaube, daß schon die inneren
Verhältnisse, welche hier herrschen, mich veranlassen werden, den hiesigen
Dienst zu verlassen, und ich bitte Dich, theure Freundin, über diesen
Schritt, wenn er gethan ist, nicht zu erschrecken; denn es müßte doch
ein gewaltiges Unglück sein, wenn ich nicht bald wieder eine zweckmäßige Thätigkeit finden sollte, in einem Augenblicke, wo sich so
Vieles zuträgt. In solchen Zeiten vermag der Mensch viel durch
sich selbst.

32.

K., den 10. Mai 1809.

Da es beim allgemeinen Kriegsdepartement mein Geschäft ist,
wöchentlich zweimal eine übersichtliche Darstellung der stattgehabten
Kriegsereignisse zu geben, so bin ich ziemlich davon saturirt; mache
Dir also nicht die Mühe, mir Tagesberichte u. dgl. schriftlich mitzutheilen. Es ist jetzt ein Zeitpunkt augenblicklicher Ruhe eingetreten.
Die Oesterreicher haben im Allgemeinen nicht glücklich gefochten und
sind deswegen von der Offensive auf die Defensive geworfen worden.

Wenn sie doch eine Schlacht verlieren sollten, so bin ich sehr zufrieden mit dieser. Ihre Stellung in der Oberpfalz mit dem rechten und zwischen dem Inn und der Isar mit dem linken Flügel ist sehr kühn und beweist, daß sie keineswegs en déroute sind. Von dieser Stellung aus und mittels Tirols können sie die französische Armee zwingen, das ganze Baiern jenseit der Donau zu verlassen. Freilich hängt aber Vieles von der Geschicklichkeit ab, mit der sie Gebrauch machen von dieser vortheilhaften Stellung ihrer Streitkräfte. Doch wer weiß, wenn Du diesen Brief erhältst, mag Alles schon wieder anders gestaltet sein.

Schill's That wird hier vom Militär allgemein verdammt, und die alten Herren schnauben vor Wuth, nicht allein gegen ihn, sondern auch gegen seine ehemaligen Protectoren. Chasot ist hierher berufen worden, weil Hünerbein ihn heimlich angeklagt hatte. Dieser, Tauentzien, Röckeritz, F.-M. Kalckreuth haben hier am meisten Einfluß; der General ist krank, finster und ganz in sich gekehrt; der König scheint kaum Notiz von ihm zu nehmen.

Schill's That flößt mir großen Respect für ihn ein, denn sie zeugt von ungewöhnlicher Geistesstärke. Ungeachtet ich an seiner Stelle nie so angefangen haben würde, so wird er doch in meinen Augen dadurch kein schlechter Mensch; wie ihn hier Diejenigen nennen, die im rechten Gegensatze sich für Freunde des Königs und Vaterlandes ausgeben. Das Ende krönt die Tugend und macht sogar zur Tugend, was wir im Anfange für eine Verletzung des Rechtes und des Pflichtgefühls halten. Es scheint, daß die Herren vom alten Schlage hier vorzüglich die Schrecken einer Revolution fürchten und darum so lange und blasse Gesichter machen. Diese Unruhen, die jetzt eintreten, haben wir vor sechs Monaten prophezeit, als man den Tractat unterzeichnete; damals aber wollte niemand hören; jetzt ergreift man Menschen und Mittel, die die Sache noch verschlimmern werden.

33.

K., den 15. Mai 1809.

Als Röder hier war (denn es ist meine Absicht, förmlich wie Erzherzog Karl, ein übersichtliches Bulletin über meine Gesundheit zu geben, um den übertriebenen Gerüchten zu widersprechen), hatte

ich wirklich eine sehr böse Periode. Nicht daß der Husten gefährlich
gewesen wäre, aber weil das abwechselnde und schlechte Wetter mich
nicht aufkommen ließ. Was mich, wenn man in diesen Zeiten so
viel auf sich Achtung gäbe als sonst, wirklich erschreckt haben würde,
war der gänzliche Verlust meiner ehemaligen Farbe, so daß ich oft
leichenblaß aussehen konnte, wozu noch ein ganz erdgelber Teint kam;
auch fühlte ich mich oft so krank, daß ich glaubte, den anderen Tag
nicht mehr aufstehen zu können. Seit aber das schöne Wetter beständig geworden ist, ist auch mir neue Lebenskraft zugeströmt und
Du würdest mich vielleicht jetzt wohler aussehen finden als je. Sogar
mein schlimmer Hals, den ich seit zwei Monaten habe, fängt an
sich abzuziehen, und ich trage in mir ein Gefühl von Gesundheit und
Lebenskraft, wie ich es nie gehabt habe, gleichsam als wollte die
Natur mich vorbereiten und ausstatten zu der entscheidenden Periode,
die in der nahen Zukunft zu liegen scheint.

Ob ich bei der Prinzessin Wilhelm noch recht in Gnade stehe,
bezweifle ich, denn sie fängt an die Integrität ihres Urtheils zu
verlieren, und sollte ich mich veranlaßt sehen, den Abschied zu fordern,
so wird es gar vorbei sein. Sie meint sich zugleich mit auf das
Urtheil des Generals zu stützen, aber so durchaus edel und rechtschaffen
dieser ist, so ist er doch nicht so einfach und plan, wie er scheint,
und ein viel zu vollkommener Wilhelm von Oranien, um von einer
Frau ganz durchschaut zu werden, die ein viel zu herrliches Gemüth
hat, um das mannichfaltige Gewebe in den Verhältnissen der Geschäfts-
menschen zu durchschauen.

Eben kehre ich von einem Spazierritte zurück durch die sehr angenehme Landschaft, die Königsberg von der einen Seite umgibt. Ich
habe mich nie froher und freier den schönen Eindrücken der Natur
und des Frühlings hingegeben als heute, mich nie glücklicher gefühlt
und nie ruhiger über die Zukunft. Wenn mein Leben einem großen
und ernsten Drama ähnlich werden sollte, so müßte ich befürchten,
mich nahe vor einer Katastrophe zu befinden; denn dieses frohe
Lebensgefühl, diese heitere Ansicht, die mich mit höchster Unbefangenheit durch das Leben führen will, sieht fast aus wie das Ende eines
vierten Aktes.

Den 16 Mai.

Gestern haben wir hier die Nachricht erhalten, daß Erzherzog Carl über Budweis marschirt, um sich mit Hiller zu vereinigen und den Franzosen noch zuvorzukommen. Dies hat einen großen Theil meiner Hoffnungen niedergeschlagen. Hätte der Erzherzog diese Maßregel wählen wollen, die nicht die beste an sich ist, wozu ihn aber dringende Umstände auffordern können, so hätte er nicht mehrere Tage in Unentschlossenheit verlieren müssen. Jetzt wird er seine Armee durch forcirte Märsche in gebirgichten und armen Gegenden ruiniren, und kommt es dann endlich zum Gefechte, so ist großes Unglück zu erwarten. Aber bei allem dem stehen den Oesterreichern noch große und sehr allgemeine Vortheile zu Gebote; nicht leicht habe ich ein Land in der Kriegsgeschichte in einer so vortheilhaften Lage gesehen. Aber ein ganz klein wenig Genie ist nöthig; wenn der Erzherzog so fortfährt, wie er beginnt, so wird das herrliche Gebäude von Oesterreichs (fehlt das Schlußblatt).

34.

K., den 21. Mai 1809.

So wie die Angelegenheiten jetzt stehen, ist nichts zu thun als gefaßt zu sein und muthig zu hoffen; denn es sind noch große Motive da, den besten Ausgang zu hoffen; aber freilich liegen sie in den bloßen Verhältnissen, nicht in den Menschen; jene sind unbeschreiblich günstig und scheinen vom Schicksale recht herbeigeführt, um große Zwecke zu erfüllen, diese sind überall weniger als sie sein sollten, auf einigen Punkten aber des Zeitalters ganz unwürdig. Wegen dieses großen Gegensatzes ist es, daß ich das Schicksal unserer Generation für so unentschieden noch halte, und meine, es sei gleich thöricht, an Allem zu verzweifeln, wie die thun, welche nichts wie die Schwachheit der Menschen und ihre Schlechtigkeit richtig beurtheilen (vermuthlich weil sie dabei in ihr eigenes Innere schauen), große Verhältnisse aufzufassen und zu würdigen aber aus Dummheit oder Unwissenheit ganz unfähig sind, oder an unsere Rettung durch ein Wunder zu glauben, wie die thun, die sich wenig um den Gehalt derer bekümmern, in deren Händen unser Schicksal niedergelegt ist.

Die Volksbewegungen in Deutschland scheinen nach und nach aufzuhören und Alles sich nach einem schwachen Versuche willig in's alte Joch zu schmiegen. Aber ich bin weit entfernt, diesem Scheine zu trauen; ich glaube daß der Gährungsstoff überall zu tief liegt und in zu großer Masse vorhanden ist, um nicht noch ganz andere Erscheinungen hervorzubringen als die bisherigen. Einer großen und allgemeinen Revolution kann Europa nicht entgehen, es mag Sieger bleiben wer da will; nur wird sie gewiß weniger blutig und von kürzerer Dauer sein, wenn Oesterreich und Deutschland den Sieg davon trägt. Im anderen Falle könnte leicht unsere Generation zu Grunde gehen, ehe die wahre Krisis einträte. Von dieser großen und allgemeinen Revolution (die, nebenher gesagt, eben keine französische zu sein braucht) würde selbst eine allgemeine Insurrection der deutschen Völker nur ein Vorläufer sein. Nur die Könige, die in den wahren Geist dieser großen Reformation einzugehen, ihr selbst voranzuschreiten wissen, werden sich erhalten können. Wie erbärmlich müssen einem die unwissenden, gedankenlosen Geschöpfe erscheinen, die, noch dazu in geringer Anzahl, diese allgemeine Fluth aufhalten wollen, von der nur wenige Tropfen ihre delicaten Kleider benetzt haben; wehe den Königen, die ihren Rathschlägen sich hingeben! Alles ist kleinlich und beschränkt, was jene Menschen thun und was sie von der Sache einsehen. Sie betrachten als das Werk schwacher Parteien und elender geheimer Verbindungen, ja gar einzelner Menschen, was die nothwendige Folge von fünfzigjährigen Begebenheiten und hundertjährige Geistesfrucht ist, was der Drang der Zeit mit Allgewalt herbeiführt; die Thoren glauben, es sind die Schwimmer, welche den Fluß hinabziehen, statt daß der Strom die Schwimmer trägt. So wie ihre Einsichten sind, so sind ihre Maßregeln. Indem sie kleinliche Kabalen gegen die Männer der Zeit und des großen Schicksals anlegen, glauben sie diesem Schicksale selbst den Fuß unterzuschlagen. Ach es wird sich nur zu fürchterlich an ihnen rächen! Ja wenn sie mit Simson's Kraft die Säulen umrissen, welche das große Schicksal unserer Zeit sich selbst zur Stütze dahin gestellt hat, was würden sie Anderes bewirken, als daß es trümmernd niederstürzt und sie selbst zerschmettert? Egoismus, Zweck und Nutzen der Einzelnen nennen diese Menschen, was doch kein Einzelner weder zu bewirken noch zu verhindern vermag, und wobei ein jeder ungefähr dieselbe Gefahr läuft. Du lieber Himmel, ich finde in dieser Beziehung so wenig wichtig, was der Einzelne thut, daß ich mich, wenn eine heftige Gährung bei uns unter dem Volke ausbrechen und die Person des Königs in Gefahr bringen könnte, mit Freuden in den wilden, Haufen stürzen und für den König sterben würde; ich würde weder hoffen noch fürchten, dadurch eine Revolution rückgängig zu machen, die ganz andere Gegenmittel erfordert als die heroische Aufopferung Einzelner; darum würde ich aber auch sagen: Was ich jetzt thue, geschieht aus Stolz, um zu zeigen, daß ich einer noblen Aufopferung für Ew. Majestät Person fähig bin, aber Sie sind ein verlorner Mann, wenn Sie auf solche Mittel rechnen.

Hier ist ein wissenschaftlicher Verein, dem Andere den Namen Tugendverein gegeben haben, und von dem man nun als von einer geheimen revolutionären Gesellschaft die schrecklichsten Dinge fürchtet. Ich kenne diese Gesellschaft nicht und habe auch nicht die mindeste Lust, Theil an geheimen Verbindungen der Art zu haben, die mir alle zuwider sind; aber was ich von Anderen gehört habe, läßt fast keine Zweifel, daß der ganze Spuk nur von einigen ränkevollen Köpfen, wie z. B. Hünerbein ist, ausgeht, um die armen Menschen in Schrecken zu setzen und sich dabei wichtig zu machen. Dieser sogenannte Tugendverein scheint sogar etwas ziemlich Flaches und Ideenloses zu sein.

Schill's That hat im Lande allgemeinen Enthusiasmus erregt; das hiesige Militär aber hat viele Personen, die sie nicht bloß als Offiziere verdammen, denn das mag recht sein, sondern noch so erbittert darüber sind, daß sie nicht wissen, ob sie in dem Kampfe dem Schill oder den Franzosen den Sieg gönnen sollen.

Mir ist in Sterne's Tristran Shandy, in welchem ich abends zu meiner Recreation blättere, eine herrliche Stelle aufgefallen, die ich auf Schill anwende. Er sagt, als sein Onkel Toby einen derben Fluch in edler Absicht ausstieß: Der anklagende Geist, welcher mit dem Schwure zur Kanzlei des Himmels flog, eröthete, als er ihn abgab — und der protocollirende Engel, da er ihn eintrug, ließ eine Zähre auf das Wort niederfallen und löschte es aus auf ewig. Aber die Erde hat

Menschen, die nicht erröthen, wenn sie so anklagen, und die niederschreiben, nicht mit Thränen, sondern mit Grinsen.

Den 22. Mai.

Mein General ist wiederhergestellt, arbeitet aber noch nicht. —
Gneisenau wird in einigen Tagen wieder hier eintreffen, worüber ich
mich wenigstens insofern freue, als es mir die Gegenwart angenehmer
macht. Er ist übrigens Oberster geworden.

Was ich jetzt von den Maßregeln der Oesterreicher höre, ist nicht
besonders und kann zu neuen großen Unglücksfällen führen. Die
Vertheidigung Wien's ist zwar ein vortrefflicher Entschluß, aber er
müßte von einem hohen Grade von Energie und Aufopferung
unterstützt und von anderen Maßregeln der Armee begleitet werden.
Wenn wir nicht bald etwas Entscheidendes aus Schwaben und Baiern
hören, so scheitern die schönsten unserer Hoffnungen.

35.

K., den 28. Mai 1809.

Die Tochter des Generals Scharnhorst ist die verlobte Braut
des zweiten Dohna (es ist der, den Du zuletzt in Berlin gesehen);
es ist zwar noch nicht öffentlich bekannt, da es aber mit allen
gehörigen Einwilligungen geschehen ist, so wird das junge Braut-
paar es bald selbst bekannt machen. Ich beneide sie um dies Glück
in hohem Grade, und die Art, wie er mir darüber gesprochen hat,
war meinen Ansichten so genau angemessen, daß es meinen Neid um
so eher erregt hat. Uebrigens kann ich mir das Glück ihrer Liebe
recht lebhaft denken, denn sie sind beide so reine und gemüthreiche
Menschen, wie man selten findet. Von Seiten der Dohna'schen Eltern
hätte man vielleicht mehr Schwierigkeiten vermuthet, aber der alte
Graf Dohna war von dem Mädchen selbst so sehr eingenommen und
achtet den Vater so sehr, daß daraus vermuthlich eine wirksame
Fürsprache entstanden ist.

Den 29. Mai.

Gneisenau ist wieder hier, was mir viele Freude macht; auch daß
Knesebeck gerufen ist, ist mir sehr angenehm, ob ich gleich in keiner

genauen Bekanntschaft mit ihm bin; denn so sind immer zwei geistreiche Militärs mehr hier. — Endlich ist eingetreten, was ich so lange befürchtet habe. General Scharnhorst hat dem Könige um seine Entlassung von seiner jetzigen Stelle geschrieben. Ein zweiter Schritt, fürchte ich, wird diesem ersten bald folgen, nämlich die Bitte um Entlassung aus dem Dienste. Knesebeck ist wahrscheinlich gerufen, um den Vortrag beim Könige zu bekommen. Jetzt schließt sich erst mein Herz mit neuer jugendlicher Wärme an den theuern Freund, den Führer meiner Jugend, und ich fühle mich so stolz auf dieses Bündniß, daß mir das Leben darin einen neuen Glanz zu haben scheint. Noch nie hat es der König gewagt, uns, die wir kräftige Maßregeln wollten, von jedem Privateigennutze weit entfernt, voll hehren Gefühls der Aufopferung für König und Vaterland waren und immer eine offene Stirn und Sprache führten, anders als die gute Partei zu nennen. Mag er sich auf seine eigene Gefahr von dieser guten Partei losreißen, weil er mehr Verstand zu haben glaubt als sie; wir dürfen dreist an die Zukunft appelliren. Gneisenau hat sich vorzüglich schön benommen bei dieser Gelegenheit.

36.

K., den 9. Juni 1809.

Die politischen Angelegenheiten stehen, so viel ich davon einsehe, trotz der gewonnenen Schlacht sehr schlecht. Die mächtige und große Basis meiner Hoffnungen war in der unglaublich günstigen Lage der Provinzen vorhanden. Diese wird theils gar nicht benutzt, theils schlecht, theils wird sie sogar zerstört. Daß Kollowrath gegen Sachsen und Württemberger nichts ausrichten kann, daß man in Tirol nicht stark genug ist, um den Baiern den Eingang zu verwehren, endlich und vor allem aber, daß der Erzherzog Johann die italiänischen Pässe unvertheidigt läßt, Tirol abandonnirt und sich (wie es mir höchst wahrscheinlich ist) über Ungarn zurückzieht, ist doch wirklich schlechter als ich's erwartet habe. Gegen solche Efforts der Kleinlichkeit und Zaghaftigkeit vermag dann freilich keine vortheilhafte Gestalt der Dinge etwas auszurichten, und Alles muß zu Grunde gehen. So wie der Besitz von Tirol mehr war als ein glänzender

Sieg, mit dem Erzherzog Carl den Feldzug eröffnet hatte, so ist dieser Rückzug von der italiänischen Grenze bis gegen Wien mehr als eine entscheidende Niederlage. Wir dürfen großen und schrecklichen Resultaten entgegensehen; obgleich noch in diesem Augenblicke die ungeheuren Vortheile der österreichischen Lage zwar im Verschwinden, aber noch nicht ganz verschwunden sind.

Schill's Untergang hat mir eine sehr wehmüthige Empfindung erregt. Ich würde zwar an seiner Stelle von Hause aus anders operirt haben, aber doch muß ich sagen, er hat seinen Weg mit großer Consequenz und Klugheit verfolgt und ich bin gar nicht der Meinung der Berliner; übrigens kann ich mich irren, denn in solcher Entfernung ist es schwer, über dergleichen zu urtheilen; wenn er Fehler gemacht hat, so scheinen sie vorzüglich in seinen Anstalten, um den Feind zu empfangen, zu liegen. Uebrigens ist sein Schicksal beneidenswerth, denn er hat ruhmvoll gelebt und geendet. Sein Tod geht mir nahe, als wäre mir mein liebster Bruder gestorben.

Der General ist aufs Land gezogen; er hat sich von den Geschäften so viel als möglich losgemacht; ich freue mich darüber, denn es wird ihm wohl thun.

So schwarz die Zukunft sich bewölkt, so bleibt mir doch ein Grad von Muth und Lebenskraft, der fast anfängt, mit meiner calculirenden Vernunft in Widerspruch zu gerathen, der mir aber darum doch ein sehr willkommener Freund ist. Mußte man denn eben ein niedergedrückter Hypochonder sein, um in Utica zu enden? Vielleicht stirbt sich's sogar am schönsten, wenn die Lebenskraft am höchsten gestiegen ist.

37.

A., den 15. Juni 1809.

Ich höre mit Vergnügen, theuerste Freundin, daß Dein Bruder nach sehr späten Nachrichten sich wohl befindet und daß er sich sehr ausgezeichnet hat. Das Letztere habe ich von ihm erwartet, denn er hat ungemein das Ansehen dazu. Ich theile aufrichtig die Freude, die diese Nachrichten Dir und Deiner Mutter bereitet haben werden. Gott gebe, daß seine Laufbahn nicht unterbrochen werde durch ein beständiges Fortschreiten des widrigen Schicksals, welches bis jetzt die Vertheidiger unseres Vaterlandes verfolgt hat. Wir leben in bangen Erwartungen der Ereignisse, welche jetzt vorbereitet werden.

Heute ist hier ein Oberst Steigentesch aus dem österreichischen Hauptquartiere angekommen; man kennt den Gegenstand seiner Sendung nicht, an Nachrichten aber hat er nichts Bedeutendes mitgebracht; bis zum 8. Juni war nichts vorgefallen; aber die Stimmung der österreichischen Armee und die Vortheile des Sieges in dieser Rücksicht schildert er als ganz ausgezeichnet.

Den 19. Juni.

Ich glaube, daß jetzt der Zeitpunkt gekommen ist, in welchem ich für mich handeln muß, wenn ich nicht meine Bestimmung und meinen Zweck aus dem Auge verlieren will. Zur Sache. Mein Entschluß ist, die österreichischen Dienste zu suchen. Wollte ich dies schriftlich thun, so wäre das, wie es scheint, so gut, als wollte ich gar nichts thun. Denn, weil ich in einem schriftlichen Ansuchen nicht Gelegenheit haben würde, die wenigen Hülfsmittel, die mir zu Gebote stehen, nämlich vortheilhafte Empfehlungen, zu benutzen, und weil überhaupt dergleichen Gesuche, wenn nicht andere Gründe sich darein mischen, lau aufgenommen und abgeschlagen werden; so wäre ich einer abschlägigen Antwort fast gewiß, und dann wäre es zu spät, persönlich darum zu bitten. Gehe ich aber, versehen mit guten Empfehlungen, selbst hin, so wird man mich nicht leicht ganz unangestellt lassen, und, kann ich keine gute Anstellung bekommen, so ist die schlechteste noch immer so viel werth, als das, was hier meiner wartet. Es scheint mir daher rathsam, das Wagstück zu machen und hier den Abschied zu nehmen, ehe ich dort einer Anstellung ganz gewiß bin. Ohne Wagen kommt man nicht vorwärts in der Welt. Grolmann ist, wie wir durch den Oberst Steigentesch erfahren haben, als Major angestellt und thut beim Generalstabe Dienste; der Erzherzog Carl ist mit dieser Acquisition ungemein zufrieden. Seine Anstellung scheint vor allem Uebrigen Wessenberg's Empfehlung bewirkt zu haben. Was ich nun thun kann, um mein Schicksal weniger ungewiß zu machen, ist Folgendes. An Grolmann schreiben und ihn von meinem Entschlusse benachrichtigen; vielleicht hat er Gelegenheit, etwas für mich zu thun; mir von der Prinzeß Louise eine Empfehlung an einen oder den andern der österreichischen Vornehmen zu verschaffen;

Steigentesch von meinem Entschlusse zu unterrichten, ihn um Rath zu fragen und mich ihm durch meine hiesigen Freunde empfehlen zu lassen; endlich eine Empfehlung an und eine von Wessenberg zu suchen. An Grolmann habe ich bereits geschrieben und werde den Brief durch Steigentesch besorgen; die Empfehlung von Prinzeß Louise hat keine Schwierigkeit; Steigentesch's Bekanntschaft habe ich heute im Radziwill'schen Hause gemacht, morgen esse ich mit ihm bei Gneisenau und dann werde ich zu ihm gehen, um ihm meine Angelegenheit vorzutragen. Er äußerte heute bei Tische, daß es für bewährt gute Offiziere keine Schwierigkeiten habe, angestellt zu werden; er selbst habe zwei aus Schlesien ohne Weiteres zu Regimentern geschickt, die unter seiner Disposition stehen und bei welchen Vacanzen sind. Das Letztere wäre nun zwar nicht sonderlich in meinem Plane, weil ich doch wenigstens den Versuch machen möchte, beim Generalstabe angestellt zu werden, indessen ist es ein Nothbehelf, der doch immer einige Sicherheit gewährt. Wegen Wessenberg's werde ich heute an Röder schreiben, theils zu erfahren, was Wessenberg wegen einer Anstellung überhaupt meint, theils, um mich ihm durch Röder empfehlen zu lassen. Vielleicht ist Louise*) noch in Berlin und in der Lage, ihm gleichfalls von mir und meinem Wunsche sprechen zu können. Ein wie großer Freundschaftsdienst mir dadurch erwiesen werden würde, kannst Du Dir leicht vorstellen. Diese Negotiation muß ich Dir, theure Freundin, überlassen; ganz Deinem eigenen Takte muß ich anheimstellen, ob Du Wessenberg von mir sprechen kannst, was mir aber nicht wahrscheinlich ist. Sehr angenehm würde es mir sein, wenn er mich wie Grolmann als Courier zum Erzherzoge schicken wollte; über alles dies, theure Freundin, sehe ich Deinem Rathe und Deiner Antwort mit Ungeduld entgegen. Ich muß über all diese Sollicitationen lachen, die ich in Bewegung setze, da es in meinem Leben das erste Mal ist, daß ich dergleichen versuche; ich weiß nicht recht, wie es zugeht, aber mein auf diesem Punkte sonst so empfindlicher Stolz fühlt sich dadurch nicht im mindesten beleidigt; wenigstens bediene ich mich ihrer nicht, um ein unverdientes Glück zu erhaschen, vielmehr will ich gern Aufopferungen aller Art bringen, um mich nur edleren und strengeren Pflichten weihen zu können.

* Gräfin Voß, geb. v. Berg.

Ueber unseren Zustand hier in K. viel zu sagen, fühle ich mich
gar nicht aufgelegt; es liegt für mich ein so befriedigendes und be-
ruhigendes Gefühl in der Vorstellung, daß ich nun endlich einmal
vor- und meinem Zwecke entgegenschreiten werde, daß der Krebsgang,
den ich umgekehrt das Allgemeine hier nehmen sehe, damit einen
widrigen Kontrast macht und mich verstimmen würde. Ein paar
unwichtige Tage Egoist zu sein, ist ja wohl keine so große Sünde.
Nur so viel: Steigentesch, der in mehr als einer Hinsicht ein Mann
von Bedeutung ist, und vermuthlich die Bestimmung hatte, lange
hier zu bleiben, hat die Weisung erhalten, übermorgen von hier abzugehen. Das, denk' ich, ist genug gesagt.

38.

K., den 26. Juni 1809.

Bald nachdem ich meinen letzten Brief an Dich, theure Marie,
abgesandt hatte, fand ich Gelegenheit, mit dem Obersten Steigentesch
über meine Angelegenheit zu sprechen. Er war mit mir mehrere
Male in Gesellschaft gewesen und hatte sich, dadurch aufmerksam
gemacht, nach mir bei Gneisenau erkundigt. Gneisenau ist zu sehr
mein Freund, um nicht gut von mir gesprochen zu haben; ich fand
ihn daher sehr zuvorkommend. Er sagte, meine Anstellung, selbst im
Generalstabe, würde keine Schwierigkeit haben, im Nothfalle aber
böte er mir eine Hauptmannstelle in seinem eigenen Regimente an.
Indessen wolle er sich mit meiner Angelegenheit sehr gern beauftragen,
ich möchte nur für einige Empfehlungsschreiben sorgen; er selbst wolle
mit Wessenberg von mir sprechen und mich dem Erzherzog Carl und
dem General Wimpfen so empfehlen, wie es das Zeugniß, was mir
Gneisenau gegeben hätte, mit sich brächte; ich sollte übrigens die
Sache hier abwarten. Ueberzeugt, daß diese Art den Dienst zu
suchen, eben so wirksam sein wird als eine persönliche, habe ich sie
mit Dank angenommen und sehe mich also der Ungewißheit über-
hoben. Ich habe ihm ein Schreiben an den Erzherzog Carl mitgegeben, in welchem ich um eine Anstellung bitte, im Falle der
König mir den Abschied bewilligt. Prinzessin Louise hat an den
Grafen Bubna, Generaladjutanten des Kaisers, und an den Grafen

Stadion meinetwegen geschrieben und mich nicht schlecht gelobt; und
an den ersteren habe ich auch von Scharnhorst ein Schreiben mitgegeben. In drei Wochen kann eine Antwort zurück sein; alsdann
nehme ich unverzüglich den Abschied und gehe, versteht sich über
Berlin, zur Armee ab. Du wirst hoffentlich Theil an dem Vergnügen nehmen, theure Marie, was ich über diese glückliche Einleitung
meiner Sache empfinde. Ich werde mich nur einige Tage in Berlin
aufhalten, um Dich nach jahreslanger Abwesenheit noch einmal an
mein Herz zu drücken, und mich so viel als möglich beeilen, bei der
Armee anzukommen.

Gneisenau wird in wenigen Tagen um seinen Abschied anhalten,
der ihm auch schon zugesagt ist, und nach England gehen; ich hoffe
aber, er ist darum nur um so weniger für das deutsche Vaterland
verloren. Dies aber bleibt ganz unter uns, denn es wissen nur
Wenige darum, worunter Röder ist. Ich hoffe mich mit Gneisenau
früh oder spät wieder zusammenzufinden. Des Generals Schicksal
ist noch immer nicht entschieden und ich finde es sehr unweise, daß
er nicht mehr darauf dringt.

Mir ist sehr wohl bei dem Gedanken, daß ich endlich einmal
wieder die mörderische Kugel gegen die übermüthigen, verhaßten
Franzosen werde absenden sehen; so lange man noch mit gezückten
Waffen einander gegenübersteht, darf man sich seines Daseins noch
mit Stolz bewußt sein; selbst der unglücklichste Krieg muß den mit
Stolz erfüllen, der in jahrelanger Sklaverei gelebt hat, wo es kaum
erlaubt war, sich selbst einen feindseligen Gedanken gegen die Franzosen zu gestehen, geschweige denn ihn mit dem Donner der Kanonen
auszusprechen.

39.

K., den 20. Juli 1809.

Seit Sonntag haben wir die unangenehme Nachricht von der
verlorenen Schlacht, ohne bis heute etwas über den weiteren Verfolg
gehört zu haben. Nachrichten aus dem französischen Hauptquartiere
haben sehr zu unserer Beruhigung gedient. Indessen wie wenig
Ursache zum Verzweifeln auch vorhanden ist, so muß man doch mit
Sehnsucht anderen glücklichen Begebenheiten entgegensehen; denn wenn

durchaus die Sache Deutschlands und Europa's allein in Oesterreich's
Hände niedergelegt ist, wenn Oesterreich allein Alles thun und tragen
soll, während das ganze übrige Deutschland die Arme ineinanderlegt
oder gar den Unterdrückern beisteht und Rußland bei seiner feindseligen Gesinnung verharrt, so ist die Rettung rein unmöglich. Wir
müssen jetzt den Erfolg der englischen Landung erwarten; gibt diese
den deutschen Völkern keinen Anstoß, so löst sich die ganze Gestalt
der Dinge auf, um zu einer vielleicht nur kurzen, aber dennoch
fürchterlichen Epoche zu führen. Der Kaiser von Rußland ist schon
im Besitze beider Gallizien. Seine Entscheidung kann auf diesem
Punkte das Schicksal Europa's entscheiden; erklärt er sich gegen
Frankreich, so muß Bonaparte seine ganze Eroberung aufgeben;
erklärt er sich gegen die Oesterreicher, so ist ihre Lage noch einen
Grad schlimmer, und ohne schleunige Hülfe im Norden von Deutschland das Schauspiel für diesmal beendigt. Begnügt er sich mit
dem Besitze Galliziens, ohne weitere Feindseligkeiten zu begehen, so
ist dies mehr ein Querstrich für die Franzosen als für die Oesterreicher. So ist die Constellation am politischen Himmel.

Was mein eignes Schicksal betrifft, so verharre ich bei dem Entschlusse,
zu den Oesterreichern zu gehen. Ich hoffe, die unglücklichen Begebenheiten werden höchstens eine Verzögerung meiner Antwort veranlassen; sollte sie ganz ausbleiben, so gehe ich vielleicht nach Norddeutschland, um von den Engländern angestellt zu werden. Gneisenau
ist nach England, um sich und Andere für den norddeutschen Dienst
anzubieten. Ich bin mit ihm in enger Verbindung geblieben.

Den 21. Juli.

Gestern haben wir die Nachricht vom Waffenstillstande erhalten,
die uns nicht wenig niederschlägt. Indessen führt nicht jeder Waffenstillstand zum Frieden, und nach Allem, was vorgegangen, sollte
man den letzteren für unmöglich halten; es scheint also mehr das
Bedürfniß beider Theile diese Convention herbeigeführt zu haben.
Was ich am meisten fürchte, ist die Möglichkeit, daß sich die Engländer
darüber wieder einschiffen. Ich kann über das Ganze noch nicht
urtheilen, denn ich habe meinen Freund Tiedemann, der der Ueber-
bringer dieser Nachricht ist, noch nicht gesprochen.

40.

Die Zeit, welche ich seit vierzehn Tagen verlebt habe, ist mir
trotz aller möglichen Fassung doch sehr sauer geworden und hat auch
körperlich auf mich gewirkt. Ich bin in diesen wenigen Wochen Jahre
älter geworden. Wie sehr ich mich nun auch auf das Schlimmste
gefaßt gemacht habe und nichts Anderes erwarte, so gebe ich doch
die Möglichkeit noch nicht auf, daß der Krieg wieder ausbreche; ich
weiß wohl, wie wenig Grund es dafür gibt, aber es hat mir immer
einen widrigen Eindruck gemacht, wenn ich gesehen habe, wie die
Verzweiflung Menschen dahin bringt, die letzte entfernte Möglichkeit
aus Kleinmuth ganz zu verwerfen, während doch eine solche Lage
gerade umgekehrt auffordert, keine Hoffnung und keine Möglichkeit
zu vernachlässigen. Ich werde also meinen Blick nicht eher von dem
Punkte abwenden, wo noch ein schwacher Funken glüht, bis ich weiß,
daß auch dieser erstickt ist. Hätte ich eine Antwort aus Oesterreich
erhalten, so würde ich trotz des Friedens höchst wahrscheinlich dort
hingegangen sein, weil ich ungern den Continent verlasse und doch
immer noch lieber zu den Trümmern eines Staates und einer Armee
gehören mag, die durch die gewaltsame Erschütterung von drei großen
Schlachten entstanden sind, 'als zu den Trümmern, in welche wir
wahrscheinlich zusammenfallen werden. Indessen muß ich jetzt die
Idee, auf dem Continente zu bleiben, fast ganz aufgeben. Ich werde
in kurzem an Gneisenau schreiben, um ihn nochmals zu beschwören,
nicht wieder hierher zurückzukehren, sondern sich in der englischen
Armee eine Stelle zu verschaffen und wo möglich auch mir ein
Plätzchen auszuwirken. Ich hoffe, daß er dies vermögen wird, da
er in mehr als einer Art von hier empfohlen worden war. Auch
mein Freund wird wahrscheinlich den Continent verlassen, um sich
dahin zu flüchten, wo man ihm schon öfter ein freundliches Asyl
angeboten hat.

Fast möchte ich sagen, daß mit diesem Schritte alle Poesie meines
Lebens verschwindet. Hier in Deutschland für das Vaterland, für
die Befriedigung meines eigenen Busens gegen den gemeinschaftlichen
Feind zu fechten, wäre mir das höchste Glück gewesen, was die

Erde in diesem Augenblicke mir anzubieten hatte; dort in entfernten Zonen, unter ganz fremden Verhältnissen, werde ich mich wie ein gemeiner Handwerker verdingen und den Krieg zum Broderwerb machen. So die Krone des Lebens abfallen zu sehen, ist ein niederschlagender Gedanke; und wenn ich ihm nachhängen wollte, so müßte ich jede schöne Hoffnung aufgeben, mit meiner ganzen Vergangenheit brechen, alle Wünsche und Pläne, die ich in ihr geflochten, fahren lassen. Aber so sehr ich darauf gefaßt bin, jede Entsagung leisten zu müssen, die ein hämisches Schicksal von mir fordern kann, so gebe ich doch die Hoffnung auf ein besseres Schicksal, auf eine Gelegenheit, noch ein Mal für Deutschlands Rettung zu kämpfen, nicht auf. Meine Zufriedenheit ist zerstört, meine Ruhe erschüttert, aber mein Muth verläßt mich nicht.

Dein Vetter Carl hat mir die Nachricht mitgetheilt, welche Ihr von dem Wohlbefinden Deines Bruders und Deiner übrigen Verwandten bei der Armee erhalten habt. Ich nehme daran den wahrhaftigsten Antheil, ob ich gleich die beneide, die in einer ehrenvollen Schlacht ihr Blut vergossen haben, so wie sie vielleicht in einem Menschenalter nicht wieder geliefert werden wird.

41.

K., den 8. August 1809.

Gern hänge ich den süßen Vorstellungen nach, die der Gedanke, Dich wiederzusehen, Dich wiederzubesitzen in mir rege macht, wenn dieses Wiedersehen, dieser Besitz nicht ein so flüchtiger Lichtstrahl in dunkler Nacht wäre. Denn was jenseit dieses schönen Augenblickes liegt, ist wenig tröstlich. Doch ich will Dich und mich nicht schwermüthig schreiben; die Schwermuth taugt nichts in einer Welt voll raschen Handelns — Gott gebe, daß ich nie die Kraft und den Muth dazu verliere; denn wie uns auch das Schicksal hin und her zerrt, der Augenblick des Handelns naht doch.

Da nach den letzten Nachrichten die Sache mit dem österreichischen Frieden doch noch gar nicht ausgemacht ist, so ist es auch wohl möglich, daß ich noch eine Antwort von daher erhalte; und dann wird mich nichts abhalten hinzugehen. Ganz ohne Nachricht, würde ich freilich Bedenken tragen hinzugehen, weil ihre Lage doch so schlimm ist, daß sie in wenigen Schlägen ganz vernichtet sein können, welches sich leicht zutragen könnte, ehe ich einmal angekommen wäre; ich denke indessen darauf, die Sache schriftlich noch einmal aufzufassen. Unmöglich ist die Fortsetzung des Krieges immer noch nicht; er kann sich vielleicht noch eine Zeitlang hinhalten und andere Ereignisse können dazwischen kommen und die Wendung wieder ein wenig günstiger machen. Nichts ist leichter und der menschlichen Schwäche angemessener als alle Hoffnungen mit einem Male fallen zu lassen.

Von der österreichischen Armee schreibt man, daß Bonaparte sich außerordentlich friedlich zeige, den Oesterreichern viel weniger als uns und den Russen abgeneigt zu sein scheine und daß man erwarten dürfe, er werde sehr erträgliche Bedingungen machen. Die Oesterreicher, müde des Krieges, zu dem sie das Zutrauen verloren haben, bange vor einer gänzlichen Zernichtung und geschmeichelt durch die unerwartete Freundlichkeit des Kaisers Napoleon, bilden sich sogar ein, er habe etwas ganz Anderes als ihre Vernichtung im Sinne und werde ihnen die Ehre gönnen, Theilnehmer seiner ferneren Exploits zu werden — leidiges Blendwerk! Er ist freundlich gegen sie, weil er des Friedens im höchsten Grade bedarf. Vernichten wird er sie freilich jetzt noch nicht, aber er wird sie binden und das ist eben so gut. Würde jetzt der Friede geschlossen, so würden die Leute hinterher sich wundern, wie man damals, als Napoleon des Friedens gerade am meisten bedurfte, nicht habe den Krieg fortsetzen können. Ich glaube nicht, daß das österreichische Gouvernement, nämlich der Kaiser, Stadion und einige Andere jene Meinung haben, die sich mehr bei der geschlagenen Armee des Erzherzogs zu finden scheint, und darum hoffe ich, daß die Sache noch einmal anfangen wird.

42.

K., den 17. August 1809.

Kaum kann ich Dir sagen, liebe, theure Freundin, wie mir zuweilen zu Muthe ist; es gibt Augenblicke, wo ich Gesundheit, Frohsinn und Empfänglichkeit — mit einem Worte die Jugend entflohen sehe, und diese Augenblicke dauern Tage und Wochen lang. So habe ich mich heute gefühlt bei einem Feste, welches Prinzeß Louise auf dem

Lande gab, und von dem ich eben ganz hypochondrisch zurückkehre. So war mir sonst nie und es hätte mich der Gedanke, so zu sein, unaussprechlich unglücklich machen können, wenn ich nicht bestimmt gefühlt hätte, daß es körperliche Disposition war. Ohne Zweifel wird es vorübergehen, denn es ist eine Verkältung, die seit einigen Tagen mich unwohl macht und mich namentlich von Seiten der Nerven angreift; aber der Zustand selbst ist deswegen unausstehlich, weil ich fühle, daß ich anderen Menschen gar nichts sein kann, und weil ich doch auch mein Zimmer nie unangenehmer finde als in diesen Augenblicken. Nachgerade sehne ich mich aus diesem Klima hinweg, denn offenbar steht es im Kriege mit meiner Gesundheit. Der frohe, leichte, ruhige Zustand, der mich einige Zeit nach meiner Krankheit beglückt hat, scheint in diesem Augenblicke keine Spur zurückgelassen zu haben; doch hoffe ich, er wird wiederkehren, denn ich fühle mein Gemüth mehr eingenommen als meinen Verstand, und glaube, daß das erstere immer leichter zu heilen ist als der letztere. — Welchen Eindruck unter diesen Umständen die Dinge, Vergangenheit, Gegenwart und Zukunft auf mich machen, kannst Du Dir vorstellen; besonders ist es mir ein tief schmerzliches Gefühl, in einzelnen ausgezeichneten Männern die Schwächen des deutschen Nationalcharakters und Geistes so klar hervorstehen zu sehen, daß mir das Bild, was ich mir davon entwarf, als ich aus Frankreich kam, und in allen seinen Zügen durchführte, eine schreckliche Wahrheit zu haben scheint. Mein Gott, wie bin ich denn so ganz aus der Art geschlagen, daß mir diese Ansichten und diese Art zu fühlen so unaussprechlich zuwider sein können! Wir haben das Unglück, daß die Menschen unendlich selten sind, die einen soliden und hervorstechenden Verstand mit praktischem Geschicke verbinden; unsere wahren Praktiker sind gewöhnlich platte Köpfe oder Gemüther, und die ausgezeichneten Geister sind in beständigen Abstractionen weit von der wirklichen Welt entfernt, und — was das schlimmste ist, das Gemüth gewinnt dabei nicht. Ach! sie laufen entfernten Prinzipien nach und vergessen darüber, zu hassen und zu lieben!

Den 21. August.

Seit ich diesen Brief anfing, hat sich mein körperlicher Zustand und in Folge dessen auch meine Stimmung gebessert; ich habe

wenigstens wieder einen gewöhnlichen Grad der Empfänglichkeit
bekommen, obgleich die Ansichten des wirklichen Lebens darum nicht
schöner in mir geworden sind. — Nichts kränkt mich so tief als das
Schicksal der Tiroler — die Aufopferung dieses treuen Völkchens ist
gewiß das weiteste Ziel, welches die feige Politik unserer Zeiten hat
erreichen können, und bleibt immer unbegreiflich. Unser König wäre
eines solchen Schrittes schwerlich fähig gewesen. Ich gebe die Hoffnung noch immer nicht auf, so lange der Friede noch nicht unterzeichnet ist. Es bleiben den Oesterreichern immer noch bedeutende
Kräfte, aber auf die Stimmung der Armee gebe ich nichts oder
wenigstens nicht viel; denn ich habe gesehen, wie herrlich dieselbe
vor den Schlachten gestimmt war und daß die Stimmung sich
wendet, wie man eine Hand umdreht; ein Gran Kriegserfahrung ist
mir lieber wie zehnmal so viel gute Stimmung. Ich hoffe also
noch, daß des Kaisers drückende Bedingungen die Oesterreicher auf's
Aeußerste treiben werden. Ich trage die feste, unerschütterliche Ueberzeugung in meiner Brust, daß die Gefahr für ihn an den Gränzen
Siebenbürgens größer ist als an der Gränze Baierns. Die Leichtigkeit,
mit welcher er sich in Friedensunterhandlungen eingelassen hat, zeigt,
daß er des Friedens bedarf; anfangs war es seine Idee, Oesterreich
zu theilen, jetzt wird er sich mit bedeutenden Abtretungen und anderen
drückenden Bedingungen begnügen. Zur Erreichung unserer Wünsche
bedarf es hauptsächlich immer nur Zeit. Spanien hat unstreitig, seit
dem Kriege in Deutschland, mächtige Fortschritte gemacht, vielleicht
ist es nahe an dem Punkte, ganz frei zu werden; die Engländer,
obgleich auf einem ganz falschen Punkte gelandet, können eine mehr
oder weniger bedeutende Diversion machen, je nachdem sie mehr oder
weniger unerwartete Fortschritte thun (denn auf etwas Unerwar-
tetes dürfen wir hoffen, weil nur dies sie veranlaßt haben kann,
das stark befestigte Holland dem offenen Deutschland vorzuziehen).
Alle diese Erfolge einer heilsamen Perseverance kommen nicht zu
spät, wenn sie auch die Oesterreicher schon in Siebenbürgen anträfen.
Geräth Napoleon durch diese Umstände in eine wahrhaft schwierige
Lage, so werden die Völker auch wieder den Muth bekommen, etwas
zu wagen. Diese Aussichten bin ich nicht geneigt um nichts hinzugeben.

Meine Anstellung im Oesterreichischen ist nicht mehr denkbar, da die Oesterreicher selbst schon Schwierigkeiten machen, Offiziere anzustellen. Ich denke für den Fall der Noth auf den englischen Dienst, vielleicht läßt sich bei Anwesenheit der Engländer auf dem Continente dieser Zweck leichter erreichen als sonst; doch bin ich mit meinem Plane noch nicht zur Reife.

Ich muß diesen Brief schließen, der noch einmal so lang werden sollte, weil ich vom General den Auftrag erhalten habe, mich zum Prinzen Ludwig von Homburg zu verfügen, der während der dreiwöchentlichen Manöver ein kleines Corps commandirt. Ich bin schon seit gestern auf dem Lande in seinem Hauptquartiere, einem ziemlich angenehmen Landsitze.

43.

Rottmannshöfchen bei Königsberg,
den 4. September 1809.

Seit länger als 14 Tagen bin ich nun entfernt von Königsberg und befinde mich in einer Art von Kriegstrubel. Die Thätigkeit, in welche mich das versetzt, thut mir wohl und ist selbst so groß, daß sie mich von den politischen Begebenheiten in der großen Welt abzieht.

Die Uebungen der hiesigen Truppen haben gewiß ihren großen Nutzen, denn es entstehen dabei sehr oft dieselben Verlegenheiten, welche im Kriege einzutreten pflegen, und aus welchen die Truppen sich herauszuziehen gewöhnt werden. Bis jetzt sind unsererseits noch keine großen Fehler gemacht und ich glaube, daß der König mit der Armee des Prinzen von Hessen-Homburg ziemlich zufrieden ist, denn er hat einem Theile unserer Truppen noch neulich für eine gut ausgeführte Expedition ein Geschenk von 150 Rthlr. gemacht. Interessant ist es für mich, den Eifer meiner Freunde zu sehen. Dohna und Hedemann nehmen auf dem Schlachtfelde immer so entschieden Partei, daß ich sie wie meine Adjutanten betrachten kann. Diese große Selbstverleugnung und Freundschaft macht mich oft sehr glücklich. Der General, der im Allgemeinen die Uebungen unter dem Namen des Königs leitet, hat schon mehr als einmal unsere kleine Armee selbst geführt, und es ist eine Lust zu sehen, wie dem Dohna dann in seiner Qualität als Adjutant das Auge von kriegerischer Lust und von innigem Eifer für die Sache seines Meisters glüht. Für mich hat diese Leitung eines kleinen Corps sehr großen Nutzen; erst wenn man es versucht hat, Truppen in etwas ausgedehnteren Verhältnissen zu führen als der Exercierplatz ist, erkennt man und lernt vermeiden die Schwierigkeiten, welche die Ausführung der Ideen hat. Ein anderer Vortheil dieser für mich neuen Lage ist der Genuß der frischen Landluft. Wir wohnen auf dem Gute eines Herrn von Auerswald, welches sehr hübsch gelegen und mit einem außerordentlich schönen Garten versehen ist. Ich habe daher jede andere Arbeit zur Seite gelegt, um in jedem Augenblicke, den ich frei habe, diesen lange entbehrten Genuß des Landes zu haben. Das herrlichste Wetter begünstigt uns. In einem solchen Augenblicke, liebe Marie, wo ich mich der Natur so nahe fühle und wo mich ein frischer Lebensquell durchströmt, denke ich jedesmal an Dich, um dieser angenehmen Gegenwart eine schönere und höhere Bedeutung unterzulegen. O wärst Du doch hier, theuerste Freundin, daß ich die schöne Natur mit Dir theilen, daß ich ganz so froh sein könnte, wie ich mich durch die glänzende Morgen-, die ruhige, milde Abendsonne aufgefordert fühle!

Die Vorlesungen von Süvern (die kein Geheimniß sind) kenne ich nicht, habe aber viel von ihnen gehört; ich kenne ihn oberflächlich, denn ich habe ihn drei- oder viermal bei Prinz August und bei Prinzeß Louise gesehen und gesprochen; er gefällt mir ungemein, ob ich gleich glaube, daß seine Ansichten nicht vollkommen rein sind von der künstlichen Schwärmerei, die jetzt in der Literatur so oft vorkommt. Er ist übrigens der unglückliche Verfasser von dem von allen Menschen verdammten, von mir allein gerechtfertigten kleinen Gedichte auf Stein, welches zur Zeit, da dieser abgehen mußte, in den Zeitungen erschien. Prinzeß Louise geht gerade nicht mit solchen Leuten um, was bei ihrer Art von Bildung und Verstand auch seine eigenen Schwierigkeiten haben würde; indessen sieht sie doch dergleichen Menschen zuweilen. Es fehlt hier nicht an recht interessanten Leuten, ich habe aber mit keinem eine nähere Bekanntschaft gemacht; Du weißt, wie man in solchen Dingen von Verhältnissen abhängt.

44.

Ich befinde mich schon auf dem Wege der Herstellung, obgleich ich noch täglich ein wenig Fieber habe; Du kannst ganz außer Sorgen sein, meine theure Marie. Schon seit fünf Tagen gebrauche ich China und bin heute zum ersten Male auf. — Mit dem General geht es, dem Himmel sei Dank, täglich besser, doch wird er sich immer nur langsam herstellen, denn die Krankheit hat ihn sehr erschöpft. Ich habe keine Ursache, mich verlassen zu fühlen, da meine Freunde, die Dohna's, Hedemann, Luck, Herr von Humboldt und einige andere mich sehr fleißig besuchen; und da ich mich wohl hüte, die unabwendbare Zukunft zu lange und zu scharf in's Auge zu fassen, so lebe ich auch ziemlich ruhig. Zu meinen nächsten Wünschen gehört der, bald nach Berlin zu kommen. So wenig reelle Hoffnung vorhanden ist, daß dies vor der Hand geschehe, so beschäftigt mich doch die Vorstellung davon oft sehr angenehm und macht den Schmuck meines Lebens aus. Erhalte mir nur Deine herzliche Liebe, theure Marie, Du weißt, daß der Reichthum meines ganzen Lebens darin liegt; denn auf welches andere Glück hätte ich eine gegründete Hoffnung? Und sollte ich auch nie zum Besitze Deiner Hand gelangen, so wird doch ewig das Recht, was mir Dein Herz dazu einräumt, ein süßes Bewußtsein, eine schöne Befriedigung meines Stolzes sein.

45.

Heute bin ich zum ersten Male wieder ausgegangen und es ist mir körperlich ganz wohl bekommen; diese Krankheit, wenn sie nicht etwa Nachwehen hat, wäre also abermals glücklich überstanden! Der erste Hauch der Neuigkeit, der mir mit dem ersten Hauche der frischen Luft entgegengekommen ist, war die Nachricht vom abgeschlossenen Frieden! Sie ist zwar noch nicht publik, aber es scheint leider, daß meine Nachricht aus zu guter Quelle kommt, um falsch zu sein. — Beendigt, wie sehr Viele thun, sehe ich das Spiel um Europa darum noch nicht an; aber welch eine ungeheure Wunde wieder dieſer Friede, deſſen Bedingungen gewiß nicht allein drückend und faſt vernichtend, ſondern auch in reichem Maße hämiſch, übermüthig, erniedrigend ſein werden! Und Tirol und Spanien! Zwar wird der Einfluß, beſonders auf das letztere, gewiß nicht ſo unmittelbar ſein, als man glaubt; die franzöſiſchen Armeen werden gewiß größtentheils in Deutſchland bleiben; indeſſen wird der Friede den Muth niederſchlagen und, ſowie in dieſem Augenblicke gar nichts da iſt, was jenen Völkern beiſtehen könnte, ſo iſt auf das, was ſich etwa in Jahresfriſt Vortheilhaftes zutragen könnte, auch nicht mit einiger Deutlichkeit vorauszuſehen.

Es wird nun wohl Zeit, daß ein Menſch wie ich ſein Päckchen wirklich ſchnürt; indeſſen kann doch vor dem Frühjahre ſchwerlich aus der Abreiſe etwas werden. Theils iſt die Jahreszeit nahe vor der Thür, die es verbietet, theils erwarte ich Nachrichten aus England, theils werde ich im Frühjahre reiſefertiger ſein. — Jetzt, oder vielmehr mit dem Frieden, glaube ich an unſere Reiſe nach Berlin, von der hier auch in der That ſehr ernſtlich geſprochen wird. Man ſagt, unmittelbar nach der Herſtellung der Königin, alſo vielleicht Ende Novembers oder Anfang Decembers, alſo in ſechs Wochen, theuerſte Marie, würde ich das unbeſchreibliche Glück haben, Dich in meine Arme zu ſchließen. Darauf freue ich mich unbeſchreiblich und hoffe, den kurzen Moment noch ſo froh zuzubringen, als es mir nur möglich iſt. Außer einigen anderen Vorbereitungen werde ich mich auf das Engliſche legen; vielleicht bringe ich's in den paar Monaten noch ſo weit, daß ich über die erſten Schwierigkeiten hinauskomme und nachher durch den Umgang weitergebracht werde.

46.

K., den 18. October 1809.

Ich habe einen Rückfall des Fiebers bekommen, theuerſte Freundin, wie denn hier überhaupt nicht leicht Jemand ohne ein paar Rückfälle bleibt. Dies iſt das kleinere Uebel, das größere iſt der Friede und der Zuſtand Europa's. Ueber Beide mag ich nicht viel ſagen; das eine lohnt die Mühe nicht und über das andere iſt kaum ein Raiſonnement möglich, was nicht ſchon vielfältig ausgeſprochen wäre.

Nur einen Punkt gibt es, über den man sich jetzt noch einmal
aussprechen sollte: nemlich ob Preußen jetzt oder etwas später sich
ungestraft des Wenigen berauben lassen soll, was ihm geblieben ist?
Ich habe die feste Ueberzeugung, daß die Weisheit gebietet, sich
unter allen Umständen gewaltsamen Streichen mit Gewalt entgegenzustellen und um keinen Preis eine neue Besetzung unserer Provinzen
zu gestatten.

Man spricht immer mehr von der Reise nach Berlin, und wenn
nichts Politisches dazwischen kommt, so glaube ich auch an eine sehr
baldige Abreise. Ich freue mich auf die Reise selbst, auf die
Veränderung des Klima's und auf das Wiedersehen meiner theuren
Marie so sehr, als die unglücklichen Zeitumstände noch ein Gefühl
der Freude zulassen. Im vergangenen Frühjahre, muß ich gestehen,
hat mich der Gedanke ungestörter und darum auch süßer beschäftigt —
jetzt ist Alles so viel schlimmer und das Schlimme so viel näher.
Die Reise wird das beste Stärkungsmittel gegen die Fieberschwäche
sein; mit dem Klima von Preußen wird mich hoffentlich die Kränk-
lichkeit verlassen, in der ich hier gelebt habe, fast ohne eines gesunden
Tages zu genießen, und die eine starke Probe meiner Geduld gewesen
ist; und der Genuß im Umgange mit der Freundin, die mir ohne
Einschränkung das Nächste und Theuerste auf der Welt ist, soll mich
vorbereiten auf die übrige Fahrt des Lebens. Denn was stärkt
wohl mehr den Geist und erhöht Muth und Lebenskraft mehr als
eine Befriedigung edler Gefühle?

D.

Aus Briefen der Gräfin Marie von Brühl an Carl von Clausewitz. 1808 und 1809.

1.

Berlin, den 1. April 1808.

Ich habe Dich im Geiste auf der ganzen Reise begleitet und an
allen unangenehmen Empfindungen derselben Theil genommen, wie
ich auch schon im voraus diejenigen theile, welchen Du wohl schwerlich

in Königsberg entgehen wirst. Doch die Freude, Deinen Freund*) wiederzusehen, wird Dich hoffentlich für manches Andere schadlos halten. Es kommt mir ordentlich sonderbar vor, daß ich Dir nicht auftragen darf, diesem theuren Freunde zu sagen, wie sehr ich ihn auf unbekannte Weise schätze und verehre. Wie gern, wie herzlich will ich es einst selbst thun, wenn ich erst allen Menschen gestehen darf, daß Du das Glück und der Stolz meines Lebens bist! — Ich hoffe auch, daß Frau von Berg, Charlotte**) und Prinzessin Wilhelm durch einen recht freundlichen Empfang zu Deiner Aufheiterung beitragen werden. Von der Letzteren habe ich vor einigen Tagen einen so herrlichen Brief erhalten, daß ich mir die Freude nicht versagen kann, Dir einige Stellen desselben mitzutheilen. Nachdem sie mir mit vieler Herzlichkeit für mein Vertrauen gedankt und mich ihrer innigen Theilnahme versichert hat, sagt sie: „Ihn persönlich kenne ich nicht, aber wen Marie liebt, so liebt, für den will ich stehen mit meiner ganzen Seele, ohne ihn je gekannt zu haben. Der Erguß Ihrer Empfindungen hat meinem Herzen wohlgethan, welches als Einzigwahres, worauf man in dieser Welt rechnen kann, ein liebendes Herz zählt, was innig wiedergeliebt wird. Ich spreche nicht von dem, was Gott mir gab, sondern von einem jeden, das versteht, so wie Sie und ich es meinen, zu lieben; denn das ist zugleich das Höchste, das Leichteste und das Schwerste im Leben. Wie sonderbar, daß es noch Menschen geben kann, Thoren möchte ich sie beinahe nennen oder vielmehr unglücklich geleitete, welche nicht einsehen, daß Liebe das einzige wahre Gute in der Welt ist, daß wir nur darum leben, uns nur darum Unsterblichkeit versprechen können, und uns nur darum ein Himmel reizen kann, und daß er nur daraus gebildet sein kann. Wir wollen sie bedauern, sie sind die Unglücklicheren.“ — Und dann zum Schlusse sagt sie: „Gott beglücke Sie, wie er mich beglückt hat; Sturm giebt es freilich immer; aber wenn nur ein Herz bleibt, an dem man ausruhen kann, so ist man nie ganz elend.“ — So wenig Du auch auf Abschreiben hältst, mein lieber Freund, so wirst Du es mir doch wohl danken, Dir diese Stellen abgeschrieben zu haben. Du wirst Dich nun mit

---

* Scharnhorst.
** Gräfin Moltke, Hofdame der Königin.

vollem Vertrauen dieser himmlischen Frau nähern und Dich mit mir
freuen, daß unsere Liebe einen solchen Schutzengel hat.

2.

Berlin, den 16. April 1808.

Nie erhebe ich mein Herz zu Gott, ohne von dem Werthe seines
höchsten, unschätzbarsten Geschenkes tiefer durchdrungen zu sein. Wie
könnte ich ihm danken für seine Wohlthaten, ohne an die treue,
schöne Liebe meines Carl zu denken, die mein theuerstes Gut auf
Erden ist und die auch unter den traurigsten äußeren Verhältnissen
mein Dasein ewig verschönern und beglücken wird. Religion und
Liebe schienen mir immer so nahe verwandt; jetzt, da ich weiß, was
Liebe ist, bin ich noch inniger überzeugt von dieser schönen Uebereinstimmung; denn ich fühle mich frömmer durch meine Liebe und
liebender durch meine Frömmigkeit! Wie fromm, wie gut muß
man nicht erst werden durch eine ganz glückliche Liebe! Eine
Stelle im Werther hat mich immer sehr gerührt, da er sich die Möglichkeit denkt, Lotte zur Frau zu haben, und sagt, dann würde sein
ganzes Leben ein ununterbrochenes Dankgebet zu Gott sein. Diese
Stelle fällt mir oft ein, wenn ich mir die Empfindungen vorstelle,
die mein ganzes Wesen erfüllen würden, wenn ich an Deiner Seite
säße als ein liebendes und geliebtes Weib und als eine glückliche Mutter! — O dann reicht meine lebhafteste Phantasie nicht
hin, um sich das Bild dieser Gefühle, dieses Glückes lebhaft auszu-
malen, und ich kann mich oft einer stillen Trauer nicht enthalten,
daß wir so wenig Hoffnung haben, es bald und ungestört zu genießen.
O könnte ich Dich jetzt in meine Arme schließen, könnte ich Dir in
das schöne, seelenvolle, fromme Auge blicken, dann würde mir die
Andacht klar so wie die Liebe, dann richtete ich den Blick dankend
zum Himmel und es läge gewiß mehr Frömmigkeit, mehr wahre
Andacht in diesem Blicke als in allem, was ich heute gehört habe,
wo ich halb erstarrt vor Kälte in der Kirche saß und durch eine
erbärmliche, fade französische Predigt innerlich noch mehr abgekühlt
wurde. — — — Ich habe kürzlich den Wallenstein wieder gelesen.
Wie herrlich, wie himmlisch, zart und rein sind Max und Thekla!
So etwas kann doch nur ein Deutscher erfinden und fühlen.

3.

Ich habe kürzlich Jemand gesprochen, der von Dresden zurückkam und mir Nachricht von allen meinen dortigen befreundeten Künstlern und Kunstwerken mitbrachte. Der geringere Grad von Antheil, den ich jetzt diesen Dingen widmete, die mich sonst so ausschließend interessirten und die mir im Grunde noch so sehr werth sind, hat mich recht an Dich erinnert, mein theurer Carl, und an so manchen Augenblick, in welchem Du nicht geneigt warst, die Kunstnachrichten und Kunstideen anzuhören, die ich Dir vielleicht sehr zur Unzeit aufdringen wollte. Ich fühle jetzt deutlich, daß der lebhafte Wunsch, einen Zweck zu erreichen, wenigstens auf einige Zeit das Streben nach jedem anderen vermindern und der Seele einen Theil ihrer Empfänglichkeit für neue Eindrücke rauben muß. Wenn einst unserem Vaterlande bessere Zeiten zu Theil werden und wir dann auch das Ziel unserer Wünsche erreicht haben, dann, mein theurer Carl, soll uns die Natur und die Kunst wieder alle ihre Schätze aufschließen, dann soll unserem befreiten Gemüthe nichts Großes und Schönes fremd bleiben. Gemeinschaftlich wollen wir dann weitergehen auf dem Wege der Erkenntniß, uns gegenseitig auf demselben forthelfen und jeden Genuß durch Mittheilung erhöhen. Aber auch jetzt wollen wir uns bemühen, nicht über einer Idee, über einer Hoffnung alles Andere zu vergessen; gerade im Augenblicke, wo die Seele am gewaltsamsten niedergedrückt wird, ist es nothwendig, alle Kräfte zusammenzunehmen, um sie aufzurichten; gelingt es auch nicht ganz, ist der äußere Druck zu anhaltend und zu stark, so wird ihr durch dies wiederholte Streben wenigstens ihre Elastizität erhalten. Ich glaube auch nicht, meinen Empfindungen untreu zu werden, wenn ich mich bemühe, meine Aufmerksamkeit auf andere Gegenstände zu richten; mir scheint im Gegentheil, daß sie dadurch nur veredelt und in ein schöneres Licht gestellt werden. Denn ganz vergessen kann ich sie ja nicht einen Augenblick, und gelingt es mir zuweilen, die Erinnerung der Schmerzen zu entfernen, die irdische Verhältnisse und Widerwärtigkeiten ihnen beimischen, so tritt ihr göttlicher Ursprung und das Glück, das sie ungeachtet aller dieser äußeren Leiden dem

Herzen gewähren, nur um so deutlicher und heller hervor. Diese Tiefe des Gefühls, die den Stachel der Schmerzen schärft, ist ja auch der Stempel einer höheren Abkunft und die Quelle unserer schönsten Freuden, und welcher fühlende Mensch wollte wohl eine größere Ruhe durch Kälte und Gleichgültigkeit erkaufen!

4.

Berlin, den 25. August 1808.

Eben habe ich einen recht herzlichen Brief von meinem Engel*) erhalten; er enthält in Bezug auf Dich eine Stelle, die mich sehr gerührt und erfreut hat. Sie sagt: „Ich sehe ziemlich oft, immer mit großem Interesse, Ihren Freund; wenn ich ihn auch nicht viel höre, so möchte ich sagen, höre ich doch schon unendlich viel in seinen Augen, aus denen hohe Begeisterung spricht." Wenn es nicht mein Engel wäre, der so etwas spricht, könnte mir beinahe bange werden, daß eine Andere als ich die Kunst versteht, so gut in Deinen Augen zu lesen, aber ihr will ich es gern erlauben; sie können ihr doch nicht Alles sagen, was sie mir sagen, und sie hat vor der Hand keine andere Art, Dich genauer kennen zu lernen, als man sich so gewöhnlich in der Welt kennt. — — Mit Mama ist Alles beim Alten; sie ist gut und freundlich, aber sie schweigt, und ich gebe mir auch weiter keine Mühe, neue Erklärungen herbeizuführen. Wenn äußere Verhältnisse unsere Verbindung erst möglich machen, dann, denke ich, wird sich auch das Uebrige wohl finden, und bis dahin muß man Geduld haben. Doch scheint sie mir seit einiger Zeit weicher und, ohne einen bestimmten Grund dafür zu haben, möchte ich fast glauben, daß ihr Urtheil über uns etwas billiger geworden ist. Du wirst vielleicht lächeln, wenn ich Dir sage, woher ich mir diese gemuthmaßte Veränderung erkläre, vielleicht aber auch finden, daß ich nicht ganz Unrecht haben könnte. Sie hat kürzlich mit vieler Rührung und vielem Antheile die Delphine der Frau v. Staël gelesen und es scheint mir nicht unmöglich, daß eine so lebhafte Schilderung eines tiefen Gefühls sie (besonders da sie höchst selten Romane liest und durch öftere Rührungen dieser Art nicht abgestumpft

* Prinzessin Wilhelm.

dafür ist) in eine jugendlichere Stimmung versetzt und ihr daher die unsrige etwas begreiflicher gemacht haben könnte. Was meinst Du zu meinem Schlusse? Ich dächte, gegen seine psychologische Richtigkeit oder wenigstens Wahrscheinlichkeit ließe sich nicht viel einwenden. Wenn dieses Mittel helfen kann, will ich mir Mühe geben, ihr recht viele rührende Romane in die Hände zu spielen.

5.

Berlin, den 28. August 1808.

Der Anfang einer Bekanntschaft zwischen Dir und Stein, sollte er auch noch so geringe sein, ist für mich eine sehr angenehme Nachricht, nicht sowohl wegen Deiner Zukunft (denn hierüber bin ich ganz Deiner Meinung) als wegen meiner Mutter, in deren Meinung ein einziges Wort zu Deinem Lobe aus Stein's Munde vielleicht eine große Revolution hervorbringen würde. Ueberdies ist Stein bei allen seinen scharfen Ecken voller Gefühl und Empfänglichkeit und kann sich für jedes wahre Verdienst, besonders für vielversprechende junge Leute, von deren Eifer er allein die Rückkehr besserer Zeiten erwartet, mit wirklich jugendlicher Lebhaftigkeit enthusiasmiren; ich habe mehrere Beispiele davon gesehen und habe gesehen, wie er dann nicht ruhet, bis man Theil an seinem Enthusiasmus nimmt; Du wirst es also wohl natürlich finden, daß ich wünsche, Dich näher mit ihm bekannt zu sehen. Sollte er Dich recht lieb gewinnen, so muß meine Mutter bon gré mal gré ein Gleiches thun, und dann wäre uns ja aus aller Noth geholfen.

6.

Glewitz, den 4. October 1808.

Es scheint mir unmöglich, den preußischen Staat wirklich zu lieben, ohne Stein's Verlust beinahe für das größte Unglück zu halten, das ihm jetzt noch widerfahren kann, und ich dächte, selbst seine Feinde müßten es einsehen, daß nur ein Mann von so ausgezeichnetem Talente, von solcher Kraft und Unbestechlichkeit die Trümmer unserer ehemaligen Größe zusammenhalten und den Samen einer besseren Zukunft ausstreuen kann. Ich will glauben, daß wir

noch Männer haben, die ihm an Fähigkeiten nicht nachstehen (ob ich
sie zwar nicht kenne), aber wären sie auch wirklich vorhanden, so ist
ihr Verdienst nicht bekannt, ihre Autorität nicht begründet, und eine
kostbare Zeit würde wieder mit der Bekämpfung von tausend Cabalen
und Schwierigkeiten verloren gehen. Selbst wenn ich alle persönlichen Gefühle von Anhänglichkeit und Verehrung für Stein, die mir
von Jugend auf zur Gewohnheit geworden sind, bei Seite setze,
kann ich mich nicht enthalten, den Verlust dieses herrlichen Mannes
als den Untergang unserer letzten aus dem allgemeinen Verderben
geretteten Hoffnungen anzusehen. Eine moralische Wiedergeburt
des Staates war das Einzige, was uns jetzt zu hoffen übrig blieb,
und ich weiß nicht, von wem wir sie zu erwarten haben, wenn er
uns entrissen wird. Die Art, wie man die Sache in Königsberg
aufzunehmen scheint, ist mir ganz unbegreiflich; man scheint zu hoffen,
daß Alles wieder gut gemacht werden kann, aber was sind das für
Hoffnungen, die sich auf die Freundschaft eines Alexander und die
Großmuth eines Napoleon gründen!

Selbst Deinen Brief verstehe ich nicht recht, mein theurer Freund.
Du sagst, Stein's Schärfe und Unwandelbarkeit habe sich nicht
bewährt gefunden; vielleicht weißt Du mehr hierüber als ich; denn
zufolge des unglücklichen Briefes kann man ihm weiter nichts zur
Last legen als eine augenblickliche Unbesonnenheit, die er zwar an
der Stelle, die er bekleidet, nicht begehen durfte, die aber doch im
Ganzen meiner hohen Meinung von ihm nicht den geringsten Abbruch
thut. Du sagst ferner, daß Dein Freund ihn n i c h t a u f g i b t; auch
das verstehe ich nicht, und wäre beinahe geneigt, es auch für eine
Hoffnung anzusehen, daß er nicht ganz für uns verloren sein wird;
denn es kann wohl keinem Menschen einfallen, einen solchen Mann
wegen einer bloßen Unbesonnenheit, vielleicht der ersten in seinem
Leben, m o r a l i s c h aufzugeben, und doch ist mir die Möglichkeit
einer solchen Hoffnung kaum denkbar. Lange, lange hat mich nichts
so tief erschüttert und so anhaltend beschäftigt als diese unglückliche
Begebenheit und ich erwarte den Ausgang derselben mit unbeschreib-
licher Ungeduld und mit bangen Ahnungen; und sollten diese Ahnungen
auch nicht in Erfüllung gehen, sollte der Ausgang unsere kühnsten
Wünsche übertreffen, so bleibt es doch ewig ein schrecklicher Gedanke,

daß man einen Mann wie Stein auf diese Art dem öffentlichen
Tadel preisgegeben hat, und daß ihm dies Unglück nicht ganz ohne
eigene Schuld widerfahren ist. Die Vorstellung von dem, was er
dabei leiden muß, zerreißt mir das Herz. —

Auch in Rücksicht auf unsere Zukunft hat mich diese Schreckens-
nachricht traurig und muthlos gemacht, theils weil sie überhaupt mit
der Zukunft des preußischen Staates in so enger Verbindung ist,
theils weil sie mich unwillkürlich dem Gedanken hingegeben hatte,
daß Stein der einzige wäre, von dem wir eine vortheilhafte Veränderung in den Gesinnungen meiner Mutter hoffen dürften; ich war
überzeugt, daß er durch Deine Freunde sowohl als durch den öfteren
Umgang mit Dir auf Dich aufmerksam werden würde, daß das
Verdienst meines Carl ihm nicht entgehen könnte und daß er dann
meiner Mutter, ohne die Folgen einer solchen Wohlthat zu ahnen,
seine Gesinnungen für Dich mittheilen würde. Vielleicht war dies
Alles nur ein schöner Traum, aber der Verlust einer Illusion ist
immer schmerzhaft und er ist es um so mehr in einem Augenblicke,
wo es der wahren Hoffnungen so wenige gibt.

7.

Glewitz, den 22. October 1808.

Ich habe einige Tage in Wolfshagen bei der Schwerin'schen
Familie zugebracht, während Louise ihren Vater in der Gegend von
Prenzlow besuchte, und habe dann mit ihr ihren Mann von einer
großen Jagd abgeholt. Der ganze Weg, den wir zurücklegten, betrug
hin und her nur sechzehn Meilen; da er aber durch einen Theil des
Landes ging, der mir ganz fremd war, kann ich ihn immer für eine
Reise gelten lassen. Wolfshagen ist wirklich ein sehr schöner Ort; die
Kunst hat nicht viel für denselben gethan, aber die Natur desto mehr,
und das ist doch immer die Art von Schönheit, die am wohlthätigsten auf das Gemüth wirkt und deren Anblick und Genuß um so
erfreuender ist, wenn man lange in Berlin gelebt hat. Ein See
von einer sehr malerischen Form, umgeben von einem Walde von
den schönsten Buchen und Eichen, überrascht sehr angenehm, und die
Ruinen einer alten Burg, die dem Hause gegenüberliegen und sich

im Waſſer ſpiegeln, machen den Anblick ordentlich romantiſch. Den verheiratheten Schwerin und ſeine Frau kennſt Du; die Brüder ſind ihm ſehr ähnlich und machen denſelben angenehmen Eindruck; der Vater iſt ein guter, herzlicher alter Mann, der mir durch ſein ein- faches, biederes Weſen und durch ſeine lebhafte Erinnerung an den ſiebenjährigen Krieg eben ſo liebenswürdig vorgekommen iſt wie die Söhne. Da der angenehme Eindruck, welchen ein freundlicher Empfang immer macht, zu meiner natürlichen Gabe, mich in die Menſchen zu ſchicken, hinzukam, ſo iſt mir bei dieſer kleinen Excurſion ſehr wohl geworden. — Mit welchen Empfindungen ich mich der Gegend von Prenzlow näherte, kannſt Du Dir vorſtellen, mein geliebter Freund. Gern hätte ich den Fleck geſehen, wo Du einer ſo großen Gefahr glücklich entranneſt; allein er war noch ziemlich entfernt, und ein zu lebhaftes Intereſſe durfte ich nicht für denſelben blicken laſſen.

8.

Gleiwitz, den 29. October 1808.

Wie habe ich vorgeſtern an Dich gedacht, mein geliebter Carl! Es war ein göttlicher Tag; wir waren faſt den ganzen Vormittag (nämlich bis gegen 5 Uhr) draußen und ich in Gedanken immer bei Dir. Indem ich an die Gefahr dachte, in welcher Du an dieſem Tage ſchwebteſt, und an den ſchrecklichen Ausgang, den ſie hätte haben können, fühlte ich mich ſo glücklich, mich noch Deines Lebens und Deiner Liebe zu erfreuen, daß faſt kein Raum für traurige Empfindungen in meiner Seele blieb. Wie viel hätte ich darum gegeben, um dieſen Tag hier mit Dir zu feiern! Es iſt jetzt unbe- ſchreiblich ſchön hier; die vielen Buchen und Eichen, die es hier gibt, gewähren die größte Mannichfaltigkeit der ſchönen herbſtlichen Schattirungen, die ich ſo ſehr liebe; die Landſchaft wird ernſter, ohne traurig zu ſein, denn faſt alle Bäume haben noch Blätter, und nur die dunklere Farbe kündigt die nahe Veränderung an, und der leichte Nebel, der ſelbſt beim hellſten Sonnenſcheine wie ein magiſcher Flor alle Gegenſtände bedeckt, hat einen ganz eigenen Reiz. Es gibt auch noch Lerchen hier, die mich durch ihren ſpäten Geſang recht an Deine Beſchreibung der Gegend um Genf erinnern. —

Die Zeit, die ich hier im ruhigen Genuſſe der Natur und der Freundſchaft zubringe, ſcheint mir zugleich eine Erholungs- und eine Vor-
bereitungszeit auf manche neue Leiden; ich nehme mir alſo recht vor,
ſie ganz zu genießen, und jeden Augenblick dieſen unſchuldigen, reinen
und ſeelenſtärkenden Freuden zu widmen. Wollte Gott, wir könnten
ſie zuſammen genießen! Zum Beweiſe, daß ich immer an Dich denke,
ſchicke ich Dir hier einige Blumen, die ich vorgeſtern für Dich
gepflückt habe und zugleich nehme ich für heute von Dir Abſchied,
indem ich Dich zärtlich umarme.

9.

Gleiwitz, den 17. November 1808.

Dein lieber Brief, den ich geſtern erhielt, hat mir ſo viele Freude
gemacht, daß ich dem Wunſche nicht widerſtehen kann, Dir ſogleich
meinen herzlichſten Dank dafür zu ſagen. Wenn ich immer ſolche
Briefe erhalte, werde ich nie Urſache haben, zu ſchelten, denn mehr
kann man ja jetzt von keinem vernünftigen und tieffühlenden Menſchen
verlangen, als daß er ernſtlich bemüht ſei, wenigſtens die Empfänglichkeit für angenehme, frohe Eindrücke nicht in ſich ausſterben zu
laſſen, ſie nicht abſichtlich zurückzuſtoßen, wenn ſie ſich ihm darbieten
ſollten; denn es gehörte jetzt gewiß ein hoher Grad von Leichtſinn
oder Gleichgültigkeit dazu, um immer froh und heiter zu ſein. Was
mir aber auch immer und jetzt ganz beſonders nothwendig ſcheint,
iſt, die Liebe zur Natur und die Freude an ihr recht innig und rein
in ſich zu erhalten — es iſt die einzige Freude, die vom Thun und
Laſſen der Menſchen ganz unabhängig iſt und die in jedem Momente
an ewige Güte und Weisheit erinnert, während die Geſchichte des
Menſchengeſchlechts ſo oft vom Gegentheile erfüllt iſt. Literatur und
Kunſt ſind zwar auch zwei unverſiegbare Quellen des Troſtes und
Genuſſes, allein da ſie mit allem Menſchlichen und Irdiſchen immer
in naher Verwandtſchaft bleiben müſſen, wenn ſie ſich auch ſo ſehr
über daſſelbe erheben, ſo begreife ich ſehr wohl, daß es Zeiten
geben kann, wo das Gemüth, von mächtigeren Gefühlen ergriffen,
ſich dem ſanften Zauber ihres Einfluſſes nicht hingeben kann; aber
der heiligen Stimme der Natur, die mir die eigentliche Sprache
der Gottheit iſt, muß das innere Ohr immer geöffnet bleiben, und

das ist auch gewiß bei jedem besseren Menschen der Fall, wenn
er nur Gelegenheit hat, diese heilige Sprache zu vernehmen. Im
Tumulte und Qualme der Städte, im geschäftigen Streben des
bürgerlichen Lebens kann sie freilich nur selten und unvollkommen
zu ihm dringen, und ein einziger Gang durch einen wirklichen
Wald voll alter, ehrwürdiger Bäume sagt der Seele und dem
Herzen mehr zu als zehn Promenaden im Thiergarten, wo man
bei jedem Schritte an die Nähe der Stadt und an alle Fesseln der
Wirklichkeit erinnert wird; aber bewahrt man nur in sich die Empfänglichkeit für diesen reinen Genuß, so wird er auch bei jedem Augenblicke
von Freiheit das Herz mit doppelter Macht erfüllen. — Wenn wir
noch einst so glücklich sein sollten, eine Reise zusammen zu machen,
so wollen wir uns recht bemühen, dies Alles in Ausübung zu bringen,
und ich denke, es würde uns nicht schwer werden; auch denke ich,
wenn wir einst die große Reise durch das Leben zusammen antreten,
so soll sie uns wenigstens in Allem, was unser Verhältniß zu
einander anbetrifft, zu einer solchen Lustreise werden. Ich kann mir
nicht vorstellen, mein geliebter Carl, daß wir je auf dem trocken
prosaischen Fuße zusammen sein könnten, der in so vielen gar nicht
unglücklichen Ehen als der einzig schickliche angesehen wird und bei
welchem freilich das Leben, um nicht ganz aus der Rolle zn fallen, nicht
wie eine Lustreise, sondern wie ein Geschäft betrieben werden muß.
Diesen Leuten, glaube ich, scheint die Ehe eine Art von Zauberformel,
die der Liebe (die sie nur wie einen vorübergehenden Rausch ansehen,
den man sich allenfalls in der Jugend auf einige Zeit erlauben kann,
ehe man das Leben mit Ernst betrachtet) ein Ende macht, während
sie mir nur als eine neue Verherrlichung derselben, nur als die
heiligste Bestätigung des ewigen Bundes der Herzen erscheint. . . . .
Nur die Bitte muß ich noch hinzufügen, daß Du bei Deinen
Plänen für die Zukunft dem Gedanken an mich keinen Einfluß auf
Deine Entschließungen einräumen mögest. Deine Liebe ist mein
höchstes, mein einziges Gut, aber ich würde untröstlich sein, wenn
Du mir, meiner Meinung, meinen Wünschen irgend ein Opfer bräch-
test, das Du in der Folge bereuen könntest; an Dich und Deine
Zukunft, nicht an die meinige denke, und, wie Diotima im Hyperion
sagt: Handle Du, ich will es tragen!

10.

Giewitz, den 9. November 1808.

Die Furcht der Trennung ist zwar noch vorhanden, allein sie tritt in den entfernten Hintergrund zurück, und zwischen ihr und mir erscheint wie ein wohlthätiger, tröstender Genius die Hoffnung des nahen Wiedersehens, und hierauf will ich meine Augen unverwandt richten, um wenigstens dieses Glückes noch recht froh zu werden. Und laß mir neben dieser Freude immer die Hoffnung, daß in einem halben Jahre mancherlei Veränderungen vorgehen können, die auch auf unsere Zukunft einen wohlthätigen Einfluß verbreiten. — Daß Du nichts beschließen willst ohne meinen Rath und sogar, wie Du sagst, ohne meine Einwilligung, ist ein Beweis von Liebe und Vertrauen, für welchen ich Dir den innigsten Dank sage, ob er mich gleich nicht überrascht hat; denn gehören wir uns nicht viel inniger und näher an als so viele Ehepaare, die Eitelkeit oder Convenienz vereinigt hat, und sollte eine bloße Formel ein festeres Band sein als die innigste Vereinigung der Herzen?   Ich kann nur wiederholen, was ich Dir schon früher geschrieben habe, daß ich mich ganz unfähig fühle, in einer so wichtigen Sache, welche ich weit entfernt bin in ihrer ganzen Tiefe zu durchschauen, einen entscheidenden Rath zu geben. Besprechen, überlegen wollen wir Alles zusammen, was uns beide so nahe angeht, aber entscheiden mußt Du ganz allein, und ich werde mich Allem unterwerfen, was Dir das Beste scheint; nur übereile Dich nicht und thue nicht in einem Augenblicke von Mißmuth und Hoffnungslosigkeit einen Schritt, den Du nachher bereuen könntest.   Doch das brauche ich ja von meinem Carl nicht zu befürchten.

Ich habe heute an meinen Engel*) geschrieben; ich war ihr eine Antwort schuldig. Wie glücklich ist sie jetzt! Ich freue mich ihres Glückes und beneide es ihr nicht; aber ich fühle lebhaft, wie groß und beneidenswerth es ist! Ich begreife, daß ein Mann sich nicht von der Welt, äußeren thätigen Verhältnissen, trennen kann und darf, aber ich weiß nicht, welches Unglück, welchen Verlust eine Frau am Herzen des Geliebten noch lebhaft empfinden könnte. Wie schön,

* Prinzessin Wilhelm.

wie göttlich erscheint mir jetzt die Bestimmung der Frauen! Sonst
wünschte ich immer ein Mann zu sein; jetzt beneide ich ihnen zuweilen
manche einzelne Vorzüge; aber tauschen möchte ich nicht mehr, um
keinen Preis möchte ich der schönen Pflicht entsagen, nur zu leben,
um zu lieben. Mein einziger Wunsch ist nur, sie ganz erfüllen zu
können. Was ich Dir in meinem letzten Briefe über meinen Freund*)
sagte, scheint mit meiner früheren Aeußerung über ihn in Widerspruch
zu stehen, und doch ist für mich kein Widerspruch darin enthalten.
Ich traue ihm deshalb nicht weniger die Eigenschaften einer Nemesis
zu, weil ich fürchte, daß er sie nicht immer in ihrer ganzen Strenge
ausübt; er ist gewiß unerbittlich, wo er das Schlechte erkennt, aber
ich fürchte zuweilen, daß er es wegen der Güte seines edlen, herrlichen und oft kindlich arglosen Gemüthes nicht immer erkennt, oder
durch Klugheit und Verstellungskunst getäuscht werden kann. Auch
halte ich ihn eigentlich bei aller seiner anscheinenden Härte für viel
zu bescheiden und zu wenig herrschsüchtig. Doch dieser Erklärung
hätte es Dir gegenüber wohl kaum bedurft; denn Du verstehst mich
wahrscheinlich besser als ich Dich verstehe, und hast auch Gelegenheit,
dies Alles viel richtiger zu beurtheilen als ich. Ich weiß nicht, ob
ich Dir schon erzählt habe, daß ich den Herodot lese; er interessirt
mich unbeschreiblich. Es ist doch eine ganz andere Sache, die Alten
in ihrer ruhigen Einfalt selbst reden zu hören, oder sie nur durch
moderne Compilationen kennen zu lernen, bei denen gewöhnlich ihr
ganzer Geist verloren geht. Ich habe mir vorgenommen, die ganze
Zeit, die ich noch hier zubringen werde, auf Lectüre dieser Art zu
verwenden.

11.

Giewitz, den 23. November 1808.

Die Anekdote über das Schneidertalent**) hat mich so sehr
amüsirt, daß ich Dir noch einen ganz besonderen Dank dafür schuldig

* Stein.
** Stein hatte in einer Abendgesellschaft bei der Prinzessin Louise eine Dame
aus dem Berliner Kreise als sehr achtungswerth und interessant gepriesen, worauf
eine hochgestellte Persönlichkeit bemerkte, daß dieselbe sich nicht gut anzuziehen verstehe; Stein erwiederte hierauf: „Ja, ein Schneidertalent besitze ich nun freilich nicht!"

bin. Ich erkenne meinen Freund so vollkommen darin, daß ich mir das Gesicht und den Ton der Stimme, womit er es sagte, ebenso lebhaft denken kann, als wenn ich dabei gewesen wäre. Er hat ein ganz besonderes Talent, alle Anmaßungen der Eitelkeit und des Eigendünkels durch seinen treffenden Witz zu züchtigen, und ist recht dazu geeignet, in dem Verhältnisse des gesellschaftlichen Lebens wie in den größeren und wichtigeren der öffentlichen Geschäfte die Rolle der Nemesis zu spielen, deren gerechte, aber strenge Wiedervergeltung wir so sehr bedürfen.

12.

Giewitz, den 8. Dezember 1808.

Die innige Liebe, die uns vereinigt, ist der wohlthätige Balsam, den der Himmel uns gab für alle Wunden des Lebens, und so lange er auch für Dich seine heilende, beruhigende Kraft behält, werde ich nicht aufhören, mich glücklich zu preisen.. In großen Leiden hilft kein schwacher Trost; die Seele muß sich mit ihrer ganzen Kraft auf dasjenige stützen können, was ihr bleibt um einen großen Verlust mit Fassung zu ertragen. Die Stütze, die nie versagt, ist die Religion, und ist wahre Liebe nicht auch Religion? ist sie nicht das schönste, das heiligste Geschenk der Gottheit, durch welches uns ihr Dasein, ihre Güte, ihre väterliche Fürsorge klar werden müßte, wenn wir auch keinen anderen Beweis derselben hätten? Der Gott, der uns schon in dieser vergänglichen, unvollkommenen Welt die Liebe gab und uns durch ihr höheres Licht mitten unter allen rauhen Kämpfen der Wirklichkeit den Blick in seinen Himmel öffnete, wird es wohl mit uns machen, sei es hier, sei es in einer anderen Welt. Dies Vertrauen müsse uns nie verlassen und uns nicht erlauben, mit Bitterkeit zu murren über die Opfer und Prüfungen, die uns auferlegt werden.

Auch Dich möge dies Vertrauen ganz erfüllen, mein theurer Carl, und Dich in der Ueberzeugung bestärken, daß die Kämpfe Deiner edlen Seele nicht verloren sind, wenn sie auch hier keinen sichtbaren Nutzen stiften sollten; an innerer Kraft und Vollkommenheit nimmst Du doch dabei zu, und vielleicht war dies die Art, wie Du Deine Bestimmung erfüllen solltest, und wenn Du ihr treu bleibst, hast Du nicht umsonst gelebt. Ueberhaupt bin ich fest überzeugt,

daß ein edler Mensch nie umsonst lebt, wenn er auch nie in den
Fall kommt, der Welt einen bestimmten Nutzen zu leisten. Sein bloßes
Dasein ist eine Wohlthat für die Welt, und nie ist diese Wohlthat
größer als in Augenblicken, wo wahre Tugend so selten ist; sie würde
ja ganz sterben unter dem Drucke der Zeit und dem allgewaltigen
Einflusse des Egoismus, des Leichtsinnes und der Herrschsucht, wenn sie
nicht in einigen reinen, unbestechlichen und unwandelbaren Gemüthern
fortlebte und der Zukunft den Funken bewahrte, der einst wieder in
helle Flammen auflodern wird. Unter diejenigen zu gehören, welchen
dieses heilige Geschäft anvertraut ist, scheint mir eine so schöne, so
edle Bestimmung, daß auch der ewige, schmerzliche Kampf, der damit
verbunden ist, sie einem großen Gemüthe nicht zu sehr verbittern sollte.
So erscheinst Du mir, mein Carl, als einer der Wenigen, die mit
ganzer Seele einer besseren, kräftigeren Zeit angehören, und wenn
auch das Unglück des Vaterlandes Dein edles Streben in Fesseln
schlägt, so wird es doch für die Zukunft nicht verloren sein.

13.

Giewitz, den 15. December 1808.

Du weißt, daß ich die Russenpassion einiger meiner Freundinnen nie getheilt habe; allein das Land wird doch immer ein
gewisses Interesse für mich behalten. Mein Vater kannte es sehr
genau, hatte mehrere Jahre seines Lebens dort zugebracht und sich
dort viele Achtung und Freundschaft erworben. Sollte Dich der
Zufall mit Menschen vereinigen, die ihn kannten, so wirst Du gewiß
sein Andenken noch lebendig unter ihnen finden. Er sprach oft mit
Interesse von den Eigenthümlichkeiten des gemeinen Volkes, das bei
allem Mangel der Cultur gewiß viel unverdorbener ist als die Vornehmeren. Auf einer kurzen Reise, die wahrscheinlich zum Theil
durch Hoffeste ausgefüllt werden wird, wirst Du wohl nicht viele
Gelegenheit zu dergleichen Betrachtungen haben, doch freue ich mich
schon im voraus auf diejenigen, die Du mir von dort aus oder nach
Deiner Rückkehr mittheilen wirst. — —*)

* Clausewitz machte die Reise nach St. Petersburg bekanntlich nicht mit, da
es der Prinz August für zweckmäßiger hielt, sich durch einen Artillerieoffizier
begleiten zu lassen.

Alles was Du über meinen lieben Engel sagst, ist recht aus meiner Seele gesprochen und hat mir viele Freude gemacht. Ich kann mir recht denken, wie sie jetzt aussieht und welche Empfindungen ihr schönes, edles Gesicht jetzt ausdrückt. Sehr leid wäre es mir, nicht auch die Vorzüge ihres edlen Gatten von Dir erkannt zu sehen. Er mag vielleicht nicht genug Selbstvertrauen haben, um wirklich nützlich sein zu können, aber an Würde des Betragens und an Gefühl des Guten und Wahren gibt er ihr doch wohl nichts nach, und er hat kürzlich Beweise davon gegeben, von welchen ganz unparteiische Menschen mit Bewunderung sprechen. — —

Auch ich beschäftige mich jetzt, wie ich Dir schon gesagt habe, fast ausschließlich mit Geschichte. Sie macht einen sehr ernsten, ja oft einen traurigen Eindruck auf mich, wenn ich Vergleiche anstelle und staunend den Abgrund betrachte, in welchen Kleinmuth, Leichtsinn, Uneinigkeit u. s. w. die mächtigsten Staaten gestürzt haben, und wenn ich sehe, wie auch die meisten großen Männer der Vorzeit ihr Leben im Kampfe mit tausend Widerwärtigkeiten hinbrachten und wie oft ihrer Tugend nur Verfolgung und Undank zum Lohne ward; aber unbeschreiblich stärkend und erhebend ist auch der Anblick jeder edlen Beharrlichkeit in diesem großen Kampfe. — —

Du scheinst ja jetzt ordentlich zum Goethe bekehrt zu sein,*) da Du in zwei Briefen Stellen aus seinen Werken anführst. Die „Harzreise im Winter" gehört so sehr zu meinen Lieblingsgedichten, daß ich mich ordentlich wundere, daß ich Dich nicht längst gezwungen habe, sie zu lesen. Die Stelle, die Du anführst, hat mich schon oft tief gerührt; auch eine andere, die ungefähr so lautet: „Vater der Liebe, ist auf Deinem Psalter ein Ton hörbar seinem Ohr, so erquicke den Dürstenden in der Wüste."**)

---

* Clausewitz war ein begeisterter Verehrer Schillers; während seine Braut sich mehr zu Goethe hingezogen fühlte.

** Die Stelle lautet: Ist auf Deinem Psalter,
Vater der Liebe, ein Ton
Seinem Ohre vernehmlich,
So erquicke sein Herz!
Oeffne den umwölkten Blick
Ueber die tausend Quellen
Neben dem Dürstenden
In der Wüste!

Ich möchte Dir eigentlich heute noch recht viel sagen, mein theuerster Freund, mein Herz ist so voll von Dir und allen Empfindungen, die ich durch Dich kennen gelernt habe, aber der Postbote drängt zum eiligen Schlusse. Wir leben hier still und einsam und sind recht fleißig. Abends wird jetzt der dreißigjährige Krieg gelesen und für mich fahre ich fort, die griechische Geschichte zu studiren aus alten und neueren Büchern. Dieser Tage hat mich eine auffallende Aehnlichkeit des Philipp von Macedonien mit Jemand, den wir kennen, ordentlich ergriffen, sowie manche andere Aehnlichkeiten dieser ganzen Zeit.

14.

Giewiß, den 28. December 1808.

Es heißt ja, daß die königliche Familie bald nach Berlin kommen wird; dann hätte ich die Hoffnung, meinen Engel bald wiederzusehen. Ich freue mich unendlich darauf; sie ist mir noch theurer geworden durch den Antheil, den sie Dir schenkt, und es wird mir recht wohl thun, über Alles, was mich selbst sowie das Ganze betrifft, offenherzig mit ihr zu sprechen. Man glaubt sich weniger unglücklich, wenn man einem so tiefen und zarten Gemüthe einigen Antheil abgewonnen hat. Ich habe ihr heute geschrieben, um ihr zum neuen Jahre Glück zu wünschen. Auch an Dich werde ich denken bei diesem Eintritte in eine neue Lebensperiode, mit inniger, zärtlicher Liebe und heißen Segenswünschen; mit diesen Empfindungen denke ich zwar täglich an Dich, mein theurer Freund, aber ich halte es sehr mit dieser Sitte unserer Väter, und finde es auch so natürlich, bei jeder Epoche, die an das schnelle Entfliehen der Zeit erinnert, einen Augenblick stillzustehen, rückwärts und vorwärts zu blicken, und, indem man einer unsicheren Zukunft entgegengeht, sich fester anzuschließen an Alles, was einem im Leben das Theuerste ist. Jetzt habe ich noch viel vom Himmel zu erbitten; sollte ich aber je so glücklich sein, diesen Tag an Deiner Seite zu feiern, als Dein treues, liebendes Weib, o dann werde ich nichts mehr wünschen als die Fortdauer meines Glückes!

15.

Giewitz, den 4. Januar 1809.

Das Glück, gerade am Neujahrstage einen so lieben, herzlichen Brief von Dir zu erhalten, habe ich mit Freuden als eine gute Vorbedeutung für diese neue Epoche unseres Lebens angesehen. Leider bedürfen wir sehr der guten Vorbedeutungen, und sie müßten einen hohen Grad von Glaubwürdigkeit haben, um uns der Zukunft mit frohen Empfindungen entgegengehen zu lassen.

Frau von Berg ist noch nicht angekommen und hat auch nichts von sich hören lassen; wir erwarten sie aber täglich und stündlich. Ich freue mich herzlich, sie zu sehen, theils wegen ihrer selbst, theils (ja vielleicht hauptsächlich) um das Glück zu haben, recht viel von Dir zu hören, mein theurer, geliebter Freund.

Daß Du die Reise*) nicht mitmachst, ist mir sehr lieb, ob sie Dir zwar in Gesellschaft Deines Freundes viel weniger unangenehm gewesen wäre; es war mir besonders in dieser Rücksicht sehr erfreulich, zu hören, daß er mitging. Das Betragen der Prinzeß**) gegen Deinen Freund ist wirklich sehr hübsch und beweist einen Grad von Achtung und Freundschaft, der mir viele Freude macht. Wenn unser Unglück nicht so sehr groß und unsere Zukunft so ungewiß wäre, so könnte man einigen Trost in dem Gedanken finden, daß durch diese gänzliche Umwälzung aller ehemaligen Verhältnisse das Verdienst mancher ausgezeichneter Menschen mehr anerkannt und zu einem größeren Wirkungskreise gelangt ist; aber jetzt wird freilich jede Freude durch den Gedanken gestört, daß tausend Hindernisse diesen Wirkungskreis hemmen werden und ihm vielleicht gänzliche Zerstörung drohen. Ich glaube, Du würdest jetzt zufrieden mit meinen Ansichten sein, mein theurer Freund, denn der rosenrothe Schimmer, der sie sonst umgab, nimmt täglich ab und verwandelt sich in ernsthaftere Farben; doch bis zur gänzlichen Hoffnungslosigkeit ist es Gott Lob noch nicht gekommen, und ich bitte den Himmel täglich, mich davor zu bewahren. Daß wir nur zu sehr Veranlassung haben, über Unglück zu klagen, ist wohl nur zu gewiß; doch wer weiß, ob

---

* Nach St. Petersburg.
** Louise von Radziwill.

nicht in vielen Gemüthern der göttliche Funken nur verborgen liegt
und nur die erste glückliche Anregung erwartet, um zur hellen
Flamme aufzulodern. Die drückende Last äußerer Verhältnisse, der
alte seelenlose Schlendrian hat vielleicht viele glückliche Anlagen zur
Unthätigkeit gezwungen; ein längerer, wenn auch nicht glücklicherer
Kampf hätte gewiß viele derselben entwickelt; aber eine so plötzliche
Zerstörung ließ nicht Zeit dazu, und doch sind manche Dinge
geschehen, auf die wir mit Stolz zurückblicken können. Auch das
Volk hat sich, so viel ich es beurtheilen kann und so viel es in
einer so verzweiflungsvollen Lage möglich war, des deutschen Namens
nicht unwürdig gezeigt, freilich nicht durch Thaten, welche man auch
ohne Anleitung nicht erwarten konnte, aber durch treue Anhänglichkeit an den angestammten Herrn und durch die gutmüthigste und
lebhafteste Bereitwilligkeit zum Enthusiasmus für Alles, was denselben nur im Geringsten zu verdienen schien. Die Aufnahme der
preußischen Truppen und besonders des Volkshelden Schill ist mir
als ein neuer Beweis davon erschienen, und ich habe es herzlich
bedauert, an diesem Tage nicht in Berlin gewesen zu sein. Ich
beurtheile nicht, ob Schill diesen Grad von Enthusiasmus verdient
oder nicht, aber daß das Volk desselben noch fähig ist, ist mir eine
sehr erfreuliche Erscheinung gewesen.

16.

Giewitz, den 7. Januar 1809.

Bei unserer Vereinigung, mein theurer Freund, muß ich mein
Glück viel höher preisen als das Deinige; denn wenn ich auch, alle
übertriebene Bescheidenheit bei Seite setzend, mich ohne Umstände zu
den besseren Frauen rechne, so gibt es doch gewiß deren viel
viel mehr als der Männer, die Alles vereinigen, was Du ver-
einigest, und je geringer die Zahl der Gewinnste in einer Lotterie
ist, desto glücklicher ist wohl derjenige zu preisen, der das große
Loos davonträgt. Aber ich fühle auch mein Glück in seinem ganzen
Umfange, und es vergeht fast kein Tag, an dem ich nicht Gelegenheit
hätte, mit Stolz zu mir selbst zu sagen: so ist mein Carl oder:
so ist er nicht, sei's, daß Lob oder Tadel den Vergleich veranlassen.

Ein großes Vergnügen gewährt es mir auch oft, Dinge wiederzu-
lesen, die das Gefühl in Anspruch nehmen, und dabei meine jetzigen
Empfindungen mit denjenigen zu vergleichen, die sie mir sonst verursachten. Ich entdecke oft, daß ich bei allem Bedürfnisse der Liebe,
welches immer in meinem Herzen war, doch damals viele Schilderungen eines tiefen, innigen Gefühls nur unvollkommen verstand,
und mir ist zu Muthe wie einem, der eine poetische Beschreibung
einer schönen Gegend mit Vergnügen gelesen hätte, ohne die Gegend
zu kennen, aber, nachdem er sie gesehen und von ihrer Schönheit
lebhaft ergriffen worden wäre, den Dichter noch einmal in die Hand
nähme und nun erst, nicht bloß mit der schaffenden Phantasie, sondern in der lebendigen Wirklichkeit, mit ganzem Herzen und ganzer
Seele die Schönheit und Wahrheit des gelungenen Gemäldes mit-
empfände. Auch denke ich oft mit Freuden an die Zeiten zurück,
wo mich dergleichen Schilderungen zwar rührten, aber immer von
der wehmüthigen Empfindung begleitet waren, daß mir ein solches
Glück nicht beschieden sei. Nun habe ich es, nun kenne ich es ganz,
dieses heilige Glück der Liebe, dieses schönste Geschenk des Himmels,
und mit eben demselben Vertrauen, mit welchem ich mich jetzt demselben hingebe, darf ich auch auf seine Fortdauer rechnen. Es werden
noch bittere Augenblicke kommen, schwere Ungewitter werden uns von
neuem ihren vernichtenden Einfluß empfinden lassen, aber so lange
Du lebst und mich liebst, kann ich nie ganz unglücklich sein. —
In Frau von Staël's Werk: Sur l'influence des passions habe ich
dieser Tage nebst vielen anderen Stellen, die ich mit Vergnügen
wiedergelesen habe, auch eine gefunden, die ich Dir mittheilen muß,
da sie mir so ganz aus der Seele gesprochen ist. Sie schildert mit
treffender Wahrheit und tiefer Empfindung die zerstörende Gewalt,
die eine unglückliche Liebe über das Dasein so vieler Frauen ausübt
und, von den Gefahren erschreckt, die ihrer von allen Seiten warten,
gibt sie ihnen den Rath, die Befreiung von diesem tiefsten Schmerze
durch das Opfer des höchsten Glückes freiwillig zu erkaufen und
nur in der Erfüllung ihrer Pflicht und im ruhigen Dasein ihr Glück
zu suchen. Endlich sagt sie aber: Sans doute celle qui a rencontré
un homme dont l'énergie n'a point effacé la sensibilité,
un homme qui ne peut supporter la pensée du malheur d'un

autre, et met l'honneur aussi dans la bonté, un homme fidèle
aux serments que l'opinion publique ne garantit pas, et qui a
besoin de la constance pour jouir du vrai bonheur
d'aimer; celle qui serait l'unique amie d'un tel homme,
pourrait triompher au sein da la félicité de tous les systèmes
de la raison. Du wirst begreifen, theurer Freund, daß ich dieser
Meinung vollkommen beistimme. Dieses Werk scheint mir überhaupt
das gelungenste und gehaltvollste, welches Frau von Staël geschrieben
hat; nur erschrickt man beinahe, in einer Frau eine so genaue Kenntniß
aller Leidenschaften des menschlichen Herzens zu finden. — —

Ich habe kürzlich einen Brief von meiner Cousine*) erhalten, die
sich sehr theilnehmend nach Dir erkundigt und mir auch unbekannter
Weise viele herzliche Grüße an Dich aufträgt. Sie ist verheirathet
und, wie es scheint, sehr glücklich. Mein Bruder ist vierzehn Tage
bei ihr auf dem Lande gewesen und hofft auch die Erlaubniß zu
erhalten, einen Theil des Carnevals bei ihr in Prag zuzubringen.
Er sitzt jetzt ganz allein in einem böhmischen Neste, ist glücklich wie
ein König (das Sprichwort muß sehr alt sein, denn jetzt geht es
den Königen nicht mehr so gut) und schreibt die allerkomischesten
Briefe über seine Wohnung und seine ganze häusliche Einrichtung.
Mir ist dabei Dein sechsmonatlicher Aufenthalt in einem westfälischen
Bauernhause eingefallen. Damals wußte ich noch nicht, daß Derjenige
auf der Welt war, der mir jetzt ein so theurer Freund geworden ist,
und Du mußtest eben so wenig von Deiner Marie. Wie glücklich
fühle ich mich, daß es jetzt anders ist, daß ich Dich habe, mein
geliebter Freund, und daß ein so gränzenloses, festes Vertrauen und
eine so innige Liebe uns verbindet! —

Ich muß schließen, theurer Carl, um meinem Engel noch zu
danken für einen sehr freundlichen Brief, den ich vor einigen Tagen
von ihr erhalten habe. Sie sagt, man sähe es Dir an, wie wohl
Dir wäre bei dieser Trennung**), Du schienest freier zu athmen.
Du glaubst nicht, wie viel Freude Du mir machst, wenn Du sie
lobst, theurer Freund; es ist mir immer ein neuer Beweis unserer

---

* S. unten S. 395 Anm.

** Bezieht sich auf die Entbindung von der Adjutantenstelle und die Abreise
des Prinzen August nach St. Petersburg.

Uebereinstimmung, wenn unsere Urtheile über einen Dritten so ganz
zusammentreffen, und wenige Menschen haben fast vom ersten Anblicke
an einen solchen Eindruck auf mich gemacht als diese herrliche Frau.
Die seltene Vereinigung verschiedener so oft einander ausschließender Vorzüge, die ich in Dir bewundere, zieht mich auch so
unwiderstehlich zu ihr hin. Denn bei der Tiefe ihres Verstandes,
der Kraft ihres Willens und dem männlichen Ernste ihres ganzen
Wesens ist sie doch zart, sanft und fromm wie die allerweiblichste
Frau, so wie Du, mein Carl, indem der Verstand Deiner Freunde
durch Deine Kenntnisse, Deine Thätigkeit, Deinen ernsten Willen mit
Hochachtung erfüllt wird, auch durch die Innigkeit Deines schönen
Gemüthes kein Bedürfniß eines liebenden Herzens unbefriedigt läßt.
Wie schade, daß diese unvergleichliche Frau nicht an einem Platze
steht, wo ihre herrlichen Eigenschaften den Einfluß haben könnten,
den sie verdienen!

17.

Berlin, den 23. Februar 1809.

Mir ist als reichten alle Kräfte meines Herzens nicht aus, um
dem Himmel für Deine Erhaltung zu danken und mich dieses Glückes
gehörig zu freuen. O, mein theurer Freund, in solchen Augenblicken
lernt man den Werth aller irdischen Dinge nicht höher anschlagen
als er es verdient, und Alles was Menschen gewöhnlich Glück und
Unglück nennen, verschwindet vor dem Gedanken, Diejenigen zu verlieren, die man liebt; man fühlt sich stark genug, mit ihnen Alles
zu ertragen, und unfähig, ohne sie irgend ein Glück zu genießen,
und im Augenblicke wo man aufhört, für ihr Leben zu zittern, vergißt man, daß es noch so viele unerfüllte Wünsche auf Erden gibt.
Mit diesen Empfindungen der reinsten Freude und Dankbarkeit denke
ich jetzt an Deine Genesung, mein geliebter Freund, und das Glück,
Dich mir und meiner zärtlichen Liebe erhalten zu sehen, läßt keinem
trüben Gedanken Raum in meiner Seele. O möchten doch auch
dieselben Empfindungen die Deinige erfüllen und Dich die wieder-
kehrende Lebenskraft als ein schönes, hoffnungsreiches Geschenk des
Himmels mit jugendlicher Heiterkeit genießen lassen!

Von meinem Engel habe ich gestern zum ersten Male seit Deiner Krankheit einen sehr hübschen freundschaftlichen Brief bekommen. Sie sagt, ihre erste Absicht sei gewesen, mir oft Nachricht von Dir zu geben; dann habe sie aber bedacht, daß Du mir vielleicht nicht oft schriebest, daß mich in diesem Falle Dein Stillschweigen nicht befremden würde und daß vielleicht Deine Krankheit vorübergehen könnte, ohne daß ich etwas davon erführe, was ihr bei weitem das Beste geschienen habe. Diese sorgsame Güte hat mich recht gerührt. Sie spricht auch mit vielem Antheile von der Veränderung Deiner Lage, und auf eine Art, die mich glauben läßt, daß Dein Freund wirklich die Absicht hat, Dich sehr bald aus Deiner jetzigen zu befreien, und daß das, was er Dir darüber gesagt, mehr war als Trost für einen Kranken.

Den 24. Februar.

Ich habe mir dieser Tage die Freude gemacht, Deine ersten Briefe wieder durchzulesen. Ach! es war zum Theil eine wehmüthige Freude, wenn ich die Zeiten, in denen sie geschrieben waren, mit den jetzigen verglich und Deine trüben Ahnungen mit dem nun wirklich erfolgten und sie doch in der That noch weit übertreffenden Unglücke.

Aber Du, mein herrlicher Freund, mit Deiner edlen, echt deutschen Seele, Deinem Thateneifer und Deinem liebevollen Herzen bist mir wieder darin wie in einer Glorie erschienen, und ich habe Thränen der innigsten Rührung vor der schönen Erscheinung vergossen, und ich habe mich glücklich und stolz in dem Andenken gefühlt, daß diese Briefe an mich gerichtet sind, und daß ich die Liebe eines solchen Herzens besitze. O Gott in welcher wichtigen, verhängnißvollen Zeit leben wir jetzt! Welche großen Thaten könnten in derselben gethan werden, wenn Diejenigen, die zum Handeln fähig sind, am rechten Platze ständen! Frau von Staël hat wohl recht, wenn sie sagt: si de pareils hommes étaient un plus grand nombre, le sort de leur patrie serait bien différent. Ich habe die Frau ordentlich lieb gewonnen, seitdem ich diesen Brief von ihr gelesen habe.

18.

Mein Bruder hat lange nicht geschrieben; man sagt, es sei ihnen nicht erlaubt, was ich auch für nicht unwahrscheinlich halte; aber wir wissen, durch meine Cousine, daß er wohl ist. Die arme Therese*) wird auch manche bittere Augenblicke haben; ihr Mann, der schon früher Militär war und nur seinen Abschied nahm, um sich zu verheirathen und seine Güter zu übernehmen, tritt jetzt wieder in den Dienst zurück und hat sie wahrscheinlich schon verlassen. Sie erwartet im Sommer ihre Niederkunft und wird dabei sogar des Trostes beraubt sein, ihre Mutter bei sich zu sehen, die als Vormünderin ihres Sohnes während des Krieges schwerlich Sachsen wird verlassen können. Auch ohne sie zu kennen, mußt Du an dieser Therese Theil nehmen, denn Du glaubst nicht, wie gut und liebenswürdig sie ist und welchen herzlichen Antheil sie an Dir nimmt. Sie hat kürzlich meiner Mutter ein sehr angenehmes Geschenk mit dem Porträt meines Bruders gemacht, welches über alle Beschreibung ähnlich ist und uns gerade in diesem Augenblicke viele Freude macht. — Ich bin eigentlich ganz untröstlich, daß Du jetzt nicht hier bist, mein geliebter Freund, denn unmöglich könnte sich Alles besser vereinigen, um uns täglich und auf eine angenehme Weise das Glück zu verschaffen, uns zu sehen, freilich nicht allein, aber doch in einem Cirkel von Freunden, mit denen Du Dich bald ganz bekannt fühlen würdest. Wenn der Hof kommt, wird es doch nicht mehr ganz dasselbe sein, denn Louise wird mehr ausgehen und es wird alsdann schon einer Verabredung bedürfen, um sich bei ihr zu vereinigen. Jetzt ist sie alle Abend zu Hause und ich gehe ebenso regelmäßig alle Abend gegen neun Uhr zu ihr, und da sie mehrere Männer einmal für allemal eingeladen hat und auch täglich einige hinkommen, so wäre es ganz natürlich, daß Du dasselbe thätest. Von Frauen kommt niemand hin als Friederike, Julie Goltz und zuweilen, doch nur selten, Pauline. Mein Vetter und Schill, dessen nähere Bekanntschaft Dich gewiß interessiren würde, sind tägliche Gesellschafter; ab

* Therese Gräfin v. Thun, geb. Gräfin v. Brühl (Tochter des Grafen Aloys v. Brühl, mithin eine Cousine der Gräfin Marie v. Brühl).

und zu kommen die beiden Arnim, besonders der Dichter (der im gesellschaftlichen Umgange so einfach und angenehm ist, daß man ihn gar nicht für den Autor so toller Schriften halten sollte), der Graf Arnim, der junge Goltz, W. Humboldt, Kettenburg u. s. w.

19.

Berlin, den 29. April 1809.
Abends 11. Uhr.

Die große und, so Gott will, folgenreiche Begebenheit, die sich gestern zugetragen hat, setzt alle Menschen in eine solche Bewegung, daß ein Besuch auf den anderen folgte und daß ich erst jetzt ein wenig zur Besinnung komme. Was Du als Militär zu dieser kühnen That sagen wirst, weiß ich nicht, aber ich kann mich nicht enthalten, ihm meine höchste Bewunderung zu zollen und dem lieben Flüchtlinge von Grund der Seele Glück und Segen zu wünschen. Innig gerührt hat es mich, daß er sich noch in den letzten Augenblicken unser erinnerte, und noch eine Stunde, ehe er mit dem Regimente ausrückte, auf einen Augenblick zu uns kam, wahrscheinlich, um stillschweigend Abschied zu nehmen. Der gute Schill! Er wußte wohl, welchen herzlichen Antheil wir an ihm nehmen und mit welchen aufrichtigen Segenswünschen wir ihn begleiten würden! — Die alten Damen (Mama und einige ehrenvolle Ausnahmen abgerechnet) und die alten Stabsoffiziere schneiden erschreckliche Gesichter, aber das Publikum soll im höchsten Enthusiasmus über den Entschluß seines Helden sein, und es sollen ihm, wie man versichert, eine Menge Leute heimlich folgen. Daß ihn Diejenigen, die sich nicht über das Gewöhnliche und Hergebrachte erheben können, strafbar finden, begreife ich sehr wohl, und nach dem Gesetze ist er es auch wirklich, aber in so außerordentlichen Zeiten kann nur das Außerordentliche helfen, und es ist doch besser, durch einen kühnen Entschluß gerettet zu werden als nach allen Regeln zu Grunde zu gehen. Uebrigens halte ich unseren Helden bei aller seiner Lebhaftigkeit für nichts weniger als unüberlegt, und ich bin überzeugt, daß er diesen Schritt nicht gewagt hätte, ohne wichtige Ursachen und ohne die Gewißheit, ihn mit Ehren und zum Heile seines Königs und seines Vaterlandes behaupten zu können.

20.

Berlin, den 8. Mai 1809.

Der letzte Brief, den ich von Dir erhalten, scheint mir immer der liebste und schönste, bis der folgende anlangt und ihm wieder den Vorzug streitig macht. So ist es mir auch diesmal gegangen; Dein letzter Brief rührte mich durch seine Zärtlichkeit, dieser spricht mich nicht minder befriedigend an durch seinen Ernst, seine Klarheit, seine großen und edlen Ansichten, und in welcher Gestalt sich mir mein Carl auch zeige, erkenne ich immer in ihm das herrliche, einzige Wesen, das meine Vernunft sich aus innigster Ueberzeugung zum Freunde und Führer durch's Leben wählen würde, wenn auch mein Herz ihm nicht schon längst süßere Rechte eingestanden hätte. Es liegt eine unbeschreiblich süße und wohlthätige Empfindung in dieser Ueberzeugung und in diesem vollkommenen Zusammentreffen des ruhigen Urtheils mit dem glühendsten Gefühle; jede neue Bestätigung desselben erhöhet das Gefühl meines Glückes und folglich auch meine Liebe und meinen Dank für den Geliebten, dem ich dies hohe, seltene Glück schuldig bin. O möge der Segen des Himmels auf Dir und allen Deinen Entschlüssen und Unternehmungen ruhen und möge Dir noch einst, im süßen Bewußtsein vollbrachter edler Thaten für's Vaterland, das einzige Glück zu Theil werden, das Deine schöne Seele ganz erfreuen würde!

In Allem, was Du von der jetzigen Zeit sagst, bin ich vollkommen Deiner Meinung und glaube auch, daß wir lange nicht so gegründete Hoffnungen der Errettung und Befreiung gehabt haben wie in diesem Augenblicke. Die ungünstigen Nachrichten von der österreichischen Armee waren zwar leider nicht ganz ungegründet, indessen schlagen sie doch meinen Muth nicht nieder; denn wenn man, nach fünftägigen blutigen und glücklichen Gefechten endlich zum Weichen gebracht, sich in größter Ordnung zurückzieht und noch im Angesichte eines siegreichen Feindes einen Fluß passirt, so ist dies zwar ein Unglück, aber gewiß keine Schande, und wenn dadurch die Entschlossenheit der Armee, der Regierung, des ganzen Landes eher vermehrt als vermindert worden ist, so ist auch das Unglück nicht so groß.

Unserem Helden geht es bis jetzt sehr gut; er ist in Dessau, Köthen und Bernburg mit lautem Jubel aufgenommen worden, die Bernburger Garde ist ihm gefolgt; in Halle hatte er die preußischen Adler aufgepflanzt und die alten Autoritäten wiedereingesetzt und bei Dodendorf hat er die Magdeburger Garnison, die ihm entgegen gerückt war, aufs Haupt geschlagen und ihr mehrere Kanonen abgenommen; nun vermuthet man, daß er sich nach dem Harz ziehen wird. Ich bin sehr begierig zu erfahren, was Du zu dieser Expedition sagst, mein theurer Freund; nach den gewöhnlichen Regeln militärischer Subordination ist ein solcher Schritt freilich nicht gutzuheißen, aber dennoch erfüllt mich die muthige Entschlossenheit unseres Helden mit Bewunderung.

21.

Berlin, den 30. Mai 1809.

In den letzten acht Tagen herrschte ein so gänzliches offizielles Stillschweigen und man verbreitete so viele unverbürgte gute Nachrichten, daß uns ordentlich bange zu werden anfing, wir könnten durch einen recht heftigen Donnerschlag von neuem aus diesem Traume geweckt werden. Gestern waren diese Besorgnisse auf's höchste gestiegen; Röder und ich waren bei Louise eben in dem ernstesten Gespräch darüber begriffen, als der gute Stadtphilosoph*) (Du weißt doch, wen wir so nennen) athemlos hereinstürzte und uns die Ankunft des Couriers und der guten Nachrichten verkündigte; Röder wurde sogleich zu Wessenberg geschickt, um als geschickter Negociateur die Bestätigung und näheren Umstände dieser großen Begebenheit**) schleunigst einzuholen. Mit welcher Freude wir sie empfingen, magst Du Dir selbst vorstellen. Louise, die einige Stunden nachher abreiste, hatte noch die Freude, eine Abschrift der Relation zu erhalten, um sie allen Mecklenburger Freunden mitzutheilen; heute ist sie gedruckt und in den Händen der ganzen Stadt. — Die mündlichen Erzählungen des Couriers von der ungeheuren Tapferkeit der Truppen, von dem Enthusiasmus, mit welchem Kaiser Franz selbst von den Schwerverwundeten empfangen wurde, als er nach der Schlacht mit seinem

---

* Kiesewetter.

** Schlacht bei Aspern (21. und 22. Mai).

Bruder das Schlachtfeld besah, und von der Stimmung des ganzen Landes sind wirklich rührend. Er fand viele Bauern, die neben ihren niedergebrannten Hütten und verwüsteten Besitzungen vor Freude jubelten. Möchte doch auch uns dieser schöne Eifer endlich entzünden! oder vielmehr möchte der, welcher schon vorhanden ist, nur benutzt und gehörig geleitet werden! Jetzt möchte ich es beinahe hoffen, so unempfänglich ich auch bisher für die Hoffnungen war, welche kürzlich wieder manche Gutgesinnte beseelten. Ehrenvoller wäre es freilich gewesen, eine solche Entscheidung nicht abzuwarten; aber wenn man nur endlich zur Erkenntniß kommt, muß man doch sagen: il vaut mieux tard que jamais. Jetzt könnte uns Allen wieder ein neues Leben aufgehen. Gott gebe, daß man die wahren Mittel dazu ergreife und diesen großen Moment nicht wieder unbenutzt vorübergehen lasse! Das Schicksal thut mehr für uns als wir verdienen, aber etwas müssen wir freilich auch selbst thun. Ich schwanke zwischen Furcht und Hoffnung und erwarte mit Ungeduld Nachricht von Dir; Dein Urtheil wird das meinige leiten und nur wenn Du hoffst, werde ich mich ganz freudigen Empfindungen überlassen.

22.

Gestern war Dein Geburtstag, den ich in meinem Herzen recht fromm gefeiert habe. Heute ist der Tag, an welchem wir uns vor drei Jahren zum ersten Male allein sprachen, an welchem ich mich so kindisch anstellte und meinem Carl anstatt der reinen Freude, die ich ihm immer gewähren möchte, auch manche unangenehme Empfindung verursachte. Doch das hat mir mein geliebter Freund längst vergeben, denn er kennt jetzt mein ganzes Herz und weiß, wie unzertrennlich ich mit ihm verbunden bin.

Es ist schmerzlich, die schönsten Jahre des Lebens in unbefriedigter Sehnsucht und vergeblichem Hoffen hinzubringen, aber der Gedanke, ein unaussprechlich großes Glück noch vor sich zu haben, hat doch auch etwas Angenehmes und erhält der Seele ihr ganzes jugendliches Gefühl auch in den Jahren, welche die meisten Menschen nur der Vernunft widmen zu müssen glauben. Diese Empfindung habe ich recht oft, wenn ich mir unter allen möglichen Entwickelungen unseres Schicksals auch die denke, die doch noch Gottlob zu den möglichen gehört, daß wir uns nach glücklich überstandenen Stürmen vor dem Altare des befreiten Vaterlandes die Hände zum ewigen Bunde reichen. Dann liegt das Leben noch so rosenroth vor mir, als beträte ich erst als fünfzehnjähriges Mädchen den Eingang desselben, und wenn nicht andere schmerzliche Empfindungen, die ich damals nicht kannte, meinem Wesen etwas Wehmüthiges beigemischt hätten, möchte ich mein jetziges Gefühl mit dieser ersten jugendlichen Hoffnung nicht vertauschen; denn es ist nicht mehr ein unbekanntes, ungewisses Glück, dem ich entgegensehe und welches ich aus der Hand des Schicksals erwarte wie die Kinder die Geschenke, die der Weihnachtsabend bringt; ich weiß deutlich, was ich hoffe und was ich will, und doch raubt diese Deutlichkeit der Vorstellung dem Glücke, welches ich an der Hand meines Carl erwarte, nicht das Geringste von seinem poetischen Zauber. —

Mit wahrem Schmerze muß ich gestehen, daß mein guter Schill und sein Unternehmen meinen Erwartungen nicht ganz entsprechen. Ich habe mir es lange kaum selbst gestehen wollen, und glaube auch noch, daß bei Allem, was man von ihm erzählt, der Neid, von welchem selbst die Besseren gegen ihn nicht frei sind, vieles Nachtheilige hinzusetzt; dennoch scheint deutlich daraus hervorzugehen, daß er in einem Augenblicke edler Begeisterung eine Sache unternommen hat, der er nicht gewachsen ist, und die ihn nun vielleicht auch um den Ruhm bringen wird, den er früher so rechtmäßig erworben hatte. Ich gebe ihn zwar noch nicht auf und hoffe, daß ihn noch eine günstige Wendung des Schicksals mit Ehren aus diesem gefährlichen Spiele retten und ihm noch die Gelegenheit verschaffen wird, seinem Vaterlande wirklich nützlich zu sein; ich würde es ihm auch nicht zur Last legen, daß sein Unternehmen bis jetzt keinen glänzenden Fortgang gehabt hat (denn daran ist wohl hauptsächlich das Unglück Schuld, daß gerade zur selben Zeit die ungünstigen Nachrichten von dem Kriegsschauplatze und der mißglückte hessische Aufstand den allgemeinen Muth niederschlugen), aber was mich am meisten für ihn betrübt und muthlos macht, ist sein planloses Hin- und Herschwanken, über welches leider nur eine Stimme ist.

Es ist ewig Schade, daß dies herrliche Instrument nicht eine Hand gefunden hat, die es gehörig zu gebrauchen wußte! Wie vieles wird bei uns noch auf diese Art untergehen! Schill's gänzlicher, aber ehrenvoller Untergang würde mir weniger wehe thun als der Gedanke, daß er der Erwartung nicht entspricht, die man von ihm hatte. Dieser Gedanke verursacht mir einen wahren Kummer, nicht bloß weil ich mich für Schill persönlich interessire, sondern weil es besonders in dieser Zeit so schmerzhaft und selbst für das allgemeine Wohl so nachtheilig ist, wenn ein Mensch, der wahre Begeisterung zu empfinden und zu erregen fähig ist, nicht auch in allem Anderen vollkommen bewährt gefunden und daher der Gemeinheit und Superweisheit noch gar in ihrem Tadel ein Anschein von Recht eingeräumt wird. Jetzt wollen sogar einige seinen moralischen Charakter angreifen, aber dadurch lasse ich mich nicht irre machen; militärische Talente mag man ihm absprechen, aber sein sittlicher Werth ist über jeden Zweifel erhaben.

23.

Berlin, den 8. Juni 1809.

Die bisherige Uebereinstimmung unserer Meinungen gibt mir die tröstliche Gewißheit, daß Du auch meinen Schmerz über den tragischen Untergang unseres Helden innig mitgefühlt und vollkommen verstanden haben wirst. Wir sind an schmerzliche Empfindungen gewöhnt; dennoch hat mich lange nichts so tief ergriffen, und wie mir scheint hat auch lange keine einzelne Begebenheit so viel Stoff zu Kummer und Wehmuth vereinigt, und mein persönliches Interesse an dem gefallenen Helden, so sehr es meinen Schmerz vermehrt, trägt doch nur wenig dazu bei, mich die Sache aus diesem Lichte betrachten zu lassen. Es ist nicht bloß das Fehlschlagen einer Unternehmung, von der wirklich viel Großes zu erwarten war, nicht bloß der Untergang einer wahren Heldenschaar, den ich betraure, sondern die allgemeine Muthlosigkeit, die dieser neue Sieg des schlechten Princips über edle Begeisterung unter dem Volke verbreiten muß, das in dem Untergange seines geliebten Helden gewiß schon das traurige Vorspiel der eigenen Unterdrückung sieht. Ich weiß wohl, daß bei einer kräftigen Nation der Wunsch ihn zu rächen nur ein neuer Antrieb zur Anstrengung ihrer Kräfte sein würde, aber ob wir von der unsrigen diese Energie erwarten können, und ob überhaupt diese Energie, wenn sie auch vorhanden wäre, sich ohne alle äußere Anregung zeigen und von wohlthätigen Folgen sein könnte, scheint mir sehr zweifelhaft.

Meine Anhänglichkeit an unseren unglücklichen Freund war so groß, daß ich mir beinahe Vorwürfe machte, Dir meine Zweifel an seinen Fähigkeiten, gegen die ich mich selbst so lange gesträubt hatte, mitgetheilt zu haben, und mich darüber nur durch den Gedanken beruhigte, daß Du, wenn sie wirklich gegründet wären, doch auf anderen Wegen genug davon hören würdest, und daß Du viel zu gerecht bist, um Dich durch fremde Urtheile leiten zu lassen, und daß in diesem Falle das meinige von gar keinem Gewichte sein konnte. Jetzt da ich mehr von der Sache weiß, sind meine Zweifel leider zur Gewißheit geworden, und ich muß der Meinung derer beitreten, die behaupten, daß unser armer Freund seinem großen Unternehmen nicht gewachsen war und daß das Mißlingen desselben größtentheils seinen falschen Maßregeln zuzuschreiben war. Es thut mir unbeschreiblich weh, dies aussprechen zu müssen, aber die Wahrheit behauptet ihre Rechte, und so gern ich sein Unglück ganz allein den ungünstigen Umständen zuschreiben möchte, die ihn gleich auf den ersten Schritten seiner kühnen Laufbahn begleiteten, so ist doch nicht zu leugnen, daß er die wichtigsten Vorkehrungen unterließ und durch den hartnäckigen Eigensinn, mit welchem er den Rath erfahrener Männer verschmähte, sich muthwillig großer Vortheile beraubte. Doch das deutliche Erkennen seiner Fehler macht mir sein Andenken nicht minder werth, denn es ist schon sehr viel, ein solches Unternehmen gewagt zu haben, einer solchen Begeisterung fähig gewesen zu sein, und ist es ihm nicht gelungen, zur Rettung seines Vaterlandes beizutragen, so hat er sich doch für dasselbe aufgeopfert, und das würden vielleicht die wenigsten von denen thun, die ihn so bitter getadelt haben.

Das persönliche Interesse, die wahre herzliche Freundschaft, die er mir eingeflößt hatte, vermehren zwar jetzt meinen Schmerz um ihn, aber es wird mir doch immer ein sehr wohlthätiges Gefühl

bleiben, diesen merkwürdigen Menschen näher gekannt zu haben, dessen
Erscheinung durch den Enthusiasmus, mit welchem sie das Volk
belebte, als das einzige glückliche Resultat der ganzen Unglücksperiode
zu betrachten war — nun ist auch dieser Funken erloschen! — —
Das Volk war durch ihn ordentlich poetisch geworden und selbst
unter dem härtesten Drucke des Feindes waren sie unerschöpflich in
der Freude über seine Thaten und in den zahllosen, oft sehr sinn-
reichen Erfindungen, mit welchen sie dieselben ausschmückten und ver-
mehrten. Wir sind diese lebhafte Theilnahme des Volkes so wenig
gewohnt, daß Berlin durch ihn wirklich ein neues Interesse erhalten
hatte, das sich auch auf Alles erstreckte, was ihm angehörte; seine
Thätigkeit schien Alles zu beleben, und der bloße Anblick seines
herrlichen Regiments erregte allgemeine Freude; es war aber auch
das schönste, was ich in meinem Leben gesehen habe, nicht weil sie
sich gerade hielten und schön angezogen waren, sondern weil
ihr freier, entschlossener Anstand das Gepräge des Selbstvertrauens
trug, das dem Soldaten so nothwendig ist, und weil fast jeder
Einzelne etwas Bedeutendes in seinen Zügen hatte, was das
Bewußtsein vollbrachter Thaten und den Entschluß zu künftigen
andeutete. Jetzt ist das Alles vorbei, wir sind wieder in unsere
trockene Alltäglichkeit zurückgekehrt, und diejenigen, die jetzt über uns
gebieten, werden wohl Sorge tragen, daß dieser poetische Funke
sich nicht wieder entzünde; wenigstens lassen sie es an kaltem Wasser
nicht fehlen.

Der einzige Trost des armen Volkes besteht jetzt darin, den Tod
seines Helden zu bezweifeln, und nicht damit zufrieden, ihn aufleben
zu lassen, lassen sie ihn auch schon wieder glänzende Thaten verrichten. Es ist indessen wirklich einige Wahrscheinlichkeit vorhanden,
daß er nicht todt sei, da der Körper des Gefallenen, den man für
den seinigen hielt und an welchem die Feinde ihre unwürdige Wuth
ausließen, so entstellt war, daß es nicht möglich war, ihn zu erkennen;
doch ich mag mich dieser schwachen Hoffnung nicht überlassen und
ich wage kaum, ihre Bestätigung zu wünschen, denn was wäre sein
Leben nach diesem Untergange seines Planes? Für ihn war nur
Sieg oder Tod und wohl · ihm, wenn er den letzteren schnell und
ehrenvoll fand!

24.

Berlin, den 20. Juli 1809.

Eben wollte ich durch Mittheilung meines Kummers über die neuen schlechten Nachrichten und meiner Angst um meinen Bruder meinem gepreßten Herzen Luft machen, als Röder mit der Nachricht des Waffenstillstandes in mein Zimmer trat! Du begreifst, theurer Freund, daß ich nach einer solchen Nachricht nicht mehr fähig war, die Feder in die Hand zu nehmen und daß ich es auch jetzt nur mit Zittern thue. Auf neue verlorene Schlachten, auf Fehler und Mißgriffe war ich vorbereitet, aber nicht auf eine solche Erbärmlichkeit, nicht darauf, daß der edle Geist, an dessen hellen Flammen sich ganz Deutschland entzünden und erwärmen sollte, verlöschen würde wie ein leichtes Strohfeuer! Freilich ist es nicht der Geist der Nation, der so schnell verschwindet, nur der ihrer Führer, aber was vermag eine Nation, so lange sie solche Führer hat! — Meine Seele verliert sich in diesem Chaos von Unglück und Erniedrigung, und das Bild Deines Schmerzes, das mir aus demselben grell entgegentritt, zerreißt mir das Herz. O könnte ich Dir mit meinem Leben glücklichere Tage, ein würdigeres Dasein erkaufen, theurer, lieber Freund, wie gern gäbe ich es für Dich hin! — Ueber die Schlacht*) wirst Du das Nähere wohl schon wissen; alle Nachrichten stimmen darin überein, daß sie am ersten Tage vollkommen glücklich und auch am zweiten nur auf dem linken Flügel unglücklich war, daß der Rückzug in der größten Ordnung geschah und noch während desselben der herrlichste, beste Geist die Truppen beseelte. Der Kaiser soll auf der Fortsetzung des Krieges mit vielem Muthe bestanden haben, aber er hatte doch nicht die Kraft, dem Willen seines Bruders standhaft zu widerstehen und überließ diesem endlich die Entscheidung. O Gott, in welchen Händen ist das Schicksal unseres unglücklichen Vaterlandes! — Es gibt noch Leute, welche zweifeln wollen, daß dieser Waffenstillstand zum Frieden führen werde; aber mir scheint die ganze Sache so entschieden diesen Weg einzuschlagen, daß ich

---

* Bei Wagram (5. und 6. Juli).

es kaum mehr wage, der Hoffnung des Gegentheils Gehör zu geben. —

Welchen Einfluß diese traurigen Nachrichten auf Deine Pläne haben werden, mein theurer Freund, bin ich recht ungeduldig zu erfahren, und ich hoffe, daß Du mich nicht lange in der Ungewißheit darüber lassen wirst. Armer, lieber Freund, gerade in dem Augenblicke, da Dir die Hoffnung eines besseren, gehaltreicheren Daseins nach so langem vergeblichen Streben endlich wieder aufzugehen schien, tritt sie das Schicksal grausam zu Boden. O, Du glaubst nicht, wie tief mich dies schmerzt und wie sehr der Wunsch, das Bedürfniß, bei Dir zu sein, bei jedem neuen Schmerze zunimmt. Ich wäre ja schon glücklich, wenn ich mit Dir unglücklich sein könnte, aber leider zerstört das feindliche Schicksal, das über dem Allgemeinen waltet, auch unsere süßen Hoffnungen oder rückt doch die Erfüllung derselben in eine unabsehbare Ferne! Wie glücklich, wie beneidenswerth scheinen mir jetzt alle Diejenigen, die sich noch inniger an die Geliebten ihres Herzens anschließen und im stillen Kreise der Häuslichkeit Schutz gegen die Stürme des Lebens suchen können. Am Tage dieser unglücklichen Nachricht aß ich bei Louise mit ihrem Manne und Röder, dessen Frau abwesend, aber doch in seinem Herzen und seinem Gespräche gegenwärtig war. Das Bild dieser beiden glücklichen Ehen verursachte mir in diesem Augenblicke manche wehmüthige Gedanken. Doch ich will Dich durch diese Gedanken nicht auch wehmüthig machen, theurer, geliebter Freund, ich will mich vielmehr mit der Hoffnung zu stärken suchen, daß wir noch bessere Tage erleben können und daß vielleicht das Unglück den höchsten Gipfel erreichen muß, ehe völlige Befreiung möglich ist. — Von meinem Bruder und allen Verwandten und Freunden wissen wir noch kein Wort; der Prinz von Oranien ist der einzige, der bis jetzt geschrieben hat, aber er erwähnt keines Menschen; Du kannst Dir vorstellen, wie angstvoll diese Erwartung für mich und meine arme Mutter ist. Fritz hat bisher viel Glück gehabt; das gibt mir einigen Muth, aber in dem Augenblicke, wo alle guten Geister die Sache zu verlassen scheinen, die er vertheidigt, könnte auch wohl der seinige von ihm gewichen sein.

25.

Könnte ich Dir doch sagen, mein geliebter Freund, wie meine
ganze Seele unaufhörlich mit Dir beschäftigt ist und Dein liebes
Bild mir immer vorschwebt! Meine Sehnsucht nach der glücklichen
Stunde des Wiedersehens wächst mit jedem Tage, aber leider hält
die Hoffnung nicht gleichen Schritt mit ihr! Ach wie wenig ahnte
ich voriges Jahr, daß wir einer so langen, so schmerzlichen Trennung
entgegengingen! Du hattest Recht, mein theurer Freund, ich war
die Kurzsichtige, die sich mit Hoffnungen schmeichelte, ohne selbst
deutlich zu wissen, worauf sie sich gründeten. Deinem hellen, durch-
dringenden Blicke war eine solche Täuschung nicht möglich, und doch
waren wir damals noch an manchen Hoffnungen reicher als wir es
jetzt sind, und die Besorgniß, daß bessere Tage nicht mehr für uns,
sondern nur für künftige Geschlechter aufgehen könnten, wird immer
mehr zur Gewißheit. Der Gedanke, daß sie doch noch einst aufgehen
werden, sollte uns vielleicht trösten, sollte uns die Kraft geben, uns
und alle unsere Wünsche und Hoffnungen dem großen Schicksale der
Welt als willige Opfer darzubringen und so vielleicht die uns vorgeschriebene Bestimmung zu erfüllen. Aber wer, der Kraft in sich
fühlt, wird sich überzeugen können, daß sie ihm nur zum Dulden
gegeben ward, und wer, der einmal empfand, wie schön das Leben
sein könnte, wird sich nicht beim Verluste seiner edelsten und einzig
wahren Güter von tiefer Wehmuth ergriffen fühlen? — Du siehst,
theurer Freund, daß meine Stimmung heute wieder nicht die heiterste
ist, aber Du fühlst gewiß mit mir, daß man nur gern mit dem klagt,
den man wirklich liebt, und wirst mir also in dieser Rücksicht gern
verzeihen. Daß Du neulich in einer so trüben Stimmung zu mir
Deine Zuflucht nahmst, hat mich unbeschreiblich gerührt, und dieser
Beweis Deines liebevollen Zutrauens gewährte mir ein süßes und
beinahe stolzes Gefühl. O fahre fort, geliebter Freund, mir mit
derselben Offenheit alle Deine Empfindungen mitzutheilen und erinnere Dich dabei immer an die schöne Stelle im Wilhelm Tell, die

ich mir schon längst zum Wahlspruch erwählt habe und aus vollem Herzen noch einmal wiederhole: „Ich bin Dein treues Weib und meine Hälfte fordr' ich Deines Grams." O könnte ich ihn nur vermindern, indem ich ihn so innig mit Dir theile!

Ueber die politischen Begebenheiten und besonders über Krieg und Frieden leben wir hier fortdauernd in der größten Ungewißheit und Unwissenheit, und meinem Bruder, von dem wir kürzlich wieder zwei Briefe aus Ungarn erhalten haben, scheint es nicht besser zu gehen. Er wünscht, wie Du Dir vorstellen kannst, eifrig die Fortsetzung des Krieges und versichert, daß alle seine Kameraden diesen Wunsch mit ihm theilen, weiß aber kein Wort von dem, was vorgeht und vorgehen wird. In dem einen Briefe bemüht er sich, Mama über sich und sein Schicksal zu beruhigen und endigt mit der komischen Phrase: „Wir sind zwar jetzt ein bischen unglücklich, aber es wird wohl wieder besser gehen und meine Lage ist doch sehr ehrenvoll und höchst angenehm."*) Wie findest Du dies „ein bischen unglücklich"? So traurig die Sache an sich ist, habe ich mich doch nicht enthalten können, über diesen naiven Ausdruck zu lachen. Es ist doch eine schöne Sache, achtzehn Jahre alt zu sein!

Wie unbeschreiblich wehe hat mir das neue Unglück meiner geliebten Prinzessin gethan!**) Ich hatte noch kurz vorher von der herrlichen Frau einen Brief voll der frohesten Hoffnungen erhalten. Sie scheint zum Leiden und Entbehren bestimmt, wie das so oft das Loos des Schönen auf der Erde ist. Doch in einer Rücksicht ist sie glücklich und ganz glücklich: sie ist mit dem Manne verbunden, den sie liebt, von dessen Werthe sie tief durchdrungen ist, der auch durch sein schönes Gemüth die Ansprüche ihres Herzens vollkommen erfüllt. Ein solches Glück kann für Vieles schadlos halten; möge es ihr stets ungetrübt erhalten bleiben!

---

* Friedrich Wilhelm Graf v. Brühl hatte sich in der Schlacht bei Aspern als Lieutenant im Ulanenregiment Graf Merveldt so ausgezeichnet, daß er auf unmittelbaren Befehl des Erzherzogs Carl zum Oberlieutenant befördert wurde. Auch an der Schlacht bei Wagram nahm er theil.

** Die Prinzessin Wilhelm war am 30. August von einem todten Prinzen entbunden worden.

26.

Berlin, den 19. October 1809.

Wie unangenehm der Eindruck gewesen sein muß, von welchem Dein erster Ausgang begleitet war, kann ich mir lebhaft vorstellen. Es ist schrecklich, mit neuer Lebenslust nach überstandener Krankheit wieder in die Welt zu treten und sich diesem schönen Gefühle auch nicht einen Augenblick mit ungetrübter Freude überlassen zu können. Wie tief ich dies Alles mit Dir fühle, brauche ich Dir, mein theurer Freund, wohl nicht zu sagen, und der Gegenstand ist so traurig, daß ich lieber nicht viel davon sprechen mag.

Du weißt wahrscheinlich, daß diese schöne Friedensnachricht eigentlich noch einer Bestätigung bedarf, da die beiden Gesandten sie noch nicht erhalten haben und auch die Zeitungen so räthselhaft sind. Dies verursacht bei Manchen wieder Zweifel, aber ich mag mich nicht wieder mit leeren Hoffnungen täuschen, was diese doch gewiß sind. Ja selbst die Erneuerung des Krieges wäre nur eine kurze Frist, die wahrscheinlich nur Blut kosten und doch keinen wahren Nutzen stiften würde; denn nach dem, was wir erlebten, können wir an feste Ausdauer nicht mehr glauben, und wenn man nach dem ersten neuen Unglücke, vielleicht nach wenigen Wochen, wieder an Frieden dächte, dann ist es eben so gut, ihn gleich abzuschließen. Ich gebe mir jetzt recht viele Mühe, meinen Blick von den großen Verhältnissen der politischen Welt, welchen das Schicksal doch früher oder später eine andere Wendung geben wird, abzuwenden und ihn nur auf das zu richten, was mich zunächst betrifft und was mir die nächste Zukunft bringen kann. Ich denke nur an diesen Winter, an die Möglichkeit, Dich hier zu sehen und dieses Glückes noch einmal recht froh zu werden; von Allem, was jenseits liegt, sage ich wie Clärchen im Egmont: „Laß diese Zeit kommen wie den Tod. Daran vorzudenken ist schrecklich."

VII.

Der Lebensabschnitt von der Verheirathung bis zum Ausscheiden aus dem preußischen Dienste. — Uebersicht über die politische Lage zur Zeit der Machthöhe Napoleons. — Hoffnungen Clausewitz's und seiner Freunde. — Aufenthalt in Cudowa und brieflicher Verkehr mit Gneisenau. — Vertheidigungsplan für Schlesien, entwickelt in einem Briefe an Gneisenau. — Aufsatz über die Operationen in Schlesien, beigelegt einem Briefe an Gneisenau. — Schreiben an Gneisenau über die Oberbefehlshaberstelle in Schlesien. — Aufsatz über eine mit Unterstützung Englands zu errichtende deutsche Legion in Deutschland. — Preußens Lage bei dem bevorstehenden Kriege zwischen Frankreich und Rußland. — Die geheimen Sendungen Scharnhorst's. — Abschluß des Bündnisses Preußens und Oesterreichs mit Frankreich. — Boyen und Gneisenau entlassen und mit geheimen Sendungen beauftragt. — Scharnhorst nach Schlesien beurlaubt. — Viele (aber nicht 300) preußische Offiziere bitten um ihren Abschied. — Die drei „Bekenntnisse", eine Denkschrift, verfaßt von Clausewitz zu seiner Freunde und eigener Rechtfertigung.

Clausewitz befand sich in dem Lebensabschnitte, welchem wir uns jetzt zuwenden, sowohl in seinen häuslichen als amtlichen Verhältnissen, in so glücklicher Lage, daß dieselbe kaum etwas zu wünschen übrig ließ. Die ersehnte Vereinigung mit der durch so seltene Eigenschaften des Geistes und Herzens ausgezeichneten Geliebten war ihm zu Theil geworden; sein berufliches Wirken in seiner Doppelstellung als Scharnhorst's Gehülfe bei den diesem übertragenen wichtigen Obliegenheiten und als Lehrer an der Kriegsschule sowie des Kronprinzen gewährten ihm in gleichem Maße innere Befriedigung als sie ihn durch die vielfache ehrenvolle Anerkennung, die er fand, erfreuten; auch fehlte es ihm nicht an gleichgesinnten Freunden, wie Scharnhorst's Schwiegersohn Graf Dohna, Graf Chasot, Hauptmann v. Tiedemann, u. A., deren Umgang viel zu seiner Lebenserheiterung beitrug. Was allein das Glück seiner Tage trübte und schwer auf

seiner Seele lastete, war die traurige Lage seines geliebten Vaterlandes
und die geringe Aussicht, welche die politischen Verhältnisse darboten,
daß es das drückende Joch der Fremdherrschaft, unter welcher es
seufzte, werde abschütteln und die verlorene Machtstellung unter den
Staaten Europa's wiedergewinnen können.

Denn gerade damals, in dem Zeitraume von 1810—1812, hatte
Napoleon den Gipfel seiner Macht, sein Uebermuth, seine Gewalt-
thätigkeit und Herrscherwillkür den Höhepunkt erreicht. Schon 1808
hatte er sein Reich durch das Königreich Etrurien, 1809 durch den
Kirchenstaat erweitert, in demselben Jahre das besiegte Oesterreich zu
dem nachtheiligen Wiener Frieden gezwungen und aus den an ihn
abgetretenen Ländern den neuen Staat der sieben illyrischen Provinzen
als französisches Departement gebildet; 1810 ganz Holland mit
Frankreich vereinigt, endlich den nördlichen Theil des Königreichs
Westfalen, die Hansestädte Bremen, Hamburg und Lübeck, das Groß-
herzogthum Berg, das Herzogthum Oldenburg und Ostfriesland dem
Kaiserreiche einverleibt, welches nach allen diesen angeblich „durch die
Umstände gebotenen" Erweiterungen 130 Departements zählte und
sich den Küsten des westlichen und südlichen Europa's entlang von
Lübeck und der Mündung der Elbe bis Triest und Corfu erstreckte.
Durch seine Vermählung mit Marie Louise, der Tochter Kaisers
Franz II. von Oesterreich (2. April 1810) schien seine Dynastie eine
Art von Legitimität und durch die Geburt seines Sohnes, des „Königs
von Rom" (20. März 1811) eine Aussicht auf Fortbestand erhalten
zu haben.

So fest nun auch die Machtstellung Napoleon's begründet schien,
so gaben dennoch Clausewitz und die ihm gleichgesinnten Männer
die Hoffnung nicht auf, ihrem Vaterlande und den übrigen Ländern,
auf welchen der Druck der Franzosenherrschaft lastete, die verlorene
Selbstständigkeit wiedererkämpfen zu können. Eine Verwirklichung
dieser Hoffnung erwarteten sie von einem Kriege zwischen Frankreich
und Rußland, dessen Ausbruch sie als unvermeidlich und nahe bevor-
stehend betrachteten; sie zweifelten nicht, daß Preußen und Oesterreich
auf Rußlands Seite treten und daß die Verbündeten von England
durch Geld, Lieferung von Waffen und Kriegsbedürfnissen sowie durch
eine Landung in Deutschland unterstützt werden würden; ihre Hoff-

nung auf einen für die Verbündeten günſtigen Ausgang dieſes Krieges wurde auch dadurch verſtärkt, daß die Spanier den Kampf gegen die Franzoſen mit engliſcher Hülfe immer noch fortſetzten und Napoleon einen anſehnlichen Theil ſeiner Streitkräfte auf der Halbinſel zu verwenden genöthigt war.

Im Auguſt 1811 verweilte Clauſewitz, von ſeiner Gattin begleitet, zum Curgebrauche in dem Stahlbade Cudowa in der Grafſchaft Glatz, und da zu erwarten war, daß beim Ausbruche eines Krieges namentlich Schleſien dem erſten feindlichen Angriffe ausgeſetzt ſein werde, ſo bemühte er ſich, die ſchon früher gewonnene Kenntniß dieſes Landes, beſonders der Gebirgszüge und der Richtung des Waſſerlaufs, zu vervollſtändigen und ſich von der Stimmung der Bewohner ſowie von allen für die Vertheidigung der ſo wichtigen Provinz in Betracht kommenden Verhältniſſen möglichſt genau zu unterrichten. Er ſetzte voraus, daß die obere Leitung der Vertheidigungsanſtalten keinem Anderen als Gneiſenau, der alle zur Löſung dieſer Aufgabe erforderlichen Eigenſchaften in ſich vereinigte, werde übertragen werden, und es war ſein ſehnlichſter Wunſch, in dieſem Falle unter dem verehrten Manne einen geeigneten Wirkungskreis zu erhalten. In einem der Briefe, welche er damals von Cudowa aus an Gneiſenau richtete, entwickelte er, in Erwiederung eines von dieſem erhaltenen Schreibens, folgenden Vertheidungsplan für Schleſien:*)

„Mein Vertheidigungsplan für Schleſien iſt ſehr einfach, wie er es für alle Länder der Welt ſein würde. Ich unterſcheide zwei Fälle. Der erſte iſt, wenn der Feind mit einer bedeutenden Macht und auf eine Art einrückt; alsdann bleibt, wenn die disponible Macht nicht ſo groß iſt, um in einem Treffen zu ſiegen, nichts übrig als ſich in die Feſtungen zu werfen, dieſe reichlich zu beſetzen, mit den Uebrigen das Gebirge zu beſetzen und zum allgemeinen Aufſtande zu bringen. Iſt, wie Sie anzunehmen ſcheinen, die disponible Macht ſo groß, daß man ein Treffen damit gewinnen kann, ſo halte ich es für rathſam, dies Treffen ſo weit rückwärts als möglich und, wo möglich im Gebirge zu liefern. Der Sieg iſt dann die Hauptſache und die Wahrſcheinlichkeit dazu vermehrt ſich meiner Einſicht nach auf dieſe Weiſe. Daß man das Land einen Augenblick zum

* Perz, Leben Gneiſenau's, Bd. II., S. 156 ff.

großen Theile einräumt, ist ein vorübergehender Nachtheil. Nur in der Nähe von Glatz, Neiße und Silberberg wird man aller Vortheile genießen, welche in diesem Falle dem Vertheidiger zu Gute kommen, und deren nähere Entwickelung sowie die weitere Ausführung dieser Idee ich hier übergehen muß.

Ein zweiter Fall ist, wenn man bloß gegen einen schwachen oder entfernten Feind eine kriegerische Stellung einnehmen will; dann wäre es thöricht, das ganze Land mit allen Hülfsquellen zu räumen; dann ist eine Aufstellung der disponiblen Macht an der feindlichen Gränze zweckmäßig, um indessen das dahinterliegende Land zu einem kräftigen Widerstande zu organisiren. Eine solche Aufstellung kann fast auf allen Punkten geschehen; am zweckmäßigsten scheint sie mir bei Liegnitz zu sein, wo die Straßen aus Sachsen und der Mark so ziemlich zusammentreffen, Breslau noch gedeckt bleibt und das Gebirge sowie die Festungen sich im Rücken befinden. Diesem Wenigen habe ich nichts hinzuzufügen, als daß nach meiner Meinung 20,000 Mann dazu gehören, um die vier Festungen ordentlich zu besetzen, und daß von diesen 20,000 höchstens 6000 bei den disponiblen Truppen behalten werden können in dem Augenblicke, da der Feind entscheidend vorrückt. Ich bin durchaus nicht für eine ganz nothdürftige Besetzung der Festungen zum Besten einer disponiblen Macht, und würde das als eine halbe Maßregel ansehen. Man stecke sich lieber ein weniger großes Ziel vor und suche dies mit um so reichlicheren Mitteln um so sicherer zu erreichen. Meine Idee ist es immer gewesen, sich überhaupt auf eine reichliche Besetzung der Festungen zu beschränken und nur so lange eine Macht im Felde zu haben, als diese keiner Gefahr ausgesetzt wäre. Von den Festungen, welche nicht angegriffen werden, geht man dann hervor. Deswegen würde ich mich nicht einen Augenblick bedenken, die zahlreiche Cavalerie in die Festungen zu vertheilen; in den meisten wird sich Gelegenheit finden, wieder herauszugehen . . .

„Die Gegend. von Goldberg halte ich auch für die wichtigste, wenn der Feind wirklich einrückt . . . — ich sehe aus dem, was Sie über die Gegend von Löwenberg sagen, daß Sie die Sache ganz ansehen wie ich . . . Meiner Ueberzeugung nach würde eine doppelt so starke sächsische Armee als die disponible Macht Schlesiens nicht im Stande sein, aus der Defensive herauszutreten, in die jeder Schritt von Löwenberg aus gegen die Lausitz hin unaufhörlich zurückwerfen würde . . . ."

„Die Lieferungen gehen sehr schlecht, und ich fürchte, daß nicht eher ordentliche Mittel aller Art herbeizutreiben seien, bis der Augenblick der Krise gekommen ist, wo man Gewalt gebrauchen kann. Mit dieser erreicht man Alles, und ich denke mir, wenn Sie mit den gehörigen Vollmachten erst hier sind, so soll Alles vortrefflich gehen, weil ich fest überzeugt bin, je furchtsamer und erbärmlicher die Menschen sind, um so eher kann man mit Ernst und Strenge seinen Zweck durchsetzen. Wir werden selbst erstaunen, wenn wir einmal von diesen unversuchten Mitteln Gebrauch machen, über die Wirkungen, über die Leichtigkeit, womit Alles geht."

Clausewitz verweilte, hauptsächlich zur Fortsetzung seiner Terrainstudien, auf Gneisenau's Rath, noch einige Zeit in Schlesien, und als dieser, dem er von seinen Wahrnehmungen brieflich Mittheilung machte, in einem Schreiben vom 4. September geäußert hatte, daß er die Absicht, die ihm für den Kriegsfall zugedachte Stelle eines Oberbefehlshabers der Provinz Schlesien zu übernehmen, aufgegeben habe, bemühte sich Clausewitz in seinem Antwortschreiben vom 13. aufs eifrigste, den Freund umzustimmen, indem er ihm vorstellte, daß er allein dieser Stelle gewachsen sei und nur ihm bei Uebernahme derselben das allgemeine Vertrauen entgegenkommen werde. Er schrieb:*)

„Was Sie mir über sich selbst geschrieben haben, hätte mich fast ungeduldig gemacht, wenn ich nicht wüßte, daß große Bescheidenheit gern eine Eigenthümlichkeit großer Männer ist, und daß man ihre Aeußerungen also gelassen aufnehmen muß, ohne sich im geringsten dadurch irre machen zu lassen.

Wenn Sie einmal als glücklicher, siegreicher Feldherr Schlesiens dastehen werden, wird die Welt Sie dann nicht einen großen Mann nennen? Lassen Sie mich also diesen Ausdruck im Vorgefühle glücklicher Zeiten aufnehmen, ohne mich für einen Schmeichler zu halten.

Warum sollten Sie den Schlesischen Marschallstab nicht mit Glück führen? Wenn Sie, stark im Geiste, einen belebenden Muth in die

* Pertz, Bd. II., S. 159 ff.

Augenblicke der Angst und des Schreckens tragen können, haben Sie dann nicht das Höchste? — Ist das nicht der Kern aller Feldherrngröße, der, wenn das Talent von einem andern Talente nach und nach mit seinen künstlichen Falten und Wendungen auseinandergefaltet und kraftlos wird, allein noch übrig bleibt und nur mit der höchsten Gewalt zerschlagen werden kann?

Wer aus Spanien ein Torresvedras macht, der · macht ein Spanien aus Schlesien.*) Ich gestehe, daß ich nicht weiß, welche Eigenschaften Ihnen abgehen; allein gesetzt, Sie vermißten an sich selbst solche, die Sie an Anderen wahrnehmen, kommt es denn gerade darauf an, daß ein Feldherr das Prototyp aller Menschenschöpfung sei? Daß er Alles in sich vereinigt? Fehlte nicht Friedrich dem Zweiten Daun's Gelassenheit und die List des Herzogs Ferdinand?

Ich überschätze Ihre Talente nicht, und wenn Sie kein Vertrauen zu dem Urtheile und der Menschenkenntniß Anderer haben, so bauen Sie auf das meinige; ich habe mich bis jetzt noch so wenig geirrt, daß ich sehr fest in meiner Meinung geworden bin.

Wenn Sie diese Stelle nicht übernehmen wollen, wer soll ihr dann gewachsen sein? Sollen die Grawerte, Tauenzien, Kleist, Borstell dem Könige einfallen, weil Sie ihm die Last der Wahl aufbürden? Würden Sie sich nicht einen ewigen Vorwurf machen, wenn Sie nicht eine Stelle mit Gewalt an sich gerissen, geschweige denn, sie ausgeschlagen zu haben, die darauf solchen Händen übergeben ward?

Und nun noch Eines, was entscheidet. In der Armee hat Niemand das allgemeine Vertrauen außer Ihnen. Dem Einen hängt Dieser an, Jener dem Anderen; Dieser aus Vernunft, Jener aus Thorheit. Für Sie sind die Stimmen noch nicht getheilt, und namentlich in Schlesien nicht; ich kenne Niemand, der hier ein solches Vertrauen verdienen würde.

· Die Stelle, welche Sie mir angewiesen haben, ist sehr ehrenvoll, und obgleich ich eine andere einfachere Anstellung in mancher Rück-

---

* Diese Worte beziehen sich wahrscheinlich auf eine Stelle in dem Briefe Gneisenau's, der geäußert haben mochte, Napoleon werde Spanien nicht bezwingen können, da Spanien ein Torresvedras d. h. unüberwindlich sei.

ficht beneidenswerther finde, so hat doch diese mit Rücksicht auf Ihre Person einen großen Werth für mich. — Fürchte ich, ihr nicht ganz gewachsen zu sein, so denke ich dabei tröstend, daß, was man mit Ueberlegung, Ruhe des Geistes und gutem Willen thut, nie ganz schlecht werden kann.

Ich lege Ihnen hier einige Bogen über die Operationen in Schlesien bei, die ich bloß, um mit mir selbst in's Reine zu kommen, aufgesetzt habe, die für Sie kein neues Wort enthalten können, und die ich bloß mitschicke, weil sie einmal aufgesetzt sind. Es gibt gewiß noch viele andere Ansichten der Sache, die eben so gut und besser sind; ich gehöre nicht zu den logischen Kriegskünstlern, die ihr strategisches Raisonnement durch das Prinzip strenger Nothwendigkeit hervorrufen und es nur auf die gefährliche Spitze absoluter alleinherrschender Wahrheit aufrichten; ich bin überzeugt, es gibt noch viele andere Ansichten, und ich werde mich mit Leichtigkeit in jede finden.

Ich habe eine Schlesische Macht von 30,000 Mann angenommen; damit wird es nach Ihrem letzten Briefe schlimm aussehen. Wenn ich aber überlege, daß jetzt, die Compagnie zu 170 Mann und 3000 bis 4000 Krümper hinzugerechnet, schon gegen 18,000 Mann dasein müssen, so halte ich die Schöpfung der übrigen noch am Sonnabend des Schöpfungstages für möglich. Allein aus dem Gebirge kann man das Fehlende ziehen.

Aus Polen gehen Nachrichten ein, daß die Polnische Macht 60,000 Mann betrage, ohne 20,000 Mann Milizen. Die Stimmung der Unterthanen und des kleinen Adels soll sehr russisch oder vielmehr antifranzösisch sein. Etwas würde dies wohl immer thun, wenn auch nicht viel."

Auch den in vorstehendem Briefe erwähnten Aufsatz über die Operationen in Schlesien, welchen Clausewitz auf Grund der über die örtlichen sowohl als alle übrigen Verhältnisse dieser Provinz gewonnenen Kenntniß verfaßt hatte, lassen wir hier folgen:*)

1) In Schlesien sind, so viel ich weiß, einige 20,000 Gewehre vorhanden. Dies macht eine bewaffnete Macht von mehr als 30,000 Mann möglich, nämlich:

* Pertz, Bd. II, Beil. III, S. 681 ff.

Cavalerie 3000
Artillerie 3000
Kranke und Blessirte 2400
Offiziere, Spielleute ꝛc. 600
Summa 9000

für welche keine Feuergewehre vorhanden zu sein brauchen.

Daß man, wenn man Jagdgewehre und einige tausend Piken mit zu Hülfe nehmen will, leicht die bewaffnete Macht bis auf 40,000 M. bringen kann, scheint nicht zweifelhaft zu sein; ich nehme daher an, daß man 30,000 Mann hat, davon 3000 M. Cavalerie.

2) Wie stark der Feind in Schlesien eindringen wird, ist vorher zwar nicht zu bestimmen; die möglichen Fälle sind nicht zu erschöpfen. Sehr wahrscheinlich aber ist es doch, daß ein Armeecorps die Bestimmung erhalten wird, den Krieg in Schlesien zu führen. Dies wird schwerlich 30,000 Mann betragen; gesetzt aber, es wäre ungewöhnlich stark oder man hätte zwei schwache Armeecorps dazu bestimmt, so bleibt doch immer wahrscheinlich, daß die feindliche Macht in Schlesien nicht über einige 30,000 Mann betragen würde.

3) Man könnte also mit 25,000 Mann dem Feinde entgegen gehen, indem man die Festungen nur ganz schwach besetzt ließe, ihn angreifen und durch eine entscheidende Schlacht das Schicksal Schlesiens bestimmen. Gewinnt man die Schlacht, so wird man dadurch die feindliche Haupt-Armee in Preußen beträchtlich schwächen und in ihren Operationen aufhalten; man wird Zeit haben, seine Armee von neuem zu verstärken, besser zu organisiren und folglich einem neuen Corps mit Wahrscheinlichkeit eines glücklichen Erfolgs Widerstand leisten. Man bleibt Herr der Kräfte ganz Schlesiens. — Wird man geschlagen, so zieht man sich mit den übrig bleibenden Truppen auf die Festungen zurück und vertheidigt diese, jede einzelne ohne eine besondere strategische Verbindung; denn man wird wenigstens um 10—12000 Mann geschwächt und muthlos zurückkommen; also schwerlich von den Festungen aus noch mit entschiedenen Kräften im freien Felde wirksam bleiben können.

4) Dieser Plan ist der einfachste und der kühnste; zwei große Vorzüge im Gebiete der Kriegskunst; es gehört das Selbstvertrauen des Feldherrn dazu, dies würde aber nicht fehlen.

Gleichwohl wird sich dieser Plan nicht ausführen laffen aus folgenden Gründen: Erstens, man wird mit der Formation der 30,000 Mann nicht zeitig genug fertig werden, um dem Feinde weit entgegenrücken zu können; in der Nähe der Festungen aber darf man mit der ganzen Macht keine entscheidende Schlacht annehmen, weil man in Gefahr kommt, von zweien abgeschnitten zu werden, und ihnen folglich nicht die gehörigen Garnisonen geben zu können. Zweitens, die Truppen werden für eine so entscheidende Schlacht zu ungeübt und unzuverläffig sein. Drittens, der erste Eindruck einer verlorenen Schlacht auf den ganzen Staat und selbst auf Rußland würde vielleicht von einem überwiegenden Nachtheile sein. Alles würde glauben, nun sei Schlesien mit einem Streiche gefallen; auch dieser Mann (der schlesische Feldherr) entspräche dem Vertrauen nicht, und es sei kein Zweifel, daß Alles den alten Gang gehen würde. — Die entgegengesetzte Nachricht: von einem gegen ein französisches Nebencorps gewonnenen Treffen kann unmöglich einen so vortheilhaften Eindruck machen, um jenem das Gleichgewicht zu halten. Vielleicht würde sie gar dienen, die Ruffen saumseliger zu machen.

5) Der andere Weg, den man einschlagen kann, besteht darin, daß man den Krieg in die Länge zieht, indem man sich keinem entscheidenden Schlage aussetzt, sich in verschanzte Lager bei Glatz und Neiße wirft, und den Feind in eine nachtheilige, genirte Lage versetzt, wozu die Lage der vier schlesischen Festungen ganz vorzüglich geeignet ist. Dieser Plan läßt sich auf zwei verschiedene Arten ausführen, die wir in den beiden folgenden Nummern betrachten wollen.

6) 2000 Mann in Silberberg, 6000 in Glatz, 4000 in Cosel, 8000 in Neiße, bleiben 10,000 Mann disponibel. Diese, in dem verschanzten Lager von Neiße, verhindern, daß der Feind diesen Ort und Cosel belagert oder einschließt oder überhaupt angreift. Will er nun in Schlesien etwas unternehmen, so kann er nur Glatz belagern. Diese Festung ist aber kaum zu nehmen. Seine Observations-Armee kann nie so gestellt werden, daß sie die Belagerung und Breslau mit dem flachen Lande zugleich deckt. Man wird sich also in Verbindung mit Breslau erhalten und einen großen Theil des linken Oder-Ufers beherrschen, sowie das ganze rechte. Will der

Feind sich dem widersetzen, so muß er sich in weitläufige Stellungen und Maßregeln verwickeln, die uns Gelegenheit geben, ihn mit überlegenen Vortheilen anzugreifen und, die ersten Erfolge schnell benutzt, zu großen Resultaten zu gelangen.

Man hat bei diesem Verfahren den Vortheil, eine ganze Provinz hinter sich zu haben, nehmlich Oberschlesien und das rechte Oderufer. Glatz und Silberberg sind, wenn die Befehlshaber sich zu nehmen wissen, unendlich schwer einzuschließen, und der Feind würde dazu eine so beträchtliche Truppenmasse brauchen, daß er gegen Neiße sich nur um so schwächer aufstellen könnte.

7) Stellt man die 10,000 Mann disponibler Truppen in dem verschanzten Lager bei Glatz auf, so gibt man zwar die Belagerung von Neiße zu, welche immer eher Besorgnisse erwecken könnte als die von Glatz; da indessen der Ort, durch 8000 Mann vertheidigt, einen sehr großen Widerstand thun kann, so bleibt Zeit genug übrig, um Alles für seinen Entsatz zu versuchen. Man hat dann bei Glatz eine Truppenmasse von 18,000 Mann, die Besatzungen mit einbegriffen, welcher der Feind, wenn er sich nicht ganz darauf beschränkt, sie zu bloquiren, den Besitz des Gebirges und eines großen Theils der Ebene von Niederschlesien durchaus nicht streitig machen kann.

Der Feind kann Neiße belagern und in der Gegend von Frankenstein die Beobachtungs-Armee gegen Glatz aufstellen, wie er das im vorigen Kriege gethan hat. Alsdann ist er nicht im Stande, das Gebirge zu behaupten. Man kann nicht nur in demselben beständige Detachements unterhalten, sondern auch in die Ebene bis gegen Breslau streifen, wie das bekannt ist. Ist ein großes Unternehmen den Umständen angemessen, so kann man in Glatz und Silberberg die nöthigen Besatzungen lassen und mit 10—12000 M. durch's Gebirge gegen die Lausitz und Dresden marschiren.

Ferner kann der Feind, ohne sich auf die Belagerung von Neiße einzulassen, sich begnügen wollen, die Grafschaft Glatz mit den darin aufgestellten Kräften gleichsam zu bloquiren. Dies würde ihn in sehr nachtheilige Maßregeln verwickeln. Er muß ein beträchtliches Corps gegen Neiße und Cosel stehen lassen, mit einem anderen die Pässe von Reichenstein und Wartha besetzen, mit einem dritten Silberberg beobachten, mit einem vierten die Straße von Neurode befetzen. Es ist nicht denkbar, daß man außer Stande sein sollte, diese einzelnen Posten zu schlagen, wenn man mit concentrirter Macht darauf fällt. Streng genommen kann ohnehin das Déboucher von Silberberg nicht verweigert werden.

8) Der Hauptvortheil des in Nr. 6 vorgeschlagenen Weges besteht darin, daß man einen bei weitem größeren Landstrich unmittelbar hinter sich behält, in welchem man ruhig neue Truppen formiren kann, und daß man fast in einer ununterbrochenen Verbindung mit Breslau bleibt. — Der in Nr. 7 vorgeschlagene Plan gibt den Vortheil, Herr des Gebirges und der Straße nach Sachsen zu bleiben. Welchen Weg man einschlägt, immer muß ein großer Zweck damit verbunden werden. In beiden Entwürfen liegt nichts als den Feind in eine militärisch-nachtheilige, gezwungene Lage zu bringen, und damit zu gewinnen. Diese Lage muß man benutzen, sei es zu einem entscheidenden Angriffe, sei es zu einer kräftigen Diversion, oder einem allgemeinen Aufstande in Masse.

Die disponiblen 10,000 Mann in einer anderweitigen Stellung aufzustellen, gewährt weniger Vortheile. So lange man selbst noch nicht offensiv verfahren kann, sondern auf der Defensive bleiben muß, um in seinem Inneren mehr Festigkeit, Ordnung und Vertrauen zu gewinnen, genießt man in verschanzten Lagern bei Glatz und Neiße den Vortheil, den Feind fast mit noch einmal so vielen Truppen empfangen zu können. Haben die Truppen erst Vertrauen zu sich, und ist die nöthige Disciplin in ihnen, dann kann man ohne Gefahr sich herauswagen.

Wäre man stark genug, um dem Feinde auch außerhalb der Festungsbezirke in verschanzten Stellungen Widerstand zu leisten, so würde diese Stellung unstreitig in dem westlichen Flügel des Gebirges, in der Gegend zwischen Goldberg und Löwenberg zu nehmen sein. Ehe der Feind diese Stellung genommen hat, ist er weder im Stande, gegen die Festungen anzurücken noch Herr des Landes ostwärts vom Striegauer und Schweidnitzer Wasser zu bleiben.

Das rechte Oder-Ufer erfordert eine eigene Aufmerksamkeit. Es ist höchst unwahrscheinlich, daß die Polen mit einem bedeutenden Corps regelmäßiger Truppen gegen Schlesien gehen werden; aber gewiß werden sie Streifereien in diese Provinz thun, wie das im

27*

vorigen Kriege der Fall gewesen ist. Man hat ihnen damals nur wenige hundert Pferde unter dem Rittmeister Witofsky entgegengestellt und ihre Streifereien dadurch unwirksam gemacht. Jetzt würden sie vielleicht etwas mehr zu schaffen machen; es fragt sich daher, durch welche Mittel dem zu begegnen ist, ohne sich dadurch zu sehr zu schwächen. Ich glaube, daß eine dort für diesen Zweck errichtete Truppe, eine Art Miliz, unter einem dortigen Einwohner, welche den Zweck hätte, theils gegen die Plünderungen der Polen zu schützen, theils wieder zu plündern, den meisten Erfolg haben würde."

Als später Gneisenau in einem Briefe an Clausewitz diesem mitgetheilt hatte, daß eine andere Persönlichkeit für die Stelle des Oberbefehlshabers in Schlesien in Aussicht genommen sei, gab Letzterer der Aufregung, welche diese Mittheilung in ihm hervorgerufen hatte, in seiner Antwort an Gneisenau den lebhaftesten Ausdruck, indem er schrieb:*)

„Daß der rechte Mann auf dem rechten Flecke stehe, ist für beide und für das Ganze etwas Höchstwesentliches; nur so ist die höchste Wirkung zu erreichen; dieser hätten wir bedurft ... Ich fühle mich von Allem, was in mir spricht, angetrieben und fortgerissen, vor der Gefahr zu warnen, die mit der Wahl verknüpft ist, von der Sie sprachen. Ich kenne Eines, was im Kriege nöthiger ist als Kunst und Talent und Verstand und Alles, das ist die Autorität.**) Sagen Sie um Gottes Willen, wer soll sie haben? — Der nicht das Herz hat, ein deutliches Ja oder Nein auszusprechen? Der, welcher ihm beigegeben wird, müßte ein Mann sein wie Sie, oder der General, vor dem er Furcht und zu dem er Vertrauen hat, wenn er im Stande sein sollte, auch — die nöthige Autorität des Obercommando's aufrecht zu erhalten. Jeder Andere könnte ein Gott sein und er würde mit Schande bestehen. Das Verfahren, welches der Befehlshaber in Schlesien zu beobachten hat,

---

* Pertz, Bd. II., S. 161.

** Die Stelle erinnert an die bekannten Worte Cicero's in der Rede de imperio Cn. Pompeji (cap. 10): „Ego enim sic existimo, in summo imperatore quatuor has res inesse oportere, scientiam rei militaris, virtutem, auctoritatem, felicitatem.

ist wahrhaftig nicht aus alten Ordnungen und modrigen Papieren zu entlehnen; es muß original sein, es muß unerhört sein in Rücksicht der Energie ... Steht nicht ein ganz dominirender Mensch ihm zur Seite ... so sehe ich hierin das Unglück von zwei Millionen Menschen und den Untergang des ganzen Staates vorbereitet."

Mit Recht hat der verdiente Biograph Gneisenau's diesen in seinem ausgezeichneten Werke veröffentlichten Auszügen aus Clausewitz's fast prophetischen Briefen und trefflichen Aufsätzen die Bemerkung beigefügt: „Alle diese aus der Sache hervorgehenden Betrachtungen haben ihre Frucht getragen."

Im Spätherbste 1811 entwarf Gneisenau den Plan, mit Unterstützung Englands eine deutsche Legion in Deutschland zu errichten, und Clausewitz entwickelte mit der ihm eigenen Urtheilsschärfe und Gründlichkeit in nachstehendem Aufsatze die bei Ausführung dieses Planes zu befolgenden Grundsätze:*)

1) Die Engländer haben sehr unrecht, nicht noch heutiges Tages, sobald der Krieg zwischen Rußland und Frankreich erklärt, eine Landung in Deutschland zu machen. Obgleich, nach der gewöhnlichen Meinung, der günstige Augenblick zu einem Aufrufe der deutschen Völker mit dem Frieden von 1809 und mit Preußens Beitritte zum Rheinbunde ganz vorbei sein soll, so halte ich mich doch fest überzeugt, daß noch in diesem Augenblicke durch eine englische Armee in Deutschland Dinge hervorgebracht werden könnten, die kein Mensch berechnen kann, die zu einem Spanien in Deutschland führen. Welch ein Resultat!

2) Aber es ist vergebens, der englischen Regierung diese Ueberzeugung zu geben; andere Schwierigkeiten und Hindernisse z. B. der Mangel an Truppen stellen sich dieser Idee ohnehin in den Weg und es ist gewiß in keinem Falle auf dieses unendlich wünschenswerthe und wichtige Ereigniß zu rechnen.

3) Aber wenn die englische Regierung keine Landung an den westlichen Küsten Deutschlands mit einer bedeutenden Macht ausführen

---

* Auch dieser Aufsatz ist von Pertz (Bd. II., S. 685 ff.) veröffentlicht worden und zwar nach dem in Gneisenau's Papieren befindlichen von Clausewitz selbst geschriebenen Originale.

kann und will, sollte sie abgeneigt sein jedem Mittel zur Erreichung desselben Zweckes? Einem Mittel, in welchem nur unbedeutende Opfer, nur geringe Unterstützung gefordert wird? Sollte sie nicht darauf eingehen, wenn sie beim Fehlschlagen selbst nur ein Unbedeutendes dabei einbüßen, und sich folglich dem Tadel und Vorwurfe des Volks nicht aussetzen wird? Das scheint nicht glaublich, und deswegen würde der folgende Vorschlag vielleicht ohne zu große Schwierigkeiten Eingang finden.

4) In Deutschland befindet sich, trotz der allgemeinen Unterwerfung, doch noch eine ziemliche Anzahl von Menschen, die, voll Geist und Herz, voll Muth und Entschlossenheit, etwas für das Vaterland zu thun wünschen. Es ist der Mühe werth, diese zu vereinigen; sie werden sich vereinigen, wenn man ihnen Gelegenheit dazu gibt.

5) Wie gering die Anzahl dieser Männer in Vergleichung mit der ganzen Volks-Summa auch sei, so ist doch leicht einzusehen, daß sie hinreichen wird, um schnell davon eine eigene kleine Legion zu bilden! Wahrscheinlich werden die meisten aus dem Mittelstande sein, einige aus höheren Ständen, mancher vom Volke. Ist die Anzahl der Letzteren gleich anfangs nicht hinreichend, um die Gemeinen abzugeben, so dienen die anderen Stände als solche, als eine Art Noble-Garde, die aber anfangs erträglich besoldet sein muß. Bekommt man nach und nach mehr Zulauf aus den niedrigen Volksklassen, so geht man mehr zur gewöhnlichen Formation und Besoldung über, und stellt die Gemeinen der Noble-Garde als Offiziere an.

6) Wie dem auch anfangs sei, man wird in einigen Wochen einen Haufen von 5—600 entschlossene Menschen beisammen haben, und nach einigen Monaten vielleicht eben so viel tausend.

Dies ist der nächste Zweck, welchen man sich vorsetzt:
die Errichtung einer deutschen Legion in Deutschland von 5—6000 Menschen.

7) Mit dieser Legion will man festen Fuß in Norddeutschland fassen, den Krieg damit anfangs nur auf die gewöhnliche Weise, aber mit einer gewissen Begeisterung für die Sache, führen. Nach und nach läßt man diese Begeisterung steigen, sowie man einigen Fortgang hat, ermuntert zur Theilnahme und endet, vielleicht nach einem halben Jahre, mit dem allgemeinen Aufrufe zu den Waffen.

8) Wie kann das Alles geschehen? Es sind hier 3 Gegenstände zu unterscheiden:

1. die Errichtung der Legion;

2. die ersten kriegerischen Handlungen derselben, bis sie zu einer gewissen Bedeutung gediehen ist;

3. der Uebergang zur wichtigen Rolle einer revolutionären Armee.

9) Die Errichtung kann nicht anders geschehen als an der westlichen Küste Deutschlands, wenn diese von französischen Truppen im Augenblicke des Krieges ziemlich befreit ist. Sie kann auch hier nur unter dem Schutze einiger tausend Mann schon formirter Truppen geschehen, welche zu dem Ende an's Land gesetzt werden müßten. Diese Truppen sind das Erste, was wir von England erbitten müssen.

Ist die Sache vorbereitet, so werden in den ersten Wochen einige hundert Deutsche beisammen sein, welche sich schnell formiren und an die englischen Truppen anschließen.

Nun wird in den nahe gelegenen Provinzen Westfalen, Hessen, Hannover die Nachricht von der deutschen Legion verbreitet, welche England in Sold nimmt, und der Werbeplatz bestimmt.

Alles, was ankommt, wird von den englischen Schiffen mit Waffen versehen und eingestellt. Die Lebensmittel für diese Truppen werden bezahlt, damit man nicht von Hause aus das Landvolk erbittert.*)

Jetzt kommt Alles darauf an, sich mit der unter den Waffen stehenden Mannschaft so zu verhalten, daß nicht ein Paar französische Regimenter hinreichen, Alles auseinanderzusprengen und den jungen Baum im Keime zu vernichten.

Ob man sich hierzu defensiv oder offensiv verhalten, wenig oder viel Terrain einnehmen müßte, ist ein Gegenstand einer besonderen Untersuchung, die auf diesen allgemeinen Entwurf folgen soll. Vielleicht läßt sich dies überhaupt nur an Ort und Stelle entscheiden, und es kann dann vorläufig nur die Möglichkeit der Sache erwiesen werden.

* „Diese Waffen und dieses Geld sind also das zweite, was wir von England zu erbitten haben."

10) Ein wesentlicher, ja der wichtigste Gegenstand ist der Landungspunkt. Im Herzogthum Oldenburg, an der Mündung der Weser, findet man gewiß viele Punkte, wo man den Rücken frei hat und ein kleines Torres Vedras schaffen kann. Die Einwohner dieses Ländchens lieben ihren ehemaligen Herrn sehr, sie werden uns von Hause aus (anfangs etwas furchtsam) anhängen, man kann sich der dreifachen Autorität Englands, Rußlands und des Herzogs von Oldenburg bedienen; das deutschgesinnte Ostfriesland ist in der Nähe, Bremen und Verden werden uns so wie das Hannövrische viele Leute zuführen; was kann man in diesen Zeiten nicht allein alles von Hamburg und Lübeck erwarten? Die ganze unbeschäftigte Volksmenge wird uns zuströmen, sobald nicht die Rede von Aufruhr und Gefahr des Kopfes, sondern von einem regelmäßigen Anwerben und einem ehrlichen Dienste unter fremden Fahnen ist.

Wenn die Engländer zu diesem Behufe hier 4—6000 Mann an's Land setzen, so scheint es, könne der erste Akt, nehmlich die Errichtung der deutschen Legion bis zu einer Stärke von 5—6000 Mann, keine zu großen Schwierigkeiten haben.

11) Die Franzosen werden anfangs schwerlich mehr als einige tausend Mann gegen dies Unternehmen absenden; diese muß man schlagen. Ist die Gefahr zu groß, so thut man es in einer stark verschanzten Stellung. Ueber den Erfolg eines solchen Treffens kann bei guten Maßregeln keine Ungewißheit entstehen.

12) Ist man bis zu einer vereinten Stärke von 12000 Mann gekommen, so fängt man an, offensiv zu werden. Bis dahin aber hat man den Geist gesteigert bis zum Enthusiasmus; diesen verbreitet man durch Schriften im Lande, indessen hütet man sich, zu früh von Landsturm und allgemeinem Aufstande zu sprechen. Bei den Franzosen würde man sich dadurch zu wichtig machen; und bei den Deutschen würde ein zu frühzeitiger Aufruf nur Mißtrauen und Spott erwecken. Man fährt also fort, den Krieg auf eine gewöhnliche Art zu führen, bis man einen entscheidenden Streich ausgeführt hat, nehmlich ein bedeutendes feindliches Corps geschlagen.

13) In dem Augenblicke und mit der Verkündigung des Sieges ruft man Deutschland zu den Waffen auf und marschirt in dasjenige Land, wo man am ersten seinen Zweck zu erreichen hofft.

14) Was kann England, wenn dies Unternehmen ganz fehlschlägt, dabei verlieren?

Die 5000 Mann, welche an's Land gesetzt worden sind, können sich immer wieder einschiffen. Mißlingt das Unternehmen, so muß es in seinem Keime unterdrückt werden; sonst kann man nicht sagen, daß es mißlungen ist. Ist aber jenes der Fall, so kann der Verlust der Engländer dabei sich höchstens auf einige tausend Armaturen und eben so viele Pfund Sterling belaufen. Im Lande wird Niemand dadurch in's Unglück gestürzt werden, weil man, so lange die Sache noch ohne bedeutende Fortschritte ist, sich aller revolutionären Maßregeln enthält, oder wenigstens Niemand dazu reizt.

15) Diese Unbedeutendheit und Einfachheit, womit man die Sache anfängt, ist etwas sehr Wesentliches. Man muß sich anfangs hüten, das Ansehen irgend einer Uebertreibung in seinen Hoffnungen und Plänen zu haben; man würde dadurch bei den gewöhnlichen Menschen zu sehr im Vertrauen verlieren. Die Deutschen sind nur zu geneigt, alles Kühne in den Conceptionen für Windbeutelei und Mangel an Urtheil zu nehmen.

16) Es wäre zwar nicht unmöglich, daß Rußland dies Unternehmen auf eben die Weise ausführte; wenigstens ist gewiß, daß die 5000 Mann, welche sie zu einer Landung in Deutschland einschifften, dreimal so viele Truppen ihrer Gegner beschäftigen und von der Theilnahme an dem Kriege in Preußen abhalten werden. Man könnte sich also, im Falle man bei der englischen Regierung gar keinen Eingang fände, an die russische wenden. Aber wie viel besser die Engländer für diesen Zweck sind, liegt in Folgendem:

1. Sie haben mehr Waffen übrig, und können auch wohl eine kleine Summe eher daran wagen;

2. Sie sind nicht gehaßt in Deutschland, und da sie schon eine deutsche Legion haben, so würde eine zweite nichts Bedenkliches sein;

3. Sie haben die größere Leichtigkeit der Landung;

4. Hannover, die Hansestädte und Holland hängen ihnen an.

17) Ueberhaupt ist nicht einzusehen, warum England auf die Idee, bei einem Kriege die Hannoveraner für sich zu bewaffnen, auf immer Verzicht leisten sollte?"

Ein Krieg zwischen Frankreich und Rußland ließ sich schon lange vor seinem wirklichen Ausbruche mit Sicherheit voraussehen. Kaiser Alexander, der bei dem Kriege von 1809 zwischen Frankreich und Oesterreich Napoleon's Bundesgenosse gewesen war, hatte sich schon durch die Bestimmung des Wiener Friedens verletzt gefühlt, durch welche nur ein Theil von Ostgalizien an Rußland, Westgalizien aber an das Herzogthum Warschau abgetreten wurde, da er Alles ungern sah was zur Herstellung Polens führen zu können schien. Gesteigert wurde Alexander's Erbitterung durch die oben schon erwähnten Gewaltthaten Napoleon's, namentlich dadurch, daß derselbe den Herzog Peter I. von Oldenburg, einen nahen Verwandten des russischen Kaiserhauses, seines Landes beraubte, ohne die entschiedensten Proteste Alexander's im mindesten zu beachten. Dieser ging auf Napoleon's Verlangen, eine strengere Beobachtung des Continental-systems, welches dieser doch selbst durch die Ertheilung von Licenzen umging, in Rußland eintreten zu lassen, nicht ein; ebenso beharrlich verweigerte Napoleon die von Alexander geforderte Räumung des preußischen Staates von französischen Truppen; die gegenseitige Er-bitterung erreichte nach und nach den höchsten Grad und der Aus-bruch des Krieges war unvermeidlich. Napoleon zögerte mit dem Angriffe auf seinen mächtigen Gegner, bis seine gewaltigen Rüstungen, die er mit größtem Eifer betrieb, vollendet waren, und so verfloß noch das ganze Jahr 1811 unter vergeblichen diplomatischen Ver-handlungen.

Preußen befand sich dem bevorstehenden Kriege gegenüber in einer höchst mißlichen Lage, und sah sich, da es unmöglich neutral bleiben konnte, vor die Alternative gestellt, entweder mit Rußland oder mit Frankreich ein Bündniß zu schließen. Gneisenau, der mit seinen Freunden aufs entschiedenste für die Verbindung mit Ruß-land war, überreichte dem Staatskanzler Hardenberg am 10. August über die Vertheidigung des Landes, namentlich der am meisten be-drohten Provinz Schlesien, eine sehr umfassende und gründliche Denkschrift, bei welcher die Vorschläge Clausewitz's benutzt waren; die Rüstungen wurden mit dem größten Eifer betrieben und alle Vorbereitungen für den Krieg getroffen, bevor noch entschieden war, ob sich Preußen mit Frankreich oder mit Rußland verbinden werde.

Der König war natürlich nach seinen persönlichen Wünschen und Gefühlen für den Anschluß an Rußland, glaubte jedoch, ohne sein Reich der Vernichtung preiszugeben, nur dann den Kampf gegen Napoleon's Uebermacht unternehmen zu dürfen, wenn er sich des unverzüglichen Beistandes Rußlands, wo möglich auch Oesterreichs, versichert halten könne. Um sich hierüber Gewißheit zu verschaffen, sandte er im tiefsten Geheimnisse*) den General Scharnhorst nach St. Petersburg und Wien, wo derselbe zwar bei dem Kaiser Alexander und dem Fürsten Metternich freundliche Aufnahme und Bereitwilligkeit zur Bundesgenossenschaft fand, aber das bestimmte Versprechen einer sofortigen Unterstützung Preußens, welches, wenn es sich mit Rußland verband, dem ersten Angriffe Napoleon's ausgesetzt war, nicht erlangen konnte. Scharnhorst's Sendungen waren also in der Hauptsache als mißlungen zu betrachten, und da der König sein Land der Gefahr, von den Heeresmassen Napoleon's erdrückt und in unsägliches Elend gestürzt zu werden, nicht aussetzen wollte, so entschloß er sich endlich, wenn auch mit innerem Widerstreben, zu dem Bündnisse mit Frankreich, welches ihm die Lage der Verhältnisse gebieterisch zu fordern schien. Noch machte er,

* **Clausewitz** sagt in dem mehrerwähnten einige Jahre nach den Befreiungskriegen geschriebenen Aufsatze über das Leben Scharnhorst's (S. 12 und 13), unter den wenigen Personen, welche damals in Berlin eine tief verschlossene Hoffnung zum Widerstande gegen Frankreich gehegt hätten, sei Scharnhorst der einzige gewesen, der einen Versuch gemacht habe, jenen Widerstand zu realisiren, und die von ihm unternommenen Reisen sowie ihr Zweck seien vollständig geheim geblieben. Nach Petersburg reiste Scharnhorst unter dem Namen eines Obersten von Menin im September (1811) und kehrte in den ersten Tagen des November zurück; in Wien, wohin er sich unter dem Namen eines Geh. Rathes Ackermann begab, kam er am 30. November an und traf am 24. Januar (1812) wieder in Berlin ein. — Knesebeck reiste am 9. Februar (1812) zu Schlitten nach Petersburg ab und kehrte Mitte März zurück. Seine Sendung, die übrigens als eine völlig verfehlte angesehen wurde, war eine offizielle, zu welcher Napoleon seine Zustimmung gegeben hatte; er reiste mit französischen Pässen und war dem französischen Gesandten in Petersburg, Lauriston, besonders empfohlen. Knesebeck theilte später über diese seine Sendung mit, daß er den Kaiser Alexander für den Plan gewonnen habe, die französische Armee durch allmählichen Rückzug bis zum Winter hin immer tiefer in das Innere Rußlands zu locken, und daß er von dem Kaiser in der geheimen Abschiedsaudienz, unter Darreichung der Hand, mit den Worten entlassen worden sei: „Ditez au roi, que je ne ferai pas la paix, même quand je serai à Kasan."

unmittelbar vor dem Ausbruche des Krieges, mit Vorwissen Napoleons, einen Versuch einer friedlichen Ausgleichung zwischen diesem und Alexander und sandte zu diesem Zwecke den Obersten von dem Knesebeck nach St. Petersburg; allein auch diese Sendung war, wie sich voraussehen ließ, erfolglos. Der Allianzvertrag Preußens mit Frankreich wurde am 24. Februar 1812 in Paris von den beiderseitigen Gesandten Krusemark und Maret unterzeichnet und am 5. März erfolgte in Berlin die Auswechselung der Ratifications-Urkunde, worauf bereits am 15. das Corps des Marschalls Oudinot in Berlin und Umgegend einrückte. Der König verließ gleichzeitig Berlin und nahm theils in Potsdam, theils in Charlottenburg seinen vorläufigen Aufenthalt.

Bald nachdem Preußen sich mit Frankreich verbündet hatte, sah sich auch Oesterreich zu dem gleichen Schritte genöthigt; Preußen mußte mit 20,000 Mann, Oesterreich mit 30,000 Mann den Angriff Napoleon's auf Rußland unterstützen; und während Napoleon mit drei Armeen gegen Moskau vordrang, rückten auf dem äußersten linken Flügel die Preußen unter York's Führung in Verbindung mit französischen Truppen unter Marschall Macdonald zur Blokade von Riga vor; das österreichische Hülfscorps aber, welches Schwarzenberg befehligte, bildete, mit Franzosen und Sachsen vereinigt, den äußersten rechten Flügel der großen Armee und wandte sich nach Volhynien, um die im Süden stehenden Russen zu beschäftigen.

Als der Abschluß des Bündnisses Preußens mit Frankreich erfolgt war, konnten diejenigen Männer, welche in einflußreicher Stellung seither als entschiedene Gegner Napoleon's gewirkt hatten, unmöglich im preußischen Dienste bleiben und baten daher um ihre Entlassung. Dem General Scharnhorst wurde vom Könige der nachgesuchte Abschied nicht bewilligt, ihm dagegen ein unbeschränkter Urlaub nach Schlesien ertheilt; der Major von Boyen wurde zwar auf seine Bitte entlassen, doch ernannte ihn der König gleichzeitig zum Obersten und sandte ihn sogleich nach dem Ausbruche des Krieges mit geheimen Aufträgen an den Kaiser Alexander; auch Gneisenau, der, wie oben erwähnt wurde, die militärische Laufbahn schon früher verlassen hatte, aber noch in Staatsdienste geblieben war, erhielt den erbetenen Abschied (9. März) und zwar in den ehrenvollsten Ausdrücken und mit Fortbezug seines Gehaltes; zugleich ertheilte ihm der König geheime Aufträge von der höchsten Wichtigkeit, zu deren Ausführung er sich zuerst nach Wien zum Erzherzoge Karl, dann nach Rußland, Stockholm und England begab.

Eine große Anzahl Offiziere,*) welche es nicht über sich gewinnen konnten, für den verhaßten Unterdrücker ihres Vaterlandes in's Feld zu ziehen, faßten, wenn auch mit schwerem Herzen, den Entschluß, einstweilen aus der Armee auszuscheiden, und zu diesen gehörte auch Clausewitz, der sich wie die ihm am nächsten stehenden Freunde: Oberst Graf Chasot, Oberstlieutenant von Tiedemann, Major Graf Dohna und Andere, um Aufnahme in russische Dienste bewarb und sich vorläufig zu Scharnhorst nach Schlesien begab, um von hier aus seinen Abschied nachzusuchen.

Bevor Gneisenau, Scharnhorst, Boyen, Clausewitz und die gleichgesinnten Freunde aus dem vaterländischen Dienste austraten, beschlossen sie, ihre Handlungsweise und ihre politische Ueberzeugung, nach welcher sie fortwährend für den nachhaltigsten und kräftigsten Widerstand gegen Napoleon gewirkt hatten, in einer ausführlichen Denkschrift zu rechtfertigen, deren Abfassung Clausewitz übernahm,

---

* Ihre Zahl wurde seither nach Knesebeck's Vorgange auf 300 angegeben, doch ist in neuester Zeit nachgewiesen worden, daß dieser Angabe große Uebertreibung zum Grunde liegt. Wenn dagegen behauptet wird, daß damals nur etwa 30 Offiziere aus der preußischen Armee ausgeschieden seien, so dürfte diese Zahl zu niedrig gegriffen sein. Cosel (V, 218 und 219 Anm. 1) führt 21 Offiziere namentlich auf, welche damals aus preußischen Diensten in russische übergingen, ohne dieses Verzeichniß für vollständig auszugeben. Ohne Zweifel betrug die Zahl dieser Offiziere mehr als 30; viele andere z. B. Clausewitz's Freund von Röder schieden aus, ohne in fremde Dienste zu treten, und warteten im Privatstande auf einen Umschwung der politischen Lage. Man wird schwerlich irren, wenn man die Zahl der ausgetretenen Offiziere auf etwa 70 berechnet, ohne Einschluß der auf Halbsold stehenden Offiziere, welche nicht wieder in den activen Dienst eintraten, weil sie nicht für Napoleon fechten wollten.

welcher sich seiner Aufgabe mit der ihm eigenen Gründlichkeit und
Schärfe, überdies in rein objectiver und von persönlichen Beziehungen
freier Haltung, entledigte. Die Denkschrift war am 16. Februar 1812
bereits vollständig ausgearbeitet, da an diesem Tage Justus Gruner
dieselbe sich von Gneisenau zur Einsicht erbat, welchem er sie am 18.
mit den Worten zurücksandte: „Ich habe sie mit hohem Interesse und
ungetheilter Uebereinstimmung gelesen, bis auf das, was über öffentliche Stimmung und Meinung bei uns gesagt ist. Dies scheint mir
zu allgemein und in dieser Beziehung zu hart. Es kann daher durch
Erregen ungünstigen Befangens der Bessergesinnten schaden. Doch
stelle ich meine Bemerkung besserem Urtheile anheim." Die Absicht
der Freunde, diese Denkschrift gleichzeitig mit ihrem Ausscheiden aus
dem Dienste an's Licht treten zu lassen, blieb wegen ihrer Trennung
unausgeführt, und auch in der Folge kam es im Drange der Ereignisse und unter veränderten Zeitverhältnissen nicht zur Veröffentlichung
dieses Schriftstückes, welches nur wenigen Vertrauten zu Gesicht kam,
bis im Jahre 1869 Pertz sich das Verdienst erwarb, das großartige
Denkmal des kühnen Heldengeistes und der hochherzigen Gesinnung,
von welcher jene patriotischen Männer erfüllt waren, auch in weiteren
Kreisen bekannt zu machen.*) Die aus drei Abschnitten, welche als
„Bekenntnisse" bezeichnet werden, und einem Anhange bestehende
Denkschrift wurde von Pertz nach dem unter Gneisenau's Papieren
befindlichen, von der Hand Clausewitz's, theilweise der seiner Frau
geschriebenen und mit den eigenhändigen Anmerkungen Gneisenau's
und Boyens versehenen Originale veröffentlicht, unter Vergleichung
einer gleichzeitigen, hin und wieder etwas abweichenden Abschrift,
welche er einem innigen Freunde Gneisenau's verdankte.

Wir lassen die Denkschrift nach Pertz hier folgen, haben jedoch
den dritten Abschnitt derselben abkürzen und in Bezug auf den
Anhang uns auf Mittheilung des Schlusses, wegen des zu speciell
militärischen Inhalts dieser Theile des Schriftstücks, beschränken zu
dürfen geglaubt. Leser, welche dasselbe ganz kennen zu lernen
wünschen, erlauben wir uns, auf den vollständigen Abdruck bei Pertz
zu verweisen.

* Leben Gneisenau's, Bd. III, Beil., S. 621 — 676.

Die drei „Bekenntniſſe".

Denkſchrift,

verfaßt im Februar 1812 von Carl von Clauſewiß.

∽∽∽∽∽

Dieſe kleine Schrift iſt beſtimmt, die politiſche Meinung Derjenigen vor den Augen der Welt zu rechtfertigen, welche den Widerſtand gegen Frankreich für nothwendig hielten, der allgemeinen Meinung weichen mußten, und als überſpannte Thoren oder gefährliche Revolutionäre oder leichtfertige Schwäßer oder eigennüßige Intriguants verſchrieen wurden.

Wer kann es ihnen verdenken, daß ſie in dem Augenblicke, wo ſie von dem Schauplaße abtraten, auf welchem ſie das Glück ihres Lebens und alle Gegenſtände ihrer Anhänglichkeit zurückließen, weil es ihnen unmöglich war, dem Feinde ihres Vaterlandes, den ſie aus dem Grunde ihres Herzens verabſcheuen, mit Eifer und Hingebung zu dienen — daß ſie in dieſem Augenblicke ſich als Männer ruhiger Ueberlegung, eines reifen kalten Urtheils zeigen wollten. Ihre Meinung durfte aus Rückſicht für die Regierung nie laut ausgeſprochen werden, das Publicum iſt davon durch den Druck der äußeren Gewalt ganz abgedrängt worden; man verſucht es, ſie hier mit der anderen Meinung in gleiche Rechte zu ſeßen.

Gewiß wird ein König dieſe Genugthuung denen gönnen, von denen er am beſten weiß, daß ſie Ihm ohne Eigennuß gedient haben, daß in ihrem Herzen ſeine Sache doch den wärmſten Eifer fand, und daß ſie auch nicht die unfähigſten ſeiner Beamten waren.

Wenn Preußen ſich Frankreich ganz in die Arme geworfen hat, wenn die Männer, deren Glaubensbekenntniß hier niedergelegt iſt, dieſem Staate äußerlich nicht mehr angehören (wiewohl ewig im Herzen), ſo wird dieſe Schrift erſcheinen können, ohne daß die Regierung durch ſie compromittirt werde. Vielleicht wird ſie unter dieſen Umſtänden noch im Stande ſein, in den Köpfen und Herzen der Unterthanen einen Funken anzufachen, welcher der Regierung einſt heilſam werden könnte:

Erstes Bekenntniß.

Es nahet sich der Augenblick eines neuen Krieges im Norden. Vielleicht verzögert sich sein Ausbruch um einige Monate; unmöglich aber ist, womit sich Viele schmeicheln, daß sich das Ungewitter ganz zertheile.

Jedermann im Auslande, welcher an dem Preußischen Staate Antheil nimmt (und deren gibt es unstreitig Viele), ist in einer bangen Erwartung, welches Schicksal denselben in der neuen Katastrophe treffen werde.

Aber nicht blos das Schicksal dieses Staates, sondern auch seine politische Haltung sind der Gegenstand eines großen und allgemeinen Interesses. Alle werden wünschen, Preußen möge wenigstens, wenn es fallen sollte, mit Ehren gekämpft haben und ruhmvoll untergegangen sein.

An diese theilnehmenden Freunde vorzüglich ist diese kleine Schrift gerichtet, als Bekenntniß einer Privat-Meinung, die wenige, aber doch einige meiner Mitbürger theilen; sodann aber auch an die übrigen meiner Mitbürger selbst, als förmliche Protestation gegen jede Theilnahme an dem, was beschlossen worden und was einst schwer gebüßt und bereuet werden möchte.

Vielleicht regen diese Zeilen noch in mancher Brust ein Gefühl für Pflicht und Ehre an, vielleicht senden sie noch in manchen Kopf einen Strahl, der das gespensterartige Ungethüm der Furcht verscheucht, die Gefahr, welche wirklich da ist, deutlich zeigt und von der trennt, die nicht vorhanden ist.

Preußen hat seit 1794 einen einzigen Kampf bestanden, der bei weitem nicht lange genug gedauert hat, mit viel zu wenig Anstrengung und Stärke des Willens geführt worden ist, um zu einer gänzlichen Verzweiflung zu berechtigen. Vielmehr muß ganz Europa von diesem Staate erwarten, daß er sich noch einmal gegen eine völlige Unterdrückung und Vernichtung erheben und durch einen Kampf auf Leben und Tod Friedrich's Namen sich würdig zeigen werde. Dieser Name Friedrichs des Zweiten, der in dem Munde aller Preußen ist, läßt das ganze Ausland mit Recht erwarten, daß bei uns noch eine achtungswerthe Gesinnung zu finden sei; ein Gefühl für Pflicht, Tugend und Ehre, die, weit entfernt, durch den

Druck der Zeiten abgestumpft zu sein, vielmehr eine stärkere Feder-
kraft gewonnen haben und uns mit edlem Unwillen erfüllen. In
der That, von der Ehre viel zu sprechen und vom Ruhme, wenn
beide längst erworben und nicht gefährdet sind, ist eine bloße Eitelkeit; und wir hätten dem Auslande die vielen Phrasen ersparen
können, womit wir ihm so oft lästig geworden sind. Wie ver-
achtungswerth und unwürdig wird diese Phraserei erscheinen, wenn
man jetzt sieht, daß wir uns vor der Gefahr verkriechen, unbekümmert
um Ehre und Schande!

Unglaublich scheint es, daß gerade diejenigen, welche Zeugen von
Friedrich's Thaten waren, und andere, die seinen Namen beständig
im Munde führen, nur das gut finden, was er gethan, und alles
verächtlich bespötteln, was nicht in seiner Manier ist; daß diese nichts
für das Regentenhaus, nichts für die Ehre des Staates thun, sondern sich der Verachtung Preis geben wollen, unwürdige Nachkommen
jenes Heldengeschlechtes, welches unter Friedrich dem Preußischen
Namen Hochachtung und Theilnahme in der Welt erworben hat.

Es ist nicht meine Absicht, hier ein vollständiges Bild von der
öffentlichen Meinung und Stimmung in Preußen zu entwerfen; es
fehlt mir dazu selbst an Erfahrung, weil ich hauptsächlich nur die
Hauptstadt und die vornehmeren Stände kenne; allein, indem ich
mich von einer öffentlichen Meinung feierlich lossage, die mich umgibt,
bin ich genöthigt, sie in ihren Hauptzügen flüchtig zu berühren. Die
Meinung, daß man Frankreich widerstehen könne, ist unter uns fast
gänzlich verschwunden. Man glaubt also an die Nothwendigkeit
einer Allianz ohne Bedingungen, einer Unterwerfung auf Gnade und
Ungnade, endlich einer Entsagung auf den Vorzug eines eigenen
Fürstenhauses. Man gibt diese Gradation der Uebel mit Achselzucken
zu und erröthet höchstens, indem man die Augen niederschlägt.

Dies ist die allgemeine Stimmung. Einzelne zeichnen sich
noch durch die Frechheit aus, mit der sie auf die Sicherheit und den
ruhigen Genuß des bürgerlichen Eigenthums pochen; auf die Nothwendigkeit, diesem Alles zu opfern, auch die Rechte des Königs,
auch die Ehre des Königs, auch die Sicherheit und Freiheit des
Königs!

Dies ist die öffentliche Meinung mit wenig Ausnahmen. Die Art, sie zu bekennen, ihr nachzuleben, unterscheidet die verschiedenen Stände und in den Ständen die Individuen. Die vornehmen Stände sind die Verderbteren; Hof- und Staatsbeamte die Verderbtesten.

Sie wünschen nicht blos, wie die anderen, Ruhe und Sicherheit, sie sind nicht blos des Gedankens entwöhnt, unter Gefahren ihre Pflicht zu erfüllen, sondern sie verfolgen auch jeden mit unversöhnlichem Hasse, der nicht verzweifelt. Denn was ist es anders als verzweifeln, wenn man unseren Zustand und einen viel schlimmeren, welcher folgen wird, jedem Widerstande vorzieht?

Wer also nicht verzweifelt an der Erhaltung des Staates auf dem Wege der Pflicht und der Ehre, wer nicht glaubt, daß nur die bedingungsloseste, schändlichste Unterwerfung Pflicht sei, und daß es der Ehre nicht bedürfe, der ist ein Staatsverräther, der darf sicher sein, von jenen pflichtvergessenen Staatsbeamten gehaßt, verfolgt, vor dem Publico verleumdet, vor dem Könige angeklagt und — dem französischen Gesandten verrathen zu werden. So sind die wahren Patrioten, die allein es mit dem Könige redlich und gut meinen, in die Acht der öffentlichen Meinung gethan, und von dem Aberwitze und der Bosheit eigennütziger Weichlinge und Nichtswürdiger als Mitglieder eines gegen den Staat und König gerichteten Bundes angeklagt.

Wer hat nicht von dem bis in's Lächerliche verfolgten Tugendbunde gehört? Diejenigen, welche als das Haupt dieses Bundes, als seine thätigsten Glieder angeklagt werden, wissen kaum, ob und wie diese Gesellschaft vorhanden ist. Die frechsten Lügen gehören dazu, um dies Hirngespinst, womit man den Hof und die Einwohner Berlin's unaufhörlich schrecken will, wie das Gespenst eines Geisterbeschwörers in Rauchgestalt erscheinen zu lassen. Aber wenn es darauf ankommt, ein furchtsames Publikum in Schrecken zn setzen, so ist eine solche Täuschung hinreichend.

An das politische Glaubens-System schließt sich persönlicher Haß, Neid und Verfolgungssucht mit Leichtigkeit an, und die, welche schamlos genug sind, das System der Feigheit öffentlich zu bekennen und die verpesteten Grundsätze desselben täglich zu predigen, konnten sich wohl nicht schämen, das persönliche Verdienst, das Herz und den

Charakter derer anzutasten, deren politischen Grundsätzen sie höchstens das Recht hatten, den Krieg zu erklären.

Doch wenden wir den Blick hinweg von diesen traurigen Zeichen der National-Verderbtheit, die wie Geschwüre äußere Zeichen einer tiefen Krankheit sind, von der das Ganze nur allzu leicht untergraben, vergiftet und aufgelöst werden kann.

Alle diejenigen, welche nicht durch die Verderbtheit ihres Herzens und ihrer Grundsätze zu einem solchen Bekenntnisse der Furcht und der Muthlosigkeit gekommen sind, wie es an der Tagesordnung ist, sind nicht auf immer verloren, sondern könnten und würden sich zu einem besseren Dasein erheben, wenn ihnen dazu die Hand gereicht würde.

Man kann es bei aller Anhänglichkeit an die Regierung sich nicht verhehlen, daß vorzüglich der Mangel an Vertrauen zu ihr die Quelle der allgemeinen Muthlosigkeit ist. Eben so wenig Vertrauen hat die Regierung gegen die Unterthanen, ja sogar gegen sich selbst. Dieser gänzliche Mangel an Vertrauen auf sich und Andere ist die allgemeine Ursache unserer öffentlichen Meinung; das beständige Einwirken der Weichlinge, Lasterhaften und Pflichtvergessenen auf diese Meinung ist die Ursache der öffentlichen Meinung.

Von dieser Meinung und Stimmung, womit man sich bei uns schmückt, als sei sie aus dem reinen Gefühle für das Wohl Aller entsprungen oder eins mit demselben, sage ich mich feierlich los;

ich sage mich los: von der leichtsinnigen Hoffnung einer Errettung durch die Hand des Zufalls;

von der dumpfen Erwartung der Zukunft, die ein stumpfer Sinn nicht erkennen will;

von der kindischen Hoffnung, den Zorn eines Tyrannen durch freiwillige Entwaffnung zu beschwören, durch niedrige Unterthänigkeit und Schmeichelei sein Vertrauen zu gewinnen;

von der falschen Resignation eines unterdrückten Geistesvermögens;

von dem unvernünftigen Mißtrauen in die uns von Gott gegebenen Kräfte;

von der sündhaften Vergessenheit aller Pflichten für das allgemeine Beste;

28*

von der schamlosen Aufopferung aller Ehre des Staates und
Volkes, aller persönlichen und Menschen-Würde.

Ich glaube und bekenne, daß ein Volk nichts höher zu achten
hat, als die Würde und Freiheit seines Daseins;

daß es diese mit dem letzten Blutstropfen vertheidigen soll;

daß es keine heiligere Pflicht zu erfüllen, keinem höheren Gesetze
zu gehorchen hat;

daß der Schandfleck einer feigen Unterwerfung nie zu ver-
wischen ist;

daß dieser Gifttropfen in dem Blute eines Volkes in die Nach-
kommenschaft übergeht, und die Kraft später Geschlechter
lähmen und untergraben wird;

daß man die Ehre nur einmal verlieren kann;

daß die Ehre des Königs und der Regierung eins ist mit der
Ehre des Volkes und das einzige Palladium seines Wohles;

daß ein Volk unter den meisten Verhältnissen unüberwindlich
ist in dem großmüthigen Kampfe um seine Freiheit;

daß selbst der Untergang dieser Freiheit nach einem blutigen
und ehrenvollen Kampfe die Wiedergeburt des Volkes sichert
und der Kern des Lebens ist, aus dem einst ein neuer
Baum die sichere Wurzel schlägt.

Ich erkläre und betheure der Welt und Nachwelt, daß ich die
falsche Klugheit, die sich der Gefahr entziehen will, für das
Verderblichste halte, was Furcht und Angst einflößen können,
daß ich die wildeste Verzweiflung für weiser halten würde,
wenn es uns durchaus versagt wäre, mit einem männlichen
Muthe d. h. mit ruhigem aber festem Entschlusse und klarem
Bewußtsein der Gefahr zu begegnen;

daß ich die warnenden Begebenheiten alter und neuer Zeit,
die weisen Lehren ganzer Jahrhunderte, die edlen Beispiele
berühmter Völker nicht in dem Taumel der Angst unserer
Tage vergesse und die Weltgeschichte hingebe für das Blatt
einer lügenhaften Zeitung;

daß ich mich rein fühle von jeder Selbstsucht, daß ich jeden
Gedanken und jedes Gefühl in mir vor allen meinen Mit-
bürgern mit offener Stirne bekennen darf, daß ich mich

nur zu glücklich fühlen würde, einst in dem herrlichen Kampfe um Freiheit und Würde des Vaterlandes einen glorreichen Untergang zu finden!

Verdient dieser Glaube in mir und in den mir Gleichgesinnten die Verachtung und den Hohn unserer Mitbürger?

Die Nachwelt entscheide hierüber!

Auf dem heiligen Altare der Geschichte lege ich dieses leichte Blatt nieder, in dem festen Vertrauen, daß, wenn der Sturm der Zeit es hinweggeweht, einst ein würdiger Priester dieses Tempels es sorgfältig aufheben und in das Jahrbuch des vielbewegten Völkerlebens einheften werde. Dann wird die Nachwelt richten und von dem Verdammungsurtheile die ausnehmen, welche dem Strome der Verderbtheit muthig entgegengerungen und das Gefühl der Pflicht treu wie einen Gott im Busen bewahrt haben.

„Gewiß, ich kenne den Werth der Ruhe, die Annehmlichkeit der Gesellschaft, die Freuden des Lebens; auch ich wünsche glücklich zu sein, wie irgend jemand. So sehr ich aber diese Güter begehre, so wenig mag ich sie durch Niederträchtigkeit und Ehrlosigkeit erkaufen. Die Philosophie lehrt uns, unsere Pflicht zu thun, unserem Vaterlande selbst mit unserem Blute treu zu dienen, ihm unsere Ruhe, ja unser ganzes Dasein aufzuopfern."

Friedrich der Zweite in seinen hinterlassenen Werken.

Zweites Bekenntniß.*)

Habe ich mir erlaubt, in dem ersten Abschnitte dieser kleinen Schrift. mein Herz zu ergießen und mit der Sprache des Gemüthes das auszudrücken, was nur ein Gegenstand des Gemüthes ist und sein soll, so werde ich mich recht sehr bemühen, in diesem zweiten nur die Sprache der ruhigen Ueberlegung zu reden, weil es mir darauf ankommt, in demselben eine klare Vorstellung von unserem

* „Hier endigt in der Abschrift die Hand der Frau von Clausewitz" (Anmerkung von Perz).

Zustande zu geben und damit zugleich zu beweisen, daß gemüthliche
Menschen deswegen einer ruhigen Ueberlegung nicht unfähig sind,
weil sie nicht ein Herz im Busen tragen, daß sich polypenartig
zusammenzieht bei jeder äußeren Berührung.

I.

Ein neun Monate langer Krieg, mit wenigen Aufopferungen und
noch geringeren Kraftanstrengungen geführt, mit sparsamem Blut-
verlust durchgekämpft,*) scheint den Preußischen Staat in seinem
inneren Haushalte ganz zu Grunde gerichtet, die Nation in Armuth,
man kann sagen, in tiefes Elend gebracht zu haben. Doch scheint
dies wohl nur so; denn wo bliebe der nothwendige Zusammenhang
zwischen Ursache und Folge, wenn man diese Meinung als wahr
annehmen wollte?

Sie ist nur entstanden aus Mangel an Umsicht und aus Furcht
vor einem neuen Kriege, den man dadurch als unmöglich darstellen will.

Der Aufenthalt der Franzosen im Lande, die durch den Tilsiter
Frieden und Pariser Traktat auferlegten und kaum zu erschwingen-
den Contributionen, die den baaren Reichthum in's Ausland führen,
eine falsche, auf den äußeren Schein gerichtete Staats-Verwaltung,
die den Wohlstand schon früher untergraben, die übertriebenen Korn-
preise, der hochgespannte Credit, die Speculationswuth der Grund-
eigenthümer, die den Wechsel der Grundherrschaften erzeugt hat; dies
sind anderweitige Gründe, welche der bequartierte Hauswirth, der
Finanzmann, der besorgliche Staatswirth nach einander geltend machen.

Ihren Werth und ihr Gewicht wollen wir nicht genau abmessen,
aber zu hoch müssen sie alle angeschlagen sein, wenn man bedenkt,
daß der gesperrte Welthandel von den meisten als die letzte oder
unbedeutendste Ursache unseres Elendes angesehen, von vielen kaum
genannt, von wenigen paradoxen Köpfen ganz als eine solche
geleugnet wird.

* „Die Schlacht bei Eylau, wo der Preußische Staat auf der Spitze des
Degens stand, kostete den Preußischen Truppen nicht mehr als 70 Todte und Ver-
wundete.“ Zu dieser Anmerkung des Manuscripts bemerkt Perz: „Die Zahl ist in
Gneisenau's Exemplar offen gelassen, dagegen folgender Zusatz nach „Verwundete“:
„Sie war gleichwohl das blutigste Gefecht, welches in dem Feldzuge in Preußen von
unseren Truppen geliefert worden ist.“

Klarer scheint gleichwohl in dem Zusammenhange menschlicher Dinge nichts dazustehen, als die überwiegende Wichtigkeit und Wirksamkeit dieser Ursachen. Der Handel und sein Verkehr durchströmen alle Zweige der bürgerlichen Gesellschaft mit dem Lebensgeiste äußerer Thätigkeit. Wie konnte dieser Handel durch die Vervollkommnung der Schiffahrt und die Erweiterung der Erdkunde zu jener Größe, Allgemeinheit, Sicherheit und Lebendigkeit wachsen, ohne gewissermaßen alle Glieder der menschlichen Gesellschaft in sein Interesse zu ziehen, in alle Verhältnisse einzudringen und so nach und nach im Verlaufe mehrerer Jahrhunderte zur Grundlage aller dieser Verhältnisse zu werden?

So war es wirklich, Millionen Erscheinungen bürgen dafür, so war es aber auch nach strenger Nothwendigkeit, und keine andere menschliche Gewalt als die eines Feldherrn,*) siegreich vom Ebro bis zum Niemen, würde im Stande gewesen sein, diese Wirkung aufzuhalten, zu lenken oder zu vernichten.

Wenn nun dieses allgemeinste Lebensprinzip unserer gesellschaftlichen Verfassung gewaltsam zurückgehalten wird, was kann anders die Folge sein, als ein plötzliches Zusammenfallen aller Verhältnisse und, um bei der Sache zu bleiben, ein wahrer National-Bankerutt des Einzelnen gegen den Einzelnen, womit unstreitig ein gewöhnlicher Staats-Bankerutt nicht verglichen werden kann.

Diese Wirkung ist eingetreten durch das verlorene Gleichgewicht der Staaten des Continents.

Der Kaiser von Frankreich sperrt den Handel, und der ganze Continent schmachtet in Elend.

Neben diesem großen allgemeinen Uebel erscheint ein zweiter Feind alles Wohlstandes, aller inneren Ordnung und folglich aller Wiederbelebung.

Dieser ist die Ungewißheit.

Sie erschüttert den ganzen National-Credit und richtet dadurch den Wohlstand von mehreren hunderttausend Familien zu Grunde; sie lähmt die Thätigkeit aller Einwohner und macht, daß das National-Vermögen zum Theil in todten Massen ruht, und daß ein

---

* „Glücklichen Banditen" (Bleistiftanmerkung Gneisenau's). Pertz.

sehr beträchtlicher Theil der Productionen, die es hervorbringen sollte, und mithin ein großer Theil der Nationalrente, verloren geht.

Unthätigkeit, Mißmuth und Sittenverderbniß müssen die Folge dieses Uebels sein. Unmöglich ist es, daß ein Staat zu gesunden Kräften kommen kann, dem ein solches Gift in seinen Adern läuft.

Wie kann aber diese Ungewißheit gehoben werden? So lange dies Verhältniß Frankreichs zu den übrigen Staaten fortdauert, wird auch die Unsicherheit alles Eigenthums und aller bürgerlichen Existenz fortdauern. Ein wahres Heilmittel liegt also nur in dem Kampfe für die Unabhängigkeit.

Würde aber nicht ein Bündniß mit Frankreich das Uebel bedeutend vermindern?

Ja! im ersten Augenblicke, da die Nachricht davon durch die Reihe der Wechselbuden und Speculanten läuft; aber schwerlich auf die Dauer.

Frankreich's Bündniß gibt keine Sicherheit, davon sind Spanien, Holland, Italien und Norddeutschland ein Beweis. Von allen Ländern, die es gewagt haben, mit Frankreich seit der Revolution in ein Bündniß zu treten: Ober- und Mittel-Italien, Spanien und Portugal, Holland, die Schweiz, Süddeutschland und mehrere norddeutsche Fürsten, ist allein die kleine Schweiz und das getheilte Süddeutschland noch in einer äußeren Selbstständigkeit geblieben. ⁵/₆ jener ganzen Länderfläche vielleicht sind als Eigenthum Frankreichs zu betrachten. Eine vortreffliche Sicherheit hat dieser Bund gegeben!

Dies wird sich jedermann sagen und schwerlich wird einer vergessen, was mit den holländischen Staatsschulden geschehen ist. Es wird also der Unterthan eines mit Frankreich verbundenen Staates gerade ein ebenso geringes Vertrauen zu der öffentlichen Ordnung, zu Gesetz und Recht fassen, wie der Unterthan irgend eines andern.

Ob durch consequente Vorbereitungen zum Widerstande, durch festes Anschließen an die Existenz und Ehre des Staates, durch den muthigen Entschluß, dem Alles zu opfern, nicht mehr Vertrauen und Sicherheit gewonnen werden sollte — die Wahrscheinlichkeit der wohlthätigen Wirkung eines solchen Systems spricht sich von selbst aus.

Der innere Zustand unseres Staates und Volkes wird sich also unter diesen Verhältnissen des äußeren Druckes unmöglich wieder erheben können. Es ist wahrlich gleich große Thorheit, wenn man einerseits hoffte, dies durch die innere Administration zu erreichen, und andererseits es von der Administration gefordert hat. Die Anstrengungen, welche man in dieser Rücksicht gemacht hat, würden zweckmäßiger angewendet worden sein auf Vorbereitungen zum Kampfe. Wer den Staat Preußen aufhalten wollte, mußte seit dem Tilsiter Frieden an nichts denken als an Vorbereitung zum neuen Kampfe, und immer nur an diese. So würde man bald selbst gefühlt haben, daß man noch furchtbar sei; die äußeren Verhältnisse würden sich unmerklich selbst verändert haben, und der Körper wäre nach und nach durch seine eigenen Kräfte genesen.

Wenn also durch das Anschließen an Frankreich die innere Ausheilung des Staates und eine Regeneration desselben nicht zu erwarten ist, so fragt es sich nur, ob der Staat nicht im Stande sei, durch die einstweilige Aufopferung aller Würde und Sicherheit sich in äußerer Selbstständigkeit zu erhalten, bis die gefährliche Periode der politischen Stürme vorüber ist.

Dazu, hofft man, werde das Bündniß mit Frankreich Mittel sein.

Dies führt auf die Ansicht von unseren äußeren Verhältnissen und von dem, was wir durch die diplomatische Politik werden erreichen können.

2.

War Frankreich durch den Tilsiter Frieden aufrichtig mit Preußen ausgesöhnt, so mußte ein Bündniß mit demselben unmittelbar auf diesen Frieden folgen. Durch dieses Bündniß war Frankreich im Stande, Preußen so weit in sein Interesse zu verwickeln, ihm so starke Fesseln anzulegen, wie dies nur je mit Baiern, Württemberg, Sachsen ꝛc. geschehen ist.

Von dem Augenblicke an konnte der Kaiser Napoleon des Preußischen Staates gewiß sein. Weder der König noch die Nation würden den kühnen Wunsch gehabt haben, sich wieder loszureißen. Einmal zu diesem Schritte gebracht, würde sich Alles nach und nach in die neuen Fesseln geschmiegt haben, und wenn die Stimmung, wie in Sachsen, Baiern u. s. w. nicht für Frankreich gewesen wäre, so würde es hier eben so wenig Folgen gehabt haben wie dort.

Glaubte man allenfalls bei Preußen, seiner Größe und Lage wegen, nicht ganz so sicher gehen zu können, so gab es hundert Mittel tyrannischer Politik, wodurch die Kraft dieses Staates durchaus gelähmt werden konnte, z. B. wenn die Hälfte der Preußischen Truppen nach Spanien geschickt, wenn die kräftigen und muthvollen Männer aus den öffentlichen Aemtern entfernt, wenn noch andere Preußische Festungen besetzt würden u. s. w.

Napoleon kennt diese Schule zu genau, um sich einen Augenblick wegen der Mittel in Verlegenheit zu befinden, die er gegen Preußen anwenden könnte. Das Bündniß gab sich ihm als ein leichtes und natürliches Mittel selbst an die Hand, und die Folgen konnten ihm unmöglich unwichtig scheinen.

Ob Preußen dies Bündniß eingegangen wäre, bedarf jetzt keiner Frage mehr. Hat es seitdem zu keiner Zeit gewagt, sich gegen Frankreich zu erklären, so würde im Augenblicke des Tilsiter Friedens noch weniger die Rede davon gewesen sein; überdem waren die Männer, die diesen Frieden Preußischer Seits unterhandelt hatten, noch die ersten Rathgeber des Königs, und da Frankreich im Tilsiter Frieden die Erfahrung gemacht hatte, wie sehr sie seinem Interesse aus Furcht ergeben waren, so konnte es auf die völligste Hingebung rechnen. Preußen selbst hat Anträge wegen dieses Bündnisses gethan, die kalt von der Hand gewiesen sind, und es gab außer den wenigen Monaten des Oesterreichischen Krieges gewiß keinen Moment, wo eine sehr entschlossene Sprache Frankreichs nicht Preußen zu Allem bewogen hätte.

Statt also diesen Staat zu seinem Instrumente zu machen, um sich seiner gegen Spanien, gegen Oesterreich, gegen Rußland zu bedienen, läßt der Kaiser Napoleon ihn neutral bestehen.

Diese Großmuth war eine offenbare Schlinge; denn wo hatte Frankreich ähnliche Beispiele von Mäßigung gegeben, und wie ist Mäßigung überhaupt einem Staate möglich, der mit ungeheueren Mitteln ungeheuren Zwecken nachstrebt, bei dem jeder Athemzug neue Gewaltsamkeit ist; da wäre Mäßigung ebenso unvernünftig als anderswo die Schlaffheit. Frankreich läßt Preußen bestehen, läßt es aber in der vollkommensten Ungewißheit über sein künftiges Schicksal.

Es scheint, was im Innern dieses Staates vorgeht, nicht zu kennen und sich anders nicht um dasselbe zu bekümmern, als indem es ihm von Zeit zu Zeit seine Härte, seinen Stolz, seine Feindschaft, seine Geringschätzung fühlen läßt. Das Schwanken des Cabinets in seinem politischen Systeme, der Kampf der Parteien, die Ungeduld des Volkes über das Ungewisse und Drückende seines Zustandes scheinen Frankreich gleichgültig zu sein. Der Augenblick des Oesterreichischen Krieges nahet; Preußen, in seiner Unentschlossenheit unmündig schwankend, neigt sich endlich auf Oesterreich's Seite. Frankreich erhält dadurch einen nicht unwichtigen Feind mehr, dessen Einfluß in Norddeutschland Dinge hervorbringen kann, die doch nicht für eine Kleinigkeit zu achten sind. Alle diese Rücksichten, die Frankreich beim Tilsiter Frieden vollkommen vorhersehen konnte, vermögen den Kaiser nicht, Preußen zu seinem Verbündeten zu machen, es in seinen Dienst aufzunehmen.

Sind diese Betrachtungen in irgend einem Punkte übertrieben? Gewiß nicht! Und was muß daraus folgen? Daß der Kaiser Napoleon Preußens Untergang in dem Augenblicke beschlossen hatte, da er ihm den Tilsiter Frieden bewilligte. Die noch übrige Kraft dieses Staates sollte noch einmal gebrochen, vor Allem aber sollte das Fürstenhaus vertrieben werden, auf welches er seinen Haß geworfen hatte.

Die Ausführung dieses Planes sollte Preußen durch sein Betragen, durch seine Fehler selbst beschleunigen, ja es sollte den Schein der ganzen Schuld auf sich laden. Darum stellte der Kaiser Napoleon den Preußischen Staat auf einen so gefährlichen Punkt, wo es einer gewöhnlichen Regierung unmöglich war, sich zu behaupten, und wo doch jeder Fehltritt augenblicklich in's Verderben führen konnte. Wenn jetzt erst, gegen das Jahr 1812, der Zeitpunkt nahet, wo dieser Plan ausgeführt werden kann, so liegt dies in mancherlei Zwischenumständen, die der Kaiser Napoleon nicht vorhersehen konnte.

Der Haß, welchen der Kaiser Napoleon auf das Haus Hohenzollern geworfen, läßt sich freilich nicht für Jedermann beweisen, und eben so wenig die Ursache desselben erklären. Manchem wird es aber genug sein, zu hören, daß in dem persönlichen Betragen des Kaisers Napoleon gegen Friedrich Wilhelm III. und seine Familie zur Zeit der Tilsiter Unterhandlungen eine verächtliche Kälte nicht zu verkennen war, ja sogar ein zurückgehaltener Haß; sowie das Betragen der Königlichen Familie gegen ihn (Dank sei es der von keiner Politik unterdrückten Menschenwürde!) ein Ausdruck ruhiger und würdevoller Haltung war, die freilich einen eitelen und leidenschaftlichen Menschen noch mehr aufbringen konnte. Es gibt einzelne Facta, die hierüber keine Täuschung zulassen. Der Grund der Feindschaft liegt wohl hauptsächlich in der Liberalität, welche den Charakter der Preußischen Regierung ausmachte, und wodurch sie ein Gegenstand allgemeinen Interesses in ganz Deutschland geworden war. Preußen, vorzüglich das Regentenhaus, hatte mehr als ein anderer Staat die öffentliche Meinung für sich; dies kann dem Kaiser Napoleon nicht gleichgültig sein.

Die Fürsten des südlichen Deutschlands mögen der französischen Oberherrschaft müde sein, allein sie haben nie Selbstständigkeit gehabt, fürchten sich vor der Rache Anderer und sind ohne Stolz und Selbstgefühl, halb Verehrer, halb Schmeichler des französischen Kaisers. So ist es nicht mit Friedrich Wilhelm III.; dieser König ist, wie Jedermann weiß, vor Allem ein rechtschaffener Mann, der Heuchelei unfähig; der Haß des französischen Kaisers ist ihm natürlich, und da er empfindlich und reizbar ist, so hat diese Empfindung, ewig aufgeregt durch die Mißhandlungen des Kaisers, nie sich abstumpfen können. Wenn er aus Politik sich jeder Aeußerung darüber enthalten hat, so wie ihm überhaupt eine große Fassung natürlich ist; wenn er in dieser Rücksicht seiner Würde und seinem Volke lobenswerthe Opfer gebracht hat; so hat dies den französischen Kaiser doch nimmermehr täuschen können und es ist nichts natürlicher, als daß er tiefer in das Herz des Königs geschaut hat, als dieser in das seinige.

Von diesem Gesichtspunkte aus die Lage des Preußischen Staates angesehen, muß man erstaunen, wie die Regierung nicht schon früh zu dem Entschlusse gekommen ist, sich von dieser Ungewißheit einigermaßen loszumachen und wenigstens mit sich selbst einig zu werden über das Betragen, welches sie zu beobachten hätte; sich danach ein System zu entwerfen und diesem Systeme mit unverbrüchlicher Consequenz treu zu bleiben. Es gab zwei Wege dazu, wie es scheint

und wie man damals sagte; der eine war die unbedingteste Unterwerfung, das zutrauenvollste Anschließen an Frankreich. Man mußte
Frankreich alsdann auf allen Wegen entgegenkommen, sich ihm
gewissermaßen aufdringen und sein Zutrauen auf diese Weise gewinnen.
Ob dies zum Zwecke (zum Bündnisse mit Frankreich) geführt
haben würde, ist keineswegs ausgemacht, sogar unwahrscheinlich,
wenn man bedenkt, daß es nicht in dem Interesse des französischen
Kaisers liegen konnte, was er nicht selbst schon gewollt hatte, und
daß er nicht der Mann ist, sich durch das Interesse Anderer leiten
zu lassen. Ob das Bündniß mit Frankreich zum Zwecke der äußeren
Selbstständigkeit geführt haben würde, ist noch viel weniger ausgemacht. Sei dem wie ihm wolle, es ist nicht geschehen. Preußen,
immer bereit, Frankreichs Befehle zu empfangen, hat doch nicht
genug gethan, um sich in seine Herrengunst zu setzen und so für
seine Sicherheit nach Möglichkeit zu sorgen.

Der andere Weg war die Organisation eines Militärstaates, der
den französischen Kaiser hinderte, Preußen ohne große Anstrengung
in Besitz zu nehmen; die Einführung der allgemeinen Verpflichtung
zum Kriegsdienste, damit die Last von allen Schultern, also um so
leichter getragen werde; die Reorganisation der Armee in einem
neuen Geiste; die Entfernung der alten mit der Führung neuer
Truppen im Kriege unbekannten Generale und Stabsoffiziere; die
Herbeischaffung eines Ueberflusses von Waffen und Munition; die
Versorgung aller Festungen mit reichlichen Vorräthen; die Einrichtung
sicherer Depots in verschanzten Lagern; die Errichtung einer allgemeinen Miliz; die strenge Bestrafung der begangenen Fehler und
unpatriotischer Gesinnungen im Militär und Civil; die beständige
Fortbildung der Armee nach 2 bis 3 Dienstjahren, wodurch man
jetzt nach 4 Jahren eine Armee von wenigstens 150,000 exercirten
Leuten gehabt hätte und wodurch der Militärdienst dem Unterthan
weniger lästig geworden wäre. Alle diese Maßregeln waren theils
nicht gegen den Tractat, theils waren sie so leicht nicht zu erforschen,
und endlich war Frankreich auch nicht zu allen Zeiten, wie unmittelbar
nach dem Tilsiter Frieden, im Stande, Preußen durch eine schnelle
und augenblickliche Strafe zum Gehorsam zu bringen. Wenn bei
diesen Anstalten alle Verhandlungen mit Frankreich auf eine öffent-

liche Art geführt worden wären, wenn man sich entschlossen hätte, sie, so weit sie blos Frankreich und Preußen betrafen, durch die Zeitungen bekannt machen zu lassen, so würde man die öffentliche Stimme ganz für sich gehabt haben und also auf eine doppelte Art gegen Frankreich stark gewesen sein und seine Achtung und Rücksicht genossen haben.

So vielleicht war es allein möglich, aus der verführerischen, falschen Neutralität, die Preußen bewilligt worden war, unvermuthet eine wahre, kräftige hervortreten zu lassen, eine Neutralität, die aus hundert Gründen stärker gewesen wäre, als die, welche Preußen vor 1806 beobachtet hat. Doch dies sind Dinge, die der Vergangenheit angehören, und wir betrachten sie blos, weil die Vergangenheit uns zur Gegenwart führt.

Auch dieser zweite Weg ist von Preußen nicht ganz eingeschlagen worden, weil die damit verbundene Gefahr den muthlosen und unentschlossenen französischgesinnten die Mittel an die Hand gegeben hat, die gänzliche Ausführung zu hindern.

Ohne Muth und Entschlossenheit kann man in großen Dingen nie etwas thun, denn Gefahr gibt es überall und die Politik ist nicht immer eine feige Hinterlist, womit sie mancher für gleichbedeutend hält. Der König war gewiß eines solchen Entschlusses nicht unfähig; er wurde aber von einer Partei umringt, welche die Unterwerfung an Frankreich predigte, aus Furcht vor einer Katastrophe, die zu großen Aufopferungen nöthigen konnte, aus Mangel an edlem Stolze der Seele und aus Mangel an historischer Bildung. Diese Partei hing sich an die besten Entschließungen des Königs wie ein Bleigewicht, und vernichtete oder schwächte so alle Maßregeln, welche der König durch einen muthigen Vorsatz seiner eigenen Besorglichkeit abgewonnen hatte.

Kommen wir auf den jetzigen Zeitpunkt so fragt es sich: 1) Ist er verschieden von dem Zeitpunkte des Tilsiter Friedens? Allerdings. Damals war Rußland eben vom Kriegsschauplatze abgetreten, in Frankreichs Interesse tief verflochten, Oesterreich nicht furchtbar; Preußen selbst lag entwaffnet, krank, ohnmächtig da. Jetzt ist Rußland von neuem gegen Frankreich aufgebracht, gewaffnet; Preußen, ob es gleich nicht Alles für seine militärische Organisation gethan hat, hat doch die Hauptsachen nicht verabsäumt und ist keineswegs ohne Widerstandsfähigkeit. Spanien und England beschäftigen die Hälfte der ganzen ungeheuren Macht Frankreichs.

2) Ist jetzt ein Bündniß mit Frankreich möglich? Allerdings. Aber eben nur weil Preußen für sich selbst etwas gethan, weil es sich selbst übertroffen, noch einmal Energie gezeigt hat; dem allein verdankt es den Vortheil, daß ihm Frankreich jetzt sein Bündniß zugestanden hat.

3) Ist von diesem Bündnisse das Heil des Staates d. h. wenigstens die äußere Selbstständigkeit zu erwarten? Weniger als je! Eben so sehr wie sich in Beziehung auf die ersten beiden Fragen die Umstände zum Vortheile Preußens geändert haben, eben so sehr haben sie sich in diesem Punkte verschlimmert.

Wäre es Preußen gelungen, sich, wie Baiern, an Frankreich anzuschließen, kann sein, der Kaiser Napoleon hätte es bestehen lassen, kann sein, auch nicht, wie der unlenksame Wille eines glücklichen Generals sich nie berechnen läßt. Jetzt aber, nachdem Napoleon die Gefahren eines Flankeneinfalls von Preußen mit Besorgniß überstanden hat; nachdem er wahrgenommen, daß Preußen nicht im ersten Augenblicke zu erdrücken sei, ihm noch furchtbar werden könnte; daß es in vier Jahren mehr Abneigung als Anhänglichkeit gegen Frankreich offenbarte; daß es die Mißhandlungen, welche ihm widerfahren sind, tief empfunden und schmerzlich unterdrückt hat; jetzt wird der leidenschaftliche Tyrann den Entschluß zur Vernichtung dieses Staates nicht aufgegeben haben, und das Bündniß, welches er anbietet, ist nur das Mittel dazu. Die Sachen sind anders gekommen, wie er geglaubt; er sieht ein, daß er einen Fehler begangen, Preußen allein stehen zu lassen; er kann es in diesem Augenblicke nicht umstoßen, er bedarf sogar seiner; aber er beschließt, den Fehler nicht zum zweiten Male zu begehen. — —

Hat er vier Jahre Preußens Kräfte nicht nützen können, so will er das Opfer nicht umsonst gebracht haben, in dem nächsten gelegenen Augenblicke die Beute zu fassen, die er sich so lange aufgespart hat.

Viele werden in diesem Räsonnement die Schärfe einer strengen Nothwendigkeit vermissen, und sagen, es könne freilich so sein, es wäre aber doch möglich, daß es anders wäre. Diese müssen sich an die ganz objectiven Gründe halten.

Wenn man also auf die Absichten des Kaisers Napoleon, auf seine Meinung von uns und seinen Haß gar keine Rücksicht nimmt, und sich streng an die Sache hält, so fragt es sich: welche Vortheile und Sicherheiten könnten aus dem Bündnisse mit Frankreich fließen, und welche Nachtheile sind davon zu erwarten?

Vortheile des Bündnisses mit Frankreich.

1) Sicherung der Existenz. Ungefähr halb so viel als Spanien, Italien, Holland und Norddeutschland, — welche sämmtlich ganz verloren gingen.

2) Entfernung des Krieges aus unserem Lande; diese findet gar nicht statt.

3) Verzögerung des Krieges; eben so wenig, denn der Zeitpunkt des Ausbruches hängt von dem Bruche mit Rußland ab; selbst ein Bündniß mit Rußland, welches doch nicht nothwendig ist, oder wenigstens nicht bekannt zu sein braucht, würde den Krieg nicht um einen Augenblick beschleunigen. Denn das Hauptübel ist geschehen; Preußen hat den Grad der Widerstandsfähigkeit, der es unmöglich macht, dasselbe wie Hessen zu behandeln. Eine Verstärkung desselben wird kein Bestimmungsgrund für den französischen Kaiser sein, um mit Rußland früher zu brechen. Rußland verstärkt sich in jedem Augenblicke, und der Kaiser bricht nicht. Es müssen also andere Gründe vorhanden sein.

4) Erleichterung in der Kriegsführung wird nicht eintreten; denn darin liegt keine größere Last des Krieges, daß man mit 20 statt 100,000 Mann ficht, wenn man in beiden Fällen 400,000 Mann ernähren muß. Preußen aber wird in jedem Falle das Kriegstheater zwischen Rußland und Frankreich sein, und die verbündeten Franzosen sind nach allen Erfahrungen nicht besser als die feindlichen. Anders möchte es mit den Russen sein.

Nachtheile des Bündnisses mit Frankreich.

1) Man würdigt sich und die Nation herab, indem man aus Furchtsamkeit für eine Regierung streitet, die unser ärgster Feind ist,

uns unferer Größe beraubt und uns gemißhandelt hat bis auf's Aeußerfte. Die Menfchen müffen fchlecht werden, wenn man fie zwingt, ihr Blut zu vergießen für eine Sache, die fie verabfcheuen. Eine Regierung, die das Volk dazu zwingt, zwingt es zum Lafter und zur Verderbtheit.

2) Man überliefert fich mit gebundenen Händen dem Willen des franzöfifchen Kaifers. Jedes Bündniß mit demfelben muß die Widerftandsfähigkeit durchaus vernichten. Einen Theil der Armee nimmt er in feine Gewalt, der andere ift fo geftellt, daß er keinen Widerftand thun kann; einen Theil der Feftungen (die wichtigften, die Seehäfen) läßt er fich einräumen, die anderen werden fo fchlecht befetzt und verforgt, daß fie aufhören, etwas zu bedeuten; die kräftigen, Frankreich nicht ergebenen Menfchen werden entfernt; der König, umgeben mit franzöfifchen Autoritäten und Truppen, in beftändiger Beforgniß um Freiheit und Ehre, verliert alle Fähigkeit, dem einbrechenden Verderben fich entgegenzuftellen. Gefetzt, diefe Vorftellungsart fei übertrieben, es fei möglich, ein Bündniß mit Frankreich auf gemäßigten Bedingungen abzufchließen, auf Bedingungen, in welchen die Sicherheit der eigenen Fortdauer enthalten fein foll, fo fragt es fich nur: Ift das Letztere wirklich der Fall? kann das der Fall fein? Begnügen wir uns nicht mit einem bloßen Scheine, um uns felbft zu hintergehen, damit wir nur die Wahl des Leichteren vor uns felbft rechtfertigen? Die Frage beantwortet fich von felbft, wenn man bedenkt, daß jedes Bündniß einen Theil unferer Kräfte nothwendig in Anfpruch nehmen wird, daß wir diefe Kräfte jetzt fchon nicht hinreichend glauben, um uns den Forderungen Frankreichs zu widerfetzen; daß wir alfo die halb gebundenen, die gelähmten Kräfte noch viel weniger hinreichend glauben werden.

Ueberdem ift ja nichts fo in der menfchlichen Natur, als einem Zwecke, welchem man vergebliche Opfer gebracht, neue Opfer zu bringen, um wo möglich die erften zurückzukaufen. Es kommt Alles darauf an, daß man fich aufrichtig, gewiffenhaft folgende Fragen beantwortet.

Wird die Preußifche Regierung, wenn fie den erften großen Schritt gethan, das Bündniß mit Frankreich abgefchloffen hat, gefetzt auch, die Bedingungen wären noch fo gemäßigt und ehrenvoll, je eine neue Forderung, sei sie auch noch so drückend und entscheidend, verweigern? Wird von Allen, welche jetzt dem Könige zum Bündnisse mit Frankreich rathen und behaupten, daß sie nur das Wohl des Königs und der Nation vor Augen haben, einer sein, welcher dann zum Widerstande rathen wird?

Wird man so nicht mit unvermeidlicher Gewißheit einen Schritt nach dem anderen in's Verderben thun müssen und endigen, wie Karl IV. von Spanien und sein Sohn?

O der leichtsinnigen Rathgeber, die jetzt sich das Ansehen weiser Vorsicht geben, weil sie dem Könige das Leichtere rathen, und diejenigen als Wahnsinnige verschreien, welche einen großen Entschluß, ein würdiges Opfer verlangen!

Was werden sie dem Könige auf ihren beschämten Gesichtern lesen lassen, wenn er, überhäuft mit Gewaltthätigkeiten und Schmach, von seinem Volke verlassen, von der öffentlichen Meinung aufgegeben, allein, ein armer Gefangener dasteht? Was werden sie dann in ihrem eigenen Gewissen lesen?

So wird es dem Könige ergehen, und wie dem Volke? Wehe denen, die König und Volk trennen, um unaufhörlich das Interesse des einen dem anderen entgegenzustellen. Diese arglistige Sophisterei ist bloß Mode geworden, um sich mit anscheinenden Gründen von dem loszumachen, was uns einen muthigen Entschluß abnöthigt.

Die Ehre des Fürsten müßte dem Interesse der Nation weichen, und das Interesse der Nation der Erhaltung des fürstlichen Hauses. So hat man sich unaufhörlich im Kreise herumgedreht und mit Worten gespielt. Der König ist Repräsentant seiner Nation! was er thut, was an ihm bewundert wird, daran hat die Nation einen unwillkürlichen, vielleicht unverdienten Theil vor Mit- und Nachwelt. Der König, welcher ohne verzweifelten Widerstand untergeht, gibt seinem Volke das Beispiel fremder Hingebung. Der König, der schmachvoll verdirbt, beschimpft die Nation und verschuldet ihr Unglück; der, welcher glorreich untergeht, verherrlicht die Nation und sein herrlicher Name ist Balsam auf ihre Wunden. Das Volk, dessen König Achtung, Ehre und Freiheit verloren hat, hat Beides mit ihm verloren; es wird in einem Zustande innerer Auflösung und äußerer Unterdrückung sein; es wird sein Elend fühlen und keine Hoffnung haben, sich herauszureißen; denn es wird die Schuld auf den König, die Regierung und äußere Umstände schieben, fühlen, daß es leichtsinnig Alles zu früh aufgegeben hat; es wird sich selbst mit jedem Tage tiefer heruntersetzen, seinen Feind höher stellen, und so mit jedem Tage tiefer sinken in feiger Furcht und Unterwürfigkeit.

Das wird, bedenkt es, ihr Rathgeber der Unterwürfigkeit, das Schicksal eines Fürsten und eines Volkes sein, die sich ihrem natürlichen, ihrem unversöhnlichen, ihrem Erbfeinde in dem Augenblicke freiwillig und gebunden überliefern, wo sie den letzten muthigen Widerstand hätten thun können, wo dieser die erste Pflicht war, die sie gegen sich selbst und gegen einander zu erfüllen hatten.

Wie würde aber das Schicksal des Königs und seines Volkes sein, wenn sie in dem großmüthigen Kampfe, den sie gegenseitig für einander gekämpft, unglücklich wären und der König vertrieben, das Volk unterjocht würde? Beide würden ehrenvoll dastehen, ihre Ehre erhalten, beide ihre gegenseitige Liebe und Achtung! — Und das wäre nichts im Unglücke? Gerade dann, wenn man Alles verloren hat, sollte dies hochherzige Gefühl nichts werth sein? Sollte in ihm kein Keim künftiger Wiedergeburt sich regen? Eines Jeden Herz und Verstand beantwortet diese Fragen.

Gibt es keine äußere Sicherheit in dem Bündnisse mit Frankreich, gibt es keine andere Hülfe für die innere Krankheit, als Widerstand gegen Frankreich, so sollte dieser Widerstand als das letzte und einzige Rettungsmittel angesehen werden. Der Gedanke an diesen Widerstand sollte also alle Köpfe beschäftigen, wenn auch das Herz nicht voll Abscheu wäre vor einem solchen Zustande der Unterwürfigkeit, wie der jetzige ist.

Daraus sollte der feste Entschluß hervorgehen, das Joch abzuschütteln. Dieser Entschluß in Regierung und Volk sollte zu einer Vorbereitung auf den großen Augenblick des Kampfes führen, wodurch dieser Kampf allein möglich wird.

So vorbereitet, sollte man den passenden Augenblick ruhig erwarten. *)

* Anmerkung von Clausewitz: „In diesem Augenblicke und so lange der Krieg mit Rußland noch nicht ausgebrochen ist, kommt es bei der Politik des Preußischen Cabinets mehr auf einen Entschluß als auf Handeln an. Niemand

Wenn dies das einzige wahrhaft politische Verhalten ist, was ein Volk in unserer Lage beobachten kann, so sind wir so weit davon entfernt, daß noch eine Menge von Gradationen zu durchlaufen sind, ehe man auf den Punkt kommt, wo wir stehen.

Von Frankreichs Tyrannei möchte man wohl befreit sein; man erkennt die Vortheile dieser Befreiung, aber nicht die Nothwendigkeit derselben, welches ein großer Unterschied ist.

Man will abwarten, bis der Zufall etwas für diesen großen Zweck thue; damit meint man einen gewaltsamen Tod des Kaisers Napoleon; tritt dieser nie ein, so will man seinen natürlichen abwarten. Der Kaiser aber kann noch 30 Jahre leben, nach der Stärke seines Körpers zu urtheilen; und wer würde, wenn man das Joch 30 Jahre ohne Murren getragen, seinem Nachfolger die sichere Erbschaft der so erworbenen und behaupteten Rechte streitig machen? Werden nicht die nämlichen Bedenklichkeiten eintreten; ist man sicher, daß es ein schwacher Regent sei, welcher ihm auf dem Throne folgen wird, und wenn er schwach wäre, haben wir nicht Rom's Beispiel, das 400 Jahre seine großen Geschlechter überlebt hat?

Aber noch ist die Frage zu thun, ob dieser Zustand 30 Jahre dauern könne.

Nein, kann man dreist antworten, das ist unmöglich. Es müssen

verlangt, daß Preußen eine Offensive gegen Frankreich unternehmen solle; Niemand, daß Preußen mit einem Male sich weigern solle, die Bedingungen des bestehenden Verhältnisses ferner zu erfüllen; nur neue soll es sich nicht aufbürden lassen; es soll die Macht, welche zu seiner Vertheidigung noch da ist, nicht weggeben; es soll Frankreich kühn erklären, daß es seine Unabhängigkeit höher schätze als Alles, daß es nie zugeben könne, sich der Mittel zur Erhaltung dieser Unabhängigkeit beraubt zu sehen, und daß es sich in keine andere Verbindung mit Frankreich einlassen könne, als mit völliger Garantie seiner eigenen Sicherheit. Alle diese Erklärungen kann man nur thun, wenn man den festen Entschluß gefaßt hat, nicht anders als mit den Waffen in der Hand unterzugehen. Auf diesen Entschluß kommt also Alles an.

Es ist sehr unwahrscheinlich, daß diese Sprache den Friedensbruch beschleunige, da der Kaiser Napoleon schwerlich so thöricht sein wird, die Sprache für wesentlicher anzusehen als die Sache, Preußen seine Rüstungen endigen und dann durch bloße Worte sich zum Kriege hinreißen zu lassen. Geschehe es aber, so befindet man sich auf einem Punkte nur einige Monate früher, den nicht als unvermeidlich anzusehen die ganze Thorheit unserer frivolen Politik in einem einzigen Brennpunkte concentriren heißt."

oder werden früh oder spät, von der Noth herbeigeführt, Gährungen in den Völkern entstehen, die alle die Uebel herbeiführen werden, vor welchen man sich jetzt fürchtet. Es ist also vergeblich, ihnen auf immer ausweichen zu wollen.

Ja, was das Aergste ist, wenn alle abergläubischen Hoffnungen schwacher Köpfe und Gemüther erfüllt würden, wenn endlich der Zeitpunkt eingetreten wäre, wo ein Kind, ein schwacher Mensch Nachfolger Napoleon's geworden und alle Völker zur Thätigkeit erwacht wären, was wird es denn anders sein, als ein allgemeiner Kampf, eine gränzenlose Verwirrung des Ganzen, eine blutige Parteienfehde, eine Zeit voll Jammer und Noth?

Ist es denn nicht unbegreifliche Thorheit, zu hoffen, ein Jeder werde dann ohne Schwertstreich in den ruhigen Besitz seines Eigenthums und seiner Unabhängigkeit zurücktreten? Muß nicht Jeder sich selbst gestehen, diese Krisis werde furchtbarer sein, als die jetzige; dieser Kampf entzweiter Kräfte gegen zehnfachen Feind jammervoller als der Kampf aller durch Pflicht, Rache, Haß, Eigennutz in einander festgeketteter Kräfte gegen einen Feind, den Alle meinen?

Wahrlich es kann keine vernünftige Ueberlegung sein, welche die Meinung und Stimmung des Volkes hervorgebracht hat; es ist die Furcht vor dem nächsten Uebel und ein kurzsichtiger Eigennutz.

Man erschrickt vor der Gefahr, vor den Opfern, die man bringen soll, vor allen Dingen vor der Unwahrscheinlichkeit des Erfolgs, wovon man eine klare Ueberzeugung hat, und so glaubt man denn, man handele weise, wenn man diesen Gefahren ausweicht.

Es ist richtig, daß die Wahrscheinlichkeit des Erfolges gegen uns ist,*) aber bei welchem politischen Systeme würde die uns nicht entgegen sein?

Wie ist es zu verlangen, daß diese Wahrscheinlichkeit für uns sei, nachdem in vielen Jahrzehenden Fehler auf Fehler, Schuld auf

---

* Anmerkung von Gneisenau's Hand: „Dies ist gegen meine Ueberzeugung. Als im Jahre 1806 das Preußische Heer zerstäubt war, bis auf die kleine Anzahl der Ostpreußischen Truppen; als die Russen die Verluste eines unglücklichen Feldzuges noch nicht ersetzt und sie nur etwa 60,000 Mann dem feindlichen Anfalle entgegenzustellen hatten, so wurde unter dem ungeschicktesten Feldherrn und unter den nachtheiligsten Umständen dennoch das Schicksal des Krieges noch 7 Monate

Schuld gehäuft ist, und wir nun alle Wirkungen davon sich in dem Unglücke unserer Zeit vereinigen sehen. Darin besteht ja eben unser Unglück, daß wir von allen Seiten mit Abgründen umgeben sind. Wie kann man da Wahrscheinlichkeit eines glücklichen Erfolges fordern? Genug, daß er nicht unmöglich ist; wer mehr fordert, widerspricht sich selbst. Es ist umsonst, daß man sich das Geständniß über jene wahre Quelle der öffentlichen Meinung zu verhehlen sucht; man kann ja nicht einen Schritt vorwärts thun in dem Raisonnement, welches sich den beliebten Namen der ruhigen Ueberlegung vorzugsweise anmaßt, ohne festzusitzen zwischen den entschiedensten Widersprüchen.

Der Verstand allein soll entscheiden, hört man überall rufen. Als ob die Angst nicht eine Aeußerung des Gemüthes wäre, als ob bei ihr ein freies Urtheil des Verstandes zugegeben werden könnte! Alles, was man zugeben kann, ist, daß beide Glaubensbekenntnisse für den Widerstand, wie für die Unterwerfung in gleichem Maße aus dem Gemüthe hervorgehen; aber das eine GemüthsInteresse ist der Muth, das andere die Furcht. Die Furcht lähmt den Verstand, der Muth belebt ihn.

Diese wenigen allgemeinen Betrachtungen müssen die Ueberzeugung geben, daß, wie auch unser Zustand sei, der Entschluß zur Erringung der Unabhängigkeit sei nothwendig; die Zeit mit dem ungeheuren Gewichte ihrer Begebenheiten dringe diesen Entschluß uns ab; es sei Thorheit und Schwäche, diesem Drucke ausweichen zu wollen, der uns nur nun so gewisser zermalmen würde.

Für diese Wahrheit bedarf es keiner anderen Beweise; es kommt gar nicht darauf an, ob wir viel oder wenig Mittel zur Rettung haben; der Entschluß soll aus der Nothwendigkeit der Rettung hervorgehen, nicht aus der Leichtigkeit derselben. Es gibt keine Hülfe außer uns selbst; es gibt keine Rettung außer der, welche in unserer Kraft, in unserem Verstande, in unserem Herzen ist.

---

aufgehalten, und ohne die Schlacht von Friedland hätte solches noch lange im Gleichgewichte bleiben können; und damals gab es noch kein Spanien, keinen siegreichen englischen General, kein schlagfertiges Oesterreich! Jetzt, die Russen furchtbar gerüstet, Preußen im Stande, ein Heer aufzustellen, größer und besser als das, welches den Krieg anfing, sofern wir nur wollen; die Gährung weit verbreitet unter kriegerischen Völkerschaften, die französische Armee moralisch gesunken . . . ."

Wenn die Betrachtung unserer politischen Lage uns den Entschluß geben muß, für unsere Rettung Alles zu wagen und den Kampf für dieselbe als unerläßlich zu betrachten; so muß eine vorurtheilslose Betrachtung der Hülfsmittel, welche uns zu Gebote stehen, unsern Muth beleben und den Kleinmuth entfernen, wo die Besorgnisse vor allzugroßer Gefahr und die Hoffnungslosigkeit ihn erzeugt haben.

Wir sind reich an Hülfsmitteln; unsere Lage ist nicht verzweifelt. So ist das Resultat für Jedermann, der, von vorgefaßter Meinung frei, den Blick eines reifen Urtheils auf diese Lage richtet. Aber der Handwerksgeist hat diesen Gegenstand mit einem Bollwerke von falschen Ansichten, Regeln, Maximen und Vorurtheilen umgeben, so daß nur der, welcher von der Innung ist, ganz Herr seiner Ueberzeugung zu werden pflegt.

Als ein solcher füge ich mein drittes Bekenntniß bei, in welchem ich die Natur unserer Lage auseinandersetze, wie sie aus einem militärischen Standpunkte angesehen erscheint.

Drittes Bekenntniß.

Die Hülfsmittel des Preußischen Staates sind:

Menschen überhaupt:

eine Bevölkerung von 4,600,000 Menschen; davon sind Männer:

zwischen 18 und 30 Jahren . . . 450,000

„ 30 „ 40 „ . . . 300,000

Summa 750,000 Männer.

Dies ist die waffenfähige Mannschaft; wenn daraus eine Armee von 100,000 Mann auf ein Paar Jahr gestellt wird, so wird der Staat in seinem Inneren darüber gewiß nicht zu Grunde gehen. Es ist einer von sieben und, die Aelteren mitgerechnet, von zehn erwachsenen Männern.

100,000 Mann können vom Staate also gestellt werden, ohne die gewöhnlichen Verhältnisse des gesellschaftlichen Zustandes aufzulösen.

Offiziere:

Das sämmtliche Offizier-Corps, welches ehedem die Preußische Armee bei einer Stärke von 210,000 hatte, ist bis auf etwa ¹/₅ noch vorhanden. Wo es uns also darum zu thun ist, Offiziere anzustellen, die mit dem Dienstdetail bekannt, in der Dienstordnung geübt sind, werden wir diesen Zweck ohne Mühe erreichen. In anderen Fällen werden wir Offiziere machen können, wie wir Soldaten machen, d. h. indem wir aus der ganzen Summe der Staatsbürger diejenigen wählen, welche dazu geeignet sind.

Waffen:

Preußen hat über 120,000 fertige Feuergewehre, theils bei den Truppen ausgegeben, theils in Depots.

Damit könnten 100,000 Combattanten nach den gewöhnlichen Verhältnissen bewaffnet werden.

Von Wien kann der Staat zu allen Zeiten und mäßigen Preisen 20 bis 30,000 Gewehre erhalten. England ist in jedem Augenblicke bereit, ganze Schiffsladungen (50 bis 60,000 Stück Armaturen) für Preußens Bedürfnisse abgehen zu lassen. Die damit beladenen Schiffe liegen sogar schon im Baltischen Meere, und die bloße Möglichkeit, daß Preußen noch einmal die Sache seiner Unabhängigkeit und Ehre auffassen könne, hat das Englische Gouvernement vermocht, sie zu Preußens Disposition zu stellen.

Kanonen:

Preußen hat selbst eine Feldartillerie für 80,000 Mann nach den gewöhnlichen Verhältnissen. Es hat seine Festungen sämmtlich mit Geschützen versorgt, nach denselben Grundsätzen, nach welchen die französischen Festungen ehemals dotirt worden sind.

England hat bis 80 Feldgeschütze einschiffen lassen, für den Fall, daß Preußen sich gegen Frankreich erklärte.

Preußen würde also, ohne das Geschütz für die Festungen, eine Armee von 100,000 Mann Feldtruppen und darüber damit versehen können.

Munition:

Preußen hat seine Festungen, wie mit Geschütz, so mit Munition versorgt, und außerdem ist für eine Armee von 100,000 Mann die nöthige Munition auf einen ganzen Feldzug vorhanden. Wie England mit Gewehren und Geschützen sich zu einer großmüthigen Unterstützung hat bereitwillig finden lassen, so wird es nicht anstehen, auch Munition im Ueberflusse zu senden; denn da man die nothdürftige selbst hat, mag man wohl Ueberfluß nennen die reichhaltige Unterstützung, welche man in jedem Augenblicke haben kann.

Pferde:

Im Preußischen Staate überhaupt sind nach den offiziellen Tableaux 725,000 Pferde vorhanden; wahrscheinlich beträgt ihre wirkliche Anzahl nahe an einer Million. Davon sind auf dem rechten Oder-Ufer und in Schlesien 624,000.

Muß man es nicht für eine Thorheit halten, Mangel an Pferden zu fürchten, wenn man dies weiß? Ja, von 15 Pferden eins ausgehoben, gibt für das rechte Oder-Ufer und Schlesien 40,000 Pferde, was mehr ist, als eine Armee von 10,000 Mann braucht.

Daß diese Pferde nicht für den Cavalerie-Dienst brauchbar wären, würde eine schwache Einwendung sein; denn einmal hat Preußen schon an 10,000 Mann Cavalerie, was für seine Verhältnisse allenfalls zureichend wäre, weil nicht die Cavalerie, sondern die Infanterie die Hauptwaffe eines jeden Krieges, besonders aber eines Vertheidigungskrieges ist. Zweitens ist im Falle der Noth jedes gesunde, nicht zu alte Pferd für die Cavalerie brauchbar.

Kleidung:

Diese ist ein Gegenstand, welcher in einer so allgemeinen Betrachtung kaum eine Stelle verdient. Keiner von den 750,000 Männern geht nackend umher, und auf die Form des Rockes kommt es nicht an. Streng genommen, ist also hier kaum ein Bedürfniß. Uebrigens ist in einem Staate, der so viele Fabriken für grobe Tücher hat, wie Preußen, das Bedürfniß sehr schnell und unter allen Umständen zu befriedigen.

Tornister, Patrontaschen und Stiefeletten scheinen freilich manchem unserer Generale etwas so Wesentliches, daß man ohne sie nicht Krieg führen kann; aber die Natur der Sache stellt diese Pedanterie hinreichend in's Licht.

Lebensmittel:

Die Preußischen Festungen sind hinreichend, ja überflüssig versorgt mit den wesentlichsten Artikeln. Andere sind in der Nähe contrahirt, also vorhanden und in jedem Augenblicke zu haben.

Den Feldtruppen kann es nicht an Lebensmitteln fehlen, so lange es den Feinden nicht daran fehlt. Wenn die Lebensmittel ja ein Grund sein könnten der Unmöglichkeit des Krieges, so müßte diese Unmöglichkeit immer die Franzosen eher treffen als uns. Uebrigens ist diese ganze Ansicht eine Thorheit. Die Armee lebt jetzt so gut im Lande, als im Falle des Krieges, und die geringere Production, welche der Krieg veranlaßt, wird, wie das Beispiel aller Zeiten lehrt, durch die Zufuhr von außen her wieder gut gemacht.

Geld:

Ehemals war das Geld der Nerv des Krieges. So ist es nicht mehr. Guibert*) hat prophetisch gesagt:

„Gesetzt, daß in Europa ein durch Genie, kräftige Mittel und auch eine gute Regierung mächtiges Volk aufstände, ein Volk, das mit den strengsten Tugenden und einer guten National-Miliz einen festgesetzten Vergrößerungsplan verbände und dieses System niemals aus den Augen setzte, ein Volk, das den Krieg mit wenig Kosten zu führen und sich durch seine Siege zu erhalten wüßte und nicht genöthigt wäre, um seiner Finanzen willen die Waffen niederzulegen; ein solches Volk würde seine Nachbarn bezwingen und unsere schwachen

---

* Joh. Anton Graf von Guibert, einer der bedeutendsten französischen Militärschriftsteller, nahm als Offizier an den Feldzügen der Franzosen während des siebenjährigen Krieges Theil und zeichnete sich schon als achtzehnjähriger Jüngling durch kühne Geistesgegenwart aus, indem er in der Schlacht bei Bellinghausen (1761) einen Befehl, den er überbringen sollte, den eingetretenen Umständen gemäß abzuändern wagte. Er gelangte zu den höchsten militärischen Rangstufen, erwarb sich aber besonders durch seine militärischen Schriften großen Ruhm, welche auf das Kriegswesen und die Militär-Gesetzgebung großen Einfluß ausübten. Die bekanntesten seiner Schriften sind: „Défense du système de guerre moderne" und „Essai général de tactique." Bei der Vielseitigkeit seines Geistes trat er auch als Dichter und belletristischer Schriftsteller auf; auch seine Lobreden auf Thomas, auf die L'Espinasse (seine Geliebte) und Friedrich II. fanden großen Beifall. Die französische Akademie nahm ihn 1786 unter ihre Mitglieder auf. Er starb schon 1790 in seinem 47. Lebensjahre. Vgl. über ihn „Vorlesungen über Kriegsgeschichte von J. v. H." Thl. II, S. 336.

Verfaffungen vernichten, so wie der Nordwind das schwache Schilfrohr nach seinem Willen hin und her bewegt."

Dieses Volk ist da gewesen, obgleich nur mit der Hälfte der Eigenschaften ausgerüstet; mit kräftigen Mitteln und einer guten National-Miliz, ohne Tugend und ohne gute Regierung (Frankreich); dies Volk hat muthig widerstanden, da es von allen Seiten angefallen wurde, ist selbst erobernd geworden und hat die alten schwachen Verfassungen darnieder geworfen. Das hat es vermocht, ohne Geld, denn Frankreich hatte keinen Schatz und hat zweimal den National-Bankerutt erklärt.

Warum sollten wir nicht eben das thun können? Wozu brauchen wir des Geldes? Die Armee zu besolden? Die Armee muß genährt werden, so bedarf sie keines großen Soldes; das Wenige, was nöthig ist, wird der Staat noch aufbringen können und würde er im Frieden ebenfalls aufbringen müssen.

Eine Armee, die auf ihrem eigenen Grund und Boden für ihr höchstes Interesse ficht, kann und muß nicht wie ein Haufen Söldner betrachtet werden, welcher seine feile Haut für baares Geld zu Markte trägt. Die höchste Entsagung in allen Dingen des Luxus und Ueberflusses muß der Geist dieser Armee sein. Dann sind aber die hohen Gehalte nicht nöthig, womit man jetzt in den hohen Stellen lange Dienste zu belohnen oder das Talent zu fesseln glaubt. Der Kampf für's Vaterland ist der höchste Lohn für's Verdienst, der mächtigste Reiz für's Talent. Mit Armatur und Munition wird uns England versehen, insofern von dem Ersatze des Abgehenden die Rede ist. Es ist unvernünftig, daran zu zweifeln, da England nicht nur jetzt, sondern auch schon im letzten Kriege seine Bereitwilligkeit gezeigt hat.

Wir dürfen also nicht gierig nach Britanniens Schätzen hinblicken, ungewiß, ob uns Millionen baaren Geldes, die wir nicht verdienen, von der allzu großen Freigebigkeit eines Ministers zufließen werden. Was hat unsere Freiheit zu thun mit Englands Gelde? Soll England diese Freiheit, den Muth, sie zu erringen, uns selbst erst abkaufen? Nein, nachdem Guibert's Prophezeiung einmal in Erfüllung gegangen ist, kehrt die Zeit nicht wieder, wo das eitle Geld der Nerv des Krieges und der Nationen ist. Die Geschichte unserer Tage beweist uns, daß der kräftigste Krieg mit wenigem Gelde geführt werden kann, aber nur mit vielem Muthe und gutem Willen.

Die Zeit:

Es ist eine sehr gewöhnliche Meinung, daß Frankreich nicht so thöricht sein würde, Preußen Zeit zu großen Rüstungen zu lassen, daß die ersten Schritte dazu das Einrücken einer französischen Armee zur Folge haben und daß diese alle Maßregeln im Keime erdrücken würde; Unordnungen, Flucht und Verluste aller Art würden die nächsten Folgen und der Untergang dann eben so wenig ehrenvoll sein, als ohne allen Widerstand.

Diese Meinung hält eben so wenig eine Prüfung aus, wie so viele andere auf dunkle Vorstellungen gegründete. Die Voraussetzung, daß wir gerade dieselben Fehler wieder begehen müßten, die wir einmal begangen haben, ist eine nichtswürdige Philosophie, wozu Niemand berechtigt ist.

In der That ist Preußen jetzt zehnmal so gut zum Kriege vorbereitet als 1806, wo gar nichts geschehen war, als die Ausfertigung der sogenannten (in unseren Zeiten lächerlichen) Mobilmachungs-Etats. Wiewohl bei weitem nicht Alles geschehen ist, so wurde doch, wie schon einmal gesagt ist, das Nothwendigste nicht verabsäumt.

Diejenigen Maßregeln, welche Zeit erfordern, sind vorläufig getroffen. Die verschanzten Lager (die wichtigsten unter diesen Maßregeln) sind fertig, um die noch nicht ganz organisirten Streitkräfte aufzunehmen; die Waffen-, Kleider- und Munitions-Depots sind in Sicherheit; die Truppen im Großen zweckmäßig vertheilt, zum Kriege schon im Frieden organisirt.

Unter diesen Umständen bleiben nur zwei Gegenstände zu erreichen übrig. Erstens: Die Aushebung der zur Verstärkung der Armee nöthigen Mannschaft. Diese Maßregel läßt sich so vorbereiten, daß sie in acht Tagen ausgeführt werden kann; in acht Tagen würde aber der Feind schwerlich weit im Lande vorgerückt sein, und man würde also höchstens die in seiner Nähe gelegenen Districte verlieren. Zweitens: Die Organisation und Ausbildung der ausgehobenen Mannschaft. Diese kann im Falle der Noth in den verschanzten Lagern geschehen.

Hiermit sind wir die Gegenstände durchgegangen, welche den Kriegsstoff ausmachen. Wir haben gesehen, daß Preußen für eine Armee von 100,000 Mann Alles im Ueberflusse besitzt. Daraus folgt von selbst, daß man bei einiger Anstrengung eine Armee von 150,000 Mann aufstellen könnte.

Jetzt fragen wir, ob in jenen Angaben und den Folgerungen, die wir daraus gezogen haben, irgend eine Uebertreibung liegt?

Jede Beschuldigung der Art würde sich auf der Stelle als übler Wille und boshafter Eigensinn zeigen.

Nachdem wir dies Resultat festgestellt, wollen wir uns zur Betrachtung der militärischen Lage und Beschaffenheit des Preußischen Staates wenden.

Die geographische Lage des Preußischen Staates, ehedem so verschrieen, ist den jetzigen Umständen nach viel mehr vortheilhaft als nachtheilig.

Daß die Hauptstadt auf dem Vorposten liegt und gleich aufgegeben werden muß, daß man eine ganze Provinz, die Kurmark, nicht vertheidigen kann, sind Uebel, aber nicht von der ersten Wichtigkeit, um so weniger als weder Berlin noch die Kurmark außerordentliche Hülfsquellen darbieten.

Die Vortheile sind eine durch das Meer bis an den äußersten Punkt von Memel hin gedeckte rechte Flanke mit drei Seehäfen (Memel, Pillau, Colberg) zur Verbindung mit England; die Trennung Schlesiens von den übrigen Staaten, wodurch man ein Kriegstheater in des Feindes rechter Flanke erhält, die Anlehnung dieser Provinz an Oesterreich und die Lage der ärmsten beiden Provinzen, Neumark und Pommern, in der Mitte des Kriegstheaters, so daß der Feind seine Mittel aus diesen schöpfen muß, während den Preußischen Truppen die reichsten Provinzen, Litthauen, Ostpreußen und Schlesien, bleiben.

Mit den Vortheilen dieser Lage genau zusammenhängend sind die Preußischen Festungen.

Preußen hat acht von seinen Truppen besetzte Festungen:

Pillau, Colberg, Graudenz in Preußen, Glatz, Neiße, Silberberg und Cosel in Schlesien, Spandau bei Berlin.

Der größte Theil dieser Festungen sind zu den stärksten der Welt zu zählen, alle sind wohl unterhalten und mit dem Nöthigen versorgt.

Zu den Festungen gehören wieder die verschanzten Lager von Colberg, Pillau, Neiße und Glatz.

In diesen acht Festungen und drei verschanzten Lagern haben 100,000 Mann Raum, sie sind darin gegen jeden gewaltsamen Angriff unüberwindlich; mit 40,000 Mann sind jene Festungen und Lager hinreichend vertheidigt.

Was ist nun unter solchen Umständen, gesetzt man rechnet auf gar keine außerordentlichen Mittel, zu fürchten?

Kann Preußen seine acht Festungen mit einem Schwertstreiche verlieren?

Sind die Beispiele von 1805, 1806 und 1809 auf Preußen anzuwenden?

Wer diese beiden Fragen nicht mit Nein beantworten wollte, müßte den Verstand verloren haben.

Gesetzt, Preußen hätte das Unglück, von der ganzen Macht Frankreichs angefallen zu werden, ehe der Krieg mit Rußland ausbräche, weil der Kaiser Napoleon die Rüstungen Preußens auf der Stelle rächen wollte.

So wirft sich die Armee in die Festungen und verschanzten Lager. Alles, was die Regierung zu thun hat, ist, acht entschlossene Befehlshaber zu ernennen und sich selbst der feindlichen Gewalt zu entziehen.

Diese acht Befehlshaber zu finden, werden Viele für eine unüberwindliche Schwierigkeit halten. Das ist aber ein Vorurtheil. Der König wird unter so vielen Offizieren wohl acht finden, die Entschlossenheit und Einsicht verbinden; um in einer Festung oder einem verschanzten Lager zu befehlen, braucht man auch kein Julius Cäsar oder Gustav Adolf zu sein. Selbst wenn einer dieser Befehlshaber in Rücksicht seiner Einsichten weit unter den Erwartungen wäre, so würde kein großes Unglück daraus entspringen, wenn man sich nur in Rücksicht der Entschlossenheit nicht getäuscht hat, und das würde der Regierung eigne Schuld sein. Uebrigens ist es ein bloßes Nachsagen, ein bloßes Gewohnheits-Urtheil, wenn man behauptet, daß die fünf Millionen Menschen nicht so viel Geistesreichthum besitzen, um außerordentliche Menschen für außerordentliche Zwecke aufstellen zu können. Wenn die Regierungen sich nur entschließen, die außerordentlichen Menschen hervorzuziehen, so wird es in dem kleinsten Volke nicht daran fehlen, denn hundert gehen gewöhnlich in dem

Staube unter, ehe einer die Schwierigkeiten, welche ihm die gesellschaftlichen Verhältnisse entgegenstellen, überwindet und sich hinauf-
schwingt. Frankreich, in den Jahren des siebenjährigen Krieges, hatte
einen solchen Mangel an vorzüglichen Generalen, daß man glauben
sollte, die Natur brächte keine Condé's, Turenne's und Luxembourg's
mehr hervor; im Revolutionskriege sind die französischen Armeen an
vortrefflichen Generalen mit einem Male so reich versehen, wie nur
irgend eine andere Armee es war. Es ließe sich noch viel darüber
sagen, wenn diese abgedroschenen und wahrhaft abgeschmackten Vorurtheile mehr Widerlegung verdienten.

Viel schwerer möchte es für die Regierung sein, statt jener acht
Befehlshaber einen Mann zu finden, der die großen Eigenschaften
eines Ober-Feldherrn, Genie, Kriegskenntniß, Unternehmungsgeist
und Festigkeit zur ruhigen Größe in sich vereinigte und damit die
Gewandtheit eines Hofmannes und die Energie eines Czar Peter
verbände; ja unmöglich möchte man es für die Regierung halten,
es selbst über sich zu 'gewinnen, diesem Einen Manne ihr ganzes
unbegränztes Vertrauen zu schenken und ihn mit der höchsten Gewalt
auszurüsten. Die Tagesgeschichte unseres Staates hat kein Verdienst
so weit auszeichnen, so hoch es hinstellen können, daß es dem Neide
und der Verleumdung entzogen wäre; Niemand hat so viel für den
Staat thun können, daß seine Thaten gebieterisch Vertrauen und
Ehrfurcht einflößten. Es gehört also ein durch Raisonnement sich
selbst erwecktes Vertrauen der Regierung dazu, um unter den Ver-
dienstvolleren Einen zu wählen, welchem sie die höchste Gewalt über-
trüge. Dies, ich muß es gestehen, ist schwer von der Preußischen
Regierung zu erwarten, wenn man weiß, wie außerordentlich rück-
sichtsvoll und wie wenig in einem großen Style diese Regierung bei
der Anstellung ihrer Staatsdiener verfährt. Aber gerade in dieser
Rücksicht ist es ein großer Vortheil unserer jetzigen Lage, daß wir
keines Ober-Feldherrn bedürfen, und daß, wenn in den acht Festungen
Leute von Entschlossenheit und Ehrgeiz den Befehl haben, die Wirkung des Ganzen sich von selbst macht, ohne daß die für jeden
anderen Krieg so nöthige Uebereinstimmung in den Maßregeln und
Präzision in der Ausführung der Befehle, worauf wir so wenig
rechnen durften, erforderlich ist. Damit ist nicht gesagt, daß in den

verschiedenen Provinzen nicht ein Ober-Befehlshaber zu ernennen wäre, daß dieser nicht mit einer gewissen Einheit die Streitkräfte seiner Provinz anwenden könnte, sondern es folgt blos, daß, wenn selbst diese höheren Anforderungen der militärischen Organisation nicht erfüllt würden, doch nichts Entscheidendes dadurch in der Wirkung verloren gehen würde, und daß also große Unglücksfälle auf keine Weise zu fürchten sind.

Dies ist ein mehr entscheidender Vortheil, als man glauben möchte, denn hieraus entspringt der Hauptquell aller Vertrauenslosigkeit, welche das Volk zur Regierung hat, welches wieder als ein vorzüglicher Grund der herrschenden Muthlosigkeit angesehen werden kann.

Wir kommen auf unsere Frage zurück: Was wird der Feind gegen diese acht Festungen thun können? Sie belagern? Allein alle acht können die Franzosen nicht zugleich belagern, und es ist noch kein Beispiel in der Geschichte vorgekommen, daß in einem Feldzuge acht gut vertheidigte Plätze genommen wären; auch ließe sich allenfalls beweisen, daß es hier unmöglich wäre. Es wird also mehr als ein Feldzug dazu gehören, es wird das Opfer von 40 bis 50,000 Mann dazu gehören, um diese acht Festungen zu erobern.

Ein besseres Resultat können wir nicht fordern. Es ist mehr als unwahrscheinlich, daß Rußland und Oesterreich diesen Fall der acht Festungen geschehen lassen, ohne den Krieg gegen Frankreich anzufangen. Die politischen Constellationen des heutigen Tages berechtigen zu dieser Erwartung.

So wird also Preußen nicht allein stehen, nicht allein fallen; so wird es eine starke Vormauer seinen natürlichen Alliirten sein, dem gemeinschaftlichen Feinde einen bedeutenden Aufwand von Zeit und Blut zuziehen und dem ganzen Kriege durch sein bedeutendes Gewicht eine andere Wendung geben.

Es kann sein, daß die Russischen Heere besiegt werden, daß Preußens Festungen nach ruhmvoller Gegenwehr fallen, daß Oesterreich neutral bleibt, daß Rußland Preußen im nächsten Frieden aufopfert; aber alle Unglücksfälle, die möglich sind, sind darum noch nicht wahrscheinlich, und wir haben schon an einem anderen Orte davon gesprochen, wie wenig es uns abschrecken dürfe, wenn sie selbst wahrscheinlich wären.

Immer wird man doch eingestehen müssen, daß diese Wirkung
Preußens bedeutender sei, als die von den Jahren 1806 und 1807;
daß die Erfolge in ihr wenigen oder vielmehr keinen Zufällen unterworfen sind und daß man also, ohne zu hohe Ansprüche an die
Größe der Regierung zu machen, fest und kühn den entscheidungs-
vollen Tagen der Zukunft entgegengehen könne!

Dies ist das Resultat der Betrachtungen, wenn man alle Umstände
so einfach als möglich annimmt und nirgend eine höhere Anspannung
aller Kräfte, der physischen wie der intelligenteren, voraussetzt.

Nun lassen sich aber unstreitig mehrere Grade einer höheren
Wirksamkeit denken, ohne deshalb an die Gränzen der Unmöglichkeit
zu schweifen.

Zuerst können wir neben dem vorigen ganz einfach gedachten
Kriegszustande Preußens den an sich höchst wahrscheinlichen Fall
annehmen, daß Rußland sich in dem Augenblicke zum Kriege entschließt, wo Preußen von Frankreich feindlich behandelt wird. Alsdann brauchen die Preußischen Truppen nicht Schutz hinter den
Wällen ihrer verschanzten Lager und Festungen zu suchen; man
braucht nicht mehr zu fürchten, daß die Armee durch eine unverhältnißmäßig überlegene feindliche Armee geschlagen und zerstreut werde.

In diesem Falle kann Preußen also, während es der Russischen
Armee ein Corps von 30,000 Mann zuführt, mit einem eben so
starken in Schlesien und mit 20,000 Mann bei Colberg auftreten. Diese
Summe von 80,000 Mann wird eine Summe von eben so viel
feindlichen Truppen beschäftigen und der Russischen Armee dadurch
ein wesentliches Uebergewicht geben müssen. Denn ohne uns in eine
Auseinandersetzung der gegenseitigen Streitkräfte einzulassen, welche
in diesem Augenblicke mancherlei Schwierigkeiten unterworfen wäre,
können wir einen allgemeineren und sichereren Maßstab des Machtver-
hältnisses aus den Kriegen von 1807. und 1809 annehmen. Die
Franzosen sind den Russen nicht bedeutend überlegen, den Oesterreichern aber in der Zahl bei weitem nicht gewachsen. Es ist kein
Grund vorhanden, weshalb die Franzosen jetzt mit viel bedeutenderen
Streitkräften auftreten müßten; eher möchte man glauben, daß die
Russen den Feldzug von 1812 besser vorbereitet anfangen werden,
als den von 1806. Alle Nachrichten berechtigen dazu; wenn man

dabei bedenkt, daß die Schlachten von Eilau, Friedland, Aspern und Wagram mit Armeen geschlagen worden sind, die weit unter 100,000 Mann stark waren, so wird es augenscheinlich, welch ein Uebergewicht 80,000 Preußen im Felde und 20,000 in den Festungen den Russischen Heeren geben müssen.

Unter diesen Umständen wird die Form des Preußischen Kriegstheaters von entscheidender Wichtigkeit. Schlesien liegt den französischen Operationen in der rechten Flanke; eine entschiedene Niederlage ihres Corps in Schlesien kann die Hauptarmee von der Weichsel zurückberufen oder wird ihre Operationen auf jeden Fall lähmen. Schlesien selbst aber ist mit seinen vier Festungen und seinem Gebirgs-Arme, seinem Reichthume an Hülfsmitteln schwer zu erobern; und ohne ein ganz entscheidendes Uebergewicht in Schlesien anzuwenden, welches den Operationen der Haupt-Armee die nöthigen Kräfte entziehen würde, hat Frankreich nicht die Hoffnung, Schlesien früher zu überwältigen als Rußland selbst.

Colberg, näher dem Kriegstheater der großen Armeen in der linken Flanke desselben, durch seine Verbindung mit England stark an immer erneuerten Kräften, wird eine nicht weniger entscheidende Rolle übernehmen können.

Daß diese Flanken-Operationen von einer größeren Wirksamkeit sind, wie ein directer Widerstand und Angriff ist, ist eine ausgemachte Wahrheit, ohne daß man deshalb die Kindereien des Herrn von Bülow für militärische Weisheit zu halten braucht. Wer an dieser höheren Wirksamkeit zweifelt, hat nicht allein keine richtigen Begriffe vom Kriege, sondern überhaupt nicht das Urtheil des gesunden Menschen-Verstandes.

Diesen auf physische Vortheile gegründeten Wahrscheinlichkeits-Calcul gänzlich zu verwerfen, um Alles dem moralischen Uebergewichte der Franzosen unterzuordnen, ist eine vollkommen unvernünftige Ansicht. Der Krieg besteht aus der Anwendung moralischer und physischer Kräfte; wie könnte man die Verhältnisse der einen ganz außer Acht lassen und doch ein richtiges Resultat für das Ganze zu erhalten glauben? Wie groß also die moralische Ueberlegenheit der Franzosen sein möchte, immer werden die genannten physischen Vortheile unsere Hoffnungen beleben dürfen.

Was übrigens die moralische Ueberlegenheit betrifft, so werden wir weiter unten Gelegenheit haben, uns darüber näher zu erklären.

Die bisherigen Mittel bestehen mit den gewöhnlichen Verhältnissen; sie sind sogar, wenn man an die Kürze der Zeit denkt, mit keinen so außerordentlichen Anstrengungen verknüpft, daß man Bedenken tragen sollte, sie von einer gewöhnlichen Regierung zu erwarten. Selbst auf einen großen Enthusiasmus im Volke ist dabei gar nicht gerechnet; es geschieht Alles auf gewöhnlichen Wegen, wie die Mittelmäßigkeit und Beschränktheit es nur immer fordern mögen.

Woher kommen denn nun die Vorwürfe von Uebertreibungen, Leichtgläubigkeit, Ueberspanntheit und Leichtsinn, womit man Diejenigen hinter ihrem Rücken verfolgt hat, welche an eine Möglichkeit des Widerstandes geglaubt haben? Nur böser Wille und Mangel an Einsicht erklären es. Wer nach dem, was wir hier gesagt haben, in dieser Sprache fortfährt, ist ein so erbärmlicher Mensch, daß er sich seiner selbst schämen sollte.

Es ist aber nicht unmöglich, die gewöhnlichen Verhältnisse eine Zeitlang aufzuheben. Die Geschichte lehrt es. Eine Nation geht darum noch nicht zu Grunde, weil sie ein oder zwei Jahre hindurch Anstrengungen macht, die sie zehn und zwanzig Jahre hindurch unmöglich aushalten könnte. Erfordert es nun die Wichtigkeit des Zweckes, ist von der Erhaltung der Unabhängigkeit und Ehre die Rede, so werden diese Anstrengungen zur Pflicht, und die Regierung, die sonst doch Mittel hat, das Volk zu seiner Pflicht anzuhalten, darf eine solche Anstrengung von demselben erwarten, fordern, erzwingen. So handelt man, wenn man kräftig, consequent und im Stande ist, seine Angelegenheiten zu führen.

Die Anstrengungen, von welchen die Rede ist, bestehen:

1. in einer beträchtlichen Vermehrung der Armee;

2. in der Errichtung einer Landwehr oder eines Landsturmes.

Daß die Armee auf 150 bis 200,000 Mann vermehrt werden könne, geht schon aus den obigen Angaben hervor. An Ausrüstungsmitteln fehlt es dazu nicht, wenn man Alles in Bewegung setzen will, was dahin führt.

Durch die höchste Thätigkeit in den Unterhandlungen mit England, durch ein festes unauflösliches Bündniß auf Leben und Tod mit diesem Staate würde man von der Nation Unterstützungen zu erwarten haben, die unseren außerordentlichen Bedürfnissen angemessen wären oder solche sogar überträfen; die Lage und der Reichthum Englands, die wahrhaft großmüthige Gesinnung dieser Nation und ihrer Regierung verbürgen dies, wie noch nie etwas in der politischen Welt verbürgt gewesen ist.

Eine so vermehrte Armee würde man vielleicht dem Feinde aus Mangel an Zeit zu ihrer Organisation nicht im ersten Augenblicke entgegenführen können; allein es würde bei dem Verluste eines großen Theils der Provinzen, welchem der Preußische Staat beim Ausbruche des Krieges ausgesetzt ist, ein höchst entscheidender Vortheil sein, unverhältnißmäßig starke Reserven hinter der activen Armee aufstellen zu können. Alle Kriegserfahrung lehrt, daß die schnelle Ergänzung der Armee ein entscheidender Vortheil ist, weil sich die meisten Heere im Laufe des Feldzuges um ein Dritttheil bis die Hälfte ihrer streitbaren Mannschaft beraubt sehen.

Wie gut die Franzosen auch das Ergänzungs-System bei sich eingeführt haben mögen, so kann, weil sie nicht im Stande sind, ihre Conscription vor dem 1. Januar auszuheben und ihre Reserven sich entfernt von dem nördlichen Kriegstheater mehr in der Mitte ihres ungeheuren Kriegs-Staates befinden müssen, die Ergänzung bei ihnen nie so schnell erfolgen, als dies bei den Preußen, namentlich durch eine solche Reserve, möglich sein würde. Gegen Ende des Feldzugs würde die Preußische Feld-Armee von 80 auf 100,000 Mann gewachsen, die ihr correspondirende Masse der französischen Truppen von 80 auf 60,000 Mann geschmolzen sein. Die Wichtigkeit dieses Vortheils kann nur der fühlen, welcher viel Kriegsgeschichte gelesen hat.

Wir kommen endlich zur Landwehr oder zum Landsturme.

Die erste Maßregel, wenn sie das sein soll, was sie bei den Oesterreichern im Jahre 1809 war: ein reichhaltiger Quell zur Ergänzung der Armee und eine Vertheidigungsmiliz für entlegene Punkte des Kriegstheaters, scheint auf unsere Verhältnisse wenig zu passen, weil ein großer Theil unserer Provinzen außer Verbindung mit der Armee tritt.

Landsturm kann man jede allgemeine Bewaffnung eines ganzen Volkes zur unmittelbaren Vertheidigung seines Landes nennen.

So war der Landsturm in Tirol.

Diese furchtbare entscheidende Maßregel, die das Land in den Zustand einer gefahrvollen Krisis versetzt, ist von sehr wenigen Menschen so weit gekannt, daß sie klare Vorstellungen damit verbänden. Sie begreifen nicht, wie der einzelne Bürger oder die zu schwachen Haufen vereinigten Gemeinden den tollkühnen Muth haben können, sich einem großen Heere zu widersetzen, oder auch nur dasselbe durch Verluste, die sie seinen entfernten Parteien zufügen, gegen sich zur Rache aufzubringen.

Organisation:

Das Wesentlichste ist folgendes: Alle wehrhaften Männer vom 18. bis 60. Jahre, welche nicht in den stehenden Truppen dienen, sind bewaffnet und gehören zum Landsturme. Zur Bewaffnung und Ausrüstung gehört nichts als eine Flinte, in Ermangelung derselben eine Pike oder Sense, ein Ränzel zur Fortschaffung von Lebensmitteln für einige Tage und etwas Munition, und eine Mütze mit einem Strohkranze versehen, der gegen den Hieb deckt und an welcher sich zugleich das Zeichen der Provinz und der Gemeinde befindet.

In dieser Ausrüstung liegt gewiß noch keine übertriebene Forderung. Die Vendéer Bauern haben ohne alle äußere Unterstützung sich weit vollständiger ausgerüstet.*)

Zwei bis drei Gemeinden thun sich zusammen und bilden einen Haufen oder eine Compagnie, wie man es nennen will; die Haufen eines Kreises bilden eine Colonne oder einen Landsturm, und der Landsturm einer ganzen Provinz ein kleines Heer. An der Spitze dieser Abtheilungen stehen Führer, welche für die Gemeinden und Kreise größtentheils von diesen gewählt oder auch vom Könige eingesetzt sind. Der Befehlshaber des ganzen Landsturmes der Provinz (Landeshauptmann) wird vom Könige unter den Einwohnern der Provinz gewählt. Alle diese Vorgesetzten des Landsturmes sind erklärte Offiziere der Armee von dem Augenblicke an, da sie in Function treten.

Dies ist mit wenigen Worten der Hauptumriß der Organisation. Zur Vollendung derselben ist wenig Zeit und Vorbereitung erforderlich.

* Siehe Beauchamp, Geschichte des Vendée-Krieges.

Die Bestimmung des Landsturmes ist, überall im Lande, wo der Feind mit seinen Armeen nicht ist, schnell bedeutende Truppenmassen hervorzurufen, die, wenn sie auch nicht die Wirkungen stehender Truppen haben, doch folgende Zwecke erreichen können:

1. Lieferungen und Contributionen aller Art, welche der Feind durch bloße Ausschreibungen und bloße Beamte in entfernten Provinzen erpreßt, zu verhindern.

2. Feindliche Detachements, welche zu ähnlichen Zwecken in der Provinz sich sehen lassen, aufzuheben.

3. Die Hülfsmittel, welche die eigene Regierung aus dem Lande ziehen will, besonders an Menschen und Pferden, zu sichern.

Alle diese Zwecke lassen sich erreichen ohne besondere Anstrengungen und Hülfsmittel, durch Kolonnen von 1 bis 2000 Mann.

Das Läuten der Sturmglocken ist das Zeichen, daß sich der Landsturm eines Dorfes, eines Kreises versammelt. Die Versammlungsörter sind vorher bestimmt. In wenigen Stunden sind 2-, 3-, 5000 Mann versammelt, wo vorher keine Spur eines Krieges war. Dies sind keine Phantome der Einbildungskraft. In der Vendée ist es wirklich so und gerade so gewesen; nie war die Ausführbarkeit einer Maßregel historisch mehr begründet.

Will sich der Feind diesen Nachtheilen nicht unterwerfen, will er Herr aller entfernten Provinzen bleiben, so 'muß er besondere Corps in denselben unterhalten.

Nun läßt sich aber leicht überlegen, daß, wenn von einer Armee von 200,000 Mann 50,000 Mann für diesen Zweck verwendet werden, dies schon eine sehr beträchtliche Diversion auf dem eigentlichen Kriegstheater hervorbringen würde. Denn man muß nicht vergessen, daß von den übrigen 150,000 Mann nach allen historischen Erfahrungen noch andere 50,000 abgehen, welche sich in den Lazarethen befinden oder als Besatzungen zurückgelassen werden müssen. Der Landsturm entzieht also dem eigentlichen Kriegstheater $\frac{1}{3}$ seiner Streitkräfte nach der einfachsten Berechnung. Wer diesen großen Vortheil nicht zu würdigen versteht, hat kein Recht, zu urtheilen; denn er weiß nichts von der Art, wie sich die Dinge im Kriege zutragen.

Was bedeuten aber 50,000 Mann gegen eine bewaffnete Menschen-
Maffe von 500,000 Köpfen?

Es geht daraus hervor, daß in dem einzelnen Landstriche, wo
man mit 5000 Einwohnern Herr des Landes ist, der Feind nur
500 Soldaten aufstellen kann. Nun müßte man aber eine lächerliche
Verehrung für Säbel und Patrontasche und für die niedere Taktik
haben, wenn man sich fürchtete, es zu unternehmen, bei zehnfacher
Ueberlegenheit nicht Herr des Feindes zu werden. Auf diese Weise
würde der Feind schwerlich zum Ziele gelangen. Der Feind wird
also sich entschließen müssen zu einem förmlichen Kriege mit dem
Landsturme. Im Allgemeinen wird er dabei an Zeit und Kräften
große Opfer bringen müssen; es wird also der eigentliche Zweck der
Vertheidigung dadurch erreicht und diese Maßregel nicht unnütz sein;
so viel ist an sich völlig ausgemacht. Es gibt freilich Leute, die
sich mit einer solchen Rechnung nicht begnügen, und obgleich sie Alles
mit gewöhnlichen Mitteln thun, doch immer des Ungewöhnlichsten
gewiß sein wollen. Sie sind nicht eher befriedigt, bis man ihnen
mit mathematischer Gewißheit beweist, daß die Vernichtung des
feindlichen Heeres ein Spiel ist. Diese lächerliche Forderung haben
die Römer in ihrer mächtigsten Zeit nicht gemacht und noch weniger
die Griechen, da sie mit den Persern um ihre Freiheit rangen.

Wir wollen uns aber mit jenen allgemeinen Resultaten nicht
begnügen, sondern die Art des Krieges näher betrachten, welche
zwischen dem Landsturme und der feindlichen Armee entstehen wird,
indem wir uns, um durch keinen Wunsch und keine falsche Hoffnung verführt zu werden, mehr an das halten, was wir schon erlebt
haben.*)

* Im folgenden wählt Clausewitz, um seine Ideen klarer zu machen, das
Beispiel eines in der Mittelmark gegen die Franzosen errichteten Landsturmes
und nimmt, da nicht alle Möglichkeiten erschöpft werden können, in Rücksicht auf
den Feind an, daß derselbe von Magdeburg, aus Mecklenburg und der Lausitz in
Colonnen aufbreche, um sich mit den Corps von Stettin und Danzig zu vereinigen
und eine Armee gegen die Russen aufzustellen, während ein starkes Corps zur
Belagerung von Colberg und ein anderes nach Schlesien geht. Wir glauben auf
Mittheilung dieser detaillirten kriegswissenschaftlichen Auseinandersetzung verzichten
und Leser, welche sich für dieselbe interessiren, auf den Abdruck bei Perz (S. 655
—662) verweisen zu dürfen.

Das Beispiel, welches wir hier durchgeführt haben, ist auf die Geschichte des Vendée-Krieges gegründet, also auf ein historisches Factum, wodurch es wohl einige Beweiskraft erhalten wird, wenn man auch außerdem nicht zugeben müßte, daß dasselbe von jeder inneren Unwahrscheinlichkeit ganz frei ist.

Welche Macht muß also der Feind darauf verwenden, um in den rück- und seitwärts liegenden Provinzen nur in so weit Herr zu bleiben, daß er der Hauptstraßen gewiß, daß seine in diesen Provinzen aufgestellte Macht gesichert ist, und die Bildung einer großen Insurrections-Armee verhütet werde!

So ist es in Spanien. Die Franzosen haben die Hälfte ihrer ganzen Macht in Spanien, nämlich 300,000 Mann (freilich nicht immer vollzählig, wie das nie sein kann) und sie schlagen ihre Hauptschlachten gegen Wellington mit Armeen von 40 bis 50,000 Mann; alles übrige ist angewendet, um die Insurrectionstruppen nur immer von einander entfernt zu halten und eine Vereinigung aller Insurrectionskräfte zu verhüten.

Wer sagt aber gut dafür, daß nicht auf einem der vielen Punkte die Insurgenten Herr der feindlichen Truppen werden möchten, geführt von irgend einem kriegerischen Manne, belebt vom Glücke, angespornt von der Rache? Dann entwickeln sich aus den einzelnen Unglücksfällen größere Begebenheiten! dann möchte es im Augenblicke geschehen, daß die Insurgenten-Armee die Hauptrolle übernehme; dann ist der Strom des Sieges und der Ereignisse gegen den Feind gerichtet; er hängt nicht mehr ab von einzelnen Zufälligkeiten und Geschicklichkeiten, von dem zweifelhaftem Glücke der Schlachten. Eine große allgemeine Ursache wird herrschend, und das Talent, die Kraft, die Größe des einzelnen Mannes zerschellt wie ein leichter Nachen in den Wellen des aufgezürnten Meeres.

Es gibt eine Menge Dinge, welche man gegen den Landsturm einwendet.

1) Vor allen Dingen, glaubt man, werde es schwer sein, bei unvorbereiteten Mitteln die Menge der unbewaffneten Haufen zu unterhalten. Aber man überlege doch nur, daß der Feind auch leben muß, daß man nur da, wo die Gegenwart des Feindes es nöthig macht, die bewaffneten Haufen zusammenzieht, und daß man,

im Besitze der Festungen und in Verbindung mit den Landes-
Einwohnern, zehnmal mehr Quellen des Unterhaltes hat, wie der
Feind.

Diese Betrachtung muß jede Besorgniß entfernen. Nur eine
beträchtliche Armee könnte dergleichen erwecken, weil bei der zwei-
oder dreifachen Ueberlegenheit, welche man haben muß, die Verpflegung uns sehr viel schwieriger sein könnte, als dem Feinde.

Allein dergleichen Armeen wird man aus den Magazinen der
Festungen des Landes oder anderen zusammengebrachten Vorräthen
verpflegen, oder sie auseinandergehen lassen, um damit auf die oben
beschriebene Art die im Rücken neu gebildeten Haufen zu verstärken.

2) Man glaubt gewöhnlich, der Feind würde durch eine grausame
Behandlung der gefangen genommenen Insurgenten, durch Todes-
strafen u. s. w. den Muth dazu benehmen. Aber welch unnöthige Besorgniß! als ob wir nicht so gut grausam sein könnten, als der Feind;
als ob der Feind nicht aus Fleisch und Blut bestände, wie wir!
Der Feind wird es versuchen, dieses Mittel, und der Krieg wird
schnell einen grausamen Charakter annehmen.

Aber zu wessen Nachtheile? Offenbar zum Nachtheile desjenigen,
der weniger Menschen aufs Spiel setzen kann, der mit stehenden
Heeren ficht. Lassen wir es darauf ankommen, Grausamkeit mit
Grausamkeit zu bezahlen, Gewaltthat mit Gewaltthat zu erwiedern!
Es wird uns ein Leichtes sein, den Feind zu überbieten und ihn in
die Schranken der Mäßigung und Menschlichkeit zurückzuführen. Hat
doch der Tiger, welcher Frankreich in den Jahren 1793 und 1794
unter dem Namen einer Republikanischen Regierung beherrschte, aufhören müssen, durstig das Blut des Vendée zu trinken. —

Die Republikaner zuerst haben nachlassen müssen in dem Wett-
kampfe der Grausamkeiten. Die Vendée war nicht besiegt, nachdem
man anderthalb Jahr mit entschiedenem Glücke gegen sie gefochten,
sie mit dem Schwerte der Verheerung, mit Mord und Brand mehr
als einmal durchzogen hatte — menschliche Grundsätze, Verzeihung,
Achtung, Friede allein konnte die aufgebrachte Menschennatur be-
sänftigen; dieser Balsam allein konnte die Krebswunde ausheilen,
die Barrère vergeblich mit dem Messer und dem glühenden Eisen
hatte zerstören wollen.

Aber diese Extreme, von welchen man in Spanien hört, müssen nicht nothwendig überall eintreten, und werden vielleicht schon dadurch vermieden werden, daß die Regierung jeden bewaffneten Mann ihres Volkes in den Schutz ihrer Autorität nimmt, und an den Gefangenen Repressalien für jede Grausamkeit zu nehmen droht, welche man gegen Kriegsrecht und Sitte an diesen echten Vertheidigern des Vaterlandes ausübt. Wie viele Executionen wird sich dann der Feind erlauben? und sind denn ein paar Dutzend Menschen, welche auf diese Weise für das Vaterland fallen, in Betracht zu ziehen, gegen die Menge der Opfer, die der Krieg an jedem Tage fordert? — Wahrlich, die Vorstellungen, welche man von dieser Gefahr hat, die nicht mehr als eine Gefahr ist, wie jede andere im Kriege, sind viel zu groß und ganz übertrieben worden. Selbst in Spanien ist die Sache nicht so arg, als man sie sich denkt, und der Feind würde bald nach den ersten Schreckschüssen seiner militärischen Polizei dahin gebracht sein, die Insurrections-Truppen wie alle anderen zu behandeln.

3) Hört man ewig die Behauptung wiederholen, daß unsere Gegenden nicht gebirgig und unzugänglich genug wären für einen solchen Volkskrieg. Aber die Vendée, d. h. der Theil von Poitou und Anjou, welcher den berühmten Vendée-Krieg geführt hat, und der nur aus einigen hundert Quadratmeilen besteht, ist nichts als ein heidisches Waldland, was, weit entfernt, zu unzugänglichen Gebirgen zu gehören wie die Fürstenthümer Schweidnitz und Jauer und die Grafschaft Glatz in Schlesien, bei weitem nicht so unzugänglich war als die wald- und bruchreichen Gegenden der Mittelmark, die sumpfigen Wälder Pommerns, Ostpreußens, Westpreußens und Schlesiens.

Die anderen Einwürfe, welche man gegen den Landsturm macht, betreffen den Muth, die Gewandtheit und Geistesfähigkeit der Nation, den guten Willen und den patriotischen Enthusiasmus, welche dazu erfordert werden und worin man unser Volk anderen Nationen, namentlich der französischen, nachsetzen zu müssen glaubt.

Man erlaube mir, bei dieser Gelegenheit ein paar Bemerkungen über diesen Gegenstand, die aus meiner innigsten Ueberzeugung fließen,

Es ist geradezu abgeschmackt, die deutsche Nation an wahrer Geisteskraft der französischen nachzusetzen. Es gibt weder in der Geschichte, noch in der Literatur beider Nationen, noch in Künsten und Handwerken, wie sie bei beiden blühen, irgend einen vernünftigen Grund dazu, und, daß man es nur gerade heraussage, es ist nichts als die Sprach- und Schwatzhaftigkeit der Franzosen, was ein so übereiltes Urtheil hervorgebracht hat. Wenn es überhaupt schon mißlich ist, einer ganzen Nation in der Intelligenz den Vorzug vor einer anderen einzuräumen, so ist es kindisch, sich durch die bloße Sprache und Lebendigkeit dazu verleiten zu lassen. Ist denn der schwatzhafte Mann, der Wortreiche, der Phrasenmacher, ja selbst der Beredte immer der Mann von Verstand?

Ist nicht dieser wenigstens bei uns in den meisten Fällen stiller, in sich gekehrter? sollte uns das nicht schon einen Fingerzeig geben?

Mir ist es sehr klar, in welchem Verhältnisse des Geistes beide Nationen zu einander stehen, und ich sehe darin keine Ueberlegenheit für die französische. Adam Smith hat bemerkt, daß, wenn bei den niederen Volksklassen die Beschäftigung, welche sie treiben, die eigentliche Erziehung ihres Geistes sei, dem Landmanne offenbar in der Intelligenz eine höhere Stufe als dem Städter gebühren müsse.

Sein Geschäft ist ein großes Ganzes von mannichfaltigen Abwechselungen; eine immerwährende Thätigkeit seiner Urtheilskraft ist nothwendig, eine gewisse Freiheit des Verfahrens ist möglich. Anders ist's beim Städter, dessen ganzes Leben und Geschäft oft in der unendlichen Wiederholung einer kunstfertigen Bewegung seiner Hand besteht.

Gleichwohl scheint beim äußeren Zusammentreffen der Städter durch die Lebendigkeit seines Vortrags, durch den Reichthum an Ausdrücken, die er aufgefaßt hat, dem Landmanne unendlich überlegen. Ebenso scheint es sich nun mit den Deutschen und Franzosen zu verhalten, und wenn ich daraus auch keine Ueberlegenheit für den ersteren ziehe, so kann ich doch auch nicht zugeben, daß das Umgekehrte gefolgert werde.

Die französische Sprache, reich an Phrasen, d. h. an fertigen Gedanken, die freilich nur eine Art Dutzend-Waare sind, deren sich aber ein jeder ohne Scheu bedient, kann zwar auch äußerlich dem

Menschen nicht das wahre Ansehen des Genies und der Geistesfähigkeit geben; allein sie kann doch die Fehler der Natur verstecken.
Ein Mensch, der französisch spricht, erscheint mir wie eine Frau im
Reifrocke. Die natürlichen Bewegungen des Geistes sind, wie hier
die des Körpers, durch steife Formen verstellt. Die deutsche Sprache
ist ein weites Gewand, in der man jede Bewegung des Körpers
wahrnimmt, mithin auch die linkischen, etwas tölpelhaften derjenigen
Naturen, die nicht vom Schicksale begünstigt sind.

Wenn aber der Deutsche dem Franzosen auch an Geistesvermögen
überhaupt nicht nachsteht, so läßt sich doch wohl denken, daß der
Franzose eine gewisse Gewandtheit und Lebendigkeit vor dem Deutschen
voraus habe.

Allein es ist noch gar nicht ausgemacht und kommt mir sehr
unwahrscheinlich vor, daß diese Fähigkeiten für den Krieg wie für
den Fechtboden und für die Voltigir-Stube das Wesentliche wären.
Unerschrockenheit, Herzhaftigkeit und Urtheilskraft sind so sehr die
überwiegenden Eigenschaften eines guten Soldaten, daß bei dem
Besitze dieser die anderen nichts mehr entscheiden können.

Diese Eigenschaften aber können dem Deutschen nicht abgesprochen
werden, und man braucht nur den Blick über die Tagesgeschichte
hinweg in entfernte Zeiten zu thun, um sich bald von der Kleinlichkeit zu überzeugen, mit der wir an der Gewandtheit eines französischen
Tirailleurs hängen. Alles hat sein Maß in der Welt, man muß nichts
überschätzen, nicht über dem Unwichtigeren das Wichtigere übersehen.

Es ließe sich leicht diese Bewunderung des französischen Geistes
durch eine ausführliche Widerlegung bis ins Lächerlichmachende treiben;
wenn hier ein schicklicher Ort dazu wäre und wir nicht wichtigere
Dinge zu sagen hätten.

Ein anderer Gegenstand, welcher die Nationalität betrifft, ist der
Muth zu solchen Unternehmungen, der Enthusiasmus, die patriotische
Anhänglichkeit. Von allem diesen will man bei den Deutschen nichts
wahrnehmen, und denkt mit einer Art Entsetzen an die Stimmung,
welche bei den Völkern, namentlich bei uns, herrscht. Diese Stimmung freilich ist nicht günstig, wenn man sich an die oberflächlichen
Erscheinungen hält. Ich selbst gestehe, daß eine Muthlosigkeit unter
uns herrscht, ein Mangel an Vertrauen, was immer mehr von oben

nach unten um sich greift. Aber Stimmung, was heißt das? was
gibt es in dem ganzen Gebiete der moralischen Erscheinungen Vor-
übergehenderes, Oberflächlicheres, von nichtswürdigen, unbedeutenden
Zufällen mehr Geleitetes? Die Stimmung der Preußischen Armee
bei der Schlacht von Auerstädt war vor der Schlacht vortrefflich,
nach der Schlacht höchst elend. So ist es denn auch mit der
Stimmung des Volkes. Ein Anderes aber ist es mit der öffentlichen Meinung, die man von sich und von der Regierung hat, mit
der Anhänglichkeit an Verfassung und Regierung, mit der Verderbtheit der Sitten, mit der Erschlaffung und Allem, was in einer
Nation tiefer gegründet, früher schon veranlaßt ist. Diese Dinge
ändern sich freilich nicht mit unbedeutenden Veranlassungen.*)

Aber gesetzt, alle diese Dinge wären gegen uns, gegen die Absicht
eines kräftigen Widerstandes, das Volk wäre schwach und muthlos,
könnte das ein Grund sein, für die Regierung, sich gleichfalls so zu
zeigen, soll denn die Regierung nicht besser sein als das Volk?
Eine Nation wird nicht mit einem Male so schwach und muthlos und
lasterhaft, wie sie es überhaupt werden kann: der Weg dahin führt
durch bedeutende Zeiträume.

Es ist Pflicht der Regierung, sie auf diesem Wege aufzuhalten,
auf welchem Punkte sie sich auch befinde. Sind die Franzosen
kräftiger wie wir, so verdanken sie es ähnlichen Anstrengungen.
Warum wollte die Regierung der Nation hierin nicht Gewalt anthun;

---

* Anmerkung Boyen's. „Eine Nation, die 1763 den glorreichsten aller
Kriege der neueren Geschichte siegreich endete, die bei Candia, in Ungarn, am Rhein,
in ganz Mittel-Europa sich Lorbeeren, ihrer Regierung den Namen der kriegerischen
erwarb und bis zum Jahre 1806 als vorzüglich in dieser Hinsicht glänzte, kann
ohne ein Wunder jetzt nicht unkriegerisch sein. Sie wird sich schlagen und gut
schlagen, wenn die Regierung es nur befiehlt. Haben nicht mitten in der allgemeinen
Muthlosigkeit, die den Begebenheiten von 1806 folgte, die gemeinen Soldaten und
jungen Offiziere sich überall gut geschlagen, wo man ihnen nur erträgliche Anführer
gab? Kann man den hohen, begeisterten Muth, der das Gefecht bei Todtendorf
unter so mißlichen Verhältnissen entschied, aus der Tagesgeschichte wegleugnen?
Wahrlich! es gehört der höchste Grad von Niederträchtigkeit und Feigheit dazu, um
eine Nation, wie die Preußische, die in allen Zeiten so unendlich viel zur Erhaltung
ihrer Regenten-Familie opferte, jetzt auf einmal des Mangels an kriegerischer Kraft
zu beschuldigen." (Bei Todtendorf oder Dodendorf südlich von Magdeburg focht
Schill am 5. Mai 1809 glücklich gegen General Michaud).

warum wollte fie das Volk nicht zwingen, fo zu handeln, und das
zu fein, wie fie es für weife hält? Die Regierungen haben ja häufig
genug fich der Zwangsmittel gegen ihre Völker bedient für viel
engere Zwecke und kleinliche Abfichten; fo möge denn eine väterliche
Regierung, wie die Preußifche ift, (die nie in Gefahr kommen kann,
über diefen Punkt mißverftanden zu werden) auch alle Mittel des
Zwanges, die ihr zu Gebote ftehen, energifch anwenden, um das
Volk zu feiner heiligften Pflicht anzuhalten. Es gibt einen Zwang
und felbft einen furchtbaren Zwang, der keine Tyrannei ift. Wer
kann einen Augenblick zweifeln, daß diefe Energie und verftändige
Maßregel der Regierung fchnell das Zutrauen der Unterthanen zurück-
bringen würde und daß der kräftige Geift felbft in das Volk aus-
ftrömen würde? Es ift nichts fo wahr, als daß außerordentliche
Unglücksfälle, wenn der Menfch fich einmal entfchließt, ihnen mit
außerordentlichen Mitteln zu begegnen und alle feine Kräfte gegen
fie zu richten, dazu dienen, ihn über fich felbft zu erheben und Kräfte
des Gemüthes und Verftandes in ihm aufregen, von deren Dafein
er felbft nichts ahnet. Man darf ficher fein, daß ein Volk, gedrängt
durch die höchfte Gefahr, alfo nicht ohne Noth, nicht muthwillig
hinausgetreten aus dem engen Dafein eines ruhigen Bürgerlebens, von
einem Enthufiasmus ergriffen, von Haß und Rache gefpornt werden
wird, die man fehr mit Unrecht nur von religiöfer Schwärmerei erwartet
hat. Alles kann im Menfchen groß werden durch die Verhältniffe.

Die Fähigkeit, zu einem folchen Zuftande überzugehen, der anfangs
ein gefpannter genannt werden mag, der aber ein neues, kräftiges
Leben zurückläßt, hat fich in den deutfchen Völkern auf mehr als
eine Art verkündigt. Wenn fie fchlechter werden, wenn fie ganz
finken, fo ift es die Schuld der Regierungen, die den Augenblick,
wo fie noch zu retten gewefen wären, verftreichen ließen, aus einer
wahrhaft kleinlichen Rückficht auf ihre eigene Gefahr. Eine Rückficht,
die, genau betrachtet, nicht viel mehr ift, als die Furcht, einer folchen
Rolle nicht gewachfen zu fein, als die kleinliche Beforgniß, fich nicht
zu compromittiren. Ift der erfte Schritt einmal gefchehen, fo bedarf
es mit jedem neuen weniger Anregung von außen; denn es ift wieder
nichts wahrer, als daß der Menfch die Dinge am meiften liebt, ihnen am
leidenfchaftlichften nachftrebt, denen er fchon am meiften aufgeopfert hat.

Darum ist nicht zu fürchten, daß ein Unglück das Volk nieder-
schlagen werde, was das Volk selbst trifft; es wird vielmehr heftiger
nach Rache dürsten.

Nur wenn es auf ein bezahltes Heer sein ganzes Vertrauen
gesetzt hat und ein müßiger Zuschauer des großen Unglücks einer
Niederlage ist, nur dann ist die höchste Muthlosigkeit zu fürchten.

Es gibt ferner Leute, welche die Möglichkeit eines Landsturmes
nicht leugnen, aber vor der Gefahr warnen, die der bestehenden
Ordnung der Dinge, den Regierungen selbst, welche dieses Mittel
anwenden, daraus entspringen könnte. Allein darin liegt gerade ein
Vorzug unserer Verhältnisse; die Regierung, welche diesen Sturm
selbst hervorruft, bleibt Herr desselben. Sie ist im Stande, ihm
die rechte Richtung zu geben und alle Kräfte nach einem Ziele zu
treiben. Selbst die Uneinigkeiten in Meinungen und Thun, welche
wir in Spanien einen großen Theil der Wirkungen vernichten sahen
und welche weiland die Kraft der Vendée spalteten, kann und wird
eine Regierung verhindern, die wie die Preußische sich zum Volke
verhält. Alles, was die Klügler Gefährliches hiebei prophezeien, ist
durch kein einziges Factum in der Geschichte bestätigt.*)

Endlich gibt es Leute, die vor dem Gedanken eines Volkskrieges
zittern, weil er blutiger ist als ein anderer, selten ohne schauderhafte
Scenen bleibt und alles Unglück und Verderben in ihm gesteigert wird.

Allein wessen Schuld ist das, ist es nicht die Schuld dessen, der
den Anderen auf die Spitze der Verzweiflung treibt? Der Volkskrieg ist da; ihr flucht seinen verderblichen Wirkungen; nun so flucht
denen, die ihn erzwungen haben. Wenn ihr euch zu Richtern der
menschlichen Handlungen aufwerft, so verdammt nicht den Unterdrückten, weil er der Schwache ist, sondern seid gerecht, schleudert

---

* Anmerkung Boyen's: „Der Deutsche ist kein Spanier! Dies ist das
Rettungswort aller derer, die nichts thun wollen, und durch diese Aeußerung doch
noch eine gewisse Art von eigenem Muthe zu affectiren suchen, wozu sie das Gefühl
noch nicht ganz erstickter Scham treibt. Aber, ihr klugen Herren, möchte man zu
ihnen sagen, wenn es auch zu unhöflich wäre, euch Geschichtskenntniß zuzumuthen,
so werdet ihr doch so viel Zeitungslectüre haben, um euch in's Gedächtniß zu rufen,
daß jene Spanier, hinter die ihr euch retten wollt, in mehreren Provinzen so matt
anfingen, wie es kaum in der Mittelmark sein würde, und nur durch die Zeit muthiger
und besser geworden sind."

eure Verwünschungen gegen den, der das Uebel nothwendig gemacht hat."*)

Hier schließt die berühmte Denkschrift. Clausewitz fügt ihr noch einen Anhang bei,**) welcher von der Natur der Vertheidigung handelt und in zwei Theile zerfällt, einen taktischen und einen strategischen. Wir übergehen diesen Anhang, in welchem der Verfasser in lichtvollster Weise, mit unmittelbarer Beziehung auf den in Rede stehenden Volkskrieg, den Nachweis liefert, daß die Vertheidigung stärker sei als der Angriff, und so denselben Satz ausführt, welcher bekanntlich den wesentlichen Inhalt seines ausführlichen Werkes „Vom Kriege" bildet. Nur die Schlußworte des Verfassers wollen wir noch mittheilen:

„Ehemals d. h. vorzüglich in den letzten Jahrhunderten führte man den Krieg, wie ein paar Duellanten ihren kleinlichen Kampf. Man schlug sich mit Mäßigung und Rücksichtlichkeit, nach hergebrachten Convenienzen. Diese handwerksmäßige Klopffechterei wurde getrieben und eingestellt, je nachdem ein kleinliches Interesse den Fürsten bewog, die Maschine in Bewegung zu erhalten oder nicht. Der ganze Zweck des Krieges war, eine diplomatische Marotte durchzusetzen, und der Geist desselben konnte sich schwerlich über das Ziel des militärischen Point d'honneur erheben. Ein neuerer Schriftsteller hat sehr richtig und schön gesagt: Die Ehre sei nicht die Frucht, sondern die Blume der Menschen-Erziehung.

Es waren nicht die Bürger, welche sich mit den Waffen in der Hand bekriegten, sondern die Armeen; es waren nicht Armeen, welche sich im Herzen bekriegten, sondern die Regenten.

An einem solchen Kriege nahm der Bürger nur so viel Antheil, als er durch den Druck desselben in sein Interesse hineingezogen

---

* Anmerkung von Clausewitz: „Ihr wünscht den Frieden; wendet euch an die, die ihn in der Welt geben können. Das sind aber Leute, die ihren Kopf voll hochmüthiger Projecte haben; sie wollen eigenmächtige Schiedsrichter der Regenten sein, und das mögen Menschen, die wie ich denken, nicht leiden. Ich liebe den Frieden, aber keinen andern als einen guten, dauerhaften, ehrenvollen Frieden. Sokrates und Plato hätten wie ich gedacht, wenn sie auf dem verwünschten Punkte gestanden hätten, den ich in dieser Welt einnehme.

(Friedrich II. in seinen hinterlassenen Werken)."

** Abgedruckt bei Pertz S. 668—676.

wurde; und da war es denn etwas ganz Entscheidendes, ob der gemeinschaftliche Krieg mehr auf Kosten des einen als des anderen Staates geführt werden sollte d. h. ob man das ganze Verderben des Krieges durch den Angriff in das Land des Anderen tragen oder dasselbe in dem seinigen abwarten sollte. Es gab in der Welt nichts, was den Vertheidiger für diesen Nachtheil entschädigt hätte. Ferner mußte in einem Kriege, wo die ganze Summe der moralischen Kräfte in dem bloßen Point d'honneur des Feldherrn und des Heeres bestand, das stolze oder hochmüthige Gefühl des Angriffs schon eine beträchtliche Ueberlegenheit hervorbringen.

Endlich konnte der Angreifende durch eine plötzliche Bewegung dem Vertheidiger leicht einen kleinen Nachtheil beibringen den Verlust einer Stellung, eines Magazins, ja einer sogenahnten Bataille, und bei dem knapp zugemessenen Kriegsstoffe war das ein entscheidender Verlust. *)

Von diesem Kriege ist jetzt nicht mehr die Rede, und der müßte wohl blind sein, der den Unterschied unserer Kriege d. h. der Kriege, wie sie unser Zeitalter und unsere Verhältnisse fordern und wie sie schon in mehr als einem Beispiele vor uns dastehen, nicht erkennen könnte. Der Krieg der jetzigen Zeit ist ein Krieg Aller gegen Alle. Nicht der König bekriegt den König, nicht eine Armee die andere, sondern ein Volk das andere und im Volke sind König und Heer enthalten.

Diesen Charakter wird der Krieg schwerlich wieder verändern, nnd es wäre wahrlich nicht zu wünschen, daß das alte blutige und doch oft langweilige Schachspiel des Soldatenkampfes je wieder zurückkehrte.

* Anmerkung Boyen's. „Die Unvollkommenheit unserer Friedensübungen wirkt in diesem Augenblicke nachtheiliger auf den Muth mehrerer Menschen, als man es glauben sollte. Da wir auf unseren Manöver-Plätzen, selbst wenn man sich so hoch schwingt und in zwei Theilen gegen einander manövrirt, nichts und nichts als das Bild von Schlachten, wäre es auch nur in einem Zwergbilde, darstellen; so reducirt sich bei Allen, die den Krieg nicht durch den Krieg oder durch ein fortgesetztes Studium kennen, endlich nur der ganze Krieg auf den Gewinn oder Verlust einer Schlacht; alle Hülfsmittel, die große Feldherrn aller Zeiten und tapferer Nationen zu ihrer Vertheidigung mit glücklichem Erfolge anwandten, werden nicht gewürdigt und man glaubt gar nicht Krieg führen zu können, wenn man nicht 100,000 künstlich dressirte Leute auf einem Flecke zusammen hat."

Damit ist nicht gesagt, daß der Volksaufstand in Masse, wie wir ihn nun schon zweimal in großen Beispielen erlebt haben (Frankreich und Spanien), fortan der einzige Modus sein werde, wie sich die Völker unter einander bekriegen, dafür behüte der Himmel! Diese Erscheinung gehört der Gegenwart allein an mit ihren verhängnißvollen Stunden.

So gewiß aber dieses große Rettungsmittel eine natürliche Aeußerung zusammengepreßter National-Kräfte und nicht etwa durch einzelne Intriguen hervorgerufen ist, so gewiß wird es aufhören, nothwendig zu werden, wenn durch seine Hülfe das europäische Menschengeschlecht sich aus seinem Chaos nach den Gesetzen der Natur zu organischen Staaten gebildet haben wird.

Wenn es also einmal wieder Jahrhunderte geben wird, in welchen keines der Völker gezwungen ist, zu dem letzten verzweiflungsvollen Mittel eines National-Aufstandes seine Zuflucht zu nehmen, so wird dennoch in diesen Jahrhunderten jeder Krieg als eine Nationalsache angesehen und in diesem Geiste geführt werden nach Graden der Anstrengung, welche die Kraft des National-Charakters und der Regierung bestimmen."

VIII.

Clausewitz verläßt Berlin und begibt sich nach Schlesien zu Scharnhorst. — Zusammensein mit Scharnhorst in Liegnitz, Frankenstein und Breslau. — Clausewitz bittet um seinen Abschied und erhält ihn. — Reise nach Rußland. — Aufenthalt in Wilna, wo er mit Gneisenau und Chasot zusammentrifft. — Aeußerung Gneisenau's über Clausewitz in einem Briefe an den Kaiser. — Clausewitz Adjutant bei Phull. — Seine erfolgreichen Bemühungen für Aufgabe der Vertheidigungsstellung bei Drissa und für Herstellung der Einheit im Oberbefehle. — Der Kaiser und Phull kehren nach St. Petersburg zurück. Clausewitz kommt zu General Pahlen und nimmt Theil an den Gefechten von Witebsk und Smolensk. — Nach Pahlen's Erkranken zu General Uwarof versetzt, nimmt er Theil an der Schlacht bei Borodino. — Arrieregardegefecht, bei welchem ihm ein Pferd verwundet wird, und Durchzug durch Moskau. — Er ist Ohrenzeuge der zweiten Unterredung zwischen Miloradowitsch und Sebastiani. — Dem Hauptquartiere zugewiesen, erfährt er seine Bestimmung zum Generalstabschef für Riga. — Auf der Reise nach Petersburg wird er von russischen Milizen angehalten und zur Rückkehr in's Hauptquartier genöthigt. — Er tritt, in Chasot's Begleitung, von neuem die Reise nach Petersburg an. — Audienz bei der Großfürstin Katharina in Jaroslaw. — Ankunft in Petersburg. — Er wird auf seinen Wunsch nicht nach Riga geschickt, sondern erhält die ihm ursprünglich zugedachte Stelle als erster Generalstabsoffizier bei der russisch-deutschen Legion und wird einstweilen dem General Wittgenstein zugewiesen. — Sein freundliches Verhältniß zu Wittgenstein, Diebitsch und d'Auvray. — Clausewitz an der Berezina. — Aufbruch der Wittgenstein'schen Armee nach dem Niemen, um Macdonald den Rückzug abzuschneiden. — Clausewitz bei einem vorgeschobenen Corps im Gefolge des Generals Diebitsch. — Verhandlungen zwischen Diebitsch und York, durch Clausewitz geführt. — Seine Mitwirkung bei York's Entschlusse zur „Convention von Tauroggen." — Die Zusammenkunft auf der Mühle von Poscherun. — Auch Massenbach trennt sich mit seinen Truppen von den Franzosen. — Clausewitz verlebt einen Tag frohen Wiedersehens mit seinen Brüdern Friedrich und Wilhelm.

Am 31. März 1812 verließ Clausewitz Berlin, um sich zunächst nach Liegnitz zu Scharnhorst zu begeben. Er traf um Mitternacht in Frankfurt ein, besuchte in der Frühe seinen Bruder Friedrich und seine Schwester Johanna, reiste dann sogleich weiter und kam abends

31*

(1. April) nach Liegnitz. Hier besichtigte er mit Scharnhorst die Kirchen und alle Merkwürdigkeiten, auch das Schlachtfeld von Wahlstatt und die Kirche der heiligen Hedwig, und am 3. April begaben sich Beide nach Frankenstein, begleitet von Scharnhorst's Schwiegersohne Dohna und dessen Gattin, welche an demselben Tage in Liegnitz eingetroffen waren. In Frankenstein verweilte Clausewitz mit Scharnhorst und dem Dohna'schen Ehepaare ungefähr drei Wochen, machte mit Scharnhorst häufige Ausflüge in die Umgegend und begleitete ihn auch nach Silberberg und Glatz; von Frankenstein aus reichte er auch am 12. April sein Abschiedsgesuch ein und wandte sich in derselben Angelegenheit unterm 18. April unmittelbar an den König. Auch verfaßte er an letztgenanntem Orte den für den Kronprinzen bestimmten Aufsatz, *) mit welchem er den demselben ertheilten Unterricht beschloß, und fügte der Reinschrift eigenhändig noch einige Schlußworte hinzu, um begeisternd auf das empfängliche Gemüth des reichbegabten Königssohnes zu wirken und ihm „einen Funken in die Seele zu hauchen."

Am 19. April traf Clausewitz mit Scharnhorst von Frankenstein in Breslau ein, wo sie den ersten Abend in Gesellschaft des Prinzen August zubrachten, der den General sogleich im Gasthofe aufsuchte. Seinen Bruder Wilhelm, dessen Garnison Breslau war, traf Clausewitz dort nicht mehr an, da derselbe bereits ausmarschirt war und in der Gegend von Oels stand, wo er ihn zu besuchen und von ihm Abschied zu nehmen beschloß; die Familie des Bruders war in Breslau zurückgeblieben und er freute sich, in seiner Schwägerin eine vortreffliche Frau kennen zu lernen.

In Breslau erhielt er von dem Grafen Lieven die briefliche Zusicherung, daß er mit dem Range als Oberstlieutenant und einem Gehalte von 1900 Thlr. (in Berlin hatte er nur ein solches von 1300 Thlr. bezogen) in den russischen Dienst werde übernommen werden, und ebendaselbst wurde ihm der am 23. April ausgefertigte sehr kurz gefaßte Abschied zugestellt: „Auf Ihr Gesuch vom 12. d. M. ertheile ich Ihnen hiermit den Abschied. Friedrich Wilhelm."

* Hinterl. Werke, Bd. III., S. 210—262: „Die wichtigsten Grundsätze des Kriegführens, zur Ergänzung meines Unterrichts bei Sr. Königlichen Hoheit dem Kronprinzen."

Am 2. Mai trat Clausewitz, ausgerüstet mit einem Empfehlungs-
briefe von Scharnhorst, in welchem ihm die glänzendsten Lobsprüche
ertheilt waren, die Reise nach Rußland an, um sich zunächst dem
Kaiser in St. Petersburg vorzustellen. Er nahm seinen Weg durch
das damalige Großherzogthum Warschau (über Jnowraclaw und
Bromberg), über Graudenz, Gumbinnen, wo er erfuhr, daß der
Kaiser mit seinem Gefolge bereits in Wilna angekommen sei, und
Tilsit, betrat bei Tauroggen zuerst das russische Gebiet und erreichte
Wilna am 20. Mai, wo seine Freunde Gneisenau*) und Chasot schon
eingetroffen waren, mit welchen er sogleich dieselben Zimmer bezog.

Clausewitz sollte bei der russisch-deutschen Legion, welche unter
der Oberleitung des vertriebenen Herzogs Peter von Oldenburg in's
Leben gerufen wurde, eine Anstellung erhalten; allein da die Organisation dieser Truppe noch nicht über die ersten Anfänge hinausgekommen war, so wurde er einstweilen dem General von Phull als
Adjutant überwiesen, einem Würtemberger, der aus würtembergischen
Diensten in preußische, nach der Schlacht von Jena-Auerstädt in
russische Dienste übergetreten und Lehrer des Kaisers Alexander in
der Kriegskunst gewesen war, damals aber sich ohne eigentliche
Anstellung in dessen Hauptquartiere befand. Phull hatte den Plan
entworfen, ein verschanztes Lager bei Drissa an der Düna zum
Stützpunkte der Vertheidigung gegen Napoleon zu machen und
bemühte sich, den Kaiser für diesen Plan zu gewinnen. Clausewitz,
der den Auftrag erhalten hatte, die vorgenommenen Lagerarbeiten
zu besichtigen und die Marschquartiere bis zur Düna zu bezeichnen,

---

* Gneisenau verfaßte kurz vor dem Ausbruche des Krieges eine für den Kaiser
bestimmte Denkschrift „Die russische Kriegsmacht in dem bevorstehenden Kriege", welche
er unterm 2. Juni von Riga aus dem Kaiser mit einem Briefe zusandte, in welchem
er über Clausewitz sagt: „Herr von Clausewitz, den Ew. Kaiserliche Majestät in
Ihren Dienst genommen hat, einer der besten Köpfe und voll tiefer Kenntnisse in der Kriegskunst, wird dasjenige, was ich über den Generalstabsdienst
gesagt habe, wie alles Uebrige, was diese Denkschrift enthält, weiter ausführen. Er
hat in wenig Blättern „„Anweisung für die Generale"" geschrieben, welche Alles
übertrifft, was in dieser Art erschienen ist, und in das Russische übersetzt zu werden
verdient, um endlich die Grundsätze auszutreiben, welche die gelehrte Systemwuth
oder die Unwissenheit oder die Korporalwuth in die Kriegskunst eingeführt haben."
Die Denkschrift und der Brief sind abgedruckt bei Pertz, Leben Gneisenau's II.,
285—308.

fand die von Phull vorgeschriebenen Befestigungsanlagen sehr unzweckmäßig und erklärte es überhaupt für eine Unmöglichkeit, der weit
überlegenen französischen Armee schon hier mit Erfolg Widerstand
leisten zu können, wie er denn jetzt und bei jeder Gelegenheit seine
Ueberzeugung offen aussprach, daß Napoleon's Armee an der unge-
heuern Ausdehnung des russischen Reiches zu Grunde gehen und man
sie daher mit möglichster Vermeidung großer Schlachten immer tiefer
in's Land hineinlocken müsse. Von dem Kaiser über seine Ansicht
befragt, sprach er dieselbe offen und unverhohlen, wenn auch mit der
Rücksicht aus, welche er dem gegen ihn wohlwollend gesinnten Phull
schuldig zu sein glaubte, und es gelang ihm den Kaiser zu überzeugen,
so daß jener Plan aufgegeben wurde. Barclay de Tolly, der die
erste russische Westarmee befehligte und dieselbe in den Tagen vom
9. bis zum 12. Juli im Lager bei Drissa concentrirt hatte, verließ
dasselbe bei dem Vorrücken der Franzosen und suchte sich mit der
zweiten Westarmee unter dem Fürsten Bagration zu vereinigen, was
durch das Aufgeben jenes Planes ermöglicht wurde.

Da inzwischen der Kaiser sowohl als die russischen Generale
gegen die Befähigung Phull's mißtrauisch geworden waren, so bewog
Clausewitz diesen, den er in schonendster Weise von der gegen ihn
herrschenden Stimmung, welche einen offenen Bruch befürchten ließ,
in Kenntniß setzte, dem Kaiser vorzuschlagen, daß er mit ihm die
Armee verlassen und dem General Barclay den Oberbefehl übertragen
möge. Der Kaiser ging auf diesen Vorschlag, der seinen eigenen
geheimen Wünschen entsprach, bereitwillig ein, und so wurde wenigstens
einstweilen die so nothwendige Einheit des Oberbefehls hergestellt.

Als Phull mit dem Kaiser nach St. Petersburg zurückgekehrt
war, wurde Clausewitz, seinem Wunsche gemäß, bei dem eintretenden
Rückzuge der Arrieregarde zugetheilt zu werden, dem Grafen Pahlen,
einem ausgezeichneten Cavalerie-General, als Quartiermeister beigegeben, was er hauptsächlich der Verwendung des Obersten Ludwig
von Wolzogen verdankte, mit welchem ihn in Wilna sein Freund
Tiedemann bekannt gemacht hatte.

An Pahlen's Seite nahm Clausewitz an den dreitägigen sehr
blutigen Gefechten von Witebsk*) (25., 26. und 27. Juli) Theil,

* Auch Gefechte bei Ostrowno genannt.

welche zwar für die Franzosen ehrenvoll waren, ihnen aber so viele
Verluste brachten wie eine Schlacht, eben so an dem Gefechte bei
Smolensk (17. August), welches die Russen, deren beide Westarmeen
sich bei dieser Stadt zu Anfang August vereinigt hatten, zur Deckung
ihres Rückzuges hartnäckig vertheidigten. Barclay gewann noch Zeit,
die Magazine zu räumen; in der Nacht wurde Smolensk von den
Russen verlassen und von den Franzosen besetzt, welche, da die Stadt
in Brand gerathen war, dort nur eine mit Blut getränkte und mit
Leichen bedeckte Brandstätte fanden.

Clausewitz blieb nur drei Wochen bei dem General Pahlen, da
derselbe erkrankte und das ihm untergebene Corps aufgelöst wurde,
worauf er in gleicher Stellung zu dem General Uwarof kam, der
ein Reitercorps befehligte.

Napoleon überschritt den Dnieper und richtete seinen Marsch auf
Moskau, wo er zu überwintern und den Kaiser zum Frieden zu
zwingen gedachte. Barclay, der durch seine Rückzugstaktik verdächtig
geworden war, mußte den Oberbefehl an Kutusoff abgeben, welcher,
ein alter Waffengefährte Suwaroff's, als Eingeborner dem russischen
Volke näher stand als der Lievländer Barclay, der übrigens den
Oberbefehl über die von ihm bisher geführte Westarmee beibehielt.
Kutusoff durfte die „heilige Stadt Moskau" nicht ohne Kampf in
die Hände der Franzosen fallen lassen und lieferte ihnen die mörderische Schlacht bei Borodino an der Moskwa (7. September),
welche ohne eigentliche Entscheidung blieb, da die Franzosen zwar
die Wahlstatt behaupteten, die Russen aber in vollkommener Ordnung
auf Moskau abziehen lassen mußten, worauf sich dieselben in süd-
westlicher Richtung nach Kaluga wandten.

Clausewitz befand sich bei Borodino im Gefolge des Generals
Uwarof, dessen Reitercorps auf dem rechten Flügel hinter dem
Infanteriecorps von Baggehuffwudt stand und zu der von Miloradowitsch befehligten Arrieregarde gehörte. Auf dem Marsche nach
Moskau nahm er am 10. September an einem heftigen Arriere-
gardegefechte Theil, bei welchem ihm ein Pferd verwundet wurde.
Die russische Armee durchzog Moskau am 14. September, welches
fast das Ansehen einer verlassenen Stadt hatte; noch am Nach-
mittage folgte die Arrieregarde und nahm jenseit der Stadt auf

der Straße nach Riäzan Stellung. Bei dem Durchzuge durch
Moskau wurde Clausewitz besonders schmerzlich ergriffen bei dem
Anblicke der vielen Verwundeten, welche in langen Reihen längs den
Häusern lagen und vergebens fortgeschafft zu werden gehofft hatten,
und als Moskau bald nachher durch eine viertägige Feuersbrunst
(16. bis 19. September) größtentheils zu Grunde ging, war es ihm
ein schrecklicher Gedanke, daß alle diese Unglücklichen dort ein Opfer
des traurigsten Todes geworden seien.

Die französische Avantgarde folgte der russischen Arrieregarde
auf dem Fuße und Clausewitz war Ohrenzeuge der zweiten Unterredung zwischen dem die erstere befehligenden General Sebastiani
und Miloradowitsch (zu der ersten Unterredung war das beiderseitige
Gefolge nicht zugelassen worden), welche zu dem Ergebnisse führte,
daß beide Theile einander dicht gegenüber stehen blieben, ohne Feindseligkeiten zu begehen. In dieser Stellung bemerkte er, wie sich Moskau
durch eine ununterbrochene Reihe russischer Fahrzeuge allmählich aus-
leerte, ohne in den ersten Stunden von den Franzosen beunruhigt zu
werden; auch sah er in den äußersten Vorstädten Moskau's bereits
an mehreren Orten Rauchsäulen aufsteigen, welche er für Folgen der
dort herrschenden Verwirrung hielt.

Bei jener Unterredung der beiden Generale hatte er das „schmerzliche Vergnügen",*) unerwartet bei den beiden ersten sich entwickelnden
Ulanen-Regimentern deutsch und zwar in ganz berlinischer Mundart
commandiren zu hören. Es waren wirklich zwei preußische Regimenter,
deren eines, die brandenburgischen Ulanen, Berlin zur Garnison gehabt
hatte. Er benutzte diese Gelegenheit, durch einen der Offiziere den
Seinigen Nachricht von sich geben zu lassen.**)

Gleich nach dem Durchzuge durch Moskau verließ General Miloradowitsch die Arrieregarde, welche dem General Rajefsky übertragen
wurde und auch an Truppen eine andere Zusammensetzung erhielt.
Dies hatte für Clausewitz die Folge, daß er einstweilen als disponibel dem Hauptquartiere zugewiesen wurde. Als er sich hier bei

---

* Hinterlassene Werke, VII, 175.

** Diese beiden Ulanen-Regimenter waren die einzigen preußischen Truppen bei
der großen Armee; alle übrigen standen unter Macdonald auf dem äußersten linken
Flügel.

dem General Benningsen meldete, erfuhr er, daß schon vor einigen
Wochen ein kaiserlicher Befehl im Hauptquartiere angekommen war,
durch welchen er zum Chef des Generalstabes für die Besatzung von
Riga ernannt wurde und zwar an die Stelle seines Freundes, des
vortrefflichen Oberstlieutenants von Tiedemann, der dort am 22. August
bei einem Ausfalle aus der Festung durch den Pistolenschuß eines
preußischen Husaren seinen Tod gefunden hatte. Diese Ernennung
ging unmittelbar vom Kaiser aus, der die Stelle in Riga einem
deutschen Offizier zu übertragen wünschte und sich bei dieser Veranlassung des ihm von Gneisenau und Anderen so warm empfohlenen
Clausewitz erinnert hatte.

Letzterem versprach die Anstellung bei dem General Essen einen
weit angenehmeren Wirkungskreis als die bei einer Division oder
einem Cavaleriecorps der Hauptarmee, wo er bei Unkenntniß der
russischen Sprache mit unsäglichen Schwierigkeiten kämpfen mußte
und doch nur das Gewöhnlichste zu leisten vermochte. In Wilna
hatte er sich eifrig bemüht, russisch zu lernen, doch konnte der Erfolg
seiner Anstrengungen bei einem Aufenthalte von nur sechs Wochen
und vielen anderen Geschäften, die ihn in Anspruch nahmen, nur ein
sehr ungenügender sein; er kam sich unter den Russen wie ein Taubstummer vor, fühlte sich unglücklich, daß seine Leistungen so tief unter
den Anforderungen blieben, welche er selbst an sich stellte, und hatte
in dieser seiner Verstimmung oft gewünscht, daß ihm, anstatt der so
unbefriedigenden Stellung als Generalstabs-Offizier, vergönnt sein
möchte, in den Reihen der Armee als Linienoffizier zu kämpfen.

Am 24. September reiste er, mit Reisepaß (Podoroschna) versehen, von Krasnoï Pachri ab, um sich mit der Post über Serpuchow,
Tula, Riäzan, Jaroslaw und Nowogrod nach Petersburg zu begeben,
und von dort, nachdem er sich neu ausgerüstet, nach Riga abzugehen.
Aber schon bei Serpuchow an der Oka wurde er, weil er nicht
Russisch konnte, von den Milizen (Bauern) angehalten; ein Deutscher
oder gar, wie die meisten glaubten, ein Franzose mit einem polnischen
Bedienten war eine verdächtige Erscheinung; nichts half ihm die in
aller Form ausgefertigte Podoroschna, nichts ein ganzer Mantelsack
von officiellen russischen Briefen, nichts seine russische Versetzungsordre,
nichts seine russische Uniform; er konnte dennoch ein Spion sein, der

sich in eine russische Uniform gesteckt und sich mit nachgemachten oder gestohlenen Documenten versehen hatte; kurz das Mißtrauen der Milizoffiziere war unbesiegbar und Clausewitz wurde von ihnen gezwungen, mit einem russischen Offizier, der sich eben zur Armee zurückbegab, nach dem Hauptquartiere umzukehren.*) Um nicht noch einmal in gleiche Lage zu kommen, beschloß er, einen Courier abzuwarten und mit diesem zu reisen; doch traf sich nach einigen Tagen, daß Graf Chasot und Baron Bose, ein früherer sächsischer Offizier, welche den Feldzug im Gefolge des Erbprinzen August von Oldenburg mitgemacht hatten, in Begleitung eines russischen Feldjägers nach Petersburg abgehen sollten, um mit Errichtung der russisch-deutschen Legion den Anfang zu machen. Clausewitz schloß sich an diese beiden Offiziere an; die Reise, auf welcher sie in einigen kleinen Städten, trotz des russischen Feldjägers, kaum der Gefahr entgingen, als vermeintliche Spione festgenommen zu werden, wurde durch ein Unwohlsein Chasot's gehemmt, so daß sie über vierzehn Tage unterwegs blieben und erst Mitte October Petersburg erreichten.

Als Chasot und Clausewitz sich auf dieser Reise in Jaroslaw bei dem in dieses sein Gouvernement zurückgekehrten Prinzen Georg von Oldenburg, jüngerem Bruder des obengenannten Erbprinzen August, meldeten, wurde ihnen auch von der Gemahlin des Prinzen, der Großfürstin Katharina,**) Schwester des Kaisers Alexander, eine Audienz ertheilt. Das Schicksal des Feldzuges war damals noch nicht entschieden, denn Napoleon, hingehalten durch Friedens-Unterhandlungen mit Alexander, verweilte fünf Wochen auf den Trümmern Moskau's und trat erst am 17. October, nachdem er den Kreml theilweise gesprengt hatte, den verhängnißvollen Rückzug an, welchen er, da er durch das Treffen bei Malojaroslawez (24. October) von einem südlicheren Wege zurückgehalten wurde, durch die bei seinem früheren Durchzuge verwüsteten Gegenden ausführen mußte. Die

---

* Der nachmalige preußische General der Infanterie Ludwig Freiherr v. Wolzogen erzählt in seinen „Memoiren" S. 162, ein russischer Bauer habe Clausewitz, weil er kein Russisch verstand, für einen Spion gehalten und deshalb „todtschlagen wollen". Dies ist übertrieben, wie man aus obiger auf Cl.'s eigener Mittheilung (VII, 189) beruhender Darstellung ersehen wird.

** Später Gemahlin des Königs Wilhelm I. von Würtemberg.

Großfürstin, welche sehr begierig war, Nachrichten von der Armee zu erhalten, erkundigte sich nach Allem mit viel Verstand und Ueberlegung; man sah ihr an, wie ernstlich sie Alles erwog, was ihr mitgetheilt wurde; und als sie zuletzt die Frage an Clausewitz richtete, was er von Napoleon's fernerem Unternehmen halte, ob es ein ganz einfacher Rückzug sein werde, erwiederte Jener, er zweifle nicht im mindesten an dem nahen Rückzuge der französischen Armee und für ebenso ausgemacht halte er es, daß sie denselben Weg nehmen werde, den sie gekommen sei.*) Die Großfürstin ließ bei den beiden Offizieren den Eindruck zurück, „daß sie eine Frau sei zum Regieren geschaffen."

Als Clausewitz in Petersburg ankam, hatte sich mit dem Gouvernement von Riga eine Veränderung zugetragen, indem das Commando von dem General Grafen von Essen an den Marquis von Paulucci übergegangen war, und da er „den höchsten Widerwillen fühlte, bei der Person dieses wunderlichen Mannes angestellt zu werden",**) auch sich bei dem inzwischen angetretenen Rückzuge der französischen Armee mit Sicherheit voraussehen ließ, daß Riga ganz außer dem Bereiche militärischer Thätigkeit bleiben werde, so wandte er sich an den in Petersburg mit der Organisation der russisch-deutschen Legion beschäftigten Herzog Peter von Oldenburg mit der Bitte, die ihm früher als erster Generalstabsoffizier der Legion zugedachte Stelle jetzt ihm wirklich zu verleihen und ihm zugleich bei dem Kaiser die Erlaubniß auszuwirken, einstweilen zur Armee des Grafen Wittgenstein abgehen und bei derselben so lange dienen zu dürfen, bis die Legion in kriegerische Verwendung werde treten können. Der Kaiser genehmigte dieses doppelte Gesuch und am 15. November begab sich Clausewitz über Pskow und Polozk nach Czasniki in Wittgenstein's Hauptquartier. Einige Tage vor seiner Ankunft hatte zwischen Wittgenstein und dem Marschall Victor das Treffen bei Smoliany (14. November)

---

* Ganz im entgegengesetzten Sinne hatte sich noch zu Anfang October Barclay gegen Clausewitz und einige andere Offiziere, als dieselben sich bei ihm abmeldeten, geäußert: „sie könnten Gott danken, daß sie von hier abgerufen würden, denn es könnte aus dieser Geschichte doch niemals etwas Gescheutes werden." So wenig Vertrauen hatte der General noch damals in einen für die Russen günstigen Ausgang des Krieges. Clausewitz's Werke, VII., 184.

** Werke, VII., 192.

stattgefunden, welches zwar mehr eine große Kanonade als ein Kampf und ohne rechte Entscheidung war, aber doch in sofern von den Russen als ein Sieg betrachtet werden konnte, als der Marschall die begonnenen Angriffsbewegungen aufgab und wieder nach Czereia zurückging.

Wittgenstein, welcher als Generallieutenant unter Barclay das erste Corps der ersten Westarmee befehligte, hatte sich in diesem Kriege vor allen russischen Feldherrn durch energische und erfolgreiche Thätigkeit ausgezeichnet; ihm war die Deckung Petersburgs durch die Entschlossenheit und Geschicklichkeit, mit welcher er sich gegen drei französische Marschälle: Oudinot, St. Cyr und Victor, behauptete, gelungen und er hatte sich namentlich durch den am 30. und 31. Juli bei Kliastiza über Oudinot erfochtenen Sieg großen Ruhm erworben. Sein Generalstabschef war der Generalmajor d'Auvray, ein Sachse von Geburt, ein liebenswürdiger Mann und von edlem Charakter, sein Generalquartiermeister der Generalmajor von Diebitsch, ein geborner Schlesier, der im Cadettenhause zu Berlin erzogen war, schon 1801 in die russische Armee, in welcher auch sein Vater als Generalmajor diente, eintrat und wegen seiner vorzüglichen Befähigung schon in seinem siebenundzwanzigsten Jahre zum General befördert wurde. Clausewitz erwarb sich bald das Vertrauen Wittgenstein's, der auf ihn von Anfang an schon als Deutscher eine größere Anziehungskraft ausgeübt hatte als die Generale russischer Nationalität, und trat zu ihm sowohl als zu d'Auvray und Diebitsch in das freundlichste Verhältniß.

Der Rückzug wurde für das französische Heer bei dem gänzlichen Mangel an Lebensmitteln, bei dem ungewöhnlich früh eintretenden und äußerst strengen Winter und unter beständigen Angriffen der Russen und Kosaken so verderblich, daß nur 30,000 Waffenfähige die Berezina erreichten, wo Ney und Oudinot am 26.—28. November den Uebergang erkämpften. Nach diesem Uebergange hatte Napoleon nur noch 8000 Bewaffnete, welche auf dem weiteren Zuge so zusammenschmolzen, daß nur etwa 1000 Mann über den Niemen kamen.

Wittgenstein's Armee hatte sich ebenfalls in Bewegung gesetzt, um den Uebergang über die Berezina zu verhindern, doch konnte sie bei dem Hauptkampfe nicht mehr einwirken, da Wittgenstein seinen Marsch

auf die Smolensker Straße, nicht auf Studianka, den Uebergangs-
punkt der Franzosen, richtete. Clausewitz befand sich, während das
Wittgenstein'sche Corps nach der Berezina marschirte, nicht im Hauptquartiere, sondern war mit einem Detachement zur Deckung der linken
Flanke zurückgelassen worden und erreichte erst am 28. abends sein
Corps wieder. Er war daher nicht Zeuge der Kämpfe, sah aber
die schreckliche Jammerstätte des beispiellosen „Elendes an der Berezina" und „zwischen rauchenden Trümmern, Leichen und Sterbenden,
und tausenden von gespensterartigen Menschen, welche vergebens nach
Brod schrieen, flehten und weinten," schrieb er aus Borissow: „Welche
Scenen habe ich hier gesehen! Wenn mein Gefühl nicht schon abgehärtet wäre oder vielmehr abgestumpft, ich würde vor Schauder und
Entsetzen nicht zu mir selbst kommen, wie ich noch viele Jahre nicht
ohne Scheu werde daran denken können."*)

Am 3. Dezember erließ Napoleon von Molodeczno aus das
berühmte 29. Bülletin, welches den harrenden Völkern die Kunde
brachte, daß der Kaiser gesund, die große Armee aber so gut
wie vernichtet sei. Am 5. December übergab er den Oberbefehl
an Murat, eilte, nur von Caulaincourt begleitet, von Smorgoni
aus zu Schlitten der deutschen Gränze zu, und erreichte am 12.
December abends Glogau, am 14. Dresden, am 15. Weimar, am
19. in der Nacht seinen Palast in den Tuilerieen.

General Wittgenstein hatte nach den Ereignissen an der Berezina
die Bestimmung erhalten, sich gegen Samogitien und den unteren
Niemen zu wenden, um den Marschall Macdonald abzuschneiden, der
aus Kurland noch nicht zurückgegangen war. Napoleon hatte nicht
daran gedacht, ihm den Befehl zum Abzuge zu schicken, und erst von
Wilna aus wurde ihm durch Murat dieser Befehl zugefertigt, welcher
aber erst am 18. December in Mitau anlangte, worauf Macdonald
am folgenden Tage seinen Rückzug, auf welchen er übrigens, da er
das Schicksal der großen Armee kannte, schon vorbereitet war, von
Bauske und Mitau antrat. Seine Truppen bildeten drei Marsch-
colonnen, welchen er Tauroggen zum Sammelplatze bestimmt hatte.

Wittgenstein war, nachdem er seinen Truppen in der Gegend von
Niemenzin einige Ruhetage gegönnt hatte, am 17. December von

* Vergl. unten den Brief vom 29. November.

dort aufgebrochen und hatte von der Berezina rechts über Wileika, Wilkomir, Keydany nach Georgenburg am Niemen seine Richtung genommen. Er hatte außer seiner gewöhnlichen Avantgarde, welche General Scheppelow führte, noch zwei kleinere, größtentheils aus Cavalerie bestehende Corps vorgeschoben, von welchen das eine, unter dem Generalmajor Kutusow, am 20. December, als Wittgenstein in Wilkomir war, bereits sechs Märsche weiter vor in Georgenburg beim Uebergangspunkte, das andere, welches einstweilen Diebitsch führte, an dem genannten Tage schon in Koltiani, sieben Märsche von Wittgenstein entfernt, in der Richtung auf Memel anlangte. Clausewitz befand sich bei dem zweiten dieser vorgeschobenen Corps, im Gefolge des Generals Diebitsch.

Am 22. December hatte Wittgenstein mit seinen Truppen Keidany, das Corps unter Kutusow aber bereits Piktupöhnen, das von Diebitsch Worny erreicht. Beide Corps standen mithin schon auf der Rückzugslinie Macdonald's und ihr Zusammentreffen war unvermeidlich.

Die erste Colonne Macdonald's, die Division Grandjean, welche am 19. December abmarschirt war, gelangte am 26. nach Piktupöhnen, trieb in einem glänzenden Gefechte die Nachhut Kutusow's in die Flucht und besetzte am 28. Tilsit, welches die Russen gar nicht zu behaupten versuchten.

Bei der zweiten, nur aus preußischen Truppen bestehenden und von General von Massenbach befehligten Colonne befand sich Marschall Macdonald selbst. Sie war ebenfalls am 19. abmarschirt und am 24. bis Koltiniany gekommen; da aber die Gefahr, durch russische Truppen abgeschnitten zu werden, immer drohender wurde, so gab der Marschall die anfänglich befohlene Vereinigung seines Corps bei Tauroggen auf und suchte möglichst schnell über den Niemen zu entkommen. Die zweite Colonne erreichte am 28. Tilsit, wo sie sich mit der ersten vereinigte.

Die dritte ebenfalls nur aus preußischen Truppen bestehende Colonne befehligte General York; sie war erst am Abend des 20. December aus der Gegend von Mitau aufgebrochen und gelangte am 25. nach den beschwerlichsten Märschen in die Gegend von Koltiany, sah sich aber hier durch russische Cavalerie, welche zu dem

Corps des Generals Diebitsch gehörte, plötzlich von Macdonald abgeschnitten.

Diese Lage des preußischen Corps benutzte nun Diebitsch, den General York zur Lossagung von der Verbindung mit den Franzosen zu überreden, und hoffte um so eher auf das Gelingen seiner Bemühungen, als der persönliche Widerwille York's gegen jene Verbindung und sein gespanntes Verhältniß zu Macdonald bekannt war, überdies sich auch erwarten ließ, daß schon in nächster Zeit der König sein erzwungenes Bündniß mit Napoleon lösen und sich an seinen Freund und früheren Bundesgenossen Alexander anschließen werde. In gleichem Sinne hatte schon der frühere Gouverneur von Riga, Graf Essen, nachdem das Schicksal der großen Armee entschieden war, auf York einzuwirken gesucht; sein Nachfolger, Marquis Paulucci, setzte diese Bemühungen aufs eifrigste fort, und ebenso suchte General Wittgenstein, ja der Kaiser Alexander selbst, durch Briefe und Abgesandte, York zu dem erwähnten Schritte zu bestimmen. Dieser zögerte mit Recht, die schwere Verantwortlichkeit des ihm zugemutheten Entschlusses auf sich zu nehmen, da ihm die wiederholt erbetenen Vorschriften für sein Verfahren von Berlin nicht zugekommen waren, und auch Diebitsch stieß bei seinen Bemühungen auf größere Schwierigkeiten, als er erwartet hatte.

Die erste Unterredung zwischen Diebitsch und York fand am 25. December abends zwischen den beiderseitigen Vorposten statt. Am Schlusse derselben sagte York: „Ihr habt ja so viele ehemals preußische Offiziere bei euch; schickt mir doch künftig einen solchen, ich habe dann doch mehr Zutrauen." Diebitsch fragte hierauf den Oberstlieutenant Clausewitz, ob er künftig Aufträge dieser Art übernehmen wolle und dieser erklärte sich natürlich mit Freuden dazu bereit.*) Zu dem „starken Parlamentiren", welches nun zwischen Diebitsch und York entstand, wurde nun stets Clausewitz gebraucht, und seinem patriotischen Eifer, seiner Klugheit und Besonnenheit muß an dem glücklichen Ausgange der Verhandlungen ein vorzüglicher Antheil zugeschrieben werden.

Bei der erwähnten Unterredung am 25. December erklärte Diebitsch, daß er zwar nicht stark genug sei, den Durchzug des

* Clausewitz's Werke, VII., 220.

preußifchen Corps zu verhindern, ihm aber, wenn es denfelben erzwingen wolle, vorausfichtlich fchwere Verlufte beibringen werde;
weshalb es für letteres offenbar am rathfamften fei, mit ihm einen
Neutralitätsvertrag abzufchließen, wozu er feinerfeits gern bereit fein
werde. York erklärte fich zwar geneigt, auf diefen Vorfchlag einzugehen, hatte aber noch Bedenken, fogleich einen Entfchluß zu faffen,
und verabredete fchließlich mit Diebitfch, daß das preußifche Corps
die Nacht ruhig ftehen bleiben, York am Morgen des 26. die ruffifche
Stellung zum Theil recognosciren, dann aber rechts in der Richtung
auf Laftow abmarfchiren und Diebitfch fich ihm bei Schelel abermals
in den Weg ftellen folle.

Die Scheinrecognoscirung und eine abermalige Unterredung zwifchen
Diebitfch und York, welcher die Truppen mit dem Gewehre im Arme
zufahen, fanden am 26. ftatt. Als das preußifche Corps fich in
Marfch fette, ftieß es alsbald auf Kofaken, welche eine feindfelige
Haltung annahmen; allein der ruffifche Oberftlieutenant Graf Dohna*)
eilte herbei, befahl auf eigene Verantwortlichkeit, den Durchmarfch
nicht zu hindern und fette fich felbft mit Kofaken an die Spitze der
preußifchen Truppen. Das Einverftändniß der beiderfeitigen Feldherrn
war nun für Niemand ein Geheimniß mehr.

Das preußifche Corps marfchirte nun quer durch das Quartier
der Ruffen und mehrmals von ruffifchen Abtheilungen gekreuzt bis
zu dem zum Sammelplatze beftimmten Tauroggen, wo es am 28.
anlangte, ohne eine Nachricht von Macdonald zu finden. Derfelbe
hatte wiederholt durch Boten York aufgefordert, fich in Tilfit mit
den beiden anderen Colonnen zu vereinigen, aber keinem diefer Boten
war es gelungen, zu ihm durchzudringen.

Claufewit war am 28. December von neuem an York gefandt
worden und unterhandelte mit ihm bis in die Nacht hinein, ohne
zu einem feften Befchluffe zu gelangen.

* Claufewit's Freund, Graf Friedrich Dohna (Scharnhorft's Schwiegerfohn)
gehörte wie Claufewit zur ruffifch-deutfchen Legion, hatte aber, bis diefe würde
in's Feld rücken können, einftweilen eine Stellung in Riga erhalten. Er begleitete
den General Lewis, der mit 5000 Mann von der Befatung von Riga dem General
York gefolgt war, und wurde von ihm an Letteren zur Anknüpfung von Unterhandlungen vorausgefchickt. Claufewit war ungemein erfreut, mit einem feiner beften
Freunde wieder zufammenzutreffen.

Den 29. December hatte York seinen Truppen, welche in acht Tagen bei grimmiger Kälte und auf den entsetzlichsten Wegen einen Marsch von dreißig Meilen gemacht hatten, zum Ruhetage bestimmt und dieser Tag war es, wo endlich die langen Verhandlungen ihr Ziel erreichten.

An dem genannten Tage kehrte York's Adjutant, der Major von Seydlitz, welchen derselbe an den König abgesandt hatte, endlich von Berlin zurück, brachte aber nur unbestimmte Weisungen mit, in welchen keine Antwort auf die russischen Anträge enthalten war. Gleichzeitig traf ein Schreiben Paulucci's ein, in welchem die letzteren mit der Erklärung wiederholt wurden, daß York nur noch eine Stunde Zeit habe, um einen Entschluß zu fassen. Wenige Stunden nachher erhielt dieser ein Schreiben des Generals Wittgenstein aus Georgenburg vom 27. December, welches die Mittheilung enthielt, daß der General mit 50,000 Mann am Niemen zur Verfolgung der französischen Armee bereit stehe, aber den preußischen Boden als Freund zu betreten wünsche, wie dieses auch der Wunsch des Kaisers sei, und mit den Worten schloß: „Endlich und schließlich muß ich Ew. Excellenz bemerken, daß es heute vielleicht in Ihrer Hand liegt, über die künftigen Interessen des Königs, Ihres Herrn zu entscheiden."

York sah sich nun unabweislich zu einem Entschlusse gedrängt: er mußte entweder die Unterhandlungen abbrechen und den Durchmarsch nach Tilsit zu erzwingen suchen oder auf die russischen Anträge eingehen und die ganze schwere Verantwortlichkeit dieses wichtigen Schrittes auf sich nehmen.

Der Entschluß zu Letzterem war fast in ihm reif geworden, da er auf diesem Wege das Interesse seines Königs und seines Vaterlandes am meisten zu fördern glaubte — als er durch einen Boten, welchem es gelungen war, durch die russischen Vorposten zu schlüpfen, einen Zettel Macdonald's mit den Worten erhielt: „Le général York est attendu avec impatience à Tilsit." Dieser unerwartete Zwischenfall versetzte ihn in die übelste Stimmung, da er durch denselben ein wichtiges Moment für seine Vertheidigung, daß ihn nämlich sein Vorgesetzter Macdonald ohne Verhaltungsbefehle gelassen habe, sich entzogen sah.

In dieser Stimmung, die ohne Zweifel durch die fehlgeschlagene

Hoffnung auf bestimmte Weisungen aus Berlin noch verschlimmert
wurde, traf ihn Clausewitz, der in der Abenddämmerung mit Briefen
und Aufträgen wieder nach Tauroggen kam. Als er zu York in's
Zimmer trat, rief ihm dieser entgegen:*) „Bleibt mir vom Leibe,
ich will nichts mehr mit euch zu thun haben! Eure verdammten
Kosaken haben einen Boten Macdonald's durchgehen lassen, der mir
den Befehl bringt, auf Piktupöhnen zu marschiren, um mich dort
mit ihm zu vereinigen. Nun hat aller Zweifel ein Ende, eure
Truppen kommen nicht an, ihr seid zu schwach, ich muß marschiren
und verbitte mir jetzt alle weiteren Unterhandlungen, die mir den
Kopf kosten würden." Gelassen erwiederte Clausewitz, daß er dem
General hierauf nichts entgegnen wolle, ihn aber bäte, Licht geben
zu lassen, da er ihm einige Briefe mitzutheilen habe. Da der
General noch zu zögern schien, setzte Clausewitz hinzu: „Ew. Excellenz
werden mich doch nicht in die Verlegenheit setzen wollen, abzureisen,
ohne meinen Auftrag ausgerichtet zu haben." York ließ nun Licht
geben und aus dem Vorzimmer seinen Generalstabschef, den Obersten
von Röder,**) hereintreten. Außer diesem war nur noch Graf Dohna
bei dieser wichtigen und entscheidenden Unterredung zugegen.

Die Briefe wurden verlesen, unter welchen der von besonderer
Wichtigkeit war, in welchem General d'Auvray in Wittgenstein's
Auftrage dem General Diebitsch die Dispositionen seiner Armee für
die nächsten Tage mittheilte, aus welchen sich ergab, daß am
31. December der Weg nach Königsberg durch seine Truppen gesperrt
sein würde, und dann hinzufügte, daß York, wenn er sich nicht jetzt
endlich entschlösse, wie jeder andere feindliche General werde behandelt
werden. Das York'sche Corps konnte unmöglich vor dem 30. abends
in Tilsit eintreffen, mußte also, wenn jene Dispositionen ausgeführt
wurden, am 31. nothwendig auf die große Wittgenstein'sche Armee
stoßen und war dann von Königsberg abgeschnitten.

Oberst von Röder, welchen York aufforderte, seine Meinung zu
sagen, erwiederte, daß es auch ihm für den Staat und das Vaterland
am heilsamsten schiene, mit den Russen einen Vertrag einzugehen,

---

* Clausewitz's Werke, VII., 226 ff.
** Friedrich Erhardt v. R., nachmals commandirender General des 5. Armeecorps
(gest. 1834).

daß dabei aber für den General persönlich Alles gewagt sei, dieser daher selbst einen Entschluß fassen müsse.*) York wandte sich nun an Clausewitz mit den Worten: „Clausewitz, Sie sind ein Preuße, glauben Sie, daß der Brief des Generals d'Auvray ehrlich ist und daß sich die Wittgenstein'schen Truppen am 31. wirklich auf den genannten Punkten befinden werden? Können Sie mir Ihr Ehrenwort darauf geben?" Clausewitz erwiederte: „Ich verbürge mich Ew. Excellenz für die Ehrlichkeit des Briefes nach der Kenntniß, die ich vom General d'Auvray und den übrigen Männern des Wittgenstein'schen Hauptquartiers habe; ob diese Dispositionen so ausgeführt sein werden, kann ich freilich nicht verbürgen; denn Ew. Excellenz wissen, daß man im Kriege mit dem besten Willen oft hinter der Linie zurückbleiben muß, die man sich gezogen hat." York schwieg noch einige Augenblicke in ernstem Nachdenken, reichte dann Clausewitz die Hand und sagte: „Ihr habt mich! Sagt dem General Diebitsch, daß wir uns morgen früh auf der Mühle von Poscherun sprechen wollen und daß ich jetzt fest entschlossen bin, mich von den Franzosen und ihrer Sache zu trennen." Nachdem die Stunde für diese Zusammenkunft auf 8 Uhr morgens festgesetzt war, sagte York: „Ich werde aber die Sache nicht halb thun, ich werde euch auch den Massenbach verschaffen." Er ließ hierauf den Lieutenant Wernsdorf von der Massenbach'schen Cavalerie, der eben bei ihm angekommen war, hereintreten, und ungefähr wie Wallenstein sagte er im Zimmer auf- und niedergehend: „Was sagen Eure Regimenter?" Lieutenant Wernsdorf ergoß sich sogleich in Enthusiasmus über den Gedanken, von dem französischen Bündnisse loszukommen und sagte, daß bei den Massenbach'schen Truppen jeder Einzelne so denke und fühle. „Ihr habt gut reden, ihr jungen Leute; mir Altem aber wackelt der Kopf auf den Schultern", erwiederte York. Noch in Clausewitz's Gegenwart fertigte er den Lieutenant Wernsdorf an Massenbach mit den erforderlichen Befehlen ab, Clausewitz aber eilte ganz beglückt zu dem ungeduldig harrenden Diebitsch nach Willkischken zurück und zeitlebens erfreute ihn das erhebende Bewußtsein, zu dem so wichtigen Acte erfolgreich mitgewirkt zu haben, durch welchen in den Geschicken seines Vaterlandes die sehnlichst gehoffte Wendung endlich herbeigeführt und zu

* Cosel, V, 277.

dem großen Befreiungskampfe, der die Napoleonische Zwingherrschaft in Trümmer schlug, das erste Zeichen gegeben wurde.

Am folgenden Morgen begleitete Clausewitz den General Diebitsch nach der von den preußischen Vorposten besetzten Poscherun'schen Windmühle, wo sich der General York in Begleitung des Obersten v. Röder und seines ersten Adjutanten, des Majors von Seydlitz, einfand. Außer Clausewitz begleitete den General von Diebitsch nur der Oberstlieutenant Graf Dohna und es waren daher nur geborene Preußen bei dieser Verhandlung zugegen. Durch den Vertrag, welchen Diebitsch und York auf dieser welthistorischen Mühle abschlossen und unterzeichneten, wurde den preußischen Truppen der Landstrich zwischen Memel, Tilsit und dem Haff als neutrales Gebiet angewiesen; hier sollten sie stehen bleiben bis zum Eintreffen der Befehle des Königs; falls derselbe den Rückmarsch zur französischen Armee befehlen würde, so war das Corps gehalten, bis zum 1. März seine Waffen nicht gegen Rußland zu richten; falls aber der Vertrag vom Könige oder vom Kaiser nicht genehmigt werden würde, so sollte das Corps ungehindert dahin marschiren, wohin der König befehlen würde.

Der 30. December war ein Tag unbeschreiblichen Jubels für die preußischen Truppen. Clausewitz, der vier Tage in der schrecklichsten Besorgniß gelebt hatte, daß es zum Kampfe zwischen den Russen und dem York'schen Corps kommen werde, verlebte mit seinen Brüdern Friedrich und Wilhelm einen unaussprechlich schönen Tag des Wiedersehens.*) Schon am folgenden Tage trennte sie das Schicksal, aber sie schieden von einander mit dem tröstenden Bewußtsein, sich nun nicht mehr feindlich gegenüberzustehen, und in der frohen Hoffnung, bald gemeinschaftlich für die Sache des Vaterlandes fechten zu können.

Massenbach, der schon am 30. December morgens durch den von Tauroggen zurückkehrenden Dragonerlieutenant Wernsdorf von dem Vorhaben York's unterrichtet worden war, erhielt am 31. December von diesem durch den Hauptmann von Brandenstein den Befehl, sich in Tauroggen mit ihm zu vereinigen. Noch an demselben Tage kam er dem Befehle nach; die Franzosen setzten seinem Abmarsche

---

* S. unten den Brief vom 30. December 1812.

keinen Widerstand entgegen und verließen ebenfalls Tilsit noch an
demselben Tage.*) York, der am 31. Dezember sein Corps unter
lautem Jubel der Truppen auf der Tauroggener Straße vereinigt
hatte, zog an der Spitze desselben am 1. Januar 1813 in Tilsit ein.
Schon von Tauroggen aus hatte er den Major von Thiele mit
einem Schreiben an den König gesandt, in welchem er ihm den
Abschluß der Convention mittheilte und die Nothwendigkeit derselben
nachwies. Das Schreiben schloß mit den Worten: „Ew. Königl.
Majestät lege ich willig meinen Kopf zu Füßen, wenn ich gefehlt
haben sollte. Ich würde mit der freudigen Beruhigung sterben, als
treuer Unterthan und wahrer Preuße das Beste meines Vaterlandes
gewollt zu haben." Von Tilsit aus sandte er am 3. Januar durch
den Rittmeister Grafen Brandenburg ein zweites Schreiben an den
König, welches eine genaue Schilderung der Lage, in welcher er
sich befand und eine ausführliche Rechtfertigung seines Schrittes
enthielt.**)

Die Nachrichten Clausewitz's über die Convention von Tauroggen
erhalten eine wünschenswerthe Ergänzung durch die Aufzeichnungen
des Grafen Friedrich zu Dohna, der von dem Gouverneur von
Riga, Marquis von Paulucci, dessen Adjutant er war, eine Sendung
erhalten hatte. Dohna erzählt:***) „Mittags 1 Uhr (29. December)
traf ich, vom General Lewis aus Worny zurückkehrend, in Tauroggen
ein und fand den General York, der mich Tags zuvor mit besonderer
Freundlichkeit behandelt hatte und heiter wie gewöhnlich zu sein schien,

* Macdonald gelangte mit der ihm allein noch übrig gebliebenen Division
Legrand am 4. Januar 1813 nach Königsberg und führte seine und andere französische
Truppen, mit welchen er sich hier vereinigt hatte, nach dem von den Franzosen noch
besetzten Danzig.

** Beide Briefe sind abgedruckt bei Droysen, Leben York's I, 420 und 429
und bei Cosel V, 280 ff. Ueber die Convention und die vorangegangenen Ereignisse
f. außerdem: Häusser, deutsche Gesch. IV, 43; Klippel, Leben Scharnhorst's III,
647 — 651; Beitzke Befreiungskriege I, 153; v. d. Marwitz Nachlaß I, 330; Aufsatz
v. G. Zippel: „Die preußische Regierung und die Convention von Tauroggen" in
der Zeitschrift für Preußische Geschichte und Landeskunde, 1874, Juli- und Augustheft.

*** „Aus dem Leben des Feldmarschalls Grafen Friedrich zu Dohna", S. 177 ff.

in einer sehr trüben und gereizten Stimmung. Gleich beim Eintritte in sein Zimmer rief er mir entgegen, daß die Verhandlungen nunmehr abgebrochen werden müßten 2c. Auf meine Frage, was ihn zu dieser Maßregel veranlasse, erwiederte er, es sei ihm ein Befehl von Macdonald zugekommen, der ihm ferner keine Wahl lasse; demnach würde er von jetzt ab keinen Parlamentär mehr annehmen und morgen die Feindseligkeiten beginnen. Ich sollte jetzt mit ihm zu Mittag essen, alsdann aber unverzüglich zu Diebitsch zurückkehren, um diesen von seinem Entschlusse in Kenntniß zu setzen. Nach dem Essen — gegen 3 Uhr — ließ York Oberst von Röder, seinen Chef des Stabes, rufen und sagte ihm in meinem Beisein, er sei nunmehr entschlossen, morgen die Feindseligkeiten zu beginnen; demnach habe er sogleich die zur Concentrirung des Corps und zur Heranziehung des Trains erforderlichen Anordnungen zu beschaffen 2c. Oberst Röder machte in einer ausführlichen Auseinandersetzung auf die Schwierigkeiten aufmerksam, welche bei der gegenwärtigen Dislocation der Truppen und Trains, sowie bei der Beschaffenheit der Wege der sofortigen Ausführung dieses Befehls im Wege ständen, und verließ nach einer längeren Unterredung das Zimmer, ohne daß es zu einer eigentlichen Entscheidung gekommen war, woraus ich entnehmen zu können glaubte, daß York über die zu ergreifenden Maßregeln noch nicht fest entschlossen sei. Ich setzte daher meine Unterredung mit ihm fort, in der Hoffnung, daß jedenfalls in kurzem Nachrichten von Diebitsch eingehen würden. Mit Beginn der Dämmerung, also zwischen 4 und 5 Uhr, meldete ein Offizier der Vorposten, daß er soeben mit Oberstlieutenant Clausewitz, welcher vom General Diebitsch komme, im Hauptquartiere eingetroffen sei. York schien sehr erzürnt und machte dem Offizier Vorwürfe, daß er, seinen Befehlen entgegen, einen Parlamentär angenommen habe. Gleich darauf trat Clausewitz und der russische Major von Renne in's Zimmer. Die Unterredung, welche jetzt folgte, ist von Clausewitz und Droysen in den wesentlichsten Punkten ganz richtig, doch keineswegs vollständig wiedergegeben, indem die in Frage stehenden Gegenstände während längerer Zeit ausführlich besprochen wurden; auch ist in jenen Werken ein wichtiger Umstand ganz übergangen. York ließ nämlich, nachdem die Unterhandlung mit Clausewitz längere Zeit gedauert hatte, den

Oberst Röder rufen und es befanden sich nun, außer York, der
Oberst Röder, Clausewitz, Major von Renne und ich im Zimmer.
Nachdem Röder von dem, was Clausewitz gebracht hatte, in Kennt-
niß gesetzt war, sagte York zu ihm: „Röder, was meinen Sie?"
Oberst Röder antwortete im Wesentlichen folgendes: „Ich kann
Ew. Excellenz in dieser wichtigen Angelegenheit keinen Rath ertheilen.
Für den König, für den Staat, für die Armee wird es ohne Zweifel
von großem Vortheile sein, wenn Sie auf die Ihnen angebotenen
Bedingungen abschließen; für Ihre Person aber würde dieser Schritt
sehr gefährlich sein." Hier unterbrach ihn York und rief mit lauter
Stimme: „Was? meine Person? Für meinen König gehe ich auf
das Schaffot — ich schließe ab!" (ich entsinne mich sehr deutlich
dieser Worte) und nun wandte er sich zu uns und sagte zu Clausewitz:
„Ihr habt mich! Sagt dem General Diebitsch, daß ich mich morgen
früh auf den russischen Vorposten einfinden würde; er habe Ort und
Zeit zu bestimmen." Gleich darauf wurde die Ankunft eines Offiziers von der Massenbach'schen Truppenabtheilung gemeldet, welchen
York sogleich eintreten ließ und noch in unserer Gegenwart sich gegen
ihn ungefähr in der Art aussprach, wie dies in dem Werke von
Clausewitz angeführt ist. Clausewitz, Major von Renne und ich kehrten
nun zum General Diebitsch zurück. Als wir etwa 10 Uhr abends
in sein Zimmer traten, rief er uns in großer Bewegung entgegen:
„Was bringen Sie?" und als Clausewitz ihm sagte: „York ist bereit
abzuschließen," fiel Diebitsch ihm um den Hals und vergoß Thränen
der Freude.

Clausewitz wurde nun beauftragt, sobald er etwas gegessen haben
würde, sich wieder nach Tauroggen zu begeben, um York zu melden,
daß Diebitsch ihn am anderen Morgen 8 Uhr auf den preußischen
Vorposten in der Poscheruner Mühle erwarten würde. Zwischen 12
bis 1 Uhr nachts kann Clausewitz in Tauroggen wieder eingetroffen
sein. Diebitsch reiste am anderen Morgen früh von Willkischken ab
und traf um 8 Uhr auf dem Rendez-vous ein; ich begleitete ihn.
York kam eine Stunde später.

Aus dem Vorstehenden geht hervor, daß York — welcher, als
ich ihn am 28. December morgens sprach, mit dem Gange der
Unterhandlungen sehr wohl zufrieden schien — am 29. vormittags,

nachdem ihm Seydlitz über seine Sendung (nach Berlin zum Könige, wo er keine bestimmte Instruction erreichen konnte) Bericht erstattet, keineswegs geneigt war, auf die Convention einzugehen. In dieser Stimmung fand ich ihn 1 Uhr mittags, und da ich ihn nun bis zu meiner Abreise nach Willkischken nicht einen Augenblick verlassen habe, so bin ich gewiß, daß er während dieser Zeit Seydlitz nicht gesprochen hat. Dieser muß demnach sehr überrascht gewesen sein, als er am Abende nach unserer Abreise den Entschluß seines Generals vernommen und ihn in einer ganz anderen Stimmung angetroffen hat als am Morgen. Es läßt sich denken, daß man nun nach unserer Abreise im Hauptquartiere zu Tauroggen mit Zuziehung von Seydlitz den Eindruck, welchen die Nachricht von dem Abschlusse der Convention in Berlin hervorrufen werde, in nähere Erwägung gezogen haben wird und daß dadurch bei York auf's neue Bedenken hervorgetreten sind, die erst in der folgenden Nacht nach der Ankunft von Clausewitz ganz beseitigt werden konnten. Seydlitz war nach Clausewitz's Aeußerung gegen mich die Veranlassung des verspäteten Eintreffens von York; er hatte ihn wieder bedenklich gemacht, und es war Clausewitz und Röder nur mit Mühe gelungen, York zur Abfahrt zum Rendezvous zu bestimmen."*)

* Graf Dohna kehrte mit einem Briefe York's zu Paulucci zurück, der ihn mit der Nachricht von dem Abschlusse der Convention an den Kaiser Alexander sandte.

IX

Clausewitz's Briefe an seine Frau aus Schlesien und Rußland, vom 2. April (aus Liegnitz) bis zum 30. December 1812 (aus Tauroggen). — Aufsatz der Frau von Clausewitz über ihr Verhältniß zu ihrem Gatten.

1.

Liegnitz, den 2. April 1812.

(Am 31. März trat Clausewitz die Reise von Berlin nach Liegnitz an. Er litt an heftigen Kopfschmerzen, welche durch das Rütteln des Wagens noch verstärkt wurden. Auf dem Wege über Müncheberg nach Heidekrug stand er aus „wie ein Märtyrer"; an dem letzteren Orte, der auf der Mitte des Weges zwischen Berlin und Frankfurt liegt, bestieg er den Postgaul einer Estafette, welche sich zu seinem Postillon gesellt hatte, und ritt bis Frankfurt, wo er um Mitternacht ankam. Nach einem erquickenden Schlafe besuchte er am frühen Morgen seinen Bruder Wilhelm und seine Schwester Johanna, fuhr aber schon um neun Uhr nach Liegnitz weiter, von wo er diesen seinen ersten Brief schrieb.)

. . . . So habe ich diesen Weg, auf dem ich im vorigen Jahre so oft gejauchzt hatte vor Freude und Lust, mit Dir, theures Weib, zu sein, in Angstschweiß zugebracht, jeden Stein verwünschend, über den ich fuhr . . . . . Der Abschied von Frankfurt, vorzüglich von meiner armen Schwester, die ich nur auf so kurze Zeit gesehen hatte, that mir sehr weh und rief den Kopfschmerz von neuem hervor . . . Du siehst, mein theures Weib, daß ich nicht so von papier maché bin, wie man glauben sollte, wenn man mich in Berlin auf dem Sopha hat zucken sehen . . . . Von meinen Empfindungen auf dem Wege, welchen wir so vergnügt und so glücklich im vorigen Jahre zurückgelegt hatten, mag ich nicht viel sagen, denn ich bedarf der Stärke und darf mich also nicht auflösen in der Rührung und

Wehmuth, die noch über mein ganzes Wesen ausgegossen ist. Trotz der
Zerstreuung, welche mir der Schmerz gab, bin ich an so vielen Stellen,
wo ich mich dessen erinnerte, was wir im vorigen Jahre zusammen
gethan, gesprochen hatten, auf das lebhafteste ergriffen worden und ich
dürfte die Vergleichung beider Zeitpunkte und beider Zustände kaum
mit dem Fluge des Gedankens berühren, geschweige denn ausführen,
wenn ich nicht von Wehmuth übermannt sein wollte. Ich war froh,
als ich den Weg verlassen hatte, der mir so viele Erinnerungen gab,
aber es half nicht viel, denn die blos ähnlichen Gegenstände erneuerten
die wehmüthigen Augenblicke unaufhörlich, besonders aber hat mich
das Riesengebirge gerührt, was ich schon gestern in hoher Pracht
wiedergesehen hatte. Seine hohen Rücken sind noch mit Schnee
bedeckt und geben ihm das Ansehen der Savoyischen Alpen; es war
Sonnenschein; Licht und Schatten stellten sich in den schärfsten Umrissen dar; so schön haben wir das Gebirge nie gesehen. Als zuerst
die Schneekoppe wie ein kleiner Hügel am Horizont heraufstieg mit
der wohlbekannten Kapelle, dacht' ich mir das Glück, mit meiner
theuren Marie dort gewesen zu sein; es hatte einen eigenen Reiz,
einen einzelnen Punkt — denn größer als ein Punkt erschien mir
die Kapelle nicht — zu sehen, auf dem wir ungezweifelt Hand in
Hand gestanden hatten ... Liegnitz, wo ich den General*) gefunden
habe, ist so allerliebst, daß ich wieder mit jedem Schritte an Dich
erinnert werde, theure Marie; die herrlichsten Promenaden schöner
Linden-Alleen und die schönsten Wiesen umgeben die Stadt, das
Gebirge in der Entfernung, eine reiche, fruchtbare Ebene zwischen
dem Gebirge und uns — man kann sich nichts Reizenderes denken.

---

* Scharnhorst, Klippel, Theil III., S. 622, sagt: „Da mit jedem Tage das
Einrücken französischer Truppen in Berlin zu erwarten war, so hielt es auch
Scharnhorst seiner Sicherheit wegen für gerathen, sich von dort bei Zeiten zu entfernen. Er bat daher den König um einen Urlaub auf unbestimmte Zeit und
erhielt ihn, obgleich derselbe sich sehr ungnädig über die Abschiedsgesuche so vieler
tüchtiger Offiziere äußerte. Scharnhorst reiste bald darauf mit seinem Schwiegersohne Graf Dohna und Clausewitz, die in russische Dienste treten wollten, nach
Finkenstein und Dollstädt, wo sie mehrere Wochen verweilten." Diese Angaben
bedürfen in Bezug auf Clausewitz der Berichtigung. Dieser reiste allein von
Berlin nach Schlesien, war hier mit Scharnhorst und Dohna zusammen, begab sich
aber ebenfalls allein von Breslau nach Wilna.

Ach warum kann ich das nicht mit Dir genießen! ohne Dich macht es mir nur wehmüthige, traurige Eindrücke, mir wäre die traurigste Einöde lieber. Auch Kirchen haben wir besehen; der General, der einer der liebenswürdigsten Menschen ist, die es je gegeben hat, sprach mit einer Wärme und einem Vergnügen über die Eindrücke der Baukunst und alter Monumente, daß ich eine Art von Trost darin fand über Deine Abwesenheit. Leider war noch Jemand mit, der da meinte, man hätte doch besser gethan, statt der vielen Kirchen Chausseen zu bauen, denn noch in diesem Augenblicke könnte keine Batterie ohne die gräulichsten Beschwerden marschiren.

. . . Unaufhörlich schwebt das Bild Deiner Liebenswürdigkeit, Deiner Tugend, Deiner Vollkommenheit vor meiner Seele, und wenn ich es nicht schon vielmals ausgesprochen hätte, so müßte es jetzt aus meiner Seele hervortreten.

> Aus des Himmels Sonn- und Stern-Gebiete
> Bist Du gnädig Sterblichen gelieh'n,
> Um an Deiner reinen Engelsgüte
> Neuen Glaubens Funken anzuglüh'n.

O Marie, ich empfinde Deinen Werth, wie ihn nur ein Mensch empfinden kann, und Deine beseligende Nähe zu entbehren, ist das einzige Opfer, was ich jetzt bringe; aber dieses Opfer ist auch sehr groß und nur die Stärke, mit welcher meine Vernunft den Schritt von mir fordert, kann mich zu dieser Aufopferung des Höchsten, was ich im Leben besitze, bringen. Gott wolle, daß diese Trennung auf so kurze Zeit als möglich sei, denn für eine lange Entbehrung des unendlichen Glückes, womit mich das Schicksal vor Millionen begünstigt hat, gäbe es keine Entschädigung.

Den 3. April.

Der General wird hier nicht bleiben, wahrscheinlich geht er nach Frankenstein; er ist noch nicht ganz entschieden, wohin er seinen Weg nehmen wird.

Den 4. April.

Die Dohna's sind gestern angekommen, man beneidet Dohna um sein Glück . . . Gestern bin ich mit dem General nach Kloster Wahlstatt geritten und habe dort die Kirche gesehen, welche die heilige Hedwig in allen Abbildungen in der einen Hand trägt. Weiß mein lieber Historiker wohl noch, wie das Alles zusammenhängt? Bei Wahlstatt war die große Schlacht, in der Herzog Heinrich der Fromme von Liegnitz, Sohn der heiligen Hedwig, gegen die Tartaren blieb*) An der Stelle, wo er geblieben ist, wurde eine kleine Kirche von seiner Mutter zum Andenken dieses Tages erbaut, deren Hochaltar genau den Platz angibt, auf dem er fiel; diese Kirche trägt sie seitdem auf allen Abbildungen in der Hand und sie ist die, welche wir gesehen haben. Dicht bei derselben (sie ist protestantisch) steht ein schönes katholisches Kloster, welches eben dieser Schlacht wegen die katholische Geistlichkeit hier erbaut hat, indem sie das Grundstück an sich kaufte. In dem Kloster ist eine Kirche im neuen, reichen Stile, eine der schönsten, die ich gesehen habe. Ein großes Altarblatt stellt den Augenblick dar, wo die Mutter den entseelten Sohn wiedersieht; das Bild ist von einem Niederländer, wie es mir schien, ein sehr vorzügliches Stück. Beim Geistlichen fanden wir noch einen Pfeil und ein Hufeisen, die beim Baue des Klosters ausgegraben worden sind. Das Hufeisen war offenbar von dem Pferde eines Mongolen, denn es war so klein, daß man auf den Huf eines kleinen tartarischen Pferdes schließen mußte. Der General ist glücklicher in solchen Dingen wie Du; er hat hier eine alte Chronik gefunden, in der alles sehr umständlich beschrieben ist.

2.

Frankenstein, den 12. April 1812.

Ich werde Dir um so öfter schreiben, da von drei Briefen vielleicht nur einer ankommt, aber ich fürchte, daß ich oft ohne Nachricht

---

* Heinrich der Fromme, Herzog von Niederschlesien, stritt am 9. April 1241 auf der Wahlstatt bei Liegnitz mit einem aus Schlesiern, Mähren, Polen und Deutschen bestehenden Heere von höchstens 30,000 Mann gegen die 10- bis 15mal stärkeren Mongolen, welche durch Polen in Niederschlesien eingedrungen waren, mit heldenmüthigster Tapferkeit, verlor aber Schlacht und Leben. Die Mongolen wandten sich, auf die Kunde von dem Heranrücken der Böhmen, nach Süden und erlitten auf dem Zuge durch Mähren eine solche Niederlage bei Olmütz, daß sie schnell nach Ungarn entwichen. (Vgl. die Schrift von Franz Palacky: „Der Mongolen Einfall im Jahre 1241, mit besonderer Rücksicht auf die Niederlage bei Olmütz").

von Dir sein werde, da Du nicht im Besitze so ungewöhnlicher Mittel bist, einen Brief zu befördern, wie ich. . . Mein Entschluß steht bis jetzt fest, zur Zeit des 1. Mai zu schreiben; bis dahin hoffe ich noch auf Geldanweisungen, damit ich nicht zu arm abreisen möge; ich wünsche sehr, daß der Ausbruch der Feindseligkeiten sich bis Ende Mai verzögere. Schreib' mir doch darüber und was Du sonst Politisches hörst. Meine Zeit hier habe ich mit Bearbeitung des Aufsatzes für den Kr.-Pr. (Kronprinzen) zugebracht, der bedeutend länger geworden ist als ich glaubte, trotz alles Bestrebens, kurz zu sein. Greulich*) hat die Gefälligkeit, ihn abzuschreiben, wodurch mir eine große Arbeit genommen wird und das Ganze leserlich ausfällt. Ich habe mich in dem Ganzen durchaus auf nichts als die reine Sache eingelassen, nur werde ich es doch nicht lassen können, am Schlusse, wo ich von den Geisteskräften rede, die im Kriege erforderlich und nicht erforderlich sind, folgendes mit eigener Hand hinzuzufügen:

„Irgend ein großes Gefühl muß die großen Kräfte des Feldherrn beleben, sei es der Ehrgeiz wie in Cäsar, der Haß des Feindes wie in Hannibal, der Stolz eines glorreichen Unterganges wie in Friedrich dem Großen. Oeffnen Sie Ihr Herz einer solchen Empfindung. Seien Sie kühn und verschlagen in Ihren Entwürfen, fest und beharrlich in der Ausführung, immer entschlossen zu einem glorreichen Untergange — und das Schicksal wird den Strahlenkranz auf Ihr jugendliches Haupt drücken, der eine Zierde ist des Fürsten, dessen Licht das Bild Ihrer Züge in die Brust der spätesten Enkel tragen, an dem noch nach Jahrtausenden die Reihe Ihres glorreichen Namens kenntlich sein wird."

Ihm irgend einmal einen Funken in die Seele gehaucht zu haben, halte ich für Pflicht; mag man es übel nehmen oder sich darüber moquiren — was geht es mich an, da ich von dieser Erdscholle ohnehin loslassen muß und um so lieber loslassen würde, wenn man mir eine solche Aeußerung zum Verbrechen machen könnte. Ich hoffe,

---

* Scharnhorst's treuer Diener, den er im Jahre 1811 auf seinem Gute Döllstädt allein bei sich hatte. Vergl. Klippel, Scharnhorst's Leben, Theil 3, Seite 602 und 603.

Du theilst meine Ansicht. Von Gneisenau habe ich noch immer nichts gehört. Der General hat an ihn geschrieben nach Breslau; ich glaubte er könne Schlesien nicht verlassen, ohne den General noch einmal zu sprechen; da aber keine Antwort auf den Brief erfolgt ist, wird er doch abgereist sein. —

Mein Opus an den Kronprinzen geht morgen ab. —

(Im Folgenden theilt er mit, daß er tägliche Spaziergänge mit Scharnhorst mache, aber nicht mit demselben zusammenwohne, sondern in der Stadt ein Natural-Quartier habe, zu Mittag aber immer bei Scharnhorst esse, abends zuweilen bei demselben Thee trinke, häufiger aber zu Hause sei. Auch damals war er von Körperleiden nicht frei und hatte namentlich am rechten Arme heftige Schmerzen).

Daß Kn. (Knesebeck) seinen Abschied wieder genommen hat, belustigt mich sehr; er hat das Kopfschütteln des Publicums nicht vertragen können. Uebrigens ist er damit nicht entschlossen, seine Wirksamkeit aufzugeben, sondern er will im Civil unter einer anderen Gestalt hervortreten. Er fängt seine Sachen sehr ungeschickt an, und da ich von ihm den Glauben habe, daß er in Allem, was er thut, unglücklich ist, recht das Gegentheil ist von dem, welchen Schiller selig preist:

> Selig, welchen die Götter die gnädigen vor der Geburt
>   schon
>   Liebten . . . . .

so bin ich überzeugt, daß er auf diesem Wege mit seinen Absichten und Entwürfen scheitern wird.

Den 13. April.

Heute sind wir mit des Generals Pferden in offenem Wagen spazieren gefahren, gerade wie wir bei Kudowa in unserem liebenswürdigen Wagen. Die engen Wege, die unsicheren russischen Pferde, alles erinnert mich an jene glückliche Zeit. Wann, theure Marie, werden wir so glücklich sein, wieder so fahren zu können? . . . . Grüße Deine Mutter herzlich und Deine Hausgenossen, wohin ich Lady Marie und Fräulein Bischoffswerder ein für allemal zähle, auch unseren Ritter grüße herzlich und Röder, Münster u. s. w.

3.

Frankenstein, den 18. April 1812.

Mit diesem Briefe zugleich geht mein Schreiben an den König ab. Hast Du Gelegenheit O. oder L. zu benachrichtigen, daß ich schon vor zwei Posttagen um meinen Abschied gebeten habe, so wäre es mir angenehm. Treten keine Hindernisse ein, so kann die Antwort mich den 28. in Breslau treffen; dann werde ich in den letzten Tagen des Monats abreisen und zwar nach Preußen, weil ich nach reiflicher Ueberlegung das für das sicherste halte; möglich jedoch wäre es, daß dies nicht geht, und es ist der Mühe werth, einen Versuch bei der österreichischen Gesandtschaft zu machen wegen eines Passes nach Galizien. Da Dein Bruder nach Galizien marschirt ist, so kann der Vorwand einer Zusammenkunft gebraucht werden. Merken sie nebenbei den wahren Zusammenhang, so liegt nichts daran. Sprich doch darüber mit Deinem Vetter Karl, der sich zu diesem Zwecke an Bombelles*) wenden kann.

Dich wieder zu besitzen, wird mir mein höchstes Glück sein, so wie Du mir der theuerste liebste Freund auf Erden bist, mit dem sich keiner vergleichen kann, keiner, Du gute, liebe, angebetete Marie!

Der Vorfall mit dem Feuer hat mich unglaublich überrascht. Ist es nicht, als hätten wir uns des Schutzes irgend einer Göttin zu erfreuen im hohen Olymp, die uns freundlich von der unglücksschwangeren Stätte hinweggeführt, oder als hätte das Schicksal den Fleck, den unsere Ferse jüngst verließ, mit Brand gezeichnet, um anzudeuten, daß es uns glücklich hinwegführen werde über die gefahrvolle Stelle unseres Pfades, die hinter unserem geflügelten Schritte zusammenschlage wie die Höhle des Eises hinter dem schnellen Schlittschuhläufer? Laß uns immer dies als ein gnädiges Zeichen der Vorsehung betrachten und darum um so fester auf unser zukünftiges Glück bauen.

(Er hatte mit Scharnhorst eine Reise nach Silberberg und von da nach Glatz gemacht, von wo sie nach einem Aufenthalte von einigen Tagen am 16. April nach Frankenstein zurückkehrten.) Es waren die herrlichsten Frühlingstage. Von Silberberg aus ritten

---

* Marquis Ludwig von Bombelles, der österreichische Geschäftsträger.

wir den bekannten Kolonnen-Weg, dessen sich unsere guten Russen vielleicht noch erinnern werden. Ich wußte mich noch jeder Stelle zu erinnern, da wo wir in Gebersdorf einkehrten, wo uns der Bote verließ, wo wir den Weg nicht wußten, alle diese Punkte riefen mir lebendig das Bild unserer Reise, unseres Glückes in die Seele zurück. Wie wir von Silberberg wegritten, war das Wetter noch ganz schön und gerade das verschaffte uns einen herrlichen Anblick. Von dem böhmischen Walde aus, wo wir damals Silberberg zuerst gesehen hatten, öffnete sich das Gebirge zuweilen schnell wie der Vorhang des Theaters, einzelne Berge schoben sich rechts und links wie Coulissen vor und Silberberg lag uns wie eine Reihe fester Burgen links und im Hintergrunde die Ebene von Frankenstein in wunderbarer Beleuchtung. Sie war mit dunkelblauen Wolken überzogen, während hinter uns die Sonne glühende Strahlen aussandte. Die ganze Ebene hatte einen blauen Farbenton angenommen, aus dem die einzelnen Thürme und Gebäude wie Sterne hervorblitzten. Wie habe ich da an meinen lieben Maler gedacht! Silberberg von diesem Punkte aus zu zeichnen, wäre sehr viel belohnender gewesen. So oft ich die schönen Gegenden Schlesiens sehe und der schönen Tage gedenke, die wir zusammen hier verlebt haben, habe ich keinen höheren Wunsch als nur noch einmal in diesem Leben diese Gegenden mit meiner lieben Freundin zu durchziehen. Als wir von Glatz abritten, wandten wir uns nach X.,*) weil Götzen gerade da ist und den General gerade so sehr gewünscht hatte zu sehen. Bei dieser Gelegenheit habe ich also die X.'sche Familie in ihrem Inneren gesehen; gegenwärtig waren nur acht Töchter und ein Sohn. Der älteste, den wir schon kennen, war auf seinem Vorwerke X.; der jüngere gefällt mir viel mehr und ich würde sagen außerordentlich, wenn man nicht von einer so kurzen Bekanntschaft nicht zu viel sagen müßte, denn wir sind blos zum Diner dagewesen. Die Töchter sind bis auf zwei alle ziemlich hübsch, einige sogar recht sehr; sie sehen einander alle sehr ähnlich und gleichen alle dem ältesten Bruder.

* Wir haben in dieser Schilderung die Orts- und Personennamen unterdrückt, die Schilderung selbst aber wegen des in ihr herrschenden trefflichen Humors, für welchen Clausewitz eine vorzügliche Begabung besaß, aufnehmen zu sollen geglaubt.

Die zwei ältesten, deren eine abwesend war, sind an zwei Barone X. verheirathet, die dritte ist im Begriffe, sich mit einem kleinen unangenehmen Baron X. zu verheirathen, den wir in Warmbrunn gesehen haben; die fünfte ist versprochen mit einem Rittmeister X., der 1806 in unserem Dienste und 1809 in österreichischem war; die sechste scheint noch frei zu sein, welches wol daher kommt, daß sie weniger hübsch ist als die anderen. Nr. 6, 7 und 8 sind noch nicht erwachsen, Nr. 7 scheint auch recht hübsch werden zu wollen. Außer dieser Kinderarmee waren nur noch die Angehörigen des Hauses bei Tisch, so daß ohne einen einzigen Fremden außer dem General und mir achtzehn Personen bei Tisch waren. Dies hatte in der That viel Patriarchalisches. Der Tisch war mit sehr schmackhaften, aber einfachen Speisen versehen (nur machte Nr. 3 den Salat ganz abscheulich schlecht), und daß aus Oekonomie nicht Jedermann Wein bekommt, sondern dieser nach vorhergegangener Anfrage, ob man Wein trinke, als Leckerbissen gegeben wird, hat mir auch nicht gefallen wollen. Ich habe die Unverschämtheit sagen müssen, ich trinke nie Wein, und als mir der Sohn es nicht glauben wollte, fragte ich ihn, ob er denn glaube, daß wir in Berlin solche Verschwender wären. Im Ganzen kann ich nicht sagen, daß ich mich in dem Hause gefallen hätte. Gastfreundschaft und gesellschaftliches Interesse haben beide ihren Tod gefunden in der Oekonomie, die erstere in der Spezial-Oekonomie, deren Uebersetzung sich im Deutschen mit einem f. anfängt, die andere in der General-Oekonomie, deren Begriffe sich durch Roggen, Weizen und Kartoffeln, Widder, Kühe, Kälber wie die Sonne durch die zwölf Zeichen des Thierkreises bewegten. So ist der Graf, so ist (ich kann Fräulein Bischoffswerder nicht helfen) die Gräfin, die wie ein aufgezogenes Uhrwerk mit einer dünnen, einförmigen Stimme über die Landwirthschaft spricht, als wäre sie, nachdem Herr von Fellenberg in Hofwyl seine Saatmaschine glücklich zu Stande gebracht, als das letzte Kunstwerk des ökonomischen Maschinenwesens aus seinen Händen hervorgegangen. Der gute Götzen sagte einmal, Du malst sehr schön, zu seiner Schwester, und da sie es nicht zu hören schien, so appuyirte er darauf, das war aber so viel als wenn eine Fliege gesummt hätte. Kurz, die Frau hat mir nicht gefallen, ja sogar sehr mißfallen. Selbst Fräulein Bischoffswerder, die sie doch ihre sehr intime Freundin nannte, schien ihr übrigens kein sonderliches Interesse einzuflößen; sie that nicht eine einzige Frage und Alles, was ich ungefragt von ihr erzählte, wurde ganz kurz aufgenommen. Ein sehr schöner Widder wurde gezeigt. Graf X. sagte, daß man für ein solches Thier 400 Ducaten geboten hätte; man könne sie ihm für dieſen (der, im Vorbeigehen gesagt, nur ein halbes Jahr alt war) auch bieten, er würde ihn nicht verkaufen; nicht daß er ein Attachement für das schöne Thier hätte, „da würde ich es gleich weggeben", sondern aus Speculation. „Ja, aus Speculation", fiel die Gräfin ein, und nun ging es an ein Berechnen, wie viel es machte, wenn jedes Schaf seiner künftigen Generation ein Loth Wolle mehr hätte. . .

4.

Breslau, den 20. April 1812.

Gestern sind wir hier angekommen. Prinz A. (August) kam gestern Abend noch zum General und hat mit uns soupirt; mein hiesiger Bruder ist vor einigen Tagen ausmarschirt und steht in der Gegend von Oels; ich werde ihn noch einmal besuchen; seine Familie ist noch hier.

(Cl.'s Casse belief sich auf mehr als 1000 Thlr. und er konnte es seinem Herzen nicht versagen, seiner ältesten Schwester etwas zu schicken. Doch hatte er noch Schulden im Betrage von 100 Friedrichsd'or zu tilgen und die ökonomische Lage seiner Frau machte ihm Sorge. Er ermahnte sie auf's Eindringlichste, daß sie recht sparsam sein und stets bedenken solle, daß sie einen Mann habe, „der seinen Pflichten gegen sie nicht nachkommen könne").

Den 21. April.

Gestern habe ich mein Paket von Porlitz erhalten. Angenehme Ueberraschung! statt 100 Ducaten 120, aber noch mehr im Liewen'-schen Briefe: statt 1300 Thlr. Gehalt 1900, so daß ich nun ganz ohne Sorge sein kann. Dies setzt uns in den Stand, mit dem Deinigen dort zu leben, und so wäre denn schon jetzt ein großer Schritt zu unserer Wiedervereinigung geschehen. Meine Schwägerin*)

---

* Frau seines Bruder Wilhelm.

ist wirklich eine sehr achtungswürdige Frau, die auch Du schätzen würdest. Vorzüglich liebt sie meinen Bruder über Alles und die Ehe scheint eine der glücklichsten zu sein, die man sehen kann. Ueberhaupt ist mein Bruder von allen Leuten, die mit ihm zu thun gehabt haben, so geschätzt und geliebt, daß jetzt Alle seiner Frau ihre Dienste anbieten.

5.

Breslau, den 24. April 1812.

Meine Freunde Boyen und Scharnhorst prophezeien, daß der König mein Abschiedsgesuch das erste Mal abschlagen werde; sollte es geschehen, so schreibe ich gleich zum zweiten Male; die Antwort darauf kann vor dem 9. Mai nicht da sein. Vielleicht reise ich dann mit Dohna, der den sicheren Ausbruch des Krieges abwarten will, d. h. den Zeitpunkt, wo alle die Truppen, die jetzt stehen, sich in Marsch setzen. Neulich habe ich von Dohna eine mir bisher unbekannte Anekdote von Scharnhorst gehört, die mich sehr interessirte. Der General fand auf dem Schlachtfelde von Auerstädt den Prinzen Heinrich,*) welchem das Pferd erschossen war, zu Fuße ganz allein und von allen Truppen verlassen, so daß er in Gefahr war, gefangen zu werden. Der General war noch zu Pferde, aber obgleich er blessirt war, gab er dem Prinzen sein Pferd, nahm einem Todten Gewehr und Patrontasche ab, bewaffnete sich damit, und trat so, nicht weit von feindlichen Tirailleurs, seinen Rückzug an. Er wählte gerade den Strich, wo die Kanonenkugeln einer feindlichen Batterie am häufigsten einschlugen, weil er ziemlich sicher war, nicht verfolgt zu werden, als Artillerist aber wohl wußte, wie wenig es mit der Gefahr auf sich hat, von einzelnen Kanonenkugeln getroffen zu werden. So kam er glücklich zurück, bis ein preußischer Offizier ihm wieder ein Pferd gab. Prinz Heinrich hat ihm für das auf dem Schlachtfelde gegebene Pferd ein anderes geschenkt, was der General noch hat. Hätte das ein Anderer gethan, was würde man für Lärm gemacht und darin den Muth eines alten preußischen Helden gefunden haben, um ihn in schlechten Bildern zu verherrlichen; so mußte dieser Zug selbst mir Jahre lang unbekannt bleiben.

* Bruder Friedrich Wilhelm's III.

6.

Breslau, den 26. April 1812.

— Das Unglück des Vaterlandes hat seinen Gipfel erreicht, denn seine Fürsten sind Sclaven, welche auf Geheiß ihres Herrn das Schwert gegen sich selbst führen; die wenigen Formen scheinbarer Selbstständigkeit sind für einen vernünftigen Mann nichts werth; was Preußen innerhalb zweier Monate geworden ist, wird Oesterreich in eben so kurzer Zeit werden. Zu fürchten haben wir jetzt eigentlich nichts mehr, Alles zu hoffen. In diesem Zustande ist Alles, was geschieht, jede neue Bewegung, jeder neue Stoß in der politischen Welt ein Princip neuer Hoffnung. So gehe ich jetzt mehr als je der Zukunft muthigen Schrittes entgegen.

7.

Breslau, den 28. April 1812.

So ist denn der entscheidende Schritt gethan; ich bin den äußeren Zeichen nach nicht mehr der Eurige; und das Feldzeichen, dem ich zwanzig Jahre mit Liebe und Anhänglichkeit gefolgt bin, ist mir nicht mehr erlaubt zu tragen. Eine wehmüthige Empfindung hat mich doch leise angewandelt bei diesen Vorstellungen, aber sie hat mich nicht betrübt. Mein Schicksal ist in dem Allgemeinen verflochten, in diesem aber ist mir kein schlechtes Loos gefallen, denn ich wüßte in der That nicht, was ich ohne Spielerei der Phantasie mir Besseres wünschen könnte in dieser betrübten Zeit und bei meinen Privatverhältnissen. Ich bin ganz unbesorgt wegen der Zukunft, vielmehr beruhigter als je über dieselbe, da bei Leben und Gesundheit doch wohl der schlimmste Fall kein anderer sein kann, als daß ich in der mir kürzlich gewordenen Lage ohne neue Vortheile verbleibe. Diese Lage, die freilich an Annehmlichkeiten meinen Verhältnissen in Berlin nicht gleichkommt, ist doch in den wesentlichen Dingen nicht schlechter und unstreitig weniger prekär. Dennoch mache ich mich gefaßt darauf, sie weniger angenehm zu finden, als sie dieser Vorstellung nach sein könnte, und ich hoffe mich nicht durch eine leichtsinnige Selbsttäuschung zu verwöhnen. Nur die Vereinigung mit Dir ist zu meinem Glücke erforderlich, und für den Fall der Unthätigkeit, hoffe ich, wird unsere Trennung nicht von Dauer sein.

Den Abschied habe ich erhalten; er lautet: „Auf Ihr Gesuch vom 12. d. M. ertheile ich Ihnen hiermit den Abschied." Die Antwort hätte wohl nicht länger ausfallen können, auch wenn die Majestät nicht ungnädig gewesen wäre, was ich doch sehr stark vermuthe.

Von dem Kronprinzen habe ich bis jetzt auf das, was ich ihm eingesandt habe, noch keine Antwort erhalten, ob es gleich vierzehn Tage her ist.

Das Besteck von Perlitz habe ich mit den übrigen Sachen richtig erhalten. Ich habe für 80 Thlr. mir einen bequemen Wagen gekauft und mich entschlossen, nicht den weiten Umweg über Lemberg durch Galizien zu machen, sondern meinen Weg durch Preußen zu nehmen. Dohna hat sich noch immer nicht entschlossen, mit mir zu reisen; so sehr ich dies auch wünsche; wahrscheinlich wird er es nicht thun, da man hier immer den Krieg noch nicht als sicher ansieht.

Wenn mich der Krieg nicht bald mit sich fort in seine Strudel reißt, so bekomme ich Heimweh nach Dir, Du liebes Herzensweib! Jeder Zug Deiner lieben Hand ist mir theuer. Lange ohne Nachricht von Dir zu sein, ist die schrecklichste Aufgabe, die ich von meiner Zukunft zu erwarten habe. — Ich denke den 2. Mai abzureisen, und werde nach 16 Tagen, also den 18., in Petersburg sein, wenn der Kaiser noch nicht zur Armee abgegangen ist.

8.

Graudenz, den 5. Mai 1812.

Ich bin meinem Entschlusse, durch Preußen zu gehen, doch treu geblieben; ich fand, daß es Zeit sei, den kürzesten Weg einzuschlagen. Ich nahm meinen Weg von Breslau durch das Großherzogthum Warschau und stieß auf keine Widerwärtigkeiten, bis auf eine unaussprechliche, kleinliche, kindische Arroganz und Impertinenz der polnischen Platzcommandanten, mit welchen ich zu thun gehabt habe. Sie zeigte sich mir nicht in Worten, — denn das hätte ich trotz aller Klugheit nicht ertragen — aber in Mienen und Geberden in einem Grade, wie mir nie etwas vorgekommen ist. Obgleich dies

nur vier oder fünf Individuen betrifft, so läßt es mich doch einen
deutlichen Blick in diese im Unglück feige und knechtische, im Glück
übermüthige und hochmüthige Nation thun. Sage dem Prinzen
Radziwill, daß ich in meinem Leben nie so dedaigneus behandelt
worden wäre, wie von den polnischen Platzcommandanten, die alle
auf mich herabgesehen hätten, als gehörte ich zu Geschöpfen einer
geringeren Ordnung. Wenn man dabei die polnischen Dörfer ansieht,
in deren grauen Erdhütten die grauen schmutzigen Menschen umher-
krabbeln wie L. in einem Schorf, so verliert sich der Unmuth und
man bekommt Mitleiden über diesen kindischen Hochmuth ... In
vier oder fünf Tagen denke ich in Memel zu sein. Gestern Abend
bin ich hier angekommen, nachdem ich drei Nächte unterwegs war.
In diesem Augenblicke werde ich mich in den Wagen setzen, um
weiter zu reisen.

9.

Gumbinnen, den 8. Mai 1812.

Bis hierher bin ich ohne alle Schwierigkeiten gekommen, sowohl
große als kleine. Nicht einen Nagel habe ich auf diesen 130 Meilen
an meinem Wagen verloren, nicht einmal bin ich umgeworfen worden;
nicht ein einziges fatum habe ich erlebt. Ich höre zu meiner Verwunderung, daß der Kaiser von Rußland schon mit seinem ganzen
Gefolge in Wilna eingetroffen, ich werde also nicht nach Petersburg
gehen. Man spricht hier allgemein davon, daß die Russen eine
Offensiv-Operation nach Polen hinein machen werden; ich bezweifle
dies aber fortdauernd. Der Ausbruch des Krieges aber scheint mir
völlig gewiß. Morgen reise ich nach Memel ab. Die Reise hat
mich sehr angegriffen, von sieben Nächten bin ich sechs unterwegs
gewesen. Zwischen Jnowraclaw und Bromberg im Herzogthum
Warschau waren drei Tage, ehe ich die Gegend passirte, mehrere
Häuser in der Nacht durch gewaltsamen Einbruch geplündert worden.
Die Gemeinde hatte sich sogleich aufgemacht und die Spitzbubenbande
in dem dortigen Walde gesucht und gefunden. Es waren eine
ziemliche Anzahl von Kerlen, die sich im Dickicht gelagert hatten;
es war Tag, als man sie entdeckte und Jagd darauf machte; sie
entkamen aber sämmtlich, weil die, welche man schon gefangen hatte,

sich ihrer Wache bemächtigten und davon sprangen. Der Postillon, welcher mich fuhr, war bei dieser Geschichte gegenwärtig gewesen und erzählte sie auf seine Weise mit den gehörigen Einschaltungen auf eine sehr interessante Art, zum Glück aber erst, nachdem es Tag geworden war, sonst hätte ich die Nacht weniger sorglos zugebracht. In Breslau war ich so vorsichtig, mir eine Geldkatze zu kaufen, worin ich meine Baarschaft um den Leib trage; auch ein paar Pistolen habe ich mir gekauft, die an beiden Seiten des Wagens angebracht sind und jeden Abend mit frischem Pulver auf der Pfanne versehen werden. Ein paar mal, wenn wir nachts durch recht dickes Gebüsch gefahren sind, habe ich mich sogar der Vorsicht nicht enthalten können, die eine in die Hand zu nehmen, um dem Ersten, der an den Wagen träte, damit auf den Kopf zu brennen. Der Wagen ist bequem, aber dennoch bin ich seit der Abreise von Berlin das Kopfweh nicht los geworden; ein Rheumatismus scheint sich auf den Kopf geworfen zu haben. So lange ich ganz aufrecht im Wagen sitze, fühle ich nichts; so wie ich mich aber anlehne, fängt der Schmerz an und nimmt jeden Augenblick zu. Im Ganzen hat jedoch in der letzten Zeit das Kopfweh nachgelassen und hoffentlich wird es bald ganz verschwinden.

Ich träume mir Dich so oft in den Zirkel Deiner Herzensfreunde, mit Deiner schönen, ruhigen Heiterkeit, und beneide dann die Leute, die so das Glück, das ich entbehren muß, genießen. Glück gibt es für mich auf Erden nur bei Dir. Wenn ich einmal einen flüchtigen Augenblick der Verstimmung habe, so fühle ich erst recht den unersetzlichen Verlust; dann verlangt mich nach Deiner Ruhe und Heiterkeit, dann ist die Sehnsucht am größten. Selig, ja selig will ich mich preisen, wenn ich Dich zum ersten Mal wieder in meine Arme schließe. So schön der Augenblick war, in dem ich Dir den ersten Kuß auf die Wangen drückte, der Augenblick, da Du mir ihn erwiedertest, so schön der Augenblick war, da ich mich zum ersten Mal allein mit Dir im Wagen befand, mit Dir allein in einer kleinen Welt, die uns allein angehörte, und Du mein Besitz, so unaussprechlich beseligend diese Augenblicke waren, so wird doch dieser Augenblick der Wiedervereinigung nach einer Trennung, die mir schon jetzt so schmerzlich zu tragen wird, einen Genuß gewähren, wie ich ihn in meinem Leben noch nicht gehabt habe. Diesen nächsten Sturm des Lebens, der uns bevorsteht, werde ich muthig ertragen, aber wie, wenn das Schiff scheitert und ich nicht in den Wellen begraben werde, wo ich dann den Muth hernehmen soll, von neuem einem ungewissen Glücke entgegenzugehen, um mich noch weiter, auf noch länger von Dir zu entfernen, das weiß ich nicht.

Du machst Dir den Vorwurf, Laune gehabt zu haben. Aber in den fünfzehn glücklichen Monaten unserer Ehe habe ich keine Spur von Laune an Dir bemerkt, stets nur die schöne Offenheit, himmlische Einfalt und Klarheit der Seele an Dir bewundert, Du vollkommenste aller Frauen!

Es hat sich hier ein gutes Mittel ergeben, unsere Correspondenz auch im Falle des Krieges fortzusetzen. Ich gebe meine Briefe an die Vorposten, versteht sich, offen und ohne allen politischen Inhalt und adressire sie an den hiesigen Regierungspräsidenten (der litthauischen Regierung) und Du schickst Deine Briefe gleichfalls offen an ihn; er wird, da er immer mit den commandirenden Generalen in Verbindung bleibt, Gelegenheit haben, sie durch die Vorposten herüberzuschicken. Wir Beide aber unterzeichnen die Briefe nicht und machen auch keine Adresse darauf. Das Letztere übernimmt er, und kenntlich sind sie ihm an unserer beiderseitigen Handschrift, wovon ich ihm eine Probe lassen werde. Er hat sich mir zu dieser Gefälligkeit anheischig gemacht. Dies nimmt mir einen schweren Stein vom Herzen. Du siehst, liebe Marie, das Glück gibt uns stets ein neues Unterpfand.

10.

Tilsit, den 10. Mai 1812.

Die Briefe, die mir mein Freund *) mitgegeben hat, und die ich aus gewissen Gründen habe erbrechen müssen, sind so abgefaßt, daß ich mich scheue, sie offen zu überreichen. Ich habe viel daran gedacht, welch ein Vergnügen es Dir machen würde, sie zu lesen, da Du nie meines Lobes satt werden kannst.

Auch an Deine Mutter lege ich einen Brief bei; ich denke, diese Aufmerksamkeit bin ich ihr schuldig.

* Scharnhorst.

11.

Kwaydany in Litthauen, den 15. Mai 1812.

Der Ort, von welchem ich Dir schreibe, liegt auf dem Wege nach Wilna, dem Hauptquartiere des Kaisers und des Generals Barclay de Tolly. Seit sechs Tagen innerhalb der Gränzen Rußlands, werde ich den Ort meiner Bestimmung erst in drei Tagen erreichen. Was soll ich Dir denn als das Merkwürdigste von den erlebten Faten erzählen? Daß mein erstes politisches Diner, welches gleichwohl in vier Tagen das beste oder vielleicht das einzige geblieben ist, aus einer Suppe von halb Schinken, halb rohem Schweinefleisch bestand, worauf eine zweite Suppe von halb Rindfleisch und halb Kalbfleisch folgte; daß ich den schlechtesten Theil des ehemaligen Polens langsam durchzogen bin und ungeachtet des schönsten Bodens ein Land gefunden habe, davon wir uns keine Begriffe machen, dagegen die Gegenden von Storkow, Beeskow, Pförten sich verhalten wie sich die reichste Provinz Englands zur Mark verhalten mag; daß ich die Menschen dort in einem Zustande gefunden habe, davon wir keine Vorstellung haben, so daß ich jetzt fest überzeugt bin, die Theilung Polens war eine Wohlthat, im Rathe des Schicksals beschlossen, um dies Volk, das seit Jahrtausenden in diesem Zustande verharrt, endlich einmal davon zu erlösen. Die polnischen Enthusiasten, davon ich unseren Freund R. (Radziwill) nicht ausnehme, sind eitle Egoisten, wenn sie die Existenz, welche Polen bisher gehabt hat, bleibend machen wollen; man muß die menschliche Bestimmung ganz aus den Augen verloren haben, um dies gleichgültig mitanzusehen. Rußland ist den Polen mit einem guten Beispiele vorangegangen; in Rußland befinden sich die Menschen in einem viel besseren Zustande, und wo nur deutscher Kunstfleiß sich regt, glaubt man gar im Himmel zu sein. Das ganze Leben der Polen ist, als wäre es mit zerrissenen Stricken und Lumpen zusammengebunden und zusammengehalten. Schmutzige deutsche Juden, die wie Ungeziefer in Schmutz und Elend wimmeln, sind die Patrizier des Landes. Tausendmal habe ich gedacht, wenn doch das Feuer diesen ganzen Anbau vernichten wollte, damit dieser unergründliche Schmutz von der reinlichen Flamme in reinliche Asche verwandelt würde. Das war mir immer eine wohl-

thätige Vorstellung. Alles wimmelt hier von Juden, die sämmtlich
ein unverständliches Deutsch sprechen. Von der Vermehrung dieses
Volkes kannst Du Dir einen Begriff machen, wenn ich Dir sage, daß
ich eine Wirthin von 32 Jahren habe, die eine Tochter von 19 Jahren
hat, die natürlich auch verheirathet ist. Sie heirathen im 11. Jahre
und bekommen Kinder im 13.; im 40. Jahre kann also eine Frau
sehr bequem Urgroßmutter sein.

In Tauroggen, wo ich in's Russische trat, mußte ich mich einen
Tag beim Kosaken-Obersten aufhalten, er hatte seine Familie bei sich.
Ein paar schlechte Bauernstuben waren reinlich eingerichtet; eine Art
langer Divans stand an den Wänden; in der Mitte eines derselben
in vegetabilischer Nähe saß eine große, starke, junge (vermuthlich
auch schöne) Czirkassierin mit übereinandergeschlagenen Armen und
Beinen, in Seide und kostbares Pelzwerk gekleidet, auf dem Kopfe
aber tout bonnement mit einem bonnet de nuit, wie sie bei uns
die alten Männer tragen, versehen. Sie war wie ein gemästeter
Kapaun mit weißem, fettem Fleisch umgeben, hatte etwas platte,
sonst nicht üble Züge und sah sehr gutmüthig aus. Man sah ihrem
ganzen Wesen an, daß sie in der Staats-Verfassung keine andere
Bestimmung hat, als Mutter vieler Kinder zu werden, und daß sie
zur Annehmlichkeit der Gesellschaft nicht anders beiträgt, als indem
sie ihren Körper fett und weiß erhält. Darum arbeitet sie auch den
ganzen Tag nichts. Sie war wirklich aus Czerkask, der Hauptstadt
der Donischen Kosaken, gebürtig und sprach so wie ihr Mann nichts
als russisch. Ungeachtet ich nun kein Wort verstand, so hat mich
ihr Mann doch unaufhörlich unterhalten. Um mich ihr in irgend
etwas verbindlich zu machen, zeigte ich ihr Dein Bild — sie bemerkte
den Augenblick, daß Du schön voll im Gesicht wärest, und wünschte
mir Glück dazu. Als ich mich empfahl, wurde ich zweimal von ihr
ganz ordentlich embrassirt.

12.

Wilna, den 23. Mai 1812.

Welch eine Freude hatte ich, als ich nach 11 Tagen ungeduldigen
Umherziehens hier ankam und unsere Freunde G. (Gneisenau) und
Ch. (Chasot) hier fand und gleich mit ihnen dieselben Zimmer beziehen

konnte. Ich bin jetzt drei Tage hier; meine Anstellung ist dem Briefe des Grafen L. (Lieven) gemäß geschehen; ich habe aber noch keinen Rock, bin also auch noch nicht in einem Dienstverhältnisse. Sogar habe ich noch keinen meiner künftigen Vorgesetzten kennen gelernt. Der Kriegsminister,*) der zugleich commandirender General unter dem Kaiser ist, ist ein freundlicher Mann, ich habe aber nur ein paar Worte mit ihm gewechselt. Ich vermuthe, daß ich im hiesigen Hauptquartier in irgend einem untergeordneten Bureau arbeiten werde. Der Umgang mit meinen Freunden hat mich bis jetzt nicht zu den traurigen Empfindungen kommen lassen, die sich unser in einem wildfremden Lande, dessen Sprache wir nicht kennen, leicht bemeistern. General Phull hat mich sehr freundlich aufgenommen.

13.

Wilna, den 28. Mai 1812.

Es sind acht Tage her, seit ich Dir das erste Mal von hier schrieb und noch kann ich Dir über meine Lage nichts sagen; ich trage noch den blauen Rock, theils weil meine Sachen erst morgen fertig werden, theils weil der Befehl zu meiner Anstellung noch nicht aus den Kanzleien zurück ist. Ich glaube, daß der Krieg in vierzehn Tagen schon ausbricht; denn man hat hier die Nachricht von der Ankunft des französischen Kaisers in Dresden, und es ist mir nicht wahrscheinlich, daß er sich lange in Deutschland umhertreiben wird. Ich habe noch keinen Krieg mit solcher Ruhe ausbrechen sehen, und dies aus mancherlei Gründen; der erste Feldzug wird nicht lange dauern, denn eine Wintercampagne ist bei diesem Klima nicht möglich; ich glaube nicht, daß man in dieser Gegend bis zum 1. November operiren kann.

14.

Wilna, den 6. Juni 1812.

— Endlich bin ich seit heute im grünen Rock, der aber der Mode wegen fast schwarz ist. Von meiner Geschäftsbestimmung weiß ich noch nichts. Alles was ich bis jetzt erhalten habe, ist ein

---

* General der Infanterie Barclay de Tolly, der die erste Westarmee befehligte und zugleich Kriegsminister war.

ruſſiſcher Brief des Prinzen Wolkonsky, der Chef des ganzen General-
quartiermeiſter-Stabes iſt, worin er mir ſagt, daß er die Ordre
wegen meiner Anſtellung erhalten hätte und mich demzufolge zur
erſten Weſtarmee (der hieſigen) abgetheilt hätte. Damit trete ich
unter den General Muchin, der General-Quartiermeiſter dieſer Armee
iſt, und nicht ein Wort franzöſiſch kann. Da dieſer mich nun gar
nicht gebrauchen kann, ſo vermuthe ich entweder in den Stab des
Kriegsminiſters (der unter dem Kaiſer zugleich dieſe erſte Armee
commandirt) oder zu General Lawaroff, der der wahre Chef des
Generalſtabes iſt, oder zu einem der Corps-Commandanten zu kommen.
Die Verzögerung meiner Anſtellung hat mich um einen Auftrag
gebracht, den mir der Kaiſer ſchon vor acht Tagen geben wollte.
Ich ſollte nämlich zu einem der Seitencorps gehen, und Stellungen
für daſſelbe aufſuchen. Wahrſcheinlich verdanke ich dieſe Beſtimmung
dem General Phull. Jetzt iſt ſie aufgehoben, doch iſt es mir ein
Zeichen, daß man einige Notiz von mir nimmt. Morgen werde ich
dem Kaiſer wahrſcheinlich präſentirt werden. Mit meiner perſönlichen
Lage bin ich nicht unzufrieden. Fürſt Wolkonsky, mein eigentlicher
Chef und General-Adjutant des Kaiſers, hat das Anſehen eines
rechtlichen Mannes; er iſt etwas sec. Brillante Ausſichten haben
ſich mir nicht eröffnet und ich bin weit entfernt, das Vertrauen in
die Annehmlichkeit der Lage zu genießen, die ich in Preußen hatte,
ſelbſt nur eine Ausſicht dazu zu haben.

15.

Wilna, 20. Juni 1812.

... Ich bin jetzt beim General Phull angeſtellt, eine Anſtellung,
die nicht von langer Dauer ſein wird, da er eigentlich nicht mehr
commandirt. Tiedemann iſt nach Riga geſchickt zum General Eſſen;
er verdankt dieſen ſehr wichtigen Auftrag einem Bekannten, dem
Oberſtlieutenant Wolzogen,*) der unterdeß mein Bekannter geworden
iſt und mir in der Folge ſehr nützlich werden kann.

* Er war am 17. Juni in Wilna. Ueber ſeine Beziehungen zu Clauſewitz,
Tiedemann und Leo (Leopold) von Lützow, der durch Wolzogen in den Doktorow'-
ſchen Generalſtab kam, berichtet er in ſeinen (1851 von ſeinem Sohne, dem Freiherrn
Alfred v. Wolzogen herausgegebenen) „Memoiren" S. 96.

16.

Swienciany, 17./29. Juni 1812.

Der Ort, von dem ich Dir schreibe, liegt auf dem Wege von Wilna nach dem verschanzten Lager von Drissa an der Dwina, welches die Armee zu beziehen gedenkt, um darin die erste Schlacht zu liefern; indessen befinden wir uns ziemlich weit von den Corps entfernt und es können schon große Sachen vorgefallen sein. Bis jetzt wissen wir noch nichts als von Vorpostengefechten. Die Franzosen sind in jedem Fall im Vorrücken gegen die Dwina. Wahrscheinlich wird die erste Schlacht in zehn bis zwölf Tagen geliefert. Ich bin noch bei General Phull angestellt und dieser bei der Person des Kaisers.

17.

Aus der Gegend von Polotzk, den 6./18. Juli 1812.

Ich bin noch immer im Hauptquartiere des Kaisers beim General Phull. Diese Anstellung, die mich vollkommen müßig läßt und auf andere Verhältnisse berechnet war, als sie jetzt stattfinden, hat mir nie recht gefallen und mißfällt mir jetzt noch mehr, denn ich werde vom Kriege kaum etwas gewahr. Noch habe ich keinen Schuß gehört, bedeutende Ereignisse haben auch noch nicht stattgefunden. Die Arrieregarden-Gefechte, die bis jetzt vorgefallen sind, sind im Ganzen zu unserem Vortheil gewesen. Man hat bis jetzt einen General und 1000 Mann zu Gefangenen gemacht, welches auf einem Rückzuge viel ist. Ich denke mir, meine Anstellung soll sich durch einen oder den anderen Umstand ändern, sonst würde ich sehr verdrießlich werden. Uebrigens ist denn doch am Ende wahr, was ich mir tausendmal gesagt habe, und was alle Menschen bestritten, daß man ohne russisch zu können gar keine Brauchbarkeit hat. Hier nützlich zu sein, darf ich also wol kaum hoffen, und mein ganzes Streben ist nur darauf gerichtet, wenigstens den Krieg selbst zu sehen und dadurch für meine Person zu gewinnen. Dieser Feldzug ist für die Truppen äußerst fatiguant, denn selbst hier im Hauptquartiere, wo man doch ohne

Vergleich besser daran ist, liegen wir immer in Scheunen und Ställen und seit drei Wochen habe ich schon das Zeug nicht vom Leibe gehabt.

Unsere Zukunft wollen wir vertrauensvoll dem Schicksale anheimstellen. Bis jetzt ist noch kein großes Unglück geschehen und manche große Hoffnung ruht noch im Keime; wenn ihr Zeit gegönnt wird, so kann sie sich entwickeln. Für den schlimmsten Fall aber habe ich den Muth noch nicht verloren. In uns ist das Glück fest gegründet und keine Macht der Welt kann dies ganz zerstören, wenn wir Beide gesund bleiben. Mit meiner Aufnahme hier kann ich nicht anders als sehr zufrieden sein; der Kaiser namentlich ist sehr gnädig gegen mich gewesen und der Großfürst*) hat mich an der Spitze seiner Colonne mit einer Auszeichnung behandelt, die weit über mein Verdienst geht. Auf diese prekären Gnadenbezeugungen aber baue ich mein Glück nicht und ich führe es nur an, um zu beweisen, daß manche Befürchtungen und Prophezeiungen unserer fürstlichen Freundinnen nicht begründet waren. Auch über die russischen Großen habe ich mich nicht zu beklagen; nur die jungen Elegants in der Suite des Kaisers sind von einer zurückstoßenden Kälte. Graf Osarafski, Generaladjutant des Kaisers, welcher immer mit uns zusammenwohnt, ist fast die einzige nähere Bekanntschaft, die ich gemacht habe, und er ist sehr gefällig gegen mich. Unseren Freund**) sehe ich jetzt sehr wenig, da er immer einige Märsche von uns entfernt, weiter rückwärts ist; das thut mir in mehr als einer Rücksicht sehr leid. General Barclay de Tolly commandirt jetzt diese Armee mit mehr Vollmacht als bisher, welches sehr nothwendig war. Ich halte ihn für keinen schlechten General. Wir haben seit dieser Veränderung im Commando das verschanzte Lager von Drissa meistens verlassen, um uns mehr links zu bewegen, welches ich im Ganzen für zweckmäßig halte. Ich kann Dir kein klares Bild vom Ganzen geben aus leicht begreiflichen Ursachen. Endlich scheint ein Tractat mit England zu Stande gekommen zu sein, denn der Admiral Bentink ist mehrere Tage im Hauptquartiere gewesen. Man sagt, er habe von Bernadotte die Mahnung mitgebracht, eine Hauptschlacht zu vermeiden; das würde ein gutes Zeichen sein. Graf Liewen ist in

---

* Constantin, der die Garden in der 1. Westarmee befehligte.
** Wahrscheinlich Graf Friedrich Dohna.

Riga und wird täglich hier erwartet; ich werde mich sehr freuen, ihn hier zu sehen. G. (Gneisenau) ist erst vor 10 oder 12 Tagen von Riga abgesegelt, er wird also so bald noch nicht wieder zurück sein können. . . . .

Zuweilen denke ich mir die ganze Zeit der Abwesenheit von Dir, die ich noch vor mir habe, als eine weite Reise zu Dir zurück, auf der ich mich schon befände; das ist für Herz und Phantasie die angenehmste, trostvollste Vorstellung, die ich mir davon machen kann.

Den 19. Juli.

Gr. L. ist angekommen und verspricht, diesen Brief zu besorgen; Meine Anstellung bei General Phull hat aufgehört; meine neue kenne ich zwar noch nicht, doch bin ich überzeugt, daß sie meinen Wünschen angemessener sein wird.

18.

Doroghobusch zw. Smolensk und Moskwa, den 12./24. August 1812.

Durch Graf Liewen habe ich den letzten Brief von Dir erhalten und mein letzter, vor etwa vier Wochen geschrieben, war durch ihn nach Petersburg gegangen. Diesen Brief wirst Du durch eine sichere Gelegenheit, aber wahrscheinlich ziemlich spät erhalten. Meine Lage hat sich seit meinem letzten Briefe zweimal geändert. Nachdem der Kaiser die Armee verlassen hatte, suchte ich eine Anstellung bei der Arrieregarde unter dem Grafen Pahlen nach, der der renommirteste Cavalerie-General ist, den wir haben. Bei diesem bin ich drei Wochen gewesen und habe mehrere Gefechte erlebt. Die Anstellung würde mir höchst angenehm gewesen sein, wenn ich russisch gekonnt hätte; denn der Graf Pahlen ist ein Mann von einer angenehmen Persönlichkeit. Leider sehe ich ein, daß ich mich nicht betrogen habe, daß es beinahe nicht möglich ist, zu irgend einer nützlichen Verwendung ohne Kenntniß der Sprache zu gelangen. Man ist ein Taubstummer und wenigstens müßten es die Leute ganz anders anfangen, um uns zu gebrauchen, als hier geschieht. Auf Auszeichnung rechne also nicht im geringsten. Darum ist mein sehnlichster Wunsch nach

einer Thätigkeit auf deutschem Boden gerichtet. Leider ist keine
Aussicht auf Erfüllung vorhanden, denn die große Landung geht
nach — Kopenhagen; man wird diese Dummheit in der Folge
schwer bereuen.

Nach drei Wochen wurde der Graf Pahlen krank und sein Corps
aufgelöst; ich bin daher seit etwa acht Tagen in das große Hauptquartier zur Disposition des General-Quartiermeisters zurückgekehrt.
Ich bin mit meinen Verhältnissen bis jetzt erträglich zufrieden; ich
würde es ganz sein, wenn ich die Sprache wüßte. Dann könnte ich
mir angenehmere Verhältnisse verschaffen und gewiß recht angenehme,
so aber muß ich mir oft sagen: il faut passer par là .... Die
kriegerische Lage ist in diesem Augenblicke eigentlich noch nicht schlecht;
wenn aber die große Schlacht, welche uns bevorsteht, verloren gehen
sollte, so ist es freilich schlimm genug, zumal da von der Landung
in Seeland dem Kaiser Napoleon nicht der kleine Finger wehe thun
wird. Wir haben jetzt schon eine Menge blutiger Gefechte gehabt,
aber noch keine Schlacht. Einige davon sind sehr glücklich für uns
gewesen, nämlich auf den Flügeln bei Wittgenstein und bei Tormasoff.
Die anderen sind meistens Arrieregarde-Gefechte gewesen, die unseren
Truppen sehr viele Ehre machen, aber der Armee eine Menge
Menschen kosten und nur passive Vortheile gewähren. In der
nächsten Schlacht werden die Kräfte so ziemlich gleich sein, nämlich
etwas über 100,000 Mann von jeder Seite. Ich zweifle, daß wir
sie gewinnen, aber darum wäre für das Große noch wenig verloren,
wenn man sich nur entschließen könnte, zwei Feldzüge auszuharren.
Von Gneisenau habe ich noch kein Wort erfahren; er ist seit neun
Wochen abgesegelt. Die Beschwerlichkeiten des Feldzuges sind außerordentlich. Seit neun Wochen täglich auf dem Marsch, seit fünf
Wochen kein Stück Zeug vom Körper, Hitze, Staub, abscheuliches
Wasser und oft sehr empfindlicher Hunger. Ich habe bis jetzt noch
alle Nächte unter freiem Himmel zugebracht, wenige ausgenommen,
denn die Gegenden sind meistens von allen Einwohnern verlassen
und die erbärmlichen Hütten verwüstet. Trotz dieser Fatiguen befinde
ich mich wohler als in Berlin. Die Gicht quält mich zuweilen, fast
unausgesetzt leide ich an Zahnweh, da ich seit Wilna drei hohle
Zähne bekommen habe; dabei gehen mir die Haare aus und —

meine Hände, die seit vierzehn Tage aller Handschuhe entbehren, sehen aus wie gelbes Leder. Du siehst, meine Vorzüge sind alle verschwunden. Dauert der Krieg noch einen Feldzug, so hoffe ich im nächsten brauchbarer zu sein, denn ich werde im Winter russisch lernen; dann werde ich auch etwas vergnügter sein, denn jetzt, ich muß es Dir nur gestehen, bin ich sehr traurig. Alle die Opfer und Beschwerden ohne eigentliche Thätigkeit, ohne die Befriedigung weder des Ehrgeizes noch des Interesses, für das Vaterland ohne Erfolg, in lauter nachtheiligen Verhältnissen ist eine schwere Aufgabe. Indessen habe ich mir das Alles zum Theil noch schlimmer gedacht und ich bin Mann genug, um mit Geduld bessere Zeiten zu erwarten. Diese hoffe ich, wie gesagt, schon im nächsten Feldzuge in mehr als einer Rücksicht zu erleben und ich würde mit Heiterkeit und Frohsinn schon jetzt daran denken, wenn ich das Glück hätte, auch dann mit Dir wenigstens in unmittelbarer Verbindung zu sein; das setzt voraus, Dich im Winter zu sehen. Leider werde ich dies Glück entbehren müssen und ich gestehe Dir, diese Trennung ist es, was meine Standhaftigkeit am meisten in Anspruch nimmt und mich niederwirft, wenn ich erliege. Mein ganzes Leben erscheint mir meistens so verworren und resultatlos, daß ich schon tausendmal darauf zurückgekommen bin: Dein Besitz ist das Höchste, was ich darin errungen habe — und dieses einzige und höchste Gut muß ich entbehren. Von der anderen Seite sage ich mir, daß ich, wenn Alles unglücklich geht und mir dies Einzige bleibt, immer noch ein beneidenswerther Mensch bin. Aber wenn Alles scheitert, wo werden wir uns wiedersehen? Tausendmal habe ich an die entzückenden Tage des vorigen Jahres gedacht und mich erinnert, wo wir an einem jeden dieser herrlichen Tage gewesen sind. Ob ich gleich hier bessere Zeiten hoffe, so würde ich es doch als eine große Wohlthat ansehen, wenn mein Freund G. (Gneisenau) mich von hier erlöste, worauf ich noch immer einige Hoffnungen gerichtet habe. Chasot wird in wenigen Tagen nach den Küstenprovinzen abgehen, wo die deutsche Legion langsam formirt wird; dann bin ich von allen Landsleuten und Bekannten ganz getrennt, und hier habe ich noch nicht eine einzige Bekanntschaft gemacht, die mir den geringsten davon ersetzen könnte; dann werde ich ganz verwaist sein. Noch bin ich erst ein einziges Mal krank gewesen, nehmlich einen Tag; ich war so erschöpft und von der Gicht angegriffen, daß ich mich vom Pferde heben lassen mußte. In einem Bauernhofe hinter der Front trank ich einige Tassen von der Bouillon Deiner Mutter, legte mich beim Feuer nieder, schlief neun Stunden und setzte mich am anderen Morgen gesund zu Pferde, als eben die Arrieregarde durch war . . .

Auch den unbekannten Freunden in Böhmen empfiehl mich freundlichst, wenn dieser Brief Dich bei ihnen erreicht. Lebewohl! Gott erhalte Dich mir, und wenn es sein kann, möchte ich diese Welt nicht verlassen, ohne Dich noch einmal wiedergesehen und umarmt zu haben.

Barnekow*) hat sich bei den Kosaken durch Bravour ausgezeichnet und den Orden erhalten. Er ist nicht gefährlich durch den Fuß geschossen.

19.

Zwischen Moskau und Kaluga,
18./30. September 1812.

. . . Unsere Angelegenheiten stehen im Ganzen nicht schlecht; indessen wollen die Leute schon verzweifeln. Die Unternehmungen in Deutschland, auf die ich das Meiste gegeben hätte, scheinen nicht stattzufinden; der günstige Moment, Europa zu retten, geht wieder verloren. — Wir haben eine Schlacht verloren, aber mit Maß; unsere Kräfte ergänzen sich fast täglich, die feindlichen nicht. Schon jetzt sind wir fast überlegen, während der Feind es im Anfange des Feldzuges in hohem Maße war. Dieser Rückzug auf Kaluga macht, daß der Feind Moskau nicht wird behaupten können; überhaupt ist er genöthigt, einen Theil der eroberten Provinzen immer wieder fahren zu lassen; ich sehe die Bezwingung Rußlands für eine Unmöglichkeit an; aber ein schlechter Friede wird uns übereilen. Ich habe den Feldzug als Offizier des Generalstabes mitgemacht; er ist für mich nicht ohne Belehrung gewesen, da ich manchen Gefechten beigewohnt habe; mich auszuzeichnen war nicht möglich; denn auf die rücksichtslose Art, wie man uns hier gebraucht, ist es ohne Sprache

---

* Gustav Baron v. Barnekow, früher in sächsischen, dann in preußischen Diensten, war damals russischer Oberstlieutenant und trat 1815 in preußische Dienste zurück. Er war 1835 Generalmajor und Brigade-Commandeur, trat 1837 in den Ruhestand und starb 1838.

unmöglich, mehr als das ganz Gemeine zu leisten, und kostet dreifache
Anstrengung; die Fatiguen waren ungeheuer, die Unannehmlichkeiten
meiner Lage fingen an so groß zu werden, daß ich fast trostlos war,
als der erwünschte Befehl des Kaisers kam, nach Riga zu gehen,
an meines unvergeßlichen Freundes Tiedemann Stelle, der dort mit
Ruhm gestorben ist. Diese Anstellung befreit mich von tausend
großen und kleinen Unannehmlichkeiten; ich muß sie wieder als ein
Zeichen des Glückes ansehen, das mich durch mein ganzes Leben
begleitet hat. Ob ich gleich nichts gethan habe, was der Rede
werth wäre, so bin ich doch bereits Ritter des Wladimir-Ordens
und schon zum zweiten Male in Vorschlag. Man hat keine Idee
von dem Ordensunfuge hier. — Der Prinz von Hessen-Philippsthal*)
hat das Bein verloren, lebt aber; Barnekow ist blessirt; Lützow,**)
Chasot, Bose sind gesund.

20.

Petersburg, den 15./27. October 1812.

Ich bin in diesem Augenblicke hier, um meine Equipage in Stand
zu setzen, um dann nach Riga zu gehen an meines unglücklichen
Freundes Tiedemann Stelle. Da der Ort in diesem Jahre wohl
nicht mehr belagert wird, so ist meine Thätigkeit für dieses Jahr
vielleicht beendet oder wenigstens auf sehr gefahrlose Gegenstände
beschränkt, es wäre denn, daß ich zu den Truppen geschickt würde,

---

* Prinz Ernst von Hessen-Philippsthal-Barchfeld (geb. am 28. Januar 1789)
war in der Schlacht bei Borodino Adjutant des Kosakenhetmans Platof und verlor
das Bein durch den letzten Kanonenschuß, der in der Schlacht abgefeuert wurde.
Ein in England gefertigtes künstliches Bein ersetzte ihm den Verlust fast vollständig.
Später nahm er Dienste in der russisch-deutschen Legion. Der treffliche und höchst
liebenswürdige Prinz starb am 19. April 1850.

** Oberstlieutenant im Generalstabe Leo (Leopold) von Lützow, jüngerer Bruder
des bekannten Freicorpschefs Adolf von Lützow, war 1809 aus preußischen in österreichische Dienste getreten, 1810 nach Spanien gegangen, wurde 1811 durch die Capitulation von Valencia gefangen, entfloh aus der Gefangenschaft in Südfrankreich,
durchwanderte zu Fuß die Schweiz und Süddeutschland und gelangte durch Norddeutschland, Polen und Rußland mitten durch die französischen Heere zur russischen
Armee. Clausewitz (Werke, VII, 42, Anm.) sagt, ihm sei kein zweites Beispiel
eines deutschen Offiziers bekannt, der die drei Kriege der Oesterreicher, Spanier und
Russen gegen Frankreich mitgemacht hätte.

die den sich zurückziehenden Truppen folgen. Mir war diese Anstellung sehr willkommen, denn meine Lage fing an, sehr unangenehm
zu werden; leider hat General Essen seinen Abschied erhalten, und
ein Anderer *) ist an seine Stelle getreten, von dem alle Welt so
viel Uebles sagt, daß ich allerdings auf keine frohe, angenehme
Thätigkeit hoffen kann. — Ob ich auf diesem slavischen Boden so
weit kommen werde, mich auszuzeichnen, muß ich dahingestellt sein
lassen; vielleicht ist die Thätigkeit im deutschen Vaterlande näher,
als wir glauben. Die Angelegenheiten stehen in diesem Augenblicke
sehr gut; es könnte sehr leicht ein großes Resultat daraus entstehen
und fast ist ein entscheidend unglückliches unmöglich. Indessen wollen
wir nicht zu früh triumphiren und immer auf das Unglück gefaßt
bleiben. D. und B. haben mir die Nachricht gebracht, daß mir
bereits der Prozeß gemacht wird, nämlich auf Vermögensconfiscation.
Daß der König etwas gegen uns thun muß, begreife ich; sollte er
aber mich durch seinen Zorn auszeichnen, so würde mich das sehr
bitter machen; denn ich habe nie etwas gethan, um das zu verdienen.
— Für alle Fälle müssen wir uns mit dem Gedanken trösten, selbst
in den Augen der Boshaftesten von keinem anderen Interesse geleitet
worden zu sein als von dem, was ganz Europa als das seine
anerkennt; damit glaube ich unsere Sache vor Gott und der Welt
rechtfertigen zu können. Sollten wir die Opfer dieser schweren Zeit
werden, so glaube ich, wird es uns leichter werden, ein ehrenvolles
Unglück zu tragen, während so viele Andere sich in ein schmachvolles
fügen. — Jetzt thut man, als wären wir Verräther am Vaterlande.
Tritt ein gänzlicher Umschwung der Begebenheiten ein, wie er in
Jahr und Tag möglich ist, so wird man wohl von dieser unnatür-
lichen Ansicht loslassen; ist dies aber nicht, so werden wir vor der
Hand uns als Verbannte betrachten müssen.

Von G. (Gneisenau) haben wir aus England Nachrichten, nach
welchen er voll guter Hoffnung ist. Vielleicht bin ich im künftigen
Jahre mit ihm vereint. Hier sind jetzt eine Menge ehemaliger
Preußen vereint; es thut mir leid, sie zu verlassen und mich wieder
in ein Meer von Fremden zu stürzen. Tettenborn ist wohl, befindet
sich jetzt beim General Winzingerode, der ein kleines Corps hat.

* Marquis von Paulucci.

Walmoden wird erwartet. Dörnberg ist auch hier. Der arme Prinz von Heſſen hat das Bein über dem Kniee verloren und iſt noch nicht ganz außer Gefahr.

21.

Petersburg, $\frac{23.\ October}{4.\ November}$ 1812.

Dieſes iſt der vier und zwanzigſte Brief, den ich an Dich ſchreibe; viele ſind verloren gegangen. Mein Freund Tiedemann*) iſt todt. Er ſtarb unmittelbar nach einer durch einen Piſtolenſchuß von einem preußiſchen Huſaren vor Riga ganz in der Nähe empfangenen Wunde. Er iſt mit Ruhm gefallen und ganz Riga hat ihn bedauert; der Kaiſer hat verſprochen, ſeiner Gattin das Gehalt zu laſſen. Ich habe ihn beweint, wie ich einen Bruder beweinen würde; noch jetzt kann ich kaum ohne Thränen an ſeinen Verluſt denken. Er war in Riga dem General Eſſen beigegeben worden; nach ſeinem Tode erhielt ich den Befehl, ſeine Stelle zu übernehmen. Ich habe mich deshalb hierher begeben, wo ich ſeit zwölf Tagen bin. Der General Eſſen hat indeß den Abſchied genommen und ein anderer Mann iſt an ſeine Stelle getreten, mit dem ich es nicht verſuchen mag. Ich habe daher den Kaiſer für mich um eine andere Anſtellung gebeten und hoffe zum Wittgenſtein'ſchen Corps geſchickt zu werden. Nach Allem, was ich nun über die Wirkſamkeit erfahren habe, die unſer eines in der ruſſiſchen Armee haben kann, von den Ausſichten, die ich hier für mein ferneres Fortkommen habe, und nachdem ich mich überzeugt habe, daß es ſehr ſchwer ſein würde, hier in Petersburg mit dem zu leben, was wir haben, bin ich entſchloſſen, ſobald als möglich in die deutſche Legion überzutreten. Tritt ein großer Um-ſchwung der Begebenheiten ein, ſo wird die deutſche Legion das Vaterland wiederſehen; iſt das nicht, ſo wird ſie höchſt wahrſcheinlich

---

* Am 22. Auguſt griff eine ruſſiſche Colonne von etwa 1500 Mann, welche in der Morgendämmerung bei Berſemünde die Düna paſſirt hatte, die preußiſchen Vorpoſten in Dalenkirchen an; dieſe leiſteten den Ruſſen unter Anführung des Oberſten von Horn tapferen Widerſtand und brachten ihnen große Verluſte bei. Als den ſchwerſten bezeichnete General von Eſſen ſelbſt den Tod des ehemals preußiſchen Oberſtlieutenants von Tiedemann, welcher bei Dalenkirchen durch den Leib geſchoſſen wurde und am folgenden Tage unter großen Qualen ſtarb.

in englischen Sold treten; die Gewißheit meiner Existenz habe ich
also dort so gut als hier und ich diene in einer deutschen Truppe
unter tausendmal angenehmeren Verhältnissen. Ich denke, dieser
Uebertritt wird spätestens im kommenden Frühjahre statt haben
können. G. (Gneisenau) ist immer noch in England; er ist sehr mit
seiner Aufnahme und den Hoffnungen zufrieden, welche man ihm gibt.

Ich war eine Zeitlang bei Graf Pahlen, einem jungen, sehr
liebenswürdigen Manne, der unser bester Cavalerie-General war; er
wurde krank und ich kam zum General Uwaroff. Beide sind mit
mir zufrieden gewesen und haben mich zur Erkenntlichkeit zum Orden
vorgeschlagen, worauf ich denn auch den St. Wladimir erhalten habe.
An eine wirkliche Auszeichnung aber ist darum doch nicht zu denken
gewesen; die ist, wenn man die Sprache nicht weiß, für einen Generalstabsoffizier ganz unmöglich, und das ist es, was mir diesen Dienst
zuwider macht. Ich habe manchem Gefecht, unter anderen auch der
Schlacht vom 7. September*) beigewohnt, was für mich reich an
Belehrung gewesen ist. Gerade am 10., als Du Deinen Brief schriebst,
hatten wir unter General Miloradowitsch ein heftiges Arrieregarden-
Gefecht, was bis spät in die Nacht dauerte und worin mir ein
Pferd blessirt wurde. Bei dem Rückzuge durch Moskau befand ich
mich bei der Arrieregarde; wir behaupteten uns dicht hinter der Stadt
und sahen diese noch in der Nacht an allen Enden brennen. Die
Straßen lagen voll Schwerverwundeter, als wir durchzogen; es ist
schrecklich zu denken, daß der größte Theil davon — mehr als
26,000 Menschen — verbrannt ist. Ich denke mir Deine Unruhe
und Besorgniß, theure Freundin, als Du die Nachricht von diesen
schrecklichen Scenen in den französischen Bülletins gelesen hast. Von
unseren Bekannten ist dabei Niemand zu Grunde gegangen. Prinz
von Hessen, der das Bein durch eine Kanonenkugel über dem Kniee
verloren hat, und Barnekow, der durch das Schienbein geschossen ist,
waren Beide schon weg. Beide sind auf dem Wege der Besserung,
doch ist der Prinz von Hessen noch nicht außer Gefahr. Lützow, der
gerade zu der Zeit, als ich Dir durch Graf Lieven schrieb, ankam,
ist wohl; er ist als Hauptmann im Generalstabe angestellt und thut
bei General Doctoroff Dienste, wo es ihm ganz gut geht. F., D.

* Schlacht bei Borodino oder an der Moskwa.

und B. sind hier angekommen, sie gehen zur deutschen Legion. Schreib doch der Frau des Ersteren oder ihrem Vater mit der gehörigen Vorsicht, daß es dem F. ganz gut geht. Ich habe mich sehr gefreut, ihn wiederzusehen . . .

Meinen Neffen grüße herzlich von mir und sage ihm, ich freute mich, zu sehen, daß er kein gewöhnlicher Mensch werden würde; man kann in jungen Leuten den Ehrgeiz nicht genug aufregen. B. wohnt hier in einem Hause mit mir und ich sehe ihn ziemlich oft; er läßt Dich und Deine Mutter herzlich grüßen. Solltest Du noch in Tetschen*) sein, so empfiehl mich Deinen dortigen Freunden. Meiner Schwägerin in Breslau schreibst Du wol, daß ich wohl bin, damit sie meine Geschwister davon benachrichtigt. Allen Fürstinnen unseres Hauses meine Verehrung und innige Anhänglichkeit . . . .

Ich muß mich schon daran gewöhnen, im nächsten halben Jahre alle Aussicht für die Zukunft verschlossen zu sehen. Für Jemand, der wie ich fast immer in der Zukunft lebte, ist das sehr hart; ich habe fast keinen heiteren Augenblick deswegen.

22.

St. Petersburg, $\frac{\text{29. October}}{\text{10. November}}$ 1812.

Du weißt, daß ich nach Petersburg gekommen bin, um nach Riga zu gehen und meines unglücklichen Freundes Tiedemann Stelle einzunehmen. Die Veränderung, welche in dem dortigen General-Gouvernement vorgegangen ist, hat mich dringend wünschen lassen, diese Bestimmung geändert zu sehen. Ich habe dem Kaiser dies vorstellen lassen und er hat versprochen, mir eine andere Bestimmung zu geben, die ich nun erwarte. Mein Wunsch ist, zum Wittgenstein'schen Corps zu gehen; in der Folge werde ich in die deutsche Legion eintreten, die hier formirt worden ist und wozu ich bereits notirt worden bin . . . Ich höre, daß mir bei Euch der Prozeß gemacht wird. Ich habe die einzige Furcht, daß Dir und meinen Brüdern auf die eine oder die andere Art daraus Unannehmlichkeiten entspringen

---

* Stadt in Böhmen, Kreis Leitmeritz. Frau v. Clausewitz befand sich zum Besuche bei ihrer Cousine, der Gräfin Therese v. Thun, (geb. Gräfin v. Brühl), deren Gemahl, der Graf Franz v. Thun, Besitzer der Herrschaft Tetschen war.

möchten, sonst würde es mir ziemlich gleichgültig sein. Jene Besorgniß aber macht mir Kummer, und wenn ich dabei an die geringe Aussicht zu unserer baldigen Wiedervereinigung denke, so werde ich noch trauriger und ich muß mir dann oft sagen, daß wir doch einst den Trost haben werden, daß Deutschland unser mit Dankbarkeit gedenken und noch an unseren Gräbern die gute Absicht loben wird, der wir unser Glück und Leben geopfert haben. Sonst bin ich wohl und zufrieden; es ist mir mit meiner Thätigkeit nicht immer gegangen, wie ich es wünschte, aber auch nicht so schlecht, wie man es mir gesagt hatte. So ist es auch mit den allgemeinen Angelegenheiten. Wer hätte es erwartet, daß es am Ende des Jahres 1812 so gut stehen würde, wie es steht!

Soll ich einmal voraussagen, wie es kommen wird? Der Kaiser Napoleon muß seine Invasion aufgeben, um sich 150 Meilen weit durch zerstörte Provinzen mit einer schon jetzt zu Grunde gerichteten Armee zurückzuziehen. Alle weiteren Folgerungen übergehe ich, nur wird es allein den Menschen und nicht dem Schicksale zuzuschreiben sein, wenn Europa jetzt nicht gerettet wird. Ob wir noch einmal in dem geretteten Europa eine ehrenvolle Freistätte finden werden, um unser stilles Glück ungestört genießen zu können? Nie ist unser Schicksal so mit den Weltbegebenheiten verflochten gewesen wie in diesem Augenblicke. Wohl mir, wenn ich mir erst sagen kann: ich werde nicht anders fallen als auf deutscher Erde! Sollten alle Hoffnungen von neuem zertrümmert werden, Europa ganz untergehen, so hoffe ich mich mit der deutschen Legion nach England zu retten.

23.

St. Petersburg, $\frac{\text{31. October}}{\text{12. November}}$ 1812.

Seit gestern habe ich meine neue Bestimmung erhalten. Ich gehe zum Wittgenstein'schen Corps und denke morgen dahin abzureisen. Da ich bis zum Frühjahr, wo ich hoffe, daß die deutsche Legion in Bewegung kommt, wahrscheinlich bei diesem Corps bleibe, so weißt Du, wo Du mich künftig suchen sollst. Gegenwärtig steht dieses Corps zwischen dem Dniepr und der Düna im Rücken der französischen Hauptarmee, und wird, wenn sich dieselbe weiter zurückzieht, keine unwichtige Rolle spielen. Ich bin hier in Petersburg drei Wochen gewesen, ohne eine einzige Bekanntschaft gemacht zu haben, weil ich immer glaubte, von einem zum andern Tage abzureisen . . . . Bald werden es zwei Jahre sein, daß unsere glückliche Verbindung statt hatte, und nur ein Jahr haben wir einander besessen. Soll denn dieser glückliche Verein geschlossen sein, daß wir uns ewig fliehen, Berg, Thal und Meer uns trennen? Mitten im Getümmel des Krieges fühle ich mich einsam und in dieser Einsamkeit verrinnen die schönsten Jahre des Lebens. Die Welt erwacht mir erst wieder an Deinem Herzen. Doch darf ich nicht klagen, ich muß mein Glück zum Opfer bringen und dem Himmel danken, wenn dieser Tropfen im großen Strome der Begebenheiten nur nicht ganz unnütz mit vorüber rinnt . . .

Gneisenau ist noch immer in England und ich werde ihn wohl nicht anders wiedersehen als auf deutschem Grund und Boden. St. (v. Stülpnagel) ist wohl und läßt Dich und Deine Mutter herzlich grüßen. Graf Lieven ist nach England. Sechs Deiner Briefe sind verloren gegangen. Den Mitgliedern unseres fürstlichen Hauses bezeuge meine Verehrung und meine Dankbarkeit, wenn sie sich jetzt noch meiner mit Wohlwollen erinnern.

24.

Bei Borissow an der Berezina,
den 17./29. November 1812.

Seit zehn bis zwölf Tagen befinde ich mich wieder mitten unter kriegerischen Auftritten, nämlich bei der Wittgenstein'schen Armee, wo ich gerade zu dem Zeitpunkte ankam, der einen der entscheidendsten Knoten lösen sollte, die je gelöst worden sind. Die Katastrophe ist vorüber; sie hätte entscheidender sein können, indessen können wir mit der ganzen Campagne zufrieden sein, die in vier Wochen spätestens geendigt sein wird. Ich befinde mich wohl und bin mit meinen hiesigen Vorgesetzten sehr zufrieden; sie sind fast so gütig und freundlich wie mein unvergleichlicher Freund S. (Scharnhorst). Aber welche Scenen habe ich hier gesehen! Wenn mein Gefühl nicht schon abgehärtet oder vielmehr abgestumpft wäre, ich würde vor Schauder und Entsetzen nicht zu mir selbst kommen, sowie ich noch nach vielen Jahren nicht ohne Schauder daran werde denken können. Ich mag meinen Brief nicht damit anfüllen aus vielen Gründen, aber wenn wir uns einst wiedersehen, muß ich Dich einen Blick thun lassen auf dieses blutige Blatt der Geschichte. . . . Meine Wünsche sind, wenn dieser Feldzug geendigt ist, mich zur deutschen Legion verfügen zu dürfen, zu der ich mit Erlaubniß des Kaisers bereits vorläufig notirt worden bin. Es ist mir das höchste Bedürfniß, wieder in einem deutschen Corps zu dienen, wo ich mit allen Facultäten wirksam sein kann, was ich bei meinem Alter nachgerade wünschen muß. Die deutsche Legion steht jetzt in Finnland; man hofft, sie werde in englischen Sold treten und im Frühjahre zum Kriege in Deutschland gebraucht werden; womit denn alle meine Wünsche erfüllt wären. Bricht der Krieg in Norddeutschland aus, so hoffe ich, Du machst eine geschickte Reise, damit wir uns um so früher wiedersehen. Bricht der Krieg in Norddeutschland nicht aus, dann weiß Gott, wann wir uns wiedersehen werden.

Wie steht es dort? Ich höre, wir sollen verurtheilt werden. In Gottes Namen! Wer hier die Scenen des Jammers und der Noth gesehen hat, wozu die deutschen Regierungen beigetragen haben, der wird durch ihre Verdammung seinen Stolz nicht gebrochen fühlen. Dennoch kehrte ich gern zurück in die Heimath und nicht eher werde ich mich wieder froh fühlen, als unter Euch Freunden; diese Verbannung ist schrecklich, nichts kann mich dafür entschädigen und ich werde in der Fremde nicht alt werden. . . Europa ist gerettet, aber ich zittere dennoch für sein Schicksal in den nächsten zehn Jahren; ich fürchte, die beiden Fürsten Deutschlands, in deren Händen es jetzt liegt, in einem einzigen Jahre Europa zu beruhigen, werden keinen Entschluß fassen und Europa wird also noch zehn Jahre bluten müssen. Von meinen Brüdern habe ich gar keine Nachricht, sowie sie vermuthlich nicht von mir. Schreib doch einer meiner Schwägerinnen. Nun lebe wohl, Marie! Gott gebe ein baldiges Wiedersehen. Ich schreibe Dir zwischen Leichen und Sterbenden unter rauchenden Trümmern, und Tausende von gespensterartigen Menschen ziehen vorüber und schreien und flehen und weinen vergebens· nach Brod. Gott gebe eine baldige Veränderung dieser Scenen!

Grüße alle Freunde tausendmal herzlich! Ich begreife alle darunter, denn in diesem Augenblicke ist mein Herz so voll des menschlichen Elends, daß ich keinen Unterschied des Ranges kenne.

25.

Tauroggen, 18./30. December 1812.

Ich schreibe Dir unter wunderbar angenehmen Empfindungen von diesem Orte aus, theure Marie, in welchem ich vor neun Monaten Rußland zuerst betrat, aus — dem preußischen Hauptquartier. Du wirst die Umstände, die mich hierher geführt haben, leicht aus den Nachrichten abnehmen, die Euch zukommen werden. Unter meinen Brüdern, die ich an Leib und Seele wohl gefunden habe und geschätzt und geachtet, mit Orden behangen (doch nicht französischen) verlebe ich heute einen unaussprechlich schönen Tag des Wiedersehens. Morgen trennt uns das Schicksal wieder, aber wir stehen uns jetzt wenigstens nicht mehr gegenüber, und, wenn der Monarch will, nicht wieder. Ich habe vier Tage in der schrecklichsten Besorgniß zugebracht; wir hatten den General York abgeschnitten und waren jeden Tag im Begriff, uns mit ihm zu schlagen. Ich bin ganz wohl und stehe bei der Wittgenstein'schen Armee. Ich hoffe, in vier oder acht Wochen zur deutschen Legion abgehen zu können, die schon 4000 Mann stark ist. Man sagt mir, Gneisenau ist auf dem Rückwege und wird dann wahrscheinlich an die Spitze der Legion treten; dann bin ich selig! . . . Ich kann in diesem Augenblicke nicht mehr schreiben, weil die Zeit zu kurz ist. Ich hoffe, bald in Königsberg zu sein.

Briefe der Frau von Clausewitz an ihren Gatten haben sich weder aus dem Jahre 1812 noch aus den folgenden Jahren erhalten. Doch fand sich in ihren Papieren der nachfolgende, im Winter 1812 geschriebene kleine Aufsatz, welchen wir, als ein schönes Denkmal des zwischen beiden Ehegatten bestehenden reinen und edlen Verhältnisses, hier folgen lassen.

Aufſatz der Frau von Clauſewitz über ihr Verhältniß zu ihrem Gatten.

Den 27. December. Wie glücklich iſt es doch, im Gegenſtande ſeiner höchſten Liebe auch den ſeiner höchſten Achtung zu finden und eben ſo ſehr durch den Verſtand zur Bewunderung als durch das Herz zur Liebe hingeriſſen zu werden! Ein treues, liebendes, kind-liches Gemüth iſt viel werth; dem Herzen kann ein ſolches genügen, aber es wird immer Augenblicke geben, wo der Verſtand ſeine Anſprüche geltend macht und wo es für eine Frau eine drückende Empfindung ſein muß, zu ihrem Manne nicht unbedingt hinauf-ſehen zu können. Freilich wird ſie, wenn ſie ſelbſt reines Herzens iſt, ſich immer noch glücklich fühlen, ein reines, liebendes Herz ge-funden zu haben, und wird dies bei weitem dem herzloſen Verſtande vorziehen. Aber wie ganz anders iſt es doch, wenn Alles vereinigt iſt und wenn man in Demjenigen, dem man ſich geliebt und liebend auf immer hingab, auch in Allem das Höchſte findet! Dann iſt man wirklich über alle Macht des Schickſals erhaben, denn ein ſolches Glück nur gekannt zu haben, iſt ſchon genug für das irdiſche Leben. — Man muß es ſelbſt erfahren haben, um zu fühlen, wie es auf uns wirkt, was es alles in uns entwickelt, welche Harmonie mit ſich und der Welt, welche Kraft, welcher himmliſche Frieden dadurch in uns kommt; aber man bedauert dann auch deſto inniger alle Diejenigen, denen dies Glück, das Höchſte, das ich mir auf Erden denken kann, nicht zu Theil geworden iſt. — Ich glaube, daß ein Mann dies nicht ſo fühlen kann wie eine Frau, obgleich eine glückliche Ehe ihm gewiß auch viel werth ſein muß; aber das Gefühl, dadurch erſt zu einem wahren Leben gekommen, erſt ein Ganzes, ein mit der Welt und allem Großen, was in ihr iſt, erſt wirklich zuſammenhängendes Ganze geworden zu ſein, dies Gefühl kann, glaube ich, nur eine Frau haben. Ein Mann kann auch unver-heirathet ſeine Beſtimmung ganz erfüllen; häusliches Glück wird immer ein ſchöner Schmuck ſeines Lebens ſein, aber er kann ſich auch ohne denſelben kräftig entwickeln; er bedarf deſſelben nicht, um in lebendige

Berührung mit der Welt zu treten; oft wird sogar seine Wirkung, seine Thätigkeit in der Welt dadurch nur gehemmt (obgleich dies nie der Fall sein sollte); aber eine unverheirathete Frau wird immer nur ein halbes, unvollkommenes Dasein haben und das eben so sehr wegen der Bedürfnisse ihres Verstandes als ihres Herzens. Allem Großen, Schönen und Edlen in der Natur, in der Kunst wie im wirklichen Leben wird sich ihre Seele begierig öffnen; sie wird sich vielleicht noch fester daran halten, sich noch ausschließender damit zu beschäftigen suchen, je mehr sie fühlt, wie viel ihr fehlt. Aber die wahre innere Ruhe und Klarheit, durch welche man dies Alles erst recht genießen kann, ein gewisses heimathliches Gefühl für die Erde, durch welches das Leben erst als irdisches Leben einen Werth bekommt, ohne dadurch die Beziehung auf ein höheres Dasein zu verlieren, kurz unsere wahre Vollendung erhalten wir erst aus der Hand der Liebe. Ich brauche wohl kaum zu sagen, daß ich dies Alles in einem höheren Sinne nehme und keineswegs der Meinung bin, daß ein Mann seine Frau wie ein unmündiges Kind erziehen müsse; diese Ansicht ist mir im Gegentheil immer ein Gräuel gewesen und ich kann mir nicht denken, daß daraus je ein schönes und würdiges und für beide Theile befriedigendes Verhältniß entstehen könne. — Ein solcher Einfluß auf seine Frau, den er nur seinem reiferen Alter oder seinen ausgebreiteteren Kenntnissen verdankt und den eine Gouvernante eben so haben könnte, kann für einen Mann zwar ganz bequem, aber wahrlich nicht schmeichelhaft sein. Das Kind wird sich nach seinen Launen und Eigenheiten abrichten lassen; es wird nachsagen, was er ihm vorsagt, aber eine wahre Freundin und Lebensgefährtin wird er sich schwerlich daraus erziehen. Ich will nicht behaupten, daß auf diese Weise nicht auch einmal eine gute Ehe entstehen könnte; es gibt Ausnahmen von jeder Regel und wenn gute Menschen zusammenkommen, es sei auf diese oder jene Weise, so findet sich am Ende auch alles Uebrige; aber immer ist die Art fehlerhaft und gewagt, und dann ist zwischen einer guten Ehe und dem Höchsten, was die Ehe sein kann, noch ein großer Unterschied. Um das Höchste zu erreichen, muß nach meiner Meinung die Frau nicht weniger reif und gebildet sein als der Mann; sie muß so weit gekommen sein, als sie allein kommen kann; es muß ihr nur das

fehlen, was sie allein durch den Mann erhalten kann; dann wird
sie bald, auch bei der vollkommensten Freiheit und Gleichheit und
ohne daß einer von beiden Theilen die Absicht habe, den anderen
nach sich zu bilden oder ihm ähnlich zu werden, den Einfluß
empfinden, den der Mann durch das bloße Zusammenleben auf sie
hat, und je freier und absichtsloser dieser Einfluß ist, desto lieber
wird sie ihn anerkennen und sich ihm hingeben. Dieser Einfluß, der
ein so vollkommenes Zusammenschmelzen beider Wesen in eins bewirkt,
kann nicht augenblicklich eintreten; er wird auch nur recht empfunden,
wenn man nach einiger zusammen verlebter Zeit sein Inneres und
die darin vorgegangenen Veränderungen zu prüfen Gelegenheit hat;
aber dann empfindet man ihn auch desto lebhafter und erkennt mit
desto innigerem Danke, was man dem Geliebten seines Herzens auch
außer dem Glücke der Liebe noch Alles schuldig ist, oder vielmehr,
wie viel dies Glück in sich begreift, wenn man so glücklich ist, es
in seiner höchsten Vollkommenheit zu genießen. Ohne Stolz, ohne
Eitelkeit, nur mit Rührung und Dank erfreut man sich dann seines
inneren Reichthums, denn man weiß ja, wem man ihn zu danken
hat, ja man erfreut sich sogar mancher vorhergegangener Verschieden-
heiten, durch welche die jetzige Uebereinstimmung erst recht fühlbar
geworden ist. Um auf einander wirken zu können, um einander
nützlich und nothwendig zu sein, muß man ja nicht vom Anfange
an einander ganz ähnlich sein; diese ewige Wiederholung würde
bald sehr langweilig werden; nur indem der eine den andern ergänzt
und man gegenseitig gibt und nimmt, kann eine wahre und ewige
Vereinigung entstehen. — Ich scheine hier zuzugeben, daß die Frau
dem Manne eben so viel gibt, als sie von ihm empfängt, welches
doch nur unter gewissen Bedingungen meine Meinung ist.

Das Glück einer recht innigen Verbindung wird, glaube ich, ein
gefühlvoller Mann nicht weniger empfinden als eine Frau; es wird
ihm wohl thun, sich zärtlich geliebt zu sehen; es wird aufheiternd,
mildernd, beglückend auf ihn wirken; aber die Welt gehört ihm auch
ohnedem, da die Frau erst durch ihn mit derselben wirklich in Verbindung tritt und folglich erst ihr wahres Leben anfängt.

Diese und ähnliche Betrachtungen habe ich oft im Stillen gemacht;
heute als ich einige frühere Briefe und einige Aufsätze meines

geliebten Mannes wieder durchlas, wurden sie so lebhaft in mir aufgeregt, daß ich mich gedrungen fühlte, sie aufzuschreiben. Sie mögen daher als allgemeine Betrachtungen sehr einseitig erscheinen, aber für mich wenigstens sind sie von der höchsten Wahrheit; denn sie sind aus dem Innersten meiner Seele geschöpft und im Vergleich mit meinem Gefühle nur viel zu schwach ausgesprochen. Ich bin täglich und stündlich von dem durchdrungen, was ich C. schuldig bin und glaube, daß jede Frau, die das Glück hätte, einen solchen Mann zu haben, das nehmliche empfinden müßte.

Wie Vieles, was sonst dunkel und verworren in mir war, hat er in Klarheit verwandelt, wie viele Mißtöne in Harmonie aufgelöst! Ja, es ist nicht zu viel gesagt, es ist buchstäblich wahr, daß ich durch ihn erst wirklich lebe. Denn wie wenige Augenblicke meines vorigen Lebens verdienten den Namen eines solchen! Ein Mann von weniger Verstand hätte eben so wenig auf mich gewirkt als einer, der Verstand gehabt hätte und kein so zartes, schönes Gemüth; gerade diese seltene Vereinigung, die ich in ihm bewundere, gehörte zu meinem Glücke. Aber wie groß, wie vollkommen ist nun auch dieses Glück! Das Gefühl desselben kann selbst durch die Schmerzen der Trennung nicht vermindert werden; denn auch in der freudelosen Einsamkeit, in der ich jetzt lebe, bleibt mir ja meine Liebe, die Ueberzeugung der seinigen und der Stolz auf seinen Werth. So weit ich von jedem anderen Stolze entfernt bin, so kenne ich doch kein schöneres, erhebenderes Gefühl als diesen; er ist so fest gegründet wie der Glaube an mein eigenes Dasein. Keine menschliche Gewalt kann ihn zum Wanken bringen, aber wäre das auch möglich (ich schäme mich schon des bloßen Gedankens), so wäre ja eine einzige Zeile von seiner lieben Hand hinreichend, um ihn wieder zu befestigen, denn in jeder derselben spiegelt sich ja sein edles, herrliches, kräftiges, zartes Wesen und jede derselben erfüllt mich immer mit neuer Begeisterung und Liebe für ihn.